1880 CENSUS:
SHELBY COUNTY, TENNESSEE

Head-of-Household Index

Samuel Sistler

1880 Census: Shelby County, Tennessee
Head-of-Household Index

Copyright © 2003 by Samuel Sistler
All rights reserved. Permission to reproduce in any form
must be secured from the Author or the Publisher..

Originally printed, Nashville, 2003

Reprinted by

Janaway Publishing, Inc.
732 Kelsey Ct.
Santa Maria, California 93454
(805) 925-1038
www.JanawayPublishing.com

2007, 2011

ISBN: 978-1-59641-138-8

Made in the United States of America

1880 CENSUS, SHELBY CO. TENNESSEE
Head-of-Household Index

transcribed by Samuel Sistler, 2003

DIRECTIONS

The entries are arranged alphabetically by head of household. In general this is just a head of household index. Also included are individuals whose surname differed from that of the household head. In this county, which includes Memphis, there were a very great number of individuals misplaced from their homes to participate in industry and schools etc. These people are all named in this book.

Each entry includes name, age, and a stamped page number from the original schedules (this is the number in the upper right-hand corner of every other page). Each page number is preceded by a microfilm reel number: SH1 or SH2. Shelby county was divided into 2 reels, each of which started at stamped page 1. A person's sex, (m) or (f) is given if it is in question. The symbol (B) identifies black or mulatto families. The symbol (I) was supposed to identify Indians, but actually was used by enumerators to represent various racial mixtures.

1880 Census Shelby Co. TN: Heads-of-Household

AABL?, Julius 33 (SH2-47)
ABALONE, Lewis 70 (B) (SH1-417)
ABASON, Wm. A. 29 (SH1-424)
ABBIE, Frank 45 (B) (SH2-182)
ABBOTT, Green 27 (B) (SH2-325)
ABEL, Henry T. 35? (SH1-8)
ABEL, James M. 41 (SH1-8)
ABEL, Mary 63 (SH1-391)
ABEL, Thomas F. 23 (SH1-8)
ABELE, John C. 50 (SH2-209)
ABERCROMBIA, J. B. 40 (m) (SH1-396)
ABERNATH, A.? F. 40 (f) (SH2-137)
ABERNATHY, Albert 30 (B) (SH1-119)
ABERNATHY, Ben 80 (B) (SH1-229)
ABERNATHY, David 24 (B) (SH2-43)
ABERNATHY, G. 54 (B) (SH1-206)
ABERNATHY, Henry 60 (B) (SH1-445)
ABERNATHY, J. S. 60 (m) (SH1-163)
ABERNATHY, M. E. 55 (f) (SH1-241)
ABERNATHY, Mary 22 (B) (SH2-293)
ABERNATHY, Rufin 22 (m) (B) (SH1-119)
ABERNATHY, Taylor 32 (SH1-423)
ABERNATHY, Taylor 32 (SH1-423)
ABERNATHY, Thos. 20 (B) (SH1-354)
ABERNATHY, Wesley 35 (B) (SH1-436)
ABERNATHY, Wm. 24 (B) (SH1-32)
ABERNATHY, Wm. 45 (SH2-102)
ABETT, Ben 28 (SH1-63)
ABINGTON, Allen 36 (B) (SH1-427)
ABINGTON, Ester 55 (B) (SH1-280)
ABINGTON, J. H. 43 (m) (SH1-267)
ABINGTON, Louis H. 24 (m) (SH1-260)
ABINGTON, M. J. 55 (f) (SH1-287)
ABINGTON, Manuel 27 (B) (SH1-278)
ABLE, John 32 (SH2-78)
ABLE, John F. 39 (SH1-135)
ABLE, Lucy 17 (SH2-84)
ABLES, Wm. T. 28 (SH1-229)
ABRAHAMS, Millard 35 (B) (SH1-304)
ABSON, Anderson 28 (B) (SH1-137)
ACHERSON, Isaac 42 (SH2-45)
ACHTMAN, Jos. 48 (SH2-307)

ACKERMAN, Sophia 19 (SH2-279)
ACKSON, Mary 49 (B) (SH2-45)
ACOCK, M. E. 35 (f) (SH1-31)
ACOCK, Mary 14 (B) (SH1-59)
ACOCK, Nicholas 59 (SH1-31)
AD-WAY, Louis 41 (B) (SH1-177)
ADAIR, Eva 48 (SH1-95)
ADAIR, George? 46 (B) (SH1-276)
ADAIR, John 36 (SH2-46)
ADAIR, Shad? 30 (m) (B) (SH1-276)
ADAIR, ___ 40 (m) (B) (SH1-274)
ADAMS, Alate? 55 (f) (B) (SH2-277)
ADAMS, Alf 26 (B) (SH1-379)
ADAMS, Benj. F. 27 (SH1-82)
ADAMS, Burrell 3 (SH2-172)
ADAMS, Chainey 50? (f) (B) (SH2-49)
ADAMS, Clayton 55 (B) (SH1-302)
ADAMS, D. W. 50 (m) (SH2-112)
ADAMS, Ella L. 33 (SH2-9)
ADAMS, Emily 75 (B) (SH1-333)
ADAMS, F. 25 (f) (B) (SH2-141)
ADAMS, Fannie 31 (B) (SH2-225)
ADAMS, Frank 40 (B) (SH1-63)
ADAMS, Frederic 13 (SH2-265)
ADAMS, Geo. 28 (SH1-363)
ADAMS, Green 37? (B) (SH1-355)
ADAMS, H. 24 (m) (B) (SH1-243)
ADAMS, Helen 51 (SH2-201)
ADAMS, Henry 35 (B) (SH2-239)
ADAMS, Isaac 27 (B) (SH1-432)
ADAMS, Iseral 55 (m) (B) (SH1-468)
ADAMS, Jno. D. 32 (B) (SH1-354)
ADAMS, Joe 33 (B) (SH1-350)
ADAMS, John 23 (B) (SH1-471)
ADAMS, John 25 (SH2-78)
ADAMS, John 35 (B) (SH1-448)
ADAMS, John Q. 34 (SH1-132)
ADAMS, John ___ (SH2-50)
ADAMS, Julia 60 (B) (SH2-361)
ADAMS, Laurance 22 (B) (SH1-287)
ADAMS, Lewis 24 (SH1-329)
ADAMS, Mansfield 22 (SH1-9)
ADAMS, Mary Ann 45 (SH1-407)
ADAMS, Mathew 36 (SH2-61)
ADAMS, Matthew 30 (B) (SH2-162)
ADAMS, Mattie 17 (f) (SH1-257)
ADAMS, Minerva 36 (B) (SH2-83)
ADAMS, Minerva 45 (B) (SH2-125)
ADAMS, Ned 40 (B) (SH2-203)
ADAMS, Nettie 16 (B) (SH2-203)
ADAMS, P. 23 (m) (B) (SH1-454)
ADAMS, Robert 16 (SH1-334)
ADAMS, S. A. 19 (f) (SH1-168)
ADAMS, Sam 36 (B) (SH1-261)
ADAMS, Sam 72 (B) (SH1-274)
ADAMS, Sarah 12 (SH1-424)
ADAMS, Sim 47 (SH2-106)

ADAMS, Susan 39 (B) (SH1-122)
ADAMS, T. E. 28 (m) (SH1-402)
ADAMS, Thos. P. 45 (SH1-185)
ADAMS, W. B. 32 (m) (SH2-223)
ADAMS, Warren 21 (B) (SH1-454)
ADAMS, Wash 23 (B) (SH2-12)
ADAMS, Wesley 22 (B) (SH2-14)
ADAMS, Wm. 10 (B) (SH2-195)
ADAMS, Wm. 19 (SH1-162)
ADAMS, Wm. B. 32 (B) (SH2-214)
ADAMS?, Wm. 38 (B) (SH2-336)
ADCOCK, Sam 44 (m) (SH1-71)
ADDAMS, Lewis 56 (B) (SH1-19)
ADDIX, Pink 29 (m) (B) (SH2-20)
ADE, Maria 37 (SH2-282)
ADEN, Wm. 37 (B) (SH2-170)
ADKINS, Dave 30 (B) (SH2-289)
ADKINS, Evelina 16 (B) (SH2-281)
ADKINS, Henry 21 (SH1-202)
ADKINS, Jno. 30 (B) (SH1-69)
ADKINS, Joe 60 (m) (B) (SH1-237)
ADKINS, Robert 61 (B) (SH1-80)
ADKISON, Fannie 12 (SH1-40)
ADLER, John V. 31 (SH2-138)
ADLER, Simon 31 (SH2-105)
ADOLPH, Frederic 40 (SH1-136)
AELE?, Theodore 27 (SH2-302)
AERIE, L. E. 50 (f) (B) (SH2-243)
AESCHLUNDER, Ann 32 (SH1-419)
AFFRANCHI?, A. 45? (m) (B) (SH2-96)
AGE, Sarah 40 (B) (SH2-239)
AGNEW, Eli 26 (B) (SH2-105)
AGNEW?, Lizzie 30 (B) (SH2-123)
AIKEN, C. B. 54 (f) (SH2-296)
AIKEN, W. P. 24 (m) (SH2-296)
AIKEN, Walter 28 (SH2-68)
AIKIN, Benjamin 25 (SH2-8)
AIKIN, W. J. A. 50 (f) (SH1-281)
AKIN, Catherine 42 (SH1-436)
AKIN, Celia 24 (B) (SH2-306)
AKIN, Wm. 39 (SH1-437)
AKINS, Thomas 26 (B) (SH2-60)
ALAC?, Joe 21 (B) (SH2-90)
ALACANDE?, Chas. 30 (B) (SH2-143)
ALAXANDER, Fannie 23 (B) (SH2-89)
ALBAN, Joseph P. 37 (SH2-101)
ALBERT, John 44 (SH2-114)
ALBERTEUGH?, Albert 19 (SH2-95)
ALBERTHY, Sister 28 (nun) (SH1-110)
ALBERTS, Ellen 47 (SH2-318)
ALBRECHT, A. 43 (m) (SH2-319)
ALBRIGHT, Anna 12 (B) (SH1-429)
ALBRIGHT, Bridget 60 (SH2-287)
ALBRIGHT, P. L. 25 (m) (B) (SH1-447)
ALBRIGHT, Thomas 25 (SH1-91)
ALBRIGHT, Wm. A. 42 (SH1-276)

ALBRITTON, Jenny 22 (SH2-209)
ALC____, Alex 48 (m) (SH2-165)
ALDRICH, A. S. 32 (m) (B) (SH1-266)
ALDRICH, J. B. 38 (m) (SH2-222)
ALEANDER, T. A. 29 (m) (SH1-48)
ALECK, John 38 (B) (SH2-120)
ALECK?, Helen 5 (SH2-274)
ALEUP?, J. C. 33 (m) (SH1-244)
ALEXANDER, A. 19 (f) (SH1-237)
ALEXANDER, A. 25 (m) (B) (SH1-160)
ALEXANDER, Adam 18 (B) (SH2-334)
ALEXANDER, Adolphus 26 (B) (SH2-101)
ALEXANDER, Agnes 54 (B) (SH1-376)
ALEXANDER, Amos 30 (B) (SH1-180)
ALEXANDER, Andrew 10/12 (B) (SH2-130)
ALEXANDER, Andrew 25 (B) (SH1-431)
ALEXANDER, Andrew 25 (B) (SH2-278)
ALEXANDER, Armstead 25 (B) (SH1-422)
ALEXANDER, Boston 36 (B) (SH2-341)
ALEXANDER, Carrie 31 (B) (SH2-341)
ALEXANDER, Charles 5 (B) (SH2-17)
ALEXANDER, Chas. 24 (B) (SH2-185)
ALEXANDER, Cooper 62 (B) (SH2-305)
ALEXANDER, Dave 22 (B) (SH1-117)
ALEXANDER, David 32 (SH2-76)
ALEXANDER, David 55 (B) (SH1-134)
ALEXANDER, Dick 34 (B) (SH1-288)
ALEXANDER, Duncan 27 (B) (SH1-154)
ALEXANDER, Edward 6 (SH1-52)
ALEXANDER, Elias 36 (B) (SH1-427)
ALEXANDER, Ella 21 (B) (SH2-360)
ALEXANDER, Ellen 27 (B) (SH1-279)
ALEXANDER, Emma 18 (B) (SH1-427)
ALEXANDER, Ephraim 45 (B) (SH2-285)
ALEXANDER, Geo. 26 (B) (SH1-153)
ALEXANDER, George 65 (B) (SH1-367)
ALEXANDER, Green 35 (B) (SH1-381)
ALEXANDER, H. 70? (f) (B) (SH1-391)

ALEXANDER, Harry 42 (SH2-117)
ALEXANDER, Harry 50 (B) (SH1-170)
ALEXANDER, Henry 26 (B) (SH1-360)
ALEXANDER, Henry 27 (B) (SH2-115)
ALEXANDER, Ike 35 (B) (SH2-231)
ALEXANDER, JOhn 35 (B) (SH2-348)
ALEXANDER, James 26 (B) (SH1-470)
ALEXANDER, James 43? (B) (SH2-2)
ALEXANDER, James M. 32 (SH1-132)
ALEXANDER, James W. 33 (SH1-124)
ALEXANDER, Jas. 30 (B) (SH2-143)
ALEXANDER, Jim 28 (B) (SH2-285)
ALEXANDER, Jim 32 (SH2-78)
ALEXANDER, Jno. 25? (SH2-82)
ALEXANDER, John 33 (B) (SH2-301)
ALEXANDER, John 60 (B) (SH1-168)
ALEXANDER, Josephine 12 (B) (SH2-17)
ALEXANDER, Julia 20 (B) (SH1-371)
ALEXANDER, Lettie 1 (B) (SH2-55)
ALEXANDER, Lewis 25 (B) (SH1-256)
ALEXANDER, Lewis 30 (B) (SH2-160)
ALEXANDER, Lidia 50 (B) (SH1-127)
ALEXANDER, Louis 11 (B) (SH1-237)
ALEXANDER, Lucy 15 (B) (SH1-105)
ALEXANDER, M. N. 75 (f) (SH1-241)
ALEXANDER, Mack 70 (B) (SH2-240)
ALEXANDER, Margat. 23 (f) (B) (SH1-190)
ALEXANDER, Martha 35 (B) (SH2-220)
ALEXANDER, Mat 30 (f) (B) (SH1-369)
ALEXANDER, Mattie 27 (f) (B) (SH2-203)
ALEXANDER, Mira 70 (B) (SH1-381)
ALEXANDER, Mit 23 (m) (B) (SH1-81)
ALEXANDER, Phebe 60 (B) (SH1-305)
ALEXANDER, Pisey 57 (f) (B) (SH1-323)
ALEXANDER, R. 18 (m) (B) (SH1-230)
ALEXANDER, Rachael 45 (B) (SH2-128)
ALEXANDER, Rachel 29 (B) (SH2-241)
ALEXANDER, Reuben 13 (B) (SH1-430)
ALEXANDER, Rheuben 30 (B) (SH2-68)
ALEXANDER, Richard 29 (B) (SH1-408)
ALEXANDER, Robt. 30 (B) (SH2-341)
ALEXANDER, Robt. H. 43 (SH2-297)
ALEXANDER, Roland 45 (B) (SH2-200)
ALEXANDER, S. 17 (m) (B) (SH1-147)
ALEXANDER, Sarah 30 (B) (SH1-280)
ALEXANDER, Sarah 72 (B) (SH2-358)
ALEXANDER, Scott 45 (B) (SH2-187)
ALEXANDER, Solomon 24 (B) (SH1-55)
ALEXANDER, Susan 29 (B) (SH1-19)
ALEXANDER, T. M. 45 (m) (SH2-313)
ALEXANDER, Thodeus 45 (SH1-386)
ALEXANDER, Tom 28 (B) (SH2-203)
ALEXANDER, Tony 24 (B) (SH1-424)
ALEXANDER, Walter 25 (B) (SH2-286)
ALEXANDER, Wilson 45 (B) (SH1-157)
ALEXANDER, Wm. 15? (SH2-164)
ALEXANDER, Wm. 29 (B) (SH2-59)
ALEXANDER, Wm. 45 (B) (SH1-43)
ALEXANDER, Wm. 51 (B) (SH1-90)
ALEXANDER, Wm. 63 (SH1-130)
ALEXANDER, Wm. 9/12 (B) (SH1-463)
ALEXANDER, Wm. H. 31 (SH2-83)
ALEXANDER, York 35 (B) (SH1-371)
ALEXANDER?, Robt. 26? (B) (SH2-124)
ALFORD, John 24 (SH1-220)
ALFORD, King 55 (B) (SH2-213)
ALGEE, George 28 (B) (SH1-360)
ALGEE, Gilbert 50 (B) (SH1-90)
ALGER?, James 35 (SH2-47)
ALINDER, John 29 (SH2-58)
ALIRANDER, Harman 26 (B) (SH2-105)
ALISON, Jennie 70 (SH1-262)
ALJOE, Isaac 58 (B) (SH2-203)
ALKER, Ed 25 (B) (SH2-109)
ALLBRIGHT, Wm. 8 (B) (SH1-228)
ALLEN, A. F. 55 (f) (SH1-146)
ALLEN, Aaron 35 (SH2-283)
ALLEN, Agnes 16 (B) (SH1-239)
ALLEN, Albert 60 (B) (SH2-346)
ALLEN, Alex 32 (B) (SH1-323)
ALLEN, Alice 7 (B) (SH1-125)
ALLEN, Andrew 19 (B) (SH1-81)
ALLEN, Andrew 9 (B) (SH2-295)
ALLEN, Ann 7 (B) (SH1-9)
ALLEN, Annie 29 (B) (SH1-337)
ALLEN, Ben 23 (B) (SH2-167)
ALLEN, Ben 48 (B) (SH1-278)
ALLEN, Berry 36 (B) (SH1-202)
ALLEN, Bob 25 (B) (SH1-69)
ALLEN, Calvin 39 (B) (SH1-113)
ALLEN, Carrie 32 (f) (B) (SH1-403)
ALLEN, Charles 16 (SH1-227)
ALLEN, Charles 37 (B) (SH2-256)
ALLEN, Charles 53 (B) (SH1-211)
ALLEN, Cherry 50 (f) (B) (SH1-144)
ALLEN, Dennis 61 (B) (SH2-246)
ALLEN, Dolfie 23 (f) (B) (SH2-187)
ALLEN, E. A. 43 (f) (SH2-136)
ALLEN, E. C. (Mrs.) 32 (SH2-354)
ALLEN, Ed F. 20 (SH1-332)
ALLEN, Elizabeth 44 (SH2-295)
ALLEN, Elizabeth 59 (SH2-84)
ALLEN, Emanuel 83 (B) (SH2-122)
ALLEN, Ezekel 48 (B) (SH1-211)
ALLEN, Frances 65 (B) (SH1-346)
ALLEN, Frank 19 (B) (SH1-234)
ALLEN, Fred 26 (B) (SH2-325)
ALLEN, Genevieve 35 (SH2-222)
ALLEN, Geo. 44 (SH1-194)
ALLEN, George 21 (B) (SH1-308)
ALLEN, George 22 (B) (SH1-14)
ALLEN, George 56 (B) (SH1-251)
ALLEN, Gertrude 5 (SH1-425)
ALLEN, Gibson 23 (B) (SH2-346)
ALLEN, Goe? 21 (m) (SH1-59)
ALLEN, Green 25 (B) (SH2-328)
ALLEN, Henry 25 (B) (SH1-124)
ALLEN, Henry 40 (B) (SH1-152)
ALLEN, Hugh 18 (B) (SH1-167)
ALLEN, Hugh 27 (SH1-356)
ALLEN, Isaac 35 (B) (SH1-126)
ALLEN, Isam 29 (B) (SH2-31)
ALLEN, J. A. 39 (m) (SH1-33)
ALLEN, JAmes 35 (B) (SH1-224)
ALLEN, Jack 40 (B) (SH1-148)
ALLEN, James 21 (B) (SH1-93)
ALLEN, James 9 (B) (SH1-12)
ALLEN, James H. 27 (SH1-300)
ALLEN, Jane 25 (B) (SH2-301)
ALLEN, Jas. W. 32 (B) (SH1-354)
ALLEN, Jas. W. 35 (SH1-200)
ALLEN, Jenny 30 (B) (SH2-240)
ALLEN, Jim 2 (B) (SH2-203)
ALLEN, John 20 (SH1-421)
ALLEN, John 28 (B) (SH1-367)
ALLEN, John 32 (B) (SH1-116)
ALLEN, John 39 (SH2-100)
ALLEN, John 45 (B) (SH2-15)
ALLEN, John J. 23 (SH2-99)
ALLEN, John W. 47 (SH1-221)
ALLEN, Jos. 6 (B) (SH2-188)
ALLEN, Joseph 31 (B) (SH1-116)
ALLEN, Joseph 39 (SH2-170)
ALLEN, Joseph T. 79 (SH1-221)
ALLEN, Kate 31 (SH1-367)
ALLEN, Kirk 33 (SH2-207)
ALLEN, Kittie 32 (B) (SH2-158)
ALLEN, L. A. 39 (f) (SH2-157)
ALLEN, Lane? 48 (m) (B) (SH2-359)
ALLEN, Lee 20 (m) (B) (SH1-85)
ALLEN, Lizzie 18 (B) (SH1-471)
ALLEN, Louisa 60 (B) (SH2-136)
ALLEN, Louise 65 (B) (SH1-366)
ALLEN, Lucy 15 (B) (SH1-37)
ALLEN, Lucy 34 (B) (SH2-82)
ALLEN, Lucy 60 (B) (SH1-351)
ALLEN, Luesa 9 (SH1-44)
ALLEN, MArtha 60 (B) (SH1-140)
ALLEN, Major 30 (B) (SH2-28)
ALLEN, Malinda 45 (B) (SH2-136)
ALLEN, Marchus A. 59 (m) (SH1-142)
ALLEN, Maria 27 (B) (SH2-152)
ALLEN, Mary 21 (B) (SH2-247)
ALLEN, Mary 30 (SH2-80)
ALLEN, Mary 36 (B) (SH1-195)
ALLEN, Mary 55 (B) (SH1-175)
ALLEN, Mary 73 (B) (SH1-4)
ALLEN, Mary F. 12 (B) (SH1-142)
ALLEN, Mattie 13 (f) (SH1-103)
ALLEN, Minnie 14 (SH2-13)
ALLEN, Moses 72 (B) (SH2-118)
ALLEN, Munro 40 (B) (SH2-287)
ALLEN, Murris? 35 (m) (B) (SH1-454)
ALLEN, Nancy 28 (B) (SH2-61)
ALLEN, Nelson 30 (B) (SH2-333)
ALLEN, Peter 22 (B) (SH1-220)
ALLEN, Peter 70 (B) (SH1-116)
ALLEN, Pomp 30 (m) (B) (SH1-354)
ALLEN, Rachl. 15 (B) (SH2-257)
ALLEN, Rheuben 65 (B) (SH1-228)
ALLEN, Robert 20 (B) (SH1-322)
ALLEN, Robert 32 (B) (SH2-154)
ALLEN, Sam 31 (m) (B) (SH1-124)
ALLEN, Sam 40 (B) (SH1-210)
ALLEN, Sam 56 (B) (SH1-323)
ALLEN, Sam H. 41 (m) (SH1-139)
ALLEN, Samuel 40 (B) (SH2-322)
ALLEN, Sister 30 (SH1-109)
ALLEN, Susan 7 (SH1-76)
ALLEN, T. W. 43 (m) (SH1-270)
ALLEN, Thomas 27 (SH2-362)
ALLEN, Thomas 35 (B) (SH2-118)
ALLEN, Thos. 26 (B) (SH2-292)
ALLEN, Thos. 48 (SH1-210)
ALLEN, Thos. B. 45 (SH2-219)
ALLEN, Thos. H. 66 (SH2-101)
ALLEN, Tom 22 (B) (SH1-362)
ALLEN, Tom 26 (B) (SH2-252)
ALLEN, Turner 23 (B) (SH2-256)

ALLEN, Turner? 24 (SH1-220)
ALLEN, W. O.? 51 (m) (SH1-392)
ALLEN, Walter 70 (SH1-221)
ALLEN, Walter C. 40 (SH1-305)
ALLEN, Willis 30 (B) (SH2-98)
ALLEN, Wm. 21 (B) (SH1-97)
ALLEN, Wm. 46 (B) (SH1-427)
ALLEN, Wm. 55 (B) (SH2-176)
ALLEN, Wm. 65 (B) (SH1-220)
ALLEN, Wm. H. 54 (SH1-229)
ALLEN?, M.? 33 (m) (B) (SH2-347)
ALLENWORTH, L. E. 67 (f) (SH2-154)
ALLEY, T. R. 34 (m) (SH1-280)
ALLIN, James 21 (B) (SH2-233)
ALLISON, Alex 37 (SH2-68)
ALLISON, Alexander 27 (SH2-85)
ALLISON, Fanny 59 (B) (SH1-167)
ALLISON, Henry 50 (B) (SH2-17)
ALLISON, Linsey 35 (m) (B) (SH2-357)
ALLISON, Lucy 35 (B) (SH1-280)
ALLISON, Robert W. 77 (SH2-63)
ALLISON, S. E. 28 (f) (SH1-276)
ALLISON, Saarah 40 (SH2-202)
ALLSUP, W. W. 21 (m) (SH2-147)
ALOISES, Mary 17 (SH1-109)
ALRIDGE, Stephen 37 (B) (SH2-179)
ALSBROOKS, Ann 24 (B) (SH1-200)
ALSBROOKS, John H. 58 (SH1-137)
ALSOBROOK, Alex 40 (B) (SH1-298)
ALSOBROOK, C. W. 23 (m) (SH1-323)
ALSOBROOK, Calvin 18 (B) (SH1-323)
ALSOBROOK, James T. 21 (SH1-322)
ALSOP, Jessee 79 (m) (SH1-141)
ALSOP, Wm. D. 38 (SH1-142)
ALSTOCK, Elizabeth (B) (SH2-195)
ALSTOCK, Vina 22 (B) (SH2-195)
ALSTON, Bill 57 (B) (SH2-309)
ALSTON, Henry 55 (B) (SH2-319)
ALSTON, Isaac 57 (B) (SH2-308)
ALSTON, Percy 14 (SH1-445)
ALSTON, Philip 49 (B) (SH1-418)
ALSTON, Roda 47 (SH2-96)
ALSTON, Virginia 40 (SH1-251)
ALSTON, Willis 45 (B) (SH1-352)
ALSTON?, C. C. 45 (m) (SH2-138)
ALSUP, John H. 30 (SH1-233)
ALSUP, O. M. 60 (m) (SH1-233)
ALSUP, Thomas 30 (SH1-130)
ALT, Wm. 29 (SH2-91)
ALTEMORE, Geo. 24 (B) (SH1-187)
ALTEMORE, Richard 54 (B) (SH1-181)
ALTHOU__, Gus 40 (SH2-350)

ALTHUS, Henry jr. 27 (SH2-110)
AMES, Jessie 26 (f) (SH2-38)
AMES, Louis 25 (SH2-70)
AMMONETT, Wash 21 (B) (SH1-211)
AMMONETTE, Lucy 39 (SH2-281)
AMMONS, Annie 25 (SH2-133)
AMMONS, Constance 22 (SH2-121)
AMMONS, John S. 23 (SH2-121)
AMODEO?, George 22 (SH2-231)
AMOS, Gregory 25 (SH1-412)
AMOS, Mary 60 (B) (SH2-72)
AMOS?, Patterson 39 (B) (SH1-299)
AMY, Prince 26 (B) (SH1-327)
AMY, Richard 49 (B) (SH1-328)
ANDERSON, A. W. 50 (m) (SH1-188)
ANDERSON, Alfred 25 (B) (SH1-332)
ANDERSON, Alfred 26 (B) (SH2-118)
ANDERSON, Alvin 21 (SH1-134)
ANDERSON, Andrew 37 (SH2-50)
ANDERSON, Annie 28 (B) (SH2-15)
ANDERSON, Berry 55 (B) (SH2-39)
ANDERSON, Betsy 50 (B) (SH1-234)
ANDERSON, Block? 24 (f) (B) (SH2-117)
ANDERSON, Bob 25 (B) (SH2-249)
ANDERSON, Boyd 3 (B) (SH1-99)
ANDERSON, Chana 46 (f) (B) (SH2-316)
ANDERSON, Charles 27 (B) (SH2-120)
ANDERSON, Charles 45 (SH2-55)
ANDERSON, Charley 8 (SH2-335)
ANDERSON, Charlie 52 (B) (SH1-26)
ANDERSON, Cora 24 (SH2-353)
ANDERSON, Cornelia 28 (B) (SH1-12)
ANDERSON, David 26 (B) (SH2-1)
ANDERSON, Dianna 47 (B) (SH2-338)
ANDERSON, Dock 29 (B) (SH2-40)
ANDERSON, Dock 30 (B) (SH2-24)
ANDERSON, Eli 55 (B) (SH2-301)
ANDERSON, Ellen 45 (B) (SH2-260)
ANDERSON, Ellis 25 (B) (SH1-277)
ANDERSON, Emily 60 (SH2-205)
ANDERSON, Ezechiel 51 (SH1-86)
ANDERSON, Falby 90? (f) (B) (SH2-103)
ANDERSON, G. W. 52 (m) (SH2-111)

ANDERSON, Geo. 30 (B) (SH1-354)
ANDERSON, George 22 (B) (SH1-8)
ANDERSON, H. 32 (m) (SH1-147)
ANDERSON, Hardison 35 (B) (SH1-303)
ANDERSON, Henry 30 (B) (SH1-354)
ANDERSON, Henry jr. 27 (B) (SH1-184)
ANDERSON, Henry sr.? 45 (B) (SH1-181)
ANDERSON, Hilliard 35 (B) (SH1-428)
ANDERSON, Hulda 70 (B) (SH2-34)
ANDERSON, J. 22 (m) (B) (SH2-189)
ANDERSON, J. 30 (SH1-61)
ANDERSON, J. L. 33 (m) (SH1-69)
ANDERSON, James 23 (B) (SH2-259)
ANDERSON, James 26 (B) (SH1-128)
ANDERSON, James 40 (B) (SH2-107)
ANDERSON, James 42? (B) (SH2-119)
ANDERSON, James R. 42 (SH1-134)
ANDERSON, Jas. 48 (SH2-121)
ANDERSON, Jennie 30 (B) (SH2-14)
ANDERSON, Jim 40 (B) (SH1-243)
ANDERSON, Jim 46 (SH1-7)
ANDERSON, Jno. 23 (SH1-71)
ANDERSON, Jno. A. 49 (SH1-189)
ANDERSON, John 20 (B) (SH2-278)
ANDERSON, John 28 (B) (SH1-117)
ANDERSON, John 30 (SH2-50)
ANDERSON, John 35 (B) (SH1-163)
ANDERSON, John 36 (B) (SH2-138)
ANDERSON, John 40 (SH2-18)
ANDERSON, John 45 (SH2-201)
ANDERSON, John 50? (B) (SH2-279)
ANDERSON, John L. 26 (SH1-86)
ANDERSON, Josie 10 (f) (SH2-314)
ANDERSON, Katie 23 (B) (SH2-129)
ANDERSON, Keller 35 (m) (SH2-259)
ANDERSON, L. T. 28 (m) (SH1-145)
ANDERSON, Lou 40 (f) (B) (SH2-59)
ANDERSON, Louis 32 (B) (SH1-454)
ANDERSON, Louisa 11? (B) (SH2-132)

ANDERSON, Louisa 25 (SH2-59)
ANDERSON, Luke 27 (B) (SH2-1)
ANDERSON, Lydia 21 (B) (SH2-170)
ANDERSON, M. G. 40 (m) (B) (SH2-82)
ANDERSON, MArtha 30 (B) (SH1-79)
ANDERSON, Maria L. 60 (SH2-205)
ANDERSON, Mariah 42 (B) (SH1-154)
ANDERSON, Marissa 80 (B) (SH2-339)
ANDERSON, Mary 3 (SH1-148)
ANDERSON, Mary 40 (B) (SH1-232)
ANDERSON, Mary 42 (B) (SH2-215)
ANDERSON, Mary 44 (B) (SH2-185)
ANDERSON, Mary 55 (B) (SH1-219)
ANDERSON, McNeill 40 (SH2-13)
ANDERSON, Millie 50 (SH1-357)
ANDERSON, Mose 17 (B) (SH2-243)
ANDERSON, Mrs. 39 (SH2-365)
ANDERSON, P. 40 (m) (B) (SH1-367)
ANDERSON, Peter 15 (B) (SH1-217)
ANDERSON, Peter 45 (SH2-229)
ANDERSON, R. T. 50 (m) (SH1-235)
ANDERSON, Ransom 22 (SH2-61)
ANDERSON, Robert 36 (B) (SH2-268)
ANDERSON, Robert 42 (B) (SH2-105)
ANDERSON, Robt. 51 (SH1-461)
ANDERSON, Rosa 26 (B) (SH2-115)
ANDERSON, S. F. 40? (f) (SH1-266)
ANDERSON, S. J. 33 (m) (SH2-290)
ANDERSON, Sam M. 44 (SH2-214)
ANDERSON, Sarah E. 40 (SH1-466)
ANDERSON, Sopha 14 (SH1-142)
ANDERSON, Stark 60 (B) (SH1-123)
ANDERSON, Stephen 25 (B) (SH1-66)
ANDERSON, T. D. 7 (m) (SH1-146)
ANDERSON, Thomas B. 39 (SH2-7)
ANDERSON, Thos. 19 (B) (SH1-456)
ANDERSON, Tiney 25 (f) (B) (SH1-173)
ANDERSON, W. B. 39 (m) (SH2-163)
ANDERSON, W. F. 35 (m) (SH2-91)

1880 Census Shelby Co. TN: Heads-of-Household

ANDERSON, W. L. 40 (m) (SH2-91)
ANDERSON, Wesley 25? (B) (SH1-150)
ANDERSON, Wilson 40 (B) (SH1-366)
ANDERSON, Wm. 23 (B) (SH1-285)
ANDERSON, Wm. 26 (SH1-457)
ANDERSON, Wm. 30 (B) (SH2-148)
ANDERSON, Wm. 50 (B) (SH1-133)
ANDERSON, Wm. 8 (B) (SH1-130)
ANDERSON, Wm. C. 29 (SH1-98)
ANDERSON, Yates 19 (SH2-88)
ANDERSON, Zack T. 28 (SH1-111)
ANDERSON, Zodie 47 (m) (SH1-134)
ANDERSON, _. C. 32 (m) (SH1-399)
ANDERSON, ___ 23 (m) (SH1-147)
ANDERSON, ____ 20 (m) (SH2-263)
ANDERTON, Ann E. 65 (SH1-197)
ANDERTON, C. 24 (m) (SH1-219)
ANDERTON, L. B. 42? (m) (SH1-202)
ANDREW, John 22 (B) (SH1-300)
ANDREW, Katharine 35 (SH2-176)
ANDREWS, David 47 (SH2-48)
ANDREWS, David O. 27 (SH2-205)
ANDREWS, Enoch 11 (B) (SH1-136)
ANDREWS, Fannie 21 (B) (SH1-161)
ANDREWS, George 17 (SH2-222)
ANDREWS, H. E. 37 (m) (SH2-91)
ANDREWS, Hubert 17 (B) (SH2-54)
ANDREWS, James 45? (SH2-231)
ANDREWS, Jas. 40 (SH2-78)
ANDREWS, Jos.? 33 (SH2-86)
ANDREWS, Laura 27 (B) (SH2-95)
ANDREWS, Lee 13 (m) (B) (SH2-225)
ANDREWS, Peter 40 (SH2-118)
ANDREWS, Procilla 35 (B) (SH2-69)
ANDREWS, Thos. 26 (SH2-283)
ANDREWS, W. A. 62 (m) (SH1-151)
ANDREWS, W. H. 27 (m) (SH1-30)
ANDRSON, J. L. 72 (m) (SH1-145)
ANDRSON, James 38 (B) (SH2-346)
ANGES, George 30 (B) (SH2-306)
ANGLAND, Frank 39 (SH1-40)
ANGLE, Henry 21 (SH2-180)
ANGLEMINE?, Isaac 43 (SH2-338)
ANGUS, Edward E. 50 (SH1-129)
ANTHONY, Charles 28 (SH2-18)
ANTHONY, Claiborne 30 (B) (SH2-19)
ANTHONY, Maggie 21 (SH2-93)
ANTHONY, Mary 62 (SH1-225)
ANTHONY, Robt. 49 (B) (SH1-226)
ANTHONY, Susan 28 (B) (SH1-435)
ANTHONY, Wm. 5 (B) (SH1-214)
ANTON, Pig _ (f) (SH1-266)
ANTONY, G. 27 (m) (SH2-110)
APLELAR, Lena 20 (SH2-93)
APP, George W. 28 (SH2-23)
APP, Joseph 51 (SH2-73)
APP, Maria 35 (SH2-24)
APP, Mathyas 57 (SH2-74)
APP, Wm. 14 (SH2-71)
APPERSON, E. M. 65 (m) (SH2-158)
APPERSON, MArgaret 49 (SH2-36)
APPESON, Bettie 35 (B) (SH2-141)
APPLEBURY, Edmond 41 (B) (SH1-1)
APPLEBURY, Ellen 10 (SH1-7)
APPLEBURY, F. W. 48 (m) (SH1-3)
APPLEBURY, John D. 43 (SH1-7)
APPLEBURY, John H. 60 (SH1-3)
APPLEBURY, Maton? 35 (m) (SH1-1)
APPLEBURY, Wesly 24 (B) (SH1-3)
APPLEBURY, Wm. A. 59 (SH1-7)
APPLETON, Johanna 18 (SH2-360)
APPLEWHITE, Charley 20 (B) (SH1-272)
APPLEWHITE, Jesse 66 (m) (SH1-267)
APPLEWHITE, Robt. 28 (B) (SH1-288)
APPLEWHITE, _. M. 35 (m) (SH1-286)
ARATA?, Francis 40 (SH2-55)
ARATTA, Mary 31 (SH2-114)
ARBUCKLE, J. M. 46 (m) (SH1-168)
ARCHARD, Martha 30 (SH1-85)
ARCHER, Fannie 17 (B) (SH1-46)
ARCHER, Malinda 68 (B) (SH1-45)
ARCHEY, Charity 40 (B) (SH2-251)
ARCHEY, Ella 7 (B) (SH2-251)
ARCHIE, L. 30 (m) (B) (SH1-245)
ARCHORD, Catharine 47 (SH2-330)
ARCHY, Ben 50 (B) (SH1-64)
ARD, Joseph 12 (B) (SH1-44)
ARINOUR, Daniel 21 (B) (SH2-234)
ARLIDE, Mandy 36 (SH2-304)
ARLINGTON, Addie 13 (SH2-314)
ARMER, J. A. 30 (m) (B) (SH1-454)
ARMER, Richard 55 (B) (SH2-301)
ARMER, Tom 40 (SH1-60)
ARMON, Armanius 28 (m) (B) (SH1-464)
ARMOR, Charles 52 (B) (SH1-95)
ARMORE, Aron 39 (B) (SH1-140)
ARMOUR, E. T.? 22 (m) (SH1-33)
ARMOUR, George 42 (B) (SH2-278)
ARMOUR, J. B. 42 (m) (SH1-357)
ARMOUR, John 22 (B) (SH2-96)
ARMOUR, Lucy 29 (B) (SH1-465)
ARMOUR, Ma__ 15 (f) (B) (SH1-356)
ARMOUR, Maggie 20 (SH2-90)
ARMOUR, O. W. 22 (m) (SH1-32)
ARMOUR, Perry 17 (B) (SH1-265)
ARMOUR, Pleasant 18 (B) (SH1-48)
ARMOUR, S. F. 48 (m) (SH1-33)
ARMOUR, Sarah 24 (B) (SH2-88)
ARMOUR, Willis 19 (B) (SH2-96)
ARMOUR?, Emily B. 45 (SH2-198)
ARMS, John 55 (B) (SH2-97)
ARMSTEAD, Jno. 70 (B) (SH1-67)
ARMSTEAD, K. R. 30 (m) (SH2-330)
ARMSTEAD, Lou 18 (f) (B) (SH1-155)
ARMSTEAD, Peter 35 (B) (SH2-150)
ARMSTEAD, Westwood 26 (SH2-104)
ARMSTED, W.? 30 (m) (B) (SH1-396)
ARMSTED, Wm. 35 (B) (SH2-77)
ARMSTRONG, Andy 37 (B) (SH2-318)
ARMSTRONG, Anjeron? 13 (f) (B) (SH1-442)
ARMSTRONG, B. 58 (m) (SH1-392)
ARMSTRONG, Bella 35 (f) (B) (SH2-309)
ARMSTRONG, C. 31 (m) (SH1-451)
ARMSTRONG, Charles 23 (SH1-300)
ARMSTRONG, Daniel 27 (SH1-51)
ARMSTRONG, Delia 29 (B) (SH1-114)
ARMSTRONG, Dora 36 (SH2-124)
ARMSTRONG, Ella 16 (SH1-382)
ARMSTRONG, Frank 14 (SH1-110)
ARMSTRONG, Frank 22 (B) (SH2-291)
ARMSTRONG, Fred 15 (B) (SH2-85)
ARMSTRONG, Jane 42 (B) (SH2-158)
ARMSTRONG, John 35 (B) (SH1-170)
ARMSTRONG, John A. 31 (SH1-78)
ARMSTRONG, Knoxie 16 (f) (SH2-124)
ARMSTRONG, Lucy 40 (B) (SH1-109)
ARMSTRONG, Lulu 31 (SH2-279)
ARMSTRONG, Monroe 24 (B) (SH1-427)
ARMSTRONG, Oscar 29 (SH2-62)
ARMSTRONG, Richard 18 (B) (SH1-435)
ARMSTRONG, S. E. 17 (f) (SH1-245)
ARMSTRONG, Thos. 56 (B) (SH1-164)
ARMSTRONG, Trecia 26 (SH2-45)
ARMSTRONG, Willis 60 (B) (SH1-412)
ARMSTRONG, Wm. 15 (B) (SH1-333)
ARMSTRONG, Wm. 17 (SH1-132)
ARNELL?, Frank 45 (B) (SH1-372)
ARNES?, Catharine 45 (B) (SH2-158)
ARNETT, David 44 (B) (SH1-407)
ARNOLD, Arther 24 (B) (SH1-324)
ARNOLD, Caroline 35 (B) (SH2-219)
ARNOLD, Chana 30 (f) (B) (SH2-305)
ARNOLD, Chancey 28 (f) (B) (SH2-23)
ARNOLD, Dick 19 (SH1-160)
ARNOLD, Eliza 58 (SH1-467)
ARNOLD, Frank 67 (SH2-119)
ARNOLD, George 38 (SH2-75)
ARNOLD, Gilbert 57 (B) (SH1-161)
ARNOLD, Herman 43 (SH2-97)
ARNOLD, J. K. 52 (m) (SH2-227)
ARNOLD, Jacob 24 (SH2-110)
ARNOLD, Jane 70 (B) (SH1-334)
ARNOLD, John J. 22 (SH1-313)
ARNOLD, John W. 32 (SH1-210)
ARNOLD, Plesant 35 (B) (SH1-299)
ARNOLD, Thos. 45 (SH2-85)
ARNOLD, Thos. H. 45 (SH2-99)
ARNOLD, Wm. 40 (B) (SH1-427)
ARNOLD, Wm. 50 (SH2-76)
ARNOLD, Wm. 60 (B) (SH2-228)
ARQUETTE, Edward 24 (SH2-73)
ARQUETTE, Maria 39 (SH2-72)
ARRIGHI, Angeline 33 (SH2-136)
ARSEE, Fong 32 (m)(Chin) (SH2-73)
ARTHUR, Henry 35? (B) (SH2-178)

4

ARTHUR, Milton A. 45 (SH1-48)
ARTHUR, Wm. 53 (B) (SH1-106)
ARTIS, Morrice 39 (B) (SH1-335)
ASBURY, Charity 35 (B) (SH2-197)
ASBURY, Emma 31 (B) (SH1-131)
ASH, Margaret 39 (SH2-315)
ASHBROOK, Hubert C. 41 (SH2-30)
ASHBROOK, J. L. 36 (m) (SH2-256)
ASHBY, Charles M. 35 (SH1-195)
ASHE, Shephard 64 (SH2-262)
ASHER, Allen 27 (SH2-98)
ASHFORD, John 57 (B) (SH2-359)
ASHFORD, Wm. J. 44 (SH2-190)
ASHLAND, Effie 19 (SH2-174)
ASHLEY, Fritz 30 (SH2-195)
ASHLEY, Margarit A. 47 (SH2-319)
ASKEW, M. 19 (m) (B) (SH1-149)
ASTA, John 28 (SH2-111)
ASTON, C. C. 42 (f) (B) (SH2-243)
ASTRAIN, Eugine 33 (SH2-75)
ASTRIAN?, Pepe C. 24 (SH1-441)
ATCHINSON, Wm. H. 24 (SH2-205)
ATCHISON, Walter 12 (B) (SH2-197)
ATCHUL, Charles 25? (SH2-53)
ATHERTON, J. M. 29 (m) (SH1-290)
ATHEY, Ella 25 (SH2-31)
ATHEY, Phillip R. 44 (SH2-274)
ATKERSON, Mary 50 (B) (SH2-76)
ATKERSON, Wm. T. 32 (SH1-223)
ATKINS, Henry 29 (SH2-75)
ATKINS, Lewis 45 (B) (SH1-154)
ATKINS, Nathan 50 (B) (SH1-445)
ATKINS, Wade 50 (B) (SH2-204)
ATKINS, Wm. 54 (B) (SH2-362)
ATKINSON, Andrew 32 (SH2-70)
ATKINSON, Annie 9 (B) (SH2-290)
ATKINSON, Fannie 35 (SH2-65)
ATKINSON, Jane 42 (B) (SH2-96)
ATKINSON, Sarah 62 (SH1-109)
ATKINSON, Wm. 26 (B) (SH1-169)
ATLEY, S. B. 22 (m) (SH2-91)
ATMON?, Lettie 22 (SH2-193)
ATMORE, Chas. P. 26 (SH2-100)
ATTWOOD, Elsie 15 (f) (B) (SH2-1)
ATTWOOD, Frederick J. 60 (SH2-3)
ATTWOOD, Texana 21 (B) (SH2-275)
ATWOOD, Dallas 6 (SH1-110)
ATWOOD, Eliza 54 (B) (SH2-20)
ATWOOD, Frederick 40 (SH2-295)
ATWOOD, Joe 23 (B) (SH2-197)
AUERBACK, S. 33 (m) (SH2-180)
AUGUSTUS, Henrietta 37 (SH2-120)
AUGUSTUS, Mary 34 (SH2-102)
AUNT, Caty _ (B) (SH2-206)
AURTRY?, Alfred 60 (B) (SH1-346)
AUSKIN, Pleas 52 (m) (B) (SH2-331)
AUSTIN, Albert 28 (B) (SH2-327)
AUSTIN, Ambrose 30 (B) (SH2-173)
AUSTIN, Ann 45 (B) (SH2-237)
AUSTIN, Daniel 45 (B) (SH1-409)
AUSTIN, Dilley 50 (f) (B) (SH1-453)
AUSTIN, Dorcas 57 (f) (B) (SH2-1)
AUSTIN, Emma 9 (B) (SH2-327)
AUSTIN, Harriet 49 (B) (SH2-176)
AUSTIN, J. 39 (m) (SH2-170)
AUSTIN, John 26? (B) (SH2-225)
AUSTIN, John 52 (B) (SH2-204)
AUSTIN, Junius 3 (B) (SH1-370)
AUSTIN, Laura 24 (B) (SH2-225)
AUSTIN, Mary 23 (B) (SH2-120)
AUSTIN, Mary 24 (SH2-222)
AUSTIN, Thomas 35? (SH2-54)
AUSTIN, Willis 50 (B) (SH1-154)
AUSTON, Antony 23 (B) (SH1-221)
AUTWINE, Henrietta 75 (SH1-412)
AVANT, Alice 30 (B) (SH1-289)
AVANT, Perry 56 (B) (SH2-358)
AVANT, Philip 25 (B) (SH2-173)
AVANT, Samuel 50 (B) (SH2-140)
AVANT, Thos. 40 (B) (SH2-142)
AVENT, Hannah 50 (B) (SH2-315)
AVENT, Irene 11 (SH1-424)
AVENT, Lelia 51 (B) (SH2-130)
AVENT, Mollie 17 (B) (SH1-113)
AVENT, Nancy 65 (SH2-217)
AVENT, Susan 29 (B) (SH2-287)
AVERETT, H. H. 39 (m) (SH2-113)
AVERITT, M. C. 56 (f) (SH2-295)
AVERY, Allen 38 (B) (SH2-268)
AVERY, Ann 50 (B) (SH1-361)
AVERY, Dennis 35 (B) (SH2-267)
AVERY, E. M. 60 (m) (SH2-190)
AVERY, Harry 22 (SH1-106)
AVERY, John 29 (B) (SH2-102)
AVERY, John 43 (SH2-146)
AVERY, Rosetta 60 (B) (SH1-120)
AVERY, Virginia A. 31 (SH2-233)
AWLSBROOK, Walter 30 (SH2-74)
AXLEY, Bettie 13 (B) (SH2-305)
AXUM, Badwoirg? 42 (f) (SH2-297)
AXUM, Ben 52 (B) (SH2-321)
AYDELETT?, Shepherd 61 (SH1-181)
AYDELOTT, Wm. L. 27 (SH1-186)
AYDLETT, Rob B. 27 (B) (SH2-97)
AYDLETTE, Clarisy 56 (B) (SH1-441)
AYERS, Charles 42 (B) (SH1-326)
AYERS, Isham 54 (B) (SH1-193)
AYERS, John 52 (B) (SH2-359)
AYERS, Tredwell 65 (SH2-69)
AYERS, _____ 35 (f) (B) (SH2-159)
AYRES, B. A. 21 (m) (SH2-91)
AYRES, Dilda? 71 (f) (B) (SH1-241)
AYRES, Eliza 40 (B) (SH2-219)
AYRES, Hulda 62 (B) (SH2-124)
A___D, W. Reed 34 (SH1-177)
A_____T, Mary 31 (SH2-100)
BAAIFUS?, Lena 21 (SH2-110)
BABB, Benjamin 62 (SH2-271)
BABOA, Sandy 49? (m) (B) (SH2-131)
BACCUS, W. 4 (m) (SH2-394)
BACHARACH?, Elias 38 (SH2-177)
BACHLEY, J. E.? P. 33 (m) (SH1-250)
BACHMAN, Jas. 59 (SH2-147)
BACHUS, Thomas J. 44 (SH2-59)
BACIGABUPO, Charles 29 (SH2-74)
BACIGALUPO, Charles 26 (SH1-107)
BACIGALUPO, John 30 (SH1-106)
BACIJALUPO?, Geo. 25 (SH2-112)
BACKKON, A. 20 (f) (B) (SH1-392)
BACON, Ella 25 (B) (SH2-192)
BACON, Isaac H. 44 (SH2-99)
BACON, James 35 (B) (SH2-364)
BACON, Jas. 35 (B) (SH2-145)
BACON, M. L. 60 (f) (SH2-166)
BACON, Mathew L. 46 (SH1-109)
BACON, Robert 30 (SH2-206)
BADINELLI, James 17 (SH2-100)
BAER, Lucy 35 (SH2-42)
BAGBY, Andrew 40 (B) (SH2-201)
BAGBY, Cherry 8 (f) (B) (SH1-47)
BAGBY, James 22 (B) (SH1-50)
BAGBY, Wm. 22 (B) (SH1-354)
BAGGIANO, Mary 22 (SH2-69)
BAGGNELLI?, E.? J. 26 (m) (SH2-112)
BAGIGALUPPO?, Emma 46? (SH1-89)
BAGLEY, Thomas 39 (SH1-456)
BAGLIS, Joseph 30 (B) (SH2-246)
BAGWELL?, James 13 (SH1-35)
BAHN, Mary 48 (SH2-320)
BAIER, John 60 (SH2-17)
BAILEY, Alice 21 (SH2-49)
BAILEY, Barney 55 (B) (SH1-416)
BAILEY, Charles 37 (B) (SH1-438)
BAILEY, Ed 40 (B) (SH1-303)
BAILEY, Fannie 38 (B) (SH2-44)
BAILEY, Flowers 24 (m) (B) (SH2-245)
BAILEY, Geo. 21 (B) (SH1-252)
BAILEY, Geo. 48 (B) (SH1-46)
BAILEY, Harriet 28 (B) (SH1-2)
BAILEY, Henry 52 (B) (SH2-14)
BAILEY, Henry jr. 27 (B) (SH1-252)
BAILEY, Isham 41 (SH1-237)
BAILEY, J. J. 60 (m) (SH1-278)
BAILEY, J. S. 39 (m) (SH1-406)
BAILEY, JAne 18 (B) (SH1-187)
BAILEY, J___ 56 (m) (B) (SH1-211)
BAILEY, Jack 40 (B) (SH1-314)
BAILEY, James 50 (SH2-44)
BAILEY, James Moses 24 (SH1-52)
BAILEY, Jim 19 (B) (SH1-383)
BAILEY, John 28 (SH2-7)
BAILEY, John 40 (B) (SH2-39)
BAILEY, John 60? (B) (SH2-291)
BAILEY, Joseph 27 (SH2-352)
BAILEY, Julia 60 (SH1-370)
BAILEY, Lee 21 (m) (B) (SH1-252)
BAILEY, Louis 50 (B) (SH1-303)
BAILEY, Louisa 27 (B) (SH2-33)
BAILEY, Lucian 56 (m) (B) (SH2-334)
BAILEY, Lucinda 35 (B) (SH1-303)
BAILEY, Marshall 25 (B) (SH2-57)
BAILEY, Newton 52 (B) (SH1-54)
BAILEY, Nicey 47 (B) (SH1-397)
BAILEY, Nora 16 (SH2-316)
BAILEY, Osborn 26 (B) (SH2-185)
BAILEY, Osborne 45 (B) (SH1-281)
BAILEY, Sarah 50 (B) (SH1-313)
BAILEY, Sue? 22 (B) (SH2-303)
BAILEY, Thos. 63 (B) (SH1-449)
BAILEY, Willie 14 (m) (B) (SH2-39)
BAILEY, Wm. 40 (SH2-244)
BAILEY, __immie 12 (f) (B) (SH2-39)
BAILEY?, Emma 56 (B) (SH2-335)
BAILY, Anthony 30 (B) (SH1-83)
BAILY, Armistead 25 (B) (SH1-90)
BAILY, Frank 30 (B) (SH1-251)
BAILY, JAmes M. 46 (SH1-85)
BAILY, Jacob 33 (B) (SH1-85)
BAILY, John 13 (B) (SH1-214)
BAILY, Louis 40 (B) (SH1-149)
BAILY, Lucy 40 (B) (SH2-45)
BAILY, Rose 30 (B) (SH1-106)
BAILY, Weldon 25 (B) (SH1-251)
BAIN, George 19 (SH2-36)
BAIN, Maria 73 (SH2-156)
BAIN, Mary 55 (SH2-237)
BAIN, T. C. 24 (m) (SH1-263)
BAINE, Celia 30 (SH2-211)
BAIRES, Alfred 30 (SH2-77)
BAITIE, Daniel 40 (B) (SH2-102)
BAKE, Peter 24 (SH2-78)
BAKER, Albert 45 (B) (SH1-453)
BAKER, Alice 25 (B) (SH1-404)
BAKER, Amy 55 (B) (SH1-473)
BAKER, Andrew 24 (B) (SH1-310)
BAKER, Austin 2_ (B) (SH1-151)

1880 Census Shelby Co. TN: Heads-of-Household

BAKER, Ben 30 (SH2-310)
BAKER, Bettie 27 (B) (SH2-170)
BAKER, Charles 40 (B) (SH1-274)
BAKER, Charles 5 (SH2-112)
BAKER, Clarinda 46 (SH1-326)
BAKER, Dick 45 (B) (SH1-32)
BAKER, Dred 23 (B) (SH1-275)
BAKER, Edmund 55 (B) (SH1-444)
BAKER, Edwin 23 (SH2-91)
BAKER, Eliza 25 (B) (SH2-170)
BAKER, Fannie 15 (SH1-313)
BAKER, Frankie 25 (f) (SH2-47)
BAKER, George 30 (B) (SH2-279)
BAKER, H. M. 29 (m) (SH1-447)
BAKER, Harriet 49 (SH1-371)
BAKER, Henrietta 37 (B) (SH2-87)
BAKER, JOhn 70 (B) (SH2-336)
BAKER, James 38 (B) (SH2-341)
BAKER, John 40 (B) (SH1-405)
BAKER, Josie 6 (f) (B) (SH1-151)
BAKER, Louisa 25 (B) (SH1-137)
BAKER, Louisa W. 44 (SH1-421)
BAKER, MAry 26 (B) (SH1-84)
BAKER, Mac 30 (B) (SH1-248)
BAKER, Malinda 40 (B) (SH2-56)
BAKER, Martha 37 (B) (SH1-411)
BAKER, Moroe? 23 (m) (B) (SH1-136)
BAKER, Nancy 24 (B) (SH2-221)
BAKER, Nancy 45 (B) (SH2-361)
BAKER, Parmelia? 48 (SH1-187)
BAKER, Philip 40 (B) (SH2-1)
BAKER, R. H. 24 (m) (SH2-91)
BAKER, Robert 17 (B) (SH1-355)
BAKER, S. 25 (f) (B) (SH1-147)
BAKER, Thomas 46 (SH2-252)
BAKER, Thos. 51 (SH2-195)
BAKER, Wallace 30 (B) (SH1-354)
BAKER, Wm. 21 (B) (SH2-294)
BAKER, Wm. 22 (B) (SH2-84)
BAKER, Wm. 26 (SH1-92)
BAKER, Wm. __ (B) (SH1-302)
BAKER, Wm.? 22 (SH2-90)
BAKER?, Ella 30 (B) (SH2-348)
BAKERSON, Jim 45 (B) (SH2-296)
BAKEWELL, M. J. 52 (f) (SH2-345)
BALARD, Emma 13 (B) (SH2-261)
BALCH, Charley 24 (B) (SH2-256)
BALCH, Jane 54 (SH1-265)
BALCH, Sidney 27 (m) (SH2-84)
BALDRIDGE, John 34 (B) (SH2-238)
BALDWIN, Annie 27 (B) (SH2-39)
BALDWIN, Anthony 36 (B) (SH2-94)
BALDWIN, Charles 47 (SH2-5)
BALDWIN, Easter 16 (B) (SH1-45)
BALDWIN, Jack 14 (B) (SH1-460)
BALDWIN, L. G. 47 (m) (SH1-447)
BALDWIN, Lizzie 27 (SH2-72)
BALDWIN, Scott 40 (B) (SH2-27)
BALDWIN, Taylor 28 (SH1-422)
BALDWIN, Wyatt? 37 (SH2-85)
BALES, Lilly 20 (SH2-47)
BALEY, Luler 1 (f) (SH1-450)
BALEY, Martha 13 (SH2-177)
BALEY, Susan 37 (SH1-450)
BALEY, Wm. 50 (B) (SH2-176)
BALFOUR, Lucy 40 (B) (SH2-282)
BALISS, George 50 (B) (SH2-317)
BALIVIAN, Lizzie 30? (SH2-147)
BALL, Ben F. 58 (SH1-383)
BALL, Bernard B. 31 (SH2-293)
BALL, Eliza 75 (B) (SH2-4)
BALL, L. B. 41 (m) (SH2-247)
BALL, Lewis 60 (B) (SH2-284)
BALL, W. M. 38 (m) (SH1-394)
BALLAD, Annie 25 (B) (SH2-208)
BALLARD, Henry 53 (B) (SH1-26)
BALLARD, James 35 (B) (SH2-56)
BALLARD, Luke 25 (B) (SH2-245)
BALLARD, Mac 23? (B) (SH2-315)
BALLARD, Minnie 12 (SH2-102)
BALLARD, Sarah 41 (B) (SH2-146)
BALLE, Henrietta 40 (B) (SH2-130)
BALLENTINE, T. H. 40 (m) (SH1-165)
BALLEW, Thomas 60 (SH1-418)
BALLFOUR, Sam 25 (SH2-76)
BALLING, Valentine 35 (SH1-420)
BALLON, John 23 (SH1-367)
BALLOT, Thomas 53 (B) (SH1-96)
BALLS?, Prince 26 (B) (SH2-32)
BAMBERGER, Jennette 45 (SH2-63)
BAMLYN?, David 61 (B) (SH1-428)
BAMMEL, Anna 46 (SH1-421)
BANBAN, Geo. 50 (B) (SH1-397)
BANCROFT, Jennie 30 (SH2-312)
BAND, Robert 20 (SH1-13)
BANFORD, Wm. 44 (B) (SH2-24)
BANGS, Georgia 20 (B) (SH2-132)
BANGS, Georgia 20 (B) (SH2-132)
BANISTER, JAmes 35 (B) (SH1-94)
BANK, Paul 29 (SH1-405)
BANKHEAD, Jeff 40 (SH1-268)
BANKIN, H. 50 (m) (SH2-183)
BANKS, Albert 40 (B) (SH2-176)
BANKS, Beckey 21 (B) (SH1-278)
BANKS, Catharine 79 (B) (SH2-14)
BANKS, David 22 (B) (SH1-399)
BANKS, David 50 (B) (SH1-335)
BANKS, E. O. 42 (m) (SH2-191)
BANKS, Fed 27 (m) (SH1-260)
BANKS, Felix 23 (B) (SH1-461)
BANKS, Frances 47 (B) (SH2-37)
BANKS, Georgia 20 (B) (SH2-334)
BANKS, Henry 26 (B) (SH1-168)
BANKS, Henry 38 (B) (SH2-312)
BANKS, Henry 38 (B) (SH2-325)
BANKS, Hugh 14 (SH2-206)
BANKS, J. H. 46 (m) (SH2-191)
BANKS, James 25 (B) (SH1-260)
BANKS, James 25 (B) (SH1-277)
BANKS, Jane 57 (B) (SH1-348)
BANKS, John 30? (B) (SH2-347)
BANKS, John 41 (B) (SH2-156)
BANKS, Julia 32 (B) (SH2-320)
BANKS, Lottie 21 (B) (SH1-335)
BANKS, Louis 53 (B) (SH2-124)
BANKS, Margaret 47 (B) (SH2-215)
BANKS, Mary 26 (B) (SH2-335)
BANKS, Paralee 36 (B) (SH1-281)
BANKS, Precious 27 (f) (B) (SH2-343)
BANKS, Robert 20 (B) (SH1-440)
BANKS, Sam 60 (m) (B) (SH1-123)
BANKS, Thomas 30 (B) (SH1-347)
BANKS, Willis 50 (B) (SH1-451)
BANKS, Wm. 25 (B) (SH1-167)
BANKS, __ 20 (f) (B) (SH1-306)
BANKS?, Sam 30 (B) (SH1-344)
BANKSMITH, A. 40 (m) (SH1-264)
BANKSMITH, Frank 45 (SH2-79)
BANN, George 12 (SH1-473)
BANNAN, Margaret 47 (SH2-15)
BANNERS?, JEssie 28 (m) (SH1-22)
BANNING, L. E. 49 (m) (SH2-306)
BANNISTER, Vina 21 (B) (SH1-385)
BANNON, M. 30 (f) (SH2-34)
BANSAY, John 22 (B) (SH2-90)
BANTHALL, Charles 34 (SH2-44)
BARBARA, Rachael 26 (SH2-47)
BARBARO, Rosa 51 (SH2-3)
BARBEE, Anna 25 (SH1-235)
BARBEE, George 56 (SH1-247)
BARBEE, H. B. 22 (m) (SH1-250)
BARBEE, Joseph O. 51 (SH2-96)
BARBER, Andrew 33? (B) (SH2-278)
BARBER, Clark 22 (B) (SH1-95)
BARBER, Clark 63 (SH2-296)
BARBER, Jane 60 (B) (SH2-103)
BARBER, John 36 (SH2-199)
BARBER, John 45 (B) (SH2-61)
BARBER, Kate 40 (SH1-408)
BARBER, Reuben 28 (B) (SH2-321)
BARBER, Reubin 40 (B) (SH1-354)
BARBER, Solomon 50 (SH2-307)
BARBORO, Mary 18 (SH2-270)
BARBOUR, C. E. 26 (m) (SH1-402)
BARBOUR, Harvey 20 (SH2-279)
BARBOUR, Leathy 30 (f?) (B) (SH2-345)
BARD, Lewis 23 (SH2-166)
BARDEN, Lilly 16 (SH2-277)
BARDEN, Robt. 23 (B) (SH2-166)
BARE?, Baley 30 (B) (SH2-139)
BAREFOOT, J. M. 50 (m) (SH1-71)
BAREFOOT, Sam 25 (m) (SH2-78)
BARINDS, Edw. 62 (SH2-86)
BARKER, Benja. 33 (m) (B) (SH2-185)
BARKER, Ch. 48 (f) (B) (SH1-399)
BARKER, Eliza 76 (B) (SH2-43)
BARKER, John 27 (B) (SH2-270)
BARKER, Julia 38 (B) (SH2-307)
BARKER, Lucy 19 (B) (SH2-211)
BARKER, Minor 27 (B) (SH2-299)
BARKER, Molley 7 (SH1-208)
BARKER, Reason 34 (B) (SH2-204)
BARKER, Sally A. 50 (B) (SH2-209)
BARKESDALE, Lafayett 26 (SH1-82)
BARKESDALE, Wm. 30 (SH1-87)
BARKLAN, Mary 50 (B) (SH2-260)
BARKSDALE, Turner 45 (B) (SH1-269)
BARKSDALE, W. H. 53 (m) (SH1-358)
BARKSDALE, __ 32 (m) (B) (SH1-294)
BARLON, Charles 26 (SH1-416)
BARLOW, Susan 60 (B) (SH1-260)
BARNARD, Charity E. 46 (SH2-60)
BARNARD, Edie 47 (f) (B) (SH1-121)
BARNARD, Ida 21 (SH2-24)
BARNARD, W. A. 26 (m) (SH2-74)
BARNER, Laura 2_ (B) (SH1-99)
BARNES, Annie 24 (SH2-38)
BARNES, Ben 43 (B) (SH1-207)
BARNES, Benjamin 47 (SH1-105)
BARNES, Charles 8 (SH1-103)
BARNES, Emma 27 (B) (SH2-362)
BARNES, G. W. 45 (m) (SH1-209)
BARNES, Hamilton 27 (SH1-91)
BARNES, John 45 (B) (SH2-326)
BARNES, Mat 25 (m) (B) (SH1-441)
BARNES, Nancy 14 (B) (SH2-27)
BARNES, Peter 20 (B) (SH2-21)
BARNES, Reese 40 (B) (SH2-361)
BARNES, Robert W. 46 (SH1-418)
BARNES, Thomas 31 (SH2-44)
BARNES, Wm. 27 (SH1-351)
BARNES, Wm. F. 35 (SH2-232)
BARNET, Bragg 50 (B) (SH1-93)
BARNETT, Ann 25 (B) (SH1-441)
BARNETT, Columbus 31 (B) (SH2-109)
BARNETT, Dave 23 (B) (SH1-163)

BARNETT, Dora 21 (SH2-74)
BARNETT, Emma 23 (SH2-226)
BARNETT, Henry 46 (B) (SH1-166)
BARNETT, James J. 56 (SH2-231)
BARNETT, Willis 35 (B) (SH1-460)
BARNETT, Wm. 36 (B) (SH2-209)
BARNETT?, Absolum 34 (SH1-3)
BARNEY, Jo. 4 (f) (B) (SH1-395)
BARNEY, Wm. 18 (B) (SH1-160)
BARNIE, Eddie 7 (B) (SH2-118)
BARNS, Ella 34 (B) (SH2-245)
BARNS, Emma 40 (B) (SH2-182)
BARNUM, Jas. H. 53 (SH1-460)
BARNUM, Liza 51 (B) (SH2-129)
BARR, Charles 22 (SH2-98)
BARRALL, E. _. 31 (m) (SH1-394)
BARRAT, Albert 2 (B) (SH1-117)
BARREN, Patrick 60 (SH2-319)
BARRET, Giles 21 (B) (SH1-130)
BARRET, Thos. 35 (SH2-221)
BARRETT, Andy 28 (SH1-10)
BARRETT, Anthony R. 53 (SH1-26)
BARRETT, Caroline 26 (B) (SH1-123)
BARRETT, H. 35 (m) (SH2-106)
BARRETT, Jos. Y. 45 (SH1-195)
BARRETT, Malind 50 (f) (B) (SH1-311)
BARRETT, W. R. 26 (m) (SH1-364)
BARRETT, Wm. 32 (B) (SH1-428)
BARRING, Bettie 48 (SH2-117)
BARROM?, Tom 35 (SH1-193)
BARRON, Annie 35 (SH2-107)
BARRON, Barnell 43 (m) (SH2-315)
BARRON, Ben 7 (SH2-216)
BARRON, Johanne 37 (SH2-274)
BARRON, Sanders 62 (B) (SH1-287)
BARRON, Winnie 80 (B) (SH1-279)
BARROTT, Margaret 42 (SH1-472)
BARROW, Louis 40 (SH1-101)
BARROW, Mary A. 52 (SH2-202)
BARROW, Mary M. 28 (SH1-80)
BARRY, Edward 39 (SH2-248)
BARRY, Gr__ 43 (m) (B) (SH1-404)
BARRY, JOhn J. 30 (SH2-261)
BARTEAU, C. R. 45 (m) (SH1-146)
BARTEES, Harris 27? (SH2-272)
BARTEL, Jeremiah 29 (B) (SH2-16)
BARTHOLOMEW, A. B. 37 (m) (SH1-391)
BARTIBAS, Andrew 28? (SH2-53)
BARTLETT, Allen 21 (B) (SH1-156)
BARTLETT, Fannie 53 (B) (SH1-174)
BARTLETT, Henry 24 (B) (SH1-170)
BARTLETT, Henry 57 (B) (SH1-131)
BARTLETT, James 23 (SH1-450)
BARTLETT, Lula 7 (B) (SH1-145)
BARTLETT, Mary 60 (B) (SH1-100)
BARTLETT, Nelson 45 (B) (SH1-419)
BARTLETT, R. C. 24 (m) (SH1-146)
BARTLETT, Susan 79 (SH1-81)
BARTLIFF, C. A. 33 (m) (SH1-160)
BARTON, Albert 44 (B) (SH1-364)
BARTON, Betty 26 (B) (SH2-346)
BARTON, Clark T. 36 (SH2-218)
BARTON, Egnes 14 (f) (B) (SH1-133)
BARTON, George 24 (B) (SH2-243)
BARTON, George 38 (B) (SH2-90)
BARTON, Hilson? 38 (m) (B) (SH1-363)
BARTON, John 24 (B) (SH2-90)
BARTON, John 30 (B) (SH2-277)
BARTON, Joseph 30 (B) (SH2-14)
BARTON, Mary 47 (B) (SH2-308)
BARTON, Mary 50 (B) (SH2-273)
BARTON, Paralee 18 (B) (SH1-425)
BARTON, Wm. P. 58 (SH1-439)
BARYZESKI, Soph 42 (f) (SH2-252)
BASCHWITZ, Esther 56 (SH2-36)
BASKEL, John 22 (B) (SH1-329)
BASKEL, Joseph 50 (B) (SH1-330)
BASKERVILLE, Charles 34 (SH2-99)
BASKET, Silas 23 (B) (SH2-44)
BASKIN, Joe 59 (B) (SH1-340)
BASS, Alex 16 (m) (B) (SH1-3)
BASS, Carrie 11 (f) (B) (SH2-35)
BASS, Emanuel 35 (B) (SH1-60)
BASS, George 40 (B) (SH2-33)
BASS, Georgie 1 (f) (B) (SH2-33)
BASS, H. A. 19 (m) (SH1-152)
BASS, Harper 34 (B) (SH2-180)
BASS, Henriett 43 (B) (SH1-131)
BASS, Henry 37 (B) (SH2-297)
BASS, Henryetta 24 (B) (SH1-152)
BASS, Isaac W. 53 (SH1-77)
BASS, J. A. 34 (m) (SH1-31)
BASS, James 31 (B) (SH2-319)
BASS, John 48 (B) (SH1-136)
BASSETT, Jno. 44 (SH2-294)
BASSETT, Norah 50 (SH2-100)
BASTAMAYER, Emma 3 (SH2-314)
BASTEFELD, Lawson 40 (B) (SH1-107)
BASTELL, Joseph 36? (SH2-59)
BASTLETT?, Joseph 59 (B) (SH1-156)
BATCHELLER, Sallie 11 (B) (SH1-360)
BATEMAN, Allen S. 14 (SH1-85)
BATEMAN, Catharine 45 (SH2-295)
BATEMAN, Charles 55 (B) (SH1-140)
BATEMAN, Ed 58 (SH1-71)
BATEMAN, Eli 19 (B) (SH1-79)
BATEMAN, Harvin? W. 64 (m) (SH1-87)
BATEMAN, Lidian 6 (B) (SH1-127)
BATEMAN, Milly 55 (B) (SH2-158)
BATEMAN, V. 48 (f) (B) (SH1-459)
BATES, Clem 40 (m) (B) (SH2-325)
BATES, JAck 34 (B) (SH1-191)
BATES, Sandy 52 (m) (B) (SH1-317)
BATES, Wm. H. 37 (SH2-211)
BATES?, John 30 (B) (SH1-239)
BATLEFT, Fred G. 28 (SH2-146)
BATON, Emma 25 (B) (SH2-326)
BATTE, John A. 32 (SH1-465)
BATTELLE, John E.? 35 (SH2-295)
BATTIE, Wm. 40 (B) (SH2-104)
BATTIER, Martin 24 (B) (SH2-316)
BATTIER, Robert C. 25 (SH2-4)
BATTIER, Robt. 46 (SH2-121)
BATTLE, Alice 36 (B) (SH1-425)
BATTLE, Cal? 26 (m) (SH1-9)
BATTLE, Fred 49 (SH1-5)
BATTLE, George 12 (B) (SH1-6)
BATTLE, James 22 (B) (SH2-197)
BATTLE, Lucious L. 52 (SH1-5)
BATTLE, Osmoe? 16 (SH2-127)
BATTLE, Sif? 23 (m) (B) (SH1-27)
BATTY, Austin 50 (SH2-134)
BATY, Dick 22 (B) (SH1-355)
BAUER, Lavolt? 53 (m) (SH2-117)
BAUER, Peter 32 (SH2-31)
BAUER, Rachel 22 (SH2-160)
BAUGH, Carrie 13 (SH2-13)
BAUGH, Richard 25 (SH1-193)
BAUGH, Wm. G. 58 (SH1-117)
BAUGHNER, Zula 14 (SH1-193)
BAUM, Gabriel 49 (SH2-264)
BAUM, Louis 24 (B) (SH2-242)
BAUM?, Eleanore 48 (SH1-96)
BAUMAN, Catharine 22 (SH2-300)
BAUMAN, H. W. 42 (m) (SH2-290)
BAXKER?, Charles 30 (B) (SH1-454)
BAXTER, A. A. 2 (f) (SH1-393)
BAXTER, Hattie 23 (B) (SH2-330)
BAXTER, J. F. __ (SH1-220)
BAXTER, James 56? (B) (SH2-224)
BAXTER, Jerome 35 (SH2-209)
BAXTER, John 29 (B) (SH2-49)
BAXTER, Jordan 27 (B) (SH2-226)
BAXTER, K. 60 (m) (B) (SH1-107)
BAXTER, M. 21 (m) (B) (SH1-405)
BAXTER, Tillie 23 (f) (B) (SH2-306)
BAY, Anthony 22? (SH2-280)
BAYFERD, Wm. 70 (B) (SH1-116)
BAYLAN?, Ann 28 (B) (SH1-375)
BAYLEY, Lizzie 16 (B) (SH2-233)
BAYLEY, S. 43 (m) (B) (SH1-397)
BAYLEY, Thomas __ (SH2-77)
BAYLIS, Burrell 63 (B) (SH1-111)
BAYLISS, B. 66 (m) (SH2-188)
BAYNE, Far___ 41 (f) (SH2-7)
BAZELLE, Bun? 22 (m) (SH2-320)
BAZEMAN, George 30 (SH1-203)
BAZEMAN?, Jessy 44 (m) (SH1-204)
BAZORE, Albert 26 (SH1-75)
BAZZLE, Edward 36 (B) (SH1-437)
BA____, George 53 (SH2-168)
BA____R, Ben 27 (B) (SH1-331)
BEACH, Lucy 12 (SH1-109)
BEACH, M. 21 (f) (B) (SH1-398)
BEACH, Nannie 12 (SH1-68)
BEACH, Reuben 16 (B) (SH2-337)
BEAL, Joe 20 (B) (SH1-234)
BEAL, Parthenia 9 (B) (SH2-215)
BEAMGARD, D.? M. 24 (m) (SH2-104)
BEAMISH?, Frank 23 (SH1-308)
BEAN, Wm. 60 (B) (SH1-443)
BEARD, Alick 22 (B) (SH1-68)
BEARD, Angeline 29 (B) (SH2-83)
BEARD, Beard? 53 (f) (B) (SH2-329)
BEARD, Charles 30 (B) (SH2-203)
BEARD, George 35 (B) (SH2-325)
BEARD, Wm. D. 42 (SH2-213)
BEARDSLEY, Moss W. 42 (SH2-205)
BEAREGARD, Henry 15 (B) (SH1-106)
BEASELY, J. T. 38 (m) (SH1-357)
BEASLEY, Alford 29 (B) (SH1-271)
BEASLEY, Allen 50 (B) (SH1-385)
BEASLEY, Alta 64 (SH1-292)
BEASLEY, Essick 30 (B) (SH1-260)
BEASLEY, Leroy W. 25 (SH1-23)
BEASLEY, Sam 30 (B) (SH1-58)
BEASLY, Eliza 60 (B) (SH1-314)
BEASON, Samuel 3 (B) (SH1-44)
BEATING, Elizabeth 61 (SH2-7)
BEATTIE, James 43 (SH2-167)
BEATTIE, Mary M. 29 (SH2-81)
BEATTY, John 26 (B) (SH1-129)
BEATTY, John 38 (SH2-78)
BEATUS, Laura 18 (SH2-53)
BEATY, Able 52 (SH1-195)
BEATY, Curry 34 (B) (SH1-76)

BEAUMONT, Allen 53 (B) (SH1-409)
BEAUMONT, Imogene 43 (SH2-55)
BEAUMONT, Wm. 33 (B) (SH1-355)
BEAUREGARD, ____ 75 (m) (B) (SH2-168)
BEAVER, Alex 31 (m) (B) (SH1-2)
BEAVER, Jim 35 (B) (SH1-320)
BECHER, Louisa 40 (SH2-145)
BECHTOLD, John 24 (SH2-17)
BECK, G. H. 37 (m) (SH2-61)
BECK, Guss 55 (SH1-67)
BECKARD, Wm. 47 (SH1-451)
BECKER, George H. 40 (SH2-274)
BECKER, Helen 36 (SH2-52)
BECKER, John 43 (SH2-333)
BECKER, Will 50 (SH2-73)
BECKET?, Lewis 15 (SH1-251)
BECKETT, Olivia 40 (SH1-377)
BECKHAM, James 45 (SH1-190)
BECKHAM, Jas. 27 (SH2-237)
BECKHAM, W. Jack 24 (SH1-190)
BECKLIN, Wassh 65 (B) (SH1-314)
BECKNER, John 42 (SH1-85)
BECKTEL, E. J. 49 (f) (SH2-170)
BECKTEL, Ella 30 (B) (SH2-35)
BECKTON, John 28 (B) (SH1-411)
BECTON, Dan 27 (B) (SH1-154)
BECTON, Edd 50 (m) (B) (SH1-207)
BECTON, Elam 28 (B) (SH1-195)
BECTON, Elizabeth 74 (SH1-193)
BECTON, George 30 (B) (SH1-155)
BECTON, H. 27 (m) (B) (SH1-147)
BECTON, Nat 35 (m) (B) (SH1-149)
BECTON, Sam 35 (B) (SH1-153)
BECTON, Sarah 86 (B) (SH1-193)
BECTON, Tom 25 (B) (SH1-193)
BECTON, Wash 60 (B) (SH1-193)
BECTON, Wm. 18 (B) (SH1-193)
BECTON?, Charles 30 (B) (SH1-136)
BEDE, Jinnie? 30 (B) (SH2-198)
BEDFORD, Charley 4 (B) (SH2-344)
BEDFORD, Chas. 45 (B) (SH1-256)
BEDFORD, G. A. 51 (m) (SH1-457)
BEDFORD, Henry 33 (B) (SH1-354)
BEDFORD, J. W. 36 (m) (SH1-354)
BEDFORD, James 26 (B) (SH2-344)
BEDFORD, Joe 60 (B) (SH1-268)
BEDFORD, John 28 (B) (SH1-137)
BEDFORD, M. E. 52 (f) (SH2-261)
BEDFORD, Maggie 17 (SH2-299)
BEDFORD, S. 55 (m) (B) (SH1-241)
BEDFORD, ____ 50 (m) (B) (SH1-285)
BEDFORD?, H. F. 43? (SH1-277)
BEECH, Matilda 20 (B) (SH2-125)
BEECHER, John 33 (B) (SH2-44)
BEECHER, Wm. H. 22 (B) (SH2-149)
BEECHER?, Johnie 6 (m) (B) (SH2-338)
BEEHN, Chas. A. 44 (SH2-232)
BEELTE, Anna 36 (SH1-413)
BEERSCHI, Jacob 34 (SH2-131)
BEESELY, James 41 (SH2-69)
BEESON, Lucinda 65 (B) (SH2-324)
BEGBEE, Jessee N. 53 (m) (SH2-124)
BEGLEY, Ellen 35 (SH2-29)
BEHN?, Moses 33 (SH2-60)
BEHR, Sallie 40 (SH2-98)
BEHREND, Simon 37 (SH2-117)
BEHRENS?, Sophie 42 (SH1-92)
BEHRINGER, Charlotte 58 (SH1-105)
BEHRINGER, Ida? 21 (SH2-277)
BEIDLEHOOPER, F. 14 (m) (SH2-296)
BEILA, Mary 50 (SH2-258)
BELANT, Ben F. 28 (SH1-179)
BELANT, Jas. M. 22 (SH1-179)
BELANT, Willie 17 (m) (B) (SH1-179)
BELCHER, Edwd. L. 40 (SH2-241)
BELCHER, Fielding? 39 (B) (SH2-123)
BELCHER, Frank 40 (B) (SH2-135)
BELCHER, Mary 3 (SH2-277)
BELCHER, Susan 37 (SH2-277)
BELE?, An.? 46 (m) (SH1-396)
BELINSHY?, Alma 22 (B) (SH2-279)
BELKEY, Wm. 25 (SH1-60)
BELL, A. C.? 29 (m) (SH1-391)
BELL, A. H. 65 (m) (SH1-263)
BELL, Alexander 50 (B) (SH2-332)
BELL, Amia? 35 (f) (SH2-193)
BELL, Ben 50 (B) (SH1-384)
BELL, Bryant 20 (B) (SH1-150)
BELL, Charles 34 (B) (SH2-75)
BELL, Charles 42 (SH2-113)
BELL, Charles 56 (B) (SH1-121)
BELL, Charley 18 (SH2-251)
BELL, Curtis 30 (B) (SH1-425)
BELL, Eli 50 (B) (SH1-381)
BELL, Elias 25 (B) (SH2-165)
BELL, Ella 26 (B) (SH2-27)
BELL, Emma 26 (B) (SH2-59)
BELL, Eva 28 (B) (SH2-101)
BELL, Evans 25 (B) (SH1-290)
BELL, Evert 32 (m) (B) (SH1-393)
BELL, Fannie 5 (B) (SH1-371)
BELL, Flora 28 (B) (SH1-195)
BELL, Frank 21 (B) (SH1-79)
BELL, Fred 27 (B) (SH1-318)
BELL, G. A. 5/12 (m) (B) (SH1-150)
BELL, Green 50 (B) (SH1-447)
BELL, Henderson 26 (B) (SH1-407)
BELL, Henry 8 (B) (SH1-264)
BELL, James C. 28 (SH2-91)
BELL, James H. 60 (B) (SH1-401)
BELL, Jim 34 (B) (SH1-197)
BELL, John 3 (B) (SH1-309)
BELL, John 40? (SH1-375)
BELL, Josh C. 45 (B) (SH1-436)
BELL, L. McFarlan 34 (m) (SH1-190)
BELL, Lovet 56 (m) (B) (SH1-148)
BELL, M. 19 (m) (B) (SH1-150)
BELL, Mahala 25 (B) (SH1-170)
BELL, Mahala 40 (B) (SH2-284)
BELL, Malissa 54 (B) (SH1-170)
BELL, Marcial 27 (m) (SH2-95)
BELL, Mary 21 (B) (SH2-284)
BELL, Mat 50 (m) (B) (SH2-42)
BELL, Osborn 65 (B) (SH1-103)
BELL, Patsey 65? (B) (SH2-328)
BELL, Peter 25 (B) (SH1-221)
BELL, Rose 5 (B) (SH1-363)
BELL, Sam 33 (B) (SH1-129)
BELL, Sam 42 (SH1-405)
BELL, Samuel 32 (B) (SH1-104)
BELL, Sanford 71 (SH2-270)
BELL, Sarah 90 (B) (SH2-131)
BELL, Scott 45 (B) (SH2-242)
BELL, Shady 18 (f) (B) (SH1-154)
BELL, Spencer 21 (B) (SH1-382)
BELL, Susan J. 46 (SH1-96)
BELL, Victoria 27 (B) (SH2-23)
BELL, Virginia 15 (B) (SH1-435)
BELL, Wm. 10 (B) (SH1-362)
BELL, Wm. 14 (B) (SH1-127)
BELL, Wm. 40 (B) (SH2-230)
BELL, Wm. 55 (B) (SH2-231)
BELL, Wm. L. 36 (SH1-134)
BELL, Wm.19 (B) (SH1-168)
BELL, Wyatt 64 (B) (SH1-360)
BELL, ___ 24 (f) (B) (SH1-98)
BELLAMY, John 50 (SH1-387)
BELLAR, Mary F. 6 (SH1-50)
BELLE, Charles 28 (B) (SH1-355)
BELLE, David 22 (B) (SH2-104)
BELLE, Henry 26 (B) (SH1-356)
BELLE, John 26 (B) (SH1-356)
BELLE, Louis 27 (B) (SH2-104)
BELLEFORD, Ruben 50 (B) (SH1-104)
BELLEN, Catherine 38 (B) (SH1-412)
BELLINGER, C. P. 38 (m) (SH1-392)
BELLMAY, Seth 49 (B) (SH2-249)
BELLONMINE, John 27 (SH2-107)
BELOAT, Columbus 35 (SH1-198)
BELOAT, J. M. 28 (m) (SH1-166)
BELOAT?, Lee 25 (m) (SH1-198)
BELOAT?, Luvenia U. 47 (SH1-187)
BELOAT?, Sallie 21 (SH1-262)
BELOTE, Smith 54 (SH1-440)
BELOW, Geo. 37 (SH2-244)
BELZORA, Nancy 11 (B) (SH1-349)
BEMBRIDGE, Charity 70 (f) (B) (SH2-341)
BENCE?, Edward 38 (SH2-305)
BENDER, Lina 35 (SH1-94)
BENDER, Minnie 23 (SH2-61)
BENDER, W. A. 31 (m) (SH2-298)
BENDER, W. S. 28 (m) (SH2-313)
BENDER?, Frances 20 (SH2-300)
BENESCONEY?, Peter 16 (SH1-110)
BENFORD, Arabella 44 (B) (SH2-147)
BENFORD, Dicey 21 (B) (SH2-288)
BENFORD?, S____ 2/12 (f) (B) (SH2-288)
BENGER, Annie 21 (SH2-112)
BENGERT, John 42 (SH1-412)
BENGES, Wm. 51 (SH2-319)
BENHAM, Jesse 50 (m) (SH1-348)
BENJACK, Henry 32 (SH2-35)
BENJAMIN, Joe 40 (B) (SH1-155)
BENJAMIN, Rafe 32 (m) (B) (SH1-415)
BENNET, Jerry 25 (SH1-354)
BENNET, Richard 28 (SH1-86)
BENNET, Wm. 29 (SH1-367)
BENNET?, Dick 45 (B) (SH1-198)
BENNETT, Albert 28 (SH2-68)
BENNETT, Anna 24 (SH1-76)
BENNETT, Bettie 28 (SH1-374)
BENNETT, Calvin 23 (SH1-118)
BENNETT, Ed 39 (SH1-405)
BENNETT, Edna 9 (SH2-239)
BENNETT, George 30 (B) (SH1-355)
BENNETT, Harriette 60 (B) (SH1-107)
BENNETT, Henry 28 (B) (SH1-176)
BENNETT, James T. 28 (SH1-84)
BENNETT, Jenny 39 (B) (SH2-202)
BENNETT, Jesse 13 (m) (B) (SH1-107)
BENNETT, John 24 (SH2-79)
BENNETT, Joseph 59 (B) (SH1-135)
BENNETT, Lewis 60 (B) (SH1-4)
BENNETT, Louis 14 (SH2-176)
BENNETT, Lucinda 60 (B) (SH2-150)
BENNETT, Mary 30 (SH1-70)
BENNETT, Mary 40 (SH2-176)
BENNETT, Mary 9 (SH2-137)
BENNETT, Nellie 20 (SH2-49)
BENNETT, Pamila 68 (SH2-360)
BENNETT, Susan sr. 57 (SH2-137)
BENNETT, Wm. R. 42 (SH2-131)
BENNING, Simon 35 (B) (SH2-163)
BENSIC?, Mary 6/12 (SH2-105)

BENSICK, Frank 41 (SH2-105)
BENSON, Alak? 22 (B) (SH1-279)
BENSON, Elisebeth 6 (B) (SH1-9)
BENSON, Isaac 39 (B) (SH1-8)
BENSON, Jennie 35 (SH2-84)
BENSON, Reuben 25 (B) (SH1-125)
BENSON, Thos. 25 (B) (SH1-435)
BENSON, ____ 31 (m) (SH2-265)
BENSTEIN, Fanny 30 (SH2-30)
BENSTOFF, Herman 35 (SH2-70)
BENTLEY, Chas. H. 29 (SH2-7)
BENTLEY, Columbus C. 29 (SH1-133)
BENTLEY, Geo. B. 66 (SH1-134)
BENTLEY, Henry 36 (B) (SH1-232)
BENTLEY, John W. 45 (SH1-138)
BENTLEY, Lettie 60 (B) (SH1-173)
BENTLEY, Mirah 30 (B) (SH1-173)
BENTLEY, Street 26 (B) (SH1-172)
BENTLY, Andrew 29 (B) (SH1-434)
BENTON, Charles 40 (B) (SH1-351)
BENTON, Geo. 2 (B) (SH1-120)
BENTON, John 40 (SH2-44)
BENTON, John 52 (B) (SH1-275)
BENTON, John F. 29 (SH1-109)
BENTON, Josephine 21? (B) (SH2-139)
BENTON, Mary 42 (B) (SH2-237)
BENTON, Mary 50 (SH1-419)
BENTON, Osmer? 38 (m) (SH2-172)
BENTON, Tempe 14 (f) (B) (SH2-290)
BENTON, Thomas 52 (B) (SH1-150)
BENTON, Wm. 25 (B) (SH1-320)
BENYARD, Maj. 22? (m) (SH2-78)
BERDZE?, Dorsom? 60 (m) (B) (SH1-106)
BERENSTEIN, Fannie 35 (SH2-106)
BERG, John 16 (SH1-224)
BERGAUS, Jemy? 30 (m) (B) (SH1-384)
BERGER, George 27 (B) (SH1-102)
BERGIN, Wm. 49 (SH2-270)
BERGIN?, Caledonia 10 (B) (SH2-288)
BERGMANN, Baleng? 43 (f) (SH2-62)
BERJES, Henry 26 (SH2-304)
BERK, John 9 (B) (SH2-115)
BERKLEY, Chas. 27 (B) (SH2-130)
BERKLEY, Hanna 35 (B) (SH2-82)
BERKLEY, Wm. 16 (SH2-106)
BERKSHIRE, Wm. 54 (SH1-435)
BERKTEL, Joe 23 (f) (B) (SH2-170)
BERLIN, Clarinda 36 (SH1-91)

BERLIN, J. T. 34 (m) (SH2-352)
BERNARD, Abraham 30 (B) (SH1-92)
BERNARD, Albert 45 (SH1-460)
BERNARD, Bob 25 (B) (SH1-56)
BERNARD, Cassey 18 (m) (SH1-97)
BERNARD, Ellen 18 (B) (SH2-5)
BERNARD, Julia 52 (B) (SH2-220)
BERNARD, Mary 25 (SH2-222)
BERNARD?, Chas. 28 (SH2-91)
BERNAUR, Jos. 28 (SH2-188)
BERNERO, Joseph 25 (SH2-78)
BERRINGER, Ollie 7 (f) (SH2-314)
BERRY, A. C. 55 (m) (SH2-342)
BERRY, Amy 25 (SH2-227)
BERRY, Caleb 52 (SH1-171)
BERRY, Danl. 50 (SH2-331)
BERRY, Ely 30 (B) (SH1-168)
BERRY, Granville 46 (B) (SH1-252)
BERRY, Guilford 26 (B) (SH1-13)
BERRY, Hollie 18 (SH1-17)
BERRY, Josephine 35 (SH2-213)
BERRY, Lewis 33 (B) (SH1-171)
BERRY, Lou 30 (f) (SH1-14)
BERRY, MArtin R. 73 (SH1-139)
BERRY, Manuel 24 (B) (SH1-155)
BERRY, Nathan 18 (B) (SH1-158)
BERRY, Ora? 18 (SH2-133)
BERRY, Phebe 70 (B) (SH1-248)
BERRY, Robert 60 (B) (SH2-314)
BERRY, Sam 39 (SH1-339)
BERRY, Thomas 39 (B) (SH1-52)
BERRY, Wash 30 (B) (SH1-65)
BERRY, Wm. 43 (SH1-105)
BERRY, Wm. H. 43 (SH2-95)
BERRYHILL, Joseph 26 (SH1-472)
BERRYHILL, S. B. 67 (m) (SH1-209)
BERTNSTEIN, Fannie 35 (SH2-180)
BERTON, Agustus 12 (SH2-105)
BERTON, Bennie 14 (f) (SH2-105)
BERTON, Charles 40 (SH2-179)
BERTON, Eugene 25 (SH1-413)
BERTON, Nancy 62 (B) (SH2-126)
BERTON, R. A. 50 (m) (SH2-111)
BERTSCHY, Rudolph 47 (SH2-51)
BERYHILL, Sam'l 31 (SH1-197)
BERYSCHICKER, Fritz 59 (SH2-50)
BESANCON, Victor 45 (SH1-449)
BESLOSELLI, Louis 45 (SH2-98)
BESOM?, Georgiana 12 (SH2-314)
BESS, Albert 23 (B) (SH1-62)
BESS, C. C. 20 (f) (B) (SH1-166)
BESS, Wm. 44 (B) (SH1-305)
BEST, J. A. __ (m) (SH2-293)
BESTHOFF, Simon 48 (SH2-10)
BETHEL, Amanda 24 (B) (SH1-329)
BETHEL, Isaac 52 (B) (SH1-330)
BETHEL, Laura 20 (B) (SH1-329)
BETHEL, Peter 50 (B) (SH1-373)

BETTER?, M. H. 12 (m) (SH2-183)
BETTIS, Nat A. 42 (SH1-415)
BETTIS, S. W. 76 (f) (SH1-230)
BETTIS, T. C. 56 (m) (SH2-308)
BETTS, Geo. 27 (B) (SH1-260)
BETTS, Henry 26 (B) (SH1-329)
BETTS, Jerry 37 (B) (SH2-286)
BETTY, Aunt 60 (B) (SH2-366)
BEUELER, Pierre 53 (SH1-391)
BEULAH, Wm. C. 22 (SH2-302)
BEURER?, Rosa 52 (SH2-8)
BEURER?, Wm. 28 (SH2-8)
BEVENS, Edward 40 (SH2-118)
BEVERLY, Frank 23 (B) (SH2-90)
BEVINS, Andrew 33 (SH2-1)
BEXTER?, _. 63 (m) (SH1-404)
BEYFOGLE, Dan 36 (SH2-70)
BE____, Emma 17 (B) (SH2-165)
BF____, John 32 (SH2-70)
BIARWORTH?, Louis 11 (SH2-293)
BIAS, Julia 23 (B) (SH2-216)
BIAS?, Ida 5 (B) (SH2-59)
BIBB, John H. 17 (SH2-263)
BIBBINS, Walter 34 (B) (SH2-299)
BIBBY, Angeline 55 (B) (SH1-340)
BIBBY, Edmund 27 (B) (SH1-337)
BIBBY, James 32 (B) (SH1-340)
BIBBY, Jeff 23 (B) (SH1-338)
BIBBY, Monroe 50 (B) (SH1-338)
BIBERT, Frank 40 (SH1-430)
BICKERS, R. B. 62 (m) (SH1-246)
BICKERS, Z. T. 35 (m) (SH1-246)
BICKFORD, Belle 16? (B) (SH2-67)
BICKFORD, Wm. A. 70 (SH2-55)
BICKNELL, Byron 48 (SH2-310)
BIDDLE, J. Nute 23 (m) (SH1-4)
BIDDLE, John 58 (SH1-3)
BIDDLE?, John 47 (B) (SH1-358)
BIEMAN, Abram 38 (SH2-172)
BIERD, Charity 40 (B) (SH1-404)
BIESMAN?, Luina 12 (f) (SH1-91)
BIESS?, Magie 45 (B) (SH1-402)
BIGELOW, H. _. 33 (m) (SH2-352)
BIGELOW, J. 54 (m) (SH2-358)
BIGGERS, Frances 50 (B) (SH2-332)
BIGGERS, Wm. 32 (B) (SH1-151)
BIGGS, Aphey R. 22 (m) (B) (SH1-220)
BIGGS, Austin 36 (B) (SH1-270)
BIGGS, Bettie 44 (B) (SH1-194)
BIGGS, Dick 32 (B) (SH1-274)
BIGGS, Eliza 22 (B) (SH1-283)
BIGGS, G. F. 27 (m) (SH1-262)
BIGGS, Guilford 37 (B) (SH1-276)
BIGGS, Hardy 34 (B) (SH1-270)
BIGGS, Henry 46 (B) (SH1-273)
BIGGS, J. J. 35 (m) (SH1-264)
BIGGS, J. T. 41 (m) (SH1-273)
BIGGS, Kitt 26 (m) (B) (SH1-193)
BIGGS, M. A. 60 (f) (SH1-270)
BIGGS, Mary 6 (B) (SH2-318)
BIGGS, Morgan 16 (B) (SH1-195)

BIGGS, Ralph 48 (B) (SH1-282)
BIGGS, Robt. J. 45 (SH1-217)
BIGGS, Sallie 28 (B) (SH2-317)
BIGGS, W. E. 20 (m) (SH1-270)
BIGGS, W. W. 30 (m) (SH1-274)
BIGGS, _roust 18 (f) (SH2-342)
BIGGS?, Margaret 63 (SH2-323)
BIGHAM, Mary F. 56 (SH1-140)
BIGLEY, Fannie 11 (SH2-222)
BIGLEY, Peter 39 (SH2-78)
BIGLOW, B. S. 43 (m) (SH2-297)
BIJACH?, Felix 63 (SH1-40)
BILBOW, Tom 46 (SH2-354)
BILDERBACK?, L. J. 35 (f) (SH1-246)
BILGER, Martin 39 (SH2-294)
BILL, Charles C. 45 (SH2-274)
BILL, Gus 37 (B) (SH1-250)
BILL, Nelson A. 37 (SH2-14)
BILLBAUM, Wm. 36 (SH2-69)
BILLINGS, Jeff 23 (B) (SH1-24)
BILLINGS, Jefferson 63 (B) (SH1-462)
BILLINGS, Manerva 50 (B) (SH1-54)
BILLIPS, Louis 36 (B) (SH1-104)
BILLS, John 27 (B) (SH2-130)
BILLS, John 28 (B) (SH2-75)
BILLS, Simon 25 (B) (SH2-326)
BILLS?, Jerry 55 (B) (SH2-286)
BILL____, Sylvia 45 (B) (SH1-474)
BILOAT?, JAmes 4 (B) (SH1-9)
BIMNAER, Henry 70 (B) (SH1-336)
BINFORD, Rosa 21 (B) (SH2-132)
BINFORD, Rosa 27 (B) (SH2-132)
BINGARD, Wesly 50 (B) (SH1-304)
BINGHAM, Ben 45 (SH2-213)
BINGHAM, Frank 24 (B) (SH1-311)
BINGHAM, James 7 (B) (SH1-160)
BINGHAM, Wm. H. 42 (SH2-61)
BINYARD, John 67 (B) (SH1-133)
BINYARD, Ransom 45 (B) (SH2-43)
BIONDO, Bartholomew 50 (SH2-77)
BIRD, Adeline 19 (SH2-258)
BIRD, Alace 40 (B) (SH1-262)
BIRD, Emma 38 (B) (SH2-283)
BIRD, Frank 23 (SH2-79)
BIRD, G. W. 26 (m) (SH2-289)
BIRD, James 21 (SH1-240)
BIRD, James 31 (B) (SH2-213)
BIRD, Nelson 20 (B) (SH2-61)
BIRD, Wm. 52 (B) (SH2-336)
BIRDSHIRE, C. 60 (m) (SH2-343)
BIRDY, Mary 37 (SH2-258)
BIRGESS, Lee 25 (m) (SH1-103)
BIRK, Edd 55 (SH1-229)
BIRKIN, Amelia 36 (B) (SH1-83)
BIRTEL, ____ __ (SH2-267)
BIRTON, Gilbert 53 (B) (SH1-223)
BISHOP, Catherine 48 (SH1-109)
BISHOP, Fred 44 (SH2-174)
BISHOP, John 16? (SH1-96)
BISHOP, Mary 15 (SH1-96)

1880 Census Shelby Co. TN: Heads-of-Household

BISHOP, Walter 19 (B) (SH2-157)
BISHOPP, Horris 28 (B) (SH2-104)
BISSETT, George 45 (B) (SH1-368)
BITTS, Charlie 29 (SH2-170)
BIVINS?, John T. 30 (SH2-99)
BIVINS?, L. C. 55 (m) (SH1-68)
BLACK, Amos C. 23 (SH2-313)
BLACK, Carroll 30 (m) (SH1-68)
BLACK, Clara 4 (B) (SH2-45)
BLACK, Cornelia 15 (B) (SH1-439)
BLACK, Delia 11? (SH1-109)
BLACK, Edmund 38 (B) (SH1-410)
BLACK, Edwin 24 (SH1-47)
BLACK, Emanuel 30 (B) (SH1-59)
BLACK, Frances 60 (SH2-107)
BLACK, Harriett 25 (B) (SH1-59)
BLACK, Harry M. 12 (SH1-462)
BLACK, Henry 50 (B) (SH2-27)
BLACK, Ida 22 (SH1-375)
BLACK, J. 54 (m) (B) (SH1-231)
BLACK, J. E. 32 (m) (SH2-294)
BLACK, James 63 (SH1-84)
BLACK, James H. 28 (SH2-97)
BLACK, Jas. 30 (B) (SH2-134)
BLACK, Jas. M. 10 (SH2-131)
BLACK, John 21 (B) (SH1-300)
BLACK, John 27 (SH2-7)
BLACK, Joseph 44 (SH2-309)
BLACK, Juda 45 (f) (B) (SH2-321)
BLACK, Lillie 27 (B) (SH2-170)
BLACK, Loveless 62 (m) (B) (SH2-286)
BLACK, Mollie L. 17 (SH2-308)
BLACK, Nellie 45 (SH2-60)
BLACK, P. 30 (m) (B) (SH1-239)
BLACK, Pat 24 (m) (B) (SH1-356)
BLACK, Richard 23 (SH2-237)
BLACK, Robert 28 (B) (SH1-138)
BLACK, Robert 6 (SH1-358)
BLACK, Robert J. 38 (SH2-37)
BLACK, Robert N. 28 (SH1-195)
BLACK, Silas? 25 (B) (SH1-139)
BLACK, Sim 40 (SH1-62)
BLACK, Thos. 36 (B) (SH2-319)
BLACK, W. 35 (B) (SH1-392)
BLACK, W. D. 39 (m) (SH1-458)
BLACK, W. S. 25? (m) (SH2-54)
BLACK, Winnie? 12 (m) (B) (SH1-319)
BLACK, Wm. E. 55 (SH1-193)
BLACK, mrs. 38 (SH2-360)
BLACKBURN, Catharine 22 (B) (SH2-50)
BLACKBURN, Catharine 49 (SH2-44)
BLACKBURN, Cato 60 (B) (SH1-449)
BLACKBURN, Eliza 68 (B) (SH2-226)
BLACKBURN, Ellise 14 (B) (SH2-277)
BLACKBURN, Louis 25 (B) (SH1-105)
BLACKBURN, Mar. 32 (f) (SH2-145)
BLACKBURN, Maria? 35 (SH2-85)
BLACKBURN, R. C. 28 (f) (SH2-249)
BLACKBURN, Richard 35 (B) (SH2-301)
BLACKBURN, Saml. __ (SH2-127)
BLACKBURN, Xenie 46 (B) (SH2-234)
BLACKLEY, ____ _ (B) (SH1-295)
BLACKMAN, Jacob 30 (B) (SH1-379)
BLACKNELL, John 32 (B) (SH1-19)
BLACKSTONE, Hudson 56 (B) (SH1-441)
BLACKWELL, Abe 36 (B) (SH1-183)
BLACKWELL, Arthur 9 (B) (SH1-138)
BLACKWELL, Duncan 60 (B) (SH2-293)
BLACKWELL, Geo. 20 (B) (SH1-131)
BLACKWELL, Geo. 53 (B) (SH2-254)
BLACKWELL, J. B. 35 (m) (SH1-157)
BLACKWELL, M. A. 65 (f) (SH1-145)
BLACKWELL, N. 41 (m) (SH1-146)
BLACKWELL, Ned 63 (B) (SH1-36)
BLACKWELL, Ralph 59 (B) (SH1-173)
BLACKWELL, Robt. 30 (B) (SH2-284)
BLACKWELL, S. H. 52 (m) (SH1-245)
BLACKWELL, Simon 100 (B) (SH1-159)
BLACKWELL, Willis 34 (B) (SH1-172)
BLACKWELL, Wm. 2_ (SH2-247)
BLACKWELL, Wm. H. 23 (B) (SH1-131)
BLACKWELL?, Jery 36 (B) (SH1-354)
BLACKWELL?, John? _ (SH2-3)
BLACKWOOD, Mary 50 (B) (SH2-229)
BLADE, Cairy 17 (f) (B) (SH2-49)
BLADES, Jas. 40 (SH2-240)
BLADES, Joe 25 (B) (SH1-170)
BLAEKMAN, Octavia 30 (B) (SH2-33)
BLAEMOORE, Robert 18 (B) (SH1-9)
BLAIN, ___ 50 (m) (B) (SH1-216)
BLAINE, Dolly 65 (B) (SH2-354)
BLAINE, Martha 64 (B) (SH2-359)
BLAIR, A. 36 (m) (SH1-145)
BLAIR, Abram 64 (B) (SH1-111)
BLAIR, Alfred 32 (B) (SH2-308)
BLAIR, Dans? 27 (m) (B) (SH1-137)
BLAIR, Emma 47 (B) (SH1-134)
BLAIR, Fannie 40 (B) (SH1-345)
BLAIR, Geo. B. 31 (B) (SH1-262)
BLAIR, Gideon 17 (B) (SH1-257)
BLAIR, James 30 (B) (SH2-15)
BLAIR, James L. 35 (B) (SH1-318)
BLAIR, Laura 55 (B) (SH1-150)
BLAIR, Louis 35 (B) (SH2-297)
BLAIR, Lury 28 (m) (B) (SH1-222)
BLAIR, Nancy 50 (B) (SH1-173)
BLAIR, Napoleon 26 (B) (SH2-353)
BLAIR, Nathan 22 (B) (SH2-313)
BLAIR, Richard 25 (B) (SH1-142)
BLAIR, Riley 33 (B) (SH2-42)
BLAIR, Sallie A. 49 (SH2-205)
BLAIR, Wm. R. 38 (B) (SH1-137)
BLAIR, Young 28 (B) (SH1-152)
BLAKE, Edward E. 35 (SH1-308)
BLAKE, Elizabeth 12 (SH1-113)
BLAKE, Etna 15 (SH1-168)
BLAKE, Henry 70 (B) (SH1-300)
BLAKE, Martha 50 (B) (SH2-43)
BLAKE, Thos. 23 (SH1-308)
BLAKELEY, A. T. S. 7 (f) (SH1-230)
BLAKELY, Charles 24 (B) (SH1-460)
BLAKELY, Charley 30 (B) (SH2-208)
BLAKELY, John 25 (B) (SH1-149)
BLAKELY, John 38 (B) (SH2-334)
BLAKEMORE, Delila 44 (SH2-135)
BLAKEMORE, Robert 43 (SH2-77)
BLAKEMORE, Stephen 39 (B) (SH1-157)
BLAKEY, David 49 (SH1-190)
BLAKEY, Wm. B. 22 (SH1-77)
BLALOCK, M. F. 20 (m) (SH2-167)
BLANATT?, Stephen 53 (B) (SH1-378)
BLANCH, Agnes 52 (B) (SH2-260)
BLANCHARD, M. 35 (m) (SH2-31)
BLANCHE, Austin 22 (B) (SH1-421)
BLANCHER, J. 65 (m) (SH1-390)
BLANCHET, John 45 (SH2-101)
BLAND, A. E. 25 (f) (SH1-149)
BLAND, Azeriah? 70 (f) (SH1-82)
BLAND, Calvin 54 (SH1-28)
BLAND, Derias? 48 (m) (B) (SH1-39)
BLAND, Drucilla 26 (SH1-28)
BLAND, Eldridge 20? (B) (SH1-56)
BLAND, Georganna 35 (B) (SH2-55)
BLAND, J. L. 42 (m) (SH1-155)
BLAND, J. T. 55 (m) (SH1-354)
BLAND, Peggy 77 (B) (SH1-257)
BLAND, Pinkney 3 (B) (SH1-305)
BLAND, R. L. 42 (m) (SH1-157)
BLAND, S. 65 (m) (B) (SH1-259)
BLAND, Thomas M. 29 (SH1-86)
BLAND, Wesley 30 (B) (SH1-305)
BLAND, Wm. 25 (SH2-101)
BLAND, Wm. H. 37 (SH1-92)
BLANK, Malinda 20 (B) (SH1-154)
BLANKENSHIP, Francis W. 37 (SH1-141)
BLANTON, J. W. 28 (m) (SH2-319)
BLANTON, John 24 (B) (SH1-8)
BLASS, Margaret 55 (SH2-180)
BLATTE, Christian 40 (m) (SH1-434)
BLAXTON, Ben 20 (B) (SH1-258)
BLAYDES, Niece? 41 (f) (B) (SH2-126)
BLAYDES?, Wm. H. 32 (SH1-175)
BLECK, Maggie 1 (SH2-260)
BLECKLEY, Sam 27 (B) (SH1-295)
BLECKLEY, T. J. 40 (m) (SH1-262)
BLEDSOE, A. m. 23 (m) (SH1-152)
BLEDSOE, Abbie 38 (B) (SH1-300)
BLEDSOE, Abe D. 52 (SH1-16)
BLEDSOE, Albert 28 (B) (SH1-21)
BLEDSOE, Alfred 25 (B) (SH1-323)
BLEDSOE, Boyd 47 (SH1-265)
BLEDSOE, Catharine 12 (B) (SH1-448)
BLEDSOE, Charlie 25 (B) (SH1-14)
BLEDSOE, Cilvy 50 (f) (B) (SH1-9)
BLEDSOE, E. J. 22 (f) (B) (SH1-40)
BLEDSOE, Emma 25 (B) (SH2-102)
BLEDSOE, Emma 30 (B) (SH1-177)
BLEDSOE, Fina 70 (B) (SH1-282)
BLEDSOE, Frances 30 (B) (SH1-322)
BLEDSOE, George 40 (B) (SH1-103)
BLEDSOE, George W. 31 (SH1-17)
BLEDSOE, J. W. 68 (m) (SH1-152)
BLEDSOE, Jane 50 (B) (SH1-320)
BLEDSOE, Jinnie 6 (B) (SH1-1)
BLEDSOE, John 50 (B) (SH1-3)
BLEDSOE, Julia 43 (SH2-270)
BLEDSOE, Lovett 28 (m) (B) (SH1-6)
BLEDSOE, Lucinda 52 (B) (SH1-105)
BLEDSOE, Mary 49 (B) (SH1-17)
BLEDSOE, Peter 50 (B) (SH1-26)

BLEDSOE, R. W. 36 (m) (SH1-152)
BLEDSOE, Richard 11 (SH1-17)
BLEDSOE, Sam 40 (m) (B) (SH1-148)
BLEDSOE, Saml. 48 (B) (SH1-6)
BLEDSOE, Stephen 64 (B) (SH2-207)
BLEDSOE, Tommie? 10 (B) (SH1-10)
BLEDSOE, Wat? 27 (m) (B) (SH1-11)
BLESSING, Margaret 66 (SH2-65)
BLESSNY, Mike J. 37 (SH2-100)
BLEW, Alec 45 (B) (SH1-169)
BLEW, M. 23 (m) (B) (SH1-150)
BLISS, J. W. 62 (m) (SH1-230)
BLISS, James __ (SH2-47)
BLOCK, Anna 45? (SH2-63)
BLOCK, Catherine 45 (B) (SH1-148)
BLOCK, Jake 30 (SH2-92)
BLOCK, Solomon 50? (SH2-54)
BLOCKER, Skip 58 (B) (SH1-324)
BLOCKINGER, Mary 59 (SH2-152)
BLOMBERG, Frank 35 (SH2-287)
BLOOD, Maggie 50 (SH2-97)
BLOOM, Henry 40 (SH2-99)
BLOOM, Isaac 10 (SH2-302)
BLOOM, Rosa 49 (SH2-66)
BLUDD, George 60 (SH2-95)
BLUE, Betty 69 (B) (SH2-148)
BLUNT, Andrew 22 (B) (SH2-125)
BLUNT, Cally 20 (B) (SH2-209)
BLUNT, Ernest 27 (B) (SH1-340)
BLUNT, Joseph 27 (B) (SH2-309)
BLYTHE, Julius M. 20 (SH2-81)
BOATMAN, John J. 28 (SH2-11)
BOBISON?, Annie P. 25 (SH2-85)
BOBO, Hattie 3 (B) (SH1-312)
BOBO, Jno. W. 29 (SH2-84)
BOBO, Rosalie 35 (SH1-373)
BOBO, Wm. 60 (B) (SH1-312)
BOBO?, Ralph 22 (B) (SH1-39)
BOCK, Geo. J. 26 (SH2-81)
BOCK, Rudolph 53 (SH2-258)
BOCKUS?, Matthew 30 (SH2-217)
BOCLER, Frederick W. 44 (SH2-209)
BODDIE, Jane 45 (B) (SH2-217)
BODDIE, M. G.? 42 (f) (SH2-323)
BODDIE, Mary 35 (SH2-181)
BODDY, Clinton 14 (B) (SH1-337)
BODDY, JEssee 45 (m) (B) (SH1-9)
BODDY, Jake 26 (B) (SH1-10)
BODY, Anna 36? (SH1-103)
BODY, Harry 30 (B) (SH1-298)
BODY, Margret 22 (B) (SH1-299)
BODY, Wm. 36 (B) (SH2-184)
BOESENBERG, Louis 30 (SH2-35)
BOESSEAY?, Charles 24 (SH2-68)
BOFFORD, Lou 53 (f) (B) (SH2-214)
BOGAN, Emiline 40 (B) (SH1-284)
BOGAN, Henry 57 (SH1-461)
BOGANS, Sallie 12 (B) (SH2-21)
BOGARD, Mary S. 36 (SH1-54)
BOGARD, R. 65 (m) (B) (SH1-253)
BOGARD, W. J. 45 (m) (SH1-457)
BOGART, S. S. 50 (f) (SH1-394)
BOGETT?, Bettie 16 (SH2-222)
BOGGIANA, James 44 (SH2-163)
BOGHGINO?, John 45? (SH2-96)
BOGLE, Harry 31 (B) (SH1-429)
BOGLE, James 5 (B) (SH1-432)
BOGLE, Wm. 50 (B) (SH1-76)
BOGLIN, Sallie 40 (SH1-439)
BOHAN, James 34 (SH2-13)
BOHAN, John 50 (SH2-18)
BOHEN, Mary 34 (SH2-37)
BOHLEN, Dennis 35 (SH2-21)
BOHLEN, Mary 12 (B) (SH2-242)
BOHLEN, Phillip 69 (SH2-369)
BOHLEW, Albert 30 (B) (SH1-261)
BOHR, Julius? 39 (SH2-265)
BOICE, Adam 36 (SH2-120)
BOIGGS, Mattie 24 (SH2-106)
BOILE, Sarah 18 (SH2-62)
BOLAN, Garland 40 (B) (SH1-249)
BOLAND, M. 48 (m) (SH1-359)
BOLAR, MAdison 30 (B) (SH1-113)
BOLDEN, P___ 50 (f) (B) (SH2-341)
BOLDEN, Wm. 2 (B) (SH1-313)
BOLDIN, Jas. 48 (B) (SH2-147)
BOLEN, JAmes 45 (B) (SH1-145)
BOLEN, Robert 33 (B) (SH1-157)
BOLES, Absalum 77 (SH1-462)
BOLES, Alex 35 (B) (SH1-219)
BOLEY, ___ 65 (m) (SH2-60)
BOLGER, Edwd. T. 24 (SH2-344)
BOLGER, John 36 (SH2-155)
BOLGER, Mary 69 (SH2-280)
BOLING, Biddie 60 (B) (SH1-258)
BOLING, Davy 34 (B) (SH1-255)
BOLING, Edmond 51 (B) (SH1-258)
BOLING, James 31 (B) (SH1-258)
BOLING, Peach 60 (f) (B) (SH2-243)
BOLSTER, Minnie 15 (SH2-53)
BOLTON, A. J. 50 (m) (SH2-283)
BOLTON, Alice M. 15 (SH1-76)
BOLTON, Anderson 43 (B) (SH1-14)
BOLTON, Antony 30 (B) (SH1-52)
BOLTON, Austin 27 (B) (SH1-62)
BOLTON, B. Henry 35 (SH1-62)
BOLTON, Ben 55 (B) (SH1-71)
BOLTON, Benjamin N. 52 (SH2-330)
BOLTON, Biddy 65 (f) (B) (SH1-318)
BOLTON, C. 50 (m) (B) (SH1-14)
BOLTON, Charles 28 (B) (SH1-192)
BOLTON, Dave 35 (B) (SH1-62)
BOLTON, Elizabeth 55 (B) (SH1-49)
BOLTON, Emma 11 (B) (SH1-12)
BOLTON, Fanney 38 (B) (SH1-450)
BOLTON, Fannie 17 (B) (SH1-17)
BOLTON, Frank 60 (B) (SH1-81)
BOLTON, George 56 (B) (SH1-27)
BOLTON, HEnry 45 (B) (SH1-18)
BOLTON, Henry 35 (B) (SH1-59)
BOLTON, Henry 60 (B) (SH1-63)
BOLTON, Henry M. 56 (B) (SH1-20)
BOLTON, Ike 52 (B) (SH1-14)
BOLTON, Isaac 23 (B) (SH1-127)
BOLTON, James 51 (B) (SH1-27)
BOLTON, Jane 40 (B) (SH1-27)
BOLTON, Jim H. 33 (B) (SH1-18)
BOLTON, Jinnie H. 45 (B) (SH1-18)
BOLTON, Joseph 60 (B) (SH1-48)
BOLTON, Kain 22 (B) (SH1-10)
BOLTON, Lauson 55 (B) (SH1-192)
BOLTON, Lena 17 (SH1-58)
BOLTON, Lewis 54 (B) (SH1-26)
BOLTON, Lydie 50 (B) (SH1-33)
BOLTON, Mattie 19 (B) (SH2-31)
BOLTON, Miles 16 (B) (SH1-13)
BOLTON, Mose 60 (B) (SH1-12)
BOLTON, Moses 26? (SH1-68)
BOLTON, Nicey 21 (B) (SH1-27)
BOLTON, Nick 50 (B) (SH1-18)
BOLTON, Phillip 45 (B) (SH1-20)
BOLTON, Reuben 36 (B) (SH2-334)
BOLTON, Richard 46 (B) (SH1-48)
BOLTON, Robert 27 (B) (SH2-306)
BOLTON, Robert 57 (B) (SH2-20)
BOLTON, Robt. 70 (B) (SH1-455)
BOLTON, S. J. 45 (m) (SH2-330)
BOLTON, Sallie 22 (B) (SH1-14)
BOLTON, Sam 22 (m) (B) (SH1-18)
BOLTON, Sam 33 (m) (B) (SH1-86)
BOLTON, Sonny 26 (B) (SH1-18)
BOLTON, Sylvia 30 (B) (SH1-58)
BOLTON, Taylor 25 (B) (SH1-44)
BOLTON, Ted 37 (B) (SH1-56)
BOLTON, Thomas 54 (B) (SH1-49)
BOLTON, Tom 70 (B) (SH1-58)
BOLTON, Wade H. 16 (B) (SH1-12)
BOLTON, Wesley 22 (B) (SH1-18)
BOLTON, Wm. 22 (B) (SH1-31)
BOLTON, Wm. 53 (B) (SH1-48)
BOLTON, Wyatt 28 (B) (SH1-17)
BOLTON?, Fred 21 (B) (SH1-227)
BOLTON?, George Ann 40 (B) (SH1-227)
BOLTS, John 22 (SH2-69)
BOLYER, Laura 28 (B) (SH2-190)
BOLYER, Louvinia 45 (B) (SH2-333)
BOLYN, Charles 19 (B) (SH1-437)
BOL__, Jordan 28 (SH1-23)
BOL_____, Alex? 35 (B) (SH2-190)

BOMAN, A. 75 (f) (B) (SH1-405)
BOMAR, Rufus H. 41 (SH1-215)
BOMER, George 30 (SH2-174)
BOMER, George 30 (SH2-19)
BOMMER?, John 36 (SH2-70)
BOMONT, Henry 51 (B) (SH2-337)
BONAR, Lunar 14 (f) (SH1-167)
BOND, Albert 50 (B) (SH1-286)
BOND, Ann 30 (B) (SH1-162)
BOND, Charlie 25 (B) (SH1-193)
BOND, Edward 41 (B) (SH2-42)
BOND, Eliza 19? (B) (SH2-36)
BOND, Elizabeth 38 (B) (SH1-128)
BOND, Fred H. 29 (SH1-15)
BOND, Henry 51 (B) (SH1-444)
BOND, Jas. 38 (B) (SH2-150)
BOND, Joe A. 28 (SH1-17)
BOND, Joe W. 53 (SH1-18)
BOND, John 36 (SH2-106)
BOND, John G. 42 (SH1-17)
BOND, Lucy 13 (SH1-19)
BOND, MAry 49 (SH1-60)
BOND, Mary C. 75 (SH2-93)
BOND, Mingo 50 (m) (SH1-178)
BOND, N. J. 65 (f) (SH1-153)
BOND, N. P. 48 (m) (SH1-155)
BOND, Peter N. 38 (SH1-17)
BOND, Rice 19 (B) (SH1-4)
BOND, Robert 50 (B) (SH1-172)
BOND, S. A. 37 (f) (SH1-154)
BOND, Saml. F. 21 (SH1-194)
BOND, Virginia 50 (SH2-199)
BOND, Wm. 36 (B) (SH1-32)
BOND, Wm. 39 (SH1-60)
BOND, Wm. T. 30 (SH1-194)
BOND?, Beaurogard 19 (m) (SH1-15)
BONDS, Adam 57 (B) (SH1-121)
BONDS, Edwd. 39 (B) (SH2-160)
BONDS, John 33 (B) (SH2-142)
BONDS, Sam 13 (B) (SH2-306)
BONDS, Sam 17 (m) (B) (SH1-187)
BONDS, ___k 40 (m) (B) (SH1-345)
BONDURANT, Edd 77 (m) (SH1-191)
BONDURANT, Joe 4? (SH2-176)
BONDURANT, Vince 37 (B) (SH1-178)
BONE, Martha 35 (B) (SH1-133)
BONE, Santia 75 (f) (B) (SH1-404)
BONE?, James P. (Dr.) 49 (SH1-175)
BONES, Andrew 20 (B) (SH1-153)
BONFANTI, Lucius 41 (SH2-177)
BONINI?, Cilest 39 (m) (SH2-73)
BONNER, Alfred 9 (B) (SH1-428)
BONNER, Augustus 27 (SH1-142)
BONNER, Cato 50 (B) (SH1-323)
BONNER, Clairburn? 75 (B) (SH1-383)
BONNER, David 35 (B) (SH2-195)
BONNER, Edie 21 (f) (B) (SH2-207)

BONNER, Edward 27 (B) (SH1-142)
BONNER, F.? A. 25 (f) (SH1-43)
BONNER, Geo. 45 (B) (SH1-65)
BONNER, Gus 28 (SH1-59)
BONNER, King 18? (B) (SH1-128)
BONNER, Kittie 13 (B) (SH1-114)
BONNER, Laura 32 (B) (SH2-39)
BONNER, Lee 18 (m) (B) (SH1-324)
BONNER, Mary (Mrs.) 41 (SH1-179)
BONNER, Mingo 34 (m) (B) (SH1-321)
BONNER, Mollie 17 (B) (SH2-222)
BONNER, Shed 29 (B) (SH1-239)
BONNER, Warren 35 (B) (SH2-184)
BONNER, Wash 50 (B) (SH1-323)
BONOMOLO?, Joseph 40 (SH2-270)
BONTALL, Allie 24 (m) (SH2-102)
BOOKER, Adolph 21 (B) (SH1-60)
BOOKER, Carter? 30 (B) (SH2-154)
BOOKER, Daniel 60 (B) (SH2-187)
BOOKER, Elijah 65 (B) (SH1-47)
BOOKER, Elizabeth 70 (B) (SH1-49)
BOOKER, H.? T. 40 (m) (SH1-60)
BOOKER, Hannah 48 (B) (SH2-343)
BOOKER, Ira K. 33 (SH1-444)
BOOKER, Israel 43 (B) (SH2-128)
BOOKER, James 26 (SH2-105)
BOOKER, James 33 (SH2-167)
BOOKER, Johanna 55? (SH2-119)
BOOKER, John 40 (B) (SH2-132)
BOOKER, John 40 (B) (SH2-132)
BOOKER, L. B. 27 (m) (B) (SH2-328)
BOOKER, Lawyer 24? (B) (SH2-130)
BOOKER, Mary 53 (SH2-190)
BOOKER, Salena 50 (B) (SH1-47)
BOOKER, Silvia 30 (B) (SH1-382)
BOOKS?, Benj. 39 (B) (SH2-129)
BOOM, Arnold 35 (B) (SH1-336)
BOOM, B. 17 (f) (B) (SH1-394)
BOOM, Ceasar 31 (B) (SH2-141)
BOON, Andy 30 (B) (SH1-353)
BOON, Ella 34 (B) (SH1-370)
BOON, Emanuel 33 (B) (SH1-345)
BOON, Mariah 45 (B) (SH1-334)
BOON, Philip 70 (B) (SH1-36)
BOON, Sam 55 (B) (SH2-187)
BOON, Sarah 100 (B) (SH1-85)
BOON?, Dock 40 (B) (SH1-81)
BOONE, David 50 (B) (SH1-391)
BOONE, James 60 (B) (SH1-97)
BOONE, Lewis B. 33 (SH1-416)
BOONE, Richard 38 (B) (SH2-275)
BOONE, Robert 18 (SH2-78)

BOONE, Squire 65 (B) (SH1-160)
BOONS, John 50 (B) (SH1-405)
BOOTH, Bell 25 (B) (SH2-68)
BOOTH, Harrison 70 (B) (SH1-261)
BOOTH, John 30 (SH2-356)
BOOTH, Julia 35 (B) (SH2-239)
BOOTH, M. A. 57 (f) (SH1-230)
BOOTH, Mary 35 (B) (SH2-360)
BOOTHE, Ann 50 (SH2-1)
BORDEN, Amanda 34 (SH1-367)
BORDEN, Emma 45 (B) (SH2-186)
BORDERS, James 37 (SH2-10)
BORDERS, Jas. M. 32 (SH2-94)
BORG, Josiphine 45 (SH2-75)
BORG, Wm. 39 (SH2-268)
BORGAN, Thomas 7 (B) (SH1-21)
BORGER, Annie 18 (SH2-298)
BORGETT, Ida 11 (SH2-222)
BORMAN, Louisa 1 (SH2-340)
BORO, Teressa 42 (SH2-105)
BORO, Vincent 24 (SH2-114)
BORRON, James 33 (SH2-30)
BORSLEY, Ellen 19 (B) (SH2-182)
BORYJESKI, Eddie 18 (SH2-13)
BOSE, Bill 20 (B) (SH2-254)
BOSE, Edw. E. 18 (SH2-149)
BOSLEY, Jeff 23 (B) (SH1-17)
BOSLEY, Joe 32 (B) (SH1-354)
BOSS, Ambrose __ (SH2-92)
BOSS, Bill 30 (SH1-70)
BOSS, Curtis 28 (B) (SH1-409)
BOSS, George 25 (SH2-68)
BOSS, Jack 40 (B) (SH2-85)
BOSS, Rafe 26 (m) (B) (SH1-410)
BOSS, Scott 50 (B) (SH1-355)
BOSSETT, Edwd. A. 17 (SH2-330)
BOSTIC, Augustic 54 (m) (B) (SH1-453)
BOSTIC, Elam 55 (B) (SH1-198)
BOSTIC, Susan 82 (SH2-262)
BOSTICK, Augustus 53 (B) (SH2-266)
BOSTICK, Calvin 20? (B) (SH2-53)
BOSTICK, Jack 46 (B) (SH1-49)
BOSTICK, June 52 (SH1-134)
BOSTON, Abe 25 (B) (SH1-255)
BOSWELL, Jas. R. 41 (SH2-217)
BOSWELL, Kate 25 (B) (SH2-217)
BOTTLE, Barbara 69 (B) (SH1-25)
BOTTLE, Harry 50 (B) (SH1-18)
BOTTO, Angelo 30 (SH2-60)
BOTTO, Caroline 40 (SH2-131)
BOTTO, Vincent 46 (SH2-44)
BOTTO?, David 42 (SH2-44)
BOTTOMS, Andrew? 23 (SH2-112)
BOUCHER, Wm. 51 (SH2-301)
BOULDEN, Mary 38 (B) (SH1-390)
BOULDIN, Hany 48 (m) (SH1-44)
BOULEN, Cinthia 40 (SH2-174)
BOULES?, Joe 34 (B) (SH1-319)

BOUND, Izath? 58 (m) (B) (SH1-394)
BOURKHART, Geo. 30 (SH1-391)
BOURNE, Edward 34 (SH2-218)
BOURNE, James 66 (SH2-211)
BOURSJE?, Wm. 50 (SH2-267)
BOW?, Jimmie 22 (SH2-172)
BOWBERY, Frank 20 (SH1-450)
BOWDEN, George 36 (SH2-102)
BOWDEN, Jennie 55 (B) (SH1-91)
BOWDEN, Richard 30 (B) (SH2-16)
BOWDEY, George 22 (SH1-378)
BOWDRE, S. P. 29 (m) (SH2-91)
BOWDRE, Walter 38 (SH2-218)
BOWDRY, Sam 21 (B) (SH1-241)
BOWEN, Esther 55 (B) (SH2-87)
BOWEN, F. F. 82 (m) (SH2-98)
BOWEN, Frank 36 (SH1-209)
BOWEN, George 43 (B) (SH2-298)
BOWEN, George 60 (B) (SH1-92)
BOWEN, Harry 47 (SH1-188)
BOWEN, Hays P. 3 (SH2-314)
BOWEN, Hiram 27 (B) (SH1-380)
BOWEN, J. Manley 30 (SH2-215)
BOWEN, Jim 45 (B) (SH1-381)
BOWEN, John 19 (B) (SH2-49)
BOWEN, John 39 (SH1-371)
BOWEN, M. 30 (f) (SH2-34)
BOWEN, Margaret 67 (SH1-435)
BOWEN, Sam 5 (SH2-36)
BOWEN, Samuel 27 (SH2-144)
BOWEN, Scott 39 (B) (SH1-378)
BOWEN, Simon 22 (B) (SH1-129)
BOWEN, Taylor 31 (B) (SH2-50)
BOWEN, Thomas 3 (SH2-71)
BOWER, Abram 35 (SH2-92)
BOWER, Jacob 53 (SH2-6)
BOWER?, Nicholas 24 (SH2-51)
BOWERS, Coleman 29 (B) (SH1-436)
BOWERS, Ed 49 (SH2-223)
BOWERS, George 60 (B) (SH2-300)
BOWERS, Humphrey 30 (B) (SH1-335)
BOWERS, Irena 45 (B) (SH2-235)
BOWERS, JOhn 53 (B) (SH2-162)
BOWERS, Marcus 29 (SH1-379)
BOWERS, Martha 53 (B) (SH1-333)
BOWERS, Peter 40 (B) (SH2-237)
BOWERS, Rufus 30 (B) (SH1-291)
BOWERS, Wright 35 (B) (SH2-330)
BOWERS?, Mary Ann 60 (SH1-313)
BOWIE, Nathan 7 (B) (SH1-86)
BOWLEN, John 60 (SH2-33)
BOWLER, Ephraim 32 (B) (SH1-293)
BOWLER, John 26 (B) (SH2-345)
BOWLES, Aaron 24 (B) (SH2-336)
BOWLES, Blanch 22 (B) (SH1-30)
BOWLES, Charles 28 (B) (SH1-155)

BOWLES, Charley 22 (B) (SH2-220)
BOWLES, E. W. (Mrs.) 56 (SH2-281)
BOWLES, Heddy 38 (f) (B) (SH2-265)
BOWLES, Wm. 60 (SH2-216)
BOWLES, Zacharia 26 (B) (SH2-120)
BOWLET, George 36 (SH2-4)
BOWLING, Allen 45 (SH1-34)
BOWLING, Amos 20 (SH1-30)
BOWLING, Bernard 46 (SH2-60)
BOWLING, Jack 23 (B) (SH1-288)
BOWLING, Teak 65 (m) (B) (SH1-295)
BOWLING, ___ 52 (m) (B) (SH1-288)
BOWLS, Ephraim 30 (B) (SH1-274)
BOWLS, Nat 65 (B) (SH1-468)
BOWLS, Wm. 33 (SH2-102)
BOWMA?, Prince 50 (B) (SH2-128)
BOWMAN, Abe 50 (B) (SH2-104)
BOWMAN, E. G. 26 (m) (SH2-98)
BOWMAN, Edward 29 (B) (SH1-84)
BOWMAN, Emanuel 60 (B) (SH1-173)
BOWMAN, Isreal 23 (B) (SH1-131)
BOWMAN, Linsey 24 (m) (B) (SH1-305)
BOWMAN, Loretta 11 (SH2-14)
BOWMAN, M. A. 50 (f) (SH2-342)
BOWMAN, Wm. 60 (B) (SH2-457)
BOWN, Clara 13 (B) (SH2-187)
BOWYER, Adeline 37 (SH2-213)
BOWYER, Dilsie 18 (f) (B) (SH1-423)
BOXBAUM, J. H. 38 (m) (SH2-107)
BOXLEY, Amanda 38 (B) (SH1-327)
BOXLEY, Milton 35 (B) (SH1-93)
BOYCE, Esbella 19 (B) (SH2-160)
BOYCE, Marian 50 (f) (SH2-117)
BOYCE, Matilda 45 (B) (SH1-124)
BOYCE, Robt. 56 (B) (SH2-178)
BOYCE, Wm. 28 (B) (SH2-160)
BOYD, Abner 40 (B) (SH1-161)
BOYD, Abslom 53 (SH2-249)
BOYD, Adam 45 (B) (SH1-348)
BOYD, Agnes 18 (B) (SH2-4)
BOYD, Alexander 29 (B) (SH1-128)
BOYD, Alston M. 63 (SH2-222)
BOYD, Anderson 30 (B) (SH1-423)
BOYD, Annie 26 (B) (SH2-207)
BOYD, Belle 15 (SH2-40)
BOYD, Cash 22 (B) (SH2-125)
BOYD, Chaney 50 (f) (B) (SH1-330)
BOYD, Charles 18 (B) (SH2-52)

BOYD, Charles 55 (B) (SH1-104)
BOYD, Conley 14 (B) (SH2-74)
BOYD, Ellen 30 (B) (SH1-410)
BOYD, Elvira 40 (B) (SH1-203)
BOYD, Ely 46 (B) (SH1-114)
BOYD, F. 40 (m) (B) (SH1-361)
BOYD, George 45 (B) (SH2-16)
BOYD, H. 79 (f) (B) (SH2-140)
BOYD, Harrison 53 (B) (SH2-197)
BOYD, Henry 33 (B) (SH1-92)
BOYD, Henry 52 (B) (SH1-114)
BOYD, Henry 66 (B) (SH1-310)
BOYD, Jackson 30? (B) (SH2-224)
BOYD, Jas. 5 (B) (SH2-150)
BOYD, Jas. G. 28 (B) (SH2-219)
BOYD, Jno. 40 (B) (SH2-186)
BOYD, Jordan 35 (B) (SH1-332)
BOYD, Lizzie 23 (B) (SH1-163)
BOYD, Louis F. 26 (SH2-14)
BOYD, MAggie H. 37 (SH1-14)
BOYD, Mack 36 (B) (SH1-19)
BOYD, Mandy 24 (B) (SH1-277)
BOYD, Marshall 10 (B) (SH2-21)
BOYD, Mary 50 (B) (SH2-21)
BOYD, Mattie 25 (f) (B) (SH2-255)
BOYD, Parale 5 (B) (SH2-184)
BOYD, Peter 37 (SH1-202)
BOYD, Pittman 38 (B) (SH1-46)
BOYD, Richard 30 (B) (SH2-356)
BOYD, Robert 23 (B) (SH2-229)
BOYD, Robert C. 35 (B) (SH2-21)
BOYD, Rosetta 8 (B) (SH2-235)
BOYD, Sol 38 (B) (SH2-207)
BOYD, Stephen 45 (B) (SH2-332)
BOYD, West 30 (B) (SH2-41)
BOYD, Wiley 40 (B) (SH2-354)
BOYD, Willis 17 (B) (SH2-148)
BOYD, Willis 28 (B) (SH2-227)
BOYD, Wm. E. 50 (SH2-23)
BOYDE, Jennie E. 50 (SH2-36)
BOYDE, Richard 30 (SH1-69)
BOYED, Allice 26 (B) (SH2-95)
BOYED, Elvira 30 (B) (SH2-103)
BOYED, Jennie 55 (B) (SH2-98)
BOYED, Richard 10 (B) (SH2-95)
BOYER, Rachel 45 (SH2-180)
BOYGAN, Isaac 25 (B) (SH1-291)
BOYLAND, Alfred 45 (B) (SH1-463)
BOYLE, Anthony 24 (B) (SH2-279)
BOYLE, Henry 29 (B) (SH2-162)
BOYLE, Patrick 31 (SH2-262)
BOYLE, Sam 26 (SH2-139)
BOYLE, Thomas 61 (SH2-88)
BOYT, Isaac 24 (SH1-462)
BOYT, JOsiah 60 (SH1-462)
BO__, Julia 30 (SH2-270)
BO_____, ____tta 48 (f) (SH2-233)
BRAALY?, Moses 40 (B) (SH1-447)
BRACH, George 28 (SH1-414)
BRACKET, Ella 25 (SH2-51)
BRACKETT, Chas. H. 45 (SH2-96)
BRACKETT, Elise 10 (SH1-110)
BRACY, Robert 45 (B) (SH1-417)
BRADEN, Josie 13 (f) (B) (SH1-88)
BRADFORD, Alec 31 (B) (SH2-221)
BRADFORD, Alfred 35 (B) (SH2-15)
BRADFORD, Augustus 63 (B) (SH2-79)
BRADFORD, Bell 45 (B) (SH2-186)
BRADFORD, Charity 25 (f) (B) (SH1-216)
BRADFORD, Dicy 56 (f) (B) (SH2-309)
BRADFORD, Edward 32 (B) (SH1-233)
BRADFORD, Eliza 70 (SH2-87)
BRADFORD, Emalia 22 (B) (SH1-310)
BRADFORD, Ennie 23 (f) (B) (SH2-108)
BRADFORD, G. D. 33 (m) (SH2-300)
BRADFORD, Heneretta 40 (B) (SH2-242)
BRADFORD, Hill 29 (B) (SH1-439)
BRADFORD, Jerrel 40 (B) (SH1-340)
BRADFORD, John 50 (B) (SH1-346)
BRADFORD, Judy 45 (B) (SH2-58)
BRADFORD, Kate 24 (B) (SH2-54)
BRADFORD, MAriah 28 (B) (SH1-142)
BRADFORD, Mary 58 (SH2-192)
BRADFORD, Mattie 23 (f) (B) (SH2-109)
BRADFORD, Nora 12 (B) (SH2-62)
BRADFORD, Pope 20 (B) (SH2-6)
BRADFORD, Richd. M. 51 (SH2-100)
BRADFORD, Robert 32 (B) (SH2-223)
BRADFORD, Rubin 23 (B) (SH1-324)
BRADFORD, Sam 50 (B) (SH2-194)
BRADFORD, Spencer 50 (B) (SH1-300)
BRADFORD, T. W. 30 (m) (SH1-238)
BRADFORD, Thos.? 24 (B) (SH1-358)
BRADFORD, Tom 36 (B) (SH1-98)
BRADFORD, Wm. 20 (B) (SH1-436)
BRADFORD, Wm. 24 (B) (SH1-115)
BRADLEY, Abraham 9 (B) (SH1-409)
BRADLEY, Alexander 73 (SH1-134)
BRADLEY, Amelia 17 (SH2-38)
BRADLEY, Ben 38 (B) (SH1-247)
BRADLEY, Dudley 24 (B) (SH1-453)
BRADLEY, Edward 45 (SH2-324)
BRADLEY, Elnora 11 (B) (SH2-297)
BRADLEY, Jack 36 (B) (SH2-332)
BRADLEY, Jack 50 (B) (SH1-246)
BRADLEY, James 35 (B) (SH2-65)
BRADLEY, James 40 (B) (SH2-75)
BRADLEY, John 13 (SH2-74)
BRADLEY, John 55 (B) (SH1-370)
BRADLEY, Lee 40 (m) (B) (SH2-285)
BRADLEY, Mariah 65 (B) (SH2-334)
BRADLEY, Nancy 22 (B) (SH2-203)
BRADLEY, S. R. 48 (f) (SH1-246)
BRADLEY, Stephen 21 (B) (SH1-246)
BRADLEY, Wilson 40 (B) (SH1-247)
BRADLEY, Wm. 25 (B) (SH1-286)
BRADLY, Richard H. 33 (B) (SH2-266)
BRADSHAW, Ellen 58 (SH2-222)
BRADSHAW, Emily 71 (B) (SH2-174)
BRADSHAW, George 38 (B) (SH2-231)
BRADSHAW, J. O. 32 (m) (SH1-166)
BRADSHAW, Jeff 24 (B) (SH2-76)
BRADSHAW, Mitchell 21 (B) (SH2-282)
BRADSHAW, Rebecca 39 (B) (SH2-219)
BRADSHAW, Redford 26 (B) (SH1-115)
BRADSHAW, Solomon 45 (B) (SH1-381)
BRADSHAW, T.? 63 (m) (B) (SH1-396)
BRADY, Barry 57 (SH1-474)
BRADY, Bridget 45 (SH2-256)
BRADY, Budy 61 (f) (SH1-474)
BRADY, Ella 19 (SH2-74)
BRADY, John 20 (B) (SH1-462)
BRADY, John 30 (B) (SH1-103)
BRADY, M. B. 50 (m) (SH2-110)
BRADY, Patrick 24 (SH1-427)
BRADY, Thomas 36 (SH1-99)
BRAEBLEY, Ann 38 (SH2-48)
BRAGG, Andrew 19 (B) (SH2-16)
BRAGG, Francis S. 30 (SH1-182)
BRAGG, Harry 26 (SH1-347)
BRAGG, Henry 23 (B) (SH1-269)
BRAGG, Henry T. 38 (SH1-185)
BRAGG, Virginia 79 (SH2-102)
BRAGG, Virginia 80 (SH1-430)
BRAMON, John 22 (SH2-254)
BRANAM, J. 25 (m) (B) (SH2-187)
BRANCH, Addie 17 (B) (SH2-188)
BRANCH, Allen 40 (B) (SH1-161)
BRANCH, Anna 10 (B) (SH1-315)
BRANCH, Archer 38 (B) (SH1-211)
BRANCH, Austin 65 (B) (SH1-210)
BRANCH, B. Q. 37 (m) (B) (SH2-111)
BRANCH, Ben 28 (B) (SH1-279)
BRANCH, Charlott 19 (B) (SH1-389)
BRANCH, Charlotte 25 (B) (SH1-411)
BRANCH, Clementine 13 (SH1-134)
BRANCH, Daniel 7 (B) (SH1-3)
BRANCH, Dog 42 (m) (B) (SH1-90)
BRANCH, Ed O. 21 (SH1-74)
BRANCH, Everline 13 (SH1-133)
BRANCH, Frank 22 (B) (SH1-163)
BRANCH, Frank 25 (B) (SH2-338)
BRANCH, George 34 (B) (SH1-184)
BRANCH, Hattie 20 (B) (SH1-436)
BRANCH, Henry 25 (B) (SH1-163)
BRANCH, Henry 28 (SH2-79)
BRANCH, Henry 38 (B) (SH1-252)
BRANCH, Henry 39 (B) (SH1-141)
BRANCH, Jane 55 (B) (SH2-190)
BRANCH, Jennie 26 (B) (SH1-416)
BRANCH, Job? 32 (B) (SH1-355)
BRANCH, John 27 (B) (SH1-195)
BRANCH, John E. 60 (SH1-77)
BRANCH, Katie 19 (B) (SH2-327)
BRANCH, Lena 30 (B) (SH1-270)
BRANCH, Lewis 55 (B) (SH1-135)
BRANCH, MArtha 19 (B) (SH1-121)
BRANCH, Mack 28 (B) (SH1-141)
BRANCH, Mamma 50 (B) (SH2-149)
BRANCH, Martha 39 (B) (SH2-288)
BRANCH, Martin 32 (SH2-79)
BRANCH, Mindon 28 (m) (B) (SH1-309)
BRANCH, Nelly 60 (B) (SH1-427)
BRANCH, Olivia 28 (B) (SH2-107)
BRANCH, Oscar 39 (B) (SH1-184)
BRANCH, Peter 23 (B) (SH1-171)
BRANCH, R. 55 (m) (B) (SH1-234)
BRANCH, Sarah 17 (B) (SH2-185)
BRANCH, Sarah 21 (B) (SH1-157)
BRANCH, Thomas 14 (B) (SH1-428)
BRANCH, Thomas 55 (B) (SH1-164)
BRANCH, Thomas T. 30 (SH1-129)
BRANCH, Tom 27 (SH1-56)
BRANCH, Wm. 16 (B) (SH1-84)
BRANCH, Wm. 27 (B) (SH1-141)

1880 Census Shelby Co. TN: Heads-of-Household

BRANDON, Daniel 25 (B) (SH1-314)
BRANDON, David 6 (B) (SH1-314)
BRANDON, Washington 57 (B) (SH1-321)
BRANDY, Mike 36 (SH2-349)
BRANDY, Molly 17 (B) (SH2-260)
BRANFORD, John 35 (B) (SH2-298)
BRANNER, Clara 78 (SH2-42)
BRANNER, Herman 17 (SH2-60)
BRANNOCK, Adolphus 55 (B) (SH1-410)
BRANNOCK, Linsey 65 (m) (B) (SH2-3)
BRANNON, Frank 50 (SH2-317)
BRANNON, J. F. 35 (m) (SH2-323)
BRANNON, John 49 (SH2-45)
BRANNON, M. J. 29 (m) (SH2-323)
BRANNON, Richard 36 (SH2-23)
BRANNON, Robt. 40 (SH2-79)
BRANSFORD, Frank 36 (B) (SH2-340)
BRANSON, Fanny 76 (SH1-227)
BRANT, Gillam 23 (m) (B) (SH2-90)
BRANTLEY, Cora 29 (B) (SH2-220)
BRANTNET, Mary 4 (SH2-301)
BRASH, Ben 40 (SH2-35)
BRASHEARS, Dick 16 (B) (SH1-264)
BRASSLE, Margaret 41 (SH2-113)
BRASWELL, Nick 48 (B) (SH1-178)
BRAUN, Jacob 47 (SH2-42)
BRAWNER, Mary E. 49 (SH2-87)
BRAXTON, Sarah 35 (B) (SH2-328)
BRAXTON, Thomas 26 (B) (SH2-207)
BRAY, _. J. 37 (m) (SH2-142)
BRAYLY, Arthur 30 (B) (SH1-355)
BRAZILL?, Charly 22 (B) (SH1-55)
BRAZZLETON, M. 29 (f) (SH2-300)
BRA_, Luthur? 5/12 (SH1-194)
BREARTON, M. 42 (f) (SH2-257)
BRECKEEL, Wm. 50 (SH1-170)
BRECKENRIDGE, Joe 33 (B) (SH1-273)
BRECKENRIDGE, Milton 6 (B) (SH2-312)
BREEN, Ellen 36 (SH1-361)
BREEN, James 14 (SH2-357)
BREEN?, Daniel 45 (SH2-19)
BREHEA?, Hiram 25 (B) (SH1-180)
BRELE, Henry 23 (B) (SH1-194)
BRENDT, Abe 45 (SH2-76)
BRENICK, Frank 27 (SH2-155)
BRENISH, C. L. 21 (m) (SH1-307)
BRENN, Wm. H. 40 (SH2-138)

BRENNAN, Chris 30 (m) (SH2-302)
BRENNAN, Fanny 20 (SH2-5)
BRENNAN, James 28 (SH2-31)
BRENNAN, Kate 33 (SH2-103)
BRENNAN, Thos. 45 (SH2-255)
BRENNON, Fred 43 (SH2-99)
BRENSCH?, John 72 (SH1-303)
BRENSON, Frank 28 (SH2-258)
BRENT, Dave 21 (B) (SH1-122)
BRENT, John 30 (B) (SH1-57)
BRENT, Peter 30 (B) (SH2-197)
BRENT, Wm. 30 (SH2-55)
BRENTZ, Albert G. 25 (SH2-105)
BRENTZ, Mac 27 (SH2-105)
BRESNAN, Thos. 51 (SH2-225)
BRETHEL, Alex 29 (B) (SH1-159)
BRETT, James 41 (SH1-239)
BREUCE, Ann 7 (SH1-416)
BREUL?, Agnes 60 (B) (SH1-89)
BREUR, Catharine 22 (SH2-1)
BREWER, Adolph 26 (SH2-23)
BREWER, Alex 78 (SH1-207)
BREWER, Davey 28 (m) (B) (SH1-217)
BREWER, Henry C. 54 (SH1-191)
BREWER, Jas. 19 (SH2-83)
BREWER, Lela 8 (SH1-186)
BREWER, Will 22 (SH2-198)
BREWER, Wm. 27 (SH1-334)
BREWER, Wm. 27 (SH1-354)
BREWSTER, Fannie 45 (SH1-368)
BREWSTER, Floyd 35 (B) (SH1-416)
BREWSTER, Hollie B. 41 (SH1-304)
BREWSTER?, Carrie 13 (SH1-109)
BREY, Sam 25 (m) (SH1-60)
BRGANT?, Matilda 39 (B) (SH2-64)
BRICE, John 26 (B) (SH1-224)
BRICE, NAthan 55 (B) (SH1-195)
BRICE, Patrick 45 (SH1-347)
BRICK, George 16 (SH2-35)
BRICKNUM?, Mary 67 (B) (SH2-299)
BRIDGE, Wm. 38 (B) (SH2-150)
BRIDGEFORTH, Dick 56 (B) (SH1-256)
BRIDGEFORTH, Eller 13 (f) (B) (SH1-313)
BRIDGEMAN, Thomas 50 (SH1-117)
BRIDGES, Ann 30? (SH2-270)
BRIDGES, B. L. 30? (m) (SH2-145)
BRIDGES, Elizabeth 30? (SH2-199)
BRIDGES, Lee 42 (m) (B) (SH2-28)
BRIDGES, M> L. 34 (f) (SH1-234)
BRIDGES, Nancy 54 (B) (SH2-238)
BRIDGES, Rufus 34 (B) (SH2-238)
BRIDGES, W. J. 38 (m) (SH2-152)
BRIDGET, George 21 (B) (SH2-45)

BRIDGEWATER, M. 36 (m) (SH2-293)
BRIDGEWATER, W. 48 (m) (SH1-459)
BRIGANCE, Irvin 41 (B) (SH1-263)
BRIGANCE, Mat 25 (m) (B) (SH1-272)
BRIGGS, Elizabeth 75 (SH1-40)
BRIGGS, Hannah 20 (f) (SH2-51)
BRIGGS, Henry 29 (B) (SH2-197)
BRIGGS, John C. 29 (SH2-323)
BRIGGS, Mary 41 (B) (SH2-216)
BRIGGS, Steven 35 (B) (SH2-184)
BRIGGS, T. J. 41 (m) (SH1-47)
BRIGGS, ___ 21 (m) (SH2-51)
BRIGHT, Caroline 42 (B) (SH2-45)
BRIGHT, Claude 21 (SH2-153)
BRIGHT, Joseph 23 (B) (SH1-419)
BRIGHT, Michael S. 64 (SH2-58)
BRIGHT, Sam 30 (B) (SH1-289)
BRIGHT, Susan 35 (B) (SH2-45)
BRIGNARDELLE, Lawrence 41 (SH2-7)
BRIGNARDELLO, Giovani 32 (SH2-3)
BRILES, Julia 12 (B) (SH1-2)
BRIMM, Julia 18 (B) (SH2-160)
BRIMMER, Henry 26 (B) (SH1-336)
BRINE, Mary A. 50 (SH2-260)
BRINKLEY, Abram 22 (B) (SH2-283)
BRINKLEY, Bella 6 (f) (B) (SH1-298)
BRINKLEY, Ben 45 (B) (SH2-200)
BRINKLEY, Emely 75 (B) (SH2-246)
BRINKLEY, HEnretta 53 (B) (SH1-116)
BRINKLEY, Harry 18 (B) (SH1-256)
BRINKLEY, JAmes M. 24 (SH1-86)
BRINKLEY, Jane (Miss) 50 (SH1-413)
BRINKLEY, John 55 (B) (SH2-296)
BRINKLEY, John E. 38 (SH1-462)
BRINKLEY, Lizzie 29 (B) (SH2-283)
BRINKLEY, Mary 48 (B) (SH1-473)
BRINKLEY, Sirach 62 (B) (SH2-268)
BRINKLEY, Viney 20 (f) (B) (SH1-237)
BRINKLEY, W. A. 33 (m) (B) (SH2-248)
BRINKLEY, Wm. 64 (B) (SH2-321)
BRINKMAR?, Wm. 42 (SH2-332)
BRISCOE, Dave 30 (B) (SH1-462)
BRISCOE, Frank 25 (B) (SH1-462)
BRISON, Ailsie 48 (f) (B) (SH2-176)

BRISSEAN, M. V. 17 (f) (SH1-400)
BRIT, Ephron 24 (SH1-11)
BRITT, Dange 21 (m) (SH1-219)
BRITT, E. B. 43 (m) (SH2-325)
BRITT, Frank 14 (B) (SH1-153)
BRITT, George 35 (B) (SH2-240)
BRITT, Thornton 37 (B) (SH1-422)
BRITT, Walter B. 38 (SH2-341)
BRITT, Winiford 74 (f) (SH1-219)
BRITT, Wm. 10 (B) (SH1-153)
BRITT, Wm. 13 (B) (SH1-154)
BRITT, Wm. 19 (SH1-449)
BRITT, Wm. T. 28 (SH1-216)
BRITTEN, Alex 28 (B) (SH1-27)
BRITTENBACH, Eugene 35 (SH2-70)
BRITTENTIN, French 26 (B) (SH1-306)
BRITTER, Michael 37 (SH2-52)
BRITTINGHAM, H. C. 33 (m) (SH1-215)
BRITTON, Anna 25 (B) (SH2-108)
BRITTON, John 30 (B) (SH2-289)
BRITTON, John D. 43 (SH2-20)
BRITTON, Mary 30 (B) (SH1-139)
BRITTS, OUgene 10 (m) (B) (SH1-473)
BRIZZELL, Mattie 33 (f) (B) (SH2-118)
BROADEY, Henrietta 18 (B) (SH2-210)
BROADHURST, Dudley 40 (SH2-295)
BROADHURST, Mary 60 (SH2-44)
BROADNAX, Oliver 60 (B) (SH2-333)
BROADUS, Wm. 44 (SH2-99)
BROADWAY, Willis 19 (B) (SH1-444)
BROCH, Anna 14 (SH2-314)
BROCK, G. M. 23 (m) (SH1-148)
BROCK, Josephine 16 (B) (SH2-15)
BROCKER, Bertha 53 (SH2-23)
BROCKOOGLE, Th___ 48 (f) (SH2-337)
BROCKS, J. 40 (m) (B) (SH2-161)
BROCKS, Julia 40 (B) (SH2-144)
BROCKUS?, E. F. 42 (m) (SH2-304)
BRODAY, Wm. 28 (B) (SH2-101)
BRODEN, Rich 19 (B) (SH1-10)
BRODER, John 50? (SH2-162)
BRODI, John 44 (SH2-179)
BRODI, Wm. 37 (SH2-173)
BRODY, Mrs. 34 (SH2-353)
BROENS?, Geo. 65 (SH2-291)
BROGAN, Thos. 30 (SH2-86)
BROGDELLIA, John 32 (SH2-112)
BROGDEN, Ida 12 (SH1-470)
BROILS, Jennie 35 (B) (SH1-161)

14

BROILS, Richard 28 (B) (SH1-468)
BROMISH, Susan 56 (SH2-152)
BRONSON, Eliza 48 (B) (SH2-203)
BRONSON, Emma 21 (B) (SH2-86)
BRONSON, Laura 50? (B) (SH2-86)
BRONSON, Ted? 59 (B) (SH1-403)
BRONZE, An___ __ (SH2-320)
BROOK, Hal__ 13 (f) (B) (SH1-180)
BROOK, M. 24 (m) (B) (SH1-403)
BROOK, Maggie 35 (B) (SH1-470)
BROOK, Wm. 25 (B) (SH2-169)
BROOK, Wm. 25 (B) (SH2-173)
BROOKFIELD, Manda 45 (B) (SH2-130)
BROOKFIELD, Thos. 17 (B) (SH2-130)
BROOKS, Albert 25 (B) (SH1-168)
BROOKS, Alex 28 (B) (SH1-180)
BROOKS, Alexander 65 (B) (SH1-117)
BROOKS, Alonzo 10 (B) (SH1-437)
BROOKS, Andrew 24 (B) (SH1-135)
BROOKS, Arthur 25 (SH1-212)
BROOKS, Benjamin 43 (SH1-429)
BROOKS, Billie 60 (B) (SH1-56)
BROOKS, Booker 35 (B) (SH1-257)
BROOKS, Carmon L. 53 (m) (SH1-425)
BROOKS, Charity 4 (B) (SH2-43)
BROOKS, Charles 28 (B) (SH1-52)
BROOKS, Charles 33 (B) (SH1-437)
BROOKS, Creasy 50 (f) (B) (SH1-442)
BROOKS, D. T. 30 (m) (SH1-263)
BROOKS, Dan 35 (B) (SH1-173)
BROOKS, Dan 50 (B) (SH1-171)
BROOKS, Dee 2 (m) (SH1-103)
BROOKS, E. A. 54 (f) (SH2-296)
BROOKS, Eddie 8 (B) (SH2-193)
BROOKS, Elizabeth 60 (SH1-140)
BROOKS, Emma 39 (B) (SH2-53)
BROOKS, Fannie 24 (SH2-119)
BROOKS, Frank 16 (B) (SH1-240)
BROOKS, Frank 18 (B) (SH1-83)
BROOKS, Fred 35 (SH1-413)
BROOKS, G. 22 (m) (B) (SH1-147)
BROOKS, G. W. 27 (m) (B) (SH2-334)
BROOKS, Green 53 (B) (SH2-331)
BROOKS, H. 40 (m) (SH2-116)
BROOKS, Harry 42 (B) (SH1-140)
BROOKS, Henderson 35 (B) (SH1-360)
BROOKS, Henry 16 (B) (SH1-311)
BROOKS, Henry 24 (B) (SH2-306)
BROOKS, Henry 46 (B) (SH1-48)
BROOKS, Henry 50 (SH1-321)
BROOKS, Isaac 20 (B) (SH2-20)
BROOKS, J. Mc. 45 (m) (SH1-144)
BROOKS, James 29 (SH1-431)
BROOKS, James 62 (SH1-431)
BROOKS, James M. 45 (B) (SH1-441)
BROOKS, Jane 35 (SH1-43)
BROOKS, Jennie 20 (B) (SH1-157)
BROOKS, Jerry 19 (m) (B) (SH1-89)
BROOKS, Jessie 15 (m) (B) (SH1-84)
BROOKS, Joe 27 (B) (SH1-180)
BROOKS, Joseph 26 (B) (SH1-168)
BROOKS, Joseph 30 (SH1-440)
BROOKS, Joseph 61 (SH1-436)
BROOKS, Josh 30 (B) (SH1-251)
BROOKS, Joshua 5 (B) (SH1-171)
BROOKS, Judson 35 (SH1-442)
BROOKS, Kitty 32 (B) (SH1-74)
BROOKS, L. 17 (m) (B) (SH1-236)
BROOKS, L. 50 (f) (B) (SH2-105)
BROOKS, Laura 5 (B) (SH1-173)
BROOKS, Lewis 48 (B) (SH1-48)
BROOKS, Lizzie 44 (SH1-441)
BROOKS, Lucinda 57 (B) (SH1-442)
BROOKS, Lyddy 15 (B) (SH2-219)
BROOKS, M. S. 70 (m) (SH1-307)
BROOKS, MAjor 45 (B) (SH1-171)
BROOKS, Mahaley 20 (B) (SH2-337)
BROOKS, Mandy 20 (B) (SH2-321)
BROOKS, Mary 4 (B) (SH1-154)
BROOKS, Mary A. 55 (SH1-227)
BROOKS, Matilda 70 (B) (SH1-319)
BROOKS, Moses 55 (B) (SH1-287)
BROOKS, P. 32? (m) (B) (SH1-241)
BROOKS, Phillip 22 (B) (SH1-384)
BROOKS, R. 22 (m) (B) (SH1-242)
BROOKS, Rach 46 (f) (B) (SH2-243)
BROOKS, Robert H. 48 (SH1-431)
BROOKS, Robt. 17 (B) (SH1-430)
BROOKS, S. 50 (f) (B) (SH1-392)
BROOKS, S.? H. 44 (m) (SH2-283)
BROOKS, Sam 30 (m) (SH1-69)
BROOKS, Sam 45 (B) (SH2-69)
BROOKS, Sarah L. 57 (SH1-441)
BROOKS, Spencer 55 (B) (SH1-168)
BROOKS, Stephen 31 (B) (SH2-322)
BROOKS, Susan 18 (B) (SH1-168)
BROOKS, Thos. H. 30 (B) (SH1-437)
BROOKS, Wesley 22 (B) (SH1-168)
BROOKS, Will S. 45 (SH2-329)
BROOKS, Willis 49 (B) (SH1-31)
BROOKS, Wm. 21 (B) (SH2-23)
BROOKS, Wm. 49 (B) (SH1-126)
BROOKS, Wm. 50 (B) (SH2-3)
BROOKS, Wm. 6/12 (SH1-308)
BROOKS, Wm. M. 45 (SH2-210)
BROOKS, ___ 40 (m) (B) (SH1-406)
BROOKSHIRE, E. C. 37 (m) (SH2-166)
BROOM, Jerry 38 (m) (B) (SH1-50)
BROOM, Samuel 53 (B) (SH1-428)
BROOM, Thomas 29 (B) (SH1-467)
BROOMS, Thos. 30 (SH1-69)
BROPHY, Ellen 42 (SH2-113)
BROSEMER, Vincent 30 (SH2-9)
BROSMAN, Mannie 46 (m) (SH2-181)
BROSS, Benedict 28 (SH2-163)
BROTBECK, John 20 (SH2-253)
BROTHER, Mannelian? 38 (m) (SH2-270)
BROTHER, Norbert 50 (m) (SH2-35)
BROTTERSON, Henry 35 (SH1-445)
BROUGHTON, Junius 25 (B) (SH2-219)
BROW, Ed 30 (B) (SH1-60)
BROW, Ford 19 (B) (SH1-60)
BROWEN, 19 (SH1-404)
BROWEN, Frank 41 (B) (SH1-404)
BROWEN, Mattie 9 (f) (B) (SH2-307)
BROWEN?, Ed 35 (B) (SH2-305)
BROWER, B. A. 38 (m) (SH2-68)
BROWER, Charles 25 (B) (SH2-103)
BROWER, Jane 56 (B) (SH2-98)
BROWN, A. 20 (f) (SH1-389)
BROWN, A. 64 (f) (SH2-245)
BROWN, A. B. 32 (m) (SH2-303)
BROWN, A. W. 26 (m) (B) (SH2-148)
BROWN, Aaron 30 (B) (SH1-354)
BROWN, Aaron 7 (B) (SH1-349)
BROWN, Ada 16 (B) (SH2-109)
BROWN, Albert 17 (SH1-223)
BROWN, Albert 28 (B) (SH1-326)
BROWN, Albert 30 (B) (SH1-16)
BROWN, Alfred 23 (B) (SH2-227)
BROWN, Alfred 39 (B) (SH1-76)
BROWN, Alfred 50 (B) (SH1-89)
BROWN, Alfred S. 51 (SH1-427)
BROWN, Amanda 45 (B) (SH2-129)
BROWN, Amanda 64 (B) (SH2-124)
BROWN, Amette 7 (f) (SH2-165)
BROWN, And W. 22 (B) (SH2-149)
BROWN, Andrew 20 (B) (SH1-337)
BROWN, Ann 25 (B) (SH1-430)
BROWN, Ann 27 (B) (SH2-142)
BROWN, Anna 26 (SH2-48)
BROWN, Anna 35 (SH2-56)
BROWN, Anna 60 (B) (SH2-301)
BROWN, Antony 55 (B) (SH1-328)
BROWN, Austin 64 (B) (SH1-456)
BROWN, B. Geo. 45 (SH2-141)
BROWN, Bassil 28 (B) (SH1-327)
BROWN, Battle __ (m) (SH2-330)
BROWN, Beckey 7 (B) (SH1-111)
BROWN, Bedford 30? (B) (SH1-294)
BROWN, Benjamin 50 (B) (SH1-328)
BROWN, Benjn? 26 (m) (SH2-253)
BROWN, Burnet 19 (SH2-131)
BROWN, C. A. 63? (f) (SH1-275)
BROWN, Cage 40 (B) (SH1-367)
BROWN, Cage 40 (m) (SH1-357)
BROWN, Calvin 24 (B) (SH2-343)
BROWN, Caroline 30 (B) (SH2-233)
BROWN, Carroll 23 (SH1-365)
BROWN, Cely 61 (f) (B) (SH1-62)
BROWN, Charles __ (B) (SH2-125)
BROWN, Charlie 23 (SH2-293)
BROWN, Charlie 38 (B) (SH2-115)
BROWN, Chas. 28 (B) (SH1-379)
BROWN, Chas. 35 (B) (SH2-184)
BROWN, Chester 38 (B) (SH2-161)
BROWN, Clark 23 (B) (SH2-337)
BROWN, Columbus 23 (B) (SH1-125)
BROWN, Cre__ 62 (f) (B) (SH1-272)
BROWN, Dan 28 (B) (SH2-303)
BROWN, Daniel 22 (SH1-448)
BROWN, Daniel 24 (B) (SH1-281)
BROWN, Daniel 40 (B) (SH1-35)
BROWN, Daniel 57 (B) (SH1-121)
BROWN, Dave 32 (B) (SH1-354)
BROWN, Delia 25 (B) (SH2-146)
BROWN, Dennis 35 (B) (SH2-200)
BROWN, Dock 50 (B) (SH1-276)
BROWN, E. H. sr. 54 (m) (SH1-415)
BROWN, Ed 29 (B) (SH1-237)
BROWN, Ed 45 (B) (SH1-56)
BROWN, Edward 10 (B) (SH2-176)
BROWN, Edward 50 (B) (SH1-453)
BROWN, Eldridge 18 (B) (SH2-83)
BROWN, Eli 25 (B) (SH1-52)
BROWN, Eliza 27 (B) (SH1-294)
BROWN, Eliza 30 (B) (SH2-303)
BROWN, Eliza 37 (B) (SH2-86)
BROWN, Eliza 60 (B) (SH2-139)
BROWN, Ella 24 (B) (SH2-282)

BROWN, Ellen 36 (B) (SH2-242)
BROWN, Ellis 16 (B) (SH2-97)
BROWN, Emma 18 (B) (SH2-290)
BROWN, Emma 28 (B) (SH1-279)
BROWN, Emma 38 (B) (SH2-348)
BROWN, Emma B. 25 (SH2-59)
BROWN, F. 27 (m) (SH1-297)
BROWN, Foster 37 (SH2-195)
BROWN, Frances 9 (B) (SH2-228)
BROWN, Frank 27 (B) (SH2-176)
BROWN, Frank 32 (B) (SH2-337)
BROWN, Frank 35 (B) (SH1-257)
BROWN, Geo. K. 26 (SH1-470)
BROWN, George 25 (B) (SH1-436)
BROWN, George 26 (SH1-178)
BROWN, George 30 (B) (SH1-180)
BROWN, George 35 (B) (SH1-157)
BROWN, George 37 (B) (SH1-154)
BROWN, George 40 (B) (SH1-80)
BROWN, George M. 36 (B) (SH1-306)
BROWN, H. B. 37 (m) (SH2-91)
BROWN, Harriet 21 (B) (SH2-322)
BROWN, Harriet 55 (B) (SH2-295)
BROWN, Harvey 27 (B) (SH1-383)
BROWN, Hattie 25 (B) (SH2-354)
BROWN, Henry 21 (B) (SH1-284)
BROWN, Henry 22 (SH2-51)
BROWN, Henry 24 (B) (SH1-132)
BROWN, Henry 26 (B) (SH2-119)
BROWN, Henry 31 (SH2-35)
BROWN, Henry 40 (B) (SH2-197)
BROWN, Henry 40 (B) (SH2-326)
BROWN, Henry 44 (SH2-331)
BROWN, Henry 45 (B) (SH1-165)
BROWN, Henry 65 (B) (SH1-320)
BROWN, Hinson 38 (B) (SH2-208)
BROWN, Ike 29 (B) (SH2-38)
BROWN, Ike 44 (B) (SH2-343)
BROWN, Isaac 30 (B) (SH2-234)
BROWN, Isaac 39 (B) (SH1-83)
BROWN, Isaac 50 (B) (SH1-317)
BROWN, Isaac 55 (B) (SH1-319)
BROWN, J. M. 7 (m) (SH1-33)
BROWN, J. N. 36 (m) (B) (SH1-256)
BROWN, J. W. 20 (m) (SH1-230)
BROWN, J. W. 30 (m) (SH1-398)
BROWN, JEssee 37 (m) (SH1-50)
BROWN, Jake 27 (B) (SH2-351)
BROWN, James 23 (B) (SH1-356)
BROWN, James 28 (SH2-34)
BROWN, James 50 (B) (SH1-432)
BROWN, James? 30 (B) (SH2-12)
BROWN, Jane 45 (B) (SH1-346)
BROWN, Jane 45 (B) (SH2-209)
BROWN, Jennie 20? (SH2-130)
BROWN, Jenny 38 (B) (SH1-99)
BROWN, Jenny? 35 (B) (SH2-275)
BROWN, Jerry 32 (B) (SH1-227)

BROWN, Jessie 18 (m) (B) (SH1-318)
BROWN, Jessie 27 (m) (B) (SH2-152)
BROWN, Jim 16 (B) (SH1-279)
BROWN, Jim 28 (B) (SH1-70)
BROWN, Jim 30 (B) (SH2-39)
BROWN, Jim 38 (B) (SH1-235)
BROWN, Jim 40 (B) (SH1-61)
BROWN, Joanna 28 (B) (SH2-185)
BROWN, Joe 16 (f) (B) (SH1-239)
BROWN, Joe 23 (B) (SH2-295)
BROWN, John 27 (B) (SH2-174)
BROWN, John 36 (B) (SH1-240)
BROWN, John 37? (B) (SH2-123)
BROWN, John 38 (B) (SH1-375)
BROWN, John 38 (SH2-178)
BROWN, John 40 (B) (SH1-233)
BROWN, John 60 (B) (SH1-180)
BROWN, John 63? (B) (SH2-132)
BROWN, John 74 (SH2-308)
BROWN, John W. 23 (B) (SH1-23)
BROWN, Jordan 24 (B) (SH1-233)
BROWN, Joseph 29 (B) (SH1-194)
BROWN, Josephine 11 (B) (SH1-90)
BROWN, Josie 30 (f) (SH2-68)
BROWN, Julia 40 (B) (SH2-241)
BROWN, Julius J. 45 (SH2-39)
BROWN, Kate 50 (SH2-257)
BROWN, Kelly 30 (m) (B) (SH1-244)
BROWN, Landro? 54 (m) (B) (SH1-86)
BROWN, Lange 25 (m) (B) (SH1-459)
BROWN, Laura 35? (B) (SH1-371)
BROWN, Lee C. 43 (m?) (SH1-264)
BROWN, Lena 10 (B) (SH1-439)
BROWN, Lewis 25 (B) (SH1-203)
BROWN, Lewis 35 (B) (SH2-232)
BROWN, Lewis 6 (B) (SH1-366)
BROWN, Liza 35 (B) (SH2-218)
BROWN, Lizzie 16 (B) (SH2-131)
BROWN, Lizzie 28 (B) (SH1-41)
BROWN, Lizzie 50 (SH2-93)
BROWN, Lizzie 60 (B) (SH2-325)
BROWN, Lorenzo 47 (B) (SH1-436)
BROWN, Louey 36 (m) (SH1-85)
BROWN, Louis 18 (B) (SH2-108)
BROWN, Louis 40 (B) (SH2-122)
BROWN, Louisa 29 (SH2-297)
BROWN, Love 50 (m) (B) (SH1-419)
BROWN, Lucy 40 (SH2-123)
BROWN, Lula 18 (SH2-261)
BROWN, M. E. 30 (f) (SH2-244)
BROWN, Malinda 42 (B) (SH2-353)
BROWN, Malinda 80 (B) (SH1-317)
BROWN, Maria 43 (B) (SH1-41)
BROWN, Mariah 55 (B) (SH1-330)
BROWN, Mark 30 (B) (SH1-356)

BROWN, Martin 35 (B) (SH1-221)
BROWN, Mary 10 (B) (SH2-203)
BROWN, Mary 15 (SH1-110)
BROWN, Mary 30 (B) (SH2-365)
BROWN, Mary 35 (B) (SH2-341)
BROWN, Mary 40 (B) (SH2-116)
BROWN, Mary 49 (SH1-58)
BROWN, Mary 50 (B) (SH2-158)
BROWN, Miles W. 2 (SH2-230)
BROWN, Milton 30? (B) (SH2-98)
BROWN, Milton 34 (B) (SH1-367)
BROWN, Milton 34 (SH2-21)
BROWN, Milton 38 (B) (SH2-52)
BROWN, Minnie 27 (B) (SH1-136)
BROWN, Mollie 23 (SH1-436)
BROWN, Morris 23 (B) (SH1-330)
BROWN, Mose 43 (B) (SH1-10)
BROWN, Moses 35 (B) (SH2-174)
BROWN, Nancy 50 (B) (SH1-248)
BROWN, Nickolas 45 (B) (SH1-126)
BROWN, Noah 40 (B) (SH2-231)
BROWN, Noe 23 (B) (SH2-197)
BROWN, Orlando 48 (SH2-50)
BROWN, Oscar 19 (SH2-247)
BROWN, Otto 26 (SH2-106)
BROWN, P. H. 33 (m) (B) (SH1-397)
BROWN, Paralee 30 (B) (SH2-180)
BROWN, Pat? (m) (SH2-184)
BROWN, Peter 20 (B) (SH1-41)
BROWN, Peter 21 (B) (SH1-214)
BROWN, Phil 30 (B) (SH1-362)
BROWN, Phillip 70 (B) (SH2-118)
BROWN, Pruice 17 (m) (B) (SH1-68)
BROWN, Queen 25 (B) (SH2-211)
BROWN, Queen 27 (B) (SH2-350)
BROWN, R. 39 (m) (SH2-136)
BROWN, R. L. 26 (m) (SH1-49)
BROWN, R. T. 33 (m) (B) (SH2-356)
BROWN, Rachel 17 (B) (SH2-157)
BROWN, Rachel 80 (B) (SH2-194)
BROWN, Ralph 19 (B) (SH2-19)
BROWN, Reuben B. 50 (SH1-443)
BROWN, Richard 38 (B) (SH2-339)
BROWN, Richard 45 (B) (SH1-30)
BROWN, Richard 48 (B) (SH1-427)
BROWN, Richard 70 (B) (SH1-256)
BROWN, Riddick 18 (B) (SH1-470)
BROWN, Robert 23 (B) (SH1-180)
BROWN, Robert 30 (B) (SH2-208)
BROWN, Robert 70 (B) (SH2-43)
BROWN, Roda 23 (B) (SH2-105)

BROWN, Rosa 38 (B) (SH1-371)
BROWN, S. 18 (m) (B) (SH1-237)
BROWN, S. H. 53 (m) (SH2-301)
BROWN, S. J. 35 (m) (SH1-36)
BROWN, Sallie 34 (SH2-60)
BROWN, Sam 11 (m) (B) (SH1-125)
BROWN, Sam 25 (B) (SH1-148)
BROWN, Sam 30 (B) (SH1-347)
BROWN, Saml. 48 (SH2-32)
BROWN, Sarah 14 (B) (SH2-233)
BROWN, Sarah 27 (B) (SH2-184)
BROWN, Sarah 47 (B) (SH2-247)
BROWN, Sarah 54 (B) (SH2-310)
BROWN, Silas 32 (B) (SH2-4)
BROWN, Solomon 77 (B) (SH1-275)
BROWN, Stephen 28 (B) (SH2-122)
BROWN, Susan 18 (B) (SH2-124)
BROWN, Susan 23 (SH1-232)
BROWN, Susan 26 (B) (SH2-164)
BROWN, T. 60 (m) (B) (SH1-467)
BROWN, Texas 11 (B) (SH1-381)
BROWN, Thomas 20 (SH1-452)
BROWN, Thomas 42 (SH2-56)
BROWN, Thomas W. 54 (SH2-269)
BROWN, Thos. 32 (B) (SH1-360)
BROWN, Titus 80 (B) (SH1-220)
BROWN, Tyler 29 (B) (SH1-151)
BROWN, W. D. 43 (m) (SH2-309)
BROWN, W. F. 38 (m) (SH2-252)
BROWN, W. H. 31 (m) (B) (SH1-295)
BROWN, W. J. 40 (m) (SH1-275)
BROWN, Walter 29 (B) (SH1-40)
BROWN, Walter 45 (SH2-77)
BROWN, Warren 50 (B) (SH1-93)
BROWN, Wash 25? (SH1-275)
BROWN, Willy 28 (B) (SH1-467)
BROWN, Winston 19 (B) (SH2-167)
BROWN, Wm. 15 (B) (SH1-162)
BROWN, Wm. 27 (SH2-237)
BROWN, Wm. 30 (B) (SH1-50)
BROWN, Wm. 40 (B) (SH2-115)
BROWN, Wm. 43? (SH1-227)
BROWN, Wm. 45 (SH1-334)
BROWN, Wm. 48 (B) (SH2-75)
BROWN, Wm. 58 (B) (SH1-471)
BROWN, Wm. 70 (B) (SH2-23)
BROWN, Wm. G. 32 (SH1-2)
BROWN, Wm. R. 58 (SH2-229)
BROWN, _____ 34 (m) (SH2-184)
BROWN, _uge 21 (m) (B) (SH1-98)
BROWN, sarah 33 (B) (SH2-162)
BROWN?, Isaac 38 (B) (SH2-168)
BROWNBAT?, Mat 50 (m) (SH2-334)
BROWNE, Lee 30 (m) (B) (SH1-399)
BROWNE?, Jesse T. 54 (m) (SH1-402)
BROWNING, Cloe 40 (B) (SH2-188)
BROWNING, Henry 45 (B) (SH2-103)

BROWNING, Robert 28 (SH2-11)
BROWNLEA, Moss 24 (B) (SH1-272)
BROWNLEE, Berry 64 (B) (SH1-268)
BROWNLEE, Fannie 55 (SH1-367)
BROWNLEE, Mark 30 (B) (SH2-93)
BROWNLOW, Jas. 30 (B) (SH2-221)
BROYD, Ben 26 (B) (SH2-238)
BRUCE, A. V. 47 (f) (SH1-399)
BRUCE, Emma 13 (B) (SH2-279)
BRUCE, John 52 (B) (SH1-107)
BRUCE, Joseph 53 (SH2-124)
BRUCE, MAggie 38 (B) (SH1-388)
BRUCE, Wm. S. 59 (SH2-94)
BRUCE?, Wm. 42 (SH2-56)
BRUCH, Amelia 57 (SH2-117)
BRUCH?, Otto 30 (SH2-163)
BRUGLER?, George 18 (SH2-180)
BRUMLEY, A. 43 (m) (SH1-207)
BRUMLEY, Hy___ 40 (m) (SH1-206)
BRUMLEY, L. G. 78 (m) (SH1-206)
BRUMLEY, Lewis 19 (B) (SH1-294)
BRUMLEY, M. 37 (m) (SH1-206)
BRUMOND?, Bettie 9 (SH2-151)
BRUNAUGH, Ida 8/12 (SH1-87)
BRUNAUGH, Sarah J. 22 (SH1-87)
BRUNAUGH?, Wm. 32 (SH1-85)
BRUNER, George 50 (SH1-374)
BRUNNES, Ida 16 (SH1-137)
BRUNSON, Crist 21 (m) (B) (SH1-1)
BRUNSON, Eliza 50 (B) (SH2-231)
BRUNSON, Jeff 43 (SH1-23)
BRUNSON, Joshua 59 (SH1-23)
BRUNSON, M. E. 55 (f) (SH1-266)
BRUSER?, Wash 17 (B) (SH1-42)
BRUSH, J. M. 45 (m) (SH1-397)
BRUSHMAN, Tom 25 (SH2-180)
BRUSMON, M. 60 (m) (SH2-245)
BRUST, M. T. 56 (f) (SH2-294)
BRUSTER, Albert 21 (B) (SH1-217)
BRUTTON, A. C. 55 (f) (SH1-398)
BRUZLER, Lizzie 31 (SH2-194)
BRY, Mary H. 55 (SH1-308)
BRYAN, Aaron 64 (SH1-225)
BRYAN, Albert 24 (B) (SH2-198)
BRYAN, C. E. (Mrs.) 58 (SH1-262)
BRYAN, C. J. 44 (m) (SH1-220)
BRYAN, Charles B. 40 (SH2-220)
BRYAN, Ellis M. 40 (SH1-10)
BRYAN, Eva 16 (B) (SH1-116)
BRYAN, Isham 60 (B) (SH1-451)
BRYAN, John A. 35 (SH1-215)
BRYAN, Katherine 51 (SH2-39)
BRYAN, Lucy 28 (SH2-183)
BRYAN, Mattie 15 (f) (B) (SH2-155)
BRYAN, Watt 24 (SH1-225)
BRYAN, Wylie 38 (SH1-11)
BRYANT, Abraham 45 (B) (SH2-266)
BRYANT, Albert 25 (B) (SH2-290)
BRYANT, Bob 25 (SH1-213)
BRYANT, David 36 (B) (SH2-336)
BRYANT, Fannie 20 (B) (SH2-353)
BRYANT, Frank 29 (B) (SH1-84)
BRYANT, George 28 (B) (SH1-338)
BRYANT, H. 19 (f) (B) (SH2-143)
BRYANT, James 35 (B) (SH2-347)
BRYANT, Jas. 49 (SH2-349)
BRYANT, Kittie 26 (B) (SH1-40)
BRYANT, Lewis? 22 (B) (SH2-194)
BRYANT, Lezze 30 (f) (SH1-401)
BRYANT, Margaret 21 (B) (SH1-150)
BRYANT, Miller 15 (f) (SH2-301)
BRYANT, Neal 50 (B) (SH1-79)
BRYANT, Sam 30 (m) (SH1-63)
BRYANT, Sarah 60 (B) (SH2-327)
BRYANT, Thomas 30 (B) (SH2-145)
BRYANT, Thomas 36 (SH2-69)
BRYANT, Thos. 35 (SH2-140)
BRYANT, W. L. 52 (m) (SH2-398)
BRYANT, Washington 48 (B) (SH1-123)
BRYARS, Mary 12 (B) (SH2-128)
BRYNE, S. 61 (f) (SH1-403)
BRYSON, David 34 (SH2-223)
BRYSON, P. H. 36 (m) (SH2-288)
BRYSON, Virginia 5? (B) (SH2-129)
BR__, M. Jane 24 (B) (SH1-2)
BUCHALTER, Gustave 58 (SH1-408)
BUCHANAN, Andy 29 (B) (SH1-84)
BUCHANAN, Ben 50 (B) (SH2-290)
BUCHANAN, Delia 5 (B) (SH1-361)
BUCHANAN, Edward 40 (SH2-96)
BUCHANAN, James 25 (SH2-68)
BUCHANAN, Rose 24 (B) (SH1-361)
BUCHANAN, Sam 21 (SH2-46)
BUCHANANI, Richard 40 (SH2-72)
BUCHANNAN, Annora 49 (f) (SH1-115)
BUCHANON, Sam 29 (SH2-285)
BUCHEGNAM, C. 29 (m) (SH1-376)
BUCHER, John 41 (B) (SH1-267)
BUCHIGNANI, Louis 40 (SH2-116)
BUCHIJNOINI, Joe 11 (SH2-302)
BUCK, Julius 32 (SH2-172)
BUCK, Martha 17 (B) (SH2-190)
BUCKALEW, Thos. 19 (SH2-231)
BUCKER, Bartlett 45? (B) (SH1-275)
BUCKHAM, J. F. 42 (m) (SH2-147)
BUCKHAM, ____ 29 (SH2-146)
BUCKHANON, Jas. 40 (SH2-149)
BUCKHOLTER, MArgaret 42 (B) (SH2-331)
BUCKINGHAM, Henry 26 (SH2-360)
BUCKINGHAM, Miles S. 34 (SH2-237)
BUCKLER, Julia 51 (SH2-265)
BUCKLEY, Eveline 59 (SH1-190)
BUCKLEY, Francis O. 29 (SH1-189)
BUCKLEY, HEnry 33 (SH1-191)
BUCKLEY, Harriet 43 (B) (SH1-161)
BUCKLEY, Isaac 26 (B) (SH2-160)
BUCKLEY, Isaac 35 (B) (SH1-195)
BUCKLEY, James S. 44 (SH1-187)
BUCKLEY, Jane 26 (SH1-4)
BUCKLEY, John 42 (SH1-5)
BUCKLEY, Laura 22 (f) (B) (SH1-150)
BUCKLEY, Mariah 49 (SH2-59)
BUCKLEY, Marshal C. 31 (SH1-193)
BUCKLEY, Minnie? 10 (f) (SH1-4)
BUCKLEY, Mollie 14 (B) (SH1-152)
BUCKLEY, Nancy 35 (SH1-191)
BUCKLEY, Nathan 39 (SH1-191)
BUCKLEY, Pomp 53 (m) (B) (SH1-192)
BUCKLY, Cynthia 65 (SH1-189)
BUCKNER, Frances 45 (B) (SH2-11)
BUCKNER, Sarah 27 (B) (SH2-290)
BUDBAUM, Barbara 61 (SH2-57)
BUDDEKE?, I. W. 27 (m) (SH2-282)
BUDDLE, Amelia 11 (SH1-424)
BUDHERT, Lilly 14 (SH2-268)
BUDINGHOUSE, Hugo 23 (SH2-75)
BUDY, Charles H. 43 (SH2-315)
BUEHL, Henry 53 (SH2-58)
BUFFET, Sarah 45 (B) (SH2-221)
BUFFINGTON, C. 50 (m) (B) (SH1-238)
BUFFORD, Ned 65 (B) (SH2-298)
BUFORD, Andrew 28 (B) (SH2-126)
BUFORD, Andy 20 (B) (SH1-28)
BUFORD, Curtis O. 38 (SH1-19)
BUFORD, Thos. 40 (B) (SH1-235)
BUFORD, Wm. 52 (B) (SH2-275)
BUG, Florence 28 (SH2-192)
BUGG, Owen 32 (SH1-370)
BUHL, Anna 55 (SH2-58)
BUHLER, Harry 25 (SH2-215)
BUIRD?, Garrett 48 (B) (SH2-148)
BULARD, A. J. 50 (m) (SH2-140)
BULKEY, Geo. 22 (SH1-13)
BULL, Josie 5 (f) (SH2-180)
BULL, Julia A. 35 (SH2-193)
BULLARD, Wm. 30 (B) (SH1-382)
BULLINGTON, Margret 40 (B) (SH1-299)
BULLOCK, Gilbert 60 (B) (SH2-14)
BULLOCK, Sam 63 (B) (SH1-464)
BULLOE, Sam 53 (m) (B) (SH2-119)
BUMAN?, Robert F. 41 (SH1-10)
BUMPASS, B. 38 (m) (B) (SH1-253)
BUMPASS, Hester? 40 (f) (B) (SH1-364)
BUNCH, Henry 39 (B) (SH2-284)
BUNCH, Keziah 50 (B) (SH2-164)
BUNDY, Edd 18 (m) (B) (SH1-217)
BUNN, George 28 (B) (SH2-148)
BUNN, Henry 23 (SH2-86)
BUNN, Louis 15 (B) (SH1-149)
BUNN, Phillis 60 (B) (SH1-148)
BUNNER, Johan 14 (SH1-424)
BUNTIN, Alis 27 (m) (B) (SH1-209)
BUNTING, Henry 38 (SH2-101)
BUNTON, Bob 55 (B) (SH1-314)
BUNTON, Peter 30 (B) (SH1-153)
BUNTYN, Demps 55 (m) (B) (SH1-111)
BUNTYN, Robt. 21 (B) (SH1-111)
BUNTYN, Sarah 58? (B) (SH2-228)
BURBOUN?, Aaron 63 (SH1-373)
BURBRIGE?, Louise 35 (SH2-65)
BURCH, Amelia 45 (SH2-227)
BURCH, Helen 16 (SH1-429)
BURCHHILL, Wm. 22 (SH2-202)
BURDELL, Epraim 32 (B) (SH2-337)
BURDEN, Malvina 29 (B) (SH1-411)
BURDICH, Jas. L. 41 (SH2-138)
BURDICK, H. 40 (m) (SH2-112)
BURDICK, W. A. 31 (m) (SH2-137)
BURFORD, A. G. 30 (f) (SH1-322)
BURFORD, Ben 52 (B) (SH1-322)
BURFORD, Bill 30 (B) (SH1-318)
BURFORD, Edmond 42 (B) (SH1-34)
BURFORD, Eliza 17 (B) (SH1-319)
BURFORD, H. M. 48 (m) (SH2-287)
BURFORD, J. 55 (m) (SH1-240)
BURFORD, John 60 (B) (SH1-258)
BURFORD, Louisa 75 (B) (SH1-315)

1880 Census Shelby Co. TN: Heads-of-Household

BURFORD, Mose 19 (B) (SH1-315)
BURFORD, Prim 24 (m) (B) (SH1-315)
BURFORD, Randall 50 (B) (SH1-322)
BURFORD, Rosana 60 (B) (SH1-324)
BURFORD, Rosetta 40 (B) (SH1-321)
BURFORD, S. 17 (m) (B) (SH1-253)
BURFORD, Sallie 85 (B) (SH1-432)
BURFORD, Sylva 14 (B) (SH1-315)
BURFORD, Thos. 50 (B) (SH1-439)
BURFORD, Warren 60 (B) (SH1-318)
BURFORD, Wesley 28 (B) (SH1-318)
BURGE, Elias 25 (B) (SH2-339)
BURGE, Melville 23 (SH2-178)
BURGESS, Lillie 13 (B) (SH1-440)
BURGET, Joe 74? (B) (SH1-340)
BURGET, Jonas 68 (B) (SH1-338)
BURGET, Joseph Thos. 14 (SH1-220)
BURGETT, P. 11 (f) (SH2-148)
BURGOYNE, Joseph 32 (SH2-180)
BURGUSS, T. J. 25 (m) (SH1-3)
BURK, Anna 13 (SH2-55)
BURK, David 9 (B) (SH2-326)
BURK, John 23 (SH1-19)
BURK, John 45 (B) (SH2-340)
BURK, Margaret 50 (SH2-48)
BURK, Martha 66 (SH2-111)
BURK, Michael 65 (SH1-118)
BURK, Savannah A. 42 (SH1-77)
BURK, Wm. 35 (SH2-327)
BURK?, Jack M. 66 (SH1-19)
BURKE, Annie 40 (SH2-174)
BURKE, Arthur 32 (SH2-3)
BURKE, C. C. 55 (m) (SH2-336)
BURKE, E. F. 23 (f) (SH2-353)
BURKE, Edward 43 (B) (SH2-89)
BURKE, Ellen 38 (SH2-305)
BURKE, Frank 2 (SH2-19)
BURKE, George 28 (SH2-7)
BURKE, Hetty 55 (B) (SH1-411)
BURKE, JOhn 32 (SH2-99)
BURKE, James 26 (SH2-32)
BURKE, James 30 (SH1-356)
BURKE, James 35 (SH2-201)
BURKE, James 6/12 (SH2-33)
BURKE, John 58 (SH2-5)
BURKE, John G. 30 (SH2-335)
BURKE, Maggie 17 (SH2-100)
BURKE, Mary 35 (SH1-99)
BURKE, Mary 65 (B) (SH1-47)
BURKE, Michael 19 (SH2-9)
BURKE, Michael 28 (SH2-166)
BURKE, Mike 46 (SH2-100)
BURKE, Mike 50 (SH2-113)
BURKE, Nora 8 (SH2-5)
BURKE, Thomas 29 (SH2-29)
BURKE, Walten 28 (SH2-30)
BURKE, Wm. 27 (SH2-76)

BURKE, ___y 16 (f) (SH1-110)
BURKENS, Melvina 12 (B) (SH2-208)
BURKLE, George 17 (SH1-419)
BURKLE, Henry 25 (SH1-408)
BURKLEY, Ida 15 (SH1-3)
BURKLEY, Pat 30 (SH2-112)
BURKS, Boston 40 (B) (SH1-315)
BURKS, JOhn F. 23 (SH1-304)
BURKS, Jno. 21 (B) (SH1-252)
BURKS, Stephen 50 (B) (SH1-304)
BURKS, Whitman 23 (B) (SH1-249)
BURKS, Whitman 30 (B) (SH1-253)
BURLESON, Angie 65 (B) (SH1-376)
BURLIN, Charles 18 (SH2-77)
BURLIN, Marcus 45 (SH1-319)
BURLIN, Wm. 67 (SH1-321)
BURLINGTON, Robert 8 (SH1-21)
BURLY, Dick 50 (B) (SH1-61)
BURN, H. 40 (m) (SH1-391)
BURNED?, Charles 57 (SH2-160)
BURNES, A. I. 26 (m) (SH1-4)
BURNES, Eli 27 (B) (SH1-84)
BURNES, James 40 (B) (SH2-152)
BURNET, Edward 36 (B) (SH2-347)
BURNETT, G. W. 43 (m) (SH1-232)
BURNETT, Harry 40 (B) (SH2-227)
BURNETT, Jack 32 (B) (SH1-315)
BURNETT, Jake 18 (B) (SH1-23)
BURNETT, Jo__ 60 (m) (B?) (SH2-332)
BURNETT, M. T. 72 (f) (SH1-232)
BURNETT, Malinda 34 (B) (SH1-32)
BURNETT, Moses 30 (B) (SH2-57)
BURNETT, Wesly 18? (SH2-92)
BURNETT, Wm. 4? (B) (SH2-51)
BURNETTE, John 28 (SH1-354)
BURNS, Amanda 13 (B) (SH1-333)
BURNS, Andrew 23 (B) (SH1-354)
BURNS, Barney 45 (SH2-323)
BURNS, Catharine 33 (SH2-4)
BURNS, Cinda 6 (B) (SH1-131)
BURNS, Collins 20 (SH1-438)
BURNS, Edward 42 (SH2-360)
BURNS, Edward L. 23 (SH2-94)
BURNS, Ellen 45 (B) (SH1-412)
BURNS, Frank 20 (B) (SH1-134)
BURNS, George 26 (SH2-60)
BURNS, Hannah 25 (B) (SH1-302)
BURNS, Henry 46 (SH2-100)
BURNS, Isaac 35 (SH2-316)
BURNS, Jack 53 (B) (SH1-274)
BURNS, James 27 (SH2-5)
BURNS, James 28 (SH2-47)
BURNS, Jane 42 (B) (SH1-409)
BURNS, John 30 (B) (SH2-60)
BURNS, John T. 41 (SH2-100)

BURNS, Julia__ (SH2-40)
BURNS, Lizzi 55 (f) (B) (SH2-356)
BURNS, Lizzie 32 (SH2-90)
BURNS, Margaret 58 (B) (SH2-200)
BURNS, Mary 41 (B) (SH2-342)
BURNS, Mary 60 (SH2-35)
BURNS, Minerva 34 (B) (SH1-83)
BURNS, Mollie 6 (SH2-100)
BURNS, NElson _5 (m) (B) (SH1-187)
BURNS, P. 45 (m) (B) (SH1-289)
BURNS, Patrick 53 (SH2-276)
BURNS, Poldo 48? (m) (B) (SH2-207)
BURNS, Robert 81 (B) (SH1-360)
BURNS, Walter 26 (B) (SH2-348)
BURNS, Willie 45 (m) (B) (SH2-182)
BURNS, Wm. 21 (B) (SH1-403)
BURNS?, John 27 (SH2-280)
BURNSIDE, Wm. 30 (SH2-84)
BURR, Jain 37 (SH2-249)
BURR, John T. 38 (SH2-100)
BURR, Luther 53 (SH2-123)
BURR, Mary H. 54 (SH2-51)
BURREL, Mary 36 (B) (SH2-205)
BURRELL, Annie 35 (B) (SH2-19)
BURRELL, Margaret 72 (B) (SH2-228)
BURRIS, Annie 40 (B) (SH2-128)
BURRIS, Charles 21 (SH1-111)
BURRISS, Bill 40 (B) (SH1-57)
BURROW, Emily 53 (SH2-32)
BURROW, Finis J. 37 (SH1-114)
BURROW, Myrtle 14 (SH1-172)
BURROW, Rueben 58 (SH1-114)
BURROW, Winnie 85 (B) (SH1-287)
BURROWS, Fred G. 45 (SH2-98)
BURRUS, Henry 28 (B) (SH2-331)
BURSDORFE, Herman 32 (SH2-69)
BURT, Pauline 20 (B) (SH2-69)
BURT?, Jessie 40 (m) (B) (SH2-347)
BURTIN, Mary 21 (B) (SH2-128)
BURTIN, Wm. 30 (B) (SH1-344)
BURTON, Blue? M. 45 (m) (B) (SH2-33)
BURTON, Ellen 35 (B) (SH2-95)
BURTON, Harris 27 (B) (SH2-97)
BURTON, Henry 26? (B) (SH2-119)
BURTON, Hester 50 (B) (SH2-220)
BURTON, Isac 26 (B) (SH1-450)
BURTON, James W. 40 (SH2-236)
BURTON, Kate 22 (B) (SH2-34)
BURTON, Polly 58 (B) (SH2-39)
BURTON, Sim 40 (B) (SH1-361)
BURTON, Wm. 19 (B) (SH1-354)
BURTON, ____ 25 (m) (B) (SH2-330)
BURTSFIELD, John 33 (SH1-313)
BURUS, Robt. 80 (B) (SH1-365)
BURWINKLE, Chas. 51 (SH2-118)

BUSBY, Bind 55 (m) (SH1-30)
BUSBY, Jas. J. 40 (SH2-222)
BUSCH, C. F. _ (m) (B) (SH1-272)
BUSCHER, Frank 47 (SH2-258)
BUSH, C. H.? 57 (m) (SH2-248)
BUSH, Henry 35 (B) (SH1-336)
BUSH, Malinda 58? (B) (SH1-35)
BUSH, Martha 28 (B) (SH2-134)
BUSH, Mathey 53 (B) (SH1-207)
BUSH, Sallie 30 (B) (SH1-99)
BUSHMAN, Samuel 50 (SH2-66)
BUSICK?, James 34 (SH1-240)
BUSICK?, John 33 (SH1-240)
BUSSENY?, Gustav 28 (SH2-93)
BUSSET, Frank 19 (B) (SH1-355)
BUSTER, M. G. 11 (f) (SH1-236)
BUSTER, Marthy 27 (B) (SH1-207)
BUSTER, Milissie 24 (B) (SH1-292)
BUTCHER, Annie 25 (B) (SH2-321)
BUTCHER, Maria 30 (B) (SH1-89)
BUTCHER, Robert 51 (B) (SH2-299)
BUTERI, Clement 42 (SH2-73)
BUTLER, Adam 50 (B) (SH1-410)
BUTLER, Albert 25 (B) (SH1-329)
BUTLER, Albert 35 (B) (SH2-31)
BUTLER, Ann 22 (B) (SH2-120)
BUTLER, Ann 60 (B) (SH2-172)
BUTLER, Bridget 25 (SH2-100)
BUTLER, Caroline 45 (B) (SH2-239)
BUTLER, Catherine 25 (B) (SH1-42)
BUTLER, Elizabeth 70 (SH1-84)
BUTLER, Emma 22 (B) (SH2-298)
BUTLER, Eugene 25 (SH2-91)
BUTLER, Fannie 13 (B) (SH1-330)
BUTLER, Florence 7 (B) (SH2-318)
BUTLER, Frank 10 (B) (SH2-132)
BUTLER, George 12 (B) (SH1-330)
BUTLER, Green 27 (B) (SH1-121)
BUTLER, J. T. 28 (m) (SH1-450)
BUTLER, Jake 35 (B) (SH1-56)
BUTLER, James 35 (SH2-261)
BUTLER, James 40 (SH2-355)
BUTLER, Jane 60? (B) (SH2-349)
BUTLER, Jerry 60 (B) (SH1-357)
BUTLER, Jesse 13 (m) (B) (SH2-39)
BUTLER, John 17 (SH1-423)
BUTLER, John 17 (SH1-423)
BUTLER, John E. 27 (SH2-95)
BUTLER, Jones? 22 (B) (SH1-43)
BUTLER, Joseph 20 (SH2-3)
BUTLER, Kate 18 (B) (SH1-79)
BUTLER, Lee 30 (f) (B) (SH2-85)
BUTLER, Lewis 25 (B) (SH1-79)
BUTLER, Lewis 48 (B) (SH1-2)
BUTLER, Liddy 30 (B) (SH2-210)
BUTLER, Lidia 44 (B) (SH2-123)

BUTLER, Maggie 27 (B) (SH2-120)
BUTLER, Mary 28 (B) (SH1-350)
BUTLER, Mary 78? (SH2-123)
BUTLER, Millie 28 (B) (SH2-197)
BUTLER, Minerva 37 (B) (SH2-361)
BUTLER, Nelson 4 (B) (SH1-462)
BUTLER, Pat 40 (m) (SH2-186)
BUTLER, Paul 30 (B) (SH1-338)
BUTLER, Phillip 46 (B) (SH2-343)
BUTLER, Richd. 50 (SH1-448)
BUTLER, Roser 23 (f) (B) (SH2-95)
BUTLER, Salie? 39 (f) (B) (SH1-393)
BUTLER, Sallie 25 (B) (SH2-317)
BUTLER, Sam 5? (B) (SH2-34)
BUTLER, Sarah 8 (B) (SH2-299)
BUTLER, Stella 13 (B) (SH2-205)
BUTLER, Vina 23 (B) (SH2-260)
BUTLER, W. 24 (m) (SH1-390)
BUTLER, Wash 25 (B) (SH1-357)
BUTLER, Washingotn 52 (B) (SH1-459)
BUTLER, Wm. 20 (SH1-141)
BUTLER, Wm. 65 (SH2-231)
BUTLER, Wm. E. jr. 39 (SH1-175)
BUTLER, Wm.? 23 (B) (SH1-90)
BUTT, Diant 14 (m) (B) (SH1-26)
BUTT, Mary J. 50 (SH2-63)
BUTTENBURG, Henry 49 (SH2-71)
BUTTS, Geo. 18? (B) (SH1-30)
BUTTS, Henry 38 (SH2-32)
BUTTS, Lawson 40 (B) (SH2-200)
BUTTS, Mack 32 (B) (SH1-35)
BUTTS, Mattie 6 (f) (B) (SH1-31)
BUTTS?, Lucas 6 (SH2-33)
BU___S, Frances 13 (B) (SH1-468)
BYARSE, Julian 30 (m) (B) (SH2-104)
BYA____, ___chell 23 (m) (SH2-90)
BYBEE, Wm. 17 (SH2-263)
BYCK?, Samuel 20? (SH2-53)
BYERS, L. M. 26 (m) (SH1-390)
BYERS, Margaret 19 (B) (SH2-37)
BYERS, Wm. 70 (SH2-170)
BYLER, Joe? 37 (B) (SH1-268)
BYNAM, F. 14 (m) (B) (SH2-195)
BYNE, Pat 30 (m) (SH2-320)
BYNUM, Bettie 41 (SH1-386)
BYNUM, Bettie __ (SH1-376)
BYNUM, Charles 30 (B) (SH2-141)
BYNUM, Geo. 23 (B) (SH1-460)
BYNUM, Noah 40 (B) (SH1-50)
BYNUM, Rachel 42 (B) (SH1-50)
BYNUM, Wesley 40 (B) (SH1-205)
BYNUM?, J. C. 54 (SH1-37)
BYRD, Henry 28 (B) (SH2-56)
BYRD, Lewis 35 (B) (SH1-234)
BYRD, Warner 33 (B) (SH1-329)
BYREL, Chas. L. 30 (SH2-94)
BYRGE, Emily 45 (SH1-95)

BYRNE, Francis 25 (SH2-93)
BYRNE, Peter 38 (SH2-85)
BYRNE, Wm. 25 (SH2-50)
BYRNES, Maggie 40? (SH2-86)
BYRON, Bertie 19 (f) (SH2-317)
BYRUM?, W. H. 21 (m) (SH1-36)
B_ABINSON, Moses? 25 (B) (SH1-455)
B___, Virginia 42 (B) (SH1-90)
B___KS, John 38 (B) (SH2-330)
B___S, Kate 18 (SH1-109)
B___, Albert 48 (B) (SH1-184)
B___, J. C. 34 (m) (SH2-114)
B___, Thos. 24 (SH2-80)
B___G, Mary 23 (SH2-100)
B___S, Robert 38 (B) (SH2-237)
B___, Wm. 50 (SH1-107)
CABASKA, Eva 40 (B) (SH2-123)
CABERN, Jack 20 (B) (SH1-219)
CABLE, George 32 (SH2-7)
CACEY, Danl. 29 (SH2-121)
CADNUS, W. 40 (m) (SH1-403)
CADON, John 25 (SH2-54)
CAGE, Felix 40 (B) (SH2-296)
CAGE, Frank 33 (B) (SH2-365)
CAHILL, John 45 (SH2-17)
CAHILL, Mary 54 (SH2-38)
CAHILL, Michael 26 (SH2-178)
CAHL, Cary 34 (m) (B) (SH1-173)
CAHOON, John J. 46 (SH2-50)
CAIN, Anna 34 (SH2-268)
CAIN, Annie 63 (SH2-245)
CAIN, C. M. 50 (m) (SH1-252)
CAIN, Evans 35 (B) (SH2-277)
CAIN, Lewis 38 (B) (SH2-291)
CAIN, M. 21 (f) (SH1-398)
CAIN, Mary 22 (SH2-151)
CAIN, Reubin 45 (B) (SH2-320)
CAIN, Thomas 26 (SH1-390)
CAIN, Wm. 27 (SH2-37)
CAIRIGNARO?, Ch. 21 (m) (SH1-400)
CAIRNS, JAmes 24 (SH1-103)
CAIRNS, Stella B. 25 (SH1-100)
CAIRNS?, Georgia 4 (B) (SH1-316)
CAIRNS?, Juno 50 (f) (B) (SH2-283)
CAIRO, Herman 40 (SH2-71)
CAISON, Austin 39 (B) (SH1-62)
CALAHAN, Jas. 36 (SH2-245)
CALAWAY, J. 42? (m) (SH1-392)
CALDWELL, C. 18 (m) (SH1-208)
CALDWELL, Ellen 38 (B) (SH2-27)
CALDWELL, Evaline 31 (B) (SH1-414)
CALDWELL, H. M. 14 (f) (SH1-145)
CALDWELL, Harvey 30 (B) (SH1-86)
CALDWELL, Jane 40 (B) (SH1-333)
CALDWELL, John 26 (B) (SH1-333)
CALDWELL, John 27 (B) (SH1-57)

CALDWELL, L. H.? 50 (f) (SH1-145)
CALDWELL, Lide 9 (f) (SH1-284)
CALDWELL, Mark 27? (B) (SH2-124)
CALDWELL, Mary 35 (SH1-95)
CALDWELL, Mary 60 (SH1-333)
CALDWELL, Plyon? 28 (m) (B) (SH1-333)
CALDWELL, Stephen 23 (SH1-83)
CALDWELL, Wes 35 (B) (SH1-430)
CALDWELL, Wm. 12 (B) (SH1-221)
CALE, Morris 26 (B) (SH2-130)
CALHOONE, Nobl 55 (m) (SH2-247)
CALHOUN, David 40 (B) (SH1-305)
CALHOUN, Eliz. 35 (SH1-212)
CALHOUN, George 35 (SH2-24)
CALHOUN, Jane 56 (SH1-188)
CALHOUN, Jim 15 (B) (SH2-42)
CALHOUN, John 25 (B) (SH1-425)
CALHOUN, Nicey 58 (B) (SH1-420)
CALHOUN, Phillis 40 (B) (SH2-316)
CALHOUN, Robt. 47 (SH2-337)
CALHOUN, Wm. 35 (SH2-333)
CALHOUN?, Alex 22 (m) (SH1-33)
CALH___R, Ed 43 (SH1-331)
CALICOTT, Lucinda 40 (B) (SH2-236)
CALICOTT, Sam 25 (B) (SH1-344)
CALLAHAN, Alfred 27 (SH1-437)
CALLAHAN, Ann 30 (SH1-474)
CALLAHAN, Dennis 43 (SH1-416)
CALLAHAN, Jas. 49 (SH2-134)
CALLAHAN, Patrick 30 (SH2-22)
CALLAHAN, Sarah 40? (B) (SH2-97)
CALLICOTT, Aaron 38 (B) (SH2-328)
CALLIS, A. T. 26 (m) (SH1-240)
CALLIS, C. M. 36 (SH2-236)
CALLIS, C. N. 40 (m) (SH1-242)
CALLIS, Eliza 57 (SH1-237)
CALLIS, J. C. 44 (m) (SH1-240)
CALLIS?, Jake 35 (B) (SH1-257)
CALLMS, Thomas 24 (SH1-86)
CALLOWAY, Aron 24 (SH2-78)
CALLOWAY, Oby 25 (m) (B) (SH1-386)
CALLWELL, Richard 34 (B) (SH2-278)
CALMANOVITZ, H. 8 (f) (SH2-180)
CALMAY, Dora 22 (B) (SH2-299)
CALOM, Martha 45 (B) (SH2-218)

CALTER?, Nellie 7 (SH2-193)
CALVIN, Henry 22 (B) (SH1-271)
CALVIN, John 23 (B) (SH2-273)
CALWELL, Henry 30 (B) (SH1-141)
CALWELL, M. 38 (m) (B) (SH1-392)
CAMBELL, Drucilla 40 (B) (SH2-215)
CAMBELL, Isack 50 (B) (SH1-405)
CAMBELL, W. G. 60 (m) (SH2-205)
CAMBON?, Earnest 6 (SH1-96)
CAMEL?, Angus 60 (SH2-217)
CAMEL?, John 73 (B) (SH1-38)
CAMELL, Sallie 29 (B) (SH1-32)
CAMELL?, JAck 16 (B) (SH1-33)
CAMERON, Georgie 7 (f) (B) (SH2-178)
CAMERON, James A. 50 (SH2-213)
CAMERON, John F. 35 (SH2-209)
CAMERON, Robt. 29 (SH2-101)
CAMERON, W. _. 37 (m) (SH2-92)
CAMERON, Wm. 22 (B) (SH2-259)
CAMERON?, Morris 38 (SH2-275)
CAMFERDAM, Porter 38 (SH2-107)
CAMMEL, George 5 (B) (SH2-269)
CAMMER, J. C. 29 (m) (SH2-245)
CAMON, Ha__ 42 (f) (SH1-200)
CAMP, Henry 35 (SH2-68)
CAMP, Nimrod 10 (B) (SH1-248)
CAMP, Samuel 52? (SH2-86)
CAMPBELL, A. 28 (f) (SH1-239)
CAMPBELL, Allen 50 (B) (SH1-459)
CAMPBELL, Berry 45 (B) (SH2-132)
CAMPBELL, Berry? 45 (B) (SH2-132)
CAMPBELL, Charles 25 (SH1-84)
CAMPBELL, Charlott 24 (B) (SH2-108)
CAMPBELL, Chas. 28 (B) (SH1-366)
CAMPBELL, D. A. 43 (m) (SH1-373)
CAMPBELL, Daniel 24 (SH1-354)
CAMPBELL, Delia 19 (B) (SH2-160)
CAMPBELL, Edwar 21 (SH2-97)
CAMPBELL, Geo. 16 (SH2-107)
CAMPBELL, Geo. J. 47 (SH1-359)
CAMPBELL, Harriett 25 (B) (SH1-452)
CAMPBELL, Hughey 26 (B) (SH1-462)
CAMPBELL, J. A. 23 (m) (SH2-300)
CAMPBELL, JEssee 24 (m) (B) (SH1-248)

1880 Census Shelby Co. TN: Heads-of-Household

CAMPBELL, James W. 24 (SH1-84)
CAMPBELL, Jennie 73 (B) (SH2-341)
CAMPBELL, John 24 (SH1-87)
CAMPBELL, John 54 (B) (SH2-61)
CAMPBELL, John H. 32 (SH2-5)
CAMPBELL, Joseph 33 (SH2-252)
CAMPBELL, Joseph B. 40 (SH1-81)
CAMPBELL, Joseph __ (B) (SH2-330)
CAMPBELL, Josiah 23 (B) (SH1-407)
CAMPBELL, Lauchlin 50? (SH1-387)
CAMPBELL, Littleberry A. 54 (SH1-87)
CAMPBELL, Lulu 13 (SH2-59)
CAMPBELL, M. 19 (f) (B) (SH2-260)
CAMPBELL, Mart. 44 (SH2-240)
CAMPBELL, Marthey 21 (SH1-455)
CAMPBELL, Mary 40 (B) (SH2-102)
CAMPBELL, Mary 40 (SH2-63)
CAMPBELL, Mary 45 (SH1-81)
CAMPBELL, Mary 47 (SH2-81)
CAMPBELL, Mattie 22 (f) (B) (SH2-133)
CAMPBELL, Nancy M. 13 (f) (SH1-87)
CAMPBELL, Nettie 22 (B) (SH1-248)
CAMPBELL, Patsy 24 (B) (SH2-186)
CAMPBELL, Pink 42 (B) (SH1-340)
CAMPBELL, Preston 38 (B) (SH1-47)
CAMPBELL, Rhoda 38 (B) (SH2-289)
CAMPBELL, Robert 20 (B) (SH1-340)
CAMPBELL, S. 55 (m) (B) (SH1-246)
CAMPBELL, S. M. 28 (m) (SH1-206)
CAMPBELL, Serilda 55 (SH2-237)
CAMPBELL, Wiley 38 (B) (SH2-298)
CAMPBELL, Wm. 62 (SH1-51)
CAMPBELL, Wm.? 37 (SH2-320)
CAMPEDONICE?, Alice 15 (SH1-95)
CAMPERDANE?, Gust 39 (SH2-234)
CAMPODONICO, David __ (SH2-132)
CANADA, Alice 19 (SH2-293)
CANADA, James F. 29 (SH1-307)
CANADA, Sallie 36 (B) (SH2-303)
CANADA, Samuel 54 (B) (SH1-306)
CANADY, Alfred 40 (B) (SH1-347)
CANADY, Harry 50 (B) (SH1-347)
CANALA, Mike 30 (SH2-96)
CANDESS, Wood 43? (f) (B) (SH2-227)
CANDSWELL?, Green 25 (B) (SH1-60)
CANE, George 30 (SH1-435)
CANE, Washington 19 (B) (SH1-103)
CANE?, Nora 10 (B) (SH2-57)
CANERDAY, John 28 (B) (SH1-205)
CANERDAY, Wm. 40 (B) (SH1-204)
CANERDAY, _. 40 (f) (B) (SH1-202)
CANEY?, Caroline 28 (B) (SH1-39)
CANFIELD, Wm. 35 (B) (SH2-326)
CANN?, Curtis F. 56 (SH2-279)
CANNADA, Wilson 50 (B) (SH1-168)
CANNADY, Alma 15 (B) (SH1-157)
CANNADY, J. A. 14 (m) (SH1-198)
CANNADY, John 17 (B) (SH1-195)
CANNADY, L. A. 34 (f) (SH1-168)
CANNADY, Lotta 18 (B) (SH1-157)
CANNADY, Mary 13 (B) (SH1-148)
CANNADY, Mary 23 (SH1-188)
CANNADY, W. Richard 46 (SH1-198)
CANNADY, Wash 44 (B) (SH1-194)
CANNADY, Wm. 24 (B) (SH1-165)
CANNON, Albert 23 (B) (SH1-375)
CANNON, Anglelen 10 (f) (B) (SH1-52)
CANNON, Anna 35 (SH2-14)
CANNON, Birdie 18 (SH1-130)
CANNON, Catharine 28 (SH2-54)
CANNON, Chas. 30 (B) (SH1-258)
CANNON, Eda E. 12 (f) (SH1-86)
CANNON, Elisha 31 (SH2-295)
CANNON, Frank 34 (B) (SH1-285)
CANNON, G. W. 33 (m) (SH2-249)
CANNON, Hany? 16 (m) (B) (SH2-270)
CANNON, Henry E. 39 (SH1-465)
CANNON, J. C. 24 (m) (B) (SH2-326)
CANNON, Jack 40 (B) (SH1-118)
CANNON, James 50 (SH2-46)
CANNON, James 8 (SH1-281)
CANNON, Jim 40 (B) (SH1-378)
CANNON, John 37 (SH2-249)
CANNON, L. M. 26 (f) (SH1-145)
CANNON, Lewis? H. 58 (m) (SH1-14)
CANNON, Martha 34 (SH1-128)
CANNON, Mary 50 (B) (SH1-109)
CANNON, Mary 56 (SH2-71)
CANNON, Rus 39 (B) (SH2-316)
CANNON, W. T. 37 (m) (SH1-400)
CANNON, ____ 40 (m) (SH2-62)
CANNONS, Jane? 16 (SH2-266)
CANNS, Robert J. 35 (B) (SH1-305)
CANOLE, Louis 35 (SH1-391)
CANON, Cato 55 (m) (B) (SH1-280)
CANON, Emperor 60 (B) (SH1-464)
CANON, T. Hope 32 (m) (SH1-266)
CANTY, Mary 28 (SH2-55)
CANTY, Patrick 42 (SH2-232)
CANY, Savannah 29 (B) (SH1-386)
CAPARA, Rose 12 (SH2-131)
CAPE, Harriet 36 (B) (SH1-370)
CAPERS, Rich S. 35 (SH2-263)
CAPERTON, Jno. 24 (B) (SH1-273)
CAPPS, Flavius 25 (SH1-469)
CAPPS, L. A. 48 (f) (SH2-238)
CAPURO, Stella 7 (SH2-102)
CARALE?, Mitchell 31 (SH2-129)
CARAWAY, Albert G. 26 (SH1-125)
CARAWAY, Alice 20 (B) (SH1-321)
CARAWAY, Charley W. 20 (SH1-126)
CARAWAY, Cheney 10 (f) (B) (SH1-250)
CARAWAY, Isaac 23 (SH1-128)
CARAWAY, M. J. 60 (f) (SH1-66)
CARAWAY, Thomas H. 40 (SH1-121)
CARBERY, B. H. 28 (m) (SH2-147)
CARBERY, Eliz. 60 (SH2-241)
CARD, Patra? 13 (f) (B) (SH1-5)
CARDS?, Jane 60 (B) (SH1-299)
CARDWELL, Wyatt 48 (B) (SH2-339)
CARETHERS, Ida 16 (B) (SH2-136)
CAREY, George 33 (SH2-85)
CAREY, Joseph 30 (SH2-243)
CARGA___, Mary 46 (SH2-161)
CARGIL, Susan 50 (B) (SH1-288)
CARGIL, Wm. __ (SH1-275)
CARGILL, Wm. 43 (SH2-78)
CARILSON, Gustoff 29 (SH2-60)
CARL, Mary 50 (SH1-373)
CARLESTON, Andrew 30 (SH2-77)
CARLETON, Wm. 26 (B) (SH1-422)
CARLILE, L. 40 (f) (SH1-100)
CARLINE?, Charles 37 (SH1-95)
CARLISLE, James V. 52 (SH1-138)
CARLISLE, Robt. 28 (SH1-68)
CARLSON, Andrew 32 (SH2-78)
CARLSON, Annie 16 (SH2-72)
CARLSON, Jno. 18 (SH1-362)
CARLTON, A. Dr. 57 (SH1-343)
CARLTON, Chas. 13 (SH1-234)
CARMAC, W. T. 54 (m) (SH1-56)
CARMACK, John 55 (SH2-78)
CARMAUGH, Edward 25 (SH2-11)
CARMICHAEL, Duke 31 (B) (SH2-174)
CARMICHAEL, Rhody 25 (B) (SH2-324)
CARMICHAEL, Thadeus 47 (SH2-8)
CARMODY?, John 25 (SH2-17)
CARMON, Henry 45 (B) (SH1-115)
CARMON, Sibbie 80 (f) (B) (SH1-250)
CARMS?, Barbara 75 (B) (SH1-367)
CARNES, Adam 75 (B) (SH2-29)
CARNES, Alfred 60 (B) (SH1-258)
CARNES, Henry __ (B) (SH2-307)
CARNES, James 49 (B) (SH2-283)
CARNES, Nancy 47 (SH2-184)
CARNES, Sam T. 30 (SH2-95)
CARNES, Sarah 69 (SH1-111)
CARNES?, John 51 (B) (SH2-287)
CARNEY, Alice 31 (SH2-223)
CARNEY, Elizabeth 35 (SH2-20)
CARNEY, Jersey 50 (m) (B) (SH1-63)
CARNEY, Nellie 20 (SH2-97)
CARNS, Edward 21? (SH2-277)
CARO, Henry 75 (SH2-63)
CARO, Wm. 40 (SH1-416)
CAROL, Carrie 35 (B) (SH1-473)
CAROLL, John 31 (SH2-74)
CARONE?, Jacob 44 (SH1-105)
CAROTTI?, Mary 37 (SH2-267)
CAROTTO, John 41 (SH1-107)
CARPENTER, Henry 55 (B) (SH2-310)
CARPENTER, Huldah 70 (B) (SH1-420)
CARPENTER, Nancy 30 (B) (SH1-282)
CARPENTER, ____ 47 (f) (B) (SH2-266)
CARR, Albert 39 (B) (SH2-123)
CARR, Archie 45 (SH2-37)
CARR, Benjamin T. 34 (SH2-48)
CARR, C. 30? (m) (B) (SH2-309)
CARR, Charity 35 (B) (SH1-115)
CARR, Charlie 50 (B) (SH2-298)
CARR, Cornelius 59 (B) (SH1-407)
CARR, Dr.? Young A. 55 (SH1-92)
CARR, Emily 49 (B) (SH2-300)
CARR, Emma 49 (SH2-185)
CARR, Etta M. 16 (SH1-80)
CARR, Frank 6 (B) (SH2-279)
CARR, Geo. W. 20 (SH2-113)
CARR, George 1 (B) (SH1-385)
CARR, George 27 (B) (SH2-24)

1880 Census Shelby Co. TN: Heads-of-Household

CARR, George 80 (B) (SH1-409)
CARR, George 80 (B) (SH2-307)
CARR, Henrietta 25 (B) (SH2-295)
CARR, James 29 (SH2-103)
CARR, James 50 (B) (SH2-245)
CARR, John L. 39 (SH1-52)
CARR, Jones 28 (SH2-183)
CARR, Louis 13 (B) (SH2-43)
CARR, Lucy 44 (B) (SH2-350)
CARR, Mary 23? (B) (SH2-270)
CARR, Mary 51 (B) (SH2-200)
CARR, Minus 30? (m) (B) (SH2-225)
CARR, Owen 23 (B) (SH2-23)
CARR, Peet 49 (m) (B) (SH2-245)
CARR, Phillip 65 (B) (SH1-117)
CARR, Rachel 40 (B) (SH2-362)
CARR, Reuben 45 (B) (SH2-121)
CARR, Sam 46 (m) (B) (SH1-126)
CARR, Sarah 58 (B) (SH2-329)
CARR, Silias 37 (m) (B) (SH2-226)
CARR, Sophronia 36 (B) (SH2-243)
CARR, W. M. 30 (m) (SH2-303)
CARR, Wm. 20 (B) (SH2-311)
CARR, Wm. 45 (B) (SH2-57)
CARR, Young A. 63 (SH1-466)
CARR?, Bo__ 35 (m) (B) (SH1-355)
CARR?, Rachel 40 (B) (SH2-242)
CARRAWAY, Alx. 64 (m) (B) (SH1-321)
CARRAWAY, Nancy 44 (B) (SH1-300)
CARRIER, Clarena 18 (B) (SH2-122)
CARRIGO, Michael 42 (SH2-337)
CARROL, Annie 25 (SH2-190)
CARROL, Ed 40 (B) (SH2-290)
CARROL, Ed B. 27 (SH2-190)
CARROL, John 40 (SH2-110)
CARROL, Marley 59 (m) (B) (SH1-262)
CARROL, Maud 30 (SH1-337)
CARROL, Victoria 35 (B) (SH1-112)
CARROLL, August 39 (SH1-93)
CARROLL, Caroline 42 (SH1-379)
CARROLL, D. 36 (m) (SH2-364)
CARROLL, Dan 55 (SH2-254)
CARROLL, E. B. 55 (f) (SH2-151)
CARROLL, Henry A. 30 (SH2-101)
CARROLL, James 23 (SH2-39)
CARROLL, Jane 34 (SH2-273)
CARROLL, Jessie 24 (m) (SH1-124)
CARROLL, John 25 (SH2-73)
CARROLL, John 31 (SH2-151)
CARROLL, Lolla 11 (f) (SH2-38)
CARROLL, Lou 19 (f) (B) (SH1-445)
CARROLL, Louis 32 (SH2-79)
CARROLL, Margarett 64 (SH1-379)
CARROLL, Mary 40 (SH1-385)
CARROLL, Mary 45 (SH1-365)
CARROLL, Moses 27 (B) (SH1-17)
CARROLL, T. 24 (m) (B) (SH1-249)
CARSON, Chas. 10 (SH1-424)
CARSON, Ella 12 (SH2-143)
CARSON, Miss 22 (SH2-358)
CARSON, Mrs. 30 (SH2-364)
CARSON, Sam 60 (B) (SH2-366)
CARSON, Warren 26 (SH2-68)
CARTER, Aderline 20 (B) (SH1-459)
CARTER, Alfred 23 (B) (SH1-154)
CARTER, Alfred B. 54 (SH1-107)
CARTER, Allen 30 (B) (SH2-266)
CARTER, Allen 50 (B) (SH1-321)
CARTER, Barney 63 (B) (SH2-149)
CARTER, Bob 50 (B) (SH1-378)
CARTER, C. B. 13 (m) (SH1-402)
CARTER, Champ 28 (B) (SH2-118)
CARTER, Charles 13 (SH1-424)
CARTER, Charles 43 (SH1-350)
CARTER, Charlie 45 (B) (SH1-346)
CARTER, Dee 6? (m) (B) (SH1-254)
CARTER, Dinah 60 (B) (SH1-423)
CARTER, Dink 26 (f) (B) (SH2-326)
CARTER, Dock 44 (B) (SH1-424)
CARTER, Frances 28 (B) (SH1-407)
CARTER, G. W. 54 (m) (SH1-226)
CARTER, Geo. W. 24 (SH1-228)
CARTER, George 27 (B) (SH1-409)
CARTER, Granville 32 (B) (SH1-92)
CARTER, H. M. 75 (m) (SH1-148)
CARTER, Hampley? 40 (m) (B) (SH1-159)
CARTER, Hennah 22 (SH1-95)
CARTER, Henry 30 (B) (SH1-423)
CARTER, Henry sr. 50 (B) (SH1-4)
CARTER, Ida 27 (B) (SH2-162)
CARTER, Isaac 24 (B) (SH1-250)
CARTER, Isaac 39 (B) (SH2-81)
CARTER, J. H. 21 (m) (SH2-139)
CARTER, J. H. 26 (m) (SH1-393)
CARTER, JEsse 28 (m) (SH1-146)
CARTER, JEsse 35 (m) (SH1-102)
CARTER, James 17? (B) (SH2-125)
CARTER, James 28 (B) (SH2-108)
CARTER, Jane 19 (B) (SH2-365)
CARTER, Jane 60 (B) (SH2-118)
CARTER, John 11 (B) (SH1-329)
CARTER, John 26 (SH1-200)
CARTER, John 48 (B) (SH1-264)
CARTER, John B. 24 (SH1-228)
CARTER, Josephus 40 (B) (SH1-46)
CARTER, Lamuel 36 (B) (SH2-132)
CARTER, Lawson 57 (B) (SH1-139)
CARTER, Lizzie 76 (B) (SH1-330)
CARTER, M. 61 (f) (B) (SH1-396)
CARTER, MAmie 2 (SH1-362)
CARTER, Maggie 16 (SH2-34)
CARTER, Martha 13 (B) (SH1-337)
CARTER, Mary 20? (B) (SH2-131)
CARTER, Mary 30 (B) (SH2-166)
CARTER, Mary 58 (SH2-83)
CARTER, Mary E. 48 (SH2-20)
CARTER, Mary J. 47 (SH1-206)
CARTER, Mat 26 (m) (SH2-168)
CARTER, Mattie 27 (f) (B) (SH2-185)
CARTER, Mattie R. 22 (f) (SH2-293)
CARTER, Mollie 85 (B) (SH1-417)
CARTER, Moses 35 (B) (SH2-286)
CARTER, N. 25 (m) (B) (SH1-248)
CARTER, Olive 21 (SH1-464)
CARTER, Paley 67 (f) (SH1-204)
CARTER, S. S. 24 (m) (B) (SH2-152)
CARTER, Sam 58 (B) (SH1-262)
CARTER, Samuel 37 (SH2-270)
CARTER, Silas? 48? (B) (SH1-297)
CARTER, Sue 34 (B) (SH1-238)
CARTER, T. M. 49 (m) (SH1-165)
CARTER, Thomas 53 (SH1-122)
CARTER, Thos. Jeff 50 (SH1-223)
CARTER, W. 16 (m) (B) (SH1-236)
CARTER, W. 55 (m) (B) (SH1-242)
CARTER, W. 66 (m) (B) (SH1-238)
CARTER, Walker 48 (B) (SH1-337)
CARTER, Wesley 25 (B) (SH1-89)
CARTER, Willie 16 (m) (B) (SH2-43)
CARTER, Wm. 30 (B) (SH2-11)
CARTER, Wm. 38 (SH1-223)
CARTER, Wm. H. 24 (B) (SH2-337)
CARTHRIN, Wm. 24 (B) (SH1-428)
CARTMAN, Adam 24 (B) (SH2-338)
CARTMAN, Tom 40 (B) (SH2-188)
CARTRIGHT, Authur 8 (B) (SH2-202)
CARTRIGHT, Green 12? (B) (SH1-197)
CARTRIGHT, Lias 35 (m) (B) (SH1-198)
CARTRIGHT, Tho. 35 (m) (B) (SH1-209)
CARTWRIGHT, Alf 17 (B) (SH1-209)
CARTWRIGHT, Alison 49 (B) (SH1-117)
CARTWRIGHT, E. 21 (m) (SH1-289)
CARTWRIGHT, J. B. 22 (m) (SH1-268)
CARTWRIGHT, JAmes 25 (B) (SH1-23)
CARTWRIGHT, Joe 21 (B) (SH1-245)
CARTWRIGHT, Neal 32 (SH1-296)
CARTWRIGHT, P. B. 62 (f) (SH1-293)
CARTWRIGHT, Richard 50 (B) (SH1-116)
CARTWRIGHT, Tillie? 55 (f) (B) (SH1-246)
CARTWRIGHT?, Fannie 25 (B) (SH1-370)
CARUTH, A. C. 37 (m) (SH1-354)
CARUTH, E. 73 (f) (SH2-291)
CARUTHERS, E. A. 45 (f) (B) (SH1-245)
CARUTHERS, Henry 55 (B) (SH2-296)
CARUTHERS, J. D. 49 (m) (SH2-38)
CARUTHERS, Jane 50 (B) (SH1-412)
CARUTHERS, Jas. S. 45 (SH2-80)
CARUTHERS, Robert 23 (B) (SH2-37)
CARUTHERS, W. 45 (m) (B) (SH2-185)
CARUTHERS, Willis 27 (B) (SH1-341)
CARUTHERS, Willis 33 (B) (SH2-331)
CARUTHERS, Wm. 25 (SH2-301)
CARVER, J. M. 35 (m) (SH2-362)
CARVER, Wm. 56 (SH2-215)
CARVER, Wm. T. 37 (SH2-50)
CARWILE, G. 27 (m) (SH1-200)
CARWILE, M. 25 (m) (SH1-225)
CARWILE, Wm. M. 58 (SH1-219)
CARY, Charlie 28 (SH2-294)
CARY, Clarence 4 (B) (SH1-366)
CARY, Hundon 38 (m) (SH1-396)
CAR___Y, M. H. 28 (m) (SH1-450)
CASANX?, John 38 (SH1-26)
CASE, Georgana? 31 (SH2-131)
CASELL, John 28 (SH2-18)
CASEY, Cornelius 39, W (SH2-16)
CASEY, Edward 21 (SH2-31)
CASEY, Ellen 31 (SH2-2)
CASEY, Frank 42 (B) (SH1-117)
CASEY, Isaac N. 38 (SH1-436)
CASEY, J. J. 32 (m) (SH2-287)
CASEY, John 23 (B) (SH1-468)
CASEY, John 26 (SH2-6)
CASEY, Maggie 20 (SH2-248)
CASEY, Owen 60 (SH2-228)
CASEY, Sarah 13 (SH2-102)

21

1880 Census Shelby Co. TN: Heads-of-Household

CASEY, Sims 26 (SH1-354)
CASEY, Thomas 30 (SH2-53)
CASEY, Timothy 45 (SH2-159)
CASEY, Wm. 29 (SH2-154)
CASH, A. 22 (m) (B) (SH1-240)
CASH, Alex 50 (B) (SH1-462)
CASH, Betty 30 (B) (SH2-246)
CASH, Ella 20 (B) (SH2-31)
CASH, Emaline 40 (B) (SH1-89)
CASH, Eugene 23 (B) (SH2-288)
CASH, John 28 (B) (SH1-376)
CASH, John 30? (B) (SH2-105)
CASH, John E. 22 (B) (SH2-122)
CASH, Lewis 45 (B) (SH2-194)
CASH, Lisa? 40 (B) (SH2-280)
CASH, Lizy 19 (SH1-100)
CASH, Lizzie 8 (SH2-172)
CASH, Nancy 63 (B) (SH1-99)
CASH, Nathan G. 25 (SH1-470)
CASH, Paul 32 (B) (SH1-225)
CASH, R. J. 32 (m) (SH1-286)
CASH, Rachiel 17 (B) (SH1-462)
CASH, Randle 33 (B) (SH2-38)
CASH, Robert 21 (SH1-432)
CASIDY, Daniel 40 (SH2-44)
CASKIN, Clinton 26 (SH1-444)
CASKIN, R. M. 36 (m) (SH1-398)
CASLIGNO?, E.? M. 38 (m) (SH2-106)
CASMER, Nathaniel 26 (SH2-83)
CASNER, John 31 (SH2-248)
CASON?, Spencer 55 (B) (SH1-128)
CASPARY, A. 52 (m) (SH2-187)
CASPER, Moses 47 (B) (SH2-133)
CASS, Louis 55? (B) (SH2-130)
CASSADAY, Annie 32 (SH2-100)
CASSADEY, James 26 (SH2-104)
CASSBERRY, L. 51 (m) (SH2-328)
CASSDEVILLE, E. 25 (f) (SH2-155)
CASSEL, Henry S. 28 (SH2-81)
CASSELBURG, Henry? 35 (B) (SH2-251)
CASSELL, Wm. 22 (B) (SH1-124)
CASSELLS, Frank 27 (B) (SH1-430)
CASSELLS, T. F. 33 (m) (B) (SH2-360)
CASSELS, James C. 32 (SH1-23)
CASSETT, Rhoda 73 (B) (SH2-126)
CASSEY, Ann 16 (B) (SH1-120)
CASSIDAY, Edward 63 (SH2-73)
CASSIDY, Edward 67 (SH2-253)
CASSIDY, James 40 (SH2-71)
CASSIDY, John 30 (B) (SH1-441)
CASSILLY, John 36 (SH2-96)
CASTELLIA, John 89 (SH1-347)
CASTELLO, Katie 10 (SH2-316)
CASTELLO, Michael 27 (SH2-138)
CASTELRAAN?, Peter 35 (SH1-103)
CASTEX, Louis 41 (B) (SH1-405)
CASTILLA, Jno. 43 (SH1-69)
CASTLE, L. C. 39 (m) (SH2-356)
CASTLE, Pope 19 (B) (SH1-467)
CASTLEMAN, May 30 (SH2-90)
CASTNER, George __ (SH2-77)

CASTNER, Joseph 30 (SH2-69)
CASTO, Laura 18 (SH2-114)
CASTON, Eugene 23 (B) (SH2-240)
CASTON, Macie 22 (f) (B) (SH1-113)
CATE, Emer 15 (f) (SH1-204)
CATE, H.? 14 (f) (B) (SH1-393)
CATEMAN, Robt. 36 (B) (SH1-448)
CATER, Joe 27 (B) (SH1-56)
CATER, Thocia? 21 (m) (SH2-48)
CATHRANE, Sophie E. 49 (SH2-269)
CATHY, Henry 38 (B) (SH1-354)
CATLEY, Matilda 2 (B) (SH2-27)
CATRENA, ____ 35 (m) (SH2-82)
CATRON, Thos. 27 (B) (SH1-360)
CATTLE, Lee 29 (m) (B) (SH1-254)
CATTLE, Robt. 26 (B) (SH1-254)
CAUGHLIN, David 78 (SH2-119)
CAUGILL?, Tom 45 (SH1-73)
CAULFIELD, Joseph 33 (SH2-104)
CAULNELL, Bell 30 (B) (SH2-142)
CAUSEY, Eugenia 17 (SH1-419)
CAUSSEY, ____ (SH2-98)
CAVALIER, Norris T. 27 (SH2-50)
CAVANAUGH, Amelia 16 (SH2-111)
CAVANAUGH, Edward 25 (SH2-22)
CAVANAUGH, Jas. 36 (SH2-101)
CAVANAUGH, Patric 55 (SH1-180)
CAVDER, Mattie 20 (f) (B) (SH2-194)
CAVEDO, Peter F. 51 (SH1-139)
CAVEDO?, J. F. 56 (m) (SH1-150)
CAVENAR, Emma 12 (SH1-109)
CAVINAUGH, W. F. 37 (m) (SH2-183)
CAVNAIRO, James 47 (SH2-328)
CAWLEY, Lizzie 18 (SH2-46)
CAWLEY, Mary 56 (SH2-100)
CAYA, Ned 27 (SH2-52)
CAYLER, Sue 32 (SH1-129)
CAYNE, John 60 (SH2-29)
CAZASSA, Frank 39 (SH2-131)
CA___OW, Ellen 45 (SH2-334)
CA___N, Michel 11 (m) (SH1-110)
CELLAHAR, P. 40 (m) (SH2-79)
CELLE, Joseph 35 (SH2-73)
CERNEY?, James 43 (SH2-280)
CERRISSOLA, Mary 23 (SH2-3)
CESSNA, Kate 28 (SH2-106)
CHAFFIN, NAthan 31 (SH1-431)
CHAIRS, Gilbert 40 (B) (SH1-364)
CHAIRS, Jack 36 (SH2-348)
CHALHAN, T. T. 42 (m) (SH1-400)
CHALK, Oscar F. 25 (SH1-175)
CHALMERS, Emma 36 (B) (SH2-207)
CHAM?, Ann 40 (B) (SH1-48)

CHAMAN, Maggie 17 (B) (SH1-187)
CHAMBER, Archer T. 46 (SH1-12)
CHAMBERLAIN, Chas. 31 (SH1-176)
CHAMBERLAIN, Goodson 33 (SH1-18)
CHAMBERLIN, Walter 6 (SH1-90)
CHAMBERLINE, James 38 (SH2-31)
CHAMBERLINE, John 35 (SH2-68)
CHAMBERS, Andrew 21 (B) (SH1-121)
CHAMBERS, Buck 27 (B) (SH1-188)
CHAMBERS, C. 24 (m) (B) (SH1-1)
CHAMBERS, C. 69 (m) (B) (SH2-185)
CHAMBERS, Cecilia 12 (B) (SH2-277)
CHAMBERS, Dennis 40 (B) (SH1-282)
CHAMBERS, Dick 42 (B) (SH1-189)
CHAMBERS, Ed 35 (B) (SH1-377)
CHAMBERS, Emily 52 (SH2-149)
CHAMBERS, James 12 (B) (SH2-224)
CHAMBERS, Jesse 50 (m) (B) (SH1-149)
CHAMBERS, John W. 47 (SH2-64)
CHAMBERS, Joseph 12 (B) (SH2-224)
CHAMBERS, Joseph 49 (SH2-53)
CHAMBERS, Katie 27 (B) (SH2-127)
CHAMBERS, Martha A. 62 (SH1-189)
CHAMBERS, Mattie 17 (f) (B) (SH1-371)
CHAMBERS, Ned 35 (B) (SH1-461)
CHAMBERS, Sam 40 (B) (SH2-39)
CHAMBERS, Sarah 15 (B) (SH1-382)
CHAMBERS, Spencer 76? (B) (SH2-56)
CHAMBERS, Steph 7 (m) (B) (SH1-209)
CHAMBERS, Thos. 19 (B) (SH1-356)
CHAMBERS, Thos. 26 (B) (SH1-350)
CHAMBERS, Thos. 38 (SH1-414)
CHAMBERS, Thos. P. 48 (SH1-460)
CHAMBERS, Wash? 21 (m) (B) (SH2-121)
CHAMBERS, Wm. 31 (B) (SH2-262)
CHAMBLISS, Robert 17 (SH1-440)
CHAMBLISS, Stephen 5 (B) (SH2-28)

CHAMLESS, Wm. 93 (B) (SH1-458)
CHAMLIS, Nathan 17? (B) (SH1-87)
CHAMLIS?, Ischam 24 (B) (SH1-86)
CHAMP, Ada 14 (SH1-135)
CHAMPION, Sarah 40 (B) (SH1-48)
CHAMPION, Whit 30 (B) (SH1-68)
CHANDLER, Jno. 41 (B) (SH1-242)
CHANDLER, John 56 (SH2-308)
CHANDLER, Lewis 30 (B) (SH1-76)
CHANDLER, Manuel 23 (B) (SH2-77)
CHANDLER, Mary A. 54 (SH2-81)
CHANDLER, Thsia? 27 (f) (B) (SH2-351)
CHANDLER, Wm. 30? (B) (SH1-79)
CHANDLER, Wm. I. 6 (SH1-449)
CHANDLEY, James 40 (B) (SH2-176)
CHAOO_, Timothy 35 (SH2-95)
CHAPAGNA, Thomas 30 (SH2-72)
CHAPEL, Avery 4? (B) (SH2-351)
CHAPEL, James 53 (B) (SH2-351)
CHAPEL, Solomon 19 (B) (SH2-215)
CHAPLINE, Willie? 12 (f) (SH2-190)
CHAPMAN, Arena 11 (B) (SH1-170)
CHAPMAN, Fred 22 (SH2-71)
CHAPMAN, Geo. 25 (SH1-161)
CHAPMAN, John 30 (B) (SH2-108)
CHAPMAN, John 62 (B) (SH1-463)
CHAPMAN, Lou 28 (f) (B) (SH2-335)
CHAPMAN, Maggie 36 (SH2-92)
CHAPMAN, Mary 57 (SH1-443)
CHAPMAN, Wm. 21 (SH1-95)
CHAPPEL, Avery 35 (B) (SH2-27)
CHAPPEL, Caroline 32 (B) (SH2-96)
CHAPPEL, Joshua 25 (SH1-348)
CHAPPELL, Arthur 40 (B) (SH2-319)
CHAPPELL, Landis 26 (m) (B) (SH2-319)
CHAPSKY, Marcus S. 36 (SH1-408)
CHARIDO?, Mack 31 (B) (SH1-319)
CHARK?, Mollie 20 (B) (SH2-93)
CHARLES, M. 27 (f) (B) (SH1-236)
CHARLES, Robert 68 (SH1-337)
CHARLES, Sarah J. 30 (SH1-473)
CHARLESTON, John 32 (SH2-167)

1880 Census Shelby Co. TN: Heads-of-Household

CHARLEY, P. 26 (f) (B) (SH1-389)
CHARLMERS?, C. __ (f) (B) (SH1-389)
CHARLONI, Frank 30 (SH1-106)
CHARRMAN, Peter 77 (B) (SH1-434)
CHASE, Edwin B. 34 (SH2-99)
CHASE, Isaac 29 (SH2-295)
CHASE, Wm. 32 (B) (SH1-463)
CHASE, Wm. J. 35 (SH2-35)
CHASTAIN, M. A. 35 (f) (SH1-455)
CHASTEEN?, MArgaret 55 (SH1-76)
CHATMAN, Albert 22 (B) (SH1-127)
CHATMAN, Alexander 25 (SH1-84)
CHATMAN, HArrit 25 (B) (SH1-207)
CHAUPIN?, Arnold 30 (B) (SH1-126)
CHAVESE, Minnie 18 (B) (SH2-103)
CHEAK, R. D. 33 (m) (SH2-362)
CHEARALLA, John 21 (SH2-57)
CHEATHAM, Jake 55 (B) (SH1-357)
CHEATHAM, M. 32 (f) (B) (SH2-192)
CHECK, Rachel 25 (B) (SH2-191)
CHECK, Wm. M. 34 (SH1-1)
CHEEK, Ella 25? (SH2-132)
CHEEK, Jas. R. 27 (B) (SH1-47)
CHEEK, John 70 (SH2-335)
CHEEK, John L. 38 (SH2-39)
CHEEK, Joseph 39 (B) (SH1-134)
CHEEK, Moses D. 59 (SH2-134)
CHEERS, E. 31 (m) (B) (SH1-244)
CHEERS, Robert 30 (B) (SH1-437)
CHEERS?, Patient 50 (f) (B) (SH2-161)
CHEESE, Ella __ (SH2-132)
CHEEVERS, Celia 62 (B) (SH2-236)
CHENAY?, ____ 45 (m) (B) (SH2-33)
CHERRY, Barbara 44 (B) (SH1-178)
CHERRY, Eliza 30 (B) (SH2-16)
CHERRY, Geo. 44 (B) (SH1-198)
CHERRY, George 80 (SH1-178)
CHERRY, Harvy 48 (SH1-219)
CHERRY, Violet 50 (B) (SH2-11)
CHERRY, W. J. 40 (m) (SH1-148)
CHESLEY, Wesley 35 (B) (SH2-305)
CHESTER, Alace 37 (B) (SH2-195)
CHESTER, Charles 19 (B) (SH2-121)
CHESTER, Dave 26 (B) (SH1-185)
CHESTER, Frances 7 (B) (SH1-117)
CHESTER, Hall 53 (B) (SH2-338)
CHESTER, J. S. 65 (f) (SH2-153)
CHESTER, Kit 43 (m) (B) (SH1-180)
CHESTER, Mary __ (B) (SH1-96)
CHESTIENE, Howard 35 (B) (SH2-117)
CHICKOSKI?, Micheal 22 (SH2-234)
CHIDESTER, Wm. C. 27 (SH2-264)
CHILDRESS, Abbey 23 (B) (SH2-117)
CHILDRESS, Blanche 20 (SH2-217)
CHILDRESS, Celia 38 (B) (SH2-162)
CHILDRESS, Isaac 38 (SH1-21)
CHILDRESS, Jeff 56 (B) (SH1-285)
CHILDRESS, Mary 54 (B) (SH2-284)
CHILDRESS, Mathew 37 (SH1-300)
CHILDRESS, Merritt 79 (B) (SH1-438)
CHILDRESS, Sallie 19 (B) (SH1-70)
CHILDRESS, Theo 29 (SH2-296)
CHILDRESS, W. W. 20 (m) (SH1-455)
CHILDRESS, Walter 30 (B) (SH1-102)
CHILDRESS, Wm. 50 (B) (SH1-362)
CHILDS, Annie 45 (B) (SH2-261)
CHILDS, Eli 25 (B) (SH1-320)
CHILDS, Henry 64 (SH2-170)
CHILDS, John H. 19 (SH2-66)
CHILDS, Wm. 35 (B) (SH1-320)
CHILES, Sarah 25 (B) (SH2-183)
CHILTON, Thomas 33 (SH1-346)
CHILTON, Thomas H. 40 (SH2-205)
CHINEY, H. 6 (f) (B) (SH1-389)
CHINN, Chas. 45 (SH2-85)
CHINN, Mitchel 22 (B) (SH2-104)
CHINNAUGH, James 56 (B) (SH1-354)
CHISAM, Joel 35 (SH1-344)
CHISERALL?, C. 27? (f) (SH1-293)
CHISHOLM, Lavinia 38 (SH1-368)
CHISMAN, John 36 (SH2-288)
CHISUM?, Tobe 27 (B) (SH1-57)
CHIVERS, John 45 (B) (SH1-470)
CHOATE, Bernard 18 (B) (SH1-173)
CHOATE, Bettie 25 (B) (SH1-166)
CHOATE, HArry 65 (B) (SH1-163)
CHOATE, Maria 38 (B) (SH1-150)
CHOATE, P. G. 43 (f) (SH1-302)
CHOATE?, Junior 30 (f) (B) (SH1-165)
CHOMSON?, M. 39 (m) (B) (SH1-392)
CHOUSER, Ed 18 (B) (SH1-63)
CHRATON?, Eliza 16 (B) (SH1-398)
CHRIST, Martin 29 (SH2-18)
CHRISTE, G. E. 26 (m) (SH2-79)
CHRISTENBERG, Henry 28 (SH2-166)
CHRISTENSON, C. 45 (m) (SH2-302)
CHRISTIAN, Charlott 36 (B) (SH2-114)
CHRISTIAN, F. R. 38 (m) (SH2-263)
CHRISTIAN, J. B. 38 (m) (SH1-235)
CHRISTIAN, James 60 (B) (SH1-404)
CHRISTIAN, Jeff 72 (B) (SH1-54)
CHRISTIAN, John 68 (B) (SH2-237)
CHRISTIAN, Paul 36 (B) (SH2-141)
CHRISTIAN, Walter 34 (SH2-72)
CHRISTIAN, Willie 25 (m) (B) (SH2-158)
CHRISTION, Mahaly 28 (B?) (SH2-259)
CHRISTMAN, Alf J. 33 (SH1-78)
CHRISTMAN, C. H. 25 (m) (SH2-304)
CHRISTOPHER, Jennie 10 (B) (SH1-366)
CHRISTOPHER, Julius 10? (B) (SH1-106)
CHRISTOPHER, Louisa 36 (B) (SH2-115)
CHRISTY, George 29 (B) (SH2-352)
CHRISTY, John 27 (SH2-6)
CHUM, John 16 (B) (SH1-356)
CHUMLEY, J. P. 28 (f) (SH1-391)
CHURCH, A. E. (Mrs.) 48 (SH2-351)
CHURCH, Fanny 11 (SH1-280)
CHURCH, Lizzie B. 44 (SH2-192)
CHURCH, Robert 40 (B) (SH2-109)
CHURCH, Rose 25 (B) (SH1-275)
CHURCHMAN, Caroline 54 (SH2-113)
CHURCHWELL, Marthy 32 (SH1-450)
CHURCHWELL, Robert 51 (SH1-451)
CHURY, Ed 29 (B) (SH2-152)
CHUSINGBURY, Eliza 10 (B) (SH2-151)
CHUSTER, Samuel 48 (SH2-238)
CHUTE, Chas. 29 (SH2-145)
CH___S, Mahulda? 50 (B) (SH1-244)
CICALLA, Ida 25 (SH2-51)
CIES, Richard 21 (B) (SH2-350)
CILMAN?, Lewis 41 (B) (SH1-404)
CILPE, Herman? 29 (SH1-108)
CIMBLEAR?, Jeannie 38 (SH2-130)
CIPHER, Wm. 28 (B) (SH1-181)
CISSEL, Harry 29 (SH2-181)
CLABBY, Wm. 40 (SH2-74)
CLABURN, Katy 85 (B) (SH1-389)
CLACK, Wm. D. 48 (SH1-460)
CLAGGETT?, Thomas 42 (SH2-104)
CLAIBORN, Jim 17 (B) (SH2-288)
CLAIBORNE, Devaux 18 (m) (SH1-44)
CLAIBORNE, Eliz. 13 (B) (SH2-150)
CLAIBORNE, Henry 30 (B) (SH1-280)
CLAIBORNE, Jim 19 (B) (SH1-361)
CLAIBURN, Archie 35 (B) (SH2-344)
CLAKE?, M. H. 39 (f) (SH2-146)
CLANCEY, Kate 17 (SH2-222)
CLANCY, John 45 (SH2-349)
CLANCY, R. F. 50 (f) (SH2-58)
CLANDGE?, Frances 39 (SH1-50)
CLANE, W. A. 52 (m) (SH1-354)
CLAPHAM, Harry W. 2 (SH2-259)
CLAPT?, J. W. 65 (m) (SH1-374)
CLAPTON, Josephine 28 (B) (SH1-363)
CLARCK, John 28 (B) (SH1-390)
CLARCK, S. 22 (m) (B) (SH1-392)
CLARE, Edward 18? (SH1-97)
CLARE, R. H. 55 (m) (SH1-269)
CLAREY?, Mattie 23 (f) (SH2-88)
CLARID, E. 74 (f) (SH2-139)
CLARK, A. C. jr. 26 (m) (SH1-236)
CLARK, Ada 23 (B) (SH2-94)
CLARK, Alfred 29 (B) (SH1-444)
CLARK, Alfred 47 (B) (SH1-249)
CLARK, Allen 27 (B) (SH1-333)
CLARK, Allery 26 (m) (B) (SH1-331)
CLARK, Amey G. A. 7 (B) (SH1-298)
CLARK, Ann 43 (B) (SH1-348)
CLARK, Anna 30 (B) (SH2-119)
CLARK, Belle 27 (B) (SH2-27)
CLARK, Cathern 45 (f) (SH2-255)
CLARK, Charles 5 (B) (SH2-21)
CLARK, Charles 70 (B) (SH1-247)
CLARK, Chas. 57 (SH2-183)
CLARK, Dennis 30 (B) (SH2-344)
CLARK, Dock 35 (B) (SH1-249)
CLARK, E. E. 59 (m) (SH2-192)
CLARK, Ebendazer F. 40 (m) (SH1-112)
CLARK, Edward 40 (B) (SH2-93)
CLARK, Eliza 12 (B) (SH2-41)
CLARK, Ellen 43 (B) (SH2-117)
CLARK, Ellen O. 5 (B) (SH2-308)
CLARK, Emanuel 45 (B) (SH1-106)
CLARK, Emma 28 (SH2-37)
CLARK, Fannie 19 (SH2-348)
CLARK, Frank 20 (B) (SH1-453)
CLARK, George 45 (B) (SH1-360)
CLARK, Harry 19 (B) (SH1-289)
CLARK, Hene___ 21 (m) (B) (SH2-345)

1880 Census Shelby Co. TN: Heads-of-Household

CLARK, Henry 27 (B) (SH2-358)
CLARK, Henry 29 (B) (SH2-334)
CLARK, Henry 34 (B) (SH1-250)
CLARK, Henry 70 (B) (SH1-312)
CLARK, Henry 8 (B) (SH2-27)
CLARK, Hense 24 (m) (B) (SH2-184)
CLARK, Isaac 55 (B) (SH1-300)
CLARK, J. A. C. 59 (m) (SH1-233)
CLARK, J. P. 46 (m) (SH2-113)
CLARK, Jack 60 (B) (SH1-311)
CLARK, Jacob 55 (B) (SH1-362)
CLARK, James 50 (SH2-63)
CLARK, James C. 52 (B) (SH2-276)
CLARK, Jane 48 (B) (SH2-359)
CLARK, Jennie 22 (SH2-47)
CLARK, Jennie 40 (SH2-54)
CLARK, Jesse 23 (m) (B) (SH2-285)
CLARK, Jessey 2 (m) (SH1-454)
CLARK, Jiles 75 (SH1-209)
CLARK, Jim 23 (B) (SH1-163)
CLARK, Jno. H. 35 (SH1-260)
CLARK, Joe 22 (B) (SH1-335)
CLARK, John 27 (B) (SH1-311)
CLARK, John 36 (B) (SH1-119)
CLARK, John 40 (B) (SH2-341)
CLARK, John 40 (SH2-44)
CLARK, John 42 (SH2-76)
CLARK, John A. 36 (SH1-436)
CLARK, Julia 26 (SH2-190)
CLARK, Kate 17 (SH2-41)
CLARK, Laura 32 (SH2-190)
CLARK, Lewis 40 (SH1-375)
CLARK, Lewis W. 32 (SH1-86)
CLARK, Lillie 4 (B) (SH2-301)
CLARK, Louis 13 (B) (SH1-312)
CLARK, Louis 18 (B) (SH2-265)
CLARK, Louis 30 (B) (SH2-20)
CLARK, Louisa 17 (B) (SH1-119)
CLARK, Louisa 17 (B) (SH1-137)
CLARK, Lydia 11 (B) (SH1-331)
CLARK, Manilla 36 (f) (B) (SH2-23)
CLARK, Marcus 25 (SH2-77)
CLARK, Mary 45 (SH2-76)
CLARK, Mary 51 (B) (SH2-12)
CLARK, Mary J. 18 (SH2-83)
CLARK, Michael 70 (B) (SH1-311)
CLARK, Minnie O. 7 (SH2-313)
CLARK, Morris 23 (SH2-195)
CLARK, Noah 21 (B) (SH1-331)
CLARK, Orville 23 (B) (SH1-163)
CLARK, Phil 34 (B) (SH1-249)
CLARK, Richard 34 (B) (SH2-121)
CLARK, Robert 23 (B) (SH2-16)
CLARK, Robt. 23 (B) (SH2-1)
CLARK, Sam 18 (B) (SH1-379)
CLARK, Sam 45 (m) (B) (SH1-163)
CLARK, Sarah 25 (B) (SH2-33)
CLARK, Silas 50 (B) (SH1-337)
CLARK, Squire 52 (B) (SH1-123)
CLARK, Steve 35 (B) (SH1-328)
CLARK, Thomas 31 (SH2-118)
CLARK, V. 35 (f) (SH1-392)
CLARK, Wesley 20 (B) (SH1-323)
CLARK, Westly 18 (B) (SH1-32)
CLARK, Winnie? 24 (B) (SH1-321)
CLARK, Wm. 10 (B) (SH2-97)
CLARK, Wm. 23 (B) (SH2-319)
CLARK, Wm. 25 (B) (SH2-90)
CLARK, Wm. 33 (SH2-201)
CLARK, Wm. 45 (SH2-137)
CLARK, Wm. 49 (B) (SH2-19)
CLARK, Wm. 58 (SH1-86)
CLARKE, Ann H. 21 (SH1-472)
CLARKE, C. P. 29 (m) (SH2-261)
CLARKE, G.? B. 33 (m) (SH1-389)
CLARKE, James 26 (B) (SH1-278)
CLARKE, Jas. 28 (B) (SH2-131)
CLARKE, Lizzie 20 (SH2-112)
CLARKE, R. A. 24 (m) (SH2-112)
CLARKE, Willis 26 (B) (SH1-470)
CLARKSON, Joe 42 (SH2-191)
CLARON, John 40 (SH2-145)
CLARY, Catharine 57 (SH2-302)
CLARY, Myke 28 (SH2-71)
CLAUSEN, Otto 30 (SH2-60)
CLAVERY, Bell 34 (f) (SH2-191)
CLAXTON, Alex 16 (B) (SH2-76)
CLAXTON, John 34 (B) (SH1-156)
CLAXTON, Lewis 53 (B) (SH1-159)
CLAXTON, Overton 56 (B) (SH1-137)
CLAXTON, Peter 29 (B) (SH1-168)
CLAXTON, S. D. 8 (f) (B) (SH1-174)
CLAY, Betty 28 (B) (SH2-244)
CLAY, Charles 35 (B) (SH1-20)
CLAY, Edra 38 (m) (B) (SH1-49)
CLAY, FAnny 38 (B) (SH2-155)
CLAY, Fanny 35 (B) (SH2-217)
CLAY, HEnery 35 (B) (SH1-77)
CLAY, Henry 10 (B) (SH1-113)
CLAY, Henry 25 (B) (SH1-205)
CLAY, Henry 25 (B) (SH2-239)
CLAY, Henry 28 (B) (SH2-116)
CLAY, Henry 35 (B) (SH1-427)
CLAY, Henry 35 (B) (SH2-239)
CLAY, Henry 39 (B) (SH1-44)
CLAY, Henry 4 (B) (SH1-320)
CLAY, Henry 45 (B) (SH2-26)
CLAY, Henry 54 (B) (SH1-31)
CLAY, Jessee 24 (m) (B) (SH1-140)
CLAY, Jinnie 12 (f) (B) (SH2-31)
CLAY, Lee 4 (m) (B) (SH2-219)
CLAY, M. 33 (f) (B) (SH1-402)
CLAY, Manuel 5 (B) (SH2-217)
CLAY, Mary 12 (B) (SH2-26)
CLAY, Merritt 33 (B) (SH2-129)
CLAY, N.? 35 (m) (B) (SH1-393)
CLAY, Sarah 45 (B) (SH1-360)
CLAY, Susan 35 (B) (SH1-414)
CLAY, Wm. 35 (B) (SH2-244)
CLAY, ____ 29 (m) (B) (SH1-282)
CLAYBORN, Henry 61 (B) (SH1-13)
CLAYBROOK, Mariah 18 (B) (SH2-122)
CLAYBURN, W. 20 (m) (B) (SH1-394)
CLAYTON, Catherine 30 (SH1-469)
CLAYTON, Ellen 45 (SH2-230)
CLAYTON, Frances 17 (B) (SH2-304)
CLAYTON, Howard 10 (B) (SH1-272)
CLAYTON, John 45 (SH1-3)
CLAYTON, Wm. 45 (SH2-166)
CLAYWELL?, Ann 43 (SH1-119)
CLEAR, ADa 12 (B) (SH1-133)
CLEARICK, Penny 56 (B) (SH1-327)
CLEARY, Jas. 30 (SH2-129)
CLEARY, Julia 35 (SH2-98)
CLEAVES, Effie 5 (SH2-55)
CLEAVES, Mary 53? (SH2-92)
CLEAVES, Sillah 45 (B) (SH1-108)
CLEAVLAND, M. 27 (f) (B) (SH2-185)
CLEEVES, Robt. 20 (B) (SH1-131)
CLEMENTS, G. M. 20 (f) (SH1-399)
CLEMENTS, George 30 (B) (SH1-432)
CLEMENTS, Green? 22 (B) (SH1-35)
CLEMENTS, Haley 50 (f) (B) (SH1-70)
CLEMENTS, James 10 (SH1-52)
CLEMENTS, Jim 50 (B) (SH1-70)
CLEMENTS, Jno. 30 (B) (SH1-67)
CLEMENTS, John 21 (SH1-334)
CLEMENTS, John 21 (SH1-354)
CLEMENTS, Martha 54 (SH1-334)
CLEMENTS, Mattie 33 (f) (SH2-34)
CLEMENTS, S. 28 (m) (SH2-105)
CLEMENTS?, Green 55 (B) (SH1-36)
CLEMINS, Leepo? 35 (m) (SH2-71)
CLEMMENS, Jack 35 (B) (SH1-304)
CLEVELAND, Derias 28 (m) (B) (SH2-326)
CLEVER, Andrew 20 (SH1-466)
CLEVES, John 50 (B) (SH2-239)
CLIFFORD, Henry 35 (B) (SH2-12)
CLIFFORD, James 35 (B) (SH2-106)
CLIFT, Robert M. 39 (SH1-76)
CLIFTON, Fannie 13 (B) (SH1-461)
CLIFTON, Lydia 17 (B) (SH1-323)
CLINGON, Mose 35 (B) (SH1-84)
CLINK, J. M. 35 (m) (SH2-296)
CLINTON, Benjamin 59 (B) (SH2-50)
CLINTON, John 30 (B) (SH2-179)
CLISE, ____ 33 (f) (B) (SH2-275)
CLODE, F. H. G. 12 (m) (SH2-154)
CLOPTEN, Andrew 38 (B) (SH1-94)
CLOPTON, A. 38 (m) (B) (SH1-402)
CLOPTON, Caroline 45 (B) (SH1-94)
CLOPTON, Joe 40 (B) (SH1-65)
CLOPTON, Joseph 60 (B) (SH2-251)
CLOSTEMERE, Wm. 36 (SH2-259)
CLOTH, Harmon 50 (SH2-191)
CLOTH, Henry 48 (B) (SH1-473)
CLOUD, W.? 32? (m) (SH1-265)
CLOUGH?, J. B. 34 (m) (SH2-349)
CLOUSTEN, Charles 40 (B) (SH2-110)
CLOUSTON, En 25 (m) (B) (SH1-395)
CLOUSTON, Joe 66 (B) (SH1-384)
CLOWERS, James 27 (B) (SH1-329)
CLOWERS, N. F. 24 (m) (B) (SH1-329)
CLOW____, G. H. 49 (m) (B) (SH2-342)
CLOYD, Nancy 40 (B) (SH1-366)
COALTER, J. A. 50 (m) (SH2-75)
COAP, Leopold 45 (SH2-43)
COATS, W. F. 30 (m) (SH2-194)
COATS, Wm. H. 31 (SH1-464)
COBB, A. C. 20 (m) (B) (SH1-406)
COBB, Bill 21 (B) (SH2-316)
COBB, Celeste 37 (SH2-85)
COBB, Edward 18 (B) (SH1-148)
COBB, Henry 30 (B) (SH1-371)
COBB, Howard 50 (B) (SH2-28)
COBB, Irus 52 (f) (B) (SH2-253)
COBB, Isaac 23 (B) (SH1-416)
COBB, J. T. 27 (m) (SH1-33)
COBB, J. W. 1 (m) (B) (SH2-311)
COBB, John 69 (SH1-77)
COBB, Joseph 62 (B) (SH2-207)
COBB, Joshua 63 (B) (SH1-449)
COBB, Levia 20 (f) (B) (SH2-63)
COBB, Lou 45 (f) (B) (SH1-395)
COBB, Sylvia 40 (B) (SH2-234)
COBB, Taswald 27 (B) (SH2-232)
COBB, Wm. 25 (SH2-268)
COBB, Wm. 35 (B) (SH2-75)
COBB?, W. J. 27 (m) (SH2-146)
COBBINS, Judge 35 (B) (SH1-328)
COBBS, Albert 58 (B) (SH2-28)
COBBS, Lucius 40 (B) (SH2-336)
COCHRAN, Agnes 9 (SH1-110)
COCHRAN, J. F. 34 (m) (SH1-146)
COCHRAN, John W. 43 (SH1-95)
COCHRAN, Margt. 56 (SH2-254)
COCK, J. H. 34 (m) (SH1-400)
COCKE, C___ 13 (f) (SH2-358)
COCKE, Davy 24 (B) (SH1-464)
COCKE, Martha 35 (B) (SH2-85)
COCKE, Thos. C. 45 (SH1-190)

24

COCKLIN?, Wm. 27 (SH2-124)
COCKRAN, Wm. 48 (B) (SH2-312)
COCKRANE, C. A. 35 (f) (SH2-308)
COCKRELL, David C. 32 (SH1-466)
COCKRELL, Jerry 46 (SH1-466)
COCKRELL, Susan 45 (SH1-473)
COCKS, Edmond 36 (B) (SH1-46)
COCKS, Jane 53 (B) (SH2-98)
COCKS, Lizzie 22 (B) (SH1-44)
CODDLE, Joseph 36 (B) (SH2-41)
CODY, Ben T. F. 26 (SH1-1)
CODY, Cheny 15 (f) (B) (SH1-31)
CODY, Isham 32 (B) (SH1-356)
CODY, J. Frank 42 (SH1-175)
CODY, Jams 60 (SH1-110)
CODY, Jos. L. 38 (SH1-175)
CODY, Michael 47 (SH2-5)
CODY, Mike 21 (SH2-31)
COE, Amanda 38 (B) (SH2-348)
COE, Fannie 48 (B) (SH2-307)
COE, Mary 34 (B) (SH2-122)
COE, Mollie 14 (B) (SH2-192)
COE, Nelson 13 (B) (SH1-373)
COE, Prinilla 31 (B) (SH2-192)
COFFEE, Geo. W. B. 38 (SH1-133)
COFFEE, Lot 30 (B) (SH1-86)
COFFEE, M. 11 (f) (SH1-468)
COFFEY, Sallie 24 (SH2-106)
COFFEY, T. B. 29 (m) (SH2-113)
COFFIELD, Regina 40 (SH1-96)
COFFIN, Harriet 37 (B) (SH2-209)
COFFIN, Harry E. 28 (SH2-67)
COFFIN, R. L. 37 (m) (SH2-171)
COGBILL, Gertrude G. 6 (SH1-469)
COGBILL, Lucy 44 (SH2-75)
COGBILL, Lucy 66 (SH1-256)
COGGINS, John 39 (SH2-231)
COGGSWELL, Frederick 50 (SH2-93)
COGSBIL, W. W. 61 (m) (SH1-473)
COGSWELL, M. 38 (f) (B) (SH2-82)
COHEN, Bettie 54 (SH2-154)
COHEN, Catharine 50 (SH2-294)
COHEN, Edward 29 (B) (SH1-111)
COHEN, Emma 21 (B) (SH2-97)
COHEN, Isaac 43 (SH2-180)
COHEN, Isabella 30 (B) (SH2-14)
COHEN, John H. 45 (SH2-100)
COHEN, Joseph 15 (SH2-164)
COHEN, Martin 42 (SH2-57)
COHEN, Morris 30 (SH2-83)
COHEN, Phillip 24 (SH2-155)
COHEN, R. (Mrs.) 42 (SH2-346)
COHEN, ____ 53 (m) (SH2-154)
COHEN?, Isadore 37 (SH2-91)
COHN, Alex 26 (m) (SH2-92)
COHN, Harry 32 (SH2-62)
COHN, Henry 30 (SH2-59)
COHN, Henry 37 (SH2-63)
COHN, James 35 (B) (SH1-403)
COHN, Thomas 37 (SH2-181)
COHN?, Abraham 50 (SH2-53)

COHN?, Valentine 56 (SH2-92)
COHNKIE, J. A. 38 (m) (SH2-75)
COKE, Lucy 25 (B) (SH1-195)
COKERY, Charles 50 (B) (SH1-352)
COL, Wm. 60 (B) (SH1-115)
COLBERT, Green 29 (B) (SH2-197)
COLBERT, John 27 (SH2-30)
COLBERT, Michael 27 (SH2-7)
COLBERY, Jake 30 (SH2-91)
COLBY, Eli E. 37 (SH1-421)
COLDWELL, Joe W. 40 (SH2-214)
COLDWELL, John 31 (SH1-452)
COLDWELL, Leo 13 (B) (SH2-334)
COLDWELL, Mrs. 38 (B) (SH2-357)
COLE, A. E. 34 (m) (SH1-29)
COLE, A. W. 43 (m) (SH1-167)
COLE, Alice 18 (B) (SH1-376)
COLE, Alice 25 (B) (SH2-208)
COLE, Anne 35 (SH1-71)
COLE, Caesar 41 (B) (SH2-19)
COLE, Carl? 24 (B) (SH1-312)
COLE, Caroline 35 (B) (SH1-104)
COLE, Charles 24 (B) (SH2-56)
COLE, E. M. 45 (m) (SH1-235)
COLE, Ed 55 (B) (SH1-412)
COLE, Elvira 59 (B) (SH1-159)
COLE, Frank M. 40 (SH1-109)
COLE, Green 69 (B) (SH1-258)
COLE, Henry 25 (B) (SH1-368)
COLE, Henry 50 (B) (SH1-343)
COLE, J. A. 33 (m) (SH1-162)
COLE, J. H. 16 (m) (B) (SH1-163)
COLE, J. K. 25 (m) (SH1-202)
COLE, Jeff 35 (B) (SH1-351)
COLE, Jessee 20 (m) (SH1-11)
COLE, Jim 43 (B) (SH1-225)
COLE, John 24 (B) (SH1-93)
COLE, John 34 (B) (SH1-39)
COLE, John 35 (SH2-325)
COLE, John 35 (B) (SH2-344)
COLE, John 36 (B) (SH2-69)
COLE, John H. 50 (SH2-34)
COLE, Joseph 9 (SH1-443)
COLE, Josephene 12 (B) (SH1-142)
COLE, Lela 7 (SH1-110)
COLE, Levy 27 (B) (SH2-120)
COLE, Lula 19 (B) (SH1-124)
COLE, Man. 28 (f) (SH2-144)
COLE, Mandison 13 (m) (B) (SH1-368)
COLE, Martha 8 (B) (SH1-443)
COLE, Martha C. 47 (SH1-236)
COLE, Minerva 37 (B) (SH2-231)
COLE, Nanny? 28 (B) (SH2-358)
COLE, Nettie 16 (B) (SH1-194)
COLE, Paul 25 (B) (SH1-410)
COLE, Peggy 75 (B) (SH1-169)
COLE, Peter 35 (B) (SH1-194)
COLE, Samuel 29 (B) (SH1-194)
COLE, Samuel 9 (SH1-110)
COLE, Stephen 21 (B) (SH1-178)
COLE, Sue 5 (B) (SH1-163)
COLE, Thomas 65 (B) (SH1-132)

COLE, Thornton 30 (B) (SH1-156)
COLE, Thos. P.? 30 (SH1-346)
COLE, Thos. W. 54 (SH1-228)
COLE, Tom 48 (B) (SH1-195)
COLE, W. 44 (m) (SH1-396)
COLE, Watson 24 (B) (SH1-367)
COLE, Willie 24 (m) (B) (SH1-335)
COLE, Willie 7/12 (m) (B) (SH1-376)
COLE, Wm. 23 (B) (SH1-323)
COLE, Wm. 47 (B) (SH1-203)
COLE, Wm. H. 29 (B) (SH2-337)
COLE, Young 54 (B) (SH1-166)
COLE, ____ (B) (SH1-292)
COLE?, Joe 60 (B) (SH1-290)
COLEMAN, A. 40 (m) (SH1-254)
COLEMAN, Albert 24 (B) (SH1-345)
COLEMAN, Albert 40 (B) (SH1-443)
COLEMAN, Alexander 38 (B) (SH1-282)
COLEMAN, Alfred 32 (SH1-367)
COLEMAN, Anderson 49 (B) (SH1-10)
COLEMAN, Anderson 51 (B) (SH1-178)
COLEMAN, Ann 36 (SH2-264)
COLEMAN, Bartlett 45 (B) (SH2-38)
COLEMAN, Benj. 40 (SH1-98)
COLEMAN, Betty 31 (B) (SH2-197)
COLEMAN, Bill 50 (B) (SH1-167)
COLEMAN, Burrton 48 (B) (SH1-301)
COLEMAN, Cato 23 (B) (SH1-290)
COLEMAN, Cora 12? (SH2-168)
COLEMAN, D. C. 28 (m) (B) (SH2-157)
COLEMAN, Damon 80 (B) (SH1-119)
COLEMAN, Daniel 40 (SH2-48)
COLEMAN, Daniel 45 (SH2-19)
COLEMAN, Dick 40 (SH2-34)
COLEMAN, Dora __ (SH2-323)
COLEMAN, Fayette 52 (B) (SH1-387)
COLEMAN, Geo. M. 22 (SH1-111)
COLEMAN, George 11 (B) (SH1-304)
COLEMAN, Grant 35 (B) (SH1-46)
COLEMAN, Green 25 (B) (SH1-6)
COLEMAN, Gustave 28 (SH2-18)
COLEMAN, H. 22 (m) (SH1-293)
COLEMAN, H.? 22 (f) (B) (SH1-144)
COLEMAN, Henry 30 (B) (SH1-349)
COLEMAN, Henry 39 (B) (SH1-117)
COLEMAN, Henry 55 (B) (SH2-106)

COLEMAN, Horace 35 (B) (SH1-352)
COLEMAN, Horton 42 (SH1-386)
COLEMAN, J. 24 (m) (SH2-154)
COLEMAN, Jacob 60 (B) (SH1-141)
COLEMAN, James M. 48 (SH1-142)
COLEMAN, Jane 27 (B) (SH1-55)
COLEMAN, Jno. 25 (B) (SH1-260)
COLEMAN, Joshua 25 (B) (SH2-239)
COLEMAN, Laura 14 (B) (SH2-20)
COLEMAN, Lee 33? (m) (B) (SH2-279)
COLEMAN, Levy 26 (B) (SH1-150)
COLEMAN, Louisa 45 (B) (SH2-42)
COLEMAN, M. 27 (m) (SH2-170)
COLEMAN, Maggie 50 (SH2-342)
COLEMAN, Maria 45 (B) (SH2-198)
COLEMAN, Mariah 36 (B) (SH1-336)
COLEMAN, Mary 60 (SH2-21)
COLEMAN, Nancy 40 (B) (SH2-45)
COLEMAN, Nannie 35 (B) (SH1-372)
COLEMAN, Nathan 25 (B) (SH2-117)
COLEMAN, Newt 36 (B) (SH1-445)
COLEMAN, Patsey 35 (B) (SH2-230)
COLEMAN, Patsie 49 (B) (SH2-86)
COLEMAN, Rachel 16 (B) (SH1-434)
COLEMAN, Robert 1/12 (B) (SH1-106)
COLEMAN, Robert 21 (B) (SH1-173)
COLEMAN, Robert 27 (B) (SH1-345)
COLEMAN, Robert 55 (B) (SH1-312)
COLEMAN, Roberta 14 (B) (SH2-40)
COLEMAN, Squire 50 (B) (SH2-307)
COLEMAN, Thomas 39 (B) (SH2-322)
COLEMAN, Tom 30 (B) (SH1-356)
COLEMAN, Volmore? 38 (m) (B) (SH1-188)
COLEMAN, Willie 23 (m) (B) (SH2-356)
COLEMAN, Wm. 11 (B) (SH1-113)
COLEMAN, Wm. 17 (B) (SH1-462)
COLEMAN, Wm. 37 (SH1-67)
COLEMAN, Wm. 50 (B) (SH2-44)

1880 Census Shelby Co. TN: Heads-of-Household

COLEMAN, Wm. W. 73 (SH2-202)
COLEMAN, ____ 24 (m) (B) (SH1-356)
COLEMAN?, Harris 21 (B) (SH2-89)
COLER, Charlie 34 (SH1-385)
COLER, George 35 (B) (SH2-296)
COLES, Elizabeth 40 (SH2-258)
COLES, Emma 26 (SH1-95)
COLEY, Henry 35 (B) (SH1-456)
COLGEY, Wm. 25 (SH2-7)
COLICOTT, Rachael 42 (B) (SH1-336)
COLICOTT, Sam 27 (B) (SH1-336)
COLL, Joseph 40 (SH2-95)
COLLAND?, Crecy 51 (B) (SH1-266)
COLLAR, John 26 (B) (SH2-149)
COLLER, Matteline 42 (f) (SH2-242)
COLLIER, Carrie 80 (B) (SH1-157)
COLLIER, Charles 50 (SH2-145)
COLLIER, Claud 10 (SH1-284)
COLLIER, Cowles M. 43 (SH2-217)
COLLIER, Fillmore 24 (B) (SH1-414)
COLLIER, Harry 65 (B) (SH1-461)
COLLIER, Hattie 25 (B) (SH2-353)
COLLIER, Henry 28 (SH2-76)
COLLIER, Jas. P. 35 (SH2-230)
COLLIER, Mary 26 (SH1-57)
COLLIER, Mary? 25 (SH1-73)
COLLIER, Simon 34 (B) (SH1-305)
COLLIER, Thomas 34 (B) (SH2-141)
COLLIER, W.? A. 32 (m) (SH2-261)
COLLIGAN, P.? 39 (m) (SH2-335)
COLLIN, Jeff 7 (B) (SH2-203)
COLLIN, Jno. 33 (B) (SH1-450)
COLLINS, Alex 27 (B) (SH2-299)
COLLINS, Bridget 40 (SH2-14)
COLLINS, D.? S. H. 29 (m) (SH1-349)
COLLINS, Dan 32 (SH2-107)
COLLINS, E. J. 50 (f) (SH2-222)
COLLINS, Edmond 45 (B) (SH2-338)
COLLINS, Ellen 13 (B) (SH1-302)
COLLINS, Ellen 45 (SH2-158)
COLLINS, Ermine 29 (f) (B) (SH2-274)
COLLINS, George 24 (B) (SH1-328)
COLLINS, George G. 39 (SH2-6)
COLLINS, Harriet 60 (SH1-373)
COLLINS, J. C. 32? (m) (SH2-260)
COLLINS, J. C. 39 (m) (SH2-355)
COLLINS, Jack 28 (B) (SH1-209)
COLLINS, Jane 40 (SH1-118)
COLLINS, Jennie 30 (SH1-412)
COLLINS, Jno. 54 (SH1-383)
COLLINS, John 40 (B) (SH2-21)
COLLINS, John 48 (B) (SH2-351)
COLLINS, Jones 26 (B) (SH2-431)
COLLINS, L. B. 35 (m) (SH2-247)
COLLINS, Lupron 5 (m) (B) (SH1-111)
COLLINS, Margt. 42 (B) (SH2-256)
COLLINS, Marsh 45 (m) (B) (SH2-43)
COLLINS, Nannie 40 (SH2-262)
COLLINS, Nelly 26 (SH2-256)
COLLINS, Nettie 32 (B) (SH2-223)
COLLINS, Priscilla 62 (B) (SH2-25)
COLLINS, Robert F. 38 (SH1-339)
COLLINS, Sam 65 (B) (SH1-268)
COLLINS, Sam 70 (B) (SH1-289)
COLLINS, Thomas? 26 (B) (SH2-332)
COLLINS, Thos. 50 (SH1-360)
COLLINS, Tom 40 (B) (SH1-265)
COLLINS?, ____ 38 (m) (B) (SH1-275)
COLLUM, Anderson 30 (B) (SH1-347)
COLMAN, Frances 43 (SH1-404)
COLMAN, M. 22 (f) (B) (SH1-397)
COLMAN, Peter 26 (B) (SH1-182)
COLMAN, Sol 30 (m) (SH2-92)
COLTER, James 22 (B) (SH1-442)
COLTER, James 30 (B) (SH2-17)
COLTER, James 45 (B) (SH2-74)
COLTON, Mary 45 (SH2-313)
COLUM, London 52 (B) (SH2-309)
COLWELL, Albert 36 (B) (SH1-309)
COLWELL, Belle 10? (B) (SH2-172)
COLWELL, Bettie 38 (SH2-165)
COLWELL, Elmora 10 (B) (SH2-298)
COLWELL, Kate 28 (B) (SH2-107)
COLWELL, Lee 32 (m) (B) (SH1-304)
COLWELL, Maggie 25 (SH2-121)
COLWELL, Thomas 48 (SH2-164)
COLYEAR, Aug. 51 (m) (SH1-367)
COMER, Ham? 47 (m) (B) (SH2-146)
COMPODONICO?, David 21? (SH2-132)
COMPTON, Albert 32 (SH2-68)
COMPTON, Ellis 35 (B) (SH1-278)
COMPTRUI?, Wm. 42 (SH1-144)
COMSTOCK, Eldridge 40 (SH2-19)
CONAWAY, Jas. 25 (B) (SH2-311)
CONAWAY, Mary 66 (SH2-201)
CONAWAY, Mr. 30 (B) (SH2-361)
CONDA, Mary 33 (SH2-62)
CONDAN, T.? B. 23 (m) (SH1-349)
CONDON, John 21 (SH2-117)
CONDON, John 37 (SH2-99)
CONDON, Nora 26 (SH2-55)
CONDON, Wm. 37 (SH2-106)
CONDRA?, Henry 24 (SH2-344)
CONELLY, Peter 60 (B) (SH2-229)
CONELLY, Wash 30 (B) (SH2-332)
CONEO, J. B. 40 (m) (SH2-110)
CONGO, Phil 30 (B) (SH1-408)
CONIGER, Wesley 32 (B) (SH1-339)
CONINGHAM, A. 70? (f) (B) (SH1-396)
CONLEN, Catharine 21 (SH2-55)
CONLEY, Anderson 35 (B) (SH2-206)
CONLEY, Benjamin 23 (B) (SH1-121)
CONLEY, Bridget 40 (SH2-63)
CONLEY, Eliza 65 (SH2-111)
CONLEY, H. E. 34 (m) (SH2-188)
CONLEY, Kate 12 (SH1-474)
CONLEY, Lou? 29 (f) (B) (SH1-126)
CONLEY, Lula 13 (SH1-234)
CONLEY, MArtin V. 41 (SH1-14)
CONLEY, Thos. 25 (B) (SH1-460)
CONLEY, Victoria 22 (B) (SH2-226)
CONLON, John 23 (SH1-119)
CONLY, H. 34 (m) (B) (SH2-298)
CONLY, Thomas 50 (SH1-429)
CONN, Ben 50 (B) (SH2-214)
CONN, Boland 21 (SH2-7)
CONN, Sandy 28 (f) (SH1-162)
CONNELL, Allen 45 (B) (SH1-312)
CONNELL, Ann E. 54 (SH2-54)
CONNELL, Daniel 21 (SH2-48)
CONNELL, Edward 50 (SH1-369)
CONNELL, F. G. 38 (m) (SH2-311)
CONNELL, James 50 (SH2-25)
CONNELL, Joseph 7 (SH1-312)
CONNELL, Josephine 18 (SH2-5)
CONNELL, Julia 15 (SH1-110)
CONNELL, Mary M. 23? (SH2-8)
CONNELL, Mrs. 23 (SH2-352)
CONNELL, Nora 11 (SH1-110)
CONNELL, Patrick J. 54 (SH1-138)
CONNELL, Thomas 55 (SH2-270)
CONNELL, ____ 7/12 (f) (B) (SH1-312)
CONNELLY, Ann 50 (SH2-22)
CONNELLY, Dan 23 (SH2-72)
CONNELLY, Jim 36 (B) (SH1-382)
CONNELLY, John J. 29 (SH2-14)
CONNELLY, Mary 37 (SH2-77)
CONNELLY, Mat 14 (m) (SH2-32)
CONNELLY, Mik 31 (SH2-94)
CONNELLY, Nelly 14 (SH2-96)
CONNER, Arminta 40 (SH1-429)
CONNER, Barney 45 (SH2-188)
CONNER, Jas. 42 (SH2-282)
CONNER, Josephine 16 (B) (SH2-357)
CONNER, Lucy 22 (B) (SH2-137)
CONNER, Patrick 36 (SH2-48)
CONNER, Richard 24 (B) (SH1-141)
CONNER, Tim 55 (SH2-320)
CONNER, Willis S. 26 (B) (SH2-334)
CONNER?, James 33 (SH2-79)
CONNERS, Catharine 62 (SH2-293)
CONNERS, Jennie 36 (SH2-96)
CONNERS, Patrick 48 (SH2-39)
CONNERS, Sarah 42 (SH2-273)
CONNOLLEY, M. 65 (f) (SH1-394)
CONNOLLY, John J. 33 (SH2-101)
CONNOLY, Margaret 45 (SH2-40)
CONNOR, Eli 23 (B) (SH1-386)
CONNOR, James 60 (SH2-253)
CONNORS, James 8 (SH2-273)
CONNORS, John 45 (SH2-272)
CONNORS, M. 19 (f) (SH1-109)
CONNORS?, Jane 50 (SH2-29)
CONRAD, Dennis 42 (SH2-188)
CONROD, Coony 24 (m) (SH1-422)
CONRODINE?, Timothy 40 (SH2-51)
CONROY, James 22 (SH2-22)
CONROY, Thomas 55 (SH1-74)
CONROY, Timothy 18 (SH2-18)
CONRY, Mary 45 (SH2-317)
CONSADINE, Anna 19 (SH1-421)
CONSHER, Teresia 4 (SH2-152)
CONSIL?, Frank 22 (B) (SH1-462)
CONSVELL?, Tobias 53 (B) (SH1-428)
CONTA?, M. 40 (f) (SH1-469)
CONTI, JOhn 39 (SH1-106)
CONVEASE?, Harry 23 (SH2-78)
CONVERSE, Elan 47 (m) (SH2-110)
CONWAY, C. A. 19 (f) (SH1-166)
CONWAY, Florence 8 (B) (SH2-16)
CONWAY, Jennie? 20 (SH2-100)
CONWAY, John 38 (SH2-21)
CONWAY, Josie 26 (f) (SH2-49)
CONWAY, Larance? 30 (B) (SH1-206)
CONWAY, Nora 67 (SH2-241)
CONWAY, Thomas 8 (SH2-268)
CONWAY, Thos. 55 (SH2-241)
CONWAY, Thos. 8 (SH2-314)
CONWAY, Tim 52 (SH1-261)
COOK, Albert 21 (B) (SH1-79)
COOK, Albert 27 (B) (SH2-172)
COOK, Augustus 17 (SH2-9)
COOK, Becky 7 (B) (SH1-311)
COOK, Ben 74 (B) (SH1-178)
COOK, C. S. 47 (m) (SH2-361)
COOK, Charles 19 (B) (SH1-456)
COOK, Charles 19 (B) (SH2-41)

26

COOK, Chas. 33 (B) (SH1-145)
COOK, Dr. 49 (SH2-356)
COOK, Eliza 13 (B) (SH1-454)
COOK, Emma 5 (B) (SH1-193)
COOK, George W. 49 (SH1-344)
COOK, Green 20 (B) (SH1-387)
COOK, Harriet 50 (B) (SH1-328)
COOK, Henry 19 (B) (SH1-329)
COOK, Henry 30 (B) (SH2-54)
COOK, Henry 60 (B) (SH1-429)
COOK, Ira C. 22 (B) (SH2-43)
COOK, Israel 43 (B) (SH1-337)
COOK, J. 10 (m) (B) (SH2-122)
COOK, J. B. 48 (m) (SH2-157)
COOK, Jackson 60 (B) (SH2-132)
COOK, Jacob 56 (B) (SH1-90)
COOK, James 72 (SH1-68)
COOK, James D. 47 (SH1-26)
COOK, John 30 (B) (SH1-56)
COOK, John 47 (SH2-236)
COOK, John R. 40 (SH2-358)
COOK, Joshua 22 (B) (SH1-82)
COOK, Lettie 60 (B) (SH1-352)
COOK, Louis 50 (B) (SH2-131)
COOK, Martin 55 (B) (SH1-382)
COOK, Mary 10 (B) (SH1-376)
COOK, Mary 44 (SH1-393)
COOK, Matilda 18 (B) (SH1-412)
COOK, Matilda 52 (SH1-376)
COOK, Mollie 17 (SH2-48)
COOK, Moses J. 25 (SH1-84)
COOK, Nellie 25 (B) (SH2-169)
COOK, Osca 15 (m) (SH1-460)
COOK, Philip 24 (B) (SH2-141)
COOK, Robt. 55 (SH2-130)
COOK, Sallie 34 (SH2-304)
COOK, Sallie 58 (SH2-190)
COOK, Sarah 13 (B) (SH2-305)
COOK, Sarah 25 (B) (SH2-110)
COOK, Simon 25 (B) (SH1-156)
COOK, Thomas 36 (B) (SH2-342)
COOK, Tom 26 (SH1-364)
COOK, Vina 64 (B) (SH2-103)
COOK, Wm. B. 24 (SH2-191)
COOK?, Mrs. 50 (B) (SH2-347)
COOKWOOD, George 14 (B) (SH2-117)
COOKWOOD, Maetta 11 (B) (SH2-204)
COOLEY, Robt. 40 (B) (SH2-338)
COONEY, John 48 (SH2-8)
COONEY, Michael 55 (SH2-25)
COONEY, Nelly 13 (SH2-30)
COOPER, Abe 5 (B) (SH1-432)
COOPER, Anderson 30? (B) (SH2-364)
COOPER, Anna 7 (B) (SH1-16)
COOPER, Betty 20 (B) (SH2-218)
COOPER, Bird 35 (B) (SH1-367)
COOPER, Caesar 40 (B) (SH1-253)
COOPER, Charles 41 (SH2-270)
COOPER, Charles 51 (B) (SH1-121)
COOPER, Charles W. 59 (SH2-275)
COOPER, Chris 40 (B) (SH2-204)
COOPER, Delia __ (B) (SH1-70)
COOPER, Doney 55 (f) (SH1-167)
COOPER, E. W. 26 (m) (B) (SH2-224)
COOPER, Ed 18 (B) (SH1-69)
COOPER, Elizabeth 23 (B) (SH2-174)
COOPER, Elizabeth 7 (B) (SH1-48)
COOPER, Elvira 28 (B) (SH2-128)
COOPER, Etta 21 (SH2-49)
COOPER, Fannie 30 (B) (SH2-125)
COOPER, Fanny 45 (B) (SH1-203)
COOPER, Frances? 16 (SH2-12)
COOPER, Frank 24 (B) (SH2-290)
COOPER, George 21 (B) (SH2-194)
COOPER, George 24 (B) (SH1-443)
COOPER, George 41 (SH2-128)
COOPER, Henry 35 (B) (SH1-371)
COOPER, Henry 42 (B) (SH1-395)
COOPER, Henry 45 (SH2-71)
COOPER, J. L. 22 (m) (B) (SH2-250)
COOPER, Jane 50 (B) (SH2-131)
COOPER, Jim? 30 (B) (SH1-253)
COOPER, John 26 (SH1-47)
COOPER, John 29 (B) (SH1-211)
COOPER, John 35 (SH1-426)
COOPER, John 42? (SH2-71)
COOPER, John C. 72 (SH2-218)
COOPER, Kate 15 (B) (SH2-255)
COOPER, L. 20 (m) (SH1-5)
COOPER, Lettie 16 (B) (SH2-70)
COOPER, Levy 27 (B) (SH1-150)
COOPER, Lucy 37 (B) (SH2-71)
COOPER, Lunsford P. 50 (SH2-127)
COOPER, M. 20 (f) (B) (SH1-397)
COOPER, Marcus 55 (SH2-192)
COOPER, Mary 40 (SH2-275)
COOPER, Mollie 16 (B) (SH1-386)
COOPER, Monroe 12 (B) (SH1-442)
COOPER, Raphael? 37 (SH2-129)
COOPER, Richd. N. 31 (SH2-192)
COOPER, Richmond 37 (B) (SH1-95)
COOPER, Sam 55 (B) (SH1-308)
COOPER, Sandy 35 (m) (SH2-285)
COOPER, Steven 57 (B) (SH1-19)
COOPER, Thomas 47 (B) (SH1-126)
COOPER, Tony 20 (B) (SH1-26)
COOPER, Vina 42 (B) (SH2-261)
COOPER, Willie 14 (m) (B) (SH1-164)
COOPER, Willie? 13 (SH1-458)
COOPER, Wm. 35 (B) (SH2-120)
COOPER, Zuanna 10 (SH1-111)
COOPERWOOD, Henrietta 35 (B) (SH1-378)
COOPERWOOD, Mary 28 (B) (SH2-359)
COOPWOOD, Dan 34 (B) (SH1-284)
COOPWOOD, E. J. 11 (m) (B) (SH1-293)
COOPWOOD, Mona 25 (B) (SH1-369)
COOPWOOD, W. J. 25 (m) (SH1-261)
COOPWOOD, Wilson 51 (B) (SH1-233)
COOVER, Martin 48 (SH2-87)
COPAGE, Henry 30 (B) (SH2-123)
COPELAND, Miles 33 (B) (SH2-269)
COPELAND, Nat 38 (B) (SH1-286)
COPELAND, Randall 56 (B) (SH1-302)
COPELAND, Sandy 36 (m) (SH2-291)
COPLEY, Eliza 18 (SH1-14)
COPPS, Mills 18 (m) (SH2-270)
CORB?, Arnenia 11 (B) (SH2-156)
CORBETT, M. J. 32 (m) (SH2-240)
CORBIN, C. 26 (m) (SH2-320)
CORBIT, Ed 37 (SH2-320)
CORBITT, Luella 14 (B) (SH1-421)
CORDALL, Fannie 52 (SH2-318)
CORDEL, James 30 (SH2-302)
CORDELL, James 68 (SH2-334)
CORDLE, Jennie 41 (SH2-47)
CORDONI, Louisa 54 (SH2-73)
COREY, Sam 24? (SH2-44)
CORK, Luke 22 (B) (SH1-226)
CORNELIUS, C. 35 (m) (SH2-342)
CORNELIUS, Cornelle 15 (SH1-234)
CORNELIUS, Frank 59 (B) (SH1-203)
CORNELIUS, Isham 40 (B) (SH1-291)
CORNELIUS, James 55 (B) (SH1-232)
CORNELIUS, P. 52 (m) (B) (SH1-232)
CORNELIUS, Sallie 45 (B) (SH2-83)
CORNELIUS, Y.? 56 (m) (B) (SH1-234)
CORNELIUS?, C. 55 (m) (B) (SH2-187)
CORNELIUS?, J. G. 28 (m) (SH2-110)
CORNELIUS?, John 28? (B) (SH2-102)
CORNELL, James 29 (SH1-416)
CORNELL, ____. 32? (m) (SH1-349)
CORNES?, Betty 11 (B) (SH2-344)
CORRELL, Charles 28 (SH1-100)
CORROTHERS, Nathan S. 41 (SH1-15)
CORSON, Martin 42 (SH2-89)
CORTEE, Terry 4 (m) (SH2-366)
CORWIN, Willie 13 (m) (B) (SH2-175)
CORWIN, ____ G. 32 (m) (SH2-271)
COSAM, John 38 (Chinese) (SH2-75)
COSBY, James 43 (B) (SH2-299)
COSEY, Maggie 17 (B) (SH2-235)
COSINOVER, Tony 35 (SH2-189)
COSTA, A. D. 24 (m) (SH2-289)
COSTELLO, Ann 50 (SH2-261)
COSTELLO, Kate 42 (SH2-276)
COSTEN, Willie 14 (m) (SH2-215)
COSTILLO, Mary 46 (SH2-322)
COSTLER, James 40 (B) (SH1-328)
COSTLY, Sam 50 (B) (SH2-197)
COSTON, Garrett 55 (B) (SH1-459)
COSTON, John 3/12 (B) (SH1-113)
COSTON, Robert 24 (B) (SH2-310)
COTHRAN, Nathan 26 (B) (SH1-275)
COTTER, Mary 33 (SH2-25)
COTTLER, H. 58 (m) (B) (SH1-248)
COTTON, Austin 40 (B) (SH2-176)
COTTON, Charles 24 (B) (SH1-164)
COTTON, Danniel 20] (SH2-77)
COTTON, George 31 (B) (SH1-353)
COTTON, Jacob 35 (B) (SH2-297)
COTTON, Nathan 46 (B) (SH1-36)
COUCH, Geo.? 38 (SH1-359)
COUCH, Gertrude 21 (SH1-398)
COUFFMAN, Caroline 23 (SH2-333)
COUGHLIN, Jas. 45 (SH1-365)
COUGHLIN, Jas. sr. 35 (SH1-472)
COULLENS, Peter 50 (SH1-463)
COULTER, E. F. 39 (f) (SH1-156)
COULTER, H. L. 31 (m) (SH1-166)
COULTER, James T. 27 (SH1-111)
COULTER, T. J. 50 (m) (SH1-111)
COULTER, Wm. F. 26 (SH1-111)
COUNER?, R. N. 32 (m) (B) (SH2-352)
COUNTS, Charles 46 (B) (SH1-222)
COURT, John 43 (SH2-356)
COURTNEY, Wm. 45 (B) (SH2-16)
COUSIN, Hillary 36 (m) (B) (SH2-153)
COUSINS, Alex 50 (m) (B) (SH1-57)
COUSINS, Ga. 19 (f) (B) (SH2-83)
COUSINS, Georgie 19 (f) (B) (SH2-83)
COUSINS, Ida 15 (B) (SH2-143)

1880 Census Shelby Co. TN: Heads-of-Household

COUSINS, John 50 (SH1-123)
COUSINS, Mary 28 (SH2-73)
COUSINS, Peter 40 (SH2-216)
COUZEN, P. 40 (m) (SH1-405)
COVERTON?, Annie 12 (SH2-143)
COVEY, Sovanna 25 (SH2-328)
COVEY?, J. E. 31 (m) (SH1-220)
COVINGTON, J. 21 (m) (SH2-247)
COVINGTON, Kitty P. 22 (SH2-314)
COVINGTON, Peter 37 (B) (SH2-360)
COWAN, George 22 (B) (SH1-231)
COWAN, Henry 21 (B) (SH2-286)
COWAN, John 13 (B) (SH1-85)
COWAN, Lilly 12 (SH2-150)
COWAN, Mollie 25 (B) (SH1-56)
COWAN, Sue 28 (B) (SH2-235)
COWANS, Lettey 13 (B) (SH1-263)
COWARD, Millie 13 (B) (SH1-48)
COWARD, Sam 45 (SH1-367)
COWDON, Ellen 60 (SH1-358)
COWEN, John 37 (SH2-245)
COWEN, Peter 38 (B) (SH1-129)
COWENSTEIN, D. C. 40 (m) (SH2-261)
COWERS, Jno. 56 (B) (SH1-271)
COWGILL, Abner 26 (SH1-139)
COWGILL, Lawson 25 (SH2-73)
COWGILL, Lawson A. 21 (SH2-66)
COWGILL, Thomas 50 (SH2-72)
COWGILL, Timothy D. 50 (SH1-133)
COWIN?, Lizzie 50 (SH2-128)
COWMANDER?, Fred 42 (SH2-98)
COX, Abner 21 (B) (SH1-283)
COX, Annie 21 (SH2-282)
COX, Barn_ 35 (m) (B) (SH1-184)
COX, Bernard 9 (SH2-316)
COX, Blanche 17 (SH2-222)
COX, Caleb 52 (B) (SH1-370)
COX, Caroline 48 (SH2-32)
COX, Charles 19 (B) (SH1-456)
COX, Charles 44 (B) (SH1-323)
COX, Charles H. 28 (SH1-119)
COX, Christina 22 (B) (SH1-442)
COX, E. J. 65 (f) (SH1-268)
COX, Eliza 40 (B) (SH1-113)
COX, Fletcher 27 (B) (SH1-407)
COX, Garrett 27 (B) (SH1-258)
COX, Henry 15 (B) (SH1-170)
COX, Henry 50 (B) (SH1-157)
COX, Henry C. 36 (SH1-226)
COX, James 23 (SH2-17)
COX, James 24 (SH2-32)
COX, James 33 (B) (SH1-392)
COX, John 19 (B) (SH1-291)
COX, John 21 (B) (SH2-339)
COX, John D. 55 (SH2-52)
COX, Joseph M. 42 (SH1-425)
COX, Jospeh 20 (B) (SH1-124)
COX, Jule 16 (m) (B) (SH1-323)
COX, Landon 39 (B) (SH1-354)

COX, Lee 29 (m) (B) (SH2-74)
COX, Linda 63 (B) (SH2-266)
COX, Marcey E. 11 (f) (SH1-451)
COX, Mary 47 (SH1-94)
COX, Nancy 26 (B) (SH1-99)
COX, Nora 27 (SH2-20)
COX, Nora __ (SH2-65)
COX, Oscar 40 (SH2-86)
COX, Pitman 40 (B) (SH1-370)
COX, R. W. 27 (m) (SH2-251)
COX, Richard 54 (B) (SH1-291)
COX, Ruben 22 (B) (SH1-8)
COX, Sandy 59 (m) (B) (SH2-328)
COX, Susa 21 (SH1-287)
COX, Wm. 27 (B) (SH1-471)
COX, Wm. 53 (B) (SH1-454)
COX, Wm. J. 23 (SH1-78)
COX?, Maggie 18 (B) (SH2-39)
COXE, Matthew 60 (SH2-167)
COY, Dulia 60 (SH2-2)
COYNE, Thos. 36 (SH2-240)
COZZERETTO, Mary 41 (SH2-332)
CO_IO, Antoni 45 (SH2-102)
CO____, M. 34 (m) (B) (SH1-397)
CRABB, Joseph 42 (SH1-398)
CRADDEN, Jane 8 (B) (SH1-299)
CRAFFORD, John 40 (B) (SH1-179)
CRAFT, Douglas 23 (SH1-5)
CRAFT, Henry 57 (SH1-110)
CRAFT, Marly 18 (f) (B) (SH1-440)
CRAFT, Mary 12 (B) (SH2-291)
CRAFT, Theresa? 15 (SH1-109)
CRAFT, Thurston 37 (B) (SH2-84)
CRAIG, Artold? 27 (m) (B) (SH2-109)
CRAIG, Charles 35 (B) (SH1-436)
CRAIG, Eli 54 (B) (SH2-19)
CRAIG, Emma 54 (SH2-269)
CRAIG, James 18 (B) (SH1-314)
CRAIG, James 34 (B) (SH1-356)
CRAIG, John C. 28 (SH2-231)
CRAIG, Joseph 34 (SH2-116)
CRAIG, Leanna 58 (B) (SH2-16)
CRAIG, Luke 26 (B) (SH1-329)
CRAIG, Maddison 22 (B) (SH1-298)
CRAIG, Maria 78? (B) (SH1-252)
CRAIG, Matilda 55 (B) (SH1-103)
CRAIG, Michael 40 (SH2-18)
CRAIG, Moses 36 (B) (SH2-21)
CRAIG, R. E. 45 (f) (SH2-280)
CRAIG, Rachel 18 (SH2-163)
CRAIG, Richard 42 (SH1-108)
CRAIG, Tennie 35 (SH1-167)
CRAIG, ____ 40 (m?) (B) (SH2-203)
CRAIGHEAD, Cealia 39 (B) (SH2-47)
CRANE, Ann E. 27 (SH1-76)
CRANE, Jane E. 52 (SH1-52)
CRANE, John 30 (B) (SH2-109)
CRANE, Julius F. 56 (SH2-59)
CRANE, Lemuel 54 (SH1-52)
CRANE, Wm. 37 (SH2-241)

CRANFOR, Tenie 45 (B) (SH2-184)
CRANNING, Gus 38 (SH2-70)
CRANTSTAND, A. O. 24 (m) (SH2-146)
CRAVEN, Preston 42 (B) (SH2-264)
CRAVENS, Margarette 43 (B) (SH1-97)
CRAVINS, Sophia 28 (B) (SH2-257)
CRAVITT?, Major 50 (B) (SH1-285)
CRAWFORD, Al 5 (B) (SH1-358)
CRAWFORD, Albert 37 (B) (SH1-229)
CRAWFORD, Alford 17 (B) (SH1-182)
CRAWFORD, Alice 48 (B) (SH2-139)
CRAWFORD, Anthony 23 (B) (SH2-338)
CRAWFORD, Arther 20 (B) (SH1-210)
CRAWFORD, Charley 45 (B) (SH2-338)
CRAWFORD, Dave 32 (B) (SH1-356)
CRAWFORD, Ellen 24 (B) (SH1-306)
CRAWFORD, Fannie 22 (B) (SH1-337)
CRAWFORD, Flora 25 (B) (SH1-211)
CRAWFORD, Francis 26? (SH2-100)
CRAWFORD, Frank 35 (B) (SH1-350)
CRAWFORD, Fred 27 (B) (SH2-184)
CRAWFORD, George 26 (SH1-82)
CRAWFORD, Hardy 24 (B) (SH1-336)
CRAWFORD, Harriet 72 (B) (SH2-356)
CRAWFORD, Henry 23 (B) (SH1-273)
CRAWFORD, Hetty 35 (B) (SH1-211)
CRAWFORD, James 35 (B) (SH2-345)
CRAWFORD, Jane 40 (B) (SH2-329)
CRAWFORD, Jerry 33 (B) (SH1-410)
CRAWFORD, Jonas 30? (B) (SH2-65)
CRAWFORD, Leitha 20 (B) (SH2-205)
CRAWFORD, M. 26 (m) (B) (SH2-250)
CRAWFORD, Maria 31 (B) (SH2-164)
CRAWFORD, Mary 70 (B) (SH2-189)
CRAWFORD, Mollie 19? (SH2-36)
CRAWFORD, Q. 23 (m) (SH1-232)

CRAWFORD, Sam 39 (B) (SH2-33)
CRAWFORD, Steve 35 (B) (SH1-277)
CRAWFORD, Tina 65 (B) (SH1-166)
CRAWFORD, Wade 31 (B) (SH2-324)
CRAWFORD, West J. 34 (SH2-211)
CRAWFORD, Wm. 36 (B) (SH1-138)
CRAWLEY, Frank 35 (B) (SH1-471)
CRAWLEY, Hannah 55 (SH2-24)
CRAWLEY, Henry? 21 (B) (SH2-55)
CRAWLEY, James 21 (B) (SH1-330)
CRAWLEY, Jerry 39 (m) (SH2-105)
CRAWLEY, Jerry 60 (B) (SH1-434)
CRAWLEY, John 30 (SH2-30)
CRAWLEY, Maggie 14 (SH2-100)
CRAWLEY, Michael 45 (SH2-18)
CRAWLEY, Robert 52 (B) (SH1-330)
CRAWLEY, Samuel 25 (B) (SH1-331)
CRAWLEY, Viney 3 (f) (B) (SH1-335)
CRAZAVANT, T. 80 (m) (B) (SH1-400)
CREAG, Rebecca 13 (B) (SH1-140)
CREAG, Robt. 50 (B) (SH1-114)
CREAGG, Charles 25 (SH1-6)
CREAGG, John 59 (SH1-5)
CREATH, J. A. 62 (m) (SH1-161)
CREED, Elizabeth 19 (SH1-122)
CREEDON, Mrs. 30 (SH2-346)
CREEN, John 70 (SH2-327)
CREEN, Pat 37 (m) (SH2-346)
CREEN?, John 35 (SH2-328)
CREIGHTON, Dick 62 (SH2-89)
CREIGHTON, Ellen 76 (SH2-247)
CREIGHTON, George 20 (SH2-178)
CREIGHTON, Lena 19 (B) (SH2-223)
CREIGHTON, Lydia 74 (SH2-168)
CREIGHTON, Patrick 40 (SH2-25)
CREIGHTON, Thos. 22 (SH2-253)
CRENSHAW, Anderson 68 (B) (SH1-134)
CRENSHAW, Antny 26 (B) (SH1-84)
CRENSHAW, Asgaard? 25 (m) (SH1-189)
CRENSHAW, C. C. 46 (m) (SH1-36)
CRENSHAW, C.? 50 (m) (SH1-36)
CRENSHAW, Columbus C. 43 (SH1-407)
CRENSHAW, D. C. 58 (m) (SH1-66)

CRENSHAW, Dave 50 (B) (SH1-66)
CRENSHAW, David 62 (SH1-6)
CRENSHAW, Dob? 56 (m) (SH1-70)
CRENSHAW, F. M. 43 (m) (SH1-36)
CRENSHAW, Harriet 17 (B) (SH1-170)
CRENSHAW, Jacob 45 (B) (SH2-57)
CRENSHAW, Jim 25 (B) (SH1-170)
CRENSHAW, Jno. 40? (SH1-61)
CRENSHAW, Jo 68 (m) (B) (SH1-228)
CRENSHAW, Joe 28 (SH1-66)
CRENSHAW, Lizy? 25 (B) (SH1-222)
CRENSHAW, M. H. 34 (m) (SH1-216)
CRENSHAW, Mollie 19 (SH2-48)
CRENSHAW, S. A. 25 (f) (SH1-251)
CRENSHAW, T. B. 30 (m) (SH1-145)
CRENSHAW, Tom 22 (B) (SH1-360)
CRENSHAW, W. L. 24 (m) (SH1-200)
CRENSHAW, Wiley 35 (B) (SH1-458)
CRENSHAW, Wm. F. 30 (SH1-208)
CRENSHAW?, Solomon 55 (B) (SH1-6)
CRESSENBERG, Joseph 27 (SH2-254)
CREWDSON, G. H. 36 (m) (SH1-268)
CREWDSON, Lou 35 (f) (B) (SH1-271)
CREWDSON, Thos. 23 (SH2-7)
CREWS, James M. 44 (SH1-180)
CREWS, Lillia 42 (SH1-142)
CREWS, Richard 70 (B) (SH1-465)
CRIBBIN?, Tom? 1 (B) (SH2-194)
CRISCO, Dolley F. 12 (SH1-215)
CRISP, Lemuel 22 (SH2-72)
CRISS?, Bill 30 (SH1-56)
CRISTOL, Margt. 27 (B) (SH2-258)
CRITE, Matilda 40 (B) (SH1-431)
CRITTENDON, Wiley 48 (B) (SH1-345)
CRITTLE?, Amelia 18 (SH1-345)
CROACH, N. H. 67 (f) (SH1-160)
CROCKER, J. W. 47 (m) (SH2-144)
CROCKET, Frank 8 (B) (SH1-332)
CROCKET, John 43 (B) (SH1-378)
CROCKET, P. C. 56 (m) (B) (SH1-331)
CROCKET, Walter 18 (B) (SH1-317)
CROCKETT, David 38 (B) (SH2-197)
CROCKETT, Mary 35 (B) (SH1-39)
CROCKETT, Mary 42 (B) (SH2-176)
CROFFORD, Pearl 7 (B) (SH2-277)
CROFFORDS, Thos. 33 (B) (SH2-304)
CROFORD, M. 22 (f) (B) (SH1-251)
CROFORD, M. 30 (f) (B) (SH1-391)
CROFT, S. 42 (m) (SH1-398)
CROFT, Sallie 2 (B) (SH2-116)
CROFTON, James 32 (SH2-7)
CROGAN, Mike 21 (SH1-450)
CROHN, Sam 35 (m) (SH2-76)
CROISANT, Elizabeth 7 (SH1-412)
CROMBLEY, Albert 23 (B) (SH1-307)
CROMLES, Daniel 64? (B) (SH1-210)
CROMWALL, Eliza 40 (B) (SH2-116)
CROMWELL, Eliza? 44 (B) (SH2-125)
CROMWELL?, Henrieta 24 (B) (SH2-109)
CRONE, Charles 15 (SH1-94)
CRONE, George 52 (SH2-308)
CRONE, Herman? 34 (SH2-64)
CRONE?, Samuel 25 (SH2-66)
CRONIN, Anna 40 (SH2-5)
CRONON, C.? 36 (m) (SH2-112)
CROOK, Ellen __ (SH2-273)
CROOK, Jennie 40 (SH2-84)
CROOK, Mary Ann 40 (B) (SH2-157)
CROOK, Susan 40 (B) (SH2-236)
CROOKE, Henry 45 (B) (SH2-324)
CROOM, Caroline 18 (B) (SH2-6)
CROOMS, Cath. 40 (SH1-474)
CROOMS, Joe 8 (SH1-6)
CROOMS, Sarah 32 (SH1-20)
CROOMS, Wilson 37 (SH1-6)
CROON?, Louis 40 (B) (SH2-104)
CROSBY, Charles 27 (SH2-137)
CROSBY, George? 39 (SH1-402)
CROSBY, Lizzie 17 (SH2-137)
CROSBY, Mary 50 (SH2-178)
CROSBY, Robert 22 (SH2-148)
CROSBY, Sarah 48 (SH1-71)
CROSBY, Wm. J. 34? (SH2-121)
CROSE, Frank 29 (SH2-72)
CROSS, Alex 27 (B) (SH2-347)
CROSS, Alice 22 (B) (SH1-120)
CROSS, Austin 26 (B) (SH1-170)
CROSS, Crawford 42 (B) (SH1-472)
CROSS, Enoch 18 (B) (SH1-195)
CROSS, Henry 50 (B) (SH2-350)
CROSS, J. H. 47 (B) (SH1-34)
CROSS, JEsse 29 (m) (SH1-407)
CROSS, Lucy 72 (B) (SH1-156)
CROSS, Margt. 50 (f) (SH2-292)
CROSS, Mary 36 (B) (SH2-188)
CROSS, Rachel 50 (SH1-86)
CROSS, Robb 16 (SH1-289)
CROSS, Robert 27 (B) (SH1-178)
CROSS, Robert 80 (B) (SH1-185)
CROSS, Ruth __ (B) (SH2-66)
CROSS, Tom 28 (B) (SH1-154)
CROSS, Tony 62 (B) (SH1-194)
CROSS, W. R. 25 (m) (SH1-144)
CROSS, Wm. 26? (SH2-70)
CROSS, Wm. 40 (SH2-113)
CROSSON, M. 49 (m) (SH2-297)
CROSSWOOD, Geo. 22 (B) (SH1-239)
CROSSWOOD, J. L. 31 (m) (SH1-244)
CROTTY, Mary 18 (SH2-305)
CROTTY?, Boggy 55 (f) (B) (SH1-93)
CROTTY?, Wm. 35 (SH1-93)
CROUCH, Emma 14 (B) (SH2-128)
CROUCH, Geo. 17 (B) (SH1-363)
CROUCH, George 23 (SH1-203)
CROUCH, Henry 45 (B) (SH1-200)
CROUCH, J. W. 45 (m) (SH1-160)
CROUCH, Mary 35 (B) (SH2-38)
CROUCH, Thos. 25 (B) (SH2-286)
CROUDON?, Dick 30 (B) (SH2-142)
CROUQUET, Lizzy 35 (SH2-264)
CROUT, Emma 11 (B) (SH2-49)
CROW, John 40 (B) (SH2-42)
CROW, Patrick 50 (SH1-469)
CROWDER, Chloe 25 (B) (SH1-254)
CROWDER, Jno. 24 (SH1-208)
CROWDER, Julia 25 (B) (SH2-260)
CROWDER, Lewis 65 (B) (SH1-255)
CROWDER, Pleasant 30 (B) (SH2-327)
CROWDER, Wm. 26 (SH1-195)
CROWELL, H. M. 38 (m) (SH2-251)
CROWELL, Wm. H. 32 (SH1-346)
CROWLEY, John 16 (SH1-374)
CROWLEY, Sarah 9 (SH2-324)
CRUCHERS, Niecee 18 (f) (B) (SH2-131)
CRUGER, Melville 28 (SH2-50)
CRUIN?, Mary 28 (SH2-60)
CRUMB, Henry 39 (B) (SH1-128)
CRUMLY, Jack 65 (B) (SH1-327)
CRUMP, Arthur 25 (B) (SH2-49)
CRUMP, Lewis 40 (B) (SH2-15)
CRUMP, Reubin 60 (B) (SH1-347)
CRUMP, Rubin 70 (B) (SH1-305)
CRUMPTON, Jas. 32 (SH2-255)
CRUNE, Rubin 39 (B) (SH2-186)
CRUNK, Loula 19 (SH2-310)
CRUNK?, Charlot __ (B) (SH2-330)
CRUPPER, Bettie 38 (SH2-106)
CRUSE, S. R. 50 (m) (SH2-282)
CRUSHER?, C. J. 44 (m) (SH2-156)
CRUTCHER, John 30 (B) (SH1-291)
CRUTCHER, Minney B. 4 (B) (SH1-292)
CRUTCHFIELD, Barker 65 (B) (SH1-380)
CRUTCHFIELD, John S. 50 (SH1-74)
CUBBINS, Jas. Franklin 24 (SH1-408)
CUBBINS, John 58 (SH1-408)
CUBBINS, Thomas 61 (SH2-208)
CUBBS, Lucius 35 (B) (SH2-332)
CUENEO, John 30 (SH2-111)
CUER?, James 23 (B) (SH2-190)
CULLEN, H. E. C. 26 (f) (SH1-38)
CULLEN, Henry 37 (SH2-183)
CULLEN, John 37 (SH2-327)
CULLEN, Z. O. 41 (m) (SH1-38)
CULLENDER, Luther 30 (SH2-71)
CULPEPPER, David James 9 (SH2-271)
CULVERSON, Frank 77 (B) (SH1-304)
CUMBERLAND, John 37 (SH2-327)
CUMMING, Joel 45 (B) (SH1-438)
CUMMINGS, Geo. 33 (B) (SH2-348)
CUMMINGS, Ison 20 (B) (SH2-254)
CUMMINGS, J. Y. 72 (m) (SH1-373)
CUMMINGS, L. 55 (f) (B) (SH1-253)
CUMMINGS, Marie __ (B) (SH2-265)
CUMMINGS, Mathew? 44 (SH2-314)
CUMMINGS, Pat 46 (m) (SH2-106)
CUMMINGS, Patrick 50 (SH2-174)
CUMMINGS, Sally 40 (B) (SH2-204)
CUMMINGS, Thomas 42 (SH2-267)
CUMMINS, Emma 22 (B) (SH2-87)
CUMMINS, John H. 17 (SH2-240)
CUMMINS, Julia 30 (SH2-62)
CUMMINS, Martha 39 (B) (SH2-233)
CUMMINS, Mary 42 (SH2-186)
CUMMINS, Pat 26 (m) (SH2-105)
CUMMINS, S. S. 28 (m) (B) (SH1-268)
CUMMINS, Wm. 23 (B) (SH2-239)
CUMMINS, ____ __ (f) (SH2-88)
CUMMINS, ____ 25 (m) (SH2-51)
CUMMINS?, Bridget 46 (SH1-97)
CUNEO?, Bernard 45 (SH2-119)
CUNEO?, P. C. 48 (m) (SH2-358)

CUNINGHAM, H. A. 49 (f) (SH2-93)
CUNINGHAM, L. 30 (m) (SH1-213)
CUNINGHAM, Thos. 23 (B) (SH1-354)
CUNNING, Jennie 20 (B) (SH2-173)
CUNNINGHAM, Dave? 40 (B) (SH2-320)
CUNNINGHAM, George 19 (B) (SH1-356)
CUNNINGHAM, George 24 (SH2-216)
CUNNINGHAM, Isaiah 31 (B) (SH1-120)
CUNNINGHAM, J. 42 (f) (SH2-306)
CUNNINGHAM, J. E. 22 (m) (SH1-31)
CUNNINGHAM, Johanna 26 (SH2-23)
CUNNINGHAM, John 27 (B) (SH1-294)
CUNNINGHAM, Lilly 16 (SH2-154)
CUNNINGHAM, N. 35 (f) (SH2-261)
CUNNINGHAM, P. 46 (m) (SH1-399)
CUNNINGHAM, Phillip 48 (B) (SH1-92)
CUNNINGHAM, Susie 20 (SH2-254)
CUNNINGHAM, Wm.? 50 (SH1-96)
CUNNY?, Joe 50 (B) (SH1-373)
CURATHERS, Emma 30 (B) (SH2-361)
CURDON, Price 16 (B) (SH2-144)
CURHAM, Ann 50 (B) (SH2-24)
CURINSER?, Sophia 15 (SH2-188)
CURL, Eliza J. 62 (SH2-82)
CURLEE, Prudy 24 (B) (SH2-364)
CURLEY, Ike 30 (B) (SH1-369)
CURLEY, Mary 26 (B) (SH2-80)
CURLEY, Thomas 47 (SH2-322)
CURLIN, Lizzie 34 (SH1-119)
CURLLEE, Lucretia 40 (B) (SH2-219)
CURNEY, George 60 (B) (SH1-74)
CURREL, Su__ 30 (f) (SH1-473)
CURREY, James C. 24 (SH2-45)
CURRIE, Blanche 22 (SH2-284)
CURRIE, Robt. H. 35 (B) (SH2-85)
CURRIE, Wm. W. 31 (SH2-100)
CURRIER, W. A. 28 (m) (SH2-68)
CURRIN?, John W. 23 (SH2-35)
CURRY, Isabell 4 (SH1-456)
CURRY, James 45 (SH2-197)
CURRY, Jas. 45 (SH1-368)
CURRY, Lizzie 28 (B) (SH2-171)
CURRY, Maggie 24 (SH2-100)
CURRY, Nathan 55 (B) (SH2-158)
CURRY, Reuben 43 (B) (SH2-87)
CURRY, Sarah A. 45 (SH2-46)
CURRY, Virginia 30 (B) (SH2-175)
CURRY, W. A. 32 (m) (B) (SH1-32)
CURTIS, A. J. 48 (m) (SH1-35)
CURTIS, Aphelia 64 (SH2-53)
CURTIS, Charles T. 55 (SH2-100)
CURTIS, Hefflin 55 (B) (SH1-268)
CURTIS, Levin 30 (SH2-13)
CURTIS, Martha J. 52 (SH1-418)
CURTIS, Phil 23 (B) (SH2-365)
CURTIS, S. B. 46 (m) (SH1-403)
CURTISE, S. 38 (m) (B) (SH1-396)
CURTZ, Dan 30 (SH2-78)
CUSHING, Pat 53 (m) (SH1-474)
CUSHMANN, Ada 23 (SH2-45)
CUSICK, Walter 44 (SH2-291)
CUTLER, Deana 59 (SH1-354)
CUTTER, Mollie 18 (B) (SH2-206)
CUTTER, Sam 36 (SH2-77)
CUTTER, Sam W. 34 (SH2-84)
CUTTING, Margaret 22 (SH2-137)
CUTTLER, Henry 47? (B) (SH1-320)
CYRUS, Taylor 35 (B) (SH1-293)
C__INE, Sue P. 43 (SH2-217)
C___WELL, Mitchell 50 (B) (SH1-295)
C____, Michael 50 (SH2-48)
C____, Sandy 64 (m) (SH2-90)
C____DESTER, John H. 63 (SH1-105)
C____O, Stephen 28 (SH2-99)
C____K, F. C. 23 (m) (SH1-50)
DABNEY, R. P. 30 (m) (SH2-77)
DABNY, Henry 55 (B) (SH1-434)
DACKIMER, Amile 58 (m) (SH2-73)
DAILEY, A. 40 (m) (B) (SH1-241)
DAILEY, Grace 12 (B?) (SH1-241)
DAILEY, P. 68 (m) (B) (SH1-241)
DAILY, Loving 58 (SH1-32)
DAILY, Robert 23 (SH1-384)
DAILY, Sarah 48 (SH1-384)
DAILY, ____ 3 (m) (SH1-32)
DAIRY, Eugene 39 (SH2-179)
DAIS, Dan 24 (B) (SH1-371)
DAISY, Eugene 15 (SH2-181)
DALE, E. F. 70 (f) (SH1-278)
DALE, Edward 21 (SH1-373)
DALE, Louisa 50 (B) (SH2-197)
DALEY, Annie 16 (SH2-92)
DALFOUR, Joseph 28 (SH2-68)
DALLAS, Lucinda 59 (SH1-191)
DALLAS, Wm. 38 (SH1-6)
DALLEY?, James __ (SH2-62)
DALSHEIMER, Michael 42 (SH2-263)
DALTON, C. R. 49 (m) (SH2-323)
DALTON, Eliza 10 (B) (SH2-333)
DALTON, Eliza 45 (SH2-117)
DALTON, James E. 43 (SH1-130)
DALTON, Jennie 13 (SH1-142)
DALTON, Lilia 6 (SH1-138)
DALTON, Mary 35 (B) (SH2-170)
DALTON, Robert 20 (SH2-17)
DALTON, Rufus 41 (SH1-388)
DALTON, T. H. 22 (m) (SH1-262)
DALTON, Thos. 21 (SH2-7)
DALTON, Tolbert 47 (SH1-192)
DALTON, W.? 75 (m) (SH1-474)
DALTON, Walter 19 (SH2-290)
DALTROFF, Solomon 63 (SH2-4)
DALTROFF, Solomon 65 (SH2-43)
DALTROFF, ____ 75 (m) (SH2-31)
DALY, Cornelius 25 (SH2-18)
DALY, Henry 18 (SH2-302)
DALY, J. _. 35 (m) (SH2-117)
DALY, Mary 50 (SH2-129)
DALY, Michael 46 (SH2-5)
DALY, Thos. E. 40 (SH2-303)
DALY, Tim? 28 (SH2-313)
DAMMONS, Silva 39 (B) (SH2-310)
DANBURG, Lew 40 (f) (B) (SH2-145)
DANBURY, Ellen 40 (B) (SH2-35)
DANBURY, S.? G. 47 (f) (SH2-308)
DANCANE, H. 24 (m) (B) (SH1-394)
DANCANE, L. 60 (m) (B) (SH1-394)
DANCEY, Jas. 35 (B) (SH2-321)
DANCEY, Richard 50 (B) (SH2-210)
DANCY, Anderson 40 (B) (SH2-358)
DANCY, Delia 18 (B) (SH2-73)
DANDON, Wm. 40 (SH2-267)
DANDREGE, Jennie 33 (B) (SH2-191)
DANDRIDGE, Alford 54 (B) (SH1-67)
DANDRIDGE, Jeff 50 (B) (SH1-57)
DANDRIDGE, Jennie 22 (B) (SH2-69)
DANDRIDGE, Jno. 30 (B) (SH1-67)
DANDRIDGE, Neppi? 12 (f) (B) (SH2-243)
DANDRIDGE, P. C. 41 (f) (SH1-167)
DANHAUSER, Charles 36 (SH2-263)
DANHEISER, Michael 63 (SH2-58)
DANHIESER, Isaac 36 (SH2-50)
DANIEL, Albert 40 (B) (SH1-274)
DANIEL, Ed _ (B?) (SH2-148)
DANIEL, Eugene 31 (SH2-61)
DANIEL, J. K. 35 (m) (SH2-260)
DANIEL, JEsse 65 (B) (SH1-267)
DANIEL, James 66? (m) (B) (SH1-467)
DANIEL, John 29 (SH2-7)
DANIEL, Joseph B. 36 (SH2-274)
DANIEL?, Angelo 50 (B) (SH2-81)
DANIEL?, Emma 15 (B) (SH1-447)
DANIELS, A. B. 40 (m) (SH1-56)
DANIELS, Cellus? 29 (m) (B) (SH1-75)
DANIELS, Eliza 14 (B) (SH2-215)
DANIELS, George 27? (B) (SH2-103)
DANIELS, George 40 (B) (SH2-205)
DANIELS, Henry 22 (B) (SH2-298)
DANIELS, J. Andy 20 (SH1-26)
DANIELS, James 25 (B) (SH1-141)
DANIELS, Josephine 28 (B) (SH2-278)
DANIELS, Mary 52 (SH2-61)
DANIELS, Mrs. 35? (SH2-361)
DANIELS, Prince 36 (B) (SH2-365)
DANIL, Nelson 60 (B) (SH2-190)
DANJACK, Maurice 50 (SH2-78)
DANLEY, Sam 29 (B) (SH1-321)
DANNAL, Henry 24 (B) (SH1-400)
DANNIE, Nelson 23 (B) (SH2-128)
DANNIELS, E. R. 32 (m) (B) (SH1-400)
DANNIS, S. 40 (m) (SH2-105)
DANSBY, George 33 (B) (SH2-332)
DANSBY, Lucy 33 (B) (SH1-400)
DANSON, Willie 7 (m) (SH2-148)
DARBY, Arthur _ (SH2-35)
DARBY, Bettie 65 (SH1-378)
DARDEN, Susan 60 (B) (SH1-434)
DARE, Richard 63 (SH2-51)
DARLING, Abe 30 (SH2-69)
DARLING, David 28 (SH2-327)
DARMEY?, Peter 50 (B) (SH1-302)
DARNEZ, Ch. 54 (m) (B) (SH1-406)
DARREGH, John W. 50 (SH2-216)
DARRISEN?, Andrew 45 (B) (SH1-94)
DART, C. C. 48 (m) (SH1-391)
DARY, Philomene 41 (f) (SH1-412)
DASHIELD, Robert 27? (SH2-78)
DASHIELL, George 40 (SH1-378)
DASHIELL, John 34 (SH2-77)
DASHNEY, David 51 (SH2-343)
DATES, Cathrine 50 (B) (SH1-363)
DAUGHTON, Dick 50 (B) (SH1-66)
DAVENPORT, Jain 80 (SH1-223)
DAVENPORT, James 38? (B) (SH1-283)
DAVENPORT, James 50 (B) (SH1-466)
DAVENPORT, Wm. 3 (B) (SH2-45)
DAVEY, Walter 30 (SH2-295)
DAVID, Lucy 20 (B) (SH2-143)
DAVID, Thos. 31 (B) (SH2-150)
DAVID, W. C.? 35 (m) (SH2-143)
DAVIDS, Lizzie 21 (SH2-243)
DAVIDSON, Ed 24 (SH1-422)

1880 Census Shelby Co. TN: Heads-of-Household

DAVIDSON, Ellen 40 (SH2-60)
DAVIDSON, G. F. 27 (m) (SH1-37)
DAVIDSON, H. F. 37 (m) (SH1-38)
DAVIDSON, Henry 45 (B) (SH1-470)
DAVIDSON, J. H. 23 (m) (SH1-47)
DAVIDSON, J. Q. 35 (m) (SH2-281)
DAVIDSON, M. B. 60 (m) (SH1-47)
DAVIDSON, M. T. 41 (m) (SH1-457)
DAVIDSON, Robert 21 (SH1-26)
DAVIDSON, Sallie L. 50 (SH1-470)
DAVIDSON, Wm. 79 (SH2-156)
DAVIE, Spencer 48 (B) (SH1-335)
DAVIES, L. E. 55 (m) (SH1-197)
DAVILE?, Elizabeth 51 (SH2-199)
DAVINE, JOe 41 (SH2-71)
DAVIS, A. 6 (m) (B) (SH1-147)
DAVIS, A. Jackson 36 (SH1-187)
DAVIS, Abraham 30 (B) (SH2-251)
DAVIS, Adam 30 (B) (SH1-348)
DAVIS, Adam 34 (B) (SH1-344)
DAVIS, Aggie 34 (B) (SH1-161)
DAVIS, Agustus 20 (B) (SH1-303)
DAVIS, Albert 33 (B) (SH2-297)
DAVIS, Alex 45 (m) (SH1-2)
DAVIS, Alfred 26 (B) (SH2-152)
DAVIS, Alfred 38 (B) (SH2-95)
DAVIS, Alice 27 (SH2-13)
DAVIS, Allen 21 (B) (SH2-271)
DAVIS, Allen 35 (B) (SH1-457)
DAVIS, Amanda 52 (B) (SH1-456)
DAVIS, Amos 24 (B) (SH1-198)
DAVIS, Anderson 57 (B) (SH2-159)
DAVIS, Andy 29 (SH1-213)
DAVIS, Angelinia 30 (B) (SH2-213)
DAVIS, Ann 50 (B) (SH2-285)
DAVIS, Ann W. 50 (SH2-281)
DAVIS, Anna 12 (B) (SH2-287)
DAVIS, Armstead 50 (B) (SH1-310)
DAVIS, Arther 64 (B) (SH1-310)
DAVIS, Austin 30 (B) (SH2-212)
DAVIS, Austin 35 (B) (SH2-153)
DAVIS, Austin 55 (B) (SH1-252)
DAVIS, B.? 49 (m) (SH1-393)
DAVIS, Ben 29 (B) (SH1-396)
DAVIS, Benj. F. 44 (SH1-175)
DAVIS, Benjamin 16 (SH2-11)
DAVIS, Betsy 8 (B) (SH1-351)
DAVIS, Bettie 25 (B) (SH2-125)
DAVIS, Betty 32 (SH1-203)
DAVIS, Bill 30 (B) (SH1-335)
DAVIS, Bill 35 (B) (SH1-295)
DAVIS, Blanche 7 (SH2-96)
DAVIS, Buck 38 (B) (SH1-471)
DAVIS, Burton 36 (B) (SH2-339)
DAVIS, C. 56 (m) (SH1-147)
DAVIS, Callie 40 (SH1-266)
DAVIS, Calvin 27 (B) (SH1-460)
DAVIS, Catherine 45 (B) (SH2-129)
DAVIS, Charles 23 (B) (SH1-116)
DAVIS, Charles 40 (SH2-74)
DAVIS, Charles 53 (B) (SH1-350)
DAVIS, Charles T. 21 (SH1-210)
DAVIS, Chas. 54? (SH1-275)
DAVIS, Chas. B. 41 (SH2-30)
DAVIS, Clara 39 (B) (SH1-335)
DAVIS, Cora 8 (B) (SH1-412)
DAVIS, Cornelia 31 (B) (SH2-118)
DAVIS, Cornelia 35? (SH2-118)
DAVIS, Cornelius 28 (B) (SH2-321)
DAVIS, David 45 (SH2-175)
DAVIS, Dolly? 43? (SH2-262)
DAVIS, Dudley 26 (B) (SH1-105)
DAVIS, E. 38 (m) (B) (SH2-110)
DAVIS, Ed 22 (B) (SH1-348)
DAVIS, Edmon 30 (B) (SH1-67)
DAVIS, Edw. 30 (m) (B) (SH2-125)
DAVIS, Effie 20 (SH2-87)
DAVIS, Elijah 38 (B) (SH2-337)
DAVIS, Elizabeth 20 (SH2-255)
DAVIS, Ella 24 (B) (SH2-108)
DAVIS, Ella 44 (B) (SH2-159)
DAVIS, Emiy J. 70 (SH2-30)
DAVIS, Emma 11 (B) (SH1-255)
DAVIS, Emma 23 (B) (SH2-93)
DAVIS, Emma 25 (SH2-111)
DAVIS, Ephraim 26 (B) (SH1-356)
DAVIS, Essex 46 (B) (SH1-125)
DAVIS, Essex 61 (B) (SH1-123)
DAVIS, F.? S. 43 (m) (SH1-148)
DAVIS, Fannie 8 (B) (SH1-140)
DAVIS, Fanny 21 (SH2-334)
DAVIS, Florida 30 (f) (B) (SH2-177)
DAVIS, Frank 24 (SH2-104)
DAVIS, Frank 47 (B) (SH2-12)
DAVIS, Frank? 21 (SH1-285)
DAVIS, Franky 31 (m) (SH2-271)
DAVIS, Fred 26 (B) (SH2-240)
DAVIS, Fred 29 (SH2-254)
DAVIS, Fred 3 (B) (SH2-195)
DAVIS, Frederick 42 (B) (SH2-16)
DAVIS, Gabe 30 (B) (SH1-414)
DAVIS, Geore 24 (B) (SH2-72)
DAVIS, George 20 (B) (SH1-15)
DAVIS, George 23 (B) (SH2-115)
DAVIS, George 30 (B) (SH2-206)
DAVIS, George 33 (B) (SH1-346)
DAVIS, George 50 (B) (SH1-343)
DAVIS, George W. 677 (SH1-209)
DAVIS, Georgia 45 (B) (SH2-131)
DAVIS, Georgiana 10 (B) (SH1-103)
DAVIS, Griffin 57 (B) (SH2-163)
DAVIS, Grundy 22 (B) (SH1-371)
DAVIS, Gus 36 (B) (SH1-420)
DAVIS, H. L. 27 (f) (SH2-33)
DAVIS, H. P. 19 (m) (SH1-264)
DAVIS, Hannah 25 (B) (SH1-294)
DAVIS, Hannah 35 (B) (SH2-1)
DAVIS, Harriet 33 (B) (SH2-219)
DAVIS, Harry 2 (B) (SH2-34)
DAVIS, Harry 22 (B) (SH1-285)
DAVIS, Harry 30 (B) (SH2-337)
DAVIS, Henry 16 (B) (SH2-76)
DAVIS, Henry 32 (B) (SH2-97)
DAVIS, Henry 45 (B) (SH1-148)
DAVIS, Henry 46 (B) (SH1-439)
DAVIS, Henry 50 (B) (SH2-41)
DAVIS, Henry 60 (B) (SH1-188)
DAVIS, Howard 28 (B) (SH2-269)
DAVIS, Isaac 62 (B) (SH1-156)
DAVIS, Isaiah 68 (B) (SH1-112)
DAVIS, Isham M. 50 (SH1-202)
DAVIS, J. A. 35? (SH1-474)
DAVIS, JErry 49 (m) (B) (SH1-125)
DAVIS, James 22 (B) (SH1-314)
DAVIS, James 25? (B) (SH1-103)
DAVIS, James 27 (B) (SH2-152)
DAVIS, James 35 (B) (SH2-16)
DAVIS, James 58 (SH1-126)
DAVIS, James D. 69 (SH2-13)
DAVIS, James H. 1 (B) (SH1-440)
DAVIS, Jas. C. 21 (B) (SH2-160)
DAVIS, Jeff 26 (B) (SH1-180)
DAVIS, Jeff 45 (B) (SH1-371)
DAVIS, Jennie 28 (B) (SH2-16)
DAVIS, Jennie H. 4 (SH1-25)
DAVIS, Jim 17 (B) (SH1-261)
DAVIS, Jno. 22 (B) (SH1-233)
DAVIS, Joe 45 (B) (SH1-433)
DAVIS, Joe 50 (B) (SH1-319)
DAVIS, John 30 (B) (SH1-129)
DAVIS, John 32 (B) (SH1-148)
DAVIS, John 35 (B) (SH1-328)
DAVIS, John 45? (B) (SH2-225)
DAVIS, John 50 (B) (SH2-129)
DAVIS, Jordan 24 (B) (SH1-294)
DAVIS, Joseph 29 (B) (SH1-136)
DAVIS, Joseph 36 (B) (SH2-364)
DAVIS, Julia 21 (SH2-288)
DAVIS, Junius? 21 (m) (B) (SH2-297)
DAVIS, Kit 30 (m) (B) (SH1-314)
DAVIS, L. A. 36 (m) (SH1-165)
DAVIS, Laura 16 (B) (SH2-1)
DAVIS, Lerry? 50 (m) (B) (SH1-372)
DAVIS, Letha 42 (B) (SH1-187)
DAVIS, Levina 16 (B) (SH2-345)
DAVIS, Lewis 24 (B) (SH1-250)
DAVIS, Lillie A. 9 (B) (SH2-152)
DAVIS, Lizzie 19 (SH2-88)
DAVIS, Lizzie 21 (B) (SH2-290)
DAVIS, Lou 30 (f) (B) (SH2-348)
DAVIS, Louis 60 (B) (SH1-104)
DAVIS, Lulla 9 (SH1-110)
DAVIS, Lusinda 30 (B) (SH1-267)
DAVIS, Lydia 40 (B) (SH2-236)
DAVIS, M. T. 39 (f) (SH1-232)
DAVIS, M. W. 23 (m) (SH1-261)
DAVIS, MArtha 50 (B) (SH1-99)
DAVIS, MAttie H. 14 (f) (SH1-184)
DAVIS, Mag 18 (f) (SH1-58)
DAVIS, Marsee? 25 (f) (B) (SH1-314)
DAVIS, Martin 33 (B) (SH1-17)
DAVIS, Mary 22 (SH1-92)
DAVIS, Mary 28 (SH2-120)
DAVIS, Mary 28 (SH2-188)
DAVIS, Mary 37 (B) (SH2-23)
DAVIS, Mary Ann 52 (B) (SH2-269)
DAVIS, Mary J. 9 (B) (SH1-123)
DAVIS, Maxwell 58 (SH2-172)
DAVIS, Melissa 7 (B) (SH1-438)
DAVIS, Mollie 32 (B) (SH2-94)
DAVIS, Morgan 31 (SH1-134)
DAVIS, N.? F. 43 (m) (SH2-148)
DAVIS, Nancy 80 (B) (SH1-280)
DAVIS, Nannie 23 (B) (SH2-287)
DAVIS, Nat 50 (B) (SH1-335)
DAVIS, Nelson 50 (B) (SH1-302)
DAVIS, Nicie 36 (f) (B) (SH2-175)
DAVIS, Oscar 10 (B) (SH2-318)
DAVIS, Overton 78 (B) (SH1-308)
DAVIS, Owen 29 (B) (SH2-287)
DAVIS, P. S. 27 (m) (B) (SH2-141)
DAVIS, Patrick 24 (B) (SH2-303)
DAVIS, Patsie M. 29 (f) (B) (SH2-99)
DAVIS, Paul 45 (B) (SH1-187)
DAVIS, Peter 44 (SH1-15)
DAVIS, Peter L. 25 (B) (SH1-122)
DAVIS, Philes 4 (B) (SH2-251)
DAVIS, Phineas 30 (B) (SH2-29)
DAVIS, Placka? 35 (m) (B) (SH1-59)
DAVIS, Pleasant 25? (B) (SH2-130)
DAVIS, Poke 35 (m) (B) (SH2-303)
DAVIS, Price 29 (B) (SH1-150)
DAVIS, R___llo? 19 (m) (B) (SH2-178)
DAVIS, Ran 21 (m) (B) (SH1-211)
DAVIS, Rebecca 21 (B) (SH2-64)
DAVIS, Richard 40 (B) (SH1-105)
DAVIS, Robbie 8 (B) (SH2-365)
DAVIS, Robert 18 (B) (SH1-307)
DAVIS, Robert 42 (SH2-92)
DAVIS, Rosa 22 (B) (SH1-131)
DAVIS, Rosell 20 (B) (SH1-305)
DAVIS, Round 25 (m) (B) (SH1-163)
DAVIS, S. E. 59 (f) (B) (SH2-148)
DAVIS, S. N. 49 (m) (SH1-158)
DAVIS, Salley 50 (B) (SH1-453)
DAVIS, Sallie 28 (B) (SH1-341)
DAVIS, Sam 29 (m) (B) (SH1-150)
DAVIS, Samuel 24 (B) (SH1-345)
DAVIS, Samuel 50 (B) (SH1-307)
DAVIS, Sarah 64 (SH2-96)
DAVIS, Sarah 70 (B) (SH1-410)
DAVIS, Sarah A. 52 (SH2-311)
DAVIS, Sely 16 (B) (SH1-78)
DAVIS, Silas 3 (B) (SH2-303)
DAVIS, Solomon 45 (B) (SH1-306)
DAVIS, Solomon 56 (B) (SH1-306)
DAVIS, Stephen 66 (B) (SH1-271)
DAVIS, Steve 41 (B) (SH1-334)
DAVIS, Susan 50 (SH1-226)
DAVIS, Taylor 30 (B) (SH2-14)
DAVIS, Taylor 50 (B) (SH2-212)
DAVIS, Thomas 30 (B) (SH2-329)
DAVIS, Thomas 42 (B) (SH1-451)
DAVIS, Thos. G. 66 (SH1-349)
DAVIS, Tobe 60 (B) (SH1-294)
DAVIS, Tobias 29 (B) (SH1-86)
DAVIS, Tom 60 (B) (SH1-320)
DAVIS, Walter 20 (SH2-77)

1880 Census Shelby Co. TN: Heads-of-Household

DAVIS, Walter 26 (B) (SH2-108)
DAVIS, Walter 30 (B) (SH2-5)
DAVIS, Will 32 (B) (SH1-363)
DAVIS, Willie 13 (m) (B) (SH1-346)
DAVIS, Willie 14 (SH2-47)
DAVIS, Wm. 20 (SH1-339)
DAVIS, Wm. 24 (B) (SH2-297)
DAVIS, Wm. 30 (B) (SH1-465)
DAVIS, Wm. 30 (B) (SH2-243)
DAVIS, Wm. 30 (B) (SH2-267)
DAVIS, Wm. 30 (SH2-83)
DAVIS, Wm. 35 (SH2-52)
DAVIS, Wm. 46 (B) (SH1-451)
DAVIS, Wm. H. 28 (B) (SH2-203)
DAVIS?, Annie 13 (B) (SH2-350)
DAVIS?, Saml. 53 (B) (SH1-8)
DAVISON, Aron 48 (SH1-142)
DAVISON, M. C. 26 (f) (SH1-394)
DAVISON, Wm. 35 (SH1-57)
DAVITT, Margaret 22 (SH2-257)
DAW, Eliza 35 (B) (SH1-66)
DAWLINGS, Washn. 40 (B) (SH2-128)
DAWRIAC, A. 49 (m) (SH1-390)
DAWSON, And. 28 (m) (B) (SH2-290)
DAWSON, Ann 20 (B) (SH1-170)
DAWSON, Cora 40 (B) (SH1-368)
DAWSON, Ely 50 (SH2-73)
DAWSON, Jennie 5 (SH1-368)
DAWSON, John F. 38 (SH2-19)
DAWSON, John P. 44 (SH1-332)
DAWSON, Kate E. 36 (SH2-88)
DAWSON, Mary 18 (B) (SH1-157)
DAWSON, Mary 6 (B) (SH1-153)
DAWSON, Thomas 37 (SH2-5)
DAWSON, Wm. 21 (B) (SH1-352)
DAWSON, Wm. 24 (B) (SH1-366)
DAWSON, Wm. 24 (B) (SH2-355)
DAWSON, Wm. 40 (B) (SH1-362)
DAWSON, Wm. 44 (B) (SH2-146)
DAY, Alexander 20 (B) (SH1-321)
DAY, Frank A. 25 (SH2-32)
DAY, G. Washington 22 (B) (SH2-237)
DAY, Harry 51 (B) (SH1-85)
DAY, Howard 19 (B) (SH1-258)
DAY, Jas. S. 59 (SH2-229)
DAY, Julia 50 (B) (SH1-112)
DAY, Kate 40 (B) (SH2-219)
DAY, Lucinda 60 (B) (SH2-184)
DAY, Mary C. 12 (SH1-82)
DAY, Mary L. 45 (SH2-20)
DAY, Thomas 57 (SH1-112)
DAY, Tine 24 (m) (SH1-171)
DAY, Wm. 46 (SH2-348)
DAY, Wm. 49 (B) (SH1-420)
DAY, Wm. P. 53 (SH1-112)
DAY, Wm. P. jr. 19 (SH1-111)
DAY?, Burrell 26 (B) (SH1-10)
DAYLEY, Alice (SH2-31)
DAYLEY, Annie 21 (SH2-106)
DAYMON, Mr. 62 (SH2-349)
DAYTON, Mary A. 60 (SH2-313)
DA___, Lottie 12 (B) (SH2-286)
DEA, Margaret 35 (SH2-322)
DEADERICK, Wm. 47 (SH2-11)

DEADMAN, Wm. 45 (B) (SH2-146)
DEADRICK, M. D. 58 (m) (SH1-465)
DEAN, Albert 30 (B) (SH1-175)
DEAN, Albert 30 (B) (SH1-79)
DEAN, Charley 28 (B) (SH1-269)
DEAN, Charley 29 (B) (SH2-341)
DEAN, Charlie 30 (SH2-178)
DEAN, Clara 22 (B) (SH2-64)
DEAN, L. M. 43 (m) (SH2-352)
DEAN, Lura 52 (SH1-284)
DEAN, M. D. 21 (m) (SH1-111)
DEAN, Nelson 57 (B) (SH1-151)
DEAN, Nina 27 (SH1-169)
DEAN, Rosa 30 (SH2-49)
DEAN, Saidie 28 (f) (SH2-365)
DEAN, Sallie 35 (B) (SH1-60)
DEAN, Saml. 20 (B) (SH1-18)
DEAN, Violet 32 (B) (SH2-64)
DEAN, Wm. 40 (SH2-262)
DEAN, Wm. J. 25 (SH1-111)
DEANE, Berry 40 (B) (SH2-43)
DEANE, Delma 18 (SH1-162)
DEARING, Anna 8 (B) (SH2-364)
DEARMOND, J. M. 62 (f) (SH1-293)
DEARMOND, Jno. S. 48 (SH1-214)
DEARMOND, W. K. 34 (m) (SH1-293)
DEARMOND, W. W. ___ (m) (SH1-281)
DEARTH, A. J. 40 (m) (SH2-138)
DEBARRY, Liza? 20 (B) (SH1-396)
DEBERANCY?, W. F. 27 (m) (SH2-48)
DEBERRY, Jemima 27 (B) (SH2-326)
DEBERRY, L. A. 11 (f) (B) (SH1-398)
DEBERY, Ellen 30 (B) (SH1-336)
DEBINGHART, M. 48 (f) (SH1-219)
DEBOSSE, Sam 45 (B) (SH1-401)
DEBOYER, Aylee? 69 (f) (SH2-121)
DECANEY, Augustus 46? (SH2-177)
DECARD, Anna 22 (SH2-47)
DECKER, Charels 49 (SH2-323)
DECKER, Wm. 22 (SH2-93)
DECKER, Zacheriah T. 29 (SH1-465)
DEDREY, Henry 16 (SH1-444)
DEDRICK, James 24 (B) (SH1-99)
DEDRICK, Joe H. 14 (SH2-89)
DEDRICK, Malinda 35 (B) (SH1-101)
DEDRICK, Mary 23 (B) (SH1-99)
DEDRICK, Mary 27 (B) (SH2-251)
DEDRICK, W. H. 49 (m) (SH2-307)
DEDRICK, Wm. B. 53 (SH2-89)
DEDRICK?, JAmes 66 (B) (SH1-98)
DEEN, George 50 (B) (SH1-450)
DEESON, H. L. 41 (m) (SH1-170)

DEETS, Elizabeth 82 (SH2-206)
DEFRANCE?, Frank 24 (B) (SH2-159)
DEGGE, George 45 (SH2-268)
DEGNAN, Delia 45 (SH2-45)
DEGRAFFRENREID, Ben (B) (SH1-66)
DEGROAT, G. B. 44 (m) (SH2-294)
DEHART, Jesse 23 (m) (B) (SH2-140)
DEHART, Molley 14 (SH1-390)
DEHART, Wm. 16 (SH2-231)
DEITSTRY, Wm. 38 (B) (SH1-277)
DELANGY, Michael 45 (SH2-274)
DELANNE, Wm. 45 (SH2-75)
DELAP, Henry 35 (B) (SH2-331)
DELAUNCY, J. R. 38 (m) (SH1-279)
DELAUNEY?, JAmes L. 73 (SH1-222)
DELISHE, Eugene 50 (SH2-166)
DELLY, John 70 (B) (SH1-386)
DELOACH, Agnes 31 (B) (SH2-305)
DELOACH, Allen 18 (SH2-55)
DELOACH, Babe? 39 (m) (B) (SH1-343)
DELOACH, Josiah 73 (SH1-284)
DELOACH, W. C. 38 (m) (SH1-284)
DELOATH, Sam 40 (B) (SH2-301)
DEMAN?, Joe 25 (B) (SH1-345)
DEMARCHI, Louis 27 (SH2-11)
DEMMONS, Laura 38 (SH2-304)
DEMPSY, Geo. W. 29 (SH1-34)
DEMPSY, J. H. 52 (m) (SH1-34)
DEMPSY, J. H> 21 (m) (SH1-34)
DENCE, Jeff 28 (B) (SH1-400)
DENEGRI, M. 25 (m) (SH1-405)
DENHAM, pa___ 24 (f) (SH2-163)
DENIE, John A. 48 (SH2-124)
DENIS, Alice 18 (B) (SH1-231)
DENISON, Gurney 28 (m) (SH2-235)
DENISON, Kate 30 (SH2-166)
DENNIES, Thos. 28 (SH2-153)
DENNIGAN, John 40 (SH2-316)
DENNIS, A. 27 (m) (B) (SH1-162)
DENNIS, A. G. 50 (m) (SH1-399)
DENNIS, Arina 40 (B) (SH1-96)
DENNIS, Arther 69 (B) (SH1-202)
DENNIS, Arthur 39 (SH2-245)
DENNIS, B. 19 (m) (B) (SH1-161)
DENNIS, Calvin 25 (B) (SH1-211)
DENNIS, Geo. 62 (B) (SH1-58)
DENNIS, Jesse 24 (m) (B) (SH1-284)
DENNIS, Joanna 59 (B) (SH1-387)
DENNIS, Louis 27 (SH2-77)
DENNIS, Louisa 14 (B) (SH1-418)
DENNIS, M. J. 60 (f) (B) (SH1-149)
DENNIS, Marthy 30 (B) (SH1-214)
DENNIS, Mary 35 (B) (SH1-428)

DENNIS, Rich 55 (B) (SH2-130)
DENNIS, Silvey 60 (f) (B) (SH1-211)
DENNIS, Stephen 35 (B) (SH1-357)
DENNIS, T. 77 (f) (SH1-168)
DENNIS, ___ 36 (f) (SH2-182)
DENNIS?, Martha 32 (B) (SH1-202)
DENNY, Mary 60 (B) (SH1-473)
DENSFORD, MArtha 40 (SH1-78)
DENT, George G. 25 (SH2-213)
DENT, H. G. 55 (m) (SH2-161)
DENTIN, Ch. 40 (m) (B) (SH1-399)
DENTON, Willie 15 (f) (SH2-308)
DENTON, Wm. J. 40 (SH1-8)
DEPASS, S. C. 47 (m) (SH2-171)
DEPRIEST, Randall 30 (B) (SH2-364)
DEQUILFELDT, H. 58 (m) (SH2-105)
DERBERY, James 25 (SH1-304)
DERICK, Linda 30 (B) (SH1-99)
DERTHINGER, A. 47 (m) (SH2-70)
DESHAYS, D. 42 (m) (SH1-406)
DESHOZO?, Alfred L. 29 (SH1-470)
DESMOND, Daniel 61 (SH1-320)
DEVAL, Lucy 50 (B) (SH1-303)
DEVANT, Tom 32 (SH2-87)
DEVENEY, Owen 40 (SH2-6)
DEVERE, Harry 1/12 (SH2-13)
DEVINE, Alice 32 (SH2-42)
DEVINE, Ellen 40 (SH1-92)
DEVINE, John 29 (SH2-231)
DEVINE, Mary 40 (SH2-18)
DEVINE, T. A. 35 (m) (SH2-152)
DEVINNEY, Ida 17 (SH1-132)
DEVINNEY, John 60 (SH1-132)
DEVINNEY, Margaret 52 (SH1-132)
DEVITT, Martin W. 27 (SH2-37)
DEVLAN, Fannie E. 35 (SH1-301)
DEVOTA, Nick 40 (SH2-112)
DEVOTO, Benj. ___ (SH2-122)
DEVOTO, Julia 22 (SH2-132)
DEVOTO, Julia 22 (SH2-132)
DEVOTO, Maria 42 (SH1-359)
DEVOTO?, ___ 48 (m) (SH2-269)
DEW, J. J. 50 (m) (SH2-36)
DEWAR, Wm. P.? 25 (SH2-31)
DEWEY, Luella 16 (SH2-8)
DEWEY, Wm. 50 (SH2-15)
DEWIRE, Ellen 23 (SH2-250)
DE___, Louis 42 (SH2-268)
DIAL?, Lettie 19 (f) (B) (SH2-234)
DIAMOND, Peter 21 (B) (SH1-173)
DIAPER, Joe 26 (SH2-31)
DICK, Mary 40 (B) (SH2-39)
DICKASON, Coleman 25 (B) (SH1-15)
DICKASON, HEnderson 23 (B) (SH1-28)

DICKASON, Henderson 43 (B) (SH2-64)
DICKASON, John jr. 22 (B) (SH1-18)
DICKASON, John sr. 45 (B) (SH1-28)
DICKASON, Lewis 52 (B) (SH1-27)
DICKASON, Minnie 9 (B) (SH2-65)
DICKASON, Richard 23 (B) (SH2-45)
DICKASON, Rosa 9 (B) (SH1-5)
DICKASON, Wm. W. 33 (B) (SH1-28)
DICKENS, Ann 35 (B) (SH2-217)
DICKENS, Anna 22 (B) (SH1-331)
DICKENS, Ben 20 (B) (SH1-113)
DICKENS, Chas. 20 (SH2-81)
DICKENS, Clarisa 50 (B) (SH1-181)
DICKENS, Dave 28 (B) (SH2-218)
DICKENS, Edward 7 (B) (SH1-127)
DICKENS, Jessie 14 (f) (SH2-222)
DICKENS, Lucy 27 (B) (SH2-166)
DICKENS, Matilda 50 (B) (SH1-140)
DICKENS, Pleasanna 18 (B) (SH1-333)
DICKENS, Robt. 58 (B) (SH1-140)
DICKENS, Sallie 7 (B) (SH2-317)
DICKENS, Sam 24 (SH2-93)
DICKENS, Sentry 52 (m) (B) (SH1-467)
DICKENS, Wm. 53 (B) (SH2-181)
DICKENS, Wm. F. 24 (B) (SH1-138)
DICKENSON, Elvi 40 (f) (B) (SH2-259)
DICKERSON, Alex 28 (B) (SH2-302)
DICKERSON, Easter 62 (B) (SH2-75)
DICKERSON, Ellen 36 (B) (SH2-268)
DICKERSON, Ellen 36 (B) (SH2-274)
DICKERSON, Fanny 60 (B) (SH1-170)
DICKERSON, Frances 50 (B) (SH2-342)
DICKERSON, George 39 (B) (SH2-225)
DICKERSON, Hende 25 (m) (B) (SH2-297)
DICKERSON, Jim 50 (B) (SH1-7)
DICKERSON, Richard 24 (B) (SH1-371)
DICKERSON, Richd. 59 (B) (SH2-121)
DICKERSON, Robt. L. 17 (B) (SH2-298)
DICKESON, Henry 17 (B) (SH2-341)
DICKEY, C. W. 42 (m) (SH1-155)
DICKEY, Ella 53 (SH1-168)
DICKEY, J. W. 46 (m) (SH1-169)
DICKEY, Oney 13 (f) (SH1-164)

DICKINS, Bock 50 (m) (B) (SH1-403)
DICKINS, Hortense 14 (SH1-110)
DICKINS, Josey 25 (f) (B) (SH1-73)
DICKINS, Julia 29 (SH2-168)
DICKINS, W. L. 16 (m) (SH1-52)
DICKINSON, Albert 32 (B) (SH2-291)
DICKINSON, C. C. 53 (m) (B) (SH2-148)
DICKINSON, C. M. 56 (f) (SH2-255)
DICKINSON, James 36 (SH2-75)
DICKINSON, Mary 23 (SH2-9)
DICKINSON, Phil 40 (B) (SH2-186)
DICKINSON, Wily 23 (B) (SH1-472)
DICKINSON, Wm. 40 (B) (SH1-280)
DICKINSON, Wm.? 28 (B) (SH2-291)
DICKOSON, Sink? 49 (m) (B) (SH1-9)
DICKSON, Ben 22 (B) (SH2-144)
DICKSON, Elouise 30 (SH2-14)
DICKSON, Henry 11 (B) (SH1-39)
DICKSON, Joseph 5 (B) (SH1-471)
DICKSON, Pattie 19 (B) (SH2-73)
DICUS, Emma 22 (B) (SH2-158)
DIDLEY, Amanda 20? (B) (SH2-224)
DIDO, Charles 40 (B) (SH1-356)
DIES, Eliza 46 (SH2-327)
DIFFLY, ____ 60 (SH1-474)
DIGGINS, Parthenia 39 (B) (SH2-4)
DIGGS, Cherry 46 (f) (B) (SH2-333)
DIGGS, Eli 50 (SH2-145)
DIGGS, James 6 (B) (SH2-334)
DIGGS, Wm. 26 (B) (SH2-336)
DIGINS, ____ 44 (f) (B) (SH2-330)
DIGMAN, Henry 35 (SH2-252)
DIGS, Washington 26 (B) (SH1-331)
DIKINS, Lula 14 (B) (SH1-404)
DILBARD, Thomas 46 (SH2-88)
DILDAY, M. E. 40 (f) (SH1-279)
DILL, A. 24 (m) (B) (SH1-147)
DILL, Alfred 25 (B) (SH1-163)
DILL, Andrew 35 (B) (SH1-168)
DILL, Dan 21 (B) (SH1-151)
DILL, Edward 23 (B) (SH1-162)
DILL, Ella 15 (B) (SH1-135)
DILL, J. 35 (m) (B) (SH1-147)
DILLARD, D. G. 34 (m) (SH1-237)
DILLARD, Henry 45 (B) (SH2-227)
DILLARD, Henry 65 (B) (SH1-222)
DILLARD, J. H. 30 (m) (SH2-112)
DILLARD, James 42 (SH2-80)
DILLARD, James E. 52 (SH2-202)
DILLARD, Jeff 20 (SH1-461)

DILLARD, Judie 33 (f) (B) (SH2-239)
DILLARD, Lucy 25 (B) (SH2-123)
DILLARD, Wash 52 (B) (SH1-321)
DILLARD, Wm. H. 18 (SH1-462)
DILLINZET, Nora 24 (SH1-339)
DILLON, Abbie 37 (m?) (SH2-13)
DILLON, Christ 28 (SH2-256)
DILLON, John 40 (SH2-293)
DILLON, John 47 (SH2-63)
DILS?, Thomas 17 (SH2-191)
DILWORTH, Sarah 39 (B) (SH1-139)
DIMMON?, Hannah 68 (SH2-322)
DINES, John 31 (B) (SH2-294)
DINGS, James 34 (SH2-257)
DINGY?, Irvin 54 (SH1-34)
DINKINS, John 54 (B) (SH1-208)
DINO?, Robert 48 (B) (SH1-399)
DINON, Dan 18 (SH2-75)
DINON, Kate 20 (SH2-241)
DISIN?, Jeff 35 (B) (SH1-62)
DIVER, Robert 49 (SH2-78)
DIVINE, Howel 29 (SH1-86)
DIX, H. T. 40 (m) (SH1-398)
DIXON, Ben 35 (B) (SH2-206)
DIXON, Ellen 47 (SH2-241)
DIXON, Fanny 21 (B) (SH2-238)
DIXON, George 50 (B) (SH1-95)
DIXON, George 58 (SH2-94)
DIXON, James 83 (B) (SH2-277)
DIXON, John 23? (B) (SH1-80)
DIXON, John 46 (B) (SH2-258)
DIXON, John H. 35 (SH2-223)
DIXON, John P. 29 (B) (SH2-361)
DIXON, Julia 22 (SH1-99)
DIXON, Julia 32 (SH2-88)
DIXON, L. 40 (m) (SH1-233)
DIXON, Lewis 33 (B) (SH1-251)
DIXON, Lizzie 20 (SH2-231)
DIXON, Maggie 19 (SH2-118)
DIXON, Nase? 29 (m) (B) (SH2-364)
DIXON, Sarah 26? (SH2-56)
DIXON, Thomas 4 (B) (SH2-347)
DIXON, Willie 13 (m) (B) (SH2-122)
DIXON, Willie 6 (f) (B) (SH2-305)
DIXON, Wm. 13 (B) (SH1-97)
DIXON?, Josiah 71 (SH2-80)
DIXSON, M. 67 (f) (SH1-391)
DIZER, John 10 (B) (SH1-338)
DI_KENS, Willie 7/12 (m) (B) (SH2-327)
DOAN, Henry 25 (SH2-70)
DOBB, D. 23 (m) (B) (SH1-404)
DOBB, Phebie 54? (B) (SH1-404)
DOBBAGE?, Reubin 33 (B) (SH1-296)
DOBBINS, Dick 45 (B) (SH1-311)
DOBBINS, Haley? 52 (m) (B) (SH1-312)
DOBBINS, James 28 (B) (SH2-194)
DOBBINS, Wm. 39 (SH2-267)
DOBBS, Alford 30 (B) (SH1-289)

DOBBS, Allison N. 22 (m) (SH2-50)
DOBBS, Chas. T. 32 (SH2-100)
DOBBS, Mattie 16 (f) (SH1-425)
DOBBS, S. C. 40 (f) (SH1-148)
DOBBS, W. A. 23 (m) (SH2-290)
DOBYNS, Jenny 24 (SH2-244)
DOBYNS, Susan 40 (B) (SH2-286)
DOCHERY, Isham 22 (B) (SH1-139)
DOCKERY, Addison 33 (B) (SH2-116)
DOCKERY, Fannie 40 (B) (SH2-32)
DOCKERY, George 22 (B) (SH1-351)
DOCKERY, Millie 22 (B) (SH2-264)
DOCKERY, Steve 28 (B) (SH1-356)
DOCKINS?, Kenney 39 (B) (SH2-329)
DOCORY, Steven 45 (B) (SH2-193)
DODD, Eliza 6 (B) (SH1-44)
DODD, Mattie 30 (f) (B) (SH1-105)
DODDS, Isabella 78 (SH2-324)
DODGE, Ester 35 (B) (SH1-401)
DODSON, Adolph 23 (B) (SH2-120)
DODSON, Charles E. 22 (SH1-76)
DODSON, Daniel 64 (B) (SH1-324)
DODSON, Dilingham 60 (SH1-279)
DODSON, M. M. 54 (f) (SH1-279)
DODSON, Mary 28 (B) (SH2-84)
DODSON, Reuben T. 25 (SH1-74)
DODY, Henry 21 (B) (SH2-129)
DOGGET, Flora 60 (B) (SH2-295)
DOGGETT, Frank 30 (B) (SH1-293)
DOGGETT, W. 52 (B) (SH1-259)
DOHERTY, Chas. J. 23 (SH2-312)
DOHERTY, Jane 50 (B) (SH2-24)
DOHERTY, John 35 (SH2-46)
DOHERTY, John 62 (B) (SH2-229)
DOHERTY, Johnny 11 (SH2-152)
DOHERTY, Nancy 75 (SH2-14)
DOHERTY, Philip 28 (SH2-12)
DOHERTY?, Richard 36 (SH2-120)
DOLAN, Banard 33 (m) (SH2-111)
DOLAN, Bridget 38 (SH2-255)
DOLAN, Daniel? 33 (SH2-265)
DOLAN, Joanna 40 (SH2-168)
DOLAN, John 54 (SH2-250)
DOLAN, Kate 30 (SH2-269)
DOLAN, Laura 34 (SH2-172)
DOLAN, Margaret 40 (SH2-12)
DOLAN, Peter 42 (SH2-250)
DOLEMAN, Gus 15 (SH1-422)
DOLEMAN?, Ann 50 (B) (SH1-259)
DOLEY, Munroe 27 (B) (SH1-450)

DOLLIS, Martha 40 (B) (SH2-218)
DOLON, Frank 17 (SH2-322)
DOLTON, Robert 35 (SH2-69)
DOMBENI?, Lizzie 6 (SH2-174)
DOMINIQUE, V. 14 (m) (SH2-99)
DON?, Mary A. 39? (SH2-268)
DONAHOE, Mary 37 (SH2-100)
DONAHOO, Nat 60 (B) (SH1-223)
DONAHUE, James 38 (SH2-26)
DONALDSON, Alfred 44 (B) (SH2-18)
DONALDSON, George 25 (B) (SH1-47)
DONALDSON, H. 42 (f) (B) (SH1-247)
DONALDSON, Nancy? 35 (B) (SH1-42)
DONALDSON, Samuel 44 (B) (SH1-31)
DONALDSON, Wm. 27 (SH2-164)
DONALSON, Robt. 28 (B) (SH1-168)
DONAVAN, Daniel J. 40 (SH2-62)
DONEHUE, Thaddeus 40 (SH2-35)
DONELLY, James P. 39 (SH2-101)
DONELSON, Alex 38 (B) (SH1-185)
DONELSON, Alx. 64 (SH1-180)
DONELSON, Buck 46 (B) (SH1-185)
DONELSON, Dick 66 (B) (SH1-185)
DONELSON, Jack 65 (B) (SH1-185)
DONELSON, Leah 64 (B) (SH1-183)
DONELSON, Lewis 26 (SH2-83)
DONELSON, Louis R. 25 (SH2-61)
DONELSON, Mary 30 (B) (SH1-371)
DONELSON, Reuben 40 (B) (SH1-185)
DONIA, Cally 42 (B) (SH1-420)
DONLEY, Dan 40 (SH2-111)
DONLEY, Maggie 30 (SH2-113)
DONNALL, Winford 19 (SH2-304)
DONNEL, Henry 1/12 (B) (SH2-97)
DONNELLY, Jane 37 (SH2-244)
DONNELLY, Kate 41 (SH2-264)
DONNELLY, Margaret 42 (SH2-33)
DONNELLY, Owen 30 (SH2-135)
DONNELLY, Peter 47 (B) (SH2-227)
DONNELLY, Wm. 38 (SH2-362)
DONNELLYY, Andrew 25? (SH2-66)
DONNOHUE, Madge 24 (f) (SH2-271)
DONOGHUE, Nora 20 (SH1-109)
DONOGHUE, Polly 40 (B) (SH1-92)
DONOHO, James 25 (SH2-68)
DONOHO, Lettie 45 (SH1-298)
DONOHOE, David 35 (SH2-178)
DONOHOE, ___ 25 (m) (SH2-114)
DONOHOE, ___ 60 (f) (SH2-174)
DONOHOU, Americus 59 (B) (SH2-103)
DONOHUE, Dan 28 (SH2-245)
DONOHUE, JEsse 12 (m) (SH1-437)
DONOHUE, Jeremia? 44 (SH2-124)
DONOHUE, Micheal 60 (SH2-228)
DONOLY, John 19 (SH2-114)
DONOUGH, Jennie 40 (SH2-92)
DONOVAN, Blanche 5 (SH2-25)
DONOVAN, Pat 41 (m) (SH2-332)
DONOVAN, Roger 39 (SH2-69)
DOOLAN, Edward 18 (SH2-3)
DOOLAN, Lizzi 50 (SH1-473)
DOOLEY, Laury 12 (SH1-331)
DOOLEY, M. J. 41 (f) (SH1-403)
DOOLEY?, John 20 (SH2-47)
DOOLIN, ___ 42 (SH1-375)
DOOLITTLE, Edward 26 (SH2-88)
DORAH, J. Y.? 29 (m) (SH2-342)
DORAN, Annie 17 (SH2-327)
DORAN?, Anna 19 (SH1-109)
DORCAS, John 14 (B) (SH2-43)
DORCEY, E. D. 24 (m) (B) (SH1-158)
DORGES, Albert 7 (SH1-110)
DORGES, Jane 11 (SH1-110)
DORGE_, Mary 15 (SH1-110)
DORIAN, Ellen M. 42 (SH2-342)
DORIAN, Jno. 60 (SH2-187)
DORMAN, Godfrey 20 (SH1-79)
DORMAN, Mattie 5 (f) (B) (SH1-329)
DORRIS, J. R. 20 (m) (SH1-146)
DORSE, James M. 30 (B) (SH2-137)
DORSEN?, M. 42 (f) (B) (SH1-96)
DORSEY, Daniel 55 (B) (SH1-447)
DORSEY, James 40 (SH2-260)
DORSEY, John 50 (SH1-474)
DORSEY, Liew? 8 (f) (B) (SH1-228)
DORSEY, Solomon 19 (B) (SH1-189)
DORSEY, Solomon 30? (B) (SH1-176)
DORSEY, Wesley 51 (SH1-333)
DORSON, Willis 27 (B) (SH1-244)
DORSTER, Sterling _5 (SH2-270)
DORSTON, Dora 40 (B) (SH1-437)
DORYEE, James 22 (SH2-199)
DOTSON, Daniel 35 (B) (SH2-21)
DOTSON, Samuel 68? (B) (SH2-127)
DOTSON, Squ___ 30 (m) (B) (SH2-158)
DOUDES, A. 19 (f) (SH1-390)
DOUGHER, Nelly 15 (SH1-98)
DOUGHERTY, Ja. A. 62 (m) (SH2-296)
DOUGHERTY, John 29 (SH2-300)
DOUGLAS, D. 50 (m) (B) (SH2-143)
DOUGLAS, Elizer 67 (B) (SH1-450)
DOUGLAS, Fannie 59 (B) (SH2-56)
DOUGLAS, Frank 38 (B) (SH1-337)
DOUGLAS, Geo. L. 63 (SH1-28)
DOUGLAS, Jas. 39 (B) (SH2-150)
DOUGLAS, John P. 36? (SH1-28)
DOUGLAS, Levis 21 (m) (B) (SH1-5)
DOUGLAS, Mark 35 (B) (SH2-316)
DOUGLAS, Mary 60? (B) (SH1-447)
DOUGLAS, Ralleigh 53 (B) (SH1-4)
DOUGLAS, Rosetta 4 (SH1-151)
DOUGLAS, Wash 40 (B) (SH1-28)
DOUGLAS, Wm. 59 (B) (SH1-11)
DOUGLAS?, Charley 21 (B) (SH2-347)
DOUGLASS, A. C. 25 (m) (SH1-152)
DOUGLASS, A. H. 60 (m) (SH2-113)
DOUGLASS, Anderson 40 (B) (SH1-306)
DOUGLASS, Berchard 29 (m) (SH1-320)
DOUGLASS, Charles 41 (B) (SH2-205)
DOUGLASS, Crumey? 40 (m) (B) (SH1-251)
DOUGLASS, Curran 18 (m) (SH1-324)
DOUGLASS, Eliza 35 (B) (SH2-290)
DOUGLASS, Frank 52 (B) (SH1-365)
DOUGLASS, Fred 46 (SH2-76)
DOUGLASS, George M. 31 (SH1-319)
DOUGLASS, H. 27 (m) (B) (SH2-250)
DOUGLASS, H. F. 40 (m) (SH1-253)
DOUGLASS, H. L. 34? (m) (SH1-57)
DOUGLASS, Henry 30 (B) (SH2-16)
DOUGLASS, Ila 39 (m) (SH1-69)
DOUGLASS, Ila 80 (SH1-320)
DOUGLASS, James 28 (B) (SH2-139)
DOUGLASS, Jas. 24 (B) (SH1-460)
DOUGLASS, Jery 22 (B) (SH1-356)
DOUGLASS, Jim 27 (B) (SH1-2)
DOUGLASS, Jim 30 (B) (SH1-69)
DOUGLASS, Jno. 30 (B) (SH2-195)
DOUGLASS, John 36 (B) (SH1-437)
DOUGLASS, John 43 (B) (SH1-379)
DOUGLASS, Julia 23 (B) (SH2-219)
DOUGLASS, Mary 34 (SH1-377)
DOUGLASS, S. E. 24? (m) (SH1-41)
DOUGLASS, Samuel 22 (B) (SH1-251)
DOUGLASS, Samuel 62 (SH1-49)
DOUGLASS, W. H. 53 (m) (SH1-251)
DOUGLASS, W. N. 20 (m) (SH1-323)
DOUGLASS, Winnie 84? (B) (SH1-386)
DOULAND, Ben 22 (B) (SH1-148)
DOVER, Lou A. 26 (f) (SH1-223)
DOVER, Lou M. 19 (f) (SH1-219)
DOVER, MArgaret 40 (SH1-163)
DOVER, R. L. 27 (m) (SH1-271)
DOVERS, Nancy 41 (B) (SH2-119)
DOW, Fortune 20 (B) (SH2-19)
DOW, Fred 30 (SH2-252)
DOW, Harlow 54 (SH2-242)
DOW, Jack 55 (B) (SH1-270)
DOW, Lorenzo 39 (B) (SH2-284)
DOW, Lorenzo 40 (B) (SH2-68)
DOW, Lorinza 28 (B) (SH2-188)
DOW, Margaret 30 (B) (SH1-270)
DOW, Wm. 23 (B) (SH1-270)
DOWD, Angeline 17 (B) (SH1-437)
DOWD, Anna 18 (SH1-351)
DOWD, Essex 20 (B) (SH1-237)
DOWD, Jack 19 (B) (SH1-296)
DOWD, Sam 65 (B) (SH1-240)
DOWD?, Al. 19 (m) (B) (SH1-237)
DOWDY, Charles W. 46 (SH2-101)
DOWDY, Fulton 20 (B) (SH1-121)
DOWDY, J. F. 64 (m) (SH2-358)
DOWDY, Wm. R. 47 (SH1-462)
DOWELL, Qix? 66 (f) (SH2-274)
DOWLIN, Nora 16 (SH2-76)
DOWNER, Martha 40 (B) (SH1-352)
DOWNEY, Ann 43 (B) (SH2-60)
DOWNEY, Maggy 14 (SH2-278)
DOWNEY, Nora 45 (SH2-272)
DOWNEY, Russel 41 (B) (SH2-286)
DOWNING, Chas. 29 (B) (SH2-306)
DOWNING, Hy. 22 (m) (B) (SH2-125)
DOWNS, Catharine 46 (SH2-319)
DOWNS, Elizabeth 46 (SH2-189)
DOWNS, Frances 23 (B) (SH2-127)
DOYLE, D. Margarett 66 (SH1-92)
DOYLE, Edward 21 (SH2-22)
DOYLE, John 30 (SH2-48)

34

1880 Census Shelby Co. TN: Heads-of-Household

1880 Census Shelby Co. TN: Heads-of-Household

DOYLE, John D. 30 (SH1-290)
DOYLE, Josie 19 (f) (SH2-35)
DOYLE, Julia 27 (SH1-108)
DOYLE, Kate 59 (SH2-256)
DOYLE, M. J. 44 (m) (SH2-302)
DOYLE, Margaret 35 (SH2-8)
DOYLE, Mary 39 (SH2-254)
DOYLE, Patrick 30 (SH2-27)
DOYLE, Philip 23 (SH2-40)
DOYLE, Rebecca 42 (SH1-114)
DOYLE, Sarah 49 (SH1-416)
DOYLES, Granville 20 (B) (SH2-346)
DO___, Kate 20? (SH2-267)
DRAIXGACKER?, A. A. 14 (m) (SH2-251)
DRAKE, Addie 30 (B) (SH1-364)
DRAKE, Allen 24 (B) (SH2-349)
DRAKE, David 25 (B) (SH1-375)
DRAKE, Houston 27 (B) (SH1-35)
DRAKE, J. S. 42 (m) (SH2-68)
DRAKE, John 19 (B) (SH2-207)
DRAKE, Ricahrd 41 (SH1-100)
DRAKE, Robt. M. 42 (SH2-83)
DRAKE, T. C. 39 (f) (SH1-399)
DRANE, Fred 35 (B) (SH1-438)
DRAPER, Mat 54 (B) (SH1-356)
DRAPER, Wm. 30 (B) (SH2-44)
DRAYFORD, Sallie 12 (B) (SH2-289)
DRAYFUS, David 43 (SH2-244)
DRAYTON, Nancy 40 (B) (SH2-356)
DREIFUSS, ___ 53 (m) (SH1-104)
DRENNAN, Lewis 20 (SH1-24)
DRENSHAW, Richmond 50 (B) (SH1-125)
DRESHER?, Wm. 47 (SH2-273)
DRESSER, Wm. 21 (SH1-459)
DREW, R. _. 43 (f) (SH2-264)
DREW, Will 30 (B) (SH1-366)
DREWRY, Julia F. 38 (SH2-267)
DREYFUS, Rosanna 54 (SH2-41)
DREYFUSS, Samuel 47? (SH2-264)
DRIES?, Frank 39 (SH2-172)
DRIVER, Blair 67 (m) (B) (SH2-220)
DRIVER, Henry 50 (B) (SH1-348)
DRIVER, Neil 50 (B) (SH1-465)
DRIVER, Peter 30 (B) (SH1-339)
DRIVER, S. 60 (m) (SH1-405)
DRIVER, W. M. 25? (B) (SH2-224)
DROSCHER, Frederica 39 (SH2-173)
DROUGHT, James 57 (B?) (SH1-469)
DROVE, Harry 32 (SH1-108)
DRUMMOND, Michael 45 (SH2-28)
DRUMMOND, Miles 30 (B) (SH1-113)
DRURY, Sevaney B. 22 (m) (SH2-87)
DUBACH, Ed 21 (SH2-53)
DUBOICE?, James 20 (SH1-78)
DUBOISE, George W. 22 (SH1-87)
DUBOSE, Julius 39 (SH2-241)

DUCK, Mary 52 (B) (SH1-403)
DUCK, Wm. H. 34 (SH1-74)
DUCKETT, John _. _ (m) (B) (SH1-295)
DUCKETT, Sim 30 (B) (SH1-288)
DUCKETT, Ward 30 (B) (SH1-288)
DUDLEY, Eliza 50 (B) (SH2-149)
DUDLEY, James 65 (B) (SH2-336)
DUE EAST?, A. F. 44 (m) (SH1-40)
DUEGANS, Wm. 29 (B) (SH1-405)
DUFF, Ben 24 (B) (SH2-180)
DUFF, John 27 (Chinese) (SH2-106)
DUFF, R. W. 67 (f) (SH1-266)
DUFF, Wm. L. 37 (SH2-100)
DUFFEY, T. W. 30 (m) (SH1-397)
DUFFIE, Alexander M. 42 (SH2-51)
DUFFIN, Thomas 45 (SH2-71)
DUFFY, Bridget 38 (SH2-240)
DUFFY, Chester 56 (B) (SH2-18)
DUFFY, Fredonia 40 (B) (SH1-47)
DUFFY, George 29 (SH2-78)
DUFFY, James 30 (SH2-15)
DUFFY, John 35 (SH2-76)
DUFFY, John 52 (SH2-302)
DUFFY, John M. 32 (SH2-100)
DUFFY, Kate 60 (SH2-190)
DUFFY, Patrick 33 (SH2-132)
DUFFY, Thresa 8 (SH2-258)
DUGAN, Annie 16 (SH2-302)
DUGAN, Dennis 22 (SH2-7)
DUGAN, Mary 25 (SH2-157)
DUGAN, Thomas 40 (SH2-45)
DUGAN, ___ 17 (f) (SH2-265)
DUKE, Adolphus 35 (B) (SH1-427)
DUKE, Arnold 38? (B) (SH1-48)
DUKE, B. 22 (m) (SH1-238)
DUKE, Charles 34 (B) (SH2-236)
DUKE, Clayton 25 (SH2-71)
DUKE, Fortune __ (m) (B) (SH1-356)
DUKE, Hilliard 30 (B) (SH1-431)
DUKE, J. L. 48 (m) (SH1-239)
DUKE, J. P. 52 (m) (SH2-168)
DUKE, John 23 (B) (SH1-136)
DUKE, Louisa 60 (B) (SH1-136)
DUKE, Lucinda 43 (B) (SH2-59)
DUKE, Mary A. 50 (B) (SH2-217)
DUKE, Moses 52 (B) (SH2-298)
DUKE, Thos. 26 (SH1-238)
DUKE, West 30 (B) (SH2-117)
DUKE, Wm. 19 (SH1-23)
DUKE, Wm. 30 (B) (SH1-136)
DUKE, Wm. 30? (B) (SH1-376)
DUKE, ___ 25 (B) (SH1-363)
DUKE?, Jennie 9 (B) (SH2-33)
DUKEL, August 31 (SH2-258)
DUKEMAN, Paul 28 (SH2-76)
DUKES, Amos 30 (B) (SH1-331)
DUKES, Manuel 27 (B) (SH2-4)
DUKES, Martha 30 (B) (SH2-15)
DUKES, Neffie G. 37 (SH2-232)
DUKES, Sallie 40 (B) (SH1-331)
DUKES, Sarah 14 (B) (SH2-286)

DUKEWORTH?, A. 30 (f) (SH2-87)
DULANY, Thomas 40 (SH2-317)
DULIN, Alice 10 (SH2-314)
DULTER?, R. 45 (m) (B) (SH2-182)
DUMAS, MAttie 20 (f) (SH2-61)
DUMSER?, N. 46 (m) (SH2-419)
DUNAVAN, Dennis 27 (SH1-354)
DUNBAR, George E. 44 (SH2-199)
DUNBAR, Wm. E. 33 (SH1-24)
DUNBERGER, L. 40 (m) (SH2-77)
DUNCAN, Alice 30 (SH1-365)
DUNCAN, Anna A. 42 (SH2-229)
DUNCAN, Ben R. 27 (SH1-86)
DUNCAN, Charles 35 (B) (SH2-19)
DUNCAN, Etta 19 (SH1-58)
DUNCAN, F. L. 28 (m) (SH2-361)
DUNCAN, G. 23 (f) (B) (SH1-399)
DUNCAN, G. K. 52 (m) (SH1-142)
DUNCAN, Ike 26 (B) (SH1-222)
DUNCAN, J. F. 44 (m) (SH2-364)
DUNCAN, Lear 23 (f) (B) (SH2-216)
DUNCAN, Mahaly 65 (B) (SH1-138)
DUNCAN, Robt. 37 (SH1-176)
DUNCAN, Silas 54 (B) (SH1-129)
DUNCAN, Sobie? 23 (f) (B) (SH2-323)
DUNCAN, Susan 60 (B) (SH1-32)
DUNCAN, Thomas 73 (SH2-40)
DUNCAN, Wilson 41 (B) (SH2-307)
DUNCAN, Wm. L. 22 (SH1-133)
DUNCAN, Wm. M. 32 (SH1-473)
DUNHAM, Jno. 35 (B) (SH2-290)
DUNKIN, Albert 19 (SH2-98)
DUNLAP, Albert 22 (B) (SH2-150)
DUNLAP, Alexd. 54 (B) (SH2-150)
DUNLAP, Anders. 40 (m) (B) (SH2-158)
DUNLAP, D. R. 46 (m) (SH1-297)
DUNLAP, Frank T. 24 (B) (SH2-236)
DUNLAP, Henry 21 (B) (SH1-257)
DUNLAP, Jno. 51 (B) (SH1-67)
DUNLAP, John 40 (B) (SH1-367)
DUNLAP, John L. 36 (SH2-50)
DUNLAP, Newton 16 (B) (SH1-439)
DUNLAP, Sallie 14 (B) (SH2-105)
DUNLAP, Sam 34 (B) (SH2-161)
DUNLAP, Sarah 18 (B) (SH1-472)
DUNLAP, Sarah V. 47 (SH1-465)
DUNN, Ann 48 (SH2-26)
DUNN, Ann 50 (SH2-63)
DUNN, Annie 38 (SH2-342)
DUNN, Annie 40 (SH1-375)
DUNN, Bernard 47 (SH2-130)
DUNN, Caroline 57 (B) (SH2-355)
DUNN, Catharine 80 (SH2-314)

DUNN, David 26 (B) (SH1-43)
DUNN, Edward 23 (SH1-423)
DUNN, Frank 33 (SH1-454)
DUNN, George 35 (SH2-71)
DUNN, H. 33 (m) (B) (SH2-196)
DUNN, Harry 66 (B) (SH1-446)
DUNN, Henry 28 (B) (SH2-176)
DUNN, James 13 (SH2-342)
DUNN, James? 40 (SH2-48)
DUNN, Jno. 45 (SH1-448)
DUNN, John 40 (SH2-75)
DUNN, Juliet 22 (SH2-211)
DUNN, Lizzie 25 (SH2-231)
DUNN, Maria 60 (B) (SH1-94)
DUNN, Marshall 4 (B) (SH1-428)
DUNN, Mary 70 (SH2-342)
DUNN, Nancy 49 (SH1-330)
DUNN, Pat 45 (m) (SH2-106)
DUNN, Peter 34 (SH2-231)
DUNN, Reuben 35 (B) (SH2-287)
DUNN, Sarah 36 (B) (SH2-360)
DUNN, Shelton 20 (B) (SH2-89)
DUNN, Tom 45 (B) (SH1-380)
DUNN, Walter 27 (SH1-381)
DUNN, Wiley 30 (B) (SH1-47)
DUNN, Wm. 30 (B) (SH1-443)
DUNN?, Gray 21 (B) (SH1-303)
DUNNAVANT, Wm. 43 (SH1-372)
DUNNING, Exum 61 (m) (SH1-131)
DUNNING, Lorenzo 36 (SH1-131)
DUNNIVAGE, Abina? 23 (f) (SH2-37)
DUNSCOMB, Jane 43 (B) (SH2-313)
DUNSCOMB, S. H. 50 (m) (SH2-313)
DUNSTEAD?, Wm. 41 (SH2-94)
DUNWORTH, Mary 45 (SH1-99)
DUPEE, Julia 19 (B) (SH2-97)
DUPNIT?, M. 61 (f) (SH1-392)
DUPREE, Fannie 10 (B) (SH2-178)
DUPREE, J. 18 (m) (SH1-458)
DUPREE, James 27 (B) (SH2-331)
DUPREE, Jane 40 (B) (SH1-241)
DUPREE, Mary 60 (B) (SH1-93)
DUPREE, Mary 65 (B) (SH2-96)
DUPREE, Troy? 35 (B) (SH1-94)
DUPREY, Allen 20 (SH1-128)
DUPROT, Sarah 35 (SH1-383)
DURANT, Jerry 50 (B) (SH1-422)
DURANT, Robert 49 (SH1-366)
DURCHLEY, George 46 (SH2-321)
DURFF, Elvira 36 (SH2-295)
DURHAM, Andrew 50 (B) (SH1-92)
DURHAM, Edward M. 33 (SH2-221)
DURHAM, George 57 (B) (SH1-90)
DURHAM, George E. 14 (SH1-81)
DURHAM, Samuel 59 (B) (SH1-93)
DURHAM, Viney 50 (B) (SH1-352)

1880 Census Shelby Co. TN: Heads-of-Household

DURHAM, W. J. 26 (m) (SH1-455)
DURHAM, ____ 23 (m) (B) (SH2-269)
DURLA, Louisa 19 (SH2-20)
DURN, Mrs. 39 (SH2-347)
DUSER, George 31 (SH2-78)
DUSOLT, Lizzie 20 (SH1-413)
DUSOLT, MArgaret 51 (SH1-413)
DUTTLINGER, Louisa 19? (SH2-48)
DUTTLINGER, Wm. 16 (SH2-4)
DUTTON, Wm. 33? (B) (SH2-164)
DUVAL, J. S. 29 (m) (SH1-392)
DUVAL, W. J. 40 (m) (SH1-144)
DUVALL, Abt. 42 (m) (B) (SH1-226)
DUVALL, Henry 9 (B) (SH1-215)
DUVALL, Joseph 72 (SH1-226)
DUVALL, Joseph W. 20 (SH1-226)
DUVALL, S. L. 29 (m) (SH2-171)
DUVALL, Solomon 56 (B) (SH1-353)
DWELTLING, John 45 (SH2-15)
DWINE?, Johnie 11 (SH2-342)
DWYER, Annie 11 (SH2-31)
DWYER, Annie 24 (SH2-17)
DWYER, Auther? 45 (SH2-198)
DWYER, Ed __ (SH2-320)
DWYER, Ellen 45 (SH2-355)
DWYER, Jno. 38 (SH1-55)
DWYER, Kate 52 (SH2-302)
DWYER, Owen 46 (SH2-305)
DWYER?, James 42 (SH2-280)
DWYOR, Tom 26 (SH2-189)
DYCHES, Philip 3 (SH2-101)
DYE, Erytus? 30 (m) (SH1-471)
DYE, Mira 56 (B) (SH1-383)
DYER, Augustus 27 (B) (SH2-266)
DYER, Frank 28 (SH2-349)
DYER, Frank 35 (SH1-26)
DYER, Josephhine 22 (SH1-109)
DYER, Josephine 19 (SH2-23)
DYER, Lettie 19 (B) (SH2-236)
DYER, Martha 35 (SH1-34)
DYER, Robt. 68 (B) (SH2-336)
DYER, Rosa 18 (SH2-112)
DYER, Sarah A. 40 (SH2-270)
DYKE, Thomas P. 33 (SH2-53)
DYNES, Wm. M. 46 (SH2-307)
DYSEN, Susie 15 (SH1-109)
DYSON, jonas 30 (B) (SH1-68)
D____, ____ __ (m) (B) (SH1-169)
D____, ___lly A. 49 (f) (SH2-261)
D____, Luna 23 (m) (B) (SH1-126)
D____, Minnie 44 (SH2-176)
EADER, Wm. H. 43 (SH2-133)
EADER?, D. R. 38 (m) (SH1-248)
EADO?, John __ (SH2-66)
EAGAN, Edward 40 (SH2-73)
EAGAN, Frank 42 (SH2-16)
EAGAN, Kate 41 (SH1-419)
EAGAN, Mary 35 (SH2-72)
EAGAN, Patrick 35 (SH2-13)
EAGAN, Thomas 40 (SH2-11)
EAKIN, Arthur 20 (SH2-231)
EANES, John 30 (B) (SH1-414)
EARL, Jacob 48 (B) (SH1-365)
EARLY, Ella 30 (B) (SH2-289)
EARLY, Elvira 31 (B) (SH2-171)
EARLY, Julia 32 (SH2-73)
EARLY, Lizzie 23 (SH2-233)
EARLY, Mrs. 50 (B) (SH2-355)
EARTHMAN, Charles 30 (B) (SH1-303)
EARTHMAN, Charley 29 (B) (SH1-304)
EASE, Abner 48 (B) (SH2-327)
EASE, Washington 50 (B) (SH2-349)
EASLEY, David W. 23? (SH1-21)
EASLEY, Etta 15 (SH1-424)
EASLEY, Ike 48 (B) (SH1-19)
EASLEY, Jack 40 (SH1-64)
EASLEY, James R. 33 (SH1-17)
EASLEY, John 55 (B) (SH1-176)
EASLEY, John W. 23 (SH1-1)
EASLEY, M. W. 36 (m) (SH1-32)
EASLEY, Robert 60 (SH1-21)
EASLEY, Wm. 11 (SH1-18)
EASLEY, Wm. 30 (SH1-64)
EASLY, Susan 45 (B) (SH2-33)
EASON, Arthur 45 (B) (SH1-129)
EASON, Charles 41 (B) (SH1-129)
EASON, Henry 35 (B) (SH2-23)
EASTHAM, A. B. 19 (m) (SH1-200)
EASTHAM, E. P. 41 (m) (SH1-217)
EASTHAM, H. 28 (m) (SH1-457)
EASTHAM, Nancy 52 (SH1-457)
EASTON, Mittie 1 (f) (B) (SH1-231)
EASTON, T. S. 45 (m) (SH2-76)
EASTWOOD, Frankie 22 (f) (SH2-103)
EATON, Albert 35 (SH2-72)
EATON, Albert B. 35 (SH2-270)
EATON, Albert C. 36 (SH2-93)
EATON, Jane 17 (B) (SH2-192)
EATON, Louise 30 (B) (SH2-192)
EATON, Lucien 43? (SH2-168)
EBELER, Eliza 38 (SH2-75)
ECHERLY, H. J. 41 (m) (SH2-167)
ECHOLES, Henry 27 (B) (SH2-147)
ECHOLS, Dave 45 (B) (SH1-318)
ECHOLS, Jackson 20 (B) (SH2-192)
ECHOLS, Leonard 22 (B) (SH1-273)
ECHOLS, Marsha 22 (SH2-35)
ECHOLS, Munday 24 (m) (SH1-423)
ECHOLS, Pleas. 12 (m) (SH2-288)
ECHOLS, Richd. 48 (B) (SH2-134)
ECHOLS, Sy 28 (m) (SH1-219)
ECHOLS, Tony 50 (B) (SH1-423)
ECHOLS, Wm. 26 (SH2-91)
ECICOFF, Elixis 35 (m) (SH2-77)
ECKFORD, Willis 13 (B) (SH1-356)
ECKFORD, Willis 15 (B) (SH1-355)
ECKHOFF, Alex 35 (m) (SH2-75)
ECKLES, Caroline 60 (SH1-428)
ECKLES, George H. 29 (SH1-427)
ECKLES, Richard 22 (B) (SH2-253)
ECKLES, Simeon 69 (SH1-440)
ECKLES, Thomas 32 (B) (SH1-258)
ECKLIN, Arther 42 (B) (SH1-200)
ECKLIN, Bedy 18 (f) (B) (SH1-171)
ECKLIN, Frank 43 (B) (SH1-212)
ECKLIN, Joshua 83 (SH1-212)
ECKLIN, L. C. 67 (f) (SH1-216)
ECKLIN, Rhoden 45 (m) (B) (SH1-204)
ECKOLS, JAcob 24 (B) (SH1-140)
ECKOLS, John H. 7/12 (B) (SH1-120)
ECKOLS, Margaret 17 (B) (SH1-140)
ECKOLS, Monday 24 (m) (B) (SH1-115)
ECKOLS, Posey 23 (m) (B) (SH1-140)
ECKOLS, Toney E. 50 (B) (SH1-115)
ECKSTONE, Charles 19 (SH2-53)
EDDEN, Emma 24 (B) (SH2-159)
EDDIN, Henry 28 (B) (SH1-246)
EDDINGS, Annie 25 (B) (SH2-37)
EDDINS, Bob 58 (B) (SH1-193)
EDDINS, Charly 7 (B) (SH1-46)
EDDINS, Elija 38 (B) (SH1-208)
EDDINS, Fayett 28 (B) (SH1-193)
EDDINS, Peter 51 (B) (SH1-120)
EDDINS, R. F. 48 (B) (SH1-146)
EDDINS, S. C. 26 (m) (SH1-144)
EDDINS, Toney 75 (B) (SH1-169)
EDDINS, _. H. 62 (m) (SH1-146)
EDDY, Lewis 58 (B) (SH1-444)
EDELSTEIN, Lidia 23 (SH2-117)
EDELSTON, G. 46 (m) (SH1-392)
EDENGBOUROUGH, __ 35 (f) (B) (SH1-204)
EDGAR, Matt 55 (m) (SH1-190)
EDGAR, Wm. 19 (B) (SH1-121)
EDGERLY, Mary 35 (SH2-23)
EDGINGTON, Thomas 43 (SH2-271)
EDINGBOROUGH, B.? 45 (m) (B) (SH1-209)
EDINGTON, Georgie 6 (f) (SH2-23)
EDINGTON, Mollie 30 (SH2-176)
EDINGTON, Nancy 48 (SH1-373)
EDLIN?, MArtha 70 (B) (SH1-30)
EDLOCK, Aleck 27 (B) (SH1-126)
EDLOCK, Josephene 9 (B) (SH1-126)
EDLOCK, Sam 23 (m) (SH1-125)
EDLOCK, Simon 20 (B) (SH1-130)
EDLOCK, Wm. 30 (B) (SH1-125)
EDMISTON, John 24 (SH2-358)
EDMON, A. E. 27 (m) (B) (SH2-142)
EDMONDS, Caroline 58 (B) (SH2-291)
EDMONDS, David 32 (SH2-11)
EDMONDS, Fanny 30 (B) (SH2-274)
EDMONDS, Jim 30 (B) (SH1-59)
EDMONDS, Mingo? 20 (m) (B) (SH1-319)
EDMONDS, P. A. 55 (f) (SH2-330)
EDMONDS, Pollie 45 (B) (SH2-125)
EDMONDS, Vi_ian 50 (m) (B) (SH1-317)
EDMONDSON, Adeline 23 (B) (SH1-164)
EDMONDSON, Edmond 41 (SH1-308)
EDMONDSON, Emma 24 (B) (SH1-235)
EDMONDSON, Henry 20 (B) (SH1-315)
EDMONDSON, James H. 46 (SH2-36)
EDMONDSON, MAggie 20 (SH1-115)
EDMONDSON, Mira 60 (B) (SH1-161)
EDMONDSON, Mose 21 (B) (SH1-155)
EDMONDSON, Peter 24 (B) (SH1-162)
EDMONDSON, Robert 24 (SH1-378)
EDMONDSON, W. B. 51 (m) (SH1-230)
EDMONS, Alphonzo C. 35 (SH1-87)
EDMONS, W. 24 (m) (B) (SH1-394)
EDMONSON, A. 30 (f) (B) (SH1-206)
EDMONSON, Ben 23 (B) (SH1-200)
EDMONSON, Edward 37 (B) (SH2-365)
EDMONSON, Jno. 30 (SH1-69)
EDMONSON, Jule 23 (m) (B) (SH1-200)
EDMONSON, Sam 49 (B) (SH1-404)
EDMONSON, Samuel 22 (SH2-231)
EDMONSTON, Geor. 23 (m) (SH2-99)
EDMUNDS, Cyrus W. 28 (SH2-213)
EDMUNDS, John 23 (B) (SH1-376)
EDMUNDS, John 55 (B) (SH1-336)
EDMUNDS, Minnie __ (SH2-80)
EDMUNDS, daniel 62 (B) (SH2-362)
EDMUNDSON, Ellen 22 (SH2-216)
EDMUNS, Ella 19 (B) (SH2-185)

1880 Census Shelby Co. TN: Heads-of-Household

EDWARD, Albert 55 (B) (SH1-212)
EDWARD, Eliza 49 (B) (SH1-255)
EDWARDS, A. M. 60 (m) (SH1-215)
EDWARDS, Adam 25 (B) (SH1-200)
EDWARDS, Anderson 40 (B) (SH2-17)
EDWARDS, Bulah 9 (f) (SH1-75)
EDWARDS, C. R. 34 (m) (SH1-151)
EDWARDS, Calvin 65 (B) (SH1-281)
EDWARDS, Caroline 40 (B) (SH1-211)
EDWARDS, Charles 2 (B) (SH1-41)
EDWARDS, Charles 25 (B) (SH1-356)
EDWARDS, Clem 21 (m) (B) (SH2-185)
EDWARDS, D. 10 (m) (SH2-190)
EDWARDS, Day? 22 (m) (SH1-202)
EDWARDS, Delia 30 (B) (SH1-139)
EDWARDS, Ella 22 (SH1-190)
EDWARDS, Ely 58 (B) (SH1-141)
EDWARDS, F. P. 23 (m) (SH1-148)
EDWARDS, Geo. 20? (B) (SH1-33)
EDWARDS, Hall 45 (B) (SH1-216)
EDWARDS, Henry 56 (B) (SH2-225)
EDWARDS, Ike 30 (B) (SH2-43)
EDWARDS, J. B. 36 (m) (SH1-163)
EDWARDS, J. R. 29 (m) (SH1-151)
EDWARDS, James 55 (SH2-51)
EDWARDS, Jane 41 (SH1-193)
EDWARDS, Jane 50 (B) (SH1-149)
EDWARDS, Jimey 19 (m) (SH1-217)
EDWARDS, Joe 26 (B) (SH1-356)
EDWARDS, John 13 (SH2-352)
EDWARDS, John 35 (B) (SH2-228)
EDWARDS, John D. 48 (SH2-331)
EDWARDS, John M. 17 (SH1-16)
EDWARDS, Joseph M. 29 (SH1-139)
EDWARDS, Josie 23 (f) (SH2-106)
EDWARDS, Lafayett 25 (SH1-13)
EDWARDS, Laura 18 (B) (SH2-141)
EDWARDS, Lewis 50 (B) (SH1-124)
EDWARDS, Lizzie 7 (SH1-366)
EDWARDS, Lydia 40 (B) (SH1-155)
EDWARDS, M. C. 56 (f) (SH1-173)
EDWARDS, Madison 11 (B) (SH1-140)
EDWARDS, Mary 39 (SH2-231)
EDWARDS, Mc. 28 (m) (B) (SH1-393)
EDWARDS, Mollie 11 (SH1-471)
EDWARDS, Nat 35 (SH2-112)
EDWARDS, Oliver 33 (SH1-164)
EDWARDS, P. 27 (m) (B) (SH1-204)
EDWARDS, Payton 32 (B) (SH1-56)
EDWARDS, Peter 64 (SH2-269)
EDWARDS, Sam 25 (m) (B) (SH1-214)
EDWARDS, Sian? 52 (f) (B) (SH1-200)
EDWARDS, T. M. 48 (m) (SH1-40)
EDWARDS, Tom 26 (B) (SH1-177)
EDWARDS, Tucker 58 (B) (SH1-299)
EDWARDS, W. A. 42 (m) (SH1-163)
EDWARDS, W. O. 28 (m) (SH1-144)
EDWARDS, Walter 20 (B) (SH1-330)
EDWARDS, Wm. 26 (B) (SH1-456)
EDWARDS, Wm. 40 (B) (SH2-311)
EDWARDS, Wm. 41 (SH1-148)
EDWARS, Wm. 30 (B) (SH1-101)
EDWELL, Chas. 28 (SH2-5)
EDWIN?, Sallie 45 (B) (SH2-207)
EGAIR, Jno. 52 (SH2-187)
EGAN, Dan 31 (SH1-368)
EGAN, Patrick 50 (SH2-66)
EGELSTON, Albert 35 (B) (SH1-78)
EGERT, Henry 30 (SH1-347)
EGG?, Sallie 19 (SH2-222)
EGGERSON, Lou 34 (f) (B) (SH1-328)
EGNEW, Geo. R. 52 (SH2-310)
EGNEW, Lizzie 26 (B) (SH2-284)
EICHBERG, Mary 39 (SH2-13)
EICHWALD, Sam 47 (SH2-70)
EILBERT, Louis 49 (SH1-92)
EILY, J. Osborn 23 (SH2-53)
EINBAUN?, M. E. 53 (f) (SH1-391)
EISEMAN, David 35 (SH2-100)
EISON, C. D. 32 (m) (SH1-264)
EISON, Dick 17 (B) (SH1-261)
ELAIN, Samuel 24 (B) (SH2-3)
ELAM, Easter 60 (B) (SH1-310)
ELAM, Ed S. 64 (m) (SH1-471)
ELAM, Horton? 27 (SH1-313)
ELAM, J. P. 31 (m) (SH1-51)
ELAM, John N. 67 (SH1-313)
ELAM, Laura 25 (SH1-300)
ELCAN, Henry L. 45 (SH1-429)
ELDER, Ella 39 (B) (SH1-8)
ELDER, Geo. 35 (SH2-85)
ELDER, James 39 (B) (SH1-6)
ELDER, James 69 (SH2-82)
ELDER, James sr. 39 (B) (SH1-2)
ELDER, Jim jr. 15 (B) (SH1-2)
ELDRIDGE, Effy 16 (f) (B) (SH1-109)
ELDRIDGE, Gadora 45 (f) (SH1-57)
ELDRIDGE, Leandra 30 (m) (SH2-70)
ELDRIDGE, Moses 34 (B) (SH2-329)
ELDRIDGE, Thos. D. 57 (SH1-376)
ELENZER?, Mary 40 (B) (SH1-347)
ELIAS, Rosa 42 (SH2-179)
ELIM, Walter 30 (B) (SH2-188)
ELIZ, Henry 13 (B) (SH1-400)
ELKINS, Eliza 34 (SH2-29)
ELLEN, W. B. 71 (m) (SH1-403)
ELLICK, Mary 23 (SH2-174)
ELLIFF, Phinnis H. 30 (SH1-82)
ELLIFF, Saml. A. 54 (SH1-82)
ELLIOT, Ellen 30 (SH1-399)
ELLIOT, I. A. 48 (f) (SH2-296)
ELLIOT, Jake 28 (B) (SH2-198)
ELLIOT, Willa 18 (B) (SH2-320)
ELLIOTT, Charles 36 (SH1-455)
ELLIOTT, Elizabeth 35 (SH2-81)
ELLIOTT, Geo. 33 (SH1-404)
ELLIOTT, George 21 (SH2-327)
ELLIOTT, Isaac 52 (B) (SH2-254)
ELLIOTT, James 16 (B) (SH2-51)
ELLIOTT, John T. 49 (SH2-101)
ELLIOTT, Joseph 51 (SH1-284)
ELLIOTT, Kate 39 (SH1-421)
ELLIOTT, Laura 28 (SH2-339)
ELLIOTT, M. J. 50 (f) (SH1-144)
ELLIOTT, Reuben 28 (B) (SH2-231)
ELLIOTT, Robt. 36 (B) (SH2-144)
ELLIOTT, S. J. 21 (m) (SH2-249)
ELLIOTT, Schoss 23 (m) (SH1-455)
ELLIOTT, Wesley 52 (B) (SH1-424)
ELLIOTT, Wm. 35 (B) (SH2-173)
ELLIS, Alexander 42 (SH2-29)
ELLIS, Amos? 12 (B) (SH2-110)
ELLIS, Ann 30 (B) (SH1-417)
ELLIS, B. R. 67 (m) (SH1-251)
ELLIS, Ban? 27 (m) (B) (SH1-390)
ELLIS, Ben T. 32 (SH1-321)
ELLIS, Chas. 60 (SH1-474)
ELLIS, Clark 63 (B) (SH1-417)
ELLIS, Easter 62 (B) (SH1-311)
ELLIS, Edmond 18 (B) (SH2-230)
ELLIS, Eliza 50 (B) (SH2-339)
ELLIS, Fannie 60 (B) (SH2-134)
ELLIS, Frank 19 (SH1-10)
ELLIS, Frank 27 (B) (SH2-57)
ELLIS, Frank H. 38 (SH2-220)
ELLIS, Henry 13 (SH1-440)
ELLIS, Hey 19 (m) (SH2-149)
ELLIS, Irene 52 (B) (SH2-155)
ELLIS, J. E. 34 (m) (SH1-204)
ELLIS, J. T. 29 (m) (SH1-144)
ELLIS, Jane 50 (B) (SH2-39)
ELLIS, Jas. 62 (B) (SH2-245)
ELLIS, Jenny 22 (SH2-212)
ELLIS, Joel 21 (B) (SH1-430)
ELLIS, Joseph 30 (B) (SH2-186)
ELLIS, Katie 6 (B) (SH2-353)
ELLIS, Laura 36 (SH2-93)
ELLIS, Lettie 28 (B) (SH2-128)
ELLIS, Lony T. 29 (f) (SH1-204)
ELLIS, M. E. 51 (f) (SH1-204)
ELLIS, Margaret 28? (SH1-376)
ELLIS, Milton 35 (B) (SH1-311)
ELLIS, Nat 27 (B) (SH1-428)
ELLIS, P. S. 57 (m) (SH1-193)
ELLIS, Pauly 30 (f) (SH1-108)
ELLIS, R. E. 28 (m) (SH1-323)
ELLIS, R. E. 38 (m) (SH1-321)
ELLIS, Samuel 32 (SH1-30)
ELLIS, Singleton 27 (SH2-205)
ELLIS, Squire 42 (B) (SH2-291)
ELLIS, Thomas 37 (SH2-64)
ELLIS, Tom 21 (B) (SH1-275)
ELLIS, Tom 30 (B) (SH1-356)
ELLIS, W. E. 2 (m) (SH1-144)
ELLIS, Wm. 35 (B) (SH1-107)
ELLIS, Wm. C. 44 (SH1-340)
ELLIS, Wm. S. 29 (SH1-204)
ELLIS?, H. S.? 68 (m) (SH2-192)
ELLISON, Mary 41 (SH2-309)
ELLISON, Miles 28 (B) (SH1-153)
ELLISS, Jane 30 (B) (SH1-65)
ELLITT, Elizabeth 30 (B) (SH1-394)
ELLMORE, J. W. 25 (m) (SH1-354)
ELLMORE, Wm. 30 (B) (SH1-337)
ELLWARD, Arthur 30 (SH2-29)
ELMORE, August 37 (SH2-255)
ELMORE, J. W. 54 (m) (SH1-167)
ELPHINGSTONE, Geo. R. 44 (m) (SH1-420)
ELSHELL?, Harry 32 (SH2-36)
ELY, Richard 43 (B) (SH1-359)
ELY, Thos. S. 44 (SH2-192)
EMERSON, Susan 47 (SH2-175)
EMERY, Charles? 20? (B) (SH2-168)
EMERY, J. 45 (m) (SH2-79)
EMERY, Jno. D. 30 (SH2-82)
EMMERSON, Sue 42 (SH2-173)
EMMERY, George 23 (B) (SH2-195)
EMORY, Alf 26 (B) (SH1-234)
EMRICH, M. J. 47 (m) (SH2-51)
ENDUS?, Jerry 51 (m) (B) (SH2-284)
ENGEL, Lizzie 5 (SH2-151)
ENGEL, Toney 36 (SH1-451)
ENGLAND, Eliza 50 (B) (SH2-65)
ENGLAND, Susan? 16 (SH1-448)
ENGLES, Julia 30 (B) (SH2-163)
ENGLISH, Charles 48 (SH1-191)
ENGLISH, Jack 35 (B) (SH1-149)
ENGLISH, James 29 (B) (SH1-326)
ENGLISH, John 50 (SH2-53)
ENGLISH, Rose 9 (B) (SH1-13)
ENGLISH, T. 45 (m) (SH1-392)
ENGLISH, Wm. 67 (SH1-419)
ENGRAM, James 45 (SH1-14)
ENISON, _____ (SH2-114)
ENNIS, Agustus 34 (SH2-249)
ENNIS, Caroline 61 (SH2-259)

37

ENNIS, J. W. 28 (m) (SH2-106)
ENNIS, Joseph 34 (SH2-122)
ENNIS, Wm. 43 (SH2-122)
ENOCHEL, Adam 6 (B) (SH1-322)
ENRIGHT, Murty 40 (m) (SH2-16)
ENRIGHT, Robt. __ (SH2-139)
ENRIGHT, Sarah 40 (SH2-12)
ENSEL, A. J. 51 (m) (SH2-190)
ENSIGHT, Mary 17 (SH2-32)
ENSIL, Sarah 57 (SH2-184)
ENSLEY, Amy 60 (B) (SH1-337)
ENSLEY, Enoch 40 (SH2-352)
ENSLEY, Henry 32 (B) (SH2-21)
ENSLEY, Howard 60 (B) (SH1-355)
ENSLEY, Isaac 60 (B) (SH1-351)
ENSLEY, Jordan 70 (B) (SH1-337)
ENSLOW, H'y. 40 (m) (B) (SH2-156)
EPHART, John 20 (SH2-111)
EPOLISH, Adolph 39 (SH2-234)
EPPERSON, Dick 32 (SH1-72)
EPPERSON, Henry 28 (SH1-72)
EPPERSON, Jerry 30 (B) (SH1-17)
EPPERSON, Joe 21 (SH1-19)
EPPERSON, John 30 (SH2-233)
EPPERSON, Lee 16 (m) (SH1-15)
EPPERSON, Mandi 19 (SH2-103)
EPPERSON, Millie 56 (B) (SH1-22)
EPPERSON, Sam 303 (SH1-72)
EPPINGER, Mingo 58 (m) (B) (SH1-117)
EPPS, Adeline 40 (B) (SH2-102)
EPPS, Benj. 30 (B) (SH1-447)
EPPS, C. 10 (m) (SH1-276)
EPPS, Calvin 34 (B) (SH1-277)
EPPS, Dinky 9 (f) (B) (SH2-273)
EPPS, Edmond 61 (SH2-233)
EPPS, Edward 51 (B) (SH1-158)
EPPS, Fany 59 (B) (SH1-37)
EPPS, Henry 24 (B) (SH2-186)
EPPS, Hudson 40 (B) (SH1-277)
EPPS, MArgaret 43 (B) (SH1-160)
EPPS, Peter 40 (B) (SH1-321)
EPPS, Richard 50 (B) (SH2-186)
EPPS, Wm. 58 (B) (SH1-277)
EPPS, Wm. 78 (B) (SH2-278)
ERB, Henry 19 (SH2-168)
ERB, Louis 36 (SH1-376)
ERCK, Nellie 21 (SH2-206)
ERICH, Charles 48 (SH2-166)
ERIKSON, John 41 (SH2-13)
ERKS, Amelia 58 (B) (SH1-336)
ERLEY, David 55 (B) (SH2-256)
ERSKINE, Isaac 37 (B) (SH2-180)
ERSKINE, John 4 (B) (SH2-181)
ERSKINE, Kate 28 (SH2-302)
ERSKINE?, Alex (Dr.) 45 (SH2-118)
ERVIN, A. E. 56 (m) (SH1-51)
ERWIN, Gilbert 29 (B) (SH2-308)
ERWIN, Henry 44 (B) (SH2-344)
ERWIN, Scott 25 (B) (SH2-167)
ESCH?, Hugh 41 (SH2-198)
ESKEN, James 54 (B) (SH2-324)
ESLINGER, Harrison 21 (B) (SH1-52)
ESS, Dora 44 (SH2-254)
ESS, Henry 30 (SH2-50)
ESSIGG, George E. 21 (SH2-47)
ESTBY, Steven 26 (B) (SH1-383)
ESTEL, Thomas 18 (B) (SH1-450)
ESTEN, Albert 46 (B) (SH1-448)
ESTER, Medicus? 50 (m) (B) (SH1-447)
ESTES, B. M. 48 (m) (SH2-282)
ESTES, Cornelia 26 (SH2-170)
ESTES, Ella 24 (B) (SH2-173)
ESTES, John 40 (SH2-95)
ESTES, John S. 35 (SH2-66)
ESTES, Robt. 16 (SH1-138)
ESTES, Thomas 39 (SH2-170)
ESTES, Wm. 36 (B) (SH2-61)
ESTES, Z. N. 45 (m) (SH2-260)
ESTILL, Thomas 34 (B) (SH2-225)
ESTIS, Kate 27 (SH2-76)
ESTIS, L. H. 34 (m) (SH2-349)
ESTMAN?, Rubin 54 (B) (SH1-468)
ESTRANGE, Wm. 17 (SH2-31)
ESYER?, Willie 8 (m) (SH1-468)
ETHALS, Marl 21 (m) (B) (SH1-55)
ETHERIDGE, America 38 (B) (SH2-340)
ETHERIDGE, Bill 26 (SH2-61)
ETHERIDGE, Emma 23 (SH2-123)
ETHERIDGE, George W. 28 (SH1-81)
ETHERIDGE, James H. 45 (SH1-82)
ETHERLING, Isac 23 (B) (SH1-453)
ETHERLY, Amelia 23 (B) (SH1-378)
ETHRIDGE, Lucrecia 47 (SH1-139)
ETHVERNE, S. 48 (f) (SH1-405)
ETTER, John 27 (B) (SH1-356)
ETTUS, Silas 40 (B) (SH1-343)
ETTUS?, Caroline 44 (B) (SH1-342)
EUCH?, Amelia 40 (SH1-413)
EUCHIGNANI?, Chas. 35 (SH2-120)
EULRY?, George 45 (B) (SH2-187)
EUPHROME?, Mary 24 (SH1-109)
EUSTACE, Richard 27 (SH2-75)
EVANS, Alex 30 (B) (SH1-213)
EVANS, Ben 40 (B) (SH2-38)
EVANS, Benjamin 40 (B) (SH2-341)
EVANS, Bettie 45 (B) (SH1-363)
EVANS, Charles 30 (B) (SH2-108)
EVANS, Charles 31 (B) (SH1-319)
EVANS, Charles 35 (B) (SH1-4)
EVANS, Charlie 26 (B) (SH1-335)
EVANS, Columbus 34 (B) (SH2-289)
EVANS, Dave 26 (B) (SH2-239)
EVANS, E. 48 (f) (B) (SH2-182)
EVANS, Elise 19 (B) (SH2-278)
EVANS, Eliza J. 19 (SH2-47)
EVANS, Fam? 17 (m) (B) (SH2-105)
EVANS, Frank 22 (B) (SH2-52)
EVANS, Frank 45 (B) (SH1-331)
EVANS, G. E. 31 (m) (B) (SH2-143)
EVANS, Gilbert 22 (B) (SH1-150)
EVANS, Harriet 77 (SH2-124)
EVANS, Henry 57 (B) (SH2-253)
EVANS, J. A. 28 (m) (SH2-78)
EVANS, James 48 (B) (SH1-90)
EVANS, Jessee 27 (m) (B) (SH1-363)
EVANS, Jinnie 50 (B) (SH1-130)
EVANS, Joe 39 (B) (SH2-281)
EVANS, John 35 (B) (SH1-24)
EVANS, Jos. 49 (B) (SH1-447)
EVANS, Lewis 30 (B) (SH1-113)
EVANS, M. 40 (f) (B) (SH1-393)
EVANS, MArgaret N. 45 (SH1-76)
EVANS, Mary B. M. 7?/12 (B) (SH1-298)
EVANS, Nancy 15 (B) (SH2-343)
EVANS, R. R. 61 (m) (SH1-235)
EVANS, Robert 26 (B) (SH1-156)
EVANS, Rush 28 (f) (B) (SH2-160)
EVANS, Ruth? 22 (B) (SH2-80)
EVANS, Saml. 27 (B) (SH2-283)
EVANS, Samuel 36 (B) (SH2-159)
EVANS, Sarah 55 (B) (SH2-184)
EVANS, Smith 28 (B) (SH1-72)
EVANS, Spencer 9 (B) (SH1-386)
EVANS, Squire 30 (B) (SH2-294)
EVANS, Wm. 31 (B) (SH1-416)
EVENS, Edward 35 (B) (SH1-81)
EVENS, G. W. 43 (B) (SH1-399)
EVENS, Geo. 21 (B) (SH2-351)
EVENS, John 29 (B) (SH1-392)
EVERETT, Lizzie 24 (B) (SH2-49)
EVERETT, Wm. 35 (B) (SH2-57)
EVERTON, Fannie 25 (SH2-352)
EVINGER, Ellen 20 (B) (SH1-116)
EVINS, Ernest 30 (SH2-214)
EVINS, Sam 32 (B) (SH2-102)
EVVERT, Eliz. 35 (SH2-81)
EWARD, Sallie 15 (B) (SH1-18)
EWELL, Emily 38 (SH2-234)
EWEN, Erskin 221 (B) (SH1-214)
EWEN, Henry 22 (B) (SH2-131)
EWING, E. T. 27 (m) (SH2-91)
EWING, Eddie 20 (B) (SH1-15)
EWING, Esquire 39 (B) (SH2-140)
EWING, George 52 (B) (SH1-204)
EWING, James 60 (B) (SH1-212)
EWING, Lewis? 25 (B) (SH2-166)
EXIUM, Ben 24 (B) (SH1-276)
EXIUM, Sanders 50 (B) (SH1-277)
EXOM, Mollie 25 (B) (SH2-170)
EXUM, Bryant 59 (B) (SH1-150)
EXUM, Merritt 21 (B) (SH1-164)
EXUM, Morgan 35 (B) (SH1-165)
EYRICH, Mary 27 (SH2-176)
E___SON, Frank 21 (B) (SH1-319)
FACER?, Robt. 23 (B) (SH1-284)
FADER, Joseph 37 (SH2-52)
FAGAN, Delphia 15 (B) (SH2-235)
FAGAN, Wm. 51 (SH2-36)
FAHEY?, Thomas 33 (SH2-9)
FAHLEN, Julius 30 (SH2-127)
FAHY, Mary 15 (SH2-222)
FAIN, Oscar 47 (B) (SH1-465)
FAIR, Frank 29 (B) (SH1-116)
FAIR, Mary 21 (B) (SH2-241)
FAIRBAIRN, John 42 (SH2-231)
FAISON, Martha 30 (B) (SH1-330)
FAISON, Martha 30 (B) (SH1-333)
FALDWELL, Alf 18 (B) (SH1-208)
FALDWELL, Claricy 50 (B) (SH1-200)
FALKENBURG, Louis 62 (SH2-25)
FALLEN, Jno. 32 (SH1-448)
FALLEN, Virginia 5 (SH1-43)
FALLOW, C. J. 24 (SH2-241)
FALLS, Geo. 45 (B) (SH2-285)
FALLS, J. N. 40 (m) (SH2-282)
FALLS, Jno. W. 30 (SH2-282)
FALLS, Julius 40 (SH2-241)
FALLS, Sam 35 (B) (SH2-285)
FALLS, Wm. 26 (B) (SH1-107)
FALLWELL, Frank 40 (B) (SH1-99)
FALWELL, Saml. 53 (SH2-300)
FAMOLL?, Daniel 39 (B) (SH2-157)
FANDERWARD?, Augustus 35 (SH2-65)
FAPPIANO, James 36 (SH2-326)
FAQUIN, Felix 15 (SH2-73)
FARABEE, Abiner 21 (B) (SH1-216)
FARABEE, Harriet 52 (B) (SH1-216)
FARABEE, Harry 55 (B) (SH1-214)
FARBUSH, Al__ 40 (f) (SH2-2)
FARELAM?, C. 57 (m) (B) (SH1-389)
FARGASON, John T. 50 (SH2-207)
FARINGTON, Jno. 30 (SH2-192)
FARISS, JAne 60 (B) (SH1-409)
FARLEY, E. F. 28 (m) (SH1-263)
FARLEY, Fanney 37 (B) (SH1-263)
FARLEY, G. W. 40 (m) (SH1-283)
FARLEY, H. G. 34? (f) (SH2-105)
FARLEY, Mack 14 (SH1-295)
FARMER, G. W. 35 (m) (SH1-246)
FARMER, Pauline 40 (SH1-30)
FARMER, Sam? 23 (B) (SH1-312)
FARMER, Sue 30 (f) (B) (SH2-183)
FARMER, Thomas 46 (SH1-322)
FARNHAM, Hulbert 38 (SH2-268)
FARNHAM, N. 65 (m) (SH1-474)
FARNIER, Henry 50 (SH2-78)
FARNO, W. 11 (m) (SH1-389)

FARNSWORTH, Thos. 55 (SH2-217)
FARRABEE, Manlee 20 (SH2-155)
FARRAR, Chas. 3_ (SH2-95)
FARRAR, Margaret 45 (SH2-31)
FARREL, John 25 (SH2-54)
FARREL, Winnie 29 (SH2-46)
FARRELL, Cass 35 (m) (B) (SH2-15)
FARRELL, James 30 (SH2-355)
FARRELL, John 25 (SH2-66)
FARRELL, Mike 38 (SH1-447)
FARRELL, Rose 20 (SH2-222)
FARRELL, Thos. 44 (SH2-247)
FARREN?, Thos. 29 (SH2-257)
FARRER, Willie 14 (m) (B) (SH2-188)
FARRER?, Susan 22 (B) (SH1-91)
FARRINGTON, Wm. M. 57 (SH2-207)
FARRIS, Eliza 30 (B) (SH2-177)
FARRIS, George 32 (B) (SH1-195)
FARRIS, Joe(sic)E. 18 (f) (B) (SH2-86)
FARRIS, Josephine 3 (B) (SH1-429)
FARRIS, Katy 26 (SH2-95)
FARRLOW, Peter 65 (B) (SH1-328)
FARRO, Angelina 59 (SH2-103)
FARRON, George F. 39 (SH1-303)
FARROW, Ann 50 (SH2-93)
FARROW, Dan 39 (SH2-112)
FARROW, George 26 (SH1-423)
FARROW, George 26 (SH1-423)
FARROW, Henry 25 (B) (SH2-195)
FARROW, Levi 30 (B) (SH1-306)
FARROW, Mary 35 (B) (SH1-300)
FARROW, Mollie 19 (SH1-335)
FARROW, Sylvia 73 (B) (SH1-336)
FARROW, Thomas 22 (B) (SH1-299)
FARROW, Walker 55 (B) (SH1-161)
FASIN, James 42 (SH1-124)
FASNER, Robert 39 (B) (SH2-254)
FATHER?, M. 40 (m) (SH2-35)
FATHERGILL, C. 19 (m) (SH2-291)
FAUKKNER, Patsy 14 (B) (SH1-233)
FAULK, Elizabeth 52 (SH1-1)
FAULK, Joe E. 29 (SH1-1)
FAULK, Mary 13 (B) (SH1-2)
FAULK, Mattie 10 (f) (B) (SH1-2)
FAULK, Saml. W. 31 (SH1-25)
FAULK, Wince? C. 34 (m) (SH1-1)
FAULKNER, Alfred 30 (B) (SH1-163)
FAULKNER, C. W. 27 (m) (B) (SH1-171)
FAULKNER, James 31 (B) (SH2-306)
FAUSETT?, Henry sr. 65 (B) (SH1-220)

FAUSETT?, Thomas 24 (B) (SH1-220)
FAUST, Mary E. 54 (SH1-326)
FAXON, George B. 40 (SH1-102)
FAY, Wm. 30 (SH2-95)
FAZER, Ardemissa 4 (B) (SH2-299)
FAZZI, John 37 (SH1-416)
FA_SETT, A. N. 43 (m) (SH1-216)
FEAL?, Frank 23 (SH1-473)
FEALY, Jeremiah 55 (SH2-202)
FEATHERSTON, D. W. 24 (m) (B) (SH1-255)
FEATHERSTON, L. P. 28 (m) (SH1-237)
FEATHERSTON, L.? H. 59 (m) (SH1-252)
FEATHERSTON, R. N. 26 (m) (SH1-236)
FEATHERSTON?, Joseph 51 (B) (SH1-46)
FEATHERSTONE, Wm. 53 (SH2-247)
FEAVER?, Henry 30 (B) (SH2-21)
FECHNER, Adolph 31 (SH2-99)
FED, George 22 (B) (SH1-25)
FEE, Amanda 18 (B) (SH1-466)
FEELLY, Susan 4 (B) (SH1-125)
FEE___, _____ 35 (f) (B) (SH1-473)
FEILING, Francis 45 (SH2-51)
FEINSCH?, Martin 23 (SH2-43)
FELAN?, Henry 68 (B) (SH2-336)
FELEY, Maggie 29 (SH2-173)
FELIX, Jack 54 (SH2-72)
FELIX, Paul 21 (SH2-62)
FELK, John 21 (SH1-32)
FELLER, E. H. 52 (f) (SH1-258)
FELLER, Jno. R. 24 (SH1-258)
FELLINHOUSER, Chas. 29 (SH2-84)
FELLS, Agn__ 24 (m) (SH2-133)
FELSENTHUL?, Matilda 27 (SH2-111)
FELTON, Ann 40 (B) (SH2-359)
FELTON, Isaac 22 (B) (SH1-134)
FELTON, John 26 (B) (SH2-206)
FELTON, John 45 (B) (SH1-140)
FELTON, Limas 22 (m) (B) (SH1-118)
FELTON, Lucinda 2 (B) (SH2-334)
FELTON, Mary 9 (B) (SH1-122)
FELTON, Moses 21 (B) (SH1-317)
FELTON, Willis 44 (B) (SH1-132)
FELTON, Zule 20 (f) (B) (SH2-96)
FELTS, James M. 35 (SH1-128)
FELTS, Thomas 26 (SH1-28)
FENN?, Wilson 20? (B) (SH1-293)
FENNELL, John J. 18 (SH2-100)
FENNELL, Maggie 33 (SH2-100)
FENNELL, Thos. 40 (SH2-312)
FENNER, Fanny 60 (B) (SH2-257)

FENNER, Richard 23 (B) (SH2-203)
FENNING, Lourina 56 (B) (SH2-320)
FENSTER, Nathan 43 (SH2-136)
FERBELMAN, Julius 35 (SH2-50)
FERBER, August 36 (SH2-62)
FERGERSON, Henry 42 (SH2-101)
FERGERSON, Luke 23 (B) (SH1-57)
FERGUSON, Aleck 18 (B) (SH1-419)
FERGUSON, Alex 68 (SH2-131)
FERGUSON, Catharine 56 (SH2-49)
FERGUSON, Geo. 25 (B) (SH1-305)
FERGUSON, Geo. W. 23 (SH1-1)
FERGUSON, Howard A. 64 (SH1-26)
FERGUSON, J. 30 (f) (B) (SH2-261)
FERGUSON, Jeff__ (SH2-47)
FERGUSON, Joe L. 58 (SH1-13)
FERGUSON, John 45 (B) (SH2-15)
FERGUSON, Jos.? 30 (B) (SH2-131)
FERGUSON, MArtha 43 (B) (SH2-131)
FERGUSON, NEwton S. 28 (SH1-26)
FERGUSON, Richd.? 28 (B) (SH2-127)
FERGUSON, Sterlin 65 (B) (SH2-188)
FERGUSON, Taylor 26 (B) (SH1-372)
FERGUSON, Welcome 40 (m) (B) (SH1-99)
FERGUSON, Wilson 25 (B) (SH1-287)
FERGUSON, Wm. H. 40 (SH2-49)
FERGUSON, Zenis? 42 (m) (B) (SH2-130)
FERN, Lizzie 21 (B) (SH2-85)
FERNANDES, Gideon 50 (B) (SH2-105)
FERNANDES?, Susan 40 (B) (SH2-167)
FERNER, Mollie 19 (B) (SH2-184)
FERRELL, Alex C. 33 (m) (SH1-469)
FERRELL, Jennie _4 (SH2-60)
FERRELL, Joseph 52 (SH2-45)
FERRELL, Lula 23 (B) (SH2-8)
FERRELL, Morgan C. 26 (SH1-17)
FERRELL, Sam L. 30 (m) (SH1-121)
FERRELL, Willis 58 (SH1-193)
FERRIL, Cato 55 (B) (SH1-342)
FERRIL, Denis 64 (SH1-148)
FERRIL, Joseph 45 (SH1-148)
FERRIN, Hugh 46 (SH2-319)
FERUBY, Levi 63 (B) (SH1-188)
FETHERSON, Betty 44 (B) (SH2-356)

FEUCHT, Simon 54 (SH2-92)
FEUCHT?, G. Bowers 15 (m) (SH2-92)
FEYNN, Mary 63 (SH2-132)
FIBBS, Lucy 40 (B) (SH2-149)
FIBER, John C. 21 (SH2-91)
FICKLAND, Henry 26 (B) (SH1-161)
FICKLAND, Wm. 22 (B) (SH1-161)
FICKLEN, Ed 40 (B) (SH1-362)
FICKLIN, Robt. 57 (B) (SH1-200)
FICKLING, Frank 25 (SH2-87)
FICKS, August 51 (SH1-332)
FIELD, A. J. 28 (m) (B) (SH1-225)
FIELD, Abb 55 (m) (B) (SH1-206)
FIELD, Casey 40 (f) (B) (SH2-51)
FIELD, Cyrus 58 (B) (SH1-208)
FIELD, Edward 56 (B) (SH1-225)
FIELD, Geo. 68 (B) (SH1-468)
FIELD, George 22 (B) (SH1-155)
FIELD, Harrett 21 (B) (SH1-210)
FIELD, Henry A. 38 (SH1-420)
FIELD, James 25 (B) (SH1-141)
FIELD, Jenny 26 (B) (SH2-279)
FIELD, John F. 25 (B) (SH1-225)
FIELD, Lou 13 (f) (B) (SH2-290)
FIELD, NAncy 15 (B) (SH1-210)
FIELD, Rabir? 65 (m) (B) (SH1-212)
FIELD, Randal 54 (m) (B) (SH1-217)
FIELD, Rosco 55 (B) (SH1-217)
FIELD, Samuel 28 (B) (SH2-59)
FIELD, Syrus 32 (m) (B) (SH1-225)
FIELD, Thomas 34 (B) (SH1-225)
FIELD, Wm. 60 (B) (SH1-217)
FIELD, Wm. A. 28? (B) (SH1-141)
FIELDS, Ann 39 (SH2-12)
FIELDS, David 23 (B) (SH1-356)
FIELDS, Dewitt 15 (SH1-329)
FIELDS, Geo. 21 (B) (SH1-132)
FIELDS, Geo. 45 (B) (SH1-361)
FIELDS, George 35 (B) (SH1-333)
FIELDS, Hardy 24 (B) (SH2-335)
FIELDS, Haywood 35 (B) (SH1-240)
FIELDS, Henry 25 (B) (SH1-126)
FIELDS, Isham 60 (B) (SH1-342)
FIELDS, Jackson 17 (B) (SH2-339)
FIELDS, Jane 30 (B) (SH2-15)
FIELDS, Jefferson? 31 (SH2-92)
FIELDS, Jemima? 40 (B) (SH1-100)
FIELDS, Johnson 50 (B) (SH1-340)
FIELDS, Lizzie 21 (B) (SH2-126)
FIELDS, Lynn 11 (m) (B) (SH1-233)
FIELDS, Nat 36 (B) (SH2-165)
FIELDS, Peter 80 (B) (SH1-474)
FIELDS, Richard 52 (B) (SH1-101)
FIELDS, Robert 44 (B) (SH1-9)
FIELDS, Robert 48 (B) (SH1-152)
FIELDS, Robert __ (B) (SH1-408)

FIELDS, Robt. 50 (B) (SH2-153)
FIELDS, Salina 32 (B) (SH2-140)
FIELDS, Sallie 30 (B) (SH2-70)
FIELDS, Scales 28 (m) (B) (SH1-468)
FIELDS, Son 23 (B) (SH1-25)
FIELDS, Theo 30 (B) (SH1-271)
FIELDS, Van 40 (B) (SH2-229)
FIELDS, Washington 35 (B) (SH1-354)
FIELDS, Wm. 21 (B) (SH2-31)
FIELDS, Wyatt 30 (B) (SH1-309)
FIELDS?, Anne L. 40 (B) (SH2-213)
FIFE, Lucy 33 (B) (SH2-311)
FIGARO, Anna 45 (SH1-337)
FIGG, James 37 (SH1-147)
FIGHE, Sarah 52 (SH2-269)
FIGHE?, Edward 56 (SH1-97)
FIGHLINSTER, M. 68 (f) (SH2-145)
FIGURES, Odey 23 (m) (SH2-291)
FILLIS, Julian 60 (f) (B) (SH2-210)
FILLMAN, JAcob 35 (B) (SH1-32)
FIN, Henry 21 (B) (SH1-356)
FINCH, Ellar 40 (m) (B) (SH1-232)
FINCH, Isac? D. 51 (SH2-271)
FINCH, Richard 15 (B) (SH2-148)
FINCH, Sena 48 (B) (SH2-331)
FINCH, Wm. 20 (B) (SH2-331)
FINER?, Robert 52 (SH2-45)
FINIS, Isaac 40 (B) (SH1-285)
FINKLE, A. 56 (m) (SH2-66)
FINLEY, Absalom 54 (SH1-140)
FINLEY, Clem 30 (m) (B) (SH2-34)
FINLEY, George R. 28 (SH1-140)
FINLEY, Hattie 23 (f) (SH2-103)
FINLEY, Houston 35? (B) (SH2-305)
FINLEY, Inez 40 (m) (SH2-17)
FINLEY, Jane 27 (B) (SH2-328)
FINLEY, John 9 (B) (SH1-243)
FINLEY, John E. 45 (SH2-230)
FINLEY, Luke W. 48 (SH2-151)
FINLEY, Mills 26 (SH1-271)
FINLEY, Sallie 22 (SH2-62)
FINLEY, Wilson 50 (B) (SH1-440)
FINLEY, Wm. A. J. 46 (SH1-141)
FINLEY, _. T. 30 (m) (SH2-31)
FINN, Lizzie 21 (B) (SH2-89)
FINN, Martin 35 (SH2-322)
FINNE, Clara? L. 4 (SH2-241)
FINNE, Pauline 40 (SH2-241)
FINNE?, Mattie 7 (f) (B) (SH1-51)
FINNELY, Elisabeth 54 (SH1-102)
FINNESY?, Tim 40 (SH1-101)
FINNEY, Arthur 21 (SH1-77)
FINNEY, Daniel 15 (B) (SH2-39)
FINNEY, Elizabeth 46 (SH1-191)
FINNEY, Erastus 14 (SH2-40)
FINNEY, Ernest? 15 (B) (SH1-48)
FINNEY, George 23 (B) (SH1-18)
FINNEY, Laura 45 (B) (SH1-57)
FINNEY, Lee 50 (m) (SH1-57)

FINNEY, M. S. 27 (m) (B) (SH1-261)
FINNEY, Permilla 41 (SH2-212)
FINNEY, Speed 50 (m) (B) (SH1-56)
FINNEY, Wm. 51 (B) (SH2-312)
FINNIE, Charles 26 (SH2-68)
FINNIE, Emma 21 (B) (SH1-90)
FINNIE, Fritz 17 (SH2-79)
FINNIE, George 29 (SH2-242)
FINNIE, Harriet 48 (B) (SH2-223)
FINNIE, Martha 30 (B) (SH2-283)
FINNIE, Nellie 33 (SH2-109)
FINNIE, Will 32 (SH2-68)
FINNIE, Wm. 38 (SH2-240)
FINNIE?, Jas. 45 (SH2-191)
FINNIS, Lee 16 (m) (B) (SH1-49)
FINTONE?, Mary 62 (SH2-178)
FIPPS, John 20 (B) (SH1-82)
FIRS, George 35 (B) (SH2-219)
FISCHER, Eliza 50 (SH2-289)
FISCHER, Elizabeth 58 (SH2-30)
FISCHER, Hugh 26 (SH1-421)
FISCHER, Thomas 53 (SH2-278)
FISHER, A. F. 35 (m) (SH2-222)
FISHER, Bill 13 (B) (SH1-302)
FISHER, Bud 32 (B) (SH1-62)
FISHER, Charles 25 (B) (SH2-238)
FISHER, Charles 38 (SH2-73)
FISHER, Cornelus _ (B?) (SH2-360)
FISHER, Dudley 47 (B) (SH1-28)
FISHER, Edward 55 (B) (SH2-200)
FISHER, Elmina E. 69 (SH1-469)
FISHER, Frances 19 (B) (SH2-190)
FISHER, Fritz 45 (SH1-169)
FISHER, G. 30 (m) (B) (SH2-254)
FISHER, Garrett 47 (B) (SH1-10)
FISHER, Geo. 30 (B) (SH1-62)
FISHER, Geo. W. 50 (SH2-35)
FISHER, George 39 (B) (SH2-64)
FISHER, Gilham 59 (B) (SH1-139)
FISHER, Green 39? (B) (SH2-90)
FISHER, Henry 30 (B) (SH2-162)
FISHER, Ida 21 (B) (SH2-109)
FISHER, Ida 22 (B) (SH2-107)
FISHER, J. A. 37 (m) (SH2-318)
FISHER, J. H. _2 (m) (SH2-295)
FISHER, J. T. 31 (m) (SH2-252)
FISHER, Jennie 41 (SH2-166)
FISHER, Jerry 60 (B) (SH1-252)
FISHER, John 34 (B) (SH2-254)
FISHER, John 39 (SH1-374)
FISHER, John 40 (SH2-250)
FISHER, John 57 (B) (SH1-59)
FISHER, Jonas 27 (B) (SH1-410)
FISHER, Julia 39 (B) (SH2-253)
FISHER, Mary 28 (SH2-241)
FISHER, Mary 36 (B) (SH1-422)
FISHER, Robt. 44 (SH1-233)
FISHER, Sallie 45 (B) (SH2-145)
FISHER, Silvestra? 10 (f) (B) (SH2-173)
FISHER, Thorrax? 22 (m) (B) (SH1-314)
FISHER, Willie 72 (f) (B) (SH2-72)
FISHER, Wm. 32 (SH2-29)
FISHHART, E. 73 (f) (SH2-148)

FISK, Fred 27 (SH2-199)
FISKE, Fred 21 (SH1-369)
FITCH, Young 53 (B) (SH2-277)
FITE, David L. 56 (SH1-79)
FITE, JAmes 23 (SH1-77)
FITER?, Felix 40 (SH1-336)
FITHIAN?, Benjamin 53 (SH2-269)
FITSUE?, NElson 30 (B) (SH1-209)
FITZ, M. E. 10 (f) (SH2-33)
FITZGEBBON, Bridge 42 (SH2-255)
FITZGERALD, Ann 48 (SH2-18)
FITZGERALD, Edith 2 (SH2-54)
FITZGERALD, Ella 26 (SH2-222)
FITZGERALD, James 47 (B) (SH1-124)
FITZGERALD, John 30 (SH2-77)
FITZGERALD, Mary 23 (SH2-58)
FITZGERALD, Mary 8 (SH1-110)
FITZGERALD, Michael 48 (SH2-330)
FITZGERALD, Wm. 70 (SH1-408)
FITZGIBBON, Edward 53 (SH1-119)
FITZGIBBONS, Michael 10 (SH2-26)
FITZGIBBONS, Thos. 28 (SH2-124)
FITZHUGH, Annie 9 (SH2-299)
FITZHUGH, Della 28 (B) (SH2-160)
FITZHUGH, Horace 60 (B) (SH1-154)
FITZMEN, Chas. 10 (SH2-183)
FITZMORRIS, Ella 18 (SH2-8)
FITZMORRIS, Timothy 51 (SH2-28)
FITZPATRICK, David 37 (SH2-9)
FITZPATRICK, Ellen 35 (SH2-29)
FITZPATRICK, Jennie 15 (SH2-222)
FITZPATRICK, Lizzie 50 (SH2-55)
FITZPATRICK, Mary 22 (SH2-91)
FITZPATRICK, Mary 89 (SH2-331)
FITZPATRICK, Michael 47 (SH2-317)
FIZER, Benjamin 51 (SH1-119)
FIZER, Hayes D. 33 (f) (SH2-201)
FIZER, Wash 33 (B) (SH1-164)
FLACK, W. J. 47 (m) (SH2-293)
FLAGE, Sarah 39 (SH2-279)
FLAHERTY, James 63 (SH2-124)
FLAHERTY, John 50 (SH2-29)
FLAHERTY, John 66 (SH1-109)
FLAHERTY, Mary 60 (SH2-222)
FLAHERTY, Phillip 40 (SH2-222)
FLAKE, James 54 (B) (SH1-112)
FLAKE, Wm. 35 (B) (SH1-290)
FLAKES, Mark 23 (B) (SH2-231)
FLANAGAHN, Allice 25 (SH2-72)
FLANAGAN, Nelson 50 (B) (SH1-347)

FLANAGEN, Edward 34 (SH2-352)
FLANAGIN, W. B. 41 (m) (SH2-107)
FLANIGAN, Daniel 1? (B) (SH2-348)
FLANIGAN, James 29 (SH2-178)
FLANIKEN, Henry 24 (B) (SH1-20)
FLANIKEN, Wallace 29 (SH1-16)
FLANNAGIN, Nelson 52 (B) (SH2-328)
FLANNERY, Mary 38 (SH2-276)
FLANNIGAN, Emma 30 (SH2-298)
FLANNIGAN, Kate 23 (SH2-20)
FLANNIGAN, Thomas 48 (SH2-25)
FLANNIGAN, ____ 24 (m) (SH2-51)
FLATLEY, Thos. 13 (SH2-256)
FLAVERS, Burrell 23 (B) (SH2-28)
FLECK, Elizabeth 70 (SH2-49)
FLEECE, George 51 (SH1-378)
FLEECE, John 43 (SH1-107)
FLEECE, Lizzie 19 (B) (SH1-378)
FLEECE, Robert 43 (B) (SH2-207)
FLEETWOOD, Frank 24 (SH1-19)
FLEMING, A. B. 28 (m) (SH1-455)
FLEMING, Amy? 47 (f) (SH2-153)
FLEMING, Andrew 20 (B) (SH1-356)
FLEMING, D. 34 (m) (B) (SH1-459)
FLEMING, Gus 32 (SH2-323)
FLEMING, J. M. 62 (m) (SH1-295)
FLEMING, Jerry 44 (m) (B) (SH2-32)
FLEMING, Jno. B. 24 (SH1-190)
FLEMING, Olive 79 (SH1-282)
FLEMING, Peter 42 (B) (SH1-311)
FLEMING, S. T. 36 (m) (SH1-295)
FLEMING, Teener 55 (f) (B) (SH1-295)
FLEMING, Thomas T. 48 (SH1-28)
FLEMING, Wash 27 (B) (SH1-356)
FLEMING?, Mary 20 (SH2-313)
FLEMINGS, Wm. 29 (SH2-197)
FLEMMING, Albert 49 (B) (SH2-365)
FLEMMING, Auther 30 (B) (SH1-58)
FLEMMING, Florida 17 (f) (B) (SH2-346)
FLEMMING, Henry 30 (B) (SH2-276)
FLEMMING, Jerry 44 (m) (B) (SH2-42)
FLEMMING, Susan 49 (B) (SH2-346)

FLEMMING, Thomas 43 (SH2-333)
FLEMMINGS, Hunt 34 (SH1-69)
FLEMMISH, Doric 23 (SH2-231)
FLERNOY, Jerry 65 (m) (B) (SH2-317)
FLETCHER, A. J. 38 (m) (SH1-227)
FLETCHER, Doc 23 (B) (SH2-349)
FLETCHER, F. M. 43 (m) (SH1-203)
FLETCHER, Horace 20 (B) (SH1-161)
FLETCHER, Jerry 28 (m) (B) (SH1-222)
FLETCHER, Jim 43 (B) (SH1-260)
FLETCHER, Jo 34 (m) (SH1-222)
FLETCHER, John 50 (SH2-239)
FLETCHER, Kate 13 (B) (SH1-171)
FLETCHER, Levi 46 (B) (SH1-250)
FLETCHER, M. W. 27 (m) (SH1-224)
FLETCHER, Mary 55 (B) (SH2-162)
FLETCHER, Peter 12 (B) (SH1-31)
FLETCHER, Romeo 30 (B) (SH2-30)
FLETCHER, S. A. 45 (m) (SH2-15)
FLETCHER, Stephen 24 (B) (SH1-228)
FLETCHER, Thomas 39 (SH1-224)
FLETCHER, W. R. 28 (m) (SH2-71)
FLETSHALL?, Vance 43 (B) (SH2-276)
FLIGGER, Robert 35 (SH2-18)
FLINN, Andrew M. 63 (SH1-468)
FLINN, F. W. 26 (m) (SH1-253)
FLINN, Robert 15 (B) (SH1-298)
FLINN?, Martin 35 (SH1-473)
FLINT, Amanda 49 (B) (SH1-380)
FLINT, Charles 35 (B) (SH1-458)
FLINT, Doctor 12 (B) (SH1-119)
FLINT, James 14 (SH2-318)
FLINT, Shack 40 (B) (SH2-15)
FLIPPIN, John R. 50 (SH2-213)
FLIPPIN, Wm. S. 53 (SH1-424)
FLOOD, Boliver 35 (m) (SH2-69)
FLOOD, John 37 (SH2-40)
FLOOD, Thomas 28 (SH2-12)
FLORA, Andrew 19 (SH1-137)
FLORA, J. J. 34 (m) (SH1-36)
FLORA, Joseph M. 24 (SH1-79)
FLOURNOY, Crawford 24 (B) (SH1-427)
FLOWERS, Andrew 24 (B) (SH1-328)
FLOWERS, Anthony 53 (B) (SH1-299)
FLOWERS, Elbert 25 (B) (SH1-344)

FLOWERS, Mat 23 (m) (B) (SH1-330)
FLOWERS, Richard 22 (B) (SH1-385)
FLOWERS, Val 25 (m) (B) (SH1-328)
FLOYD, Annie 20 (B) (SH2-165)
FLOYD, Ben 38 (B) (SH1-321)
FLOYD, Davy 33 (SH1-206)
FLOYD, Eli 12 (SH1-424)
FLOYD, George_5 (B) (SH1-89)
FLOYD, J. A. 52 (m) (SH1-267)
FLOYD, Wm. 32 (SH2-71)
FLOYED, Garrett 40 (B) (SH1-399)
FLOYNOS?, Bob 21 (B) (SH1-60)
FLY, E. 30 (m) (B) (SH1-77)
FLY, Henry 40 (B) (SH1-126)
FLYN, Hannah 20 (SH2-65)
FLYN, Joe? 41 (SH2-78)
FLYNN, Anne 18 (B) (SH2-98)
FLYNN, Annie 39 (SH2-178)
FLYNN, Bettie 25 (SH1-244)
FLYNN, Charles 40 (SH2-162)
FLYNN, Edward 11 (SH1-110)
FLYNN, Edward 26 (SH1-139)
FLYNN, Frances 12 (B) (SH1-95)
FLYNN, Giller 20? (m) (B) (SH2-88)
FLYNN, Haley 4 (SH1-100)
FLYNN, Jacob 68 (B) (SH1-233)
FLYNN, James 20 (SH2-78)
FLYNN, Jerry 43 (SH2-78)
FLYNN, John T. 40 (SH2-244)
FLYNN, Julia 40 (B) (SH1-252)
FLYNN, Louis 24 (SH2-246)
FLYNN, M. M. 18 (f) (SH1-248)
FLYNN, Mary 21 (SH1-359)
FLYNN, Mary 63 (SH2-132)
FLYNN, Robert 25 (B) (SH1-351)
FLYNN, Sukie 60 (f) (B) (SH1-319)
FLYNN, Thomas 17 (SH2-114)
FLYNN, W. W. 20 (m) (SH1-248)
FLYNN, Wm. 28 (SH2-178)
FLYNNE, Mary 60 (SH1-98)
FOE, Fred 30 (SH2-324)
FOGERTY, James 28 (SH2-327)
FOGERTY, James G. 45 (SH2-50)
FOGERTY, Wm. 33 (SH2-323)
FOGG, Denis 23 (B) (SH2-157)
FOGONS?, Cora 12 (B) (SH2-340)
FOLDWELL, Molly 28 (SH1-227)
FOLEY, Andrew 40 (B) (SH2-301)
FOLEY, John 12 (SH1-110)
FOLEY, John 35 (SH2-302)
FOLEY, MAggie 7 (SH1-110)
FOLEY, Margaret 46 (SH2-312)
FOLEY, Mary 18 (SH2-163)
FOLEY, Sammie 8 (m) (SH2-318)
FOLEY, Thomas 50 (SH2-17)
FOLEY, Thos. 45 (SH2-250)
FOLEY, Timothy 43 (SH2-10)
FOLEY?, Ann 35? (SH1-97)
FOLGER, Benjamin F. 41 (SH2-54)
FOLGER, W. B. 38 (m) (SH1-171)
FOLGERS?, Eliza 62 (SH2-191)
FOLKAMP, Elise 8 (SH1-110)

FOLKES, Mrs. 28 (SH2-356)
FOLSOM, Titus? 40 (B) (SH1-95)
FOLSON, Betsey 31 (B) (SH1-291)
FOLSON, Bird 54 (B) (SH1-291)
FOLSON, Wm. 23 (B) (SH1-291)
FOLSON?, Joe 40 (B) (SH1-291)
FOLSTON, Julia 40 (B) (SH2-251)
FOLSUM, James 28 (SH2-362)
FOLT?, Essick 48 (B) (SH2-330)
FOLTZ, Isaac 33 (SH1-408)
FOLTZ, J. K. 47 (m) (SH1-153)
FOLTZ, Nathan 50 (SH2-238)
FOLTZ, Samuel 39 (SH1-407)
FOLTZ, Theobold 65 (SH2-260)
FOLWELL, Catharine 82 (SH2-205)
FOLWELL, Ed 13 (B) (SH1-47)
FOLWELL, Nannie? 20 (SH2-93)
FOLWELL, Richard 21 (B) (SH1-318)
FOLWELL, Richd. 27 (B) (SH1-168)
FOLWELL, Wm. 22 (B) (SH2-93)
FOLZ, Abraham 23 (SH2-36)
FOLZ, Sarah 48 (SH2-265)
FOLZ?, Carrie 44 (SH2-170)
FONCAULT?, Louis 49 (SH2-66)
FONT?, Sidney 24 (m) (B) (SH1-10)
FONTAIN, Ala K. 23 (m) (B) (SH1-272)
FONTAIN, Nolan 39 (SH2-93)
FONTAINE, Henry 40 (SH2-365)
FOOKES, James 34 (SH1-339)
FOOT, Amanda 30 (B) (SH2-161)
FOOT, Delia 40 (B) (SH2-195)
FOOT, Geo. 38? (B) (SH2-155)
FOOT, Hattie 4 (B) (SH2-226)
FOOT, Henry 38 (B) (SH2-225)
FOOT, James A. 18 (SH1-86)
FOOT, Jenie 12 (B) (SH1-210)
FOOT, nellie 50 (B) (SH1-266)
FOOTE, J. E. 51 (m) (SH1-389)
FOPPIANO, Charles 23 (SH2-102)
FOPPIANO?, Joseph 29 (SH2-77)
FOPPIANS?, August 54 (SH2-92)
FORBER, Henry 36 (B) (SH2-287)
FORBES, Albert 2 (SH1-110)
FORBES, Cora 14 (SH1-110)
FORBES, Robert 12 (SH1-110)
FORCE, Daniel 49 (B) (SH1-37)
FORCEE, Henry 24 (B) (SH1-38)
FORD, Abraham 43 (B) (SH1-410)
FORD, Agnes 47 (B) (SH1-372)
FORD, Albert 55 (B) (SH2-183)
FORD, Alice 28 (B) (SH2-26)
FORD, Anna 17 (B) (SH1-11)
FORD, Apple__ 63 (f) (SH1-386)
FORD, Archie 35 (B) (SH1-379)
FORD, B. C. 46 (m) (SH2-252)
FORD, Ben 60 (B) (SH1-394)
FORD, Catharine 57 (B) (SH1-341)
FORD, Charles 32 (B) (SH2-11)
FORD, Charlie 26 (B) (SH1-371)
FORD, Daniel 38 (B) (SH2-348)
FORD, Daniel 45 (B) (SH2-203)

FORD, Donie 13 (f) (B) (SH1-141)
FORD, E. S. 18 (f) (SH1-293)
FORD, Edward 18 (SH2-105)
FORD, F____ 46 (m) (B) (SH1-386)
FORD, General 26 (B) (SH1-142)
FORD, George 27 (B) (SH2-344)
FORD, Henry 18 (B) (SH1-209)
FORD, Henry 30 (B) (SH1-205)
FORD, James 32 (SH1-372)
FORD, James 40 (SH1-105)
FORD, James 44 (B) (SH1-121)
FORD, James 50 (B) (SH1-164)
FORD, Jerry 20 (B) (SH1-439)
FORD, Jerry 30 (m) (SH1-75)
FORD, Jesse 45 (B) (SH1-336)
FORD, Jim 20 (B) (SH2-193)
FORD, Jim 51 (B) (SH1-11)
FORD, Jno. 30 (SH1-70)
FORD, John 40 (B) (SH1-101)
FORD, John __ (B) (SH1-288)
FORD, Jos. 19 (B) (SH2-191)
FORD, Laura 14 (B) (SH2-70)
FORD, Louisa 6 (B) (SH2-339)
FORD, Lucy 21 (B) (SH2-170)
FORD, Mahaly 61 (B) (SH1-142)
FORD, Marian 27 (f) (SH2-121)
FORD, Martha 50 (B) (SH1-433)
FORD, Mary 16 (B) (SH2-36)
FORD, Mary 16 (B) (SH2-42)
FORD, Mary 40 (B) (SH1-136)
FORD, Mary A. 26 (SH2-38)
FORD, Millie 30 (B) (SH1-258)
FORD, Mollie 27 (B) (SH2-215)
FORD, Newton 26 (B) (SH1-341)
FORD, Patrick 50 (B) (SH2-290)
FORD, Richd. 40 (B) (SH2-156)
FORD, Robert 40 (B) (SH1-219)
FORD, Robert M. 48 (SH1-182)
FORD, Thomas 10 (SH1-424)
FORD, Thos. 55 (SH2-121)
FORD, Wm. C. 19 (SH1-260)
FORDE, Victoria 45 (SH2-69)
FORE, L. P. 38 (m) (SH1-151)
FOREMAN?, Lizzie 22 (B) (SH1-173)
FOREST, George 23 (SH1-372)
FOREST, Henry 28 (SH2-95)
FOREST, Nathan 20 (B) (SH1-342)
FORESTER, R. 51 (m) (SH1-246)
FORGEY, L. L. 16 (f) (SH1-145)
FORGEY?, MArtha 48 (SH1-13)
FORMAN, Henrietta 27 (B) (SH1-120)
FORMAN, Louis 10 (B) (SH2-27)
FORREST, E. G. 50 (m) (SH2-252)
FORREST, George 38 (B) (SH1-362)
FORREST, J. A. 46 (m) (SH2-230)
FORREST, Minnie 27 (SH2-72)
FORREST, Wm. M. 33 (SH2-188)
FORRESTER, G. W. 48 (m) (SH1-245)
FORSDICK, Harry J. 29 (SH2-217)
FORSTE?, Claborn 50 (B) (SH1-456)

1880 Census Shelby Co. TN: Heads-of-Household

FORSYTH, Maggie 37 (SH2-41)
FORSYTH, Samuel 22 (SH1-136)
FORT, Cornelius 25 (B) (SH2-231)
FORT, Felix 25 (B) (SH1-425)
FORT, Haywood 35 (B) (SH1-411)
FORT, Jacob 27 (B) (SH1-416)
FORTE, Fannie 17 (B) (SH2-60)
FORTSEN, Levi 25 (B) (SH1-260)
FORTSON, Lettitia 35 (B) (SH1-369)
FORTUNE, JErry 20 (m) (B) (SH1-69)
FORTUNE, Moses 50 (SH2-88)
FOSSIANO, Rosa 60 (SH2-102)
FOSSMAN, Joseph 55 (SH2-99)
FOSTER, A. B. 29 (m) (SH1-356)
FOSTER, Agnes 24 (SH2-198)
FOSTER, Alford 27 (B) (SH2-238)
FOSTER, Amos 40 (B) (SH1-130)
FOSTER, Burrell 5 (B) (SH1-437)
FOSTER, Charles 10? (B) (SH2-162)
FOSTER, Claborne 51 (B) (SH1-177)
FOSTER, Dorcas 70 (B) (SH1-177)
FOSTER, Dysa 50 (f) (B) (SH1-213)
FOSTER, Elisa 26 (B) (SH2-69)
FOSTER, Elizabeth 45 (SH2-262)
FOSTER, Frank 22 (SH2-110)
FOSTER, George 41 (SH2-99)
FOSTER, Hardy 32 (SH1-229)
FOSTER, Henry 37 (B) (SH2-23)
FOSTER, Ida 17 (B) (SH1-369)
FOSTER, Ike 36 (B) (SH1-253)
FOSTER, Jacob 38 (B) (SH1-415)
FOSTER, James 26 (SH1-354)
FOSTER, Jennie 39 (SH2-132)
FOSTER, Jennie 39 (SH2-132)
FOSTER, Jessee 13 (m) (B) (SH1-128)
FOSTER, Jim 20 (SH1-282)
FOSTER, Jim 40 (SH1-322)
FOSTER, John 28 (B) (SH1-281)
FOSTER, John 38 (B) (SH1-389)
FOSTER, John 47 (B) (SH1-393)
FOSTER, Jordan 26 (B) (SH1-35)
FOSTER, Joseph 53 (SH2-110)
FOSTER, Julia 60 (B) (SH1-404)
FOSTER, Laura 29 (SH1-379)
FOSTER, Maggie 9 (SH1-439)
FOSTER, Martha 45 (SH1-22)
FOSTER, Mary 42? (B) (SH2-108)
FOSTER, Matilda 40 (B?) (SH1-408)
FOSTER, Matilda 60 (B) (SH1-388)
FOSTER, Minerva 26 (B) (SH2-211)
FOSTER, Phebe 26 (B) (SH1-101)
FOSTER, Rhena 11 (SH1-313)
FOSTER, Robt. 37 (B) (SH2-102)
FOSTER, Sam 30 (B) (SH1-287)
FOSTER, Sam 54 (B) (SH1-356)
FOSTER, Thomas 23 (SH1-471)
FOSTER, Thomas 24 (B) (SH2-299)
FOSTER, Thomas 45 (SH2-111)
FOSTER, Walter 32 (SH1-358)

FOSTER, Wesley 50 (B) (SH2-161)
FOSTER, Wiley 24 (B) (SH1-190)
FOSTER, Wm. 51 (B) (SH1-121)
FOSTER, ____ 47 (f) (SH2-262)
FOULER, Ebenezer 63 (SH1-10)
FOULER, Wm. 21 (SH1-6)
FOUNTAIN, Hyram 70 (B) (SH1-208)
FOUNTAIN, James 35 (B) (SH1-281)
FOUNTAIN, Mary 49 (B) (SH2-328)
FOUTE, G. P. 55 (m) (SH2-282)
FOWLER, B. F. 26 (m) (SH1-267)
FOWLER, Betsy 41 (B) (SH1-89)
FOWLER, Clark 32 (B) (SH1-294)
FOWLER, David 40 (B) (SH2-85)
FOWLER, Ellick 26 (B) (SH1-339)
FOWLER, Emma 40 (B) (SH1-105)
FOWLER, Fred L. 25 (SH2-81)
FOWLER, H. V. 13 (m) (SH1-30)
FOWLER, Harrison 30 (B) (SH1-274)
FOWLER, Jesse 44 (m) (SH1-294)
FOWLER, Joseph J. 32 (SH2-296)
FOWLER, Maria 40 (SH2-34)
FOWLER, Moses 32 (B) (SH2-167)
FOWLER, Rowena 10 (B) (SH2-34)
FOWLER, Sam 32 (B) (SH2-102)
FOWLER?, Daniel 32 (SH2-88)
FOWLKES, Angeline 44 (B) (SH2-281)
FOWLKES, Fannie 40 (B) (SH2-83)
FOWLKES, Frank 40 (B) (SH1-440)
FOWLKES, Sarah 60 (SH2-81)
FOWLKES, Tom 25 (B) (SH2-84)
FOWLKES, Walter 22 (B) (SH2-192)
FOWLKS, Ann 35 (B) (SH2-261)
FOWLKS, Benjamin 60 (B) (SH1-439)
FOX, Amy 70 (B) (SH1-41)
FOX, Delia 70 (B) (SH1-470)
FOX, Dena 19 (f) (SH1-380)
FOX, E. 40 (m) (B) (SH1-391)
FOX, Edmon 60 (B) (SH1-390)
FOX, Henry 54 (SH2-272)
FOX, James 35 (SH2-254)
FOX, King 50 (B) (SH1-108)
FOX, Mary 55 (SH2-211)
FOX, Owen 50 (B) (SH2-254)
FOX, Thomas 26 (B) (SH1-428)
FOX, Thomas 39 (SH2-48)
FOYGERSON, Martha 23 (B) (SH1-261)
FRACTION, Frances 36 (B) (SH2-256)
FRAIM, Annie I. 31 (SH1-80)
FRAIN, Susanah 74 (SH2-232)
FRAKLIN, Thos. 43 (SH2-16)
FRANCE, James E. 48 (SH2-268)
FRANCE, Nicholas 48 (SH1-459)

FRANCIOLA, Joseph 33 (B) (SH2-323)
FRANCIOLA, Sam 39 (m) (B) (SH2-186)
FRANCIOLO, Joseph 35 (SH2-258)
FRANCIS, E.? S. 31 (f) (SH2-113)
FRANCIS, John 24 (SH2-66)
FRANCIS, John 27 (SH2-79)
FRANCIS, John 41 (SH2-78)
FRANCISCO, Frank 19 (SH2-99)
FRANCISCO, James A. 55 (SH2-209)
FRANCOIS?, Sister 21 (nun) (SH1-110)
FRANK, Cantidus? 36 (f) (SH2-64)
FRANK, David 59 (SH2-36)
FRANK, Ella 25 (SH2-49)
FRANK, Henry 50 (SH2-263)
FRANK, John F. 59 (SH2-206)
FRANK, Leon 24 (B) (SH2-19)
FRANK, Theod. 39 (m) (SH1-448)
FRANK, Wm. 40 (SH2-92)
FRANK, ____ 35 (m) (SH2-320)
FRANKLAND, H. 25 (m) (B) (SH1-200)
FRANKLIN, A. C. 23 (f) (SH1-241)
FRANKLIN, Alice 20 (B) (SH2-14)
FRANKLIN, Ben 25 (B) (SH1-155)
FRANKLIN, Bill 28 (B) (SH1-320)
FRANKLIN, C. J.? 59 (m) (B) (SH2-140)
FRANKLIN, Charley 45 (B) (SH2-340)
FRANKLIN, Dabny 18 (f) (B) (SH1-293)
FRANKLIN, Denie 7 (f) (B) (SH1-464)
FRANKLIN, Fisher 51 (SH2-214)
FRANKLIN, Henry 58? (SH2-117)
FRANKLIN, Isaac 30 (B) (SH1-335)
FRANKLIN, James 32 (SH2-172)
FRANKLIN, Jennie 24 (B) (SH2-223)
FRANKLIN, John 24 (B) (SH1-324)
FRANKLIN, John 49 (B) (SH2-230)
FRANKLIN, John 60 (B) (SH2-275)
FRANKLIN, Laura 13 (B) (SH2-200)
FRANKLIN, Lizzie 38 (B) (SH2-128)
FRANKLIN, Lizzie 50 (B) (SH2-205)
FRANKLIN, Martin 22 (B) (SH1-301)
FRANKLIN, Mary 40 (B) (SH2-135)
FRANKLIN, Morris 22 (SH2-44)

FRANKLIN, Neel 30 (f) (B) (SH1-294)
FRANKLIN, P. 24 (m) (B) (SH1-392)
FRANKLIN, Polly 21 (B) (SH2-269)
FRANKLIN, Pres 32 (m) (SH2-291)
FRANKLIN, Thomas 52 (B) (SH2-339)
FRANKLIN, Wm. 44 (B) (SH2-331)
FRANKLIN, ____ 60 (f) (B) (SH1-89)
FRANKSLEY, John 38 (B) (SH1-334)
FRANSCALE?, Felix 43 (SH2-98)
FRANSIOLE?, Philip 34 (SH2-101)
FRANSOILI?, Stephen 63 (SH2-57)
FRANTZ, H. L. 10 (m) (SH1-52)
FRASER, W. L. 42 (m) (SH2-153)
FRASIER, John 37 (B) (SH1-222)
FRATER, Robert 35 (SH2-229)
FRAVAGO?, A. 45 (m) (SH1-339)
FRAYSER, A. 38 (m) (B) (SH2-129)
FRAYSER, Hannah 45 (B) (SH1-422)
FRAYSER, L. V. 41 (f) (SH1-145)
FRAYSER, Melvin 46 (SH2-18)
FRAYSER, Winiford 35 (f) (SH2-345)
FRAYSIER, Isaac 38 (B) (SH1-340)
FRAZER, Charley 46 (SH1-421)
FRAZIER, John R. 63 (SH2-97)
FRAZIER, Joseph 20 (SH2-94)
FRAZIER, Joseph N. 26 (B) (SH1-25)
FRAZIER, Patsy 20 (B) (SH1-471)
FRAZIER, Robt. 38 (SH2-124)
FREA, Henery 17 (SH1-87)
FREDENBURG, Richard 42 (SH1-349)
FREDRICK, Nany 27 (f) (SH2-261)
FREEDMAN, Isaac 40 (SH2-100)
FREEDMAN, Max 37 (SH2-91)
FREEDMAN, ____ 20 (m) (SH2-91)
FREEDMAN, stella 6 (SH2-100)
FREEL?, R. 37 (m) (SH1-457)
FREELANDER, Henry 34 (SH2-70)
FREEMAN, Aggie 20 (SH1-370)
FREEMAN, Alice 50 (B) (SH2-23)
FREEMAN, And. 40 (m) (B) (SH1-37)
FREEMAN, Andrew 25 (B) (SH1-193)
FREEMAN, Cornelius 63 (SH2-84)
FREEMAN, Daniel 30 (B) (SH2-19)
FREEMAN, Elbert 40 (B) (SH2-41)

FREEMAN, Emma 23 (SH2-51)
FREEMAN, George 24 (SH1-332)
FREEMAN, George 32 (SH2-69)
FREEMAN, Hattie 19 (B) (SH2-59)
FREEMAN, Henry 50 (B) (SH1-170)
FREEMAN, Howard 30 (B) (SH2-38)
FREEMAN, Jno. J. 47 (SH2-81)
FREEMAN, John 35 (B) (SH1-100)
FREEMAN, John 35 (B) (SH1-316)
FREEMAN, John? 24 (B) (SH2-119)
FREEMAN, Judge 60 (B) (SH1-471)
FREEMAN, Lizzie 23 (B) (SH2-37)
FREEMAN, Lizzie 27 (SH1-375)
FREEMAN, Lucy 66 (B) (SH1-473)
FREEMAN, Martha 45 (B) (SH2-283)
FREEMAN, Max 15 (SH2-65)
FREEMAN, Miles 24 (B) (SH2-186)
FREEMAN, Oscar 7 (SH2-48)
FREEMAN, Rasmus 55 (B) (SH1-259)
FREEMAN, Rebecca 25 (SH1-132)
FREEMAN, Rebecca 35 (B) (SH1-430)
FREEMAN, Richard 60 (B) (SH1-127)
FREEMAN, Richd. N. 25 (SH1-464)
FREEMAN, Robert 24 (B) (SH2-235)
FREEMAN, Robt. 18 (B) (SH1-150)
FREEMAN, Rowena 29 (B) (SH2-56)
FREEMAN, Tho. 26 (m) (SH2-79)
FREEMAN, Wm. 13 (B) (SH1-122)
FREEMAN?, Tilda 25 (B) (SH1-462)
FREIBERG, Morris 35? (SH2-53)
FREMAN, Carrie 30 (SH2-106)
FREMAN, Emma 23 (B) (SH2-174)
FRENCH, Adeline 36 (SH2-289)
FRENCH, Andrew 26 (B) (SH2-234)
FRENCH, Benjamin 53 (B) (SH1-234)
FRENCH, David 40 (B) (SH2-324)
FRENCH, Eliza 24 (B) (SH2-190)
FRENCH, Mary 8 (B) (SH2-187)
FREY, Joseph 48 (SH1-408)
FREY, Joseph A. 30 (SH2-35)
FREY, Lucinda? 67 (B) (SH2-277)
FREY, Otto 22 (SH1-418)
FREZ___NT, Hattie 9 (B) (SH2-33)

FRIARSON?, Anna 7 (B) (SH1-178)
FRICE, Betty __ (B) (SH2-199)
FRICE?, Asa 36 (B) (SH2-233)
FRICK, Charles 30 (SH2-98)
FRICK, Henry 29 (SH2-15)
FRIDDLE, Calvin 24 (SH1-9)
FRIE?, Angie 24 (SH2-59)
FRIEDAUBER, Sol 49 (SH2-180)
FRIEDEL, P. R. 35 (m) (SH2-305)
FRIEDLAND, Edmond 18 (SH1-411)
FRIEDLANDER, Samuel 49 (SH2-30)
FRIEDMAN, Isac 37 (SH2-267)
FRIERSON, Annie 60 (B) (SH2-311)
FRIERSON, John 31 (B) (SH1-234)
FRIERSON, Judy 44 (B) (SH2-285)
FRIERSON, Louis S. 30 (SH2-93)
FRIERSON, ___ ___ (SH2-267)
FRITZ, Catharine 60 (SH2-30)
FRITZ, Edward 24 (SH2-63)
FRITZ, John 38 (SH2-279)
FRITZ, Leon 40 (SH2-90)
FRITZ, Louis 25 (SH2-70)
FRITZ, Louis 25 (SH2-77)
FRITZ?, Edward 14 (SH2-279)
FRITZE, Moses 55 (SH2-114)
FROHLICK, Wm. 47 (SH2-261)
FROMAN, A. _. 48 (m) (B) (SH1-400)
FROMAN, Alfred 24 (B) (SH2-365)
FROOEGER?, Tiny 41 (m) (SH2-172)
FROOSLEY?, John 28 (SH2-270)
FROST, August 42 (SH2-99)
FROST, Honore? 50 (f) (SH2-221)
FROST, James 35 (SH2-221)
FROST, Jas. E. 45 (SH1-460)
FROST, Thom 38 (SH1-457)
FROST, Thomas 37 (B) (SH2-253)
FROWN?, Willemina? 37 (f) (SH2-296)
FRY, Wm. 32 (SH2-73)
FRYAR, Johnny 1 (B) (SH1-99)
FRYAR, Mollie 24 (B) (SH1-99)
FRYFOGLE, Mary A. 56 (SH2-330)
FRYMAN, Thornton 36 (B) (SH1-313)
FRYSON, Florence 20 (B) (SH1-12)
FUCH?, Victor D. 43 (SH2-84)
FUCHS, Lena 25 (SH2-244)
FUCHS, Thom. 26 (SH2-71)
FUGION?, Belle 21 (SH2-109)
FULKS, Fannie 40 (B) (SH2-122)
FULLER, Buck 40 (B) (SH2-325)
FULLER, Cathern C. 36 (SH1-116)
FULLER, Ellen 26 (B) (SH2-243)
FULLER, George 29 (B) (SH2-248)
FULLER, Henry 7 (B) (SH2-308)
FULLER, John 23 (SH2-78)

FULLER, Richard 25 (B) (SH2-113)
FULLER, Robert 4 (B) (SH1-330)
FULLER, Sandy 30 (m) (B) (SH2-210)
FULLITON, Wm. 27 (SH2-325)
FULMER, J. W. 32 (m) (SH2-111)
FULSOM, Charles 20 (SH2-110)
FULTON, Jessie 17 (f) (SH2-120)
FULTZ, Edmund 40 (B) (SH2-205)
FUMADE?, John B. 67 (SH2-60)
FUNK, Jos. H. 27 (SH1-18)
FUNK, Joseph 32 (Chines) (SH2-75)
FUNK, Saml. 60 (SH1-12)
FUNNEZ, Henry 28 (B) (SH1-396)
FURGERSON, Alex 29 (SH2-104)
FURGERSON, Charles 22 (SH2-79)
FURGERSON, Mr. 45 (SH2-170)
FURGUSON, Dewitt 16 (B) (SH2-311)
FURGUSON, Henry 60 (B) (SH1-271)
FURGUSON, Louisa 34 (SH2-327)
FURGUSON, T. 19 (m) (B) (SH1-276)
FURGUSON, W. T. 29 (SH1-52)
FURR, Junius C. 36 (SH2-342)
FURRELL, Mary 6 (SH1-110)
FURSTENHINN?, H. 44 (m) (SH2-281)
FURTAD?, Anna 40 (SH2-154)
FURY, James? 25 (SH1-38)
FURY, Mary 19 (SH2-77)
FURY, Pat 36 (m) (SH2-32)
FUTRELL, N. 40 (m) (SH1-39)
GABAY, Samuel 16 (SH2-94)
GABAY?, Rapheal 19 (SH2-94)
GABEY, Jacob 24 (SH2-112)
GABRIEL, Barbara 45 (SH2-315)
GAFFORD, Susie 9 (SH2-308)
GAFFORD, Wyatt 32 (SH1-458)
GAG, Samuel 27 (B) (SH1-98)
GAGE, Garland 60 (SH2-346)
GAGE, H. M.? 35 (m) (SH2-264)
GAGE, Wm. A. 40 (SH2-214)
GAGES, Clara 31 (SH1-91)
GAIAGNAN, Herman 55 (SH2-309)
GAIN, Micheal 46 (SH2-222)
GAINES, Abram 30 (B) (SH2-343)
GAINES, America 46 (B) (SH1-257)
GAINES, Benj. 35 (B) (SH1-153)
GAINES, Charles 38 (B) (SH2-8)
GAINES, Frank 35 (B) (SH1-378)
GAINES, H. C. 35 (m) (B) (SH2-148)
GAINES, Jas. E. 36 (B) (SH2-133)
GAINES, John 50 (B) (SH1-331)
GAINES, Lilly Ella 4 (SH2-279)
GAINES, M. 79 (f) (SH1-401)
GAINES, Robert 30 (B) (SH2-20)
GAINES, ____ 27 (m) (B) (SH2-262)

GAINEY, John 28 (SH2-58)
GAINS, Cassuam? 14 (f) (B) (SH1-306)
GAINS, Hamton 45 (B) (SH1-453)
GAINS, Joseph 62 (B) (SH1-85)
GAINS, Mary 44 (B) (SH1-129)
GAINS, Mary 44 (B) (SH1-83)
GAINS, Sam 30 (B) (SH2-56)
GAINS, Simon 44 (B) (SH2-106)
GAINS, Wm. 11 (B) (SH2-56)
GAINT, John 23 (SH2-140)
GAITEN, Harriet 30 (B) (SH1-276)
GAITER, Priscilla 55 (B) (SH2-294)
GAITES, Robert 35 (B) (SH1-402)
GAITHER, John 17 (B) (SH1-356)
GAITHER, Louisa 40 (B) (SH2-366)
GAITHER, Thomas 21 (B) (SH2-366)
GAITHER, W. P. 29 (m) (SH1-402)
GAITHER, Wm. 24 (B) (SH2-233)
GALAVAN, Jon _ (SH2-360)
GALAVAN, Mary 29 (SH2-360)
GALAWAY, Jim? 29 (B) (SH1-274)
GALAWAY, P. 45 (m) (B) (SH1-284)
GALBREATH, Joe 23 (B) (SH2-165)
GALBREATH, W. B. 45 (m) (SH2-192)
GALBRETH, Price 32 (B) (SH2-348)
GALBRETH, Wm. 23 (B) (SH2-361)
GALBURT, Paul 18 (SH1-108)
GALDOBY, Alfred 20 (B) (SH1-68)
GALE, Jim 55 (B) (SH1-58)
GALE, John 40 (SH2-113)
GALE, Tom 63 (SH2-214)
GALE?, Sallie 25 (B) (SH2-324)
GALES, Charley 12? (B) (SH1-99)
GALES, Lewis 35 (B) (SH2-358)
GALESPIE, John 28 (SH2-328)
GALIGER, Ed 55 (SH2-189)
GALISPIE, Charles 44 (B) (SH2-96)
GALIVAN, Mary 29 (SH2-215)
GALL, H. 45 (m) (B) (SH1-393)
GALLA, John 21 (SH1-106)
GALLAGER, James 33 (SH2-350)
GALLAGHER, Charles 23 (SH2-154)
GALLAGHER, John 37 (SH2-78)
GALLAGHER, Thomas 28 (SH1-419)
GALLAWAY, D. 28 (f) (SH1-203)
GALLAWAY, Emly 38 (SH1-203)
GALLEE, Louis 50 (B) (SH1-311)
GALLIGAN, Mike 36 (SH1-388)
GALLIGAN, Tom 23 (SH1-364)
GALLIGER, Myke 31 (SH2-79)
GALLIGHER, Joshua 49 (B) (SH2-297)
GALLINA, Chas. 31 (SH2-153)

GALLINA, J. 28 (m) (SH1-405)
GALLOWAY, Allen 25 (B) (SH2-294)
GALLOWAY, Allen 50 (B) (SH1-358)
GALLOWAY, C. G. 56 (m) (SH1-162)
GALLOWAY, Chas. B. 43 (SH2-100)
GALLOWAY, Edward 30 (B) (SH2-233)
GALLOWAY, Jacob T. 40 (SH1-468)
GALLOWAY, Mathew C. 60 (SH2-100)
GALLOWAY, Nancy 49 (B) (SH1-165)
GALLOWAY, R. W. 37 (m) (SH2-283)
GALLOWAY, Sam 24 (B) (SH1-80)
GALLOWAY, W. A. 50 (m) (SH1-163)
GALLOWAY, W. D. 23 (m) (SH1-229)
GALLOWAY, Wash 18 (B) (SH2-76)
GALLOWAY, Wash 19 (B) (SH2-61)
GALLOWAY, _. R. 26 (m) (SH1-202)
GALOSKOWSKI, E. 23 (f) (SH2-31)
GALOWAY, Geo. 40 (B) (SH1-60)
GALVIN, Jno. 45 (SH1-273)
GALVISTON, Calvin 44 (B) (SH2-195)
GAMBETTA, Hannah 26 (SH1-473)
GAMBLE, Dick 40 (B) (SH1-337)
GAMBLE, Hannah 65 (B) (SH1-322)
GAMER, Miles 22 (B) (SH1-39)
GANATTI, Katie 28 (SH2-122)
GANDY, C. S. 21 (m) (SH1-216)
GANER, Ben 26 (B) (SH1-37)
GANNON, James 55 (SH2-21)
GANNON, Mary 45 (SH2-148)
GANT, Earl 32 (SH2-62)
GARDALA, Rosa 32 (SH2-101)
GARDELLA, Matto? 65 (m) (SH2-47)
GARDEN?, Charlie 12 (B) (SH1-376)
GARDENER, John 12 (B) (SH1-83)
GARDENER, S. 45 (m) (B) (SH2-143)
GARDINER, Henery 40 (B) (SH1-83)
GARDINER, S. E. 35 (m) (SH2-249)
GARDNER, A. T. 35 (m) (SH2-302)
GARDNER, Alex 48 (B) (SH1-335)
GARDNER, Andrew 20 (B) (SH2-37)
GARDNER, Andrew J. 38 (SH2-51)
GARDNER, Andy 27 (B) (SH1-120)
GARDNER, C. W. 33 (m) (SH2-261)
GARDNER, Cain 20 (B) (SH1-253)
GARDNER, Cain sr. 50 (B) (SH1-253)
GARDNER, Col 23 (m) (B) (SH1-324)
GARDNER, D. 50 (m) (B) (SH1-389)
GARDNER, Dan 25 (B) (SH1-333)
GARDNER, Dinah 85 (B) (SH1-170)
GARDNER, Drew 45 (B) (SH1-348)
GARDNER, G. W. 48 (m) (SH2-336)
GARDNER, Geo. 50 (B) (SH2-109)
GARDNER, Gilbert 26 (B) (SH1-471)
GARDNER, James 32 (B) (SH2-360)
GARDNER, John 58 (B) (SH1-393)
GARDNER, Kate 16 (B) (SH1-245)
GARDNER, Liza 50 (B) (SH1-120)
GARDNER, Luke 29 (B) (SH1-18)
GARDNER, Nelson 35 (B) (SH1-173)
GARDNER, Overton 35 (B) (SH1-172)
GARDNER, Spencer 30 (B) (SH2-338)
GARDNER, Wm. 36 (B) (SH1-315)
GARDNER, _____ 22 (m) (SH2-51)
GARDNER?, Betsy 75 (B) (SH2-187)
GAREY, James H. 32 (SH1-78)
GARIBALDEE, E. 44 (m) (SH1-400)
GARIBALDI, A. 28 (m) (SH2-164)
GARIBALDI, G. 28 (m) (SH1-405)
GARIN, Maggie 10 (SH2-34)
GARIN, Margaret 46 (SH2-34)
GARLAND, Jennie 28 (B) (SH2-146)
GARMON, Bridget 22 (SH2-266)
GARMON?, Howard 42 (B) (SH1-313)
GARNER, Ellen 35 (B) (SH1-98)
GARNER, Millie 42 (B) (SH2-332)
GARNER, Perry 21 (SH1-444)
GARNER, Robert 40 (B) (SH2-279)
GARNER, S. C. 50 (m) (SH1-234)
GARNER, Wm. 29 (B) (SH2-229)
GARNER, Wm. 36 (SH1-71)
GAROE, D. W. 30 (m) (SH2-77)
GARRET, Sarah 58 (B) (SH1-79)
GARRET, Thos. 27 (SH2-319)
GARRETT, Allen 45 (B) (SH1-250)
GARRETT, Anthony 53 (B) (SH1-429)
GARRETT, Benjamin 25 (B) (SH1-441)
GARRETT, Coleman 22 (B) (SH1-247)
GARRETT, Crittie 22 (f) (B) (SH1-255)
GARRETT, Cyrus 58 (B) (SH1-205)
GARRETT, Delia 56 (B) (SH1-109)
GARRETT, Effa? 23 (B) (SH2-87)
GARRETT, Eliza 4 (B) (SH1-383)
GARRETT, Ellen 43 (SH1-413)
GARRETT, Frank 23 (B) (SH1-64)
GARRETT, Frank 25 (B) (SH2-134)
GARRETT, Frank sr. 50 (B) (SH1-64)
GARRETT, Harriett 22 (B) (SH2-127)
GARRETT, Jack 70 (B) (SH1-409)
GARRETT, Jacob 37 (B) (SH1-158)
GARRETT, James 43 (B) (SH2-312)
GARRETT, John 24 (B) (SH1-246)
GARRETT, John 25 (SH2-73)
GARRETT, John 38 (B) (SH2-176)
GARRETT, Kenneth 49 (SH1-182)
GARRETT, Margaret 40 (SH2-77)
GARRETT, Maria 60? (B) (SH2-165)
GARRETT, Mary 20 (B) (SH2-276)
GARRETT, Nancy 45 (B) (SH1-386)
GARRETT, P. A. 18 (f) (B) (SH1-152)
GARRETT, Peter 32 (B) (SH1-409)
GARRETT, Peter 34 (B) (SH1-108)
GARRETT, Richard 32 (B) (SH1-214)
GARRETT, Sirus 40 (SH2-215)
GARRETT, Walker 22 (B) (SH1-435)
GARRETT, Wm. H. 44 (SH1-217)
GARRETT, Wm. P. 27 (B) (SH1-436)
GARREW, John 46 (SH2-248)
GARRIN, Heshiah? 45 (f) (B) (SH2-36)
GARRISON, M. J. 43 (f) (SH1-278)
GARRISON, Nelly 90 (B) (SH1-428)
GARRISON, Sam W. 34 (SH2-85)
GARRISON, Will 32 (SH2-68)
GARRONA, Mary 18 (SH2-49)
GARUM, Ivy 24 (m) (SH1-219)
GARVEY, Mike 45 (SH1-363)
GARVEY, Thomas 40 (SH2-47)
GARVIN, Edward 45 (SH2-101)
GARVIN, JAmes 74 (SH1-81)
GARVIN, James 35 (SH1-82)
GARVIN, M. J. 39 (m) (SH2-257)
GARVIN, Rich 25 (B) (SH2-138)
GARVIN, Wm. 30 (SH1-81)
GARY, B. 40 (m) (SH2-297)
GARY, Frances 21 (SH1-396)
GARY, Minerva 57 (B) (SH1-234)
GARY, R. 17 (m) (B) (SH1-239)
GARY, Rose 23 (B) (SH1-237)
GARY, T__ 64 (f) (SH2-263)
GASH, Joseph 22 (B) (SH2-130)
GASPERINA?, Theresa 33 (SH2-97)
GASSAWAY, Samuel 38 (SH2-48)
GASTON, Charles 35 (SH2-205)
GASTON, Henry 60 (B) (SH2-349)
GATERS, Thos. 32 (B) (SH2-157)
GATES, Catherine 60 (B) (SH2-285)
GATES, G. W. 36 (m) (SH1-170)
GATES, Lettie 30 (B) (SH2-312)
GATES, Lizzie T. 24 (SH2-182)
GATES, Samuel 59 (SH1-375)
GATES, W. B. 37 (m) (SH2-91)
GATEWOOD, Joseph 50 (B) (SH2-127)
GATEWOOD, L. 56 (f) (B) (SH1-401)
GATHNEY, Mary 50 (SH2-11)
GATHRIGHT, Seely 55 (f) (B) (SH1-288)
GATLIN, Jessy 25 (m) (SH1-221)
GATLIN, N. C. 24 (m) (SH1-402)
GATUS?, Thomas 1 (B) (SH2-38)
GAUNT, Harriet 51 (SH2-295)
GAUTIER, Joseph 35 (SH2-51)
GAVIN, Joe 20 (SH2-77)
GAVIN, Joe 21 (SH2-73)
GAVIN, John 30 (SH2-161)
GAXIN?, John 30 (B) (SH2-173)
GAY, James 27 (SH1-450)
GAY, Joe 40 (B) (SH1-56)
GAY, Richard 48 (SH1-450)
GAYLES, Wash 48 (B) (SH1-129)
GAYNOR?, A. T. 44 (m) (SH2-35)
GA_WAY?, David 25 (B) (SH2-279)
GEAR, John 36 (B) (SH1-137)
GEAR, Susan F. 48 (SH1-142)
GEARY, John 27 (SH2-34)
GEARY, Katie 8 (SH2-235)
GEARY?, Albert E. 20 (SH1-308)
GEBHARDT, C. 32 (m) (SH2-162)
GEBHART, Charles __ (SH2-162)
GEE, P.? E. 30 (m) (SH1-457)
GEFFIN, Jas. 36 (B) (SH2-151)
GEGG, John G. 41 (SH1-426)
GEIGER, Frank H. 45 (SH2-272)
GEISENBERGH, Joe 35 (SH2-302)
GEIZEL, Kate 37 (SH2-258)
GELLAM, Ella 18 (B) (SH2-281)
GELTS, Geo. 24 (B) (SH1-176)
GENETTE, Augustus 24 (SH2-278)
GENETTE, James 56 (SH2-276)

1880 Census Shelby Co. TN: Heads-of-Household

GENETZUER?, Leopold 45 (SH2-60)
GENOKE?, John 64 (SH1-108)
GENS, Wm. 31 (SH1-129)
GENSBERGER, C. 82 (f) (SH2-193)
GENSBERGER, Tressa 58? (SH2-259)
GENTRY, Harry 30 (B) (SH1-348)
GENTRY, Henry 25 (B) (SH1-251)
GENTRY, Jesse 51 (m) (SH1-284)
GENTRY, Jno. P. 46? (SH1-264)
GENTRY, Peter 28 (B) (SH1-272)
GENTRY, Thomas 18 (B) (SH1-442)
GEONS?, Henry 45 (B) (SH1-2)
GEORGE, Catharine 48 (B) (SH2-21)
GEORGE, Henry 30 (B) (SH2-318)
GEORGE, Izard? 28 (m) (SH2-116)
GEORGE, Willis 31 (B) (SH2-277)
GEORGE, Wm. 54 (B) (SH1-44)
GEOUGLE, Anna 48 (SH2-49)
GERABALDI, Bastisti? 33 (m) (SH1-336)
GERARD, Charles C. 23 (SH2-199)
GERARD, Mary 50 (SH2-193)
GERARNETT?, Monroe 52 (B) (SH1-185)
GERARNETT?, Wm. 20? (B) (SH1-185)
GERBER, Margarett 44 (SH1-96)
GERDLUND, Aron 41 (SH2-99)
GERHART, Charels 22 (B) (SH1-99)
GERLACH, Robert 10 (SH1-424)
GERLOCK, R____ __ (SH2-323)
GERMAIN, Arther 25 (SH2-73)
GERMAN, E. W. 41 (m) (SH1-235)
GERMAN?, Peter 45 (SH1-240)
GERRON, Wm. 35 (B) (SH1-270)
GEST, Lucey 45 (B) (SH1-112)
GETCHEL, Charles 50 (SH2-166)
GETCHEL, H. G. 25 (m) (SH2-193)
GETCHELL, Wm. 34 (SH2-133)
GETSON, Fred R. 23 (SH2-61)
GETTO, Robt. 30 (SH2-104)
GETZ, Christina 38 (SH1-412)
GETZ, Wm. 41 (SH1-412)
GEURIN?, A. E. __ (f) (SH2-303)
GEYER, Emma 30 (B) (SH1-369)
GHASTON, John S.? 50 (SH2-69)
GHEA, Levia 47 (f) (SH2-129)
GHEETER, Henry 37 (B) (SH1-328)
GHEETER, Jackson 41 (B) (SH1-331)
GHOTO?, Eliza 67 (B) (SH2-339)
GIBBERT, _____ 23 (m) (SH2-51)
GIBBONS, Andrew 16 (B) (SH1-265)
GIBBONS, Emanuel 24 (B) (SH1-267)
GIBBONS, Jim 56 (B) (SH1-379)

GIBBONS, Wm. 18 (SH1-368)
GIBBS, Annie F. 26 (SH2-151)
GIBBS, Chester 21 (B) (SH2-51)
GIBBS, Fred 50 (B) (SH1-256)
GIBBS, George 8 (B) (SH2-102)
GIBBS, Manuel 19 (B) (SH1-295)
GIBBS, Maria 52 (SH2-11)
GIBBS, Martin 31 (B) (SH2-117)
GIBBS, Noah 9 (B) (SH2-307)
GIBBS, Tucker 16 (B) (SH1-295)
GIBSON, Albert 20 (B) (SH1-116)
GIBSON, Anderson 28 (SH2-228)
GIBSON, Ann 67 (B) (SH2-162)
GIBSON, Annie 30 (B) (SH2-84)
GIBSON, Arthur 1? (B) (SH2-64)
GIBSON, Arthur 47 (SH2-85)
GIBSON, Ben 38 (B) (SH2-333)
GIBSON, Butler 27 (B) (SH1-138)
GIBSON, Caroline 55 (B) (SH2-40)
GIBSON, Charles 30 (B) (SH1-108)
GIBSON, Dock __ (B) (SH1-371)
GIBSON, Ellick 16 (B) (SH1-356)
GIBSON, Frank L. 37 (SH1-121)
GIBSON, George 21 (B) (SH1-372)
GIBSON, George 25 (B) (SH1-338)
GIBSON, Georgia 36 (SH2-231)
GIBSON, Harriet 40 (B) (SH2-129)
GIBSON, Harris 23 (B) (SH2-163)
GIBSON, Isaac 49 (B) (SH1-418)
GIBSON, J. 33 (SH2-2)
GIBSON, James 45 (B) (SH1-171)
GIBSON, John 32 (B) (SH2-152)
GIBSON, Julia 27 (SH2-95)
GIBSON, M. E. 19 (f) (SH1-52)
GIBSON, Maria 1 (B) (SH2-309)
GIBSON, Mrs. 61 (B) (SH2-349)
GIBSON, Peter 19 (B) (SH1-428)
GIBSON, Phillip 7 (B) (SH2-113)
GIBSON, Richard 51 (B) (SH1-438)
GIBSON, Robert 6 (B) (SH2-197)
GIBSON, Robt. 55 (SH1-260)
GIBSON, S. __ (SH2-137)
GIBSON, Sallie 26 (B) (SH1-162)
GIBSON, Thomas 23 (B) (SH2-254)
GIBSON, Thos. 22 (B) (SH1-368)
GIFT, Elizabeth 66 (SH1-85)
GIFT, James 32 (SH1-85)
GIFT, W. R. 18 (m) (SH1-38)
GIGNAIGO?, John 43 (SH2-69)
GILBERT, Anna E. 22 (SH1-140)
GILBERT, Charles 31 (B) (SH1-427)
GILBERT, Hannah 40 (B) (SH1-427)
GILBERT, Hoyette 40 (m) (SH2-114)
GILBERT, James 35 (B) (SH2-275)
GILBERT, Jennett 10 (f) (B) (SH1-464)
GILBERT, John 57 (B) (SH2-21)
GILBERTSON, Thomas 30 (SH2-335)
GILBREATH, Frank 21 (SH2-176)
GILBREATH, Frank 23 (SH2-100)

GILCHRIST, Tom 20 (B) (SH1-58)
GILDER, John 62 (SH2-223)
GILDON, Major 34 (B) (SH1-456)
GILES, Harry 40 (B) (SH2-296)
GILES, Henry 50? (B) (SH2-307)
GILES, Henry 55 (B) (SH1-409)
GILES, M. A. 66 (f) (SH2-311)
GILES, Susan 55 (B) (SH2-311)
GILES, Walter E. 24 (SH1-82)
GILES, Wm. 30 (B) (SH1-109)
GILES, Wm. 42 (B) (SH2-161)
GILHAM, Alec 26 (B) (SH2-208)
GILHAM, Calvin 37 (B) (SH2-326)
GILHAM, Frank 28 (B) (SH2-251)
GILHAM, Gus 51 (B) (SH1-173)
GILHAM, Rachel 27 (B) (SH2-282)
GILHMAN, Jacob 63 (SH2-89)
GILL, Eady? 12 (m) (B) (SH1-431)
GILL, Geo. 38 (B) (SH2-133)
GILL, George 45 (B) (SH2-182)
GILL, H. C. 38 (m) (SH1-392)
GILL, Kate 6 (SH1-110)
GILL, Lucinda 68 (SH2-268)
GILL, Thomas 25 (B) (SH2-102)
GILL, Wm. R. 41 (SH1-23)
GILLAM, John 24 (SH2-257)
GILLAN, James 35 (B) (SH1-367)
GILLAN, Tom 70 (B) (SH1-359)
GILLARD, Wm. 29 (SH2-101)
GILLASPIE, Lucy 80 (B) (SH1-9)
GILLEM, Burrell 40 (B) (SH1-381)
GILLEM, Herbert 34 (B) (SH1-381)
GILLEM, Lucy 29 (B) (SH2-275)
GILLEM, Sam? 50 (B) (SH1-381)
GILLEM, Samuel 45 (B) (SH1-382)
GILLEM, Steve 35 (B) (SH1-381)
GILLEM?, Flora? 14 (B) (SH2-264)
GILLESPIE, Annie 25 (SH2-212)
GILLESPIE, David 50 (SH2-355)
GILLESPIE, Ellen 50 (SH2-22)
GILLESPIE, John J. 25 (SH2-25)
GILLESPIE, Malcom 27 (SH1-304)
GILLESPIE, Miner 20 (SH1-186)
GILLESPIE, Patrick 25 (SH2-19)
GILLETTE, U.? J. 35 (m) (SH1-163)
GILLHAM, Geo. 37 (SH2-257)
GILLIAM, Laura 22 (B) (SH1-298)
GILLIAM, Olanzo 48 (B) (SH1-336)
GILLIAN, Eliza 30 (B) (SH1-336)
GILLIAN, Eliza 58 (SH2-283)
GILLIARD, Helen 13 (B) (SH1-348)
GILLIARD, John 21 (B) (SH1-345)
GILLILAND, F. M. 56 (m) (SH1-273)
GILLILAND, James 39 (SH1-342)

GILLILAND, Wash 32 (B) (SH1-271)
GILLIM, John 40 (B) (SH1-377)
GILLIN?, Peter 50 (B) (SH1-368)
GILLIS, Cornelius 30? (B) (SH2-224)
GILLISPIE, Amanda 28 (SH2-310)
GILLISPIE, Nathan 17 (SH1-195)
GILLISPIE, Robert 50 (SH1-187)
GILLISPIE, Thomas 29 (SH1-187)
GILLMORE, George 23 (SH1-96)
GILLMORE, M. F. 28 (f) (SH1-267)
GILLOM, Harison 40 (B) (SH1-459)
GILLOM, Henry 8 (SH1-450)
GILLOOLY?, Thos. 45 (SH1-372)
GILLOSPIE, Isabella 10 (B) (SH2-333)
GILLOTT, Thos. 15 (B) (SH1-454)
GILLS, Jesiah 7 (m) (B) (SH2-278)
GILLUM, Lena 29 (B) (SH2-313)
GILLUM, Milly 52 (B) (SH2-344)
GILLUM, Tobe 54 (SH1-6)
GILLUM, Wm. 21 (SH2-227)
GILMARTIN, Thomas 6 (SH1-112)
GILMORE, Ada 22 (B) (SH2-188)
GILMORE, Charley 43 (B) (SH1-271)
GILMORE, Eliza 23 (B) (SH2-157)
GILMORE, Henry 25 (B) (SH1-459)
GILMORE, Joe 40 (SH2-77)
GILMORE, Myke 26 (SH2-77)
GILMORE, Nannie 17 (B) (SH2-313)
GILPIN, Hesikiah 22 (SH1-28)
GILPIN?, Franklin 38 (SH1-11)
GILROY, Bernard 53 (SH1-474)
GILTNER, J. 60 (m) (SH1-362)
GILVIN?, Edward 38 (SH2-166)
GIMSON, Jack 28 (SH1-376)
GINN, L. S. 34 (m) (SH1-37)
GINNINGS, Alfred 56 (B) (SH1-14)
GINOCHIO, Louis 18 (SH2-5)
GIOVANNETTI, Vincent 22 (SH2-101)
GIPSON, Alice 15 (SH2-77)
GIPSON, Henry 26 (SH1-202)
GIPSON, Joe 7 (B) (SH1-8)
GIPSON, John 24 (B) (SH2-75)
GIPSON, Silus 27 (SH1-3)
GIRARD, Clinton 32 (SH2-250)
GITZENDANNED, Jim 50 (SH2-153)
GIVEL?, Annie 16 (SH2-322)
GIVENS, Andrew 17 (B) (SH1-260)
GIVENS, Asbury 40? (SH2-362)
GIVENS, Robt. 34 (B) (SH1-294)
GIVENS, W. P. 27 (m) (SH1-457)
GIVENS, Wm. 40 (B) (SH2-284)
GIVENS, Zack 50 (B) (SH1-287)
GIVINS, Jeff 48 (B) (SH2-354)

1880 Census Shelby Co. TN: Heads-of-Household

GIVINS, Mary 33 (SH2-48)
GLAAB, John 24 (SH2-189)
GLADDEN, Georgie 9 (f) (SH1-71)
GLADEN, Marier 30 (f) (B) (SH1-453)
GLAN, M. 60 (f) (B) (SH1-406)
GLANCEY, Agness 11 (SH2-71)
GLANCY, Thomas 23 (SH2-23)
GLANCY?, Annie 20 (SH2-356)
GLANEY?, Winifred 22 (f) (SH2-281)
GLANRING?, Tanie 20 (f) (SH2-58)
GLASGOW, John 35 (B) (SH2-38)
GLASS, Ben 22 (B) (SH2-203)
GLASS, Chas. 34 (B) (SH1-146)
GLASS, George 46 (B) (SH2-303)
GLASS, Henry 35 (B) (SH2-84)
GLASS, JErry 45 (B) (SH1-101)
GLASS, Jacob 33 (SH1-361)
GLASS, James? E. 46 (B) (SH2-5)
GLASS, Louisa 32 (SH2-180)
GLASS, Mat 30 (m) (B) (SH1-18)
GLASS, Matilda 28 (SH2-55)
GLASS, Rosa 41 (B) (SH2-128)
GLEASON, Darc 45 (m) (SH1-387)
GLEAVES, Eward 64 (B) (SH1-49)
GLEAVES, German 20 (B) (SH1-43)
GLEAVES, James 23 (B) (SH1-47)
GLEAVES, Jinnie 23 (f) (B) (SH1-40)
GLEAVES, John 2 (B) (SH1-45)
GLEAVES, Sarah 16 (B) (SH1-39)
GLEAVES, Wm. 27 (B) (SH1-41)
GLEAVES, Wm. 55 (B) (SH1-42)
GLEEN?, Miles 33 (B) (SH1-428)
GLEESE, St. 40 (m) (SH1-404)
GLEISON, Pat 45 (m) (SH2-113)
GLEK?, Avril 50 (m) (SH2-258)
GLEN, Birdie 22 (B) (SH2-206)
GLEN, John 45? (SH2-199)
GLEN, Mario 48 (B) (SH1-203)
GLENN, Fielden D. 32 (SH1-78)
GLENN, Frankie A. 5 (f) (B) (SH2-312)
GLENN, Geo. 30 (B) (SH1-319)
GLENN, Gerand? 40 (m) (SH1-76)
GLENN, Jacob 60 (SH1-346)
GLENN, James 34 (SH1-333)
GLENN, James? 19 (SH2-175)
GLENN, Joseph S. 33 (SH1-76)
GLENN, Milton 53 (B) (SH1-74)
GLENN, P. B. 50 (f) (SH2-261)
GLENN, Richard 55 (SH2-78)
GLESIER, T. W. 32 (m) (SH2-320)
GLESPESPIO?, Ella 18 (B) (SH2-159)
GLINDCAMP, H. 64 (m) (SH2-134)
GLISSON, Adolphus 19 (SH2-339)
GLISSON, Helen 33 (SH1-413)
GLISSON, W.? B. 41 (m) (SH2-298)
GLOELL?, James 35 (SH2-36)
GLOSSON, Auston 40 (B) (SH2-194)

GLOSTER, Ralph 30 (B) (SH1-87)
GLOSTER, Sarah A. 39 (B) (SH2-209)
GLOVER, Andrew 24 (B) (SH1-102)
GLOVER, Benjamin 26 (SH1-455)
GLOVER, J. L. 63 (m) (SH1-145)
GLOVER, Jake 50 (B) (SH1-337)
GLOVER, Jane 25 (SH1-377)
GLOVER, Patrick 24 (B) (SH1-410)
GLOVER, Robert 37 (B) (SH1-313)
GLOVER, Ruben 33 (SH1-313)
GLOVER, Stephen 26 (B) (SH1-438)
GLOVER, Susan 28 (B) (SH2-296)
GLOVER, Terrence 62 (SH1-317)
GLOVER, Wm. 20 (SH1-3)
GOAD, Henry 28 (SH2-14)
GOALSTON, Sally 50 (SH1-212)
GODBY, Betsy 50 (SH1-426)
GODDARD, Tip? 33 (m) (SH2-47)
GODFREY, Wm. 65 (SH1-72)
GODFRY, C. A. 12 (m) (SH1-54)
GODLET, Geo. 29 (SH2-113)
GODREN, J. P.? 49 (m) (SH2-140)
GODSEL, Albert 30 (SH2-253)
GODSEY, C. C. 12 (m) (SH1-459)
GODSEY, George 22 (SH1-456)
GODSEY, George 24 (SH1-457)
GODSEY, Wm. 19 (SH1-457)
GODSHAW, Leone? 49 (m) (SH2-49)
GODWIN, George A. 40 (B) (SH2-204)
GODWIN, Jane 44 (B) (SH2-123)
GODWIN?, W. H. 60 (m) (B) (SH1-455)
GOEBEL, Thos. 40 (SH1-374)
GOEDSTEIN, Jacob 34 (SH2-115)
GOETE, Joseph 55 (SH2-111)
GOETZ, Robert 26 (SH2-112)
GOE_EL, Leopold 52 (SH2-164)
GOFF, ____ 53 (m) (SH1-107)
GOGGIN, Wm. 37 (SH2-178)
GOING?, Wm. 16 (B) (SH1-70)
GOINGS, Keelin 20 (m) (B) (SH1-441)
GOINS, Amanda 24 (B) (SH2-19)
GOLDBAUM, E. L. 33 (m) (SH2-91)
GOLDBAUM, Sam 30 (SH2-66)
GOLDBAUM, Sol 43 (SH2-290)
GOLDBERG, Harris 40 (SH2-101)
GOLDCAMP, Frank 54 (SH2-41)
GOLDEN, Esse J. 34? (f) (SH2-53)
GOLDEN, Sarah 40 (SH2-116)
GOLDEN, Willie 14 (SH2-107)
GOLDEN, Wm. 30 (B) (SH2-336)
GOLDEN, Wm. 40 (SH1-465)
GOLDSBERRY, Wm. 30 (B) (SH1-155)
GOLDSBY, Ed 55 (B) (SH1-62)
GOLDSBY, Henry 30 (B) (SH1-62)
GOLDSBY, Henry 68 (B) (SH1-62)

GOLDSBY, Jude 20 (m) (B) (SH1-73)
GOLDSBY, N. A. 60 (f) (SH2-310)
GOLDSBY, Nute 40 (B) (SH1-62)
GOLDSBY, Peter 60 (B) (SH1-62)
GOLDSBY, Sam 22 (SH1-237)
GOLDSBY, Sol 39 (SH1-66)
GOLDSBY, T. T. sr. 78 (m) (SH1-66)
GOLDSBY, Tom 43 (SH1-59)
GOLDSBY, Walton 32 (B) (SH1-59)
GOLDSBY?, Richard 28 (SH1-69)
GOLDSCHMIDT, Ferdinand 35 (SH2-72)
GOLDSHAW, Abe 28 (SH2-91)
GOLDSMITH, David 53 (SH2-253)
GOLDSMITH, Ed 34 (SH1-370)
GOLDSMITH, Henry 24 (SH2-180)
GOLDSMITH, J. 32 (m) (SH2-154)
GOLDSMITH, Louis 38 (SH2-218)
GOLDSON, Wm. 30 (B) (SH2-49)
GOLDSTON, Harrit 60 (SH1-474)
GOLDSTONE, louis 35 (SH2-5)
GOLIDAY, Adam 35 (B) (SH1-8)
GOLIGHTLY, Robt. H. 50 (SH1-467)
GOLLIS?, Earnest 35 (SH2-70)
GOLORTH, R. J. 46 (f) (SH2-152)
GOLSBY, Robt. 40 (B) (SH1-141)
GOLSBY, Spencer 70 (B) (SH1-139)
GOLSTEIN, Nat 24 (B) (SH1-314)
GOLSTON, Lydia 47 (B) (SH1-41)
GOLSTON, Wm. 28 (B) (SH2-107)
GOMAR, Bristol 26 (B) (SH1-84)
GOMER, John R. 25 (B) (SH1-102)
GONZALES, Frank 46 (SH2-111)
GOOCH, Allen 70 (SH1-303)
GOOCH, Wm. 40 (B) (SH1-356)
GOOD, Ann 14 (B) (SH1-258)
GOOD, Charles 35 (B) (SH2-14)
GOOD, Fannie 2 (B) (SH2-60)
GOOD, George 22 (SH2-31)
GOOD, Nelly 13 (SH2-248)
GOOD, Nora 40 (B) (SH2-260)
GOOD, Wm. 48 (SH2-30)
GOOD, Wm. 55 (SH2-45)
GOODALL, Basil 70 (B) (SH1-419)
GOODALL, John 32 (B) (SH2-340)
GOODAN, March 44 (m) (B) (SH1-56)
GOODBAR, J. H. 26 (m) (SH2-111)
GOODBAR, James M. 41 (SH2-216)
GOODBAR, Lafayette 52 (SH2-96)
GOODBAR, ____ 21? (m) (SH2-154)
GOODBEE, Alvin B. 31 (SH2-81)

GOODE, Alfred 24 (B) (SH1-232)
GOODE, Charles 28 (B) (SH2-71)
GOODE, Godfrey 38 (B) (SH1-441)
GOODE, James 25 (B) (SH1-232)
GOODE, Lucy 60 (B) (SH2-40)
GOODE, Mc. 45 (m) (B) (SH1-195)
GOODE, Oliver 30 (B) (SH2-40)
GOODE, Sandy 38 (m) (B) (SH2-33)
GOODE, Wm. 23 (SH2-6)
GOODEN, Green 45 (B) (SH2-256)
GOODEN, Jack 18 (B) (SH1-134)
GOODEN, Nimrod 24 (B) (SH1-268)
GOODLET, Henry 40 (SH2-37)
GOODLET, Robert 30 (SH2-35)
GOODLETT, Job H. 64 (SH1-436)
GOODLETT, Jos. 25 (SH2-86)
GOODLETT, W. H. 64 (m) (SH2-281)
GOODLO, Sarah 50 (B) (SH2-246)
GOODLOE, Haywood 44 (B) (SH2-303)
GOODLOE, J. L. 39 (m) (SH1-397)
GOODLOW, Anthony 50 (B) (SH2-129)
GOODLOW, Joseph 45 (SH2-70)
GOODLOW, Priscilla 50 (B) (SH2-55)
GOODMAN, Ann 30 (B) (SH2-169)
GOODMAN, Henrietta 30 (SH2-59)
GOODMAN, Henry 12 (B) (SH1-249)
GOODMAN, Henry 30 (B) (SH2-178)
GOODMAN, Lewis 26 (B) (SH1-140)
GOODMAN, M. 26 (m) (SH2-147)
GOODMAN, Sarah 56 (B) (SH2-150)
GOODMAN, Silva 50 (B) (SH2-305)
GOODMAN, Walter 50 (SH2-192)
GOODMAN, Wash 43 (B) (SH2-106)
GOODRICH, Aaron 45? (B) (SH1-293)
GOODRICH, Billey 50 (B) (SH1-296)
GOODRICH, Dave 30 (B) (SH1-423)
GOODRICH, Dave 30 (B) (SH1-423)
GOODRICH, Dicey 40 (B) (SH1-296)
GOODRICH, Ed 22 (SH1-37)
GOODRICH, Eliza 53 (SH2-13)
GOODRICH, Fred 75 (B) (SH1-115)
GOODRICH, Harriet 45 (B) (SH1-418)
GOODRICH, Madison 32 (B) (SH2-276)

GOODRICH, O. J. 24 (m) (SH2-342)
GOODRICH, R. C. 33 (m) (SH1-245)
GOODRICH, Sam 24 (B) (SH1-421)
GOODRICH, Thomas 28 (B) (SH1-125)
GOODRICH?, Allen 45 (B) (SH1-338)
GOODRICH?, Wm. 26 (B) (SH2-273)
GOODRIDGE, Wm. 25 (SH1-7)
GOODRUM, Wm. 56 (B) (SH2-14)
GOODS, Thornton 29 (B) (SH1-124)
GOODWIN, Anna? 26 (B) (SH2-49)
GOODWIN, Ella M. 19 (SH1-415)
GOODWIN, George 18 (SH2-331)
GOODWIN, Jacob A. 31 (SH2-100)
GOODWIN, Lou 3 (f) (B) (SH1-272)
GOODWIN, Murphy 32 (B) (SH2-279)
GOODWIN, Will 33 (SH1-370)
GOODWIN, Wm. 35 (B) (SH1-150)
GOODWIN, Wm. 50 (B) (SH2-26)
GOODWIN, Z. J. 33 (m) (SH2-328)
GOODWYN, Robert D. 51 (SH1-439)
GOODY, Martin 37 (SH2-69)
GOODYEAR, David F. 52 (SH2-62)
GOODYER, Wm. 52 (SH2-70)
GOOD__, Edward 33 (SH2-90)
GOOD____, Jno. 62 (SH1-474)
GOOF?, JOhn S. 41 (SH2-88)
GOOLBY, Frank 31 (B) (SH2-109)
GOOSS, John 14 (SH1-97)
GOOZBY, Sallie 26 (B) (SH1-440)
GORAN, Florence 24 (B) (SH2-109)
GORDON, Abe 27 (B) (SH2-357)
GORDON, Abe 28 (B) (SH2-160)
GORDON, Cynthia 30 (B) (SH2-197)
GORDON, David 32 (SH1-51)
GORDON, George W. 43 (SH2-61)
GORDON, J. A. 23 (m) (B) (SH2-356)
GORDON, Jacob 38 (B) (SH1-88)
GORDON, James 36 (B) (SH2-56)
GORDON, James 44 (SH1-474)
GORDON, Jessie 60 (m) (B) (SH2-346)
GORDON, John 37 (SH2-231)
GORDON, John 45 (SH2-154)
GORDON, M. 45 (f) (SH1-392)
GORDON, N. 23 (m) (B) (SH2-143)
GORDON, Nancy 35 (B) (SH1-320)
GORDON, Oliver 34 (B) (SH2-349)
GORDON, Saml. 23 (SH1-78)

GORDON, W. W.? 16 (m) (SH1-459)
GORE, James 18 (SH2-96)
GORE?, J. M. 21 (m) (SH2-35)
GORGE, Ben 34 (B) (SH2-163)
GORMAN, Henry 34 (B) (SH2-240)
GORMAN, John 43 (SH2-279)
GORMAN, Kate 27 (SH2-36)
GORMAN, MArgaret 17 (B) (SH1-444)
GORMAN, Sallie 40 (B) (SH1-444)
GORSUCH, W. S.? 35 (m) (SH2-137)
GOSS, David 48 (B) (SH1-133)
GOSS, F. 31 (m) (B) (SH1-247)
GOSS, John 12 (B) (SH1-119)
GOSS, Nelson 45 (B) (SH2-18)
GOSS, Susanna 39 (B) (SH2-164)
GOSSET, Philip 19 (B) (SH1-47)
GOSWELL, Mollie 38 (B) (SH2-64)
GOTHARD, T. H. 32 (m) (SH2-282)
GOTTEN, N> 47 (m) (SH1-144)
GOTTSCHALK, J. 50 (m) (SH2-256)
GOTTSCHALL, Leopold 19 (SH2-84)
GOTTZEAR?, Herman 23 (SH2-264)
GOUD, Ceaser 95 (B) (SH1-316)
GOULD, M. A. 35 (f) (SH1-153)
GOVARE?, Eton H. 28 (m) (B) (SH2-203)
GOWAN, James 50? (SH1-374)
GOWEN, W. F. 40 (m) (SH1-146)
GOWIN, Clovis? 13 (m) (SH1-209)
GOWING, James M. 66 (SH1-220)
GOYER, C. Wesley 53 (SH2-271)
GRACE, Helen 30 (SH2-45)
GRACE, James 40 (SH2-73)
GRACE, Katie 21 (SH1-372)
GRACE, Margaret 52 (SH2-42)
GRACY, Jackson 36 (B) (SH2-276)
GRADY, A. W. 36 (m) (SH2-250)
GRADY, Ella 13 (SH2-26)
GRADY, Jake 75 (B) (SH1-20)
GRADY, Michael 23 (SH2-4)
GRADY, Robert 14 (B) (SH1-20)
GRADY, Russ 9 (SH1-319)
GRADY, Thos. 60 (SH1-376)
GRADY, Wm. N. 54 (SH1-319)
GRAFF, Wm. 49 (SH1-442)
GRAGG, Henry 35 (SH1-9)
GRAGG, John 22 (SH1-26)
GRAGG, John W. 63 (SH1-21)
GRAGG, Joseph M. 62 (SH1-461)
GRAGG, Mollie 24 (SH1-12)
GRAGG, Morson? 50 (m) (SH1-21)
GRAGG, Robert A. 41 (SH1-11)
GRAGG, W. H. 25 (m) (SH1-68)
GRAHAM, A. 23 (m) (B) (SH1-282)
GRAHAM, Aaron 49 (B) (SH2-328)

GRAHAM, Albert K. 46 (SH1-131)
GRAHAM, Amelia 13 (B) (SH1-435)
GRAHAM, Anna 30 (B) (SH1-96)
GRAHAM, Annie 30 (B) (SH1-364)
GRAHAM, B. T. 41 (m) (SH1-391)
GRAHAM, Benj. 35 (B) (SH2-153)
GRAHAM, Callie 17 (f) (B) (SH2-144)
GRAHAM, Caroline 28 (B) (SH2-197)
GRAHAM, Ch__ 31 (m) (B) (SH2-161)
GRAHAM, Charles 38 (B) (SH1-104)
GRAHAM, Charles 38 (B) (SH1-305)
GRAHAM, Chas C. 60 (SH2-124)
GRAHAM, Cornelia 35 (SH2-13)
GRAHAM, Dandell 9 (m) (B) (SH1-412)
GRAHAM, Eames A. 30 (m) (SH2-55)
GRAHAM, Eliza A. 57 (SH2-205)
GRAHAM, Emanuel 27 (B) (SH2-364)
GRAHAM, Emma 38 (SH1-236)
GRAHAM, Enly? 1 (m) (B) (SH1-230)
GRAHAM, Fannie 45? (SH2-330)
GRAHAM, Frank 25 (SH2-75)
GRAHAM, George 16 (SH2-99)
GRAHAM, George 50 (SH1-445)
GRAHAM, Hester 17 (B) (SH1-154)
GRAHAM, J. F. 30 (m) (SH2-171)
GRAHAM, J. T. 22 (m) (SH1-233)
GRAHAM, JOsephine 9 (B) (SH1-438)
GRAHAM, Jennie 27 (B) (SH1-230)
GRAHAM, Jennie 30 (B) (SH2-85)
GRAHAM, Jessie 27 (m) (SH2-70)
GRAHAM, John 25 (B) (SH1-259)
GRAHAM, John 35 (SH2-365)
GRAHAM, John W. 31 (SH2-280)
GRAHAM, Joseph 42 (SH1-445)
GRAHAM, L. 85 (m) (B) (SH1-404)
GRAHAM, Lewis 35 (B) (SH1-32)
GRAHAM, M. 53 (m) (SH1-398)
GRAHAM, Mary 55 (B) (SH1-285)
GRAHAM, Milas? 28 (m) (B) (SH2-233)
GRAHAM, Minor 42 (B) (SH2-210)
GRAHAM, Mollie 19 (B) (SH1-277)
GRAHAM, Monte 22 (B) (SH1-98)
GRAHAM, Mrs. 43 (SH2-365)
GRAHAM, Nellie 30 (B) (SH2-94)
GRAHAM, O. E. 35 (f) (SH2-299)
GRAHAM, Ruth 1 (SH2-13)
GRAHAM, Sallie 57 (SH1-367)

GRAHAM, Thomas 50 (B) (SH2-358)
GRAHAM, Verde 28 (m) (B) (SH1-98)
GRAHAM, Wash 46 (B) (SH1-432)
GRAHAM, Wm. 38 (B) (SH2-56)
GRAIN, Calvin 33 (B) (SH1-383)
GRAIN?, F. 15 (f) (B) (SH2-90)
GRAMMAR, John 33 (SH1-81)
GRAMON, Bettie 30 (B) (SH1-331)
GRANBERRY, J. F. 60 (m) (SH1-227)
GRANBERY, Amey 45 (B) (SH1-456)
GRAND, W. 24 (m) (B) (SH1-403)
GRANDBERRY, Cary 52 (m) (B) (SH1-117)
GRANDBERRY, T. W. 31 (m) (SH1-395)
GRANDBURY, Mattie 6 (f) (B) (SH1-8)
GRANLEY?, Timothy 16 (SH1-110)
GRANT, Alice 31 (SH2-163)
GRANT, Anna 53 (B) (SH2-137)
GRANT, Annie 22 (SH2-106)
GRANT, Bell 20 (B) (SH1-124)
GRANT, Bird 24 (B) (SH1-331)
GRANT, Burton 40 (B) (SH2-221)
GRANT, Dora 45 (SH2-48)
GRANT, Ella 6 (B) (SH1-168)
GRANT, Geo. 25 (B) (SH1-70)
GRANT, Geo. 30 (B) (SH1-67)
GRANT, Hannah 53 (B) (SH2-333)
GRANT, Henry 36 (B) (SH1-71)
GRANT, Ida 20 (SH2-186)
GRANT, Isabella 47 (B) (SH1-257)
GRANT, Jeff 15 (B) (SH1-66)
GRANT, Jerry 52 (B) (SH1-438)
GRANT, John 18 (B) (SH1-56)
GRANT, John 21 (B) (SH1-52)
GRANT, John 21 (B) (SH1-84)
GRANT, Jones 13 (B) (SH1-179)
GRANT, L. D. 38 (m) (SH2-310)
GRANT, L. S. 41 (m) (SH2-310)
GRANT, Louis 24 (SH1-376)
GRANT, Phill 27 (m) (SH2-142)
GRANT, Robt. P. 32 (SH2-310)
GRANT, W. L. 16 (m) (SH1-152)
GRANT, Willis 30 (B) (SH2-157)
GRANT, Wm. 35 (B) (SH1-58)
GRANT?, George 23 (B) (SH1-300)
GRANTHAM, Joseph 23 (SH1-35)
GRANTT, George 54 (SH2-35)
GRASBOT, John 37 (SH1-413)
GRASON, Matha 40 (B) (SH2-184)
GRASTY, Philip 26 (B) (SH2-104)
GRAVES, A. L. 17 (f) (SH1-144)
GRAVES, Betsy 50 (B) (SH1-56)
GRAVES, C. W. 40 (m) (SH1-58)
GRAVES, J. R. 60 (m) (SH1-359)
GRAVES, James 8 (B) (SH1-351)
GRAVES, Joe 35 (B) (SH2-243)
GRAVES, John 24 (B) (SH1-40)

GRAVES, Moses 30 (B) (SH1-56)
GRAVES, Nat S. 20 (SH2-199)
GRAVES, Nat S. 20 (SH2-199)
GRAVES, Richard C. 36 (SH2-264)
GRAVES, Richmond 13 (B) (SH2-357)
GRAVES, Sue 15 (SH1-103)
GRAVES, Thornton 26 (B) (SH2-357)
GRAVILLE, Paula 12 (SH1-109)
GRAY, Anderson 28 (B) (SH2-203)
GRAY, Ben 56 (B) (SH1-197)
GRAY, Charles 36 (SH2-315)
GRAY, Charlotte 35 (B) (SH1-371)
GRAY, Cherry 40 (f) (B) (SH1-292)
GRAY, Claburn 23 (B) (SH1-351)
GRAY, Daniel 40 (B) (SH2-142)
GRAY, Edmond 58 (B) (SH2-246)
GRAY, Ella 20 (B) (SH1-94)
GRAY, Ellen 47 (B) (SH2-277)
GRAY, George 28 (SH1-339)
GRAY, Gilford 104 (B) (SH1-305)
GRAY, H. 41 (f) (SH2-111)
GRAY, Henry 25 (B) (SH1-186)
GRAY, Ike 26 (B) (SH1-101)
GRAY, J. P. sr. 37 (m) (SH1-30)
GRAY, James N. 52 (SH1-9)
GRAY, Jane 50 (SH2-194)
GRAY, Jane _5 (B) (SH2-269)
GRAY, Jeff 19 (B) (SH2-364)
GRAY, Jefferson 82 (SH1-9)
GRAY, Jim 48 (B) (SH1-221)
GRAY, Jno. 60 (SH1-245)
GRAY, John 27 (B) (SH1-212)
GRAY, John 30 (B) (SH2-125)
GRAY, John R. 48 (B) (SH2-158)
GRAY, Johnson 28 (B) (SH1-185)
GRAY, Lem 18 (m) (B) (SH2-158)
GRAY, Lewis 33 (B) (SH1-408)
GRAY, Lizzie 22 (B) (SH2-97)
GRAY, Louis 55 (B) (SH1-197)
GRAY, Lucy 20 (B) (SH2-136)
GRAY, MArgaret 53 (SH2-29)
GRAY, Maggie 40 (B) (SH2-43)
GRAY, Mary Jane 45 (B) (SH2-150)
GRAY, Matt 30 (m) (B) (SH2-219)
GRAY, Mister 30 (B) (SH2-219)
GRAY, Narcise 21 (f) (B) (SH1-113)
GRAY, Oliver? 49 (B) (SH1-105)
GRAY, P. L. 29 (m) (SH1-297)
GRAY, Pas 25 (m) (B) (SH2-219)
GRAY, Peter 35 (B) (SH2-256)
GRAY, Peter 46 (B) (SH1-454)
GRAY, Polly 53 (B) (SH2-333)
GRAY, R. 34 (m) (SH2-304)
GRAY, Randolph 70 (B) (SH2-197)
GRAY, Robert 20 (B) (SH1-442)
GRAY, Rose 58 (B) (SH1-378)
GRAY, Sandy 21 (m) (SH1-220)
GRAY, T. 16 (m) (SH1-379)
GRAY, Vardie 19 (m) (SH2-252)
GRAY, W. W. 21 (m) (SH1-363)
GRAY, Williams 22 (B) (SH1-250)
GRAY, Wm. 16 (B) (SH1-9)
GRAY, Wm. 30 (B) (SH2-344)
GRAY, Wm. S. 40 (SH1-188)
GRAYER?, Robert 13 (SH2-332)
GRAYHAM, Moses 30 (B) (SH1-22)
GRAYSON, C. W. 44 (m) (SH2-330)
GRAYSON, John 60 (SH1-465)
GREAR, Jas. Mc. 32 (SH2-84)
GREARY, Frank 52 (B) (SH1-139)
GREAVES, J. R. 30 (m) (SH2-75)
GREELY?, Nathan 30 (B) (SH2-284)
GREEN, Ada 11 (B) (SH2-89)
GREEN, Ada 15 (B) (SH2-128)
GREEN, Amy 50 (B) (SH2-359)
GREEN, Anderson 58 (B) (SH1-417)
GREEN, Andrew 15 (B) (SH1-435)
GREEN, Andrew 27 (B) (SH2-87)
GREEN, Andrew 50 (B) (SH1-417)
GREEN, Ann 55 (B) (SH1-235)
GREEN, Armistead 30 (B) (SH2-26)
GREEN, Augustus 6 (SH2-29)
GREEN, Bob 23 (B) (SH2-203)
GREEN, Charles 20 (B) (SH1-60)
GREEN, Charles 37 (B) (SH2-134)
GREEN, Cisar? 32 (m) (B) (SH2-279)
GREEN, Colton 45 (SH2-68)
GREEN, Cornelia 25 (B) (SH1-428)
GREEN, Cornelius 33 (B) (SH2-274)
GREEN, Daniel 18 (B) (SH1-43)
GREEN, David 50? (B) (SH1-291)
GREEN, Delilah 60 (B) (SH2-301)
GREEN, Edward 15 (B) (SH1-417)
GREEN, Eliza 50 (B) (SH2-88)
GREEN, Eliza 55 (B) (SH2-284)
GREEN, Ellick 20 (B) (SH1-339)
GREEN, Gabe 32 (SH1-25)
GREEN, Gabriel 53 (B) (SH1-92)
GREEN, Gentry? 25 (B) (SH2-146)
GREEN, George 33 (B) (SH1-274)
GREEN, George 51 (B) (SH1-145)
GREEN, George 65 (B) (SH1-341)
GREEN, Giles 62 (B) (SH1-113)
GREEN, Henderson 50 (B) (SH2-344)
GREEN, Henry 20 (B) (SH2-227)
GREEN, Henry 27 (B) (SH1-417)
GREEN, Henry 40 (B) (SH2-120)
GREEN, Henry 45 (B) (SH1-125)
GREEN, Henry 53 (B) (SH1-448)
GREEN, Hilliard 40 (B) (SH1-451)
GREEN, Hrace T. 27 (SH1-82)
GREEN, J. R. 28 (m) (SH2-91)
GREEN, J. W. 30 (m) (SH1-238)
GREEN, JAck 27 (B) (SH1-194)
GREEN, Jack 30 (B) (SH1-361)
GREEN, James 22 (B) (SH2-339)
GREEN, James 29 (B) (SH2-18)
GREEN, James 3 (B) (SH1-457)
GREEN, James 40 (SH1-19)
GREEN, Jerry 30 (m) (B) (SH1-238)
GREEN, Jessee 44 (m) (B) (SH2-320)
GREEN, Jessee 70 (m) (B) (SH1-67)
GREEN, Jim 55 (B) (SH1-195)
GREEN, Jno. 50 (B) (SH1-359)
GREEN, Johanna 75 (SH1-366)
GREEN, John 19 (B) (SH1-464)
GREEN, John 25 (B) (SH2-110)
GREEN, John 34 (B) (SH2-90)
GREEN, John 50 (SH2-113)
GREEN, Jolly 55 (m) (B) (SH1-183)
GREEN, Joseph 1 (B) (SH1-99)
GREEN, Josephine 16 (B) (SH2-57)
GREEN, Josiah 34 (B) (SH2-136)
GREEN, King 14 (B) (SH2-117)
GREEN, L. G. 46 (f) (SH1-162)
GREEN, Larry 32 (SH2-365)
GREEN, Lee 56 (m) (B) (SH1-194)
GREEN, Lillie 21 (B) (SH1-462)
GREEN, Lilly 24? (B) (SH2-274)
GREEN, Lizzie 55 (B) (SH2-357)
GREEN, Lorrane? 9 (f) (B) (SH1-33)
GREEN, Lottie 26 (B) (SH2-95)
GREEN, Lucius 30 (B) (SH1-373)
GREEN, MArtha 26 (B) (SH1-101)
GREEN, MAry 11 (SH1-94)
GREEN, Maria 30 (B) (SH2-249)
GREEN, Mariah 52 (SH2-327)
GREEN, Martha 38 (B) (SH2-308)
GREEN, Marthia 16 (SH1-464)
GREEN, Mary 45 (SH2-286)
GREEN, Mary 64 (B) (SH2-23)
GREEN, Matilda 22 (B) (SH2-27)
GREEN, Maud 3 (B) (SH2-242)
GREEN, Mr. 40 (B) (SH2-357)
GREEN, N. 19 (m) (SH2-143)
GREEN, Nancy 11 (B) (SH1-450)
GREEN, Nellie 22 (SH2-266)
GREEN, Nellie 7 (B) (SH1-117)
GREEN, Nelson 40 (B) (SH1-419)
GREEN, Patsy 16 (B) (SH1-195)
GREEN, Peter 15? (B) (SH1-279)
GREEN, Phyllis 21 (B) (SH2-220)
GREEN, Rebecca 27 (B) (SH2-245)
GREEN, Rhody 45 (B) (SH1-219)
GREEN, Richard 33 (B) (SH2-15)
GREEN, Robert 28 (B) (SH2-179)
GREEN, Robert 40 (B) (SH2-353)
GREEN, Robert 50 (B) (SH2-277)
GREEN, Robert 64 (B) (SH1-182)
GREEN, Rosetta 50 (B) (SH2-298)
GREEN, Rufus 2 (B) (SH2-320)
GREEN, Rufus 24 (B) (SH1-79)
GREEN, Sabe 50 (m) (B) (SH1-154)
GREEN, Sam 20 (m) (B) (SH2-179)
GREEN, Sam 36 (B) (SH1-339)
GREEN, Sam 45 (m) (B) (SH1-63)
GREEN, Sam'l 3 (B) (SH2-312)
GREEN, Sanford 24? (B) (SH2-276)
GREEN, Sarah 33 (B) (SH2-187)
GREEN, Sarah 53 (SH1-378)
GREEN, Sarah? __ (SH2-271)
GREEN, Simon 18 (B) (SH1-241)
GREEN, Simon 39 (SH2-69)
GREEN, Solomon 48 (B) (SH1-182)
GREEN, Thomas 26? (B) (SH2-125)
GREEN, Thomas 28 (B) (SH1-343)
GREEN, Thomas 48 (B) (SH1-435)
GREEN, Thomas 50 (SH2-34)
GREEN, Thomas 60 (B) (SH1-453)
GREEN, Tom 21 (SH1-366)
GREEN, Tom 30 (B) (SH1-170)
GREEN, Tom 55 (B) (SH1-370)
GREEN, Virginius 28 (m) (B) (SH1-417)
GREEN, Walter 13 (B) (SH2-364)
GREEN, Walter 29 (B) (SH1-233)
GREEN, Walter 29 (B) (SH1-236)
GREEN, Wesley 25 (B) (SH1-425)
GREEN, Wm. 23 (SH1-366)
GREEN, Wm. 24 (SH1-421)
GREEN, Wm. 25 (B) (SH1-128)
GREEN, Wm. 25 (B) (SH1-408)
GREEN, Wm. 25 (B) (SH2-321)
GREEN, Wm.? 45 (m) (B) (SH2-283)
GREEN, York 30 (B) (SH2-282)
GREEN, kate 38 (SH2-337)
GREEN?, Jennie 28 (SH2-144)
GREENDI, William 16 (SH1-98)
GREENE, Bob 45 (B) (SH2-202)
GREENE, Chas. 50 (B) (SH2-139)
GREENE, David 24 (B) (SH2-126)
GREENE, George 34 (B) (SH2-126)
GREENE, Henry 27 (B) (SH2-134)
GREENE, Mary 30 (B) (SH2-34)
GREENE, Salina(Indian?)54 (SH2-141)
GREENE, Saml. 22 (B) (SH2-134)
GREENE, Wm. 66 (B) (SH2-229)
GREENLAW, Elnora E. 55 (SH1-111)
GREENLAW, Henry 50 (B) (SH2-201)
GREENLAW, Hy. 53 (m) (B) (SH2-160)
GREENLAW, Sarah W. 58 (SH2-209)
GREENLEA, Isaac 45 (B) (SH1-266)
GREENLEE, Alex 32 (B) (SH1-218)
GREENLEE, Ephraim E. 49 (SH1-176)
GREENLEE, F. P. 21 (m) (SH1-175)
GREENLEE, George 70 (B) (SH1-218)
GREENLEE, Israel 17 (B) (SH1-216)

GREENLEE, Ritta 60 (B) (SH1-178)
GREENLEE, Shelby 45 (B) (SH1-177)
GREENLOW?, Lucy 50 (B) (SH1-363)
GREENSFELDER, Theresa 24 (SH2-100)
GREENWOOD, Edmund 42 (SH2-165)
GREENWOOD, H. 23 (f) (SH2-164)
GREER, Abraham 50 (B) (SH2-279)
GREER, Barbara 49 (B) (SH2-122)
GREER, David 28 (B) (SH1-252)
GREER, David T. 75 (SH1-464)
GREER, Hugh D. 43 (SH1-438)
GREER, JAcob 30 (B) (SH1-87)
GREER, Jack 55 (B) (SH1-255)
GREER, Jeff 30 (SH2-348)
GREER, Larkin 18 (B) (SH1-435)
GREER, Martha 54 (B) (SH1-435)
GREER, Mary 70 (SH1-125)
GREER, Nelia 56 (B) (SH2-283)
GREER, Philip 45 (B) (SH1-438)
GREER, Samuel 60 (B) (SH1-434)
GREEWOLD, Joseph 29 (SH2-181)
GREGG, C. C. 38? (m) (SH2-112)
GREGG, Catharine 38 (SH2-318)
GREGG, Lucy 20 (B) (SH2-71)
GREGGORY, S. B. 59? (m) (SH1-207)
GREGOR, Peter 40 (B) (SH1-97)
GREGORY, Alice 10 (SH1-455)
GREGORY, Amanda 12 (B) (SH1-436)
GREGORY, Charles 14 (SH2-268)
GREGORY, George 48 (SH2-95)
GREGORY, J. 29 (m) (B) (SH1-7)
GREGORY, James T. 52 (SH1-133)
GREGORY, John T. 33 (SH1-77)
GREGORY, Joseph M. 52 (SH2-216)
GREGORY, Lem? __ (m) (SH1-189)
GREGORY, Mary F. 1 (SH1-86)
GREGORY, Rebecca C. 52 (SH1-50)
GREGORY, Rob C. 52 (SH1-4)
GREGORY, Thomas 48 (B) (SH2-338)
GREHAN, John 70 (SH1-368)
GREHMAN, John 38 (SH2-243)
GRENN, Katie 25 (B) (SH2-157)
GRESS, Jacob 36 (SH2-188)
GREST, Jen 40 (SH1-458)
GRETSER, Casper 28 (SH2-70)
GREY, Bill 24 (B) (SH2-354)
GREY, C. E. 25 (m) (SH2-54)
GREY, D. 39 (m) (B) (SH2-347)
GREY, Henrietta 10 (B) (SH2-185)
GREY, Henry 25 (B) (SH2-360)
GREY, Jesse 38 (m) (SH2-60)
GREY, Mariah 20 (B) (SH2-57)
GREY, Wash 51 (B) (SH1-184)
GREY, Wm. 60 (B) (SH2-45)
GRHAAM, Ann 68 (SH1-238)

GRIBBINS, Wm. 24 (SH2-101)
GRIEBEL, Henry W. 36 (SH1-91)
GRIER, Ed 27 (B) (SH2-284)
GRIER, Ike 30 (B) (SH1-24)
GRIER, Robert L. 48 (SH1-21)
GRIESHARPER?, Caroline? 41 (SH2-114)
GRIFFETT, James 21 (SH2-52)
GRIFFEY, Joseph 34? (B) (SH1-46)
GRIFFEY?, Anna 30 (B) (SH1-61)
GRIFFIN, Ben 21 (B) (SH1-128)
GRIFFIN, Bob 24 (B) (SH1-192)
GRIFFIN, Catharine 25 (SH2-15)
GRIFFIN, Cely 60 (B) (SH1-74)
GRIFFIN, Charity 55 (B) (SH1-161)
GRIFFIN, Cornelius 23 (B) (SH1-100)
GRIFFIN, Della 13 (B) (SH1-287)
GRIFFIN, Eliza 55 (B) (SH2-249)
GRIFFIN, Georgiana 50 (B) (SH2-172)
GRIFFIN, Green 60 (B) (SH1-410)
GRIFFIN, Harriet 25 (B) (SH1-304)
GRIFFIN, Henry 18 (B) (SH1-186)
GRIFFIN, Isaac 36 (B) (SH1-74)
GRIFFIN, JAne 31 (SH1-83)
GRIFFIN, James 40 (B) (SH2-24)
GRIFFIN, Jas. H. 21 (SH1-175)
GRIFFIN, Jno. F. 53 (SH1-191)
GRIFFIN, Jno. M. 28 (SH1-190)
GRIFFIN, Johanna 8 (SH2-175)
GRIFFIN, John 25 (B) (SH1-74)
GRIFFIN, Joshua 21 (SH1-269)
GRIFFIN, Kate 48 (SH1-110)
GRIFFIN, M. 30 (f) (SH1-402)
GRIFFIN, Margaret 37 (SH2-34)
GRIFFIN, Mary 13 (SH1-110)
GRIFFIN, Mary 45 (SH2-4)
GRIFFIN, Mary 53 (SH2-198)
GRIFFIN, Michl. 38 (m) (SH2-245)
GRIFFIN, NAncy 93 (B) (SH2-336)
GRIFFIN, P. 21 (f) (B) (SH1-395)
GRIFFIN, Pat 43 (m) (SH2-316)
GRIFFIN, Pat 68 (m) (SH2-182)
GRIFFIN, Patrick 42 (SH2-325)
GRIFFIN, Peggy 44 (B) (SH1-190)
GRIFFIN, Robert 20 (B) (SH1-442)
GRIFFIN, Sally 37 (SH2-241)
GRIFFIN, Saly___ 35 (f) (B) (SH2-276)
GRIFFIN, Sarah 22 (B) (SH2-335)
GRIFFIN, Sarah 50 (B) (SH1-405)
GRIFFIN, Solomon 37 (B) (SH1-323)
GRIFFIN, Sonny 39 (m) (SH1-4)
GRIFFIN, Susan 37 (B) (SH2-276)
GRIFFIN, Thomas 1 (SH1-110)
GRIFFIN, Thomas 35 (SH2-7)
GRIFFIN, W. F. 32 (m) (SH2-106)
GRIFFIN, Wm. 16 (SH1-85)
GRIFFIN, Wm. 32 (SH1-9)
GRIFFIN, Wm. 52 (SH1-100)

GRIFFIN, ___ 35 (m) (SH2-291)
GRIFFING, Emaline 26 (B) (SH2-233)
GRIFFING, Harriet 35 (SH2-243)
GRIFFING, J. C. 49 (Mrs.?) (SH2-243)
GRIFFING, James B. 61 (SH1-413)
GRIFFING, Richard 36 (B) (SH1-255)
GRIFFITH, Alice 40 (B) (SH2-119)
GRIFFITH, Bridget 26 (SH2-128)
GRIFFITH, Charles 21 (SH1-412)
GRIFFITH, Henry 22 (B) (SH1-299)
GRIFFITH, James 50 (SH1-221)
GRIFFITH, Jas. 22 (SH2-183)
GRIFFITH, Mary 50 (SH2-191)
GRIFFITH, Sallie F. 4 (SH1-119)
GRIFFITH, Wm. A. 50 (SH1-16)
GRIFFITH, Wm. S. 10 (SH1-211)
GRIFFNIG?, Harrett 50 (SH1-66)
GRIFFREIG?, G. 30 (m) (SH1-73)
GRIFFY, Fanny 9 (SH1-204)
GRIGG, John 25 (B) (SH1-430)
GRIGG, Samuel H. 26 (SH2-223)
GRIGG, W. R. 33 (m) (SH1-296)
GRIGGS, Ed 16 (B) (SH1-359)
GRIGGS, Nelson 50 (B) (SH1-307)
GRIGGS, Ransom 30 (B) (SH1-356)
GRIGLY, Silus 55 (B) (SH1-428)
GRIGSBY, Alx. 44 (SH1-375)
GRIGSBY, Thomas 28 (B) (SH2-68)
GRIGSBY, Thomas 6 (B) (SH1-118)
GRIGSBY, Thomas _ (B) (SH2-19)
GRIMES, Levi B. 25 (SH1-12)
GRIMES, Willie 36 (B) (SH1-106)
GRIMM, Sand 38 (m) (SH2-359)
GRIMNER?, John 23 (SH1-195)
GRISHAM, Julia 8 (SH1-113)
GRISHAM, Wm. H. 52 (SH1-113)
GRISHART, Mary 30 (SH2-114)
GRISS, John 36 (SH1-457)
GRISSOM, Mary 32 (SH1-8)
GRIST, Charles 80 (B) (SH1-207)
GRISWELL, Henry 34 (SH2-106)
GRISWOLD, C. A. 41 (m) (SH2-294)
GRISWOLD, W. C. 41 (m) (SH2-110)
GRIT___, Mariah 12 (B) (SH1-123)
GRIZARD, Mollie 11 (SH2-293)
GRIZZLE, Gerod 30 (SH1-341)
GROENER, Minerva? 65 (B) (SH2-124)
GROFFORD, John 45? (B) (SH2-279)
GROGAN, Edward 24 (SH1-362)
GROGAN, James 21 (SH1-388)
GROGAN, Marie 48 (SH2-262)
GROGG, JOhn B. 45 (SH1-15)
GROLY, Joshua 35 (B) (SH2-173)
GROOMS, Felix 17? (SH1-198)

GROOMS, JEssie 20 (m) (B) (SH1-442)
GROOMS, Richard 57 (SH1-314)
GROOMS, Wm. 54 (SH1-472)
GROSMANN, Joseph 36 (SH2-49)
GROSOENOR?, Charles 26 (SH2-71)
GROSS, Catharine 35 (SH2-44)
GROSS, John 25 (SH1-404)
GROSS, Lillie 12 (SH2-314)
GROSS, P. F. 38 (m) (SH1-214)
GROVE, Benjn. 40 (B) (SH2-239)
GROVE, E. R. 30 (m) (SH2-351)
GROVE, Martin 25 (B) (SH1-168)
GROVE, Robert 50 (SH2-139)
GROVE?, Robt. 43 (SH2-157)
GROVES, Ada 18 (B) (SH2-205)
GROVES, Catharine 45 (SH2-9)
GROVES, Dewit 31 (SH2-186)
GROVES, Elizabeth 63 (SH2-243)
GROVES, J. L. 33 (m) (SH2-335)
GROVES, Nelson 23 (B) (SH1-176)
GROYN, Mary _. 83 (SH2-54)
GRUBERHAM, Joe __ (SH2-114)
GRUMOND, M. 7 (f) (B) (SH2-184)
GRUMP?, Arthur 11 (B) (SH1-364)
GRUNDY, Dick 45 (B) (SH1-56)
GRUNDY, Felix 47 (B) (SH2-109)
GRUNDY, James F. 55 (SH2-233)
GRUNDY, MAretta 38 (SH2-11)
GRUNDY, Rosetty 21 (B) (SH2-337)
GRUNLAW, John 24 (B) (SH2-93)
GRY, Wm. 47 (SH2-182)
GR___, Ed 36 (B) (SH2-286)
GUERAN, Fanny 19 (B) (SH2-277)
GUERANT?, Sophia 18 (SH2-269)
GUERRANT, George M. 24 (SH2-95)
GUFFIN, B. 60 (f) (B) (SH1-147)
GUFFIN, Ben 35 (SH1-147)
GUILBERT, Samuel 54 (SH2-53)
GUILFORD, Adam 80 (B) (SH1-2)
GUILFORD?, Mattie 1 (f) (B) (SH1-2)
GUINCE?, Timothy 19 (SH2-15)
GUINN, Ben 27 (B) (SH2-238)
GUINOSSO?, Joseph 37 (SH2-45)
GUINOSSO?, Paul 37 (SH2-45)
GUION, Annie 59 (SH2-282)
GUION, James L. 30 (SH2-213)
GUITON?, Nelson 48 (B) (SH1-14)
GULLEN, Hugh 28 (SH2-151)
GULLET, Jeff 30 (B) (SH1-433)
GUMBERTS?, Henry 35 (SH2-101)
GUMMER?, John 60 (SH1-95)
GUNN, Cornelia 22 (B) (SH1-430)
GUNN, John 58 (SH2-262)
GUNN, Nelson? 55 (B) (SH2-341)
GUNNER?, Branch 43 (B) (SH1-19)
GUNNING?, T. C. 39 (m) (SH2-252)

GUNNY, Randall 35 (B) (SH2-219)
GUNTHER, A. 36 (m) (SH1-402)
GURLUCH, Louiza 14 (SH2-191)
GURMON?, Samuel 47 (SH2-329)
GURN, Luke M. 37 (SH2-67)
GURNEY, Jennie 8 (B) (SH2-161)
GURNEY, Mattie 9 (f) (B) (SH2-315)
GUS, Wm. 5 (SH1-110)
GUSMANN?, Chas. 54 (SH2-60)
GUSTAFSON, Adolph 37 (SH2-99)
GUSTANNO, Michael 35 (SH2-65)
GUSTES?, Tampy 59 (f) (B) (SH2-273)
GUSTOE, Emila 41 (SH2-78)
GUTHREY, Henry 30 (SH1-456)
GUTHRIE, Richard A. 52 (SH1-195)
GUTHRIE, Warren 14 (B) (SH1-252)
GUTHRY, Isadore 9 (B) (SH2-170)
GUTTHRIE?, Margaret 47 (B) (SH2-358)
GUY, Ada 17 (B) (SH1-97)
GUY, Alex 27 (B) (SH1-159)
GUY, America 16 (SH1-235)
GUY, Antny 45 (B) (SH1-346)
GUY, Cora 18 (B) (SH2-201)
GUY, David 52 (B) (SH1-326)
GUY, Ella M. 32 (SH2-100)
GUY, James 33 (B) (SH1-94)
GUY, James 60 (B) (SH1-226)
GUY, Judie 50 (B) (SH2-137)
GUY, MArtin W. 78? (SH1-100)
GUY, Mitchell 36 (B) (SH1-305)
GUY, Peter 30 (B) (SH2-20)
GUY, Thomas 60 (B) (SH1-94)
GUY, Vincent 62 (B) (SH2-359)
GUY?, Henry 48 (B) (SH2-291)
GUYON, Henry 28 (SH2-71)
GUYTON, Frances 56 (SH1-382)
GWATHMEY, John T. 39 (SH2-93)
GWIN, Dick 25 (B) (SH2-37)
GWIN, J. J. 59 (m) (SH1-412)
GWIN, James 20 (B) (SH1-356)
GWIN, John 45 (B) (SH2-40)
GWIN, Lindsey 26 (m) (B) (SH2-40)
GWIN, Morris 21 (B) (SH2-38)
GWIN, Napoleon H. 33 (SH1-408)
GWINN, Thomas 40 (B) (SH2-136)
GWINN?, Peter 39 (SH2-346)
GWYNE, A. D. 41 (m) (SH2-312)
GWYNE, Annie 61 (SH2-316)
GWYNN, John 20 (B) (SH1-308)
GWYNN, John J. 29 (SH1-299)
GWYNNE, Sawney 25 (m) (B) (SH1-163)
GWYNNE, Strap? 20 (f) (B) (SH1-163)
GWYNNE, Wm. 20 (B) (SH2-217)
GYNN, Anderson 51 (B) (SH2-115)
HAAC, Dora 64 (SH2-121)
HAAC, Martin 33 (SH2-121)

HAACK, Amelia 24 (SH2-304)
HAACK, Mary A. 16 (B) (SH1-311)
HAAS, George __ (SH2-99)
HABERLING, J. 38 (m) (SH2-138)
HACH?, Martha 53 (SH2-139)
HACK, Mary M. 41 (SH2-137)
HACK, Moses 44 (SH1-245)
HACK, Tobe 22 (B) (SH1-230)
HACK, Zack 45 (B) (SH1-232)
HACK, _. E. J. 21 (f) (SH1-397)
HACKET, Mary 18 (SH1-109)
HACKETT, John 12 (SH1-110)
HACKETT, Lizy 15 (SH1-109)
HACKETT, Mary 35 (SH2-4)
HACKETT, Michael 30 (SH2-326)
HACKETT, Sargeant? 40 (SH2-346)
HACKNEY, R. L. 47 (m) (SH1-459)
HADDEN, Cornelius? 30 (SH2-278)
HADDEN, D.? P. 43 (m) (SH1-399)
HADDOCK, Horace 29 (SH1-427)
HADDOX, Essie 9 (SH2-222)
HADLEY, John 27 (B) (SH2-240)
HADLEY, Josh 52 (B) (SH1-197)
HAESSY, Theodore 9 (SH1-424)
HAEZ, N. H. 34 (m) (SH1-319)
HAFFEY, Margaret 40 (SH2-254)
HAFFOLDT, Lizzie 18 (SH1-176)
HAGAN, Jane 30 (B) (SH1-435)
HAGEN, Harry 45 (SH2-361)
HAGERS, James 11 (SH2-66)
HAGERTY, Robert 40 (SH1-346)
HAGEWOOD, Harriet 30 (B) (SH2-115)
HAGGARD, JAck 19 (B) (SH1-181)
HAGGART, Wm. 30 (SH1-128)
HAGGARTY, Jas. 25 (SH2-361)
HAGGERDY, Mary 47 (SH2-320)
HAGGERTY, Peter 40 (SH1-387)
HAGGERTY, Rachael 37 (SH1-170)
HAGGINS, Phil 65 (B) (SH2-361)
HAGIE, Herrod 58 (B) (SH1-315)
HAGINS, Laura 8 (B) (SH1-256)
HAGLER, Hark 55 (B) (SH1-176)
HAGLER?, Mack 30 (B) (SH1-11)
HAHN, Jno. D. 42 (SH1-358)
HAID, Jacob 30 (SH2-77)
HAIKIN?, Sam 25 (m) (B) (SH1-37)
HAINER, Addie 14 (SH2-298)
HAINES, Bartlett 30 (B) (SH2-308)
HAINES, Joseph 26 (SH1-43)
HAINES, Joseph 47 (SH2-359)
HAINES, Robert W. 30 (B) (SH1-40)
HAINES, Roswell 38 (SH1-420)
HAINES, Rubin L. 52 (SH2-60)
HAINS, James 27 (B) (SH1-450)
HAIR, Norf___ 20 (m) (B) (SH1-462)
HAIR, Wm. 30 (SH2-257)

HALE, Fanny E. 40 (SH2-212)
HALE, Geo. 24 (B) (SH1-141)
HALE, James W. 29 (SH1-304)
HALE, John L. 42 (SH1-439)
HALE, Julia 56 (B) (SH2-134)
HALE, Sallie 49 (B) (SH2-230)
HALE, Wm. 45 (B) (SH1-433)
HALEY, Fred 31 (SH1-426)
HALEY, James __ (SH2-47)
HALEY, Jerry 72 (B) (SH1-422)
HALEY, John 32 (SH2-10)
HALEY, John J. 37 (SH1-104)
HALEY, L. L. 32 (m) (SH2-323)
HALEY, Mary A. 30 (SH2-22)
HALEY, Michael 19 (SH2-322)
HALEY, Michael 40 (SH2-178)
HALEY, Michael 55 (SH2-177)
HALEY, Mrs. 53 (SH2-365)
HALEY, Thomas 15 (SH2-159)
HALFACRE, Virginia 30 (B) (SH2-118)
HALIBERTH, Willie 31 (m) (B) (SH2-193)
HALL, A. J. 43 (m) (SH2-137)
HALL, Abram 18 (B) (SH1-371)
HALL, Agnes 22 (B) (SH2-27)
HALL, Alexander R. 32 (SH1-442)
HALL, Alf 35 (B) (SH2-238)
HALL, Allen 24 (B) (SH2-220)
HALL, Alonzo 35 (B) (SH1-339)
HALL, Amos 58 (B) (SH1-170)
HALL, Anna 40 (B) (SH2-64)
HALL, Annie 24 (B) (SH2-216)
HALL, Anthony 30 (B) (SH1-65)
HALL, Archie 30 (B) (SH1-232)
HALL, Bell 23 (B) (SH2-209)
HALL, Bettie 28 (B) (SH2-160)
HALL, Chloe 36 (B) (SH1-43)
HALL, Clarence L. 45 (SH2-52)
HALL, Claude 43 (SH2-68)
HALL, Daniel 43 (SH2-227)
HALL, David 34 (SH1-55)
HALL, Eddie 23 (B) (SH2-359)
HALL, Edna __ (SH2-342)
HALL, Emma 11 (SH2-168)
HALL, Felix 25 (B) (SH2-266)
HALL, George 24? (SH2-53)
HALL, George 35 (B) (SH1-94)
HALL, Hampton 40 (B) (SH2-43)
HALL, Haywood 45 (B) (SH1-339)
HALL, Henry 35 (B) (SH1-427)
HALL, Henry 39 (B) (SH2-260)
HALL, Henry 40 (B) (SH2-219)
HALL, Henry 49 (SH2-107)
HALL, Irving 16 (B) (SH2-122)
HALL, Isabella 7 (B) (SH1-437)
HALL, J. 26 (m) (SH1-240)
HALL, Jam. W. 28 (m) (SH1-200)
HALL, James 51 (SH2-322)
HALL, James 8 (B) (SH1-35)
HALL, Jerry 40? (m) (B) (SH2-225)
HALL, Jesse 2 (m) (B) (SH2-115)
HALL, Jim 19 (SH1-56)
HALL, Jno. C. 60 (SH1-229)
HALL, John 20 (B) (SH1-245)
HALL, John 52 (B) (SH1-130)
HALL, John 6 (B) (SH2-23)

HALL, John 65 (B) (SH1-125)
HALL, Joseph 22 (B) (SH1-217)
HALL, Joseph 30 (B) (SH1-443)
HALL, Joseph 31 (B) (SH1-140)
HALL, Julia 12 (B) (SH2-43)
HALL, Julia 23 (B) (SH1-118)
HALL, L. E. 23 (m) (SH2-117)
HALL, Lem H. 7 (B) (SH1-464)
HALL, Lena 16 (B) (SH1-403)
HALL, Lucretia 19 (SH2-164)
HALL, Lucy 33 (SH2-293)
HALL, Lucy 38 (SH1-72)
HALL, Marmell 23 (SH2-107)
HALL, Martha 25 (B) (SH1-319)
HALL, Martha J. 24 (SH1-178)
HALL, Mary 23 (B) (SH2-281)
HALL, Mary 50 (B) (SH1-91)
HALL, Redford R. 37 (SH1-184)
HALL, Richard 55 (B) (SH1-339)
HALL, Richard 63 (B) (SH1-47)
HALL, Rob 21 (B) (SH1-364)
HALL, Robert 47 (B) (SH2-312)
HALL, Robt. G. 45 (SH1-204)
HALL, Sallie 18 (B) (SH2-151)
HALL, Samuel 58 (SH2-36)
HALL, Solomon 48 (SH2-53)
HALL, Somerfield 7 (B) (SH1-235)
HALL, Spencer 30 (B) (SH1-329)
HALL, Syrus 47 (B) (SH2-136)
HALL, Thomas 49 (B) (SH2-338)
HALL, Vesta 25 (B) (SH1-14)
HALL, Walker 35 (B) (SH1-367)
HALL, Wilhelmina 2/12 (SH1-410)
HALL, Willis 27 (B) (SH1-429)
HALL, Willis 37 (SH1-371)
HALL, Wm. 14 (SH2-11)
HALL, Wm. 19 (B) (SH1-32)
HALL, Wm. 30 (B) (SH2-201)
HALL, Wm. 36 (B) (SH2-5)
HALL, Wm. A. 49 (SH2-145)
HALL, Wm. F. 48 (SH1-203)
HALL, _____ __ (B) (SH2-184)
HALL?, Willie 1 (m) (B) (SH1-33)
HALLE, George 38 (B) (SH1-100)
HALLE, Henry 28 (SH2-74)
HALLE, Jennette 44 (SH2-59)
HALLE, Meyer? 54 (m) (SH2-120)
HALLE, Simmon 53 (m) (B) (SH2-278)
HALLEE, H. W. 30 (m) (SH2-77)
HALLER, B. F. 40 (m) (SH2-83)
HALLEY, D. P. 45 (SH1-287)
HALLEY, Edward 19 (SH2-178)
HALLEY, H. S. 36 (m) (SH1-287)
HALLEY, J. W. 42 (m) (SH1-269)
HALLEY, M. C. 50 (f) (SH1-267)
HALLIARD, Eddie 7 (B) (SH1-161)
HALLIARD, Henry 65 (B) (SH1-305)
HALLIBERTON, Sachlan 26 (m) (SH2-75)
HALLICER, Charles 43 (SH2-113)
HALLIN, Charles 31 (SH2-45)
HALLOW, James 28 (SH2-325)
HALLS, Ellen 38 (SH1-70)

HALLUM, JOhn 34 (SH1-152)
HALLUM, Jennie 26 (SH1-113)
HALLUM, Virgie 14 (f) (SH1-445)
HALLY, Edward 50 (SH2-249)
HALPIN?, Marie 25? (SH2-266)
HALSEY, Ada 18 (B) (SH2-89)
HALSUP, Jimmie? 35 (SH1-362)
HALTON, George 21 (B) (SH1-356)
HALYARD, Mary 17 (SH1-206)
HAM?, Rachel 54 (B) (SH1-375)
HAMANN?, Matilda 18? (SH1-94)
HAMBLETON, Willis 21 (B) (SH1-127)
HAMER, Albert 50 (B) (SH1-275)
HAMER, Ernestine 51 (SH2-25)
HAMER, Esau 18 (B) (SH2-197)
HAMER, Manerva 48 (SH1-464)
HAMER, Martha 15 (B) (SH2-317)
HAMER?, Henry 31 (SH2-67)
HAMESBIRGER?, Rachel 70? (SH2-80)
HAMESBURGER?, Eugenia? 25 (SH2-80)
HAMILTON, Albert 61 (B) (SH1-277)
HAMILTON, Ann 40 (B) (SH1-471)
HAMILTON, C. 8 (f) (B) (SH2-224)
HAMILTON, Clarissa 50 (B) (SH2-366)
HAMILTON, Clem 24 (m) (B) (SH1-44)
HAMILTON, Doctor 20 (B) (SH1-46)
HAMILTON, Doctor 65 (B) (SH1-54)
HAMILTON, Eugene 42 (SH2-99)
HAMILTON, George 40 (SH1-343)
HAMILTON, Hugh 48 (SH2-71)
HAMILTON, JEff D. 20 (SH2-50)
HAMILTON, James 30 (SH2-73)
HAMILTON, James 62 (B) (SH1-369)
HAMILTON, John 29 (B) (SH1-362)
HAMILTON, John 35 (B) (SH1-417)
HAMILTON, Katie 14 (SH2-148)
HAMILTON, M. 66 (f) (SH1-397)
HAMILTON, Mary 40 (SH1-342)
HAMILTON, Mary 7 (B) (SH1-83)
HAMILTON, Mattie 21 (f) (SH2-103)
HAMILTON, Nelson 40 (B) (SH1-103)
HAMILTON, Oliver 9 (B) (SH2-21)
HAMILTON, Robert 24 (B) (SH1-5)
HAMILTON, Robt. 65 (B) (SH1-47)
HAMILTON, S. 15 (f) (B) (SH1-403)
HAMILTON, Sam 50 (B) (SH1-351)

HAMILTON, Thomas A. 56 (SH1-100)
HAMILTON, Wm. 32 (B) (SH1-353)
HAMILTON, wade 50 (B) (SH2-334)
HAMILTON?, B. 33 (f) (SH1-107)
HAMILTON?, C. 33 (f) (SH1-36)
HAMLER, Susan 55 (B) (SH2-58)
HAMLET, J. A. 22 (m) (SH1-166)
HAMLET, Lydia 54 (SH1-442)
HAMLET, Michell 9 (f) (B) (SH1-431)
HAMLET, W. J. 25 (m) (SH1-354)
HAMLET, Wm. 24 (B) (SH1-28)
HAMLET, Wm. 28 (SH1-427)
HAMLIN, George 53 (SH2-74)
HAMLIN?, Wm. 57 (SH2-45)
HAMM, Sallie 19 (B) (SH1-294)
HAMMEL, Charles 13 (SH2-345)
HAMMEL, Mary J. 8 (B) (SH2-333)
HAMMER, A. B. 45 (m) (SH1-224)
HAMMER, David 52 (SH2-5)
HAMMER, L. 59 (m) (SH1-403)
HAMMER, Rosa 53 (SH2-63)
HAMMET, Sam 59 (m) (B) (SH1-25)
HAMMON, Annie 18 (B) (SH2-184)
HAMMON, Foster? 25 (m) (B) (SH1-28)
HAMMON, Harrison? 30 (B) (SH1-7)
HAMMON, Jno. 30 (SH2-188)
HAMMON, Mary 49 (SH2-112)
HAMMOND, Geo. 30 (B) (SH2-291)
HAMMOND, J. L. 28 (m) (B) (SH1-249)
HAMMOND, Lainia 45 (B) (SH2-109)
HAMMOND, Loretta 36 (SH2-8)
HAMMOND, Shelby 42 (m) (SH2-269)
HAMMONDS, John 24 (B) (SH1-428)
HAMMONS, Demps 22 (m) (B) (SH2-240)
HAMMONS, Ellen 27 (B) (SH1-151)
HAMMONS, Frances 40 (B) (SH1-389)
HAMMONS, Jim 19 (B) (SH2-301)
HAMMONTREE, Saml. 50 (SH1-88)
HAMNER, C. S. 45 (m) (SH2-249)
HAMNER, G. E. 23 (f) (SH1-147)
HAMNER, M. T. 39 (f) (SH1-215)
HAMON, Caroline 55 (B) (SH1-454)
HAMPE, Lula 16 (SH2-78)
HAMPEE, Henry 42 (SH2-75)
HAMPLIN, Fannie 8 (B) (SH2-43)
HAMPSON, H. C. 33 (m) (SH1-403)

HAMPSON, Hugh 40 (SH2-351)
HAMPTON, Catherine 9 (B) (SH2-197)
HAMPTON, Frances 20 (B) (SH1-230)
HAMPTON, Henrietta 59 (SH2-296)
HAMPTON, Isham 28 (B) (SH1-32)
HAMPTON, J. M.? 31 (m) (SH1-33)
HAMPTON, J. T. 30 (m) (SH1-32)
HAMPTON, Jack 2_ (B) (SH1-226)
HAMPTON, Laura 21 (B) (SH2-19)
HAMPTON, M. F. 44 (m) (SH1-33)
HAMPTON, Maggie 24 (B) (SH2-324)
HAMPTON, Mary 15 (B) (SH1-283)
HAMPTON, Mary 48 (SH2-288)
HAMPTON, O. 22 (f) (B) (SH2-184)
HAMPTON, Susan 23 (B) (SH1-21)
HAMPTON, W. M. 50 (m) (SH2-148)
HAMPTON, Wade 23 (B) (SH2-331)
HAMSER, Walter 18 (B) (SH1-38)
HAMT?, Taylor 28 (B) (SH2-14)
HANAGAN, Bridget 36 (SH2-75)
HANCOCK, Albert K. 27 (SH2-52)
HANCOCK, Eliza 50 (B) (SH2-101)
HANCOCK, Emma 30 (SH2-92)
HANCOCK, George 25 (SH2-101)
HANCOCK, Wm. 26 (SH2-68)
HANDCOCK, Alex 68 (B) (SH1-333)
HANDCOCK, Bob 30 (B) (SH1-347)
HANDERSEN, G. B. 48 (m) (B) (SH1-401)
HANDERSEN, Mary 8 (B) (SH1-400)
HANDNECKER, J. Geo. 41 (SH1-412)
HANDWERKER, John V. 36 (SH2-6)
HANDY, David 14 (SH2-30)
HANDY, Frances 29? (B) (SH2-235)
HANES, George 58 (B) (SH1-83)
HANES, Tom 28 (B) (SH1-383)
HANEY, Jane 45 (B) (SH2-238)
HANEY, John 21 (SH2-40)
HANEY, Martha 38 (SH1-364)
HANIFFIN, Daniel 26 (SH2-59)
HANKINS, Ph. 65 (f) (B) (SH1-400)
HANKS, C. J. 45 (m) (SH2-236)
HANKS, Henry 50 (B) (SH1-346)
HANKS, Joseph 58 (B) (SH2-333)
HANKS, Julia 50 (B) (SH2-223)
HANLEY, Bridget 50 (SH1-369)

HANLEY, Clarecy 60 (B) (SH1-92)
HANLEY, Daniel E. 19 (SH1-460)
HANLEY (DEC'D?), Daniel E. 19 (SH1-460)
HANLY, Edward 50 (SH1-137)
HANNA, Anthony W. 48 (SH1-463)
HANNA, MArgaret 46 (SH1-465)
HANNA, Melcena J. 42 (f) (SH1-465)
HANNA, Robert 28 (SH2-3)
HANNAH, Georg. 33 (B) (SH1-279)
HANNAH, Jeremiah 29 (SH1-83)
HANNAH, John 40 (B) (SH2-33)
HANNAH, Loula 14 (B) (SH2-173)
HANNAH, Martha 50 (SH2-52)
HANNAH, Nathan 30 (SH2-72)
HANNAH, Wm. H. 25 (SH1-83)
HANNER, Ben 25 (B) (SH2-316)
HANNINGS, James 34 (B) (SH2-4)
HANNON, Bridget 60 (SH2-7)
HANSBOROUGH, Maria 26 (B) (SH2-142)
HANSBOROUGH, R. 55 (m) (B) (SH2-220)
HANSBOROUGH, Wm. 30 (B) (SH2-220)
HANSBRA?, James 28 (B) (SH1-395)
HANSEN, M. 23 (m) (B) (SH1-399)
HANSON, Anto? 36 (m) (SH1-52)
HANSON, C. C. 38 (m) (SH1-111)
HANSON, Edward 27 (B) (SH2-23)
HANSON, Etta 20 (SH1-135)
HANSON, J. P. 47 (m) (SH2-156)
HANSWEN, Nelson 47 (SH2-18)
HANY, Pat 40 (m) (SH2-256)
HAPPECK, Isac 45 (SH2-193)
HAPTON, Susan 52 (SH1-370)
HARAWAY, John 40 (B) (SH1-276)
HARAWAY, Martin 25 (B) (SH1-269)
HARAWAY, Martin jr. 10 (B) (SH1-268)
HARAWAY, R. E. 38 (m) (SH1-274)
HARAWAY, Wash 46 (B) (SH1-288)
HARBERT, C.? W. 45 (m) (SH1-358)
HARBERT, John 22 (SH2-210)
HARBERT, Wash 26 (B) (SH1-266)
HARBIN, Frank 24 (SH2-35)
HARBIN, George 53 (SH2-74)
HARBIN, John N. 55 (SH2-92)
HARBIN, Lizzie 27 (SH2-52)
HARBIN?, John 34 (SH1-321)
HARBORD, Angeline 46 (B) (SH2-348)
HARCUM?, M. 55 (f) (B) (SH1-200)
HARD, Frank 55 (B) (SH1-450)
HARD, Rosa 23 (B) (SH1-155)

HARDAWAY, Jennie 30 (B) (SH2-231)
HARDAWAY, Susan 36 (SH2-147)
HARDEE, Henry 38 (B) (SH2-82)
HARDEE, James 39 (B) (SH2-328)
HARDEN, Alfred 14 (B) (SH2-102)
HARDEN, Ed 33 (B) (SH2-104)
HARDEN, Frank 18 (B) (SH2-154)
HARDEN, Jane 40 (B) (SH2-139)
HARDEN, Josh 68 (SH1-193)
HARDEN, Lucy 36 (B) (SH1-102)
HARDEN, Olly 18 (f) (B) (SH2-213)
HARDENBROOK, R. 45 (m) (SH1-62)
HARDER, Ellen 45 (SH2-248)
HARDER, Henry 30 (B) (SH1-61)
HARDIE, Caroline 38 (SH2-166)
HARDIN, B. F. 64 (m) (SH1-423)
HARDIN, Ben 29 (B) (SH2-311)
HARDIN, C. O. 34 (m) (SH1-208)
HARDIN, Cezer 38 (m) (B) (SH2-251)
HARDIN, Edward? 40 (B) (SH1-54)
HARDIN, Elebrux? 40 (m) (SH2-11)
HARDIN, Elva 5 (B) (SH1-122)
HARDIN, Henry 23 (B) (SH2-184)
HARDIN, Linda 32 (B) (SH2-235)
HARDIN, MAggie 21 (B) (SH1-429)
HARDIN, Mariah 20 (B) (SH1-130)
HARDIN, Tennessee 18 (f) (B) (SH2-76)
HARDIN, Wm. 40 (SH2-264)
HARDIN, Wm. 58 (B) (SH1-79)
HARDING, Henry 15 (SH1-356)
HARDING, Nicie? __ (B) (SH2-54)
HARDING, Wash 23 (B) (SH1-72)
HARDING, Wiley G. 67 (SH1-113)
HARDING, Wiley G. __ (SH2-54)
HARDING?, Bletcher 18 (m) (SH2-327)
HARDISON, Joshua 40 (B) (SH1-460)
HARDMAN, Laura 29 (B) (SH1-232)
HARDWELL, Amy 55 (B) (SH2-27)
HARDWELL, Stephen 40 (B) (SH2-16)
HARDWELL, Tennie 28 (B) (SH2-237)
HARDWICK, Otto 45 (SH2-69)
HARDWICK, W. 45 (m) (B) (SH2-184)
HARDWICK, W. C. 50 (m) (SH2-168)
HARDY, Frank 21 (B) (SH2-312)
HARDY, Mollie 30 (B) (SH2-222)
HARDY, W. D. 40 (m) (B) (SH2-144)
HARDY, Wash 40 (B) (SH1-356)
HARD__, Everett 25 (B) (SH2-131)
HARD__, Jane 51 (B) (SH2-130)
HARE, Charles 38 (SH2-101)
HARE, Emmet 19 (B) (SH1-402)
HARE, Isaac 29 (B) (SH1-426)
HARE, No__ 47 (m) (B) (SH2-315)
HARE, Ross 50 (B) (SH1-167)
HARE, Wm. 1 (B) (SH1-420)
HARE, Wm. 38 (B) (SH1-420)
HAREY, Mich 47 (SH2-159)
HARFORD, Lucia? 6 (f) (SH2-310)
HARGAN, John 35 (SH2-156)
HARGIS, Henry 18 (SH1-5)
HARGLES, Wm. 24 (B) (SH2-231)
HARGRAVE, Alex 45 (B) (SH1-20)
HARGRAVE, Clay 34 (B) (SH2-301)
HARGUS, Reuben 73 (B) (SH1-174)
HARIS?, Rob 24 (SH2-195)
HARISON, L. J. 40 (m) (SH2-182)
HARISON, Wm. 40 (B) (SH1-352)
HARLAM, Riley 33 (B) (SH1-431)
HARLAN, Wesley 30 (B) (SH1-453)
HARLON, Lizzie 50 (B) (SH1-435)
HARLOW, Josie 19 (f) (SH2-215)
HARMAN, Eliza 65 (B) (SH1-125)
HARMAN, Mary 45 (SH2-81)
HARMON, Anthony 45 (SH2-332)
HARMON, G. 12 (m) (B) (SH2-185)
HARMON, Isaac 46 (B) (SH1-419)
HARMON, Mary 2 (SH2-23)
HARMON, Mary 22 (B) (SH2-61)
HARMON, Moses 48 (B) (SH1-419)
HARMONY, Collier 39 (B) (SH1-334)
HARPER, Allen 39 (B) (SH1-329)
HARPER, Ann 22 (B) (SH1-105)
HARPER, Anne 77 (SH2-239)
HARPER, Cellus 8 (m) (B) (SH1-76)
HARPER, Ella 36 (B) (SH2-141)
HARPER, Frank 18 (B) (SH1-92)
HARPER, Frank 19 (B) (SH1-385)
HARPER, Geo. 26 (B) (SH1-39)
HARPER, Henry 40 (B) (SH1-276)
HARPER, Hezekiah 28 (SH2-318)
HARPER, JAmes 68 (SH1-77)
HARPER, Joe 35 (B) (SH1-70)
HARPER, Leatly 60 (f) (B) (SH1-446)
HARPER, Lorena 4 (B) (SH1-161)
HARPER, M. A. 16 (f) (SH1-263)
HARPER, S. 36 (f) (SH1-205)
HARPER, Sarah 72 (SH1-407)
HARPER, Wm. 30 (B) (SH2-109)
HARPER, Wm. 46 (B) (SH1-209)
HARPES, Ransom 26 (B) (SH2-194)
HARPHAM, Mary F. 49 (SH2-95)
HARPHAM?, John A. 55 (SH2-95)
HARPING?, Fred 25? (SH2-74)
HARPMAN, Sol 33 (SH2-92)
HARREL, Ben F. 31 (SH1-223)
HARREL, Eldridge B. 26 (SH1-82)
HARREL, John S. 50 (SH1-223)
HARREL, Stephen 19 (B) (SH1-74)
HARREL, Susan V. 54 (SH1-80)
HARRELL, Ben 27 (SH1-71)
HARRELL, D. A. 50 (m) (SH1-266)
HARRELL, Edwd. 29 (B) (SH2-42)
HARRELL, Margie 11 (B) (SH1-12)
HARRELL, Martha 26 (SH1-130)
HARRELL, R. H. 38? (m) (SH1-38)
HARRER, Jerry 18 (m) (B) (SH1-108)
HARRETT, Clara 27 (B) (SH2-121)
HARRETT?, Maggy 50? (SH2-273)
HARREY, Jim 57? (B) (SH1-61)
HARRIET, Nice 19 (f) (SH2-256)
HARRILL, C. N. 24 (m) (SH1-38)
HARRINGTON, B. 48 (m) (SH2-280)
HARRINGTON, Buck 21 (B) (SH2-159)
HARRINGTON, Elizabeth 38 (SH2-12)
HARRINGTON, F. 60 (f) (B) (SH1-92)
HARRINGTON, H. G. 46 (m) (SH2-350)
HARRINGTON, Josie 31 (f) (SH1-195)
HARRINGTON, Thos. 28 (B) (SH2-159)
HARRINGTON?, Mag 32? (f) (SH2-168)
HARRIS, A. J. 50 (m) (SH2-149)
HARRIS, Adelina 56? (B) (SH2-124)
HARRIS, Adeline 40 (B) (SH2-206)
HARRIS, Albert 22 (B) (SH2-102)
HARRIS, Albert 56 (B) (SH1-327)
HARRIS, Albert G. 55 (SH1-105)
HARRIS, Amanda 18 (B) (SH1-451)
HARRIS, Amanda 20 (B) (SH2-232)
HARRIS, Anderson 18 (SH2-79)
HARRIS, Anderson 28 (B) (SH1-317)
HARRIS, Andrew 30 (SH1-374)
HARRIS, Ann (Mrs.) 38 (SH2-1)
HARRIS, Anna 23 (B) (SH1-410)
HARRIS, Anna 55 (B) (SH2-200)
HARRIS, Archie 24 (B) (SH1-445)
HARRIS, Arelius 30 (B) (SH1-221)
HARRIS, Augustus 30 (B) (SH2-220)
HARRIS, Austin 55 (B) (SH1-33)
HARRIS, Bailey (B) (SH2-104)
HARRIS, Ben 27 (B) (SH1-124)
HARRIS, Berry 26 (B) (SH1-273)
HARRIS, Bettie 27 (B) (SH2-186)
HARRIS, Bettie 30 (B) (SH2-172)
HARRIS, Bob 27 (B) (SH1-273)
HARRIS, Calvin 33 (B) (SH1-356)
HARRIS, Caroline __ (B) (SH2-88)
HARRIS, Carrie 10 (B) (SH1-131)
HARRIS, Cathrine 24 (B) (SH1-211)
HARRIS, Charles 23 (B) (SH1-3)
HARRIS, Charles 24 (B) (SH1-132)
HARRIS, Charlie 26 (B) (SH1-355)
HARRIS, Chas. 30 (B) (SH2-194)
HARRIS, Chloe 75 (B) (SH2-168)
HARRIS, Cinda 11 (B) (SH1-129)
HARRIS, Claud 24 (B) (SH2-61)
HARRIS, Claude 23 (B) (SH2-1)
HARRIS, Columbus 23 (B) (SH2-256)
HARRIS, Darthula 17 (SH1-187)
HARRIS, Dollie 7 (B) (SH1-178)
HARRIS, Edmdc. 40 (m) (B) (SH2-252)
HARRIS, Edmond 30 (B) (SH1-318)
HARRIS, Edw. 50 (B) (SH2-246)
HARRIS, Elias 26 (B) (SH1-270)
HARRIS, Eliza 30 (B) (SH2-258)
HARRIS, Ella 29? (B) (SH2-108)
HARRIS, Ella 7 (B) (SH1-152)
HARRIS, Elmira 12 (B) (SH1-2)
HARRIS, Elsie 55 (B) (SH1-183)
HARRIS, Emily 55 (B) (SH2-146)
HARRIS, Evelina 64 (SH1-360)
HARRIS, F. C. 28 (f) (SH2-287)
HARRIS, Fanny 38 (B) (SH2-333)
HARRIS, Floyd 20 (B) (SH2-52)
HARRIS, Frances 13 (B) (SH1-39)
HARRIS, Frank 25 (B) (SH1-326)
HARRIS, Fred 35 (B) (SH1-440)
HARRIS, G. C. 44 (m) (SH2-260)
HARRIS, Geo. 48 (B) (SH2-356)
HARRIS, George 31 (B) (SH1-345)
HARRIS, George 43 (B) (SH2-116)
HARRIS, Green 30 (B) (SH1-104)
HARRIS, Hannah 48 (SH2-58)
HARRIS, Harrison 35 (B) (SH2-26)
HARRIS, Harry 35 (B) (SH2-347)
HARRIS, Henrieta 18 (B) (SH2-107)
HARRIS, Henry 16 (B) (SH2-95)
HARRIS, Henry 19 (B) (SH1-208)
HARRIS, Henry 25 (B) (SH2-57)
HARRIS, Henry 40 (B) (SH2-298)
HARRIS, Henry 50 (B) (SH1-40)
HARRIS, Henry jr. 21 (B) (SH1-45)
HARRIS, Hortense 27 (SH2-219)
HARRIS, Isaac 27 (B) (SH1-314)

HARRIS, Isaac 55 (B) (SH1-254)
HARRIS, Isaac 60 (B) (SH1-445)
HARRIS, Ischam 47 (B) (SH1-324)
HARRIS, Isham 22 (B) (SH1-269)
HARRIS, J. 39 (m) (SH1-359)
HARRIS, JAcob 22 (B) (SH2-275)
HARRIS, JAne 50 (B) (SH1-257)
HARRIS, JEsse 50 (m) (B) (SH1-104)
HARRIS, Jack 52 (B) (SH2-116)
HARRIS, James 31 (B) (SH2-203)
HARRIS, Jane 35 (B) (SH2-236)
HARRIS, Jas. 27 (B) (SH1-365)
HARRIS, Jas. 38 (B) (SH2-134)
HARRIS, Jas. K. 30 (SH2-247)
HARRIS, Jef 40 (B) (SH2-336)
HARRIS, Jessee 30 (m) (B) (SH1-251)
HARRIS, Jno. 45 (SH1-354)
HARRIS, Jno. L. 46 (SH1-249)
HARRIS, Joella 20 (B) (SH2-302)
HARRIS, John 13 (B) (SH1-339)
HARRIS, John 23 (B) (SH1-219)
HARRIS, John 32 (SH2-46)
HARRIS, John 50 (B) (SH1-395)
HARRIS, John N. 20 (B) (SH1-220)
HARRIS, John W. 1 (SH1-25)
HARRIS, Joseph 25 (B) (SH2-95)
HARRIS, Joseph 50 (SH1-474)
HARRIS, Juda 60 (B) (SH1-36)
HARRIS, Judy 60 (B) (SH2-208)
HARRIS, Kate 19 (B) (SH1-43)
HARRIS, Kittie 70? (B) (SH2-121)
HARRIS, Lawson 34 (B) (SH2-162)
HARRIS, Leanna 28 (B) (SH2-158)
HARRIS, Lee 30 (f) (B) (SH1-186)
HARRIS, Les? 30 (m) (B) (SH1-390)
HARRIS, Linda 21 (B) (SH1-197)
HARRIS, Lizee 10 (B) (SH1-389)
HARRIS, Lizy 10 (B) (SH1-101)
HARRIS, Lizy 12 (B) (SH1-99)
HARRIS, Lizzie 21 (B) (SH2-335)
HARRIS, Lizzie 30 (SH2-85)
HARRIS, Lizzie 4 (B) (SH1-379)
HARRIS, Louisa 22 (B?) (SH2-102)
HARRIS, Loula 22 (B) (SH2-166)
HARRIS, Lucilda 35 (B) (SH2-230)
HARRIS, Lucinda 60 (B) (SH2-334)
HARRIS, Lula 20 (B) (SH1-102)
HARRIS, M. E. 18 (f) (SH1-48)
HARRIS, M. E. 56 (f) (SH2-138)
HARRIS, Maggie 19 (B) (SH2-165)
HARRIS, Margaret 15 (B) (SH1-465)
HARRIS, Margie 1.5 (SH2-164)
HARRIS, Mariah 35 (B) (SH2-334)
HARRIS, Marian 49 (f) (B) (SH2-284)
HARRIS, Marier 40 (f) (B) (SH1-459)
HARRIS, Marria 37 (B) (SH2-259)
HARRIS, Mary 11 (B) (SH2-297)
HARRIS, Mary 20 (B) (SH2-45)
HARRIS, Mary 25 (SH2-170)
HARRIS, Mary 34 (B) (SH2-246)
HARRIS, Mary 56 (SH1-468)
HARRIS, Mary C. 22 (SH1-227)
HARRIS, Mc. 30 (f) (B) (SH2-185)
HARRIS, Milly 55 (B) (SH1-184)
HARRIS, Minnie 24 (B) (SH2-183)
HARRIS, Minnie 32 (SH2-107)
HARRIS, Molly 12 (B) (SH1-432)
HARRIS, Morris 52 (B) (SH2-57)
HARRIS, Mose 28 (B) (SH2-297)
HARRIS, Nanny 26 (B) (SH1-212)
HARRIS, Osborn 29 (SH1-142)
HARRIS, Oswell 37 (B) (SH1-219)
HARRIS, Otto 31 (B) (SH1-123)
HARRIS, Peter 30 (B) (SH1-197)
HARRIS, Peter 58 (B) (SH1-218)
HARRIS, Peyton 50 (B) (SH1-135)
HARRIS, Rachel 48 (B) (SH2-21)
HARRIS, Randal 28 (B) (SH1-330)
HARRIS, Reuben A. 39? (SH2-11)
HARRIS, Richard 28 (B) (SH2-296)
HARRIS, Richmond 13 (B) (SH1-330)
HARRIS, Robt. 30 (B) (SH2-231)
HARRIS, S. 35 (m) (B) (SH1-399)
HARRIS, S. J. 28 (m) (SH1-144)
HARRIS, Sam 16 (m) (SH2-144)
HARRIS, Sam 18 (B) (SH1-243)
HARRIS, Sam 24 (B) (SH1-252)
HARRIS, Sam 25 (B) (SH1-276)
HARRIS, Sam 29 (m) (B) (SH1-183)
HARRIS, Sarah 4 (SH1-142)
HARRIS, Sarah 40 (B) (SH1-415)
HARRIS, Sarah 40 (B) (SH2-131)
HARRIS, Sarah 50 (B) (SH1-353)
HARRIS, South 33 (m) (B) (SH2-95)
HARRIS, Susan 24 (B) (SH2-66)
HARRIS, Susan 44 (B) (SH2-284)
HARRIS, Thomas 36 (B) (SH2-49)
HARRIS, Thomas 37 (B) (SH2-272)
HARRIS, Thomas 75 (B) (SH1-7)
HARRIS, Thos. 35 (B) (SH1-190)
HARRIS, Thos. 63 (B) (SH1-356)
HARRIS, Thos. H. 31 (B) (SH1-436)
HARRIS, Tish 16 (f) (B) (SH1-302)
HARRIS, W. 40 (m) (B) (SH1-242)
HARRIS, W. L. 30 (m) (SH2-114)
HARRIS, W.? A. 27 (m) (SH2-261)
HARRIS, Warren 50 (B) (SH1-87)
HARRIS, Wesley 26 (B) (SH1-184)
HARRIS, West 39 (B) (SH1-273)
HARRIS, West 40 (B) (SH1-265)
HARRIS, Winnie _ (SH1-264)
HARRIS, Wm. 12 (B) (SH1-129)
HARRIS, Wm. 16 (B) (SH1-401)
HARRIS, Wm. 21 (SH1-7)
HARRIS, Wm. 24 (B) (SH1-316)
HARRIS, Wm. 25 (B) (SH2-29)
HARRIS, Wm. 28 (B) (SH1-307)
HARRIS, Wm. 30 (B) (SH1-385)
HARRIS, Wm. 31 (B) (SH1-220)
HARRIS, Wm. 32 (B) (SH2-97)
HARRIS, Zack 29 (B) (SH2-307)
HARRIS, Zeno T. 28 (m) (SH1-354)
HARRIS, ___ 18 (f) (SH1-216)
HARRIS?, A. 50 (f) (B) (SH1-104)
HARRIS?, Bell 23 (B) (SH1-44)
HARRIS?, Matt 35 (m) (B) (SH1-384)
HARRISON, Aaron 30 (B) (SH2-24)
HARRISON, Abraham 42 (B) (SH1-46)
HARRISON, Alpha B. 43 (SH1-469)
HARRISON, Andrew 49 (B) (SH2-83)
HARRISON, Cornelia 30 (B) (SH1-242)
HARRISON, Cyntha 40 (B) (SH1-247)
HARRISON, Daniel 28 (SH1-71)
HARRISON, David 41 (SH1-324)
HARRISON, Delia 46 (SH2-289)
HARRISON, Doc 35 (B) (SH2-235)
HARRISON, E. S. 61 (f) (SH1-253)
HARRISON, Ellen 37 (B) (SH2-258)
HARRISON, F. P. 27 (m) (SH1-254)
HARRISON, Fred 30 (B) (SH1-58)
HARRISON, Geo. 38 (B) (SH1-248)
HARRISON, Henry 30 (B) (SH2-156)
HARRISON, Henry 30 (B) (SH2-68)
HARRISON, Henry 38 (B) (SH1-471)
HARRISON, Henry 50 (B) (SH1-317)
HARRISON, Hilliard 18 (B) (SH2-20)
HARRISON, Isaac 33 (B) (SH2-115)
HARRISON, Isaac 39 (B) (SH1-156)
HARRISON, J. A. 59 (f) (SH1-63)
HARRISON, J. M. 31 (m) (SH1-248)
HARRISON, Jacob 10 (B) (SH1-156)
HARRISON, Jeff 35 (B) (SH1-436)
HARRISON, Jno. 57 (B) (SH1-449)
HARRISON, Joe 23 (B) (SH1-344)
HARRISON, John 15 (B) (SH2-312)
HARRISON, Lewis 27 (SH2-193)
HARRISON, Liddie 68 (B) (SH1-246)
HARRISON, Mary 42 (B) (SH2-325)
HARRISON, Mattie 35 (f) (B) (SH2-195)
HARRISON, Mike 64 (B) (SH2-139)
HARRISON, N. F. 43 (m) (SH1-248)
HARRISON, Nat 26? (SH1-58)
HARRISON, Orlando 35 (B) (SH1-59)
HARRISON, Percy D. 19 (SH2-209)
HARRISON, R. 32 (m) (SH1-247)
HARRISON, R. 50 (m) (B) (SH1-233)
HARRISON, R. 64 (m) (B) (SH1-247)
HARRISON, Robert 26 (B) (SH1-83)
HARRISON, W.? 29 (m) (SH1-113)
HARRISON, Wen? 39 (m) (B) (SH1-359)
HARRISON, Willie 10 (m) (B) (SH1-445)
HARRISON, Wm. 44 (B) (SH1-373)
HARRISON, Zacheria 47 (SH1-50)
HARRISON, ___ 21 (m) (B) (SH2-53)
HARRISS, Cyntha 70 (B) (SH1-56)
HARRISS, Dock 35 (B) (SH1-68)
HARRISS, Joe 26 (B) (SH1-68)
HARRITY, Barney 45 (SH2-182)
HARSH, Minnie 14 (SH2-213)
HARSLEY, Sally 35 (SH2-252)
HART, A. F. 29 (m) (SH1-235)
HART, Able 30 (SH2-89)
HART, Alice 18 (SH2-60)
HART, Benj. 55 (SH1-468)
HART, Chas. 26 (SH1-363)
HART, Cora 14 (SH1-117)
HART, D. Chris 25 (m) (SH2-227)
HART, D.? P. 66 (m) (SH1-252)
HART, Dink 25 (m) (B) (SH2-211)
HART, Dock 35 (B) (SH1-72)
HART, E. Douglass 30 (SH1-269)
HART, Elizabeth 50 (SH2-28)
HART, G. P. 32 (m) (SH1-274)
HART, George 24 (B) (SH2-115)
HART, George 37 (B) (SH2-309)
HART, Gertie 19 (f) (SH2-86)
HART, Green 42 (B) (SH2-349)
HART, Henry 45 (B) (SH2-226)
HART, Jas. B. 25 (SH2-153)
HART, John 28 (B) (SH1-453)
HART, L. P. 46 (f) (SH1-267)
HART, Levy 32 (B) (SH1-56)
HART, Lizzy 30 (B) (SH2-263)
HART, Lucy 19 (B) (SH2-83)
HART, R. H. 28 (m) (SH2-217)
HART, Solomon 50 (B) (SH1-290)
HART, Steven 35 (B) (SH1-336)
HART, Susan 25 (B) (SH1-352)
HART, Thomas 45 (B) (SH2-128)

HART, Tobias 34 (B) (SH2-320)
HART, Winnie 14 (SH2-314)
HART, Wm. 23 (SH2-302)
HART, ____ 12 (f) (B) (SH1-75)
HARTGRAVES?, Wm. 33 (SH1-59)
HARTL?, ____ 40 (m) (SH1-374)
HARTLEY, J. H. 49 (f) (SH2-154)
HARTMANE?, J. 36 (m) (SH2-190)
HARTMUS, George 30 (SH2-68)
HARTMUS, James 23 (SH2-110)
HARTSFIELD, Annie 14 (SH1-374)
HARTWELL, Arney? 6 (B) (SH1-90)
HARTWELL, E. 71 (f) (SH1-235)
HARTWELL, James 20 (SH2-106)
HARTWICK, Albt. 20 (SH2-246)
HARTWIG, E. 33 (f) (B) (SH2-252)
HARTY, John 19 (SH2-352)
HARTZ, Julius 17 (SH1-375)
HARVAY, Frank 24 (B) (SH2-122)
HARVAY, Frank 26 (B) (SH2-125)
HARVELL, Cyrus 52 (B) (SH1-411)
HARVER, Wm. 21? (SH2-5)
HARVEY, Alice 34 (B) (SH2-310)
HARVEY, Anrom? 24 (m) (B) (SH2-231)
HARVEY, Betsy 50 (B) (SH2-197)
HARVEY, Cornelia 49 (SH2-36)
HARVEY, Dennis 35 (SH2-273)
HARVEY, Frank 30 (B) (SH2-203)
HARVEY, George 24 (B) (SH2-119)
HARVEY, Ginsey 80 (f) (B) (SH1-284)
HARVEY, Guss 52 (B) (SH2-280)
HARVEY, Hendee 45 (m) (B) (SH2-256)
HARVEY, Henry 8 (B) (SH1-432)
HARVEY, Jim 50 (B) (SH1-65)
HARVEY, John 12 (B) (SH1-45)
HARVEY, Louis 40 (B) (SH2-66)
HARVEY, Qualley? 24 (m) (B) (SH1-281)
HARVEY, Rolla 35 (B) (SH2-17)
HARVEY, W. 31 (m) (B) (SH1-244)
HARVEY, W. O. 52 (m) (SH2-183)
HARVEY, Walter 21 (SH1-443)
HARVEY, Willie 23 (m) (SH1-126)
HARVEY?, Henderson 23 (SH2-78)
HARWOOD, John 29 (SH2-45)
HARWOOD, W. H. 38 (m) (SH2-147)
HASKAL?, Agnes 57 (SH2-303)
HASKEL, Frank 13 (B) (SH1-106)
HASKELL, Chas. 32 (B) (SH2-130)
HASKEW, Tressie 60? (B) (SH2-309)
HASKINGER, George 37 (SH2-326)

HASKINS, Thomas 25 (B) (SH2-346)
HASSIG, Elizabeth 31 (SH2-34)
HASTING, David 50 (SH2-75)
HASTING, Frank 26 (SH2-78)
HASTINGS, Andrew 40 (SH2-362)
HASTINGS, Hamilton 45 (SH2-133)
HASTINGS, James 27 (B) (SH2-44)
HASTINGS, John 22 (SH2-71)
HASTINGS, M. J. 28 (f) (SH2-184)
HASTON, Dennis 30 (B) (SH1-120)
HATCH, Agustus 21? (SH2-105)
HATCH, Henrietta 70 (B) (SH1-350)
HATCH, Jeany 12 (f) (B) (SH2-207)
HATCH, Robert 25 (B) (SH1-125)
HATCH, Wright 18 (B) (SH1-125)
HATCH, Wright 52 (B) (SH1-122)
HATCHER, Amelia C. 23 (SH2-81)
HATCHER, Frances 50 (B) (SH1-162)
HATCHER, James 20 (B) (SH1-162)
HATCHER, M. 38? (m) (SH1-256)
HATCHETT, Americus 56 (SH2-61)
HATFIELD, George 22 (B) (SH1-164)
HATFIELD, J. 38 (m) (B) (SH2-159)
HATFIELD, Mary 17 (SH2-281)
HATFIELD, Randall 38 (B) (SH2-28)
HATHAWAY, Ralph 41 (SH1-148)
HATHCOCK, John T. 42 (SH1-118)
HATHCOCK, Payton 64 (SH1-139)
HATHCOCK, Rebecca H. 18 (SH1-78)
HATHCOCK, W. J. 6 (m) (SH1-54)
HATHCOCK, Wm.? 22 (SH1-54)
HATRICK, John H. 9 (B) (SH1-434)
HATTENDORF, Chas. 39 (SH2-216)
HATTLE, Nick 36 (SH1-459)
HATTON, Daniel 35 (SH2-202)
HAUCK, Henriette 14? (SH2-198)
HAUGHTON, Kate 24 (SH2-45)
HAUK, Wm. 18 (B) (SH1-67)
HAUNG?, Sarah 34 (SH2-2)
HAUPT, Matilda 28 (SH1-408)
HAUSER, Augusta 70 (SH2-324)
HAUSER?, Agusta? 68 (f) (SH2-153)
HAVELING, Frederick 46 (SH2-24)
HAW, Edward 40 (SH2-72)
HAW, Rens N. H. 25 (m) (SH1-220)
HAWELY, Wm. 39 (SH2-175)

HAWKINS, A. 23 (m) (B) (SH2-183)
HAWKINS, Albert 60 (B) (SH1-112)
HAWKINS, Alfred 12 (B) (SH1-336)
HAWKINS, Anderson 25 (B) (SH1-384)
HAWKINS, Atchie 63 (m) (B) (SH1-442)
HAWKINS, B. F. 38 (m) (SH1-73)
HAWKINS, D. 48 (f) (B) (SH2-251)
HAWKINS, Dora 25 (B) (SH2-294)
HAWKINS, Dora 30 (B) (SH1-453)
HAWKINS, Fanny 45 (SH2-211)
HAWKINS, Floyd 13 (B) (SH1-356)
HAWKINS, Frank? 30 (B) (SH2-266)
HAWKINS, Fred 40 (B) (SH2-350)
HAWKINS, Geo. 19 (B) (SH1-311)
HAWKINS, Geo. E. 36 (SH1-407)
HAWKINS, George 25 (B) (SH1-438)
HAWKINS, Green 53 (B) (SH1-432)
HAWKINS, Helen 24 (B) (SH2-84)
HAWKINS, Henrey 17 (B) (SH1-453)
HAWKINS, Henry 39 (B) (SH2-136)
HAWKINS, Henry 50 (B) (SH2-83)
HAWKINS, Jane 70 (B) (SH1-330)
HAWKINS, Jeff 30 (B) (SH1-320)
HAWKINS, Jeff __ (B) (SH2-224)
HAWKINS, John 20 (B) (SH1-338)
HAWKINS, Laura 26 (B) (SH1-363)
HAWKINS, Leonard 21 (B) (SH1-168)
HAWKINS, Lucinda 55 (B) (SH2-320)
HAWKINS, M. 15 (m) (B) (SH1-152)
HAWKINS, Nancy 33 (B) (SH2-298)
HAWKINS, Priscilla 30 (B?) (SH2-63)
HAWKINS, Sallie 23 (SH2-76)
HAWKINS, Sam 60 (B) (SH1-441)
HAWKINS, Thomas 34 (SH2-110)
HAWKINS, Wm. 57 (B) (SH2-229)
HAWKINS, Wm. 58 (SH2-274)
HAWKS, Mathew 60 (SH2-93)
HAWLEY, Ann 50 (B) (SH2-83)
HAWLEY, Gertrude 4 (B) (SH2-65)
HAWLEY, Mary C. 36 (SH1-408)
HAWORD, Dewit 34 (B) (SH2-322)
HAWTHORN, Josephine 20 (SH2-232)

HAWTHORN, Salley 63 (SH1-74)
HAWTHORN, Sarah A. 57 (SH2-232)
HAWTHORNE, Hattie 18 (SH2-359)
HAWZE, J. F. 35 (m) (B) (SH1-69)
HAWZY, Wm. 30 (SH1-68)
HAYDEN, B. H. 34 (m) (SH2-300)
HAYDEN, Bennie 7 (f) (SH2-224)
HAYDEN, Daniel H. 41 (SH2-53)
HAYDEN, Emma 9 (B) (SH2-59)
HAYDEN, John 49 (SH2-106)
HAYDEN, Mattie? 26 (f) (B) (SH1-365)
HAYDEN, N.? 30 (m) (B) (SH1-238)
HAYDEN, Teddie 18 (m) (SH2-100)
HAYDEN, Tup? 30 (m) (B) (SH2-220)
HAYDEN, Wm. 35 (B) (SH1-467)
HAYER, Julia 44 (B) (SH2-195)
HAYES, Addison 30 (SH2-216)
HAYES, Charles 38 (B) (SH1-306)
HAYES, Eliza 40 (SH2-250)
HAYES, Elizabeth M. 43 (SH2-323)
HAYES, Frank 35 (B) (SH2-336)
HAYES, Geo. 47 (B) (SH1-42)
HAYES, Hannah 12 (B) (SH2-344)
HAYES, Hannah 40 (B) (SH2-150)
HAYES, Harris 21 (B) (SH1-175)
HAYES, Henry 22 (B) (SH1-181)
HAYES, Henry 30 (B) (SH2-347)
HAYES, Jennie 25 (B) (SH1-42)
HAYES, John 20 (SH2-202)
HAYES, John 32 (SH2-330)
HAYES, John B. 36 (SH2-147)
HAYES, Lidia 60 (B) (SH1-135)
HAYES, Minor 22 (B) (SH1-306)
HAYES, Robt. 49 (B) (SH2-126)
HAYES, Robt. B. 39 (SH1-182)
HAYES, S.? 40 (m) (B) (SH2-356)
HAYES, Virginius H 40(m) (B) (SH2-197)
HAYES, Wm. 50 (B) (SH2-327)
HAYFORD, John 43 (B) (SH2-126)
HAYLEY, Patrick H. 46 (SH2-216)
HAYMILLER?, George 45 (SH2-265)
HAYMON, Henry 50 (B) (SH1-453)
HAYNES, Bartley 30 (B) (SH2-291)
HAYNES, Charles 17 (B) (SH1-468)
HAYNES, John L. 20 (B) (SH1-432)
HAYNES, Josh 32 (B) (SH1-112)
HAYNES, Lee 13 (f) (B) (SH1-109)
HAYNES, Lizzie 43 (SH1-432)
HAYNES, Otho B. 26 (m) (SH2-54)
HAYNES, Peter 38 (B) (SH1-471)
HAYNES, Samuel 37 (SH2-98)

HAYNES, Tempie 39 (f) (B) (SH2-225)
HAYNES, Thomas 65 (B) (SH2-27)
HAYNES, Wm. H. 43 (m) (SH2-294)
HAYNEY, John 20 (B) (SH2-167)
HAYNIE, Margaret 45 (SH1-431)
HAYNIE, Nettie 22 (B) (SH1-474)
HAYNS, Izy 63 (f) (B) (SH1-203)
HAYS, Abram 30 (B) (SH1-182)
HAYS, Absom 60 (B) (SH1-178)
HAYS, Amy 64 (B) (SH2-13)
HAYS, Avery 29 (B) (SH1-444)
HAYS, Bell 28 (B) (SH2-148)
HAYS, Bill 40 (B) (SH1-287)
HAYS, Caeser 36 (B) (SH1-183)
HAYS, Catherine 26 (B) (SH2-91)
HAYS, Charles 30 (B) (SH2-266)
HAYS, Charlotte 45 (B) (SH1-421)
HAYS, Cornelius 36 (B) (SH1-379)
HAYS, Daniel 25 (B) (SH2-16)
HAYS, Dock 40 (B) (SH1-386)
HAYS, Edmund 26 (B) (SH2-46)
HAYS, Elizabeth 24 (B) (SH1-11)
HAYS, Footman 40 (B) (SH2-315)
HAYS, Geo. 22 (B) (SH1-239)
HAYS, Hattie 18 (B) (SH1-375)
HAYS, Henry 30 (B) (SH2-300)
HAYS, Ida 20 (B) (SH1-156)
HAYS, Julia 22 (B) (SH2-282)
HAYS, Katie 15 (B) (SH1-400)
HAYS, Katie 8 (SH2-13)
HAYS, Leanna 22 (B) (SH1-137)
HAYS, Lidia 60 (B) (SH1-468)
HAYS, Mary E. 66 (SH2-62)
HAYS, Paris 36 (B) (SH1-185)
HAYS, Py____ 55 (m) (B) (SH1-180)
HAYS, Q. 84 (f) (SH1-397)
HAYS, R. 30 (f) (B) (SH1-404)
HAYS, Robert 17 (B) (SH1-410)
HAYS, Robert 27 (B) (SH1-159)
HAYS, Robert 50 (B) (SH2-122)
HAYS, S. Jane 44 (SH1-1)
HAYS, Samuel 65 (SH1-335)
HAYS, Shedrick 33 (B) (SH2-108)
HAYS, Thomas 40 (B) (SH1-347)
HAYS, Willis 35 (B) (SH1-355)
HAYS, Wilson 25 (B) (SH1-153)
HAYS, Wm. 22 (B) (SH1-179)
HAYS, Wm. 25 (B) (SH2-26)
HAYS, Wm. 33 (B) (SH2-125)
HAYS?, ____ 60 (m) (B) (SH1-180)
HAYSE, Bob 51 (B) (SH1-64)
HAYSE, Harris 19 (B) (SH2-103)
HAYWOOD, Allen 40 (B) (SH1-327)
HAYWOOD, Alonzo 20 (B) (SH2-19)
HAYWOOD, Alonzo 28 (B) (SH2-291)
HAYWOOD, Della 17 (SH2-325)
HAYWOOD, Effie 16 (SH2-124)
HAYWOOD, Fannie 33 (B) (SH2-121)
HAYWOOD, G.? 13 (f) (B) (SH1-397)
HAYWOOD, Henry 30 (B) (SH2-129)
HAYWOOD, Wm. 57 (SH2-121)
HAZARD, Henry 75 (B) (SH2-209)
HAZARD, N. E. 69 (m) (SH2-309)
HAZE, Delier 15 (f) (B) (SH1-459)
HAZE, Hill 30 (B) (SH1-454)
HAZE, King 27 (B) (SH2-295)
HAZELWOOD, M.? A. 12 (f) (SH1-38)
HAZLEWOOD, Richd. 43 (SH1-74)
HAZZAN, Belle 30 (B) (SH2-42)
HEAD, A. B. 23 (m) (B) (SH2-361)
HEAD, Chas. 27 (B) (SH2-139)
HEAD, Sam 31 (B) (SH2-32)
HEALY, Mary A. 43 (SH2-35)
HEARD, George 28 (B) (SH2-164)
HEARD, J. A. 58 (m) (SH1-267)
HEARD, J____ ____ (SH2-201)
HEARN, Jennie 82 (B) (SH1-243)
HEART, John 30 (B) (SH1-328)
HEATH, Alfred 28 (SH2-11)
HEATH, Carrie 36 (SH2-49)
HEATH, Ellen 53 (SH2-295)
HEATH, J. T. 32 (m) (SH2-247)
HEATH, R. M. 26 (m) (SH2-91)
HEATHMAN, Laura 50 (B) (SH1-403)
HEATHMAN, Wm. 56 (B) (SH1-132)
HEBBERT, John 40 (SH2-85)
HECK, Charles 41 (SH2-93)
HECKLE, Adolphus 18 (SH2-164)
HECKLE, Davy 66 (SH1-223)
HECKLE, Wm. C. 23 (SH1-224)
HECKLING, Margrit 22 (SH2-72)
HEDGEPETH, F. M. 21 (m) (SH1-51)
HEDGEPETH, Julia 6 (SH1-78)
HEDIKER, E. J. 37 (m) (SH2-250)
HEDIKER, John 64 (SH2-250)
HEFFEMAN, Patrick 25 (SH1-98)
HEFFERMAN, Tho. 27 (SH2-68)
HEFFERN, Mary 67 (SH2-58)
HEFLEY, Ann C. 48 (SH1-461)
HEFLEY, Wm. B. 29 (SH1-461)
HEIDEL, C. 52 (f) (SH2-300)
HEIDEL, Catharine 57 (SH1-94)
HEIDEL, Charles 29 (SH2-110)
HEIDEL, Robt. 26 (SH2-93)
HEIDEL, W. C. 25 (m) (SH2-302)
HEIDELL, J. F. 36 (m) (SH2-244)
HEIF?, Joe 40 (SH1-364)
HEIN, Charles 36 (SH1-95)
HEINRICH, Charles 25 (SH2-111)
HEINRICH, John 46 (SH2-174)
HEISBURG?, ____ 20 (f) (SH2-272)
HEISER, John H. 52 (SH2-269)
HEISKELL, Carrick W. 43 (SH2-215)
HEISKELL, Joseph 57 (SH1-379)
HEISTAND, Lula 24 (SH2-76)
HEISTAND, Sarah 61 (SH2-247)
HEITZIGER, Herman 25 (SH2-181)
HELBING, Agnes 45 (SH1-413)
HELBLING, Adam 20 (SH2-111)
HELDER, George 35 (SH2-75)
HELLETT, John F. 23 (SH2-241)
HELLRY?, Stephen 70 (B) (SH1-102)
HELLUM, Henry 35 (B) (SH2-244)
HELMES, A. 21 (f) (B) (SH2-143)
HELMS, John T. 35 (SH1-461)
HELMS, Joseph L. 32 (SH1-461)
HELMS, Thomas 47 (B) (SH1-346)
HEM?, Henry 15 (B) (SH2-95)
HEMCHELL, Geo. 50 (SH2-319)
HEMERLE, Wm. 53 (SH2-346)
HEMMINGWAY, M. 29 (f) (B?) (SH2-259)
HEMP, J. 38 (m) (B) (SH1-393)
HENDEE, H. F. 32 (m) (SH2-358)
HENDERBERY, Mary 53 (SH2-299)
HENDERSEN, P. 22 (m) (B) (SH1-395)
HENDERSEN, R. 60 (f) (B) (SH1-395)
HENDERSON, Abram 23 (B) (SH1-169)
HENDERSON, Abram 53 (B) (SH1-194)
HENDERSON, Alex 55 (B) (SH1-35)
HENDERSON, Alf 22 (B) (SH2-244)
HENDERSON, Alfred 43 (B) (SH2-224)
HENDERSON, Allen 25 (B) (SH2-174)
HENDERSON, Arthur 6 (B) (SH1-448)
HENDERSON, Ben 37 (SH2-249)
HENDERSON, C. 26 (m) (B) (SH1-405)
HENDERSON, Cain 27 (B) (SH1-160)
HENDERSON, Cam 34 (m) (SH1-188)
HENDERSON, Charles 30 (B) (SH2-108)
HENDERSON, Charles 34 (SH2-175)
HENDERSON, Chas. 16 (B) (SH2-260)
HENDERSON, Chas. 49 (B) (SH1-154)
HENDERSON, David 33 (B) (SH2-127)
HENDERSON, Earthman 34 (B) (SH1-308)
HENDERSON, Em 33 (f) (SH2-312)
HENDERSON, Ephram 53 (B) (SH1-127)
HENDERSON, F. 23 (m) (B) (SH1-31)
HENDERSON, Geo. 54 (B) (SH1-249)
HENDERSON, George 47 (B) (SH1-317)
HENDERSON, Green 31 (B) (SH1-253)
HENDERSON, H. 42 (m) (B) (SH1-400)
HENDERSON, H. 66 (m) (B) (SH1-34)
HENDERSON, Hany jr. 25 (W) (B) (SH1-34)
HENDERSON, Hattie 22 (B) (SH2-282)
HENDERSON, Henry 35? (B) (SH2-225)
HENDERSON, Herbert 18 (B) (SH2-170)
HENDERSON, Hetty 65 (B) (SH2-209)
HENDERSON, Hiram 20 (B) (SH2-324)
HENDERSON, Irene 50 (B) (SH2-86)
HENDERSON, Isiah 35 (B) (SH1-64)
HENDERSON, J. H. 25 (m) (SH2-146)
HENDERSON, James 17 (B) (SH2-117)
HENDERSON, James 28 (SH1-251)
HENDERSON, James 28 (B) (SH2-34)
HENDERSON, Jere 30 (m) (B) (SH2-213)
HENDERSON, Joe 35 (B) (SH1-301)
HENDERSON, John 25 (B) (SH1-170)
HENDERSON, John 30 (B) (SH1-275)
HENDERSON, John 33 (SH1-251)
HENDERSON, John 37 (B) (SH2-298)
HENDERSON, Jordon 19 (B) (SH2-349)
HENDERSON, Julia 14 (B) (SH1-236)
HENDERSON, Julia 43 (B) (SH2-361)
HENDERSON, L. 38 (f) (B) (SH1-392)
HENDERSON, Levi 35 (B) (SH1-420)
HENDERSON, Louisa 30 (B) (SH1-45)
HENDERSON, M. 13 (f) (B) (SH2-223)
HENDERSON, M. 40 (f) (B) (SH1-240)
HENDERSON, MAggie 14 (B) (SH1-422)
HENDERSON, MAtt 40 (m) (B) (SH2-130)
HENDERSON, Nannie 16 (B) (SH2-224)
HENDERSON, Neal 18 (B) (SH1-166)
HENDERSON, P. H. 22 (m) (B) (SH1-456)

HENDERSON, Peter 45 (B) (SH1-311)
HENDERSON, Richard 76 (SH1-443)
HENDERSON, Robert 22 (B) (SH1-355)
HENDERSON, Robt. 49 (B) (SH1-131)
HENDERSON, S. 23 (f) (B) (SH1-389)
HENDERSON, Squire 55 (B) (SH1-363)
HENDERSON, Susan 35 (B) (SH1-162)
HENDERSON, Thomas 22 (SH1-23)
HENDERSON, Tom 20 (B) (SH1-28)
HENDERSON, Tom 26 (B) (SH1-34)
HENDERSON, W. 26 (m) (B) (SH1-243)
HENDERSON, W. 36 (m) (B) (SH1-237)
HENDERSON, W.? L. 46 (m) (SH1-56)
HENDERSON, Wm. 22 (B) (SH1-194)
HENDERSON, Wm. 23 (B) (SH1-31)
HENDERSON, Wm. 26 (B) (SH1-293)
HENDERSON, Wm. 28 (SH1-457)
HENDERSON, _._. 45 (m) (SH1-294)
HENDESON, L. C. 75 (f) (SH1-33)
HENDREN, H. J. 67 (m) (SH1-422)
HENDREN, Thomas W. 35 (SH2-58)
HENDRICKS, Georgia 29 (B) (SH2-202)
HENDRICKS, Jim 30 (B) (SH1-244)
HENDRICKS, Jno. (B) (SH2-132)
HENDRICKS, Jno. 41 (SH2-315)
HENDRICKS, Jno. 59 (B) (SH2-132)
HENDRICKS, Mary 32? (SH2-32)
HENDRICKS, Wm. 29 (B) (SH1-367)
HENDRIX, Oscar 22 (B) (SH1-69)
HENDRIX, Richard 52 (SH2-267)
HENFORD, Robt. 22 (B) (SH2-173)
HENFORT, Willie 18 (m) (B) (SH2-88)
HENIG?, Clara 20 (B) (SH2-168)
HENIGAN, Simon 17 (B) (SH1-268)
HENIGER, Eliza 48 (SH2-253)
HENKEL, Caroline 65 (SH2-61)
HENKILL, David 54 (SH2-52)
HENLESS?, Jordan 31 (B) (SH2-227)
HENLEY, James 15 (SH1-4)
HENLEY, Nancy 40 (SH1-3)
HENLY, Andrew 40 (B) (SH2-295)
HENLY, Tom 34 (B) (SH2-304)

HENNESEY, James 15 (SH1-134)
HENNEY, Fannie 11 (B) (SH2-83)
HENNING, B. G. 29 (m) (SH2-260)
HENNING, John 27 (SH2-121)
HENNING, R. M. 54 (f) (SH2-264)
HENNINGS, Henry 17 (SH1-221)
HENNISEY, T. H. 32 (m) (SH2-113)
HENOCHSBURG, Joe 32 (SH2-216)
HENPEL?, Edmund 28 (SH2-172)
HENRICH, Adolph 23? (SH2-83)
HENRICH, Charles 24 (SH2-106)
HENRICH, John 23 (SH2-113)
HENRICKS, J. 52 (m) (SH1-400)
HENRIETTA, Patrick 33 (SH2-233)
HENRY, Adaline 38 (B) (SH2-307)
HENRY, Becton 53 (m) (B) (SH1-156)
HENRY, Dave? 25 (B) (SH1-67)
HENRY, Delia 35 (SH2-295)
HENRY, Ella? H. 29 (SH2-301)
HENRY, Frank 50 (SH2-315)
HENRY, Houston 39 (B) (SH2-12)
HENRY, James 4 (B) (SH1-309)
HENRY, James 40 (B) (SH1-300)
HENRY, John 35 (SH1-63)
HENRY, Lewis 31 (B) (SH1-128)
HENRY, Lizy 18 (f) (B) (SH1-105)
HENRY, Lizzie 26 (B) (SH1-291)
HENRY, Luvania 48 (B) (SH2-126)
HENRY, Manly 35 (B) (SH1-96)
HENRY, Neel 26 (B) (SH1-379)
HENRY, P. C. 29 (m) (SH1-286)
HENRY, Pillop 55 (m) (SH1-455)
HENRY, Pink 35? (f) (B) (SH1-251)
HENRY, Samuel 26 (B) (SH1-128)
HENRY, Wm. 25 (B) (SH2-4)
HENRY, Wm. H. 61 (SH1-28)
HENSEN, Andrew 36 (SH2-18)
HENSEY, Dilsey 65 (f) (B) (SH2-334)
HENSHLEY, Charles 51 (SH1-410)
HENSLEY, Moses 58 (B) (SH1-181)
HENSON, Thos. W. 27 (SH2-7)
HENTHORNE, Logan 40 (SH2-69)
HENYHOLD?, Johanah 48 (SH2-332)
HEPBURN, Authur C. 22 (SH2-219)
HERBERS, George 24 (SH2-258)
HERBERS, George H. 29 (SH2-65)
HERBERS, Henry 34 (SH2-71)
HERBERT, Elisabeth 54 (SH1-94)
HERBY, Jesse 43 (m) (B) (SH2-33)
HERCHFELDER, Jo 26 (m) (SH2-91)
HEREFORD, Samuel 21 (B) (SH1-409)
HERMAN, Amelia 18 (SH2-75)

HERMAN, Annie 49 (SH2-156)
HERMAN, Julius 31 (SH2-63)
HERMAN?, E. J. 29 (f) (SH2-154)
HERM____Y, Ellen 55 (SH2-178)
HERN, L. 40 (m) (SH2-242)
HERN, Michael 30 (SH2-66)
HERNDON, Choice 26 (m) (B) (SH1-268)
HERNDON, Wm. E. 56 (B) (SH1-263)
HERNDON, Woodford 26 (B) (SH2-288)
HERNE, Lee 26 (m) (B) (SH1-285)
HERNLEY?, Mattie 14 (f) (B) (SH2-237)
HERNNY?, Jas. W. 48 (SH1-175)
HERNOCHBERG?, H. 33 (m) (SH2-164)
HERR?, Andrew 20 (SH1-97)
HERR?, J. D. 33 (m) (SH2-309)
HERRALL, Jacob 70 (B) (SH1-322)
HERRIN, Eliza 30 (B) (SH2-208)
HERRING, Artie W. 6 (m) (SH1-186)
HERRING, Charity 16 (B) (SH1-23)
HERRING, Charles 42 (B) (SH1-181)
HERRING, Handy 60 (B) (SH1-12)
HERRING, James __ (SH1-6)
HERRING, Jane 60 (SH1-52)
HERRING, John 46 (SH1-97)
HERRING, Lou 40 (f) (B) (SH2-199)
HERRING, Marshal E. 37 (SH1-78)
HERRING, Mose jr. 32 (m) (B) (SH1-198)
HERRING, R. Jane 52 (SH1-1)
HERRING, Rob F. 36 (SH1-6)
HERRING, Thomas 19 (B) (SH1-13)
HERRING, Thomas 33 (B) (SH1-17)
HERRING, Wm. 31 (SH1-13)
HERRING, Wm. 31 (B) (SH2-277)
HERRNEY?, Allen 37 (B) (SH1-180)
HERRON, Abraham 68 (B) (SH1-345)
HERRON, Alfred 56 (B) (SH1-318)
HERRON, Clinton 24 (B) (SH2-109)
HERRON, Dock 55 (B) (SH1-313)
HERRON, Easter 57 (B) (SH2-227)
HERRON, Eliza 12 (B) (SH2-334)
HERRON, G. T. 40 (m) (SH2-214)
HERRON, Harriet 75 (B) (SH2-128)
HERRON, John 45 (B) (SH1-214)
HERRON, Joseph 65 (B) (SH1-318)
HERRON, La_na 17 (m) (SH1-135)

HERRON, Lou 50 (f) (B) (SH1-362)
HERRON, Martha 18 (B) (SH2-242)
HERRON, Moses 37 (B) (SH2-201)
HERRON, Nelson 22 (B) (SH1-430)
HERRON, R. F. 35 (m) (SH2-288)
HERRON, Robert 18 (B) (SH2-215)
HERRON, Sam 58 (B) (SH1-317)
HERRON, Sophia 11 (B) (SH1-324)
HERRON, Susan 12 (B) (SH1-130)
HERRON, Thos. 30 (B) (SH1-315)
HERRON, Wm. 29 (SH1-12)
HERRON, Wm. 53 (B) (SH1-313)
HERRONY?, Isham 25 (B) (SH1-185)
HERVEY, Mary 12 (B) (SH1-251)
HERZOG, Gertee 20 (f) (SH2-284)
HESKILL?, Richard 35 (SH1-86)
HESS, Abby 18 (SH2-69)
HESS, Tillie 6 (f) (SH2-48)
HESSE, Clementine 48 (SH2-63)
HESSE, Saul 49 (SH2-260)
HESSEN, John 57 (SH2-259)
HESSING, Annie 56 (SH2-114)
HESSING, Fred 22 (SH2-78)
HESTER, James 42 (SH2-348)
HESTER, L. 13 (f) (SH1-397)
HESTER, R. H. 49 (m) (SH2-348)
HESTER?, Grimes 65 (B) (SH1-77)
HESTIE, Charlotte 40 (SH2-166)
HESTON, Joel 14 (SH1-438)
HETTNIGER?, Chris 38 (m) (SH2-115)
HEUER, Anthony F. 61 (SH2-16)
HEWITT, Jesse 61 (m) (SH2-136)
HEWITT, Wm. 55? (SH2-54)
HEYDEN, Alfred 28 (SH2-77)
HEYDON, George 30 (B) (SH2-354)
HEYDT, Gus 48 (SH2-104)
HEYETT, Maggy 24 (SH2-71)
HEYHURST, Marshal 34 (SH2-76)
HEYMAN, Hattie 12 (SH2-111)
HEYMANN, Henry 29 (SH2-180)
HEYS?, Deborah 33 (B) (SH2-277)
HIBBARD, George 31 (SH2-78)
HICK, Thomas 35 (B) (SH1-42)
HICKAM, Wm. 45 (SH1-86)
HICKASON, George 24 (B) (SH1-17)
HICKERSON, Mag 22 (B) (SH2-71)
HICKERSON, Wm. 60 (B) (SH1-60)
HICKEY, Briget 39 (SH1-112)
HICKEY, Elen 24 (SH2-360)
HICKEY, Ellen 28 (B) (SH2-230)
HICKEY, John 45 (SH2-107)
HICKEY, Jos. 24 (B) (SH2-184)
HICKEY, N. Jackson 29 (SH1-299)

HICKEY, Victo 20 (f) (B) (SH2-192)
HICKEY, Wa 24 (m) (SH2-154)
HICKMAN, Mary 36 (SH2-326)
HICKMAN, Ransom 40 (B) (SH2-39)
HICKMAN, S.? 14 (f) (SH1-109)
HICKS, Abel? 70 (B) (SH2-233)
HICKS, Adela 37 (SH2-259)
HICKS, Alex? 22 (m) (B) (SH1-39)
HICKS, Andrew 12 (B) (SH1-73)
HICKS, Eliza 26 (B) (SH2-158)
HICKS, Fanney 24 (B) (SH1-459)
HICKS, Frances 23 (B) (SH1-41)
HICKS, Frank 55 (B) (SH1-288)
HICKS, Harry 40 (B) (SH1-41)
HICKS, James 39 (B) (SH2-315)
HICKS, James 50 (B) (SH2-204)
HICKS, Jas. 40 (SH2-161)
HICKS, John N. 44 (SH1-302)
HICKS, Lavenia 62 (B) (SH1-42)
HICKS, Lewis 29 (B) (SH1-42)
HICKS, Malinda 45 (B) (SH2-74)
HICKS, Mary 43 (SH2-113)
HICKS, Millie 21 (B) (SH2-141)
HICKS, Nancy 2 (B) (SH1-340)
HICKS, Nora 14 (B) (SH1-42)
HICKS, R. 31 (m) (SH1-238)
HICKS, Reuben 48 (B) (SH1-38)
HICKS, Ruben 22 (B) (SH2-178)
HICKS, Saml. 25 (B) (SH1-122)
HICKS, Sandie 41 (m) (SH2-125)
HICKS, Thomas 34 (B) (SH1-434)
HICKS, Thomas 45 (B) (SH1-323)
HICKS, Thos. 19 (B) (SH1-355)
HICKS, Tom 70 (B) (SH2-40)
HICKS, Washington 63 (B) (SH1-42)
HICKS, Willis 29 (B) (SH1-42)
HICKS, Wm. 25 (B) (SH1-41)
HICKSON, Wm. 25 (SH2-146)
HICKY, Ellen 26 (SH2-143)
HICKY, Ellen 35 (SH1-367)
HICKY, Jas. 28 (m) (SH2-143)
HIDLEBERG, Fred 43 (SH2-115)
HIESMAN?, Matilda? 33 (SH2-269)
HIGBEE, Ann? C. 39 (SH1-358)
HIGBEE, Mary 50 (B) (SH1-358)
HIGBIE, Jennie 40 (SH2-282)
HIGBY, Albert 28 (B) (SH2-186)
HIGGINS, Arthur 6 (B) (SH1-363)
HIGGINS, Caroline 40 (B) (SH2-307)
HIGGINS, Ed 35 (SH2-79)
HIGGINS, James 11 (SH1-110)
HIGGINS, James 30 (B) (SH2-162)
HIGGINS, John 27 (SH2-9)
HIGGINS, John 32 (SH2-113)
HIGGINS, John 38 (SH2-345)
HIGGINS, Lenora 1 (SH2-131)
HIGGINS, Lizzie 58 (SH2-40)
HIGGINS, Maggie 13 (SH1-110)
HIGGINS, Patrick 51 (SH2-130)
HIGGINS, Sol 35 (B) (SH2-296)
HIGGINS, Wm. 24 (SH2-36)
HIGGINS, Wm. 50 (B) (SH1-361)
HIGH, Mansfield 7 (B) (SH1-94)

HIGHTOWER, Joseph 30 (B) (SH1-106)
HIGHTOWER, Lucy 6 (B) (SH1-106)
HIGHTOWER, Sam 11 (B) (SH1-381)
HIGHTOWER, Thomas 45 (B) (SH1-328)
HIGHTOWER, Tim 16 (B) (SH1-383)
HIGHTOWER, W. W. 40 (m) (SH2-32)
HIGLEY, E. H. 28 (m) (SH2-364)
HILAND, A. 39 (m) (SH2-258)
HILBERTH, Bernard 31 (SH2-177)
HILD, Joseph 39 (SH1-419)
HILDEBRAND, Bettie 46 (SH2-52)
HILDEBRAND, Emma 35 (SH2-263)
HILDEBRANT, Wm. N. 43 (SH1-300)
HILDERBRAND, Henry O. 37 (SH1-409)
HILDRETH, Angiline 68 (SH1-142)
HILER, W. 30 (f) (SH1-89)
HILL, A. B. 42 (m) (SH1-393)
HILL, Adeline 18 (B) (SH1-365)
HILL, Albert 40 (B) (SH1-337)
HILL, Albert 58 (B) (SH1-327)
HILL, Alfred 35 (B) (SH1-356)
HILL, Allen 41 (SH1-270)
HILL, Amanda 35 (B) (SH2-178)
HILL, America 54 (B) (SH2-184)
HILL, Amma 44 (B) (SH2-81)
HILL, Ann 53 (B) (SH1-452)
HILL, Annie 26 (B) (SH2-150)
HILL, Annie 37 (B) (SH2-133)
HILL, Anthony 39 (B) (SH1-157)
HILL, Ben 35 (B) (SH1-412)
HILL, Benjamin 42 (B) (SH2-4)
HILL, Berry 30 (B) (SH2-159)
HILL, Bettie 15 (B) (SH2-108)
HILL, Boyle 28 (B) (SH2-162)
HILL, Buhla __ (f) (B) (SH2-291)
HILL, Burrel 15 (B) (SH1-157)
HILL, C. 26 (m) (SH1-236)
HILL, Carrie 13 (B) (SH1-37)
HILL, Cass 47 (B) (SH1-161)
HILL, Charity 5 (B) (SH1-449)
HILL, Charles 31 (B) (SH2-308)
HILL, Charlie 18 (B) (SH2-123)
HILL, Cora? 22 (f) (SH2-297)
HILL, Cubit 65 (m) (B) (SH1-85)
HILL, David 18 (B) (SH1-131)
HILL, Doss 36 (m) (B) (SH1-23)
HILL, E. 13 (m) (B) (SH1-147)
HILL, Ed 38 (B) (SH1-269)
HILL, Edmund 24 (B) (SH1-347)
HILL, Eli 34 (B) (SH1-149)
HILL, Elizabeth 58 (SH1-52)
HILL, Ellen 28 (B) (SH2-108)
HILL, Emanuel 40 (B) (SH1-80)
HILL, Emily 40 (SH1-284)
HILL, Enoch 30 (B) (SH2-220)
HILL, Fannie 5 (SH1-272)
HILL, Fisher Ann 35 (B) (SH2-14)
HILL, Fountain 34 (SH1-59)

HILL, Frances 35 (B) (SH2-151)
HILL, Frank 12 (B) (SH1-124)
HILL, Frank 40 (B) (SH1-433)
HILL, George 32 (B) (SH1-327)
HILL, Gerry 55 (m) (B) (SH1-87)
HILL, Green 60 (B) (SH1-446)
HILL, Guess 22 (m) (B) (SH1-454)
HILL, H. M. 36 (m) (SH2-139)
HILL, H. W. 52 (m) (SH1-234)
HILL, Halley 6 (SH2-110)
HILL, Henry 32 (B) (SH2-23)
HILL, Henry 40 (B) (SH1-17)
HILL, Henry 45 (B) (SH2-339)
HILL, Henry F. 50 (SH2-50)
HILL, Horatio 18 (B) (SH2-213)
HILL, Humiller 22 (m) (B) (SH1-411)
HILL, Ira M. 60 (SH2-82)
HILL, Isaac 28 (B) (SH1-33)
HILL, Isaac 40 (B) (SH1-19)
HILL, J. P. 37 (m) (SH1-52)
HILL, James 23 (B) (SH1-331)
HILL, James 30 (SH1-330)
HILL, James 40 (B) (SH2-140)
HILL, Jno. 30 (SH1-66)
HILL, Joe 14 (B) (SH1-352)
HILL, John 22 (B) (SH1-171)
HILL, John 32 (B) (SH1-318)
HILL, John B. 67 (SH2-213)
HILL, John C. 51 (SH1-430)
HILL, John H. 28 (B) (SH2-234)
HILL, John P. 51 (SH1-445)
HILL, Jordan 19 (B) (SH1-165)
HILL, Jordan 50 (B) (SH2-128)
HILL, Joseph H. 25 (SH2-214)
HILL, Kate 16 (B) (SH2-214)
HILL, L. A. 23 (f) (SH1-398)
HILL, Levin 33 (B) (SH2-337)
HILL, Ligge 7 (f) (B) (SH1-447)
HILL, Lillie 19 (SH2-133)
HILL, Louis 33 (B) (SH1-463)
HILL, Louisa 21 (B) (SH2-129)
HILL, Louise 48 (SH1-418)
HILL, Lundun 45 (B) (SH1-434)
HILL, Lydia 30 (B) (SH2-124)
HILL, Mary 30 (B) (SH2-163)
HILL, Mary 69 (B) (SH2-146)
HILL, Matilda 63 (B) (SH1-26)
HILL, Mattie 22 (m) (B) (SH2-73)
HILL, Mattie 25 (f) (B) (SH2-29)
HILL, Mollie 15 (SH1-424)
HILL, Mollie 30 (B) (SH2-54)
HILL, Moses 35 (B) (SH2-19)
HILL, Nancy 55 (SH1-65)
HILL, Napoleon 49 (SH2-82)
HILL, Napoleon __ (B) (SH1-289)
HILL, Nellie 25 (B) (SH2-220)
HILL, Parthena 18 (B) (SH1-79)
HILL, Parthena 19 (B) (SH1-46)
HILL, Pheby 40 (B) (SH1-344)
HILL, Phil 40 (B) (SH2-197)
HILL, Rhoda 26 (B) (SH2-125)
HILL, Ricahrd 21 (B) (SH2-274)
HILL, Richd. 20 (B) (SH1-287)
HILL, Robt. 19 (B) (SH1-221)
HILL, Robt. D. 21 (B) (SH1-279)
HILL, Robt. L. 26 (B) (SH1-49)
HILL, Samuel 8 (B) (SH2-207)
HILL, Thomas 23 (B) (SH1-161)
HILL, Thomas 54 (B) (SH1-430)

HILL, Thomas H. 36 (B) (SH2-36)
HILL, Vann 44 (B) (SH1-25)
HILL, W. H. 34 (m) (SH1-279)
HILL, W. H. 50 (m) (SH1-163)
HILL, W. H. 55 (m) (SH1-261)
HILL, W. N. 47 (m) (SH1-43)
HILL, Willie 16 (f) (B) (SH1-37)
HILL, Wm. 22 (SH2-77)
HILL, Wm. 31 (B) (SH2-365)
HILL, Wm. A. 66 (SH2-155)
HILL?, Daniel 62, 8 B (SH1-46)
HILL?, Henry 30 (B) (SH2-142)
HILLARD, Jas. 25 (B) (SH2-151)
HILLIARD, Albert 45 (SH1-454)
HILLIARD, D. C. 32 (m) (SH2-77)
HILLIARD, Eli 21 (B) (SH1-355)
HILLIARD, Eliza 48 (B) (SH2-169)
HILLIARD, Frank 27 (B) (SH2-351)
HILLIARD, Hartwell? 47 (m) (SH2-176)
HILLIARD, Mahalia 32 (B) (SH2-80)
HILLINGS, Henry 25 (B) (SH1-279)
HILLMAN, Fannie 19 (B) (SH1-102)
HILLMAN, Jack 33 (B) (SH1-32)
HILLMAN, Lizzie 5 (SH1-368)
HILLMAN, Willie 5 (m) (B) (SH2-343)
HILLS, Lena 3 (B) (SH1-112)
HILLS, Nib 23 (m) (B) (SH2-17)
HILLSMAN, John T. 40 (SH2-220)
HILMAN, Robt. 28 (B) (SH2-195)
HILSCHER, Fred 2 (SH1-424)
HILSCHER, H. 13 (f) (SH2-253)
HILSON, Fannie 25 (B) (SH1-365)
HILSON, Lizzie 35 (SH1-368)
HILSON, Mary 15 (B) (SH1-368)
HILTON, Charles 44 (SH2-170)
HILTON, Julius 30 (B) (SH2-319)
HILTON, Martha 36 (B) (SH2-328)
HILTON, Rudolph 31 (SH2-11)
HILTON, Ruth 44 (SH2-318)
HIMPLE, Henry 50 (SH2-69)
HINCHEY, John 35 (SH2-15)
HINCHEY, John 60 (SH2-112)
HINDMAN, Mary 45 (SH1-129)
HINDS, Edmund 32 (B) (SH1-177)
HINDS, James 18 (B) (SH1-182)
HINDS, Nat 46 (B) (SH1-176)
HINDS, Nelson 38 (B) (SH1-177)
HINDS, Tob.? 27 (m) (B) (SH1-177)
HINES, Alfred 24 (B) (SH1-28)
HINES, Caroline 30? (B) (SH2-57)
HINES, Chlore 15 (f) (B) (SH1-413)
HINES, Clora 16 (B) (SH2-308)
HINES, Delia 19 (B) (SH2-69)
HINES, Fannie 11 (B) (SH2-318)
HINES, Frances 19 (SH2-319)
HINES, Hannah 85 (B) (SH1-171)
HINES, Henry 19 (B) (SH2-251)

1880 Census Shelby Co. TN: Heads-of-Household

HINES, Isaac 50 (B) (SH2-250)
HINES, John 26 (B) (SH2-317)
HINES, John D. 58 (SH1-77)
HINES, Joseph 50 (SH2-332)
HINES, Kate 16 (SH2-308)
HINES, Laura 26 (SH2-25)
HINES, Laura 45 (B) (SH2-171)
HINES, Margarett 66 (SH2-266)
HINES, Martha 80 (SH2-25)
HINES, Mary 49 (SH1-74)
HINES, Matthew 26 (SH2-316)
HINES, Nancy 74 (B) (SH1-28)
HINES, Paul 53 (SH2-64)
HINES, Richard 5 (B) (SH2-318)
HINES, Sam 78 (m) (B) (SH1-158)
HINES, Sam'l 22 (B) (SH1-86)
HINES, Taylor 15 (B) (SH1-74)
HINES, Thomas 42 (B) (SH1-84)
HINES, Turner W. 28 (SH1-75)
HINES, Wm. B. 55 (SH1-74)
HINES?, John 36 (B) (SH1-56)
HINES?, Saml. 37 (B) (SH2-339)
HINGHOLD, J. W. 49 (m) (SH2-106)
HINKLE, George 37 (SH2-69)
HINSON, Shelton 51 (SH2-226)
HINTEN, Mose 17 (m) (B) (SH1-292)
HINTON, Alice 16 (B) (SH1-166)
HINTON, Clara 14? (B) (SH2-53)
HIPPEL, Chas. 42 (SH2-261)
HIPPEL, ____ 47 (f) (SH2-272)
HIRSCH, Clora 30 (B) (SH2-134)
HIRSH, Jacob 29 (SH2-301)
HIRSHE, Samuel 49 (SH2-265)
HISKEY, Laurence 9 (SH2-255)
HITCHCOCK, J. N. 39 (m) (SH1-426)
HITCHCOCK, John 37 (SH1-121)
HITE?, Elsie 24 (SH2-124)
HITZFIELD, August 48 (SH2-71)
HIX, Martha 30 (B) (SH2-61)
HIX, Thomas 35 (B) (SH1-122)
HIX, Wm. 40 (B) (SH1-111)
HIX, Wm. 8 (B) (SH2-57)
HLEMAN, Cary 50 (m) (B) (SH1-315)
HNON?, Hanora 44 (SH2-4)
HOBSON, Anne 28 (SH2-249)
HOBSON, Cary 42 (f) (B) (SH2-306)
HOBSON, David 54? (B) (SH2-133)
HOBSON, Isabella 36? (B) (SH2-168)
HOBSON, Jessie 43 (m) (SH1-300)
HOBSON, John 32 (B) (SH2-113)
HOBSON, Mary 32 (SH2-248)
HOBSON, Sam 31 (SH2-171)
HOBSON, W. J. 56 (m) (SH2-171)
HOCK, James 21 (SH2-202)
HOCK, John 42 (SH2-105)
HOCK, Leonora 15 (SH2-94)
HOCKEY, Charles 11 (SH2-113)
HOCKEY, Maggie 65 (SH2-113)
HOCKIN, James 46 (B) (SH2-333)
HOCKINS, Joseph 38 (SH2-69)
HODGE, Anderson 35 (B) (SH2-14)
HODGE, Annie 10 (B) (SH2-38)
HODGE, Anthony 19 (B) (SH1-86)
HODGE, Frank 50 (B) (SH1-167)
HODGE, Robert 24 (B) (SH2-28)
HODGE, Wm. 34 (SH2-343)
HODGES, Alfa 51 (f) (B) (SH1-320)
HODGES, Benj. F. 43 (SH1-50)
HODGES, Bettie 27? (B) (SH1-254)
HODGES, Caroline 56 (SH2-190)
HODGES, Charley 36 (B) (SH1-285)
HODGES, D. J. 37 (m) (B) (SH2-355)
HODGES, Frank 10 (B) (SH1-323)
HODGES, Hiram 40 (SH1-87)
HODGES, JOsephine 13 (SH1-52)
HODGES, James 26 (SH1-55)
HODGES, John W. 43 (SH1-139)
HODGES, Joseph 51 (SH1-50)
HODGES, L. 28 (f) (SH1-194)
HODGES, Louisa 32 (SH2-215)
HODGES, Martha 36 (B) (SH2-142)
HODGES, Moss 60 (SH1-293)
HODGES, Willie 13 (m) (B) (SH2-200)
HODGES, Wm. 22 (SH1-32)
HODGES, Wm. 75 (B) (SH1-324)
HOEGEL, Matilda 38 (SH1-332)
HOERNER, Gus 40 (SH2-69)
HOFF, August 50 (SH1-98)
HOFFAY?, C. 46 (m) (SH2-355)
HOFFER, Geo.? 14 (SH2-132)
HOFFER, Geo.? 14 (SH2-132)
HOFFERMAN?, John 65 (SH2-277)
HOFFERT, Jimmie 3 (m) (B) (SH2-337)
HOFFMAN, Anidee 24 (m) (SH2-212)
HOFFMAN, Chris 32 (SH2-312)
HOFFMAN, George W. 33 (SH1-80)
HOFFMAN, Mary E. 48 (SH1-101)
HOFFMAN, Sallie 24 (SH1-424)
HOFFMANN, Henry 37 (SH1-91)
HOFFMANN, Kate 6 (SH2-276)
HOFFMEISTER, Frank 33 (SH2-51)
HOFMAN, Frank 30 (SH2-114)
HOGAN, Angeline 20 (SH1-245)
HOGAN, David 39 (B) (SH1-340)
HOGAN, Frank 35 (B) (SH1-125)
HOGAN, Henderson 10 (B) (SH1-441)
HOGAN, James 20 (SH2-298)
HOGAN, James 36 (SH2-48)
HOGAN, James 40 (SH2-77)
HOGAN, John 33 (B) (SH2-245)
HOGAN, Reuben 31 (B) (SH1-125)
HOGAN, Thos. 36 (SH1-372)
HOGAN, Willie? 8 (m) (SH1-39)
HOGANS, Salley 70 (B) (SH1-80)
HOGGETT, Jane 29 (B) (SH1-41)
HOGGINS, R. C. 48 (m) (SH1-235)
HOGH, Carrie 38 (SH1-97)
HOGUE?, Jas. 25 (B) (SH2-290)
HOHMKINES, M. 40 (f) (B) (SH1-398)
HOHN?, David 62 (SH2-164)
HOIGHT, Charles 38 (SH2-77)
HOISTEN?, Isaac 42 (SH1-362)
HOLADAY, Hardin 28 (B) (SH1-180)
HOLAN?, Chas. 25 (SH1-388)
HOLCOM, Marcellus 35 (B) (SH2-291)
HOLCOMB, Saml. 65 (B) (SH1-448)
HOLCOMBE, Jno. 22 (B) (SH1-434)
HOLDEN, Fred A. 35 (SH1-78)
HOLDEN, Granville 24 (B) (SH1-94)
HOLDEN, James 45 (SH2-9)
HOLDEN, W. H. 29 (m) (SH1-262)
HOLDER, Anderson 40 (B) (SH2-3)
HOLDER, George 44 (SH2-44)
HOLDER, Henry W. 24 (SH2-18)
HOLDER, JAmes 19 (SH1-81)
HOLDER, John 58 (SH2-265)
HOLDER, Wesley 40 (B) (SH2-15)
HOLDER, West 23 (SH2-29)
HOLDER, Wm. 28 (B) (SH1-356)
HOLEMAN, David 74 (B) (SH1-311)
HOLEMAN, James 30 (B) (SH1-384)
HOLEMAN, John 40 (B) (SH1-352)
HOLEMAN, Thos. 78 (SH1-314)
HOLEMAN, Tom 49? (SH1-312)
HOLEMAN, ____ 65? (m) (B) (SH1-387)
HOLEMAN?, ____d 15 (m) (B) (SH1-315)
HOLEMS, Henry 37 (SH2-193)
HOLENSBROOK?, Annia 19? (SH2-87)
HOLENSWORTH, H. 60 (m) (B) (SH1-285)
HOLIDAY, Dick 30 (B) (SH1-66)
HOLL, Lonnie 8 (m) (SH1-28)
HOLL?, Mary 5 (B) (SH1-27)
HOLLADAY, Isaac H. 37 (B) (SH2-235)
HOLLAND, Alf 16 (SH1-67)
HOLLAND, Ben 50 (B) (SH1-316)
HOLLAND, C. L. 28 (m) (SH2-328)
HOLLAND, Clark? 35 (B) (SH1-113)
HOLLAND, D. 25 (f) (B) (SH1-146)
HOLLAND, Dock 39 (B) (SH2-115)
HOLLAND, Fannie 20 (SH2-37)
HOLLAND, Jack 30 (B) (SH2-85)
HOLLAND, James 45 (B) (SH1-394)
HOLLAND, Jane 50 (SH1-47)
HOLLAND, Jefferson 25 (B) (SH2-19)
HOLLAND, John 19 (SH1-110)
HOLLAND, John 22 (B) (SH1-298)
HOLLAND, John 64 (SH2-231)
HOLLAND, M. E. 39 (f) (SH1-265)
HOLLAND, Margaret 40 (SH2-30)
HOLLAND, Mary 70 (SH2-245)
HOLLAND, Nora 15 (SH1-109)
HOLLAND, S. E. 41 (f) (SH2-249)
HOLLAND, Thomas 8 (B) (SH1-412)
HOLLAND, Thos. 30 (B) (SH2-288)
HOLLANDER, B. 50 (m) (SH2-357)
HOLLANS, Fredrick 28 (SH2-99)
HOLLENBERG, B. A. 70 (m) (SH1-373)
HOLLENBERG, Henry 59 (SH2-99)
HOLLENBERG, Henry jr. 8/12 (SH2-99)
HOLLENSWORTH, Alx. 56 (m) (B) (SH1-79)
HOLLER, Clemmie 32 (SH2-80)
HOLLER, Henry 28 (SH2-72)
HOLLERN, Michl. 50 (SH2-254)
HOLLEY, Robert 38 (B) (SH2-231)
HOLLEY, Thos. L. 38 (SH1-175)
HOLLIDAY, Enoch 49 (B) (SH2-150)
HOLLIDAY, M. J. 42 (f) (SH1-245)
HOLLIN, Angie 48 (B) (SH1-364)
HOLLINDS, Margt. 26 (B) (SH2-242)
HOLLINS, Eliza 19 (B) (SH2-141)
HOLLINS, Henry 25? (B) (SH2-64)
HOLLIS, Mrs. 47 (SH2-359)
HOLLIS?, Sam W. 34 (SH2-191)
HOLLISTER, Margret 30 (SH2-137)
HOLLOAHAN, Mary 50 (SH2-2)
HOLLOHAN, Eugen J. 44 (SH1-468)
HOLLOWAY, Bob 64 (B) (SH1-377)
HOLLOWAY, Jake 50 (B) (SH1-307)
HOLLOWAY, John M. B. 41 (SH1-138)
HOLLOWAY, Maria 29 (B) (SH2-85)
HOLLOWAY, Rebecca 51 (SH1-120)
HOLLOWAY, Thomas 55 (B) (SH1-166)
HOLLOWELL, O. W. 34 (m) (SH2-324)

HOLLOWELL, W. S. 8 (m) (SH1-279)
HOLLOWS, Julia 22 (SH2-330)
HOLLY, Mary Burdsill? 36 (SH2-276)
HOLLY, Morris 31 (SH2-101)
HOLLYFIELD, Albert 30 (SH1-335)
HOLLYWOOD, Jas. J. 9 (SH2-257)
HOLLYWOOD, John 22 (SH2-25)
HOLLYWOOD, John 36 (SH2-255)
HOLM, Charles 39 (SH2-318)
HOLMAN, Caleb 32 (B) (SH1-442)
HOLMAN, G. M. 30 (m) (SH1-321)
HOLMAN, R. S. 28 (m) (SH1-323)
HOLMAN, Rachel 30 (B) (SH1-89)
HOLMES, Amy 22 (B) (SH2-6)
HOLMES, Chas. 35 (B) (SH1-69)
HOLMES, Cuff 70 (B) (SH1-287)
HOLMES, Dennis 41 (B) (SH2-27)
HOLMES, Elisha 44 (B) (SH1-311)
HOLMES, Eliza 40 (B) (SH2-365)
HOLMES, Fizer 22 (m) (B) (SH1-45)
HOLMES, Geo. C. 47 (SH1-466)
HOLMES, Geo. E. 41 (SH1-310)
HOLMES, Gus 44 (B) (SH1-434)
HOLMES, Harry 41 (B) (SH1-62)
HOLMES, James 40 (B) (SH1-466)
HOLMES, James 50 (SH2-71)
HOLMES, James 63 (SH2-70)
HOLMES, Jas. 28 (B) (SH2-128)
HOLMES, Jennie 60 (SH2-148)
HOLMES, Joe 70 (B) (SH1-58)
HOLMES, Jordan 30 (B) (SH1-163)
HOLMES, Joseph 19 (B) (SH1-313)
HOLMES, Joseph 70 (B) (SH1-436)
HOLMES, Juli_ _ (f) (B) (SH1-472)
HOLMES, Julia 1 (B) (SH1-470)
HOLMES, Lewis 35 (B) (SH1-257)
HOLMES, Lidia 15 (B) (SH1-119)
HOLMES, Lotte C. 31 (SH1-467)
HOLMES, Louis? 55 (B) (SH2-167)
HOLMES, Lucretia 40 (B) (SH2-200)
HOLMES, Lucy 45 (B) (SH1-301)
HOLMES, Maria 34 (B) (SH1-407)
HOLMES, Mary 21 (B) (SH2-203)
HOLMES, NEttie 25 (B) (SH2-97)
HOLMES, Peter 49 (B) (SH1-311)
HOLMES, Pierce 24 (B) (SH1-301)
HOLMES, Robert 19 (B) (SH1-301)

HOLMES, Robert 40 (B) (SH1-469)
HOLMES, Robert 74 (B?) (SH1-321)
HOLMES, Rufi 20 (m) (B) (SH1-324)
HOLMES, Rufus 36 (B) (SH1-301)
HOLMES, S.? C. 28 (m) (SH2-294)
HOLMES, Shepherd 24 (B) (SH1-442)
HOLMES, Susie 45 (B) (SH1-469)
HOLMES, Susie 60 (B) (SH1-467)
HOLMES, T. 38 (m) (SH1-393)
HOLMES, Th. 40 (m) (SH1-395)
HOLMES, Thomas 30 (B) (SH1-163)
HOLMES, Wm. 40 (B) (SH1-368)
HOLMES, Wm. 55 (B) (SH1-320)
HOLMES, Wm. 70 (B) (SH1-301)
HOLMS, Elious 20 (m) (B) (SH1-453)
HOLMS, George 65 (B) (SH1-212)
HOLMS, Jim 18 (B) (SH1-221)
HOLOWAY?, Jim 50 (SH1-59)
HOLST, Ida 9 (SH1-110)
HOLST, Kate 20 (SH1-101)
HOLST, Margaret 70 (SH2-206)
HOLSTEAD, Alice 29 (SH2-223)
HOLSTON, M. 70 (f) (SH2-140)
HOLSUME, Larkin 50 (B) (SH1-403)
HOLT, Alfonzo 39 (SH2-77)
HOLT, Charles 6 (SH2-11)
HOLT, Ferge 23 (m) (B) (SH1-18)
HOLT, Frank 35 (B) (SH1-94)
HOLT, Isibella 30 (B) (SH1-12)
HOLT, Jefferson 18 (SH1-129)
HOLT, Mary F. 11 (SH1-134)
HOLT, Peter 50 (B) (SH2-243)
HOLT, Salome? 25 (f) (SH2-356)
HOLT, _lla 39 (f) (SH2-268)
HOLTER, Catharina 50 (SH2-156)
HOLTHOFER, August 24 (SH2-49)
HOLTON, Franklin P. 26 (SH1-410)
HOLTS, Louisa 40 (SH2-55)
HOLTS, Rachel _0 (SH1-52)
HOLTZ, Louisa 4 (SH2-69)
HOLWELL, Joseph 50 (SH2-248)
HOLZ?, Tobias 40 (SH2-262)
HOMLER, Henry 39 (B) (SH1-112)
HONAN?, Thomas J. 20 (SH1-119)
HONLAND, W. E. 54 (m) (SH2-147)
HOOD, Alice 18 (SH2-279)
HOOD, Henrietta 12 (B) (SH2-155)
HOOD, JAck 50 (m) (SH2-72)
HOOD, James 32 (SH1-131)
HOOD, Robert 39 (B) (SH1-91)
HOOD, Wm. 33 (B) (SH2-187)
HOOD, Wm. 40 (SH2-167)
HOOD?, Bill 40 (B) (SH1-227)
HOOD?, George 39 (SH2-48)

HOOF, Charles 38 (SH2-47)
HOOFSTAT?, Lewis 27 (SH1-228)
HOOK, Chas. 31 (B) (SH2-362)
HOOK, Geo. 42 (SH2-350)
HOOK, John C. 35 (SH2-198)
HOOK, Rosa 25 (SH1-418)
HOOKER, Charles 36 (B) (SH1-220)
HOOKER, Mary J. 48 (SH1-222)
HOOKER, Sally A. 65 (SH1-213)
HOOKER, Sam 46 (m) (B) (SH1-220)
HOOKER, Wm. A. 27 (SH1-222)
HOOKS, Cato 18 (B) (SH2-231)
HOOKS, Charles 30 (SH2-78)
HOOKS, David 18 (SH1-2)
HOOKS, Jim 38 (B) (SH1-261)
HOOKS, Wm. I. 30 (SH1-175)
HOOKS?, Ben 20 (B) (SH1-161)
HOOPER, Allen 29 (B) (SH2-144)
HOOPER, Annie 18 (SH2-103)
HOOPER, Charles 23 (B) (SH1-14)
HOOPER, Dennis? 40 (B) (SH2-103)
HOOPER, Jo. S. 35 (m) (SH1-213)
HOOPER, Thomas 15 (B) (SH1-427)
HOOS, Hy 27 (m) (B) (SH2-153)
HOOTH?, Nick 40 (SH2-78)
HOPE, Eliza 37 (B) (SH2-149)
HOPE, Mary 71 (SH1-370)
HOPE, Mattie 29 (f) (B) (SH2-192)
HOPE, Saml. 22 (SH1-24)
HOPE, Tommy 7 (SH2-32)
HOPKINS, David 60 (B) (SH2-229)
HOPKINS, Edw. 28 (m) (SH2-244)
HOPKINS, Hannah 50 (SH2-3)
HOPKINS, Henry 38 (B) (SH1-212)
HOPKINS, Joseph 30 (B) (SH1-168)
HOPKINS, Peter 45 (SH2-79)
HOPKINS, Wm. 25 (B) (SH2-239)
HOPKINS, _____ 45 (m) (B) (SH2-330)
HOPPER, John 60 (B) (SH1-374)
HOPPER, Susan 30 (B) (SH1-253)
HOPSON, Celia 100 (B) (SH2-206)
HOPSON, George 24 (B) (SH2-19)
HOPSON, Isaac 24? (B) (SH2-103)
HOPSON, J. W. 283 (SH2-185)
HOPSON, Matilda 25 (B) (SH2-29)
HOPSON, Minerva 15 (SH2-120)
HOPSON, Minerva __ (B) (SH2-131)
HOPSON, S. P. 50 (f) (SH2-185)
HORAN, Ellen 42 (SH2-235)
HORAN, Jane 45 (SH2-118)
HORAN, May 18 (SH2-104)
HORDAN, M. 13 (f) (B) (SH1-405)
HORE, H. E. 23 (m) (SH1-145)
HORGAN, Wm. 38? (SH2-86)

HORIGAN, John 50 (SH2-106)
HORIGAN, S. 18 (m) (B) (SH1-288)
HORIN, Susen 43 (SH2-72)
HORMAN, Cora 20 (B) (SH2-328)
HORN, Annie L. 14 (SH1-95)
HORN, Calvin 30 (B) (SH2-160)
HORN, Christopher 25 (B) (SH1-336)
HORN, Edward 35 (SH1-97)
HORN, Jessee 23 (m) (B) (SH1-18)
HORN, Kate 25 (SH2-294)
HORN, Ollie 37 (f) (SH2-156)
HORN, Thomas 35 (SH1-14)
HORN, Thomas 53 (SH2-89)
HORN, Thos. 52 (SH2-156)
HORNE, Austin 37 (B) (SH1-187)
HORNE, Bettie 59 (SH1-440)
HORNE, Columbus 25 (B) (SH1-190)
HORNE, Dan 30 (B) (SH1-186)
HORNE, David? 65 (B) (SH1-187)
HORNE, Edward W. 30 (SH2-61)
HORNE, Eliza 41 (B) (SH2-254)
HORNE, Henry 22 (B) (SH1-187)
HORNE, Henry 28 (B) (SH1-169)
HORNE, Jerry 25 (m) (B) (SH1-187)
HORNE, Mary J. 38 (SH1-190)
HORNE, Naoh 48 (B) (SH1-188)
HORNE, Neuton 42 (B) (SH1-189)
HORNE, Thos. C. jr. 71 (SH1-188)
HORNE, W. D. (Dr.) 28 (SH1-190)
HORNE?, Kitt 61 (m) (B) (SH1-187)
HORNSBY, Wade 20 (B) (SH1-60)
HORNSBY, _exana J. 38 (f) (SH2-237)
HORRACE, Wm. 30 (B) (SH1-40)
HORRIGAN, Laurance B. 42 (SH2-100)
HORSEFALL, T. M. 41 (m) (SH1-154)
HORTON, Charles 35 (SH1-84)
HORTON, Chas. 36 (B) (SH2-240)
HORTON, Dave 30 (B) (SH1-286)
HORTON, Eliza 30 (B) (SH2-261)
HORTON, Elvira 24 (B) (SH2-102)
HORTON, Henry 57 (B) (SH2-341)
HORTON, Henry 59 (B) (SH2-344)
HORTON, Ida 17 (B) (SH2-96)
HORTON, James 39 (B) (SH1-255)
HORTON, Jennie 6 (B) (SH2-304)
HORTON, John 30 (B) (SH2-207)
HORTON, John M. 28 (SH1-126)
HORTON, Mary 29 (SH1-407)
HORTON, Mary 45 (B) (SH1-453)
HORTON, Mat 27 (f) (SH2-37)
HORTON, Morris 6/12 (B) (SH1-124)
HORTON, Sam 50 (B) (SH1-347)

HORTON, Susan 22 (B) (SH1-441)
HORTON, W. H. 32 (m) (SH2-153)
HORTON, Wm. 37 (B) (SH1-207)
HORTON, Wm. 45 (SH1-429)
HORTON?, Alfred 65 (B) (SH2-174)
HOSBY, Frances 26 (B) (SH2-251)
HOSE, Mullie 40 (f) (B) (SH2-155)
HOSE, ____ 22 (m) (SH1-169)
HOSKINS, Bob 35 (B) (SH2-240)
HOSKINS, Wm. 26 (B) (SH2-85)
HOSLER, Joseph 38 (SH1-137)
HOSNE, Hettie 38 (B) (SH1-186)
HOSTLER, John 44 (SH1-79)
HOSWELL, Charles 15 (SH2-335)
HOTTZ?, Lizzie 17 (B) (SH2-180)
HOUCHINS, Joe 29? (SH2-77)
HOUCK, Aleck 15 (SH1-438)
HOUCKE, MAggie 13 (SH1-378)
HOUGH, Annie 19 (SH2-76)
HOUGH, Frank 26 (B) (SH1-339)
HOUGH, Henry 25 (B) (SH1-352)
HOUGH, Jas. 40 (SH2-312)
HOUGH, Major 25 (B) (SH1-338)
HOUGHLASS, Louis 27 (B) (SH1-248)
HOUK, Catharine 53 (SH2-58)
HOULEHAN, Ann 60 (SH2-34)
HOULIHAN, John 18 (SH2-25)
HOULIHAN, John 41 (SH2-240)
HOUSE, Anne 45 (SH1-365)
HOUSE, Emanuel 50 (B) (SH1-65)
HOUSE, Erasmus 40 (B) (SH2-285)
HOUSE, Frank 40 (B) (SH2-322)
HOUSE, Gustavus 47 (SH1-261)
HOUSE, Lucinda 50 (B) (SH1-261)
HOUSE, Mansfield 36? (SH1-375)
HOUSE, Mollie 45 (B) (SH2-147)
HOUSE, Tempy 40 (B) (SH2-115)
HOUSE, W. H. 48 (m) (SH2-283)
HOUSTON, Carrie 50 (B) (SH2-139)
HOUSTON, Emily 50 (B) (SH2-308)
HOUSTON, Frances 22 (B) (SH2-14)
HOUSTON, George 28 (B) (SH2-339)
HOUSTON, George 58 (B) (SH2-341)
HOUSTON, Hanibal 77 (B) (SH1-357)
HOUSTON, Henry 28 (B) (SH1-473)
HOUSTON, J. G. 60 (m) (SH1-213)
HOUSTON, J. R.? 29 (m) (SH2-91)
HOUSTON, J. T. 21 (m) (SH1-213)
HOUSTON, James? 25 (B) (SH1-57)
HOUSTON, Jeff 54 (B) (SH1-204)
HOUSTON, Jno. W. 40 (SH1-213)
HOUSTON, Jon A. 30 (m) (SH1-213)
HOUSTON, Mat 60 (m) (B) (SH1-383)
HOUSTON, Mattie 25 (f) (B) (SH2-198)
HOUSTON, Peggy 107? (B) (SH2-333)
HOUSTON, Wm. A. 47 (SH2-221)
HOUSTON, Young 40 (B) (SH2-338)
HOUSTON?, Ann 7 (B) (SH2-103)
HOVASS?, Bill 30 (B) (SH1-285)
HOWARD, Alferd 25 (SH1-455)
HOWARD, Auther 57 (B) (SH1-259)
HOWARD, Belle 16 (B) (SH1-26)
HOWARD, Betty 26 (B) (SH1-105)
HOWARD, Charles 24 (B) (SH1-259)
HOWARD, Charles 38 (SH2-167)
HOWARD, Chas. 40 (SH2-149)
HOWARD, Cyntha 56 (SH1-455)
HOWARD, Ellen 53 (B) (SH2-126)
HOWARD, Elmira 10 (B) (SH1-124)
HOWARD, Griffin 35 (B) (SH2-79)
HOWARD, Harriett 43 (B) (SH1-14)
HOWARD, Henry 30 (B) (SH2-155)
HOWARD, JEff 35 (B) (SH1-69)
HOWARD, James A. 29 (SH1-346)
HOWARD, Joe 35 (B) (SH1-344)
HOWARD, John T. 50 (SH1-80)
HOWARD, Jose 32 (SH2-239)
HOWARD, Lemsey 50? (B) (SH2-225)
HOWARD, Liza 32 (B) (SH1-392)
HOWARD, Lucy 60 (B) (SH2-116)
HOWARD, Mary 23 (SH2-262)
HOWARD, Mary 45 (B) (SH1-124)
HOWARD, Millie 30 (B) (SH1-117)
HOWARD, Sallie 42 (B) (SH2-305)
HOWARD, Sam 65 (B) (SH1-379)
HOWARD, Susan 35 (B) (SH2-108)
HOWARD, T. M. 45 (m) (SH1-237)
HOWARD, Tom 33 (B) (SH1-270)
HOWARD, Vica 61 (B) (SH2-205)
HOWARD, Walter 18 (B) (SH2-200)
HOWARD, Wm. 54 (B) (SH1-128)
HOWE, Eldridge G. 21 (SH2-63)
HOWE, John 22 (SH2-78)
HOWEL, Ruben 60 (B) (SH2-267)
HOWELL, Alma 10 (SH1-265)
HOWELL, Bella 70 (f) (B) (SH1-377)
HOWELL, Blossom 23 (m) (B) (SH1-468)
HOWELL, Edward 46? (B) (SH1-89)
HOWELL, Eliza 45 (B) (SH1-470)
HOWELL, Geo. G. 38 (SH1-3)
HOWELL, Hannah 18 (B) (SH1-461)
HOWELL, James T. 39 (SH1-13)
HOWELL, Joe B. 41 (SH1-4)
HOWELL, John 50 (SH1-3)
HOWELL, Lewis 40 (B) (SH1-382)
HOWELL, Rebecca 19 (SH1-109)
HOWELL, Robert N. 44 (SH1-13)
HOWELL, Sam 35 (SH2-36)
HOWELL, Stephen 18 (SH1-52)
HOWELL, W. B. 35 (m) (SH1-3)
HOWELL, Wm. 26 (B) (SH2-276)
HOWELL, Wm. 54 (SH1-4)
HOWELL, Wm. 57 (B) (SH1-470)
HOWLAND, John 24 (SH2-106)
HOWZE, Frank 54 (SH1-71)
HOY, Patrick 60 (SH2-136)
HOYETT, Geo. 45 (B) (SH2-107)
HOYLE, JOhn 28 (SH2-8)
HOYLE, Minnie 35 (SH2-170)
HOYLE?, Peter 42 (B) (SH1-192)
HOYT, FRank 35 (SH2-68)
HO____, Ben 25 (B) (SH1-5)
HRLZBUR?, S. 21 (m) (SH2-93)
HUBBARD, Charley 35 (B) (SH1-192)
HUBBARD, Edward 46 (B) (SH2-270)
HUBBARD, Frank 29 (B) (SH1-150)
HUBBARD, J. R. 65 (m) (SH1-34)
HUBBARD, Jas. 40 (B) (SH2-104)
HUBBARD, N. 23 (m) (B) (SH1-150)
HUBER, Phebe 44 (SH2-188)
HUBER, Wm. 28 (SH2-70)
HUBY?, Caroline 35 (B) (SH2-34)
HUBY?, Ginnie 24 (B) (SH2-31)
HUDGINS, Annie 20? (SH1-301)
HUDGINS, N.? Henry 31 (SH1-299)
HUDGINS, W. H. 31 (m) (SH1-301)
HUDGPETH, Benj. D. 29 (SH1-54)
HUDNALL, Josephine 30 (SH1-414)
HUDSON, Celeste 38 (SH2-124)
HUDSON, Eliza 43 (B) (SH2-108)
HUDSON, Geo. 26 (B) (SH1-273)
HUDSON, Henry 40 (B) (SH1-356)
HUDSON, John 17 (SH2-320)
HUDSON, Leonard? 23 (SH2-124)
HUDSON, Mary 19 (B) (SH2-300)
HUDSON, Napoleon 21 (B) (SH1-58)
HUDSON, Thomas 4 (B) (SH1-314)
HUDSON, Wm. 40 (B) (SH2-220)
HUDSPETH, John 26 (SH1-450)
HUEHLEFELD, John 38 (SH2-72)
HUEL, Thos. 23 (B) (SH2-285)
HUFF, Eliza 62 (B) (SH2-42)
HUFFMAN, Frank 27 (SH2-48)
HUFFMAN, Mattie 24 (f) (B) (SH2-359)
HUFFMAN, ____ 26 (m) (SH2-51)
HUFMAN, Columbus 30 (SH1-113)
HUFSTETTER, George 22 (SH1-332)
HUG, Bettie 12 (SH2-118)
HUGES, H. G. 40 (m) (SH2-111)
HUGGINS, James 39 (B) (SH2-115)
HUGH, ____ 23 (m) (B) (SH2-270)
HUGHES, Barney 41 (SH2-212)
HUGHES, Edward? E. 52 (SH1-28)
HUGHES, Edwd. 50 (SH2-132)
HUGHES, Edwd. 50 (SH2-132)
HUGHES, Emiline 35 (B) (SH1-208)
HUGHES, Frank M. 43 (SH1-175)
HUGHES, J. E. 43 (f) (SH1-270)
HUGHES, James 34 (B) (SH2-119)
HUGHES, John 47 (SH2-89)
HUGHES, Lizzie 19 (SH2-47)
HUGHES, Mary 60 (B) (SH1-197)
HUGHES, Nettie 17 (B) (SH2-94)
HUGHES, T. B. 50 (m) (SH1-403)
HUGHES, Virginia 42 (B) (SH2-326)
HUGHES, Wm. 32 (B) (SH2-326)
HUGHES, Wm. J. 54 (SH1-8)
HUGHES?, Rhoda 70 (B) (SH1-46)
HUGHEY, Isaac H. 47 (SH2-265)
HUGHEY, Jacob F. 24 (SH1-461)
HUGHEY, Saml. A. 35 (SH1-463)
HUGHEY, Wm. H. 37 (SH1-461)
HUGHEY, Zilpia J. 57 (f) (SH1-462)
HUGHS, Dora 22 (B) (SH2-57)
HUGHS, John 11 (B) (SH1-207)
HUGHS, John 48 (SH2-113)
HUGHS, Sam 35 (SH2-79)
HUGHS, Sam 57 (B) (SH2-56)
HUGHT?, Charles 34 (SH1-190)
HUHN, Fred 35 (SH2-342)
HUKERSON?, Simon 30? (B) (SH2-140)
HULAN, Nelson 56 (B) (SH1-192)
HULAND, Kitty 18 (B) (SH1-146)
HULBERT, Austin 54 (B) (SH2-299)
HULBERT, Henry 16 (SH1-59)
HULET, Ischam 24 (B) (SH1-83)
HULET, Thomas 45 (B) (SH1-316)
HULL, Andrew 21 (SH2-88)
HULL, James 17 (B) (SH2-325)
HULL, Jane 40 (B) (SH1-353)
HULL, Jno. M. 33 (SH1-264)
HULLS, Ples 42 (m) (SH2-77)
HUMES, A. 50 (m) (B) (SH1-395)
HUMES, George 16 (B) (SH1-443)
HUMES, Lowrey 26 (SH2-362)
HUMES, W. A. 48 (m) (SH2-332)

HUMES, Wm. 48 (SH2-82)
HUMES?, Amanda 54 (B) (SH1-432)
HUMPHREY, Ann 11 (B) (SH1-459)
HUMPHREY, M. 60 (f) (B) (SH1-211)
HUMPHREY, Willy 30 (SH2-37)
HUMPHREYS, Ben? 47 (SH1-215)
HUMPHREYS, Henry 40 (B) (SH2-175)
HUMPHREYS, J. P. 32 (m) (SH1-261)
HUMPHREYS, John 45 (SH1-472)
HUMPHREYS, Joseph 15 (SH1-107)
HUMPHREYS, Moses 37 (B) (SH1-356)
HUMPHREYS, Robt. 16 (SH1-102)
HUMPHREYS, Sarah 30 (B) (SH2-231)
HUMPHREYS, Tim H. 22 (SH1-260)
HUMPHREYS, Wm. 30 (SH2-44)
HUMPHRIES, Byron 32 (SH2-33)
HUMPHRIES, Henry 33 (B) (SH1-30)
HUMPHRIES, Jake 25 (B) (SH1-84)
HUMPHRIES, Jerry 36 (B) (SH1-383)
HUMPHRIES, Lewis 50 (B) (SH1-381)
HUMPHRIES, M. 45 (f) (B) (SH1-402)
HUMPHRIES, Thos. 25 (SH1-447)
HUMPHRY, Mattie 19 (f) (B) (SH2-222)
HUMPREY, Williss 26 (B) (SH2-140)
HUNE?, Jake 29 (SH2-189)
HUNN, Martha 35 (SH2-165)
HUNN?, Charles 8 (SH1-424)
HUNSAKER, Dan 51 (SH1-363)
HUNSTON?, Darkis 65 (f) (B) (SH1-343)
HUNT, Alexander 40 (B) (SH1-90)
HUNT, Anderson 28 (B) (SH1-256)
HUNT, Bradford 71 (B) (SH1-300)
HUNT, Catharine 40 (B) (SH2-365)
HUNT, Charley 21 (B) (SH2-210)
HUNT, Cicero 23? (B) (SH2-278)
HUNT, Clarence 1 (B) (SH1-442)
HUNT, Crocket 24 (B) (SH2-194)
HUNT, David 31 (B) (SH2-141)
HUNT, David 35 (B) (SH1-237)
HUNT, Edward 35 (B) (SH2-20)
HUNT, Edward 36 (B) (SH1-467)
HUNT, Eliza 43 (B) (SH2-115)
HUNT, Eliza 44 (SH2-54)
HUNT, Elvira 61 (B) (SH2-1)
HUNT, Eugene 38 (SH2-50)
HUNT, Fred R. 28 (B) (SH2-220)
HUNT, Geo. 40 (B) (SH1-398)
HUNT, George 50 (SH1-82)
HUNT, Granville 50 (B) (SH2-364)
HUNT, Harry A. 24 (SH2-91)
HUNT, Isac 50 (B) (SH1-450)
HUNT, J. Fletcher 34 (SH1-182)
HUNT, Jack 35 (B) (SH2-244)
HUNT, Jack 40 (SH2-77)
HUNT, Jacob 42 (SH2-78)
HUNT, James 20 (B) (SH1-300)
HUNT, James 21 (B) (SH1-306)
HUNT, James 21 (B) (SH1-307)
HUNT, James 48 (SH2-213)
HUNT, Jerry 30 (m) (B) (SH1-97)
HUNT, Jim 30 (B) (SH1-237)
HUNT, John 35 (B) (SH2-272)
HUNT, Joseph 52 (B) (SH2-265)
HUNT, Josie 4 (m) (B) (SH2-360)
HUNT, Judith 61 (SH2-102)
HUNT, Leathie 27 (f) (B) (SH1-307)
HUNT, Mary 24 (B) (SH2-102)
HUNT, Mary L. 27 (SH1-418)
HUNT, Mattie 10 (f) (B) (SH2-349)
HUNT, Mitchel? 45 (B) (SH1-448)
HUNT, Moffatt 9? (B) (SH2-64)
HUNT, Monroe 55 (B) (SH1-99)
HUNT, Mose 27 (B) (SH1-238)
HUNT, Munroe 33 (B) (SH1-162)
HUNT, Phelix 36 (B) (SH1-462)
HUNT, Ransom 35 (B) (SH1-251)
HUNT, Richard 50 (B) (SH1-455)
HUNT, Rou__ 39 (m) (B) (SH1-7)
HUNT, Ruben 40 (B) (SH1-101)
HUNT, Samuel 30 (B) (SH2-222)
HUNT, Samuel 39 (B) (SH2-359)
HUNT, Sarah 13 (B) (SH1-306)
HUNT, Sarah 22 (B) (SH2-63)
HUNT, Sarah E. 40 (SH2-211)
HUNT, Susan 60 (B) (SH1-92)
HUNT, Virginia 40 (B) (SH2-43)
HUNT, W. H. 48 (m) (SH1-360)
HUNT, Washington 50 (B) (SH2-270)
HUNT, Wm. 29 (SH2-11)
HUNTER, A. D. _8 (m) (SH1-30)
HUNTER, A. J. 56 (f) (SH2-257)
HUNTER, Ann 9 (B) (SH1-181)
HUNTER, Charles W. 38 (SH2-13)
HUNTER, Cilver? 12 (m) (B) (SH1-224)
HUNTER, Clara 14 (B) (SH2-41)
HUNTER, Dan 30 (B) (SH1-63)
HUNTER, Daniel? 48 (B) (SH2-324)
HUNTER, Ed 44 (B) (SH1-31)
HUNTER, Edward 26 (SH2-83)
HUNTER, Edwd. 40 (B) (SH2-245)
HUNTER, Frank B. 18 (SH2-232)
HUNTER, George 22 (B) (SH2-316)
HUNTER, George 25 (B) (SH1-286)
HUNTER, Harrison 33 (B) (SH1-370)
HUNTER, Henderson 48 (B) (SH1-169)
HUNTER, Henry 16 (B) (SH1-154)
HUNTER, Henry 16 (B) (SH2-104)
HUNTER, James F. 22 (SH2-87)
HUNTER, Jno. 55 (B) (SH1-208)
HUNTER, John 30 (B) (SH2-65)
HUNTER, Lem 35 (m) (B) (SH1-197)
HUNTER, Mariah 23 (B) (SH1-285)
HUNTER, Mary 41 (B) (SH2-90)
HUNTER, Mike 56 (B) (SH1-194)
HUNTER, Molly 23 (B) (SH2-241)
HUNTER, Mr. 42 (SH2-361)
HUNTER, Priscilla 54 (B) (SH2-219)
HUNTER, R. 20 (m) (B) (SH2-111)
HUNTER, Robert 30 (B) (SH1-355)
HUNTER, Ross 31 (B) (SH2-78)
HUNTER, Sam 14 (B) (SH2-223)
HUNTER, Saml. 26 (B) (SH1-26)
HUNTER, Thomas 43 (B) (SH2-293)
HUNTER, Tom 24 (B) (SH1-164)
HUNTER, Wm. 22 (B) (SH1-195)
HUNTER, Wm. 30 (SH2-70)
HUNTER, Wm.? 40 (B) (SH2-157)
HUNTINGTON, Fred 31 (SH2-91)
HUNTINGTON, Fred 38 (SH2-78)
HUNTINGTON, Gaston 63 (B) (SH1-354)
HUNTINGTON, Liza 48 (B) (SH1-396)
HUNTON, Lulla 10 (B) (SH2-140)
HUNTSAKER, Dan 55 (SH2-227)
HUNTZICKER, Henry 37 (SH2-24)
HUPERT, Frank 37 (SH1-95)
HUPPERT?, Anna 38? (SH2-268)
HURD, Caroline 48 (B) (SH2-281)
HURD, Daniel 26 (B) (SH1-342)
HURD, Elick 30 (B) (SH2-102)
HURD, George 56 (B) (SH1-291)
HURD, Henery 29 (B) (SH1-79)
HURD, Isabella 7 (B) (SH2-292)
HURD, Philip 22 (B) (SH2-41)
HURD, Wash 30 (B) (SH1-151)
HURLESTON, Frank 26 (B) (SH1-462)
HURLEY, John 23 (SH2-317)
HURLEY, Mary 64? (SH2-273)
HURMAN, Louis 45 (B) (SH2-152)
HURRON, Wm. 55 (B) (SH1-318)
HURST, Dennis 70 (B) (SH2-365)
HURST, F. M. 24 (m) (SH1-449)
HURST, John 30 (B) (SH2-78)
HURST, John 37 (B) (SH2-322)
HURST, John 45 (SH2-44)
HURST, Mag 44 (f) (SH2-195)
HURST, Solomon 60 (SH2-265)
HURST, Wilie 31 (B) (SH1-361)
HURT, F. A. 35 (m) (SH1-235)
HURT, Frank 50 (B) (SH1-322)
HURT, G. W. 23 (m) (SH1-235)
HURT, George 46 (B) (SH1-95)
HURT, Harrison 60 (B) (SH1-25)
HURT, Henry 40 (B) (SH1-362)
HURT, Isaac 45 (B) (SH1-320)
HURT, James 54 (SH1-85)
HURT, John 54 (B) (SH2-297)
HURT, John 8 (B) (SH1-322)
HURT, Joshua 26 (B) (SH1-308)
HURT, Myra 75 (B) (SH2-20)
HURT, Solomon 36 (SH2-114)
HURT, Wm. 35 (B) (SH2-44)
HURT?, Isom 25 (B) (SH2-126)
HURT?, Mary 22 (SH2-193)
HURTZ, Calvin 28 (B) (SH2-350)
HUSE, Frank C. 33 (SH2-89)
HUSE, H. S. 35 (m) (SH2-69)
HUSE, Mahala 27 (B) (SH2-174)
HUSE, Watson 40 (B) (SH2-69)
HUSH, Herman 21 (SH2-105)
HUSTIN, Sidney 55 (m) (B) (SH1-289)
HUSTON, Benjamin 25? (SH2-47)
HUSTON, Fed 26 (m) (B) (SH1-75)
HUSTON, Jack 45 (B) (SH1-390)
HUSTON, James 26 (B) (SH1-18)
HUSTON, John 53 (B) (SH1-392)
HUSTON, M. 75 (f) (B) (SH1-403)
HUTCHASON, Andy 19 (B) (SH1-448)
HUTCHENS, Lewis 21 (B) (SH1-117)
HUTCHERSON, Ada 24 (B) (SH1-295)
HUTCHERSON, T. J. 40 (m) (SH-292)
HUTCHINS, Henry 50 (B) (SH1-318)
HUTCHINSON, Jack 50 (B) (SH1-122)
HUTCHINSON, Robert 49 (B) (SH1-123)
HUTCHINSON, Sam 17? (B) (SH1-355)
HUTCHISON, Aron 30 (B) (SH1-24)
HUTCHISON, George 44 (SH2-326)
HUTCHISON, Isaac 40 (B) (SH1-385)
HUTCHISON, John D. 32 (SH1-24)
HUTCHISON, Saml. 39 (SH1-24)
HUTCHISON, Wm. W. 63 (SH1-24)
HUTSON, Ed 4 (B) (SH1-313)
HUTSON, Phill 28 (B) (SH1-313)
HUTTON, Wm. M. 58 (SH2-188)
HUTTON, Wm. P. 28 (SH2-310)
HUY?, Lize 64 (f) (SH1-391)
HYACINTH, Mary 26 (SH1-109)
HYATT, Fulton 38 (SH1-435)
HYATT, Wm. __ (SH2-47)
HYDE, P. 47 (f) (SH2-316)
HYDE, Rebecca 46 (SH2-52)
HYLAND, Mary 40 (SH1-473)
HYMAN, David 35 (B) (SH2-24)
HYMAN, Max 3 (SH2-54)
H___S, Willis 38 (B) (SH1-192)

H____, Mathew 8 (B) (SH1-16)
H____, George 50 (SH2-95)
H____S, Bettie 14 (B) (SH2-163)
IKE, Lizzie 27? (B) (SH2-131)
IMES?, B. F. 59 (m) (SH2-255)
INES, Eugene 2 (B) (SH1-416)
INGE, Mary 35 (B) (SH1-270)
INGERSOLL, Chas. 23 (SH2-86)
INGRAHAM, Aaron 38 (B) (SH1-364)
INGRAHAM, John 30 (B) (SH1-376)
INGRAHAM, Steven 20 (B) (SH1-372)
INGRAM, David 40 (B) (SH2-233)
INGRAM, Emma 24 (B) (SH1-258)
INGRAM, J. T. 25 (m) (SH2-155)
INGRAM, J.? 60 (m) (B) (SH1-396)
INGRAM, Jennie? 41 (B) (SH2-168)
INGRAM, John 30 (B) (SH2-23)
INGRAM, Julia 21 (B) (SH2-340)
INGRAM, Mary J. 15 (B) (SH2-56)
INGRAM, Needham 39 (SH1-384)
INGRAM, Sallie 37 (SH2-48)
INGRAM, Washington 30? (B) (SH1-52)
INGRAM, Wm. L. 47? (SH2-231)
IRBY, Benjamin 16 (B) (SH1-300)
IRBY, Dave 52 (B) (SH1-152)
IRBY, Elizabeth R. 42 (SH1-82)
IRBY, H. sr. 62 (m) (SH1-262)
IRBY, John 24 (B) (SH1-300)
IRBY, John 25 (B) (SH1-301)
IRBY, Maria 30 (B) (SH1-300)
IRBY, Morris M. 22 (SH1-268)
IRBY, N. A. 25 (m) (SH1-300)
IRBY, Richard 20 (SH1-300)
IRONS, Charles 24 (B) (SH1-310)
IRVIN, Alexander 46 (SH1-22)
IRVIN, Arthur? 36 (SH2-101)
IRVIN, Sarah 24 (SH1-225)
IRVINE, Abram P. 32 (SH1-468)
IRVING, Aaron 30 (B) (SH2-202)
IRVING, Ann 60 (B) (SH1-245)
IRVING, G. 28? (m) (B) (SH1-244)
IRVY, E. J. 41 (f) (SH2-250)
IRWIN, Barbara 18 (SH2-127)
IRWIN, Cather 55 (f) (SH2-250)
IRWIN, Dock 24 (B) (SH1-200)
IRWIN, Harriet 60 (SH2-257)
IRWIN, John D. 37 (SH2-50)
IRWIN, Wm. 34 (SH2-101)
IRWIN, Wm. 39 (B) (SH2-248)
IRWING, John 49 (SH1-108)
ISAAC, Bettie 18 (SH2-50)
ISAAC, Triscarora? 40(m) (B) (SH2-42)
ISAACS, Eliza 41 (SH2-302)
ISAACS, Eva 23 (SH2-49)
ISAACS, Solomon 46 (SH2-64)
ISABEL, Anthony 52 (B) (SH2-204)
ISABEL, Edmond 54 (B) (SH2-234)
ISABELL, George 35 (B) (SH1-163)
ISABELL, Marion 49 (m) (SH1-307)
ISACS, Hannah 77 (SH2-86)
ISAIAH, JAck 24 (B) (SH2-159)
ISBELL, Green 54 (B) (SH1-437)
ISBELL, Harriet 35 (B) (SH2-85)
ISBELL, Lizzie 15 (SH2-85)
ISBELL, Sam 35 (m) (B) (SH1-70)
ISHMEL, W. J. P. 35 (m) (SH2-113)
ISOM, George 55 (B) (SH2-352)
ISOM, Nathan 45 (SH1-3)
ISOM, Wesley 25 (SH1-3)
ISRAEL, George 35 (B) (SH1-229)
ISSLER, Samuel 23 (B) (SH2-223)
ISWELL?, Abriham 30 (B) (SH1-57)
IVEY, Cooper 31 (B) (SH2-336)
IVEY, John 39 (B) (SH2-337)
IVORY, Mariah 40 (B) (SH2-334)
IVORY, Meolia 30 (f) (B) (SH2-336)
IVY, Daniel? 27 (B) (SH1-179)
JACK, Edwin 40 (SH2-71)
JACK, Sam 30 (B) (SH1-355)
JACK, Samuel 41 (SH2-261)
JACK, Sarah 45 (B) (SH1-136)
JACKS, Draper 46 (m) (B) (SH1-294)
JACKS, Nelson 48 (B) (SH1-271)
JACKSON, Aaron 16? (B) (SH1-191)
JACKSON, Abe 38 (B) (SH1-106)
JACKSON, Albert 27 (B) (SH1-300)
JACKSON, Albert 36 (B) (SH1-94)
JACKSON, Albert 37 (B) (SH2-348)
JACKSON, Albert 58 (B) (SH1-137)
JACKSON, Aleck 45 (B) (SH1-431)
JACKSON, Alex 44 (B) (SH1-329)
JACKSON, Alfred 52 (B) (SH1-436)
JACKSON, Allen 11 (B) (SH1-430)
JACKSON, Amanda 36 (B) (SH1-441)
JACKSON, Amos 38 (B) (SH1-306)
JACKSON, And. 39 (m) (B) (SH2-142)
JACKSON, Andrew 18 (B) (SH1-95)
JACKSON, Andrew 20 (B) (SH1-467)
JACKSON, Andrew 21 (B) (SH1-148)
JACKSON, Andrew 24 (B) (SH2-338)
JACKSON, Andrew 25 (B) (SH1-104)
JACKSON, Andrew 26 (B) (SH1-419)
JACKSON, Andrew 26 (B) (SH2-20)
JACKSON, Andrew 26 (B) (SH2-84)
JACKSON, Andrew 30 (B) (SH1-159)
JACKSON, Andrew 32 (B) (SH1-327)
JACKSON, Andrew 32 (B) (SH2-340)
JACKSON, Andrew 33 (B) (SH1-298)
JACKSON, Andrew 37 (B) (SH2-197)
JACKSON, Andrew 39 (B) (SH2-256)
JACKSON, Andrew 53 (B) (SH2-298)
JACKSON, Andrew 55 (B) (SH1-471)
JACKSON, Andrew 60 (B) (SH2-203)
JACKSON, Andw. 29 (B) (SH2-239)
JACKSON, Ann 25 (B) (SH1-262)
JACKSON, Annie 40 (B) (SH2-145)
JACKSON, Anny 35 (B) (SH1-146)
JACKSON, Babe 40 (m) (B) (SH1-141)
JACKSON, Becca 25 (B) (SH2-305)
JACKSON, Bella 40 (f) (B) (SH2-64)
JACKSON, Ben 25 (B) (SH1-300)
JACKSON, Ben 29 (B) (SH1-83)
JACKSON, Benn 70 (B) (SH1-453)
JACKSON, Betsey A. 21 (SH1-138)
JACKSON, Betty 15 (B) (SH1-127)
JACKSON, Blanch 48 (B) (SH2-343)
JACKSON, C. E. 36 (m) (SH1-321)
JACKSON, Charles 14 (B) (SH2-308)
JACKSON, Charles 32 (B) (SH2-296)
JACKSON, Charles 35 (B) (SH2-307)
JACKSON, Charley 46 (B) (SH2-334)
JACKSON, Cincinnati 70 (m) (SH2-74)
JACKSON, Claiborne 24 (B) (SH1-250)
JACKSON, Cora 19? (B) (SH1-310)
JACKSON, Cornelia 50 (B) (SH1-108)
JACKSON, D. 30 (m) (B) (SH2-154)
JACKSON, D.? F. 27 (m) (SH1-349)
JACKSON, Early 10 (B) (SH1-233)
JACKSON, Elijah 18 (B) (SH1-182)
JACKSON, Eliza 14 (B) (SH1-418)
JACKSON, Eliza 15 (B) (SH1-120)
JACKSON, Eliza 25 (B) (SH1-445)
JACKSON, Eliza 33 (B) (SH2-184)
JACKSON, Eliza 41 (B) (SH2-64)
JACKSON, Eliza 44 (B) (SH2-90)
JACKSON, Elmira 30 (B) (SH1-238)
JACKSON, F. 22 (m) (B) (SH2-261)
JACKSON, Fannie 24 (B) (SH1-343)
JACKSON, Fiat 25 (m) (B) (SH2-278)
JACKSON, Floyd 30 (B) (SH1-312)
JACKSON, Frances 14 (B) (SH1-277)
JACKSON, Frances 33 (B) (SH2-132)
JACKSON, Frank 16 (B) (SH1-113)
JACKSON, Frank 32 (B) (SH1-361)
JACKSON, Frank 50 (B) (SH1-386)
JACKSON, G. W. 39 (m) (SH1-252)
JACKSON, Geo. 27 (B) (SH1-141)
JACKSON, Geo. 47 (B) (SH1-147)
JACKSON, Geo. H. 40 (B) (SH1-470)
JACKSON, George 22 (B) (SH1-176)
JACKSON, George 38 (B) (SH2-57)
JACKSON, Gilbert 45 (B) (SH1-351)
JACKSON, Gilford 18 (B) (SH1-165)
JACKSON, HEnry 46 (B) (SH1-94)
JACKSON, Harriet 40 (B) (SH1-330)
JACKSON, Harriet 50 (B) (SH2-134)
JACKSON, Harvey 15 (B) (SH1-418)
JACKSON, Henry 21 (B) (SH2-197)
JACKSON, Henry 22 (B) (SH1-331)
JACKSON, Henry 30 (B) (SH1-57)
JACKSON, Henry 58 (B) (SH1-321)
JACKSON, Hil 55 (B) (SH1-251)
JACKSON, Hilliard 45 (B) (SH1-271)
JACKSON, Isom 36 (B) (SH2-291)
JACKSON, J. 2? (B) (SH1-389)
JACKSON, J. 35 (m) (B) (SH1-147)
JACKSON, J. 39 (m) (B) (SH1-147)
JACKSON, J. C. 45 (m) (SH2-302)
JACKSON, JOhn 38 (SH2-114)
JACKSON, James 22 (B) (SH1-273)
JACKSON, James 32 (B) (SH1-356)
JACKSON, James 40 (B) (SH2-27)

JACKSON, Jane 19 (SH2-49)
JACKSON, Jane 53 (B) (SH2-117)
JACKSON, Jane? 56 (B) (SH1-106)
JACKSON, Jasper 38 (B) (SH2-334)
JACKSON, Jeff 35 (B) (SH1-312)
JACKSON, Jesse 31 (m) (B) (SH2-220)
JACKSON, Jessie 33 (m) (SH2-74)
JACKSON, Jno. 31 (SH1-144)
JACKSON, John 22 (B) (SH1-202)
JACKSON, John 26 (B) (SH1-166)
JACKSON, John 27 (B) (SH1-63)
JACKSON, John 30 (B) (SH1-107)
JACKSON, John 45 (B) (SH1-439)
JACKSON, John? 48 (B) (SH1-200)
JACKSON, Josephene 40 (B) (SH1-127)
JACKSON, Judge 34 (B) (SH2-325)
JACKSON, Julius 12 (B) (SH2-39)
JACKSON, Julius 26 (B) (SH1-363)
JACKSON, Kate 30 (B) (SH2-18)
JACKSON, King 35 (B) (SH1-67)
JACKSON, Lemuel 42 (B) (SH1-435)
JACKSON, Lena 5 (B) (SH2-329)
JACKSON, Linsey 23 (m) (B) (SH1-121)
JACKSON, Lottie 18 (B) (SH2-97)
JACKSON, Louis 29 (SH2-256)
JACKSON, Louis 32 (B) (SH2-131)
JACKSON, Louis 50 (B) (SH2-335)
JACKSON, Lucinda 17 (B) (SH2-297)
JACKSON, Lucy 35 (B) (SH2-121)
JACKSON, Lucy 35 (B) (SH2-282)
JACKSON, M. 41 (f) (B?) (SH1-396)
JACKSON, MArtha 8 (B) (SH1-81)
JACKSON, Malinda 10 (SH2-167)
JACKSON, Malinda 25 (B) (SH1-117)
JACKSON, Margaret 33 (B) (SH2-296)
JACKSON, Maria 50 (B) (SH1-170)
JACKSON, Marie 34 (B) (SH2-202)
JACKSON, Martha 11 (B) (SH2-14)
JACKSON, Martha 34 (B) (SH1-369)
JACKSON, Mary 12 (B) (SH1-454)
JACKSON, Mary 19 (B) (SH2-98)
JACKSON, Mary 21 (SH2-110)
JACKSON, Mary 25 (B) (SH1-92)
JACKSON, Mary 31 (B) (SH2-235)
JACKSON, Mary 32 (B) (SH2-28)
JACKSON, Mary 52 (SH2-265)
JACKSON, Mary 55 (B) (SH1-431)

JACKSON, Molly 34 (B) (SH2-258)
JACKSON, Momo? 51 (m) (B) (SH2-240)
JACKSON, Moses 55 (B) (SH1-292)
JACKSON, Mrs. 47 (SH2-362)
JACKSON, Nathan 47 (B) (SH1-423)
JACKSON, Nathan 47 (B) (SH1-423)
JACKSON, Nick 41 (B) (SH1-292)
JACKSON, Peter 22 (B) (SH2-255)
JACKSON, Peter 23 (B) (SH1-91)
JACKSON, Peter 27 (B) (SH1-455)
JACKSON, Rachel 40 (B) (SH2-161)
JACKSON, Rachel 52 (B) (SH1-454)
JACKSON, Rachel N. 50 (B) (SH1-107)
JACKSON, Read 40 (B) (SH1-70)
JACKSON, Repsey 10 (f) (B) (SH1-136)
JACKSON, Richard W. 17 (SH2-61)
JACKSON, Richard? 38 (B) (SH1-208)
JACKSON, Robert 17 (B) (SH1-107)
JACKSON, Robert 40 (B) (SH1-136)
JACKSON, Rosa 30 (B) (SH2-149)
JACKSON, Rosetta 8 (B) (SH2-162)
JACKSON, S. E. 36 (m) (B) (SH2-108)
JACKSON, Sallie 23 (B) (SH2-160)
JACKSON, Sandy 58 (m) (B) (SH1-153)
JACKSON, Sarah 26 (B) (SH2-176)
JACKSON, Sarah 26 (B) (SH2-19)
JACKSON, Sarah 28 (B) (SH2-226)
JACKSON, Sarah 49 (SH2-317)
JACKSON, Simon 27 (B) (SH1-352)
JACKSON, Sintona? 4 (B) (SH2-235)
JACKSON, Squire 22 (B) (SH1-363)
JACKSON, Steven 36 (B) (SH1-123)
JACKSON, Stonewall 14 (B) (SH2-139)
JACKSON, Stonewall 51 (B) (SH1-47)
JACKSON, Tennie 24 (f) (SH2-48)
JACKSON, Thomas 26 (B) (SH2-18)
JACKSON, Thos. 24 (B) (SH2-43)
JACKSON, Thos. 65 (B) (SH1-228)
JACKSON, Valentine 60 (B) (SH1-350)

JACKSON, W. H. 37 (m) (SH2-352)
JACKSON, Wallace 40 (B) (SH1-141)
JACKSON, Wm. 30 (B) (SH1-330)
JACKSON, Wm. 50 (B) (SH1-106)
JACKSON, Wm. T. 25 (SH1-76)
JACKSON, Wyatt 50 (B) (SH2-359)
JACKSON, ____ 36 (f) (B) (SH2-168)
JACKSON?, David 60 (SH2-264)
JACOB, Ann 56 (B) (SH1-393)
JACOB, Jas. 41 (B) (SH2-291)
JACOB, Peter 24 (B) (SH1-425)
JACOB, W. M. 31 (m) (SH2-340)
JACOBA, Charles 23 (SH2-98)
JACOBE, Otto 8 (SH1-369)
JACOBI, R. J. 31 (f) (SH1-404)
JACOBS, Aaron 41 (SH2-289)
JACOBS, Emma (Mrs.) 16 (SH2-364)
JACOBS, Isaac 24 (SH2-180)
JACOBS, Jake 29 (SH2-92)
JACOBS, Jennie 17 (B) (SH2-120)
JACOBS, John 15 (SH2-45)
JACOBS, Katy 17 (B) (SH2-94)
JACOBS, Peter 24 (B) (SH2-31)
JACOBS, Ricy 65 (f) (SH1-57)
JACOBS, Simon 32 (B) (SH2-94)
JACOBY, Henry S. 23 (SH2-36)
JACO__, Peter 35 (SH1-106)
JACUINDO?, Alley 17 (f) (SH1-109)
JAEGER?, Joseph 61 (SH2-275)
JAIMERSON, Charles 52 (B) (SH1-135)
JAIMERSON, MAttie 8 (f) (B) (SH1-133)
JAKES, Ambrose 52 (B) (SH1-382)
JAMERSON, J. S. 46 (m) (SH1-226)
JAMES, Abraham 74 (B) (SH2-266)
JAMES, Abram 35 (B) (SH1-441)
JAMES, Alexander 60? (SH2-101)
JAMES, Allen 23 (SH1-426)
JAMES, Aloice 15 (f) (SH1-99)
JAMES, Alpheus C. 26 (m) (SH1-113)
JAMES, Bob 23 (B) (SH1-373)
JAMES, Callie 9 (B) (SH1-361)
JAMES, Catharine 36 (B) (SH2-49)
JAMES, Clarine 35 (f) (B) (SH1-363)
JAMES, Edmund 38 (B) (SH1-283)
JAMES, Elijah 5 (B) (SH1-449)
JAMES, Ella 19 (B) (SH2-178)
JAMES, Emily 42 (SH1-134)
JAMES, Emma 20 (B) (SH1-44)
JAMES, Eunice 25 (SH2-279)
JAMES, Fanny 65 (B) (SH2-219)
JAMES, Flora 43 (B) (SH1-45)
JAMES, G. W. 26 (m) (SH1-48)
JAMES, Gus 32 (B) (SH1-356)
JAMES, H. 56 (m) (SH2-192)
JAMES, Harry 18 (SH2-113)

JAMES, Harry W. 16 (SH1-408)
JAMES, Hattie 11 (B) (SH2-64)
JAMES, Henry 32 (B) (SH2-342)
JAMES, Henry 40 (SH2-118)
JAMES, J. M. 53 (m) (SH2-281)
JAMES, Jessie 42 (m) (B) (SH1-301)
JAMES, Jno. W. 25 (SH1-180)
JAMES, John 33 (SH2-22)
JAMES, John 55 (B) (SH1-103)
JAMES, John 60 (SH1-189)
JAMES, John W. 26 (SH1-79)
JAMES, Josh 55 (B) (SH1-295)
JAMES, Joshua 66 (SH2-162)
JAMES, Levi 37? (SH2-116)
JAMES, Levy 43 (f) (B) (SH1-194)
JAMES, Lou 47 (f) (SH1-24)
JAMES, Lul__ 7 (f) (SH1-52)
JAMES, Lusen? 20 (f) (B) (SH2-71)
JAMES, Mary 27 (B) (SH2-40)
JAMES, Mary _7 (B) (SH1-100)
JAMES, Miffia 75 (f) (B) (SH1-399)
JAMES, Moses 21 (B) (SH1-54)
JAMES, Moses 26 (B) (SH1-411)
JAMES, Robert 24 (B) (SH1-46)
JAMES, Robert B. 31 (SH1-80)
JAMES, Shadrick 40 (B) (SH2-237)
JAMES, Silas 65 (B) (SH1-253)
JAMES, Stanton 28 (SH1-186)
JAMES, Susan 21 (B) (SH2-136)
JAMES, Tom T. 21 (SH1-80)
JAMES, Washington 40 (B) (SH1-349)
JAMES, Willie 22 (m) (B) (SH1-284)
JAMES?, Adeline 25 (B) (SH1-364)
JAMES?, Albert 23 (B) (SH1-403)
JAMES?, Dan 35 (B) (SH1-365)
JAMES?, Dudley 60 (B) (SH2-228)
JAMES?, Fletcher 25 (B) (SH1-317)
JAMES?, Liddie 46 (B) (SH1-250)
JAMES?, Mary 25 (B) (SH1-361)
JAMES?, Wash 30 (B) (SH1-377)
JAMESON, Abe 50 (B) (SH1-286)
JAMISON, David 35 (B) (SH1-322)
JAMISON, H. H. 23 (f) (SH2-244)
JAMISON, Hen.? 33 (m) (B) (SH1-322)
JAMISON, Isaac 22 (B) (SH1-376)
JAMISON, Joe 30 (B) (SH1-40)
JAMISON, John 39 (B) (SH2-355)
JAMISON, Lucy 37 (SH2-247)
JAMISON, Major 40 (B) (SH1-338)
JAMISON, Maria 24 (B) (SH1-97)
JAMISON, Mattie 15 (f) (B) (SH2-166)
JAMISON, Minda 38 (f) (B) (SH1-387)
JAMISON, Rosetta 72 (B) (SH1-441)
JAMISON, Warren 87 (B) (SH1-308)

JAMISON, Wink? 24 (m) (B) (SH1-324)
JAMISON, Wm. 25 (SH2-327)
JAMISSON, John 50? (B) (SH1-399)
JANIS, Joseph 9 (SH1-48)
JAQUES, Henry 32 (SH2-77)
JARDE, Alexander 30 (SH2-151)
JARNIGAN, Eugene 4? (SH1-265)
JARNIGAN, J. F. 22 (f) (SH1-265)
JARNIGAN, M. P. 52 (m) (SH2-281)
JARNIGAN, Sterling 80 (B) (SH1-414)
JARNIGAN?, John 50 (SH2-89)
JARRET, Julia 40 (B) (SH2-186)
JARRETT, Andrew 62 (B) (SH1-191)
JARRIS, Densy? 45 (m) (B) (SH2-45)
JASON, George 15 (B) (SH1-411)
JASPER, Wm. 26 (B) (SH1-425)
JAS__, Charles 55 (B) (SH1-66)
JAVIN, John 32 (B) (SH2-138)
JAY, J. P. 42 (m) (B) (SH2-327)
JAY, M. S. 41 (m) (SH1-267)
JAY?, G. W. 25 (m) (SH1-266)
JAYNES, Simpson 25 (B) (SH1-121)
JEEMS?, Elias 37 (B) (SH1-254)
JEFFERS, Eliza 60 (B) (SH1-257)
JEFFERS, Sarah 60 (B) (SH1-106)
JEFFERSON, Alberry 24 (B) (SH1-323)
JEFFERSON, C. 16 (m) (B) (SH1-281)
JEFFERSON, Catherine 36 (B) (SH2-65)
JEFFERSON, Edmond 35 (B) (SH1-180)
JEFFERSON, Geo. 29 (B) (SH1-31)
JEFFERSON, Henry 23 (B) (SH1-323)
JEFFERSON, Henry 40 (B) (SH1-473)
JEFFERSON, Jas. 19 (B) (SH2-308)
JEFFERSON, John 32? (B) (SH2-197)
JEFFERSON, John 39 (B) (SH1-117)
JEFFERSON, John W. 45 (SH2-100)
JEFFERSON, Joshua 40 (SH1-377)
JEFFERSON, Kizzie 29 (B) (SH1-8)
JEFFERSON, Lewis 30 (B) (SH1-125)
JEFFERSON, M___ 40 (m) (SH2-2)
JEFFERSON, Manuel 68 (B) (SH1-188)
JEFFERSON, Minter 44 (f) (B) (SH2-115)
JEFFERSON, Mittie 40 (B) (SH2-153)
JEFFERSON, Sam 40 (B) (SH1-253)
JEFFERSON, Samuel 24 (B) (SH1-350)
JEFFERSON, Silas 26 (B) (SH1-323)
JEFFERSON, Thomas 24 (B) (SH1-255)
JEFFERSON, Thomas 54 (B) (SH1-120)
JEFFERSON, Thos. 22 (B) (SH1-460)
JEFFERSON, Thos. 26 (B) (SH2-237)
JEFFERSON, Vina 40 (B) (SH1-284)
JEFFERSON, Wash 75 (B) (SH1-357)
JEFFERSON, Wm. 22 (B) (SH1-464)
JEFFERSON, Wm. 40 (B) (SH1-340)
JEFFERSON, Wm. 46 (B) (SH2-311)
JEFFREY, Charles 46 (SH2-25)
JEFFREYS, Kitty 30 (SH1-167)
JEFFRIES, Barry 50 (B) (SH1-90)
JEFFRIES, Becky 24 (B) (SH1-324)
JEFFRIES, Lizzie 51 (B) (SH2-289)
JEFFRIES, Mary 23? (SH1-262)
JEFFRY, Lawson 60 (B) (SH1-89)
JEHL, Albert 26 (SH2-332)
JEHL, Charles 24 (SH2-335)
JEHL, Louis 23 (SH2-335)
JEHL, Nicholas 31 (SH1-98)
JEHRING, Jno. C. 40 (SH2-190)
JENEO, Matilda 40 (B) (SH2-152)
JENKINGS, Josh 23 (B) (SH1-115)
JENKINS, Allen 46 (SH2-33)
JENKINS, Cal. D. 26 (m) (B) (SH1-89)
JENKINS, Elizah 20 (B) (SH2-71)
JENKINS, Emily 8 (B) (SH1-446)
JENKINS, Grandison 21 (B) (SH1-425)
JENKINS, Hattie 28 (SH2-302)
JENKINS, Henry 32 (B) (SH1-48)
JENKINS, John 15 (B) (SH2-197)
JENKINS, John 27 (B) (SH1-154)
JENKINS, John WAlter 1 (B) (SH1-409)
JENKINS, Johnnie 4 (B) (SH1-56)
JENKINS, Joshua 23 (B) (SH1-423)
JENKINS, Joshua 47 (B) (SH1-423)
JENKINS, Levina 65 (B) (SH2-338)
JENKINS, Lucy 33 (B) (SH1-57)
JENKINS, Lucy 38 (B) (SH2-269)
JENKINS, M. J. 28 (m) (SH1-356)
JENKINS, Martha 60 (B) (SH1-427)
JENKINS, Mary 40 (B) (SH1-355)
JENKINS, Mary 41? (SH2-177)
JENKINS, Mary _ (SH2-35)
JENKINS, Robert 32 (B) (SH1-52)
JENKINS, Tanzy 28 (m) (SH2-361)
JENKINS, Tom 33 (B) (SH1-144)
JENKINS, Wesley 28 (B) (SH1-409)
JENKINS, Willie 12 (m) (B) (SH1-90)
JENKS, Emma 40 (B) (SH1-427)
JENNETTE, Wm. H. 27 (SH2-61)
JENNIE, __due 25 (m) (SH2-145)
JENNINGS, Belle 6 (SH2-314)
JENNINGS, Calvin 32 (B) (SH1-123)
JENNINGS, Edward 16 (SH2-46)
JENNINGS, Ella 28 (B) (SH2-103)
JENNINGS, Laf. 32 (m) (SH2-310)
JENNINGS, Lizzie 12 (SH2-314)
JENNINGS, Sherman? 6 (m) (B) (SH1-378)
JENNINGS, Tom 16 (B) (SH2-197)
JENNINGS, Wm. 26 (B) (SH2-40)
JENNINGS, Wm. 30 (SH1-70)
JENNINGS, _. E. 50 (f) (SH1-66)
JENNINS, Sandy 50 (m) (B) (SH1-100)
JENNY, James W. 33 (SH2-118)
JENNY, John J. 65 (SH2-117)
JENSLEY?, Albert 20 (B) (SH2-151)
JEN_, Eliza 53 (SH2-11)
JERE, Mary 38 (B) (SH2-146)
JEROME, C. 50 (m) (SH2-299)
JERRY, Wm. 30 (SH2-296)
JERRY?, George 41 (B) (SH1-103)
JESKEY, Ferdinand 41 (SH2-70)
JESSEL, Ben A. 49 (SH2-50)
JESSEN, Nancy J. 45 (SH1-423)
JESSUP, _____d 18 (m) (B) (SH2-19)
JEST?, Amman F. 40 (m) (SH2-82)
JESTIA, Rosa 52 (SH2-107)
JETER, Marth 40 (SH1-81)
JETER?, J. H. 47 (m) (SH1-32)
JETLETT, Nancy 35 (B) (SH1-184)
JEWELL, Absolom 61 (SH2-356)
JEWELL, Clara 66 (SH1-103)
JEWELL, Jennie 65 (SH2-187)
JIBIRT, Frank 23 (B) (SH1-207)
JIDWELL, Levy 34 (SH1-216)
JIEDEL, Isaac 37 (SH2-76)
JIMERSON, Dick 28 (B) (SH1-222)
JINES?, Mary 30 (B) (SH1-263)
JINKINGS, Wash 5 (B) (SH1-129)
JINSON, Katherine 40 (SH2-38)
JISMOND, Wm. W. 37 (SH1-21)
JITER?, John 32 (B) (SH1-254)
JOBE, Fannie 42 (SH2-288)
JOESLE?, Nicholas 45? (SH2-119)
JOHANNSEN, Gertrude 40 (SH1-110)
JOHL, Fannie 46 (SH2-49)
JOHN, Amie 48 (B) (SH1-148)
JOHN, Jackson 50 (B) (SH1-465)
JOHN, John 14 (B) (SH1-102)
JOHN, Louis 21 (SH2-199)
JOHN, Mosses 24? (SH2-105)
JOHN, P. H. 51 (f) (SH2-140)
JOHN, Wade 30 (B) (SH2-104)
JOHNES, Emaline 30 (B) (SH1-56)
JOHNES?, Nincy 21 (f) (B) (SH1-395)
JOHNKE, Charles 45 (SH2-277)
JOHNKE?, JOhn 18 (SH2-272)
JOHNKE?, Johan? 43 (m) (SH1-98)
JOHNS, Alice 40 (SH2-90)
JOHNS, Anthony 57 (B) (SH1-171)
JOHNS, Beverly 16 (m) (SH1-1)
JOHNS, Edmund 40 (B) (SH1-432)
JOHNS, George 45 (B) (SH1-355)
JOHNS, Joseph 17 (B) (SH1-171)
JOHNS, Joseph 38 (B) (SH2-89)
JOHNS, Naden? M. 49 (m) (SH2-66)
JOHNS, Sallie 65 (SH1-167)
JOHNS, Van Otis 41 (B) (SH1-56)
JOHNS, Wm. 42 (SH1-15)
JOHNSON, A. 24 (f) (B) (SH2-183)
JOHNSON, A. 27 (f) (B) (SH2-189)
JOHNSON, A. 47 (m) (B) (SH2-139)
JOHNSON, A. 70 (m) (SH1-234)
JOHNSON, Abb 40 (m) (B) (SH1-395)
JOHNSON, Agnes 11 (B) (SH2-335)
JOHNSON, Agnes 27 (B) (SH2-143)
JOHNSON, Albert 25 (B) (SH1-152)
JOHNSON, Albert W. 40 (B) (SH2-324)
JOHNSON, Alec 37 (B) (SH2-117)
JOHNSON, Aleck 38 (B) (SH2-135)
JOHNSON, Alex 22 (B) (SH2-188)
JOHNSON, Alex 40 (B) (SH1-184)
JOHNSON, Alex 65 (B) (SH1-218)
JOHNSON, Alfred 23 (B) (SH1-464)
JOHNSON, Alice 25 (B) (SH2-29)
JOHNSON, Almara? 10 (m) (B) (SH1-49)
JOHNSON, Alx. jr. 25 (m) (B) (SH1-226)
JOHNSON, Amanda 40 (SH2-163)
JOHNSON, Amos 35 (B) (SH1-58)
JOHNSON, And. 25 (m) (SH1-208)
JOHNSON, Andrew 14 (B) (SH1-46)
JOHNSON, Andrew 46, 8 (SH2-18)
JOHNSON, Ann 26 (B) (SH1-287)
JOHNSON, Ann 27 (B) (SH1-6)
JOHNSON, Ann 37 (B) (SH1-265)
JOHNSON, Ann 50 (B) (SH2-151)
JOHNSON, Ann 50 (B) (SH2-39)
JOHNSON, Anne 47? (SH2-264)
JOHNSON, Annette 55 (SH2-206)
JOHNSON, Annie 3 (B) (SH2-183)
JOHNSON, Annie 30 (B) (SH1-63)

JOHNSON, Armsted 30 (B) (SH1-215)
JOHNSON, Arthur 30 (SH2-87)
JOHNSON, Arthur 45 (B) (SH1-414)
JOHNSON, B. W. F. 35 (m) (B) (SH2-206)
JOHNSON, Bell L. 6 (B) (SH1-454)
JOHNSON, Ben 40 (B) (SH1-333)
JOHNSON, Benjamin 35 (B) (SH2-56)
JOHNSON, Betsey 55 (B) (SH2-288)
JOHNSON, Beverly 28 (m) (B) (SH1-228)
JOHNSON, Bill 45 (B) (SH1-348)
JOHNSON, Bob 40 (B) (SH1-422)
JOHNSON, Bob 46 (B) (SH1-222)
JOHNSON, C. 65 (m) (B) (SH1-243)
JOHNSON, C. O. 27 (m) (SH2-247)
JOHNSON, Carrie 28 (B) (SH1-96)
JOHNSON, Carry 15 (f) (B) (SH1-169)
JOHNSON, Carter 38 (B) (SH1-421)
JOHNSON, Catharine 24 (B) (SH2-27)
JOHNSON, Ch. 21 (m) (B) (SH1-213)
JOHNSON, Charles 24 (B) (SH2-324)
JOHNSON, Charles 33 (B) (SH2-312)
JOHNSON, Charley 25 (B) (SH2-42)
JOHNSON, Chas. 22 (B) (SH1-460)
JOHNSON, Chas. 32 (B) (SH1-367)
JOHNSON, Chas. 34 (B) (SH2-134)
JOHNSON, Chas. 68 (B) (SH2-287)
JOHNSON, Clarke 25 (B) (SH2-206)
JOHNSON, Collin 64 (B) (SH1-45)
JOHNSON, Crockett 47 (B) (SH2-203)
JOHNSON, Dan 35 (B) (SH1-206)
JOHNSON, Daniel 16 (B) (SH1-108)
JOHNSON, Daniel 40 (B) (SH1-384)
JOHNSON, Dave 35 (B) (SH1-137)
JOHNSON, Dave 53 (B) (SH1-127)
JOHNSON, Delpy 23 (f) (B) (SH1-105)
JOHNSON, Dick 50 (B) (SH2-212)
JOHNSON, Drucillia 22 (B) (SH2-160)
JOHNSON, Ed 20 (B) (SH1-401)
JOHNSON, Ed 23 (B) (SH1-355)
JOHNSON, Eddie 7 (B) (SH2-185)
JOHNSON, Edward 2 (B) (SH2-23)
JOHNSON, Edward 34 (B) (SH1-98)
JOHNSON, Edward 36 (B) (SH2-7)
JOHNSON, Elias 25 (B) (SH1-279)
JOHNSON, Eliza 22 (B) (SH1-163)
JOHNSON, Eliza 26 (B) (SH2-189)
JOHNSON, Eliza 39 (SH1-379)
JOHNSON, Eliza 39? (B) (SH2-361)
JOHNSON, Eliza 42 (B) (SH2-160)
JOHNSON, Eliza 48 (B) (SH2-36)
JOHNSON, Elizabeth 40 (SH1-376)
JOHNSON, Ella 19 (SH2-63)
JOHNSON, Ella 24 (B) (SH2-73)
JOHNSON, Ella 45 (B) (SH2-131)
JOHNSON, Ella 49 (B) (SH2-275)
JOHNSON, Ellen 26 (B) (SH2-20)
JOHNSON, Else 24 (f) (B) (SH1-106)
JOHNSON, Emma 26 (B) (SH1-429)
JOHNSON, Emma 26 (B) (SH2-27)
JOHNSON, Ephraim 45 (B) (SH1-355)
JOHNSON, Eveline 40 (B) (SH2-207)
JOHNSON, Fannie 55 (B) (SH2-192)
JOHNSON, Fanny 17 (SH2-244)
JOHNSON, Fanny 28 (B) (SH2-331)
JOHNSON, Fanny 38 (B) (SH2-333)
JOHNSON, Flanders 35 (B) (SH2-285)
JOHNSON, Frank 25 (B) (SH1-232)
JOHNSON, Frank 26 (B) (SH1-92)
JOHNSON, G. W. 27 (m) (SH2-316)
JOHNSON, George 14 (B) (SH1-117)
JOHNSON, George 19 (SH1-334)
JOHNSON, George 48 (B) (SH2-272)
JOHNSON, George 50 (B) (SH2-221)
JOHNSON, George L. 28 (SH1-80)
JOHNSON, Georgia A. 18 (B) (SH1-46)
JOHNSON, Gertrude 23 (SH2-222)
JOHNSON, Giles 40 (B) (SH1-45)
JOHNSON, Green 33 (B) (SH2-349)
JOHNSON, Hanna 23 (B) (SH2-43)
JOHNSON, Hannah 60 (SH2-268)
JOHNSON, Harry 21? (B) (SH2-34)
JOHNSON, Harry 52 (B) (SH1-276)
JOHNSON, Haywood 30 (B) (SH2-332)
JOHNSON, Henery 2 (B) (SH1-81)
JOHNSON, Henrietta 6 (SH2-314)
JOHNSON, Henry 18 (SH1-364)
JOHNSON, Henry 18 (B) (SH1-454)
JOHNSON, Henry 20 (B) (SH1-458)
JOHNSON, Henry 21 (B) (SH1-292)
JOHNSON, Henry 21 (B) (SH2-240)
JOHNSON, Henry 27 (B) (SH1-122)
JOHNSON, Henry 30 (B) (SH1-91)
JOHNSON, Henry 30 (B) (SH2-331)
JOHNSON, Henry 37 (B) (SH1-125)
JOHNSON, Henry 40 (B) (SH1-376)
JOHNSON, Henry 40 (B) (SH1-414)
JOHNSON, Henry 50 (B) (SH1-269)
JOHNSON, Henry 51 (B) (SH1-124)
JOHNSON, Henry 60 (B) (SH2-310)
JOHNSON, Henry 63 (B) (SH1-279)
JOHNSON, Hod 25 (m) (B) (SH1-79)
JOHNSON, Humphreys 28 (B) (SH2-27)
JOHNSON, I. 27 (m) (B) (SH2-185)
JOHNSON, Ida 13 (B) (SH1-33)
JOHNSON, Ike 20 (B) (SH1-356)
JOHNSON, Ike 25 (B) (SH1-237)
JOHNSON, Ingri 50 (f) (SH2-18)
JOHNSON, Irene? 12 (B) (SH1-368)
JOHNSON, Isaac 31 (B) (SH2-327)
JOHNSON, Isaac 35 (B) (SH2-27)
JOHNSON, Isaac 52 (B) (SH2-305)
JOHNSON, Isham 17 (B) (SH1-457)
JOHNSON, Isham 52 (B) (SH1-37)
JOHNSON, J. 23 (B) (SH1-215)
JOHNSON, J. 24 (m) (B) (SH1-147)
JOHNSON, J. D. 26 (m) (SH1-221)
JOHNSON, J. E. 25 (m) (SH1-288)
JOHNSON, JAck 52 (B) (SH1-470)
JOHNSON, Jack 25 (B) (SH1-225)
JOHNSON, Jack 60 (B) (SH1-393)
JOHNSON, Jake 25 (B) (SH1-17)
JOHNSON, James 21 (B) (SH1-16)
JOHNSON, James 26 (B) (SH2-278)
JOHNSON, James 34 (B) (SH2-335)
JOHNSON, James 50 (SH2-258)
JOHNSON, Jamuel? 55 (m) (B) (SH1-379)
JOHNSON, Jane 40 (B) (SH1-417)
JOHNSON, Jane 45 (B) (SH2-259)
JOHNSON, Jane 50 (B) (SH2-119)
JOHNSON, Jason 26 (B) (SH1-141)
JOHNSON, Jason 5 (B) (SH1-141)
JOHNSON, Jeff 20? (B) (SH1-278)
JOHNSON, Jeff? 26 (B) (SH1-356)
JOHNSON, Jerry 53 (B) (SH1-255)
JOHNSON, Jno. 26 (B) (SH1-260)
JOHNSON, Jno. 38? (B) (SH2-143)
JOHNSON, Jno. 7 (B) (SH2-194)
JOHNSON, Joe 40 (B) (SH2-335)
JOHNSON, Joe? 25 (B) (SH1-69)
JOHNSON, John 10 (B) (SH1-471)
JOHNSON, John 11 (B) (SH1-347)
JOHNSON, John 21 (B) (SH1-327)
JOHNSON, John 23 (B) (SH2-206)
JOHNSON, John 25 (B) (SH2-246)
JOHNSON, John 28 (B) (SH1-154)
JOHNSON, John 29 (B) (SH1-173)
JOHNSON, John 32 (SH2-258)
JOHNSON, John 36 (B) (SH1-96)
JOHNSON, John 37 (B) (SH1-441)
JOHNSON, John 38 (B) (SH2-161)
JOHNSON, John 40 (B) (SH2-33)
JOHNSON, John 40 (SH2-85)
JOHNSON, John 45 (B) (SH1-329)
JOHNSON, John 48 (SH2-355)
JOHNSON, John 49 (SH2-318)
JOHNSON, John 50 (B) (SH2-244)
JOHNSON, John 54 (SH2-218)
JOHNSON, John 6 (B) (SH2-8)
JOHNSON, John 9 (B) (SH2-30)
JOHNSON, John C. 5_ (SH1-95)
JOHNSON, John W. 30 (B) (SH2-57)
JOHNSON, Jordan 35 (B) (SH1-19)
JOHNSON, Jos. 52 (SH2-193)
JOHNSON, Joseph 28 (B) (SH1-442)
JOHNSON, Josephine 26 (B) (SH2-346)
JOHNSON, Joshua 30 (B) (SH1-339)
JOHNSON, Julia 22 (B) (SII2-50)
JOHNSON, Julia 29 (B) (SH2-280)
JOHNSON, Julia 31 (B) (SH2-207)
JOHNSON, Julia 35 (B) (SH2-60)
JOHNSON, Julia 49 (B) (SH2-28)
JOHNSON, Katie 29 (B) (SH2-146)
JOHNSON, Katie 65 (B) (SH1-43)
JOHNSON, Kissiah 32 (f) (B) (SH1-341)
JOHNSON, L. 27 (f) (B) (SH2-194)
JOHNSON, Larkin 40 (SH1-346)
JOHNSON, Laurence 38 (f) (B) (SH1-401)
JOHNSON, Lee 30 (m) (B) (SH1-69)
JOHNSON, Lee 31 (m) (B) (SH1-459)
JOHNSON, Lewis 40 (B) (SH1-138)
JOHNSON, Littleton 55 (B) (SH2-239)
JOHNSON, Liza 55 (B) (SH1-400)

JOHNSON, Lizzie 25 (B) (SH2-164)
JOHNSON, Lizzie 30 (B) (SH2-267)
JOHNSON, Lizzie 55 (B) (SH2-115)
JOHNSON, Lorenzo? 11 (SH2-268)
JOHNSON, Lou 23 (f) (B) (SH1-266)
JOHNSON, Lou 36 (f) (B) (SH2-340)
JOHNSON, Louis 28 (SH2-18)
JOHNSON, Louis 40 (B) (SH2-217)
JOHNSON, Louisa 12 (SH1-396)
JOHNSON, Lucinda 13 (B) (SH1-90)
JOHNSON, Lucinda 19 (B) (SH2-258)
JOHNSON, Lucinda 25 (B) (SH2-224)
JOHNSON, Lulu 22 (SH2-89)
JOHNSON, Lush 15 (m) (B) (SH1-463)
JOHNSON, Luvinia 28 (B) (SH1-136)
JOHNSON, M. 37 (m) (SH2-256)
JOHNSON, MArth 45 (B) (SH1-474)
JOHNSON, Maggie 23 (B) (SH2-287)
JOHNSON, Maggie 30 (B) (SH2-251)
JOHNSON, Manor 46 (m) (SH1-448)
JOHNSON, Margaret __ (B) (SH2-34)
JOHNSON, Maria 30 (B) (SH2-11)
JOHNSON, Maria 37 (B) (SH2-80)
JOHNSON, Mariah 4 (B) (SH1-135)
JOHNSON, Mariah 40? (B) (SH2-54)
JOHNSON, Martha 40 (SH2-87)
JOHNSON, Mary 12 (B) (SH2-174)
JOHNSON, Mary 14 (B) (SH2-332)
JOHNSON, Mary 19 (B) (SH1-344)
JOHNSON, Mary 21 (B) (SH1-212)
JOHNSON, Mary 27 (B) (SH1-218)
JOHNSON, Mary 30 (B) (SH1-237)
JOHNSON, Mary 32 (B) (SH2-298)
JOHNSON, Mary 45 (B) (SH1-200)
JOHNSON, Mary 58 (B) (SH2-21)
JOHNSON, Mary 59 (B) (SH2-278)
JOHNSON, Mary 62 (B) (SH1-112)
JOHNSON, Mary F. 59 (SH2-270)
JOHNSON, Mathew 30 (B) (SH2-269)
JOHNSON, Matilda 36 (B) (SH2-333)
JOHNSON, Matilda 38 (B) (SH2-98)
JOHNSON, Matt 45 (m) (B) (SH2-208)
JOHNSON, Mc. 9 (m) (B) (SH1-453)
JOHNSON, Minerva 45 (B) (SH2-360)
JOHNSON, Mintie 40 (B) (SH1-273)
JOHNSON, Mollie 15 (B) (SH2-352)
JOHNSON, Mollie 27 (B) (SH1-173)
JOHNSON, Mollie 35 (B) (SH2-158)
JOHNSON, Mosees 25 (B) (SH1-45)
JOHNSON, Moses 35 (B) (SH1-437)
JOHNSON, Nancy 40 (B) (SH1-437)
JOHNSON, Nancy 79 (SH2-113)
JOHNSON, Neal 33 (SH2-30)
JOHNSON, Nealis? 32 (m) (B) (SH2-337)
JOHNSON, Nellie 15 (B) (SH2-223)
JOHNSON, Nelson 34 (SH1-471)
JOHNSON, Nelson 45 (B) (SH1-111)
JOHNSON, Newton 40 (B) (SH2-140)
JOHNSON, Nick 35 (B) (SH1-43)
JOHNSON, Olof 37 (m) (SH1-413)
JOHNSON, Patsy 30 (B) (SH1-377)
JOHNSON, Patsy 78 (B) (SH1-362)
JOHNSON, Paul 38 (B) (SH2-329)
JOHNSON, Peter 35 (B) (SH2-156)
JOHNSON, Peter 45 (B) (SH2-358)
JOHNSON, Peter 53 (B) (SH1-45)
JOHNSON, Peyton S. 31 (SH2-281)
JOHNSON, Phillip 30 (B) (SH1-369)
JOHNSON, Plubby 23 (B) (SH1-190)
JOHNSON, Polly 60 (B) (SH2-350)
JOHNSON, Prince 35 (B) (SH1-335)
JOHNSON, Prince 40 (B) (SH2-57)
JOHNSON, R. 26 (m) (B) (SH1-391)
JOHNSON, R. C. 36 (m) (B) (SH2-32)
JOHNSON, Reuben 28 (B) (SH2-15)
JOHNSON, Rhoda 30 (B) (SH1-256)
JOHNSON, Richard 20 (B) (SH1-430)
JOHNSON, Richard 23 (B) (SH1-126)
JOHNSON, Richard 24 (B) (SH1-281)
JOHNSON, Richard 3 (SH2-314)
JOHNSON, Richard 40 (B) (SH1-126)
JOHNSON, Richard 45 (B) (SH2-173)
JOHNSON, Richard 48 (B) (SH2-118)
JOHNSON, Richard M. 62 (SH1-50)
JOHNSON, Richd. 30 (B) (SH1-155)
JOHNSON, Richd. 40 (B) (SH1-448)
JOHNSON, Robert 30 (B) (SH1-415)
JOHNSON, Robert 40 (B) (SH1-348)
JOHNSON, Robin 80 (B) (SH1-347)
JOHNSON, Robt. 35 (B) (SH2-173)
JOHNSON, Robt. 38 (B) (SH1-187)
JOHNSON, Robt. 45 (B) (SH1-183)
JOHNSON, Rosa 9 (B) (SH2-33)
JOHNSON, Rose 32 (B) (SH2-170)
JOHNSON, Rose Ana 13 (B) (SH1-107)
JOHNSON, Rufus 20 (B) (SH2-255)
JOHNSON, S. 40 (f) (B) (SH1-404)
JOHNSON, S. 40 (m) (B) (SH1-402)
JOHNSON, S. C. 53 (m) (SH2-361)
JOHNSON, Sadie? 29 (m) (B) (SH2-28)
JOHNSON, Sallie 42 (SH1-375)
JOHNSON, Sallie 44 (B) (SH1-333)
JOHNSON, Sam 21? (m) (B) (SH2-127)
JOHNSON, Sam 25 (B) (SH1-115)
JOHNSON, Sam 31 (B) (SH2-288)
JOHNSON, Sam 42 (m) (B) (SH1-163)
JOHNSON, Sam 48 (B) (SH2-286)
JOHNSON, Samie 6 (m) (B) (SH2-303)
JOHNSON, Samuel 30 (B) (SH2-127)
JOHNSON, Samuel 40 (B) (SH1-107)
JOHNSON, Sarah 32 (B) (SH2-132)
JOHNSON, Sarah 32 (B) (SH2-132)
JOHNSON, Sebra 10 (f) (B) (SH1-420)
JOHNSON, Sidon 36 (f) (B) (SH1-96)
JOHNSON, Silas 27 (B) (SH1-130)
JOHNSON, Silas 52 (SH1-52)
JOHNSON, Silver 45 (f) (B) (SH2-207)
JOHNSON, Sim 45 (B) (SH1-295)
JOHNSON, Sing? 23 (m) (B) (SH1-127)
JOHNSON, Sis 50 (B) (SH2-187)
JOHNSON, Spencer 30 (B) (SH1-277)
JOHNSON, Stella 2 (B) (SH2-59)
JOHNSON, Stephen 50 (B) (SH1-65)
JOHNSON, Susan 43 (B) (SH2-214)
JOHNSON, Sydney 37 (m) (B) (SH2-305)
JOHNSON, T. 20 (m) (B) (SH1-394)
JOHNSON, T. J. 52 (m) (SH2-335)
JOHNSON, Theodore 32 (B) (SH1-341)
JOHNSON, Thomas 29 (B) (SH1-183)
JOHNSON, Thomas 29 (B) (SH2-24)
JOHNSON, Thomas 30 (B) (SH2-327)
JOHNSON, Thomas 38 (SH2-26)
JOHNSON, Thos. 30 (B) (SH2-115)
JOHNSON, Thos. 40 (B) (SH2-241)
JOHNSON, Tim 22 (B) (SH1-378)
JOHNSON, Tobe 35 (B) (SH1-290)
JOHNSON, Victor 6 (SH2-314)
JOHNSON, Violet 60 (B) (SH1-379)
JOHNSON, Violet 75 (B) (SH2-63)
JOHNSON, W. A. 40? (m) (SH1-15)
JOHNSON, W. H. 39 (m) (SH1-41)
JOHNSON, W. R. 30 (m) (SH1-51)
JOHNSON, W. S. 37 (m) (SH2-113)
JOHNSON, Walter? 17 (B?) (SH2-265)
JOHNSON, Wash 34 (B) (SH2-307)
JOHNSON, Washington 46 (B) (SH1-97)
JOHNSON, Washington 70 (B) (SH1-468)
JOHNSON, Wiley 23 (B) (SH1-433)
JOHNSON, Will 15 (SH2-308)
JOHNSON, Willis 35 (B) (SH1-254)
JOHNSON, Wilson 24 (B) (SH1-262)
JOHNSON, Wilsy 51 (m) (B) (SH1-287)
JOHNSON, Wm. 23 (B) (SH1-416)
JOHNSON, Wm. 24 (SH1-148)
JOHNSON, Wm. 24 (SH2-322)
JOHNSON, Wm. 26 (B) (SH1-282)
JOHNSON, Wm. 27 (B) (SH1-327)

JOHNSON, Wm. 27 (B) (SH2-103)
JOHNSON, Wm. 28 (B) (SH2-31)
JOHNSON, Wm. 29 (B) (SH2-347)
JOHNSON, Wm. 35 (B) (SH1-126)
JOHNSON, Wm. 36 (B) (SH2-165)
JOHNSON, Wm. 40 (B) (SH1-349)
JOHNSON, Wm. 45 (B) (SH2-258)
JOHNSON, Wm. 47 (B) (SH1-411)
JOHNSON, Wm. 48 (B) (SH2-343)
JOHNSON, Wm. 56 (B) (SH1-454)
JOHNSON, Wm. M. 46 (B) (SH1-89)
JOHNSON, Wm. R. 39 (SH1-227)
JOHNSON, Zeke 27 (B) (SH1-130)
JOHNSON, Zeke 54 (m) (SH1-127)
JOHNSON, ___ 18 (f) (B) (SH1-387)
JOHNSON, ___ /12 (m) (SH1-172)
JOHNSON, ___ 50 (m) (B) (SH2-285)
JOHNSON, ___ 24 (m) (SH2-180)
JOHNSON, ___es 36 (m) (B) (SH2-19)
JOHNSON?, Ellick 56 (B) (SH1-356)
JOHNSTON, Annie 18 (SH2-97)
JOHNSTON, Anthony 40 (B) (SH2-233)
JOHNSTON, Bettie 18 (B) (SH2-103)
JOHNSTON, C. 30 (m) (SH1-392)
JOHNSTON, H. H. 53 (f) (SH1-146)
JOHNSTON, Harry 35 (SH2-101)
JOHNSTON, Henry P. 30 (SH1-469)
JOHNSTON, J. H. 37 (m) (SH2-223)
JOHNSTON, James 13 (B) (SH2-103)
JOHNSTON, Jas. W. 48 (SH2-217)
JOHNSTON, John 36 (SH2-68)
JOHNSTON, Kittie 39? (B) (SH2-225)
JOHNSTON, Lottie 16 (SH2-223)
JOHNSTON, Mariah 37 (B) (SH2-103)
JOHNSTON, Robert 48 (SH1-105)
JOHNSTON, Steve 37 (B) (SH2-103)
JOHNSTON, ___ 23? (m) (SH2-104)
JOHN___, ___ 65 (m) (SH1-198)
JOHN___, Robert 25 (B) (SH2-120)

JOICE, Margaret 44 (SH2-65)
JOICE, Oliva? V. 35 (f) (SH2-131)
JOICE, Pat 45 (m) (SH2-65)
JOINER, Alice 25 (B) (SH2-219)
JOINER, Catharine 25 (B) (SH2-24)
JOINER, Edward 24 (B) (SH1-84)
JOINER, Eliza 25 (B) (SH1-83)
JOINER, Emily 48 (B) (SH2-128)
JOINER, Henry W. 29 (SH1-415)
JOINER, J. J. 25 (m) (SH1-56)
JOINER, Laura 14 (B) (SH2-39)
JOINER, Margret 42 (B) (SH2-137)
JOINER, Oscar 19 (B) (SH1-84)
JOINER, Sam 45 (B) (SH1-387)
JOINER, Sarah 42 (B) (SH2-336)
JOLLEY, Ben 25 (SH2-216)
JONES, A. 27 (m) (B) (SH1-239)
JONES, A. 32 (m) (SH1-393)
JONES, Aaron 18 (B) (SH1-328)
JONES, Aaron 43 (B) (SH1-342)
JONES, Abe 30 (B) (SH1-358)
JONES, Abraham 52 (B) (SH1-470)
JONES, Agnes 56 (SH2-27)
JONES, Agnew 25 (f) (B) (SH1-90)
JONES, Alabama 25 (B) (SH1-309)
JONES, Alace 23 (SH2-194)
JONES, Albert 13 (B) (SH1-310)
JONES, Albert 32 (SH2-230)
JONES, Albert 35 (B) (SH1-347)
JONES, Albert 37 (B) (SH1-348)
JONES, Albert 39 (SH2-72)
JONES, Albert 45 (B) (SH1-130)
JONES, Albert 52 (B) (SH1-92)
JONES, Alc. 30 (m) (B) (SH1-404)
JONES, Alex 33 (SH1-190)
JONES, Alexander 23 (B) (SH1-79)
JONES, Alfird 23 (B) (SH1-45)
JONES, Alford 34 (B) (SH2-242)
JONES, Alford 52 (B) (SH1-45)
JONES, Allen 22 (B) (SH1-34)
JONES, Allen 32 (B) (SH2-325)
JONES, Allen 45 (B) (SH1-155)
JONES, Amanda 40 (B) (SH1-339)
JONES, Anderson 21 (B) (SH1-84)
JONES, Anderson 26 (B) (SH1-137)
JONES, Andrew 20 (B) (SH1-73)
JONES, Andrew 29 (B) (SH1-435)
JONES, Ann 15 (B) (SH1-218)
JONES, Ann 17 (B) (SH1-329)
JONES, Ann 57 (SH1-55)
JONES, Annie 15 (B) (SH2-39)
JONES, Annie 26 (B) (SH2-128)
JONES, Antony 60 (B) (SH1-348)
JONES, Archie 40 (B) (SH2-355)
JONES, Arthur 56 (B) (SH1-38)
JONES, Asa 55 (B) (SH1-340)
JONES, Babe 7 (m) (B) (SH2-289)
JONES, Bailey 21 (B) (SH1-67)
JONES, Becky 60 (B) (SH1-163)
JONES, Bella 40 (f) (B) (SH1-63)
JONES, Ben 30 (B) (SH2-102)
JONES, Ben 45 (SH2-109)
JONES, Ben 58 (B) (SH1-333)

JONES, Betsy 30? (B) (SH2-224)
JONES, Betsy 65 (B) (SH2-183)
JONES, Bettie 40 (B) (SH2-115)
JONES, Bettie 45 (B) (SH2-109)
JONES, Betty 47 (B) (SH1-102)
JONES, Betty 60 (B) (SH2-259)
JONES, Beulah 7 (B) (SH2-5)
JONES, Beuregard 16 (B) (SH1-42)
JONES, Boney 51 (m) (B) (SH1-61)
JONES, Booker 41 (B) (SH1-76)
JONES, Booker sr. 63 (B) (SH1-43)
JONES, Brown 15 (B) (SH1-317)
JONES, Bush 52 (B) (SH2-342)
JONES, C. Clay 30 (B) (SH1-299)
JONES, C. P. 31? (m) (SH1-52)
JONES, Calvin 55 (B) (SH2-110)
JONES, Caroll 50 (m) (B) (SH1-43)
JONES, Chamberlayne 10 (B) (SH1-51)
JONES, Chamberlayne 40 (SH1-44)
JONES, Chaney 45 (f) (B) (SH2-230)
JONES, Charles 23 (B) (SH1-97)
JONES, Charles 25 (B) (SH1-304)
JONES, Charles 3 (B) (SH2-348)
JONES, Charlotte 28 (B) (SH1-375)
JONES, Charly 29 (B) (SH1-195)
JONES, Chloe 38 (B) (SH2-216)
JONES, Clara 19 (B) (SH2-39)
JONES, Claud 8 (B) (SH2-146)
JONES, Clemintine 30 (B) (SH2-107)
JONES, D. C. 44 (m) (SH2-138)
JONES, Dan 16 (B) (SH1-163)
JONES, Daniel 52 (B) (SH2-74)
JONES, David 38 (B) (SH2-204)
JONES, Davis 32 (B) (SH2-131)
JONES, Delia 7 (B) (SH1-326)
JONES, Delsey 26 (f) (B) (SH1-2)
JONES, Denniss 35 (B) (SH1-62)
JONES, Diana 67 (B) (SH2-128)
JONES, Doc 37 (B) (SH2-151)
JONES, Dock 48 (B) (SH1-456)
JONES, Dolly 50 (B) (SH2-338)
JONES, Doney 2/12 (f) (B) (SH1-451)
JONES, E. 60 (m) (B) (SH1-243)
JONES, E. S. (Mrs.) 62 (SH2-366)
JONES, Easter 49 (f) (B) (SH1-378)
JONES, Ed 23 (B) (SH1-158)
JONES, Ed C. 57 (SH2-190)
JONES, Edward 24 (B) (SH1-159)
JONES, Edward 35 (B) (SH2-239)
JONES, Edward L. 35 (SH2-56)
JONES, Eli 20 (B) (SH1-411)
JONES, Elisebeth 60 (B) (SH1-102)
JONES, Eliza 1 (B) (SH1-298)
JONES, Eliza 45 (B) (SH1-448)
JONES, Eliza 50 (B) (SH1-375)
JONES, Eliza 50? (B) (SH1-65)
JONES, Eliza 60 (B) (SH1-365)
JONES, Elizabeth 45 (B) (SH2-128)

JONES, Elizabeth 7 (B) (SH2-27)
JONES, Ellen 46 (SH2-39)
JONES, Ellis 33 (SH2-70)
JONES, Ellis 55 (B) (SH1-436)
JONES, Elvira B. 29 (SH2-17)
JONES, Ely 35 (B) (SH1-61)
JONES, Emanuel 32 (B) (SH1-327)
JONES, Emily 14 (B) (SH2-292)
JONES, Emma 16 (B) (SH2-174)
JONES, Emma 16 (SH2-71)
JONES, Emma 23 (B) (SH2-180)
JONES, Ephraim 25 (B) (SH2-289)
JONES, Ephraim 30 (B) (SH2-16)
JONES, Epps 40 (B) (SH2-160)
JONES, Erskin 37? (m) (B) (SH1-308)
JONES, Eugene 6 (B) (SH2-266)
JONES, Everett 65 (B) (SH1-43)
JONES, Fannie 13 (B) (SH1-299)
JONES, Fannie 22 (B) (SH2-165)
JONES, Felix M. 32 (SH2-94)
JONES, Felix 21 (B) (SH1-26)
JONES, Felix 34 (B) (SH1-99)
JONES, Florence 9 (B) (SH1-172)
JONES, Frakey 93 (f) (B) (SH1-42)
JONES, Frances 36 (B) (SH2-299)
JONES, Frances 50 (SH1-59)
JONES, Frank 19 (SH2-216)
JONES, Fred 22 (B) (SH2-301)
JONES, Gabriel 24 (B) (SH2-146)
JONES, Gentry 45 (B) (SH1-334)
JONES, Geo. 40 (B) (SH1-179)
JONES, Geo. 45 (B) (SH1-393)
JONES, Geo. R. G. 35 (SH2-283)
JONES, Geo. W. 32 (B) (SH2-238)
JONES, Georg 50 (B) (SH1-94)
JONES, George 11 (B) (SH1-334)
JONES, George 23 (B) (SH1-156)
JONES, George 23 (B) (SH2-328)
JONES, George 24 (B) (SH1-181)
JONES, George 24 (B) (SH1-308)
JONES, George 25 (B) (SH1-226)
JONES, George 35 (B) (SH1-409)
JONES, George 40 (B) (SH1-365)
JONES, Glasco 80 (m) (B) (SH1-58)
JONES, Gora? 9/12 (f) (B) (SH2-168)
JONES, Granison 63 (B) (SH1-209)
JONES, Gus 44 (B) (SH2-251)
JONES, H. T. 79 (m) (SH1-236)
JONES, Hanna 48 (B) (SH2-97)
JONES, Hannah 22? (B) (SH2-225)
JONES, Hannah 70 (B) (SH1-357)
JONES, Hannah 78 (B) (SH2-283)
JONES, Hardy 30 (B) (SH1-356)
JONES, Harison 55? (B) (SH1-347)
JONES, Harriett 34 (B) (SH1-214)
JONES, Harriett 57 (B) (SH2-336)
JONES, Hatty 12 (B) (SH2-337)
JONES, Heber 31 (m) (SH2-216)
JONES, Henry 15 (SH1-305)
JONES, Henry 18 (B) (SH1-71)
JONES, Henry 22 (B) (SH2-19)

1880 Census Shelby Co. TN: Heads-of-Household

JONES, Henry 25 (SH2-28)
JONES, Henry 30 (B) (SH1-160)
JONES, Henry 30 (B) (SH1-241)
JONES, Henry 30 (B) (SH2-365)
JONES, Henry 31 (B) (SH1-410)
JONES, Henry 32 (B) (SH1-33)
JONES, Henry 35 (B) (SH1-183)
JONES, Henry 40 (B) (SH2-163)
JONES, Henry 42 (B) (SH1-317)
JONES, Henry 45 (B) (SH1-210)
JONES, Henry 45 (B) (SH2-252)
JONES, Henry 54 (B) (SH1-15)
JONES, Henry 66 (B) (SH1-19)
JONES, Herbert 14 (B) (SH1-441)
JONES, Hickory 55 (B) (SH1-80)
JONES, Holly 32 (B) (SH1-77)
JONES, Humphreys 30 (B) (SH2-206)
JONES, Ida 7 (B) (SH1-223)
JONES, Ira E. 63 (SH1-50)
JONES, Isaac 28 (B) (SH2-49)
JONES, Isac 40 (B) (SH2-174)
JONES, Isaiah 43 (SH1-104)
JONES, J. 59 (m) (SH1-392)
JONES, J. B. 27 (m) (SH2-68)
JONES, J. H. 51 (m) (SH1-48)
JONES, JAmes 30 (B) (SH1-243)
JONES, JOhn 30 (B) (SH2-168)
JONES, JOhn 83 (SH1-242)
JONES, Jack 45 (B) (SH1-429)
JONES, Jack 63 (B) (SH1-328)
JONES, Jackson 34 (B) (SH1-411)
JONES, Jackson 40 (B) (SH1-97)
JONES, Jacob 35 (B) (SH2-23)
JONES, Jalius 22 (m) (B) (SH1-454)
JONES, James 20 (SH1-54)
JONES, James 31 (SH1-93)
JONES, James 33 (SH1-354)
JONES, James 42 (SH2-291)
JONES, James H. 25 (B) (SH2-36)
JONES, Jane 55 (B) (SH1-129)
JONES, Jarrett 45 (B) (SH1-164)
JONES, Jas. B. 25 (SH2-156)
JONES, Jasper 56 (SH2-139)
JONES, Jeff 24 (B) (SH2-250)
JONES, Jeff 35 (B) (SH1-219)
JONES, Jeff 66 (B) (SH1-189)
JONES, Jennie 30 (B) (SH2-108)
JONES, Jennie 30 (B) (SH2-89)
JONES, Jenny 23 (B) (SH2-56)
JONES, Jerry 30 (m) (B) (SH1-191)
JONES, Jerry 49 (m) (B) (SH2-305)
JONES, Jerry __ (m) (SH2-77)
JONES, Jessie 26 (m) (B) (SH2-357)
JONES, Jinney 15 (B) (SH1-215)
JONES, Jinnie 17 (B) (SH1-465)
JONES, Jno. 18 (B) (SH1-248)
JONES, Jno. 22? (SH1-233)
JONES, Jno. 35 (B) (SH1-63)
JONES, Jodie 48 (f) (SH2-84)
JONES, Joe 24 (B) (SH1-355)
JONES, Joe 33 (B) (SH1-288)
JONES, John 17 (B) (SH1-233)
JONES, John 18 (B) (SH1-49)
JONES, John 25 (B) (SH2-312)
JONES, John 28 (B) (SH2-338)

JONES, John 30 (B) (SH1-39)
JONES, John 35 (B) (SH1-154)
JONES, John 35 (B) (SH1-308)
JONES, John 35 (B) (SH2-206)
JONES, John 35 (B) (SH2-44)
JONES, John 37 (SH1-458)
JONES, John 40 (B) (SH1-32)
JONES, John 40 (SH1-73)
JONES, John 48 (B) (SH1-355)
JONES, John 49 (B) (SH1-2)
JONES, John 53 (B) (SH1-37)
JONES, John 56 (B) (SH1-27)
JONES, John 7 (B) (SH1-412)
JONES, John 70 (B) (SH1-315)
JONES, John A. 40 (B) (SH1-257)
JONES, John J. 60 (SH1-113)
JONES, John L. 34 (B) (SH1-417)
JONES, John M. 31 (SH1-192)
JONES, Joseph 23 (SH1-85)
JONES, Josephine 17 (B) (SH1-99)
JONES, Judie 48 (B) (SH2-299)
JONES, Julia 16 (B) (SH2-222)
JONES, Julia 21 (B) (SH2-64)
JONES, Julia 30 (B) (SH2-97)
JONES, Julia 38 (B) (SH2-199)
JONES, Julia 40 (B) (SH2-176)
JONES, Julia 45 (B) (SH1-307)
JONES, Julia 60 (B) (SH1-405)
JONES, Junius 38 (m) (B) (SH2-304)
JONES, K. 21 (m) (B) (SH1-107)
JONES, Katie 21 (B) (SH1-405)
JONES, Laura 10 (B) (SH1-409)
JONES, Laura 22 (B) (SH2-82)
JONES, Laura 45 (B) (SH1-348)
JONES, Lee 18 (m) (B) (SH1-399)
JONES, Lee 50 (m) (SH1-359)
JONES, Lewis 15 (B) (SH1-353)
JONES, Lewis 23 (B) (SH2-354)
JONES, Lewis 25 (B) (SH1-255)
JONES, Lewis 4 (SH1-337)
JONES, Lewis 50 (B) (SH1-441)
JONES, Lewis S. 37 (SH2-85)
JONES, Lilly 13 (B) (SH1-347)
JONES, Linda 22 (B) (SH1-190)
JONES, Lizzie 12 (B) (SH2-237)
JONES, Lizzy 40 (B) (SH2-271)
JONES, Lou 20 (f) (B) (SH2-118)
JONES, Louis 25 (B) (SH2-20)
JONES, Louis 36 (B) (SH1-175)
JONES, Louis 38 (B) (SH2-125)
JONES, Louisa 20 (B) (SH1-453)
JONES, Louisa 76 (SH1-191)
JONES, Louisiana 76 (SH1-106)
JONES, Lucy 15 (B) (SH2-41)
JONES, M. 45 (f) (B) (SH1-389)
JONES, M. E. 42 (f) (SH1-158)
JONES, MAdison 30 (B) (SH1-171)
JONES, MArshal 40? (B) (SH1-74)
JONES, M____ 65 (m) (B) (SH2-287)
JONES, Mack 42 (B) (SH1-40)
JONES, Maggie 15 (B) (SH2-302)
JONES, Maggie 36 (B) (SH2-102)
JONES, Maggie 50 (B) (SH2-195)
JONES, Maggie 9 (B) (SH1-106)
JONES, Maggy 17 (SH2-265)
JONES, Malinda 33 (B) (SH1-123)
JONES, Malinda 60 (B) (SH2-109)

JONES, Margret 29 (B) (SH1-298)
JONES, Maria 55 (B) (SH2-311)
JONES, Mariah 35 (B) (SH2-58)
JONES, Marshal B. 31 (SH1-193)
JONES, Martha 35 (B) (SH2-67)
JONES, Martha 46 (SH2-35)
JONES, Mary 13 (B) (SH2-227)
JONES, Mary 31 (B) (SH1-107)
JONES, Mary 37 (SH2-5)
JONES, Mary 38 (SH2-199)
JONES, Mary 44 (SH1-308)
JONES, Mary 44 (B) (SH2-124)
JONES, Mary 65 (B) (SH1-327)
JONES, Mary _5 (B) (SH2-177)
JONES, Mat 78 (m) (B) (SH1-5)
JONES, Matildy 14 (B) (SH1-211)
JONES, Matthias 48 (SH2-340)
JONES, Mattie 20 (f) (B) (SH2-32)
JONES, May 40 (B) (SH2-140)
JONES, Merth? 42 (f) (B) (SH1-31)
JONES, Mija? 5 (f) (B) (SH1-49)
JONES, Millie 36 (B) (SH1-258)
JONES, Milton 17 (B) (SH1-67)
JONES, Milton 25 (B) (SH1-291)
JONES, Milton E. 51 (B) (SH1-320)
JONES, Mitchel 26 (B) (SH1-79)
JONES, Mollie 18 (B) (SH2-192)
JONES, Mollie 30? (B) (SH2-163)
JONES, Mollie 40 (B) (SH1-418)
JONES, Moris 31 (B) (SH1-70)
JONES, Morris 45 (B) (SH1-153)
JONES, Morton 28 (B) (SH1-44)
JONES, Moses 26 (B) (SH2-195)
JONES, Mr. 22 (SH2-216)
JONES, Mr. 32 (B) (SH2-349)
JONES, NEd 57 (B) (SH1-205)
JONES, Nancy 37 (B) (SH2-85)
JONES, Nancy 54 (B) (SH2-330)
JONES, Nancy 65 (B) (SH2-331)
JONES, Naomi 63 (SH1-418)
JONES, Napoleon 26? (B) (SH1-101)
JONES, Nat G. 50 (m) (SH1-186)
JONES, Nathan 16 (B) (SH2-43)
JONES, Nathan 55 (B) (SH1-172)
JONES, Nathl. M. 44 (SH2-259)
JONES, Ned 20 (B) (SH1-375)
JONES, Nelson 27 (B) (SH1-331)
JONES, Nelson 35 (B) (SH2-141)
JONES, Norris 21 (B) (SH2-117)
JONES, P. 32 (m) (B) (SH1-394)
JONES, P. B. 42 (m) (SH1-397)
JONES, P. T. 67 (m) (SH1-205)
JONES, Pat 25 (m) (B) (SH1-187)
JONES, Pat 53 (m) (B) (SH1-300)
JONES, Permelier 18 (B) (SH1-453)
JONES, Pertiller 46 (m) (B) (SH2-358)
JONES, Peter 30 (B) (SH2-129)
JONES, Peter 38 (B) (SH1-19)
JONES, Peter 39 (SH2-231)
JONES, Peter 40 (SH2-150)
JONES, Phoeba 14 (B) (SH1-45)
JONES, Polley 46 (B) (SH1-458)
JONES, Poney 21 (m) (B) (SH2-7)
JONES, Price 12 (B) (SH2-332)
JONES, Priscilla 30 (B) (SH2-353)

JONES, R. 16 (m) (B) (SH1-399)
JONES, R. J. jr. 26 (m) (SH2-295)
JONES, R. J. sr. 51 (m) (SH2-295)
JONES, Rebecca 60 (B) (SH1-43)
JONES, Reuben 26 (B) (SH1-351)
JONES, Reuben 35 (B) (SH1-428)
JONES, Reuben S. 52 (SH2-202)
JONES, Richard 26 (B) (SH1-119)
JONES, Richard 40 (B) (SH1-277)
JONES, Richard 47 (B) (SH2-174)
JONES, Richard 52 (B) (SH1-48)
JONES, Richard 70 (B) (SH1-429)
JONES, River? 11 (m), 8 B (SH1-46)
JONES, Robert 13 (B) (SH2-358)
JONES, Robert 22 (SH1-427)
JONES, Robert 27 (B) (SH2-202)
JONES, Robert 31 (B) (SH1-338)
JONES, Robert 32 (B) (SH1-357)
JONES, Robert 40 (B) (SH1-92)
JONES, Robert 50 (B) (SH2-78)
JONES, Robert 59 (B) (SH1-317)
JONES, Robt. 55? (B) (SH1-463)
JONES, Robt. B. 29 (SH1-466)
JONES, Robt. L. 38 (SH1-190)
JONES, Rosa 22 (B) (SH2-64)
JONES, Russel 48 (SH1-192)
JONES, Sallie 28 (B) (SH1-336)
JONES, Sallie 33 (B) (SH2-188)
JONES, Sallie 45 (B) (SH1-330)
JONES, Sallie 45 (B) (SH2-216)
JONES, Sam 22 (B) (SH1-300)
JONES, Sam 25 (B) (SH1-250)
JONES, Sam 45 (m) (SH1-230)
JONES, Sam 54 (B) (SH1-310)
JONES, Saml. 26 (B) (SH1-88)
JONES, Samuel 27 (B) (SH1-468)
JONES, Samuel 45 (B) (SH1-303)
JONES, Samuel 56 (B) (SH1-327)
JONES, Sandle 23 (f) (B) (SH2-237)
JONES, Sandy 30 (m) (B) (SH1-103)
JONES, Sarah 25 (B) (SH1-122)
JONES, Sarah 30 (B) (SH2-17)
JONES, Sarah 32 (SH2-333)
JONES, Sarah 40 (B) (SH2-3)
JONES, Sarah 45 (B) (SH2-36)
JONES, Scott 24 (B) (SH2-308)
JONES, Scott 30 (B) (SH1-283)
JONES, Shepter? 35 (m) (B) (SH2-333)
JONES, Sid 18 (B) (SH1-273)
JONES, Simon 49 (B) (SH1-119)
JONES, Solomon 35 (B) (SH2-65)
JONES, Solomon 45 (B) (SH1-379)
JONES, Sophia 25 (B) (SH2-132)
JONES, Stephen 26 (B) (SH1-245)
JONES, Stephen 50 (B) (SH1-346)
JONES, Stephen H. 34 (SH1-140)
JONES, Sterling 23 (B) (SH2-297)
JONES, Susan 45 (B) (SH2-252)
JONES, Susanna 40 (B) (SH1-98)
JONES, Sylvia 60 (B) (SH2-23)
JONES, T. 10 (f) (B) (SH2-160)
JONES, Thomas 15 (B) (SH1-137)
JONES, Thomas 28 (B) (SH1-28)
JONES, Thomas 30 (B) (SH1-339)
JONES, Thomas 30 (B) (SH1-9)

1880 Census Shelby Co. TN: Heads-of-Household

JONES, Thomas 40 (B) (SH1-310)
JONES, Thomas 40 (B) (SH2-347)
JONES, Thomas 50 (B) (SH1-443)
JONES, Thos. P. 29 (SH1-48)
JONES, Tilda 19 (B) (SH1-238)
JONES, Tom 18 (SH2-84)
JONES, Tom 25 (SH1-291)
JONES, Tom 27 (B) (SH1-424)
JONES, Tom 4 (B) (SH1-184)
JONES, Tom 6 (B) (SH1-329)
JONES, Tom 65 (B) (SH1-380)
JONES, Tomy 4 (B) (SH1-448)
JONES, Toney 27 (m) (B) (SH2-28)
JONES, Tony 5 (B) (SH1-326)
JONES, Violette 70 (B) (SH1-91)
JONES, Voss 23 (m) (B) (SH1-345)
JONES, W. 30 (m) (B) (SH1-390)
JONES, W. 52 (m) (B) (SH1-231)
JONES, W.? R. 29 (m) (SH2-251)
JONES, Walter 52 (B) (SH2-146)
JONES, Wesley 50 (B) (SH1-304)
JONES, Whit 25 (B) (SH1-10)
JONES, Wiley 26 (B) (SH1-326)
JONES, Wiley 40 (SH2-78)
JONES, Will 40 (B) (SH2-316)
JONES, Willie J. 23 (m) (B) (SH2-128)
JONES, Wm. 24 (B) (SH1-444)
JONES, Wm. 24 (SH1-447)
JONES, Wm. 27 (SH2-68)
JONES, Wm. 28 (SH2-134)
JONES, Wm. 48 (SH1-450)
JONES, Wm. 50 (B) (SH1-170)
JONES, Wm. 60 (B) (SH1-377)
JONES, Wm. H. 24 (SH1-52)
JONES, Wm. H. 51 (SH1-189)
JONES, Wm. J. 23 (SH1-205)
JONES, Wylie 22 (B) (SH1-164)
JONES, York __ (B) (SH2-127)
JONES?, Albert 22 (B) (SH1-224)
JONES?, Alice 32 (SH1-431)
JONES?, Charlie 45 (B) (SH1-385)
JONES?, Ester 60 (B) (SH1-284)
JONES?, Eugene 26 (B) (SH2-277)
JONES?, Mary 12 (B) (SH2-348)
JONES?, Mollie 32 (B) (SH2-213)
JONES?, Robt. 15 (SH1-37)
JONES?, Stephen 78 (SH1-190)
JONES?, T. F. 30 (m) (SH1-264)
JONES?, W. D. 20 (m) (SH1-56)
JONES?, Walter 25 (B) (SH1-67)
JONES?, henretta 60 (SH1-68)
JONSON, Sarah 22 (B) (SH1-372)
JONSTON, Armstead 18 (B) (SH1-298)
JONSTON, Carson 20? (B) (SH1-303)
JONSTON, Dave 35 (B) (SH1-317)
JONSTON, Ellen 16 (B) (SH1-314)
JONSTON, Hilliard 40 (B) (SH1-308)
JONSTON, Howard 8 (B) (SH1-309)
JONSTON, John 47 (B) (SH1-311)
JONSTON, Julia 5 (B) (SH1-300)
JONSTON, Lou B. 20 (f) (SH1-306)
JONSTON, Sam 50 (B) (SH1-317)
JONSTON, Wm. 30 (B) (SH1-302)
JONSTON, Wm. 31 (B) (SH1-307)
JONSTON, Wm. 33 (B) (SH1-323)
JOPLIN, E. 22 (f) (SH1-401)
JOPLIN?, Wm. 40 (SH1-95)
JORDAN, A. R. 19 (m) (B) (SH2-130)
JORDAN, Charles 8 (SH1-434)
JORDAN, Frank 25 (B) (SH1-12)
JORDAN, George 44 (SH1-371)
JORDAN, Hattie 17 (B) (SH2-84)
JORDAN, Henry 47 (B) (SH2-47)
JORDAN, Hulda 23 (B) (SH1-45)
JORDAN, Jack 30 (B) (SH1-275)
JORDAN, James 35 (B) (SH1-242)
JORDAN, James 36 (B) (SH1-372)
JORDAN, James 37 (SH2-48)
JORDAN, James 57 (SH1-335)
JORDAN, John 9 (B) (SH1-345)
JORDAN, Josephine 8 (B) (SH1-98)
JORDAN, Lem 30 (m) (SH2-293)
JORDAN, Mary 4 (B) (SH1-344)
JORDAN, P. 25 (m) (B) (SH1-405)
JORDAN, R. C. A. 39 (m) (SH1-55)
JORDAN, Richard 34 (SH2-211)
JORDAN, Robt. 21 (B) (SH1-55)
JORDAN, Robt. 37 (B) (SH1-34)
JORDAN, Starlin? 40 (m) (B) (SH2-328)
JORDAN, West 25 (B) (SH1-19)
JORDAN, Wm. 30 (B) (SH1-276)
JORDEN, James 40 (B) (SH2-185)
JORDINE, Julia 25 (B) (SH2-218)
JORDON, Howell 19 (SH2-50)
JORDON, J. 35 (m) (B) (SH1-245)
JORDON, Phillis 17 (B) (SH1-195)
JORDON, Wm. 6 (B) (SH2-324)
JOSEPH, Mary 30 (SH2-55)
JOSEPH, Walter __ (B) (SH2-125)
JOSHUA, Oscar 29 (B) (SH2-19)
JOSHUAY, Paul 67 (B) (SH1-454)
JOURDAN, Frank 21? (B) (SH2-275)
JOURDAN, Hy. 60 (m) (SH2-158)
JOURDAN, R. 55 (f) (B) (SH1-406)
JOY?, Levy 53 (SH2-55)
JOYCE, John C. 33 (SH2-61)
JOYCE, Margaret 42 (SH2-17)
JOYCE, Mary 35 (SH2-21)
JOYCE, Michael 49 (SH2-12)
JOYCE, Thomas 9 (SH2-46)
JOYCE, Wm. 13 (SH2-18)
JOYNDER, Louise 4 (B) (SH1-98)
JOYNER, Ed 23 (B) (SH2-108)
JOYNER, James 45 (B) (SH1-353)
JOYNER, M. L. 50 (f) (SH2-243)
JOYNER, Mary 30 (B) (SH1-251)
JOYNER, Monin? 54 (f) (B) (SH2-243)
JOYNER, Sarah 30 (B) (SH2-287)
JOYNER, Willis 30? (B) (SH1-444)
JUDAH, Gabriel H. 45 (SH2-65)
JUDD, C. F. 23 (m) (SH2-294)
JUDEA, Lawrence 19 (B) (SH1-275)
JUDGE, James 21 (SH2-158)
JUDICE?, Gus 30 (SH2-285)
JUDKIN, Oscar 30 (B) (SH2-167)
JUNIUS, G. Sneed 52 (SH1-464)
JUNKERMANN, G. A. 46 (m) (SH2-315)
JUPITER, Isaac 40 (B) (SH1-410)
JURGLE, John 48 (SH2-48)
JUST, Julia 55 (SH2-53)
JUSTICE, J. W. 54 (m) (SH1-395)
JUSTICE, MARtha 51 (B) (SH1-146)
JUSTIS, N. J. 44 (m) (SH1-211)
JUVITT?, James J. 5 (SH1-215)
J___, Guilford 65 (SH2-153)
J___, Marcus 59 (SH2-167)
J___, Sam 20? (B) (SH1-297)
J___S, Alford 24 (B) (SH1-45)
J____, Cora 17 (B) (SH1-333)
J____, Sam 30 (m) (B) (SH1-176)
J_____, Jos. 25 (B) (SH2-196)
KADDISH?, Henry Etta 3 (SH2-54)
KAGEL, Wm. 18? (SH2-277)
KAHFLDT, Olmer 12 (f) (SH2-44)
KAHN, Louis 45? (SH2-53)
KAII?, Ed J. 30 (SH2-310)
KAIL, Joseph 43 (SH1-148)
KAISE, Mary A. 13 (SH1-109)
KAISER, Sable 14 (f) (SH1-109)
KALEY, Martin 46 (SH2-356)
KANE, Albert 42 (SH2-244)
KANE, Andrew J. 40 (SH1-86)
KANE, James 11 (B) (SH2-361)
KANE, John 45 (SH1-113)
KANE, S. D. 42 (m) (SH2-256)
KANF, Wm. 51 (SH2-322)
KARCH, C. N. 36 (m) (SH2-255)
KARDELL, James 30 (SH2-297)
KARR, Charles 25 (SH2-77)
KARR, George 40 (B) (SH2-204)
KARR, John 35 (B) (SH2-202)
KARR, Wm. 58 (SH2-295)
KATMAN, Louis 20 (SH2-112)
KATTLEWELL, R. 39 (m) (SH2-247)
KATTRIN?, Anderson 65 (B) (SH1-106)
KATZENBERGER, Fannie 63 (SH2-65)
KAUFMAN, Caroline 50 (SH2-84)
KAUFMAN, Christina 37 (SH1-412)
KAUFMAN, David 55 (SH2-111)
KAUFMAN, Joseph 8 (SH1-424)
KAUFMNA, M. A. 53 (f) (B) (SH1-281)
KAY, Chas. 35 (SH1-379)
KEALHOPS?, Charles 42 (SH2-87)
KEALLY?, Ada P. 19 (SH2-193)
KEARNEY, Ellen 31 (SH2-48)
KEARNS, D.? J. 37 (m) (SH2-353)
KEARNS, Thomas 32 (SH1-347)
KEATHLEY, Geo. S. 22 (SH1-1)
KEATHLEY, J. 47 (m) (SH1-16)
KEATHLEY, John 28 (SH1-71)
KEATHLEY, Marshal 51 (SH1-20)
KEATING, Bridget 40 (SH2-312)
KEATING, C. 50 (f) (SH2-138)
KEATING, J. M. 50 (m) (SH2-91)
KEATING, Patrick 45 (SH2-18)
KEATS, Emma 6 (B) (SH1-310)
KECK, E. 50 (m) (SH2-109)
KECK, Geo. 19 (SH2-146)
KECK, Robert 56 (B) (SH1-172)
KEEF, Ann 50 (SH2-339)
KEEFE, Charles 27 (SH2-38)
KEEFE, Mary 18 (SH2-29)
KEEFE, Mary 36 (SH2-134)
KEEFE, Mollie 40 (SH2-144)
KEEGAN, Mary 60 (SH2-237)
KEEGAN, Thomas 26 (SH2-7)
KEEGTILLY, John W. 52 (SH2-83)
KEEL, E. T. 40 (m) (SH1-447)
KEEL, Elishey 14 (m) (SH1-458)
KEEL, Mary 58 (SH1-458)
KEEL, Melinda 51 (B) (SH1-385)
KEEL?, Emma 26 (B) (SH2-57)
KEELEN, Nicholas 45 (SH2-201)
KEELEY, Isaac 22 (SH2-16)
KEELY, Henry 22 (B) (SH2-1)
KEELY, Joseph 24 (B) (SH2-41)
KEELY, Thos. 47 (SH2-1)
KEEN, Ed 37 (B) (SH1-286)
KEEN, Juda 22 (B) (SH1-284)
KEEN, T. H. 42 (m) (SH1-283)
KEENAN?, O. 46 (m) (SH1-474)
KEES, Bettie 60 (B) (SH2-159)
KEGLER, James 35 (B) (SH1-328)
KEHR?, Mary 53 (SH2-277)
KEIGHTLEY, Harry 24 (SH2-96)
KEILER, John W. 18 (SH2-53)
KEISER, Christiana 58 (SH2-275)
KEISER, Fred 44 (SH2-327)
KEISER, Mary 40 (SH2-280)
KEITH, Isaac 38 (B) (SH1-428)
KEITH, Johanna 43 (SH2-28)
KEITH, Joseph 35 (SH2-57)
KEITH, Louis 46 (SH2-283)
KEITH, Patrick 38 (SH2-328)
KELLAR, Andrew J. 42 (SH2-66)
KELLAR, Wm. 21 (SH1-162)
KELLEHER, Mary 50 (SH2-178)
KELLER, Liza? _ (SH1-396)
KELLER, Samuel 29 (SH1-465)
KELLERMAN, F. 35 (m) (SH2-342)
KELLEY, Agustus 55 (SH1-7)
KELLEY, Andrew A. 33 (SH1-8)
KELLEY, D. C. 22 (m) (SH2-68)
KELLEY, Dock R. 55 (SH1-4)
KELLEY, Fillis 60 (B) (SH1-132)
KELLEY, Henry 60 (B) (SH1-313)
KELLEY, Isham 25 (B) (SH1-58)
KELLEY, James 19 (SH1-15)
KELLEY, John 21 (B) (SH1-58)

KELLEY, John 28 (SH2-68)
KELLEY, John R. 27 (SH1-2)
KELLEY, Johnson 18 (B) (SH1-67)
KELLEY, M. H. 32 (m) (SH1-175)
KELLEY, Martha 30 (B) (SH2-167)
KELLEY, Nettie 32 (SH2-176)
KELLEY, Patrick 38 (SH2-76)
KELLEY, Pink G. 30 (m) (SH1-7)
KELLEY, Sam 33 (B) (SH1-57)
KELLEY, Willie 11 (m) (B) (SH2-313)
KELLEY, Wm. 27 (SH2-77)
KELLEY, Wm. J. 32 (SH1-2)
KELLOR, H. 36 (m) (B) (SH1-397)
KELLY, Anderson 19 (B) (SH2-99)
KELLY, Benjamin S. 39 (SH2-7)
KELLY, Bridget 11 (SH2-273)
KELLY, Charles 30 (SH1-472)
KELLY, Christopher 27 (SH2-47)
KELLY, Elizabeth 7 (B) (SH1-347)
KELLY, Ellen 36 (SH2-323)
KELLY, Emley 39 (B) (SH1-90)
KELLY, Gabriel 40 (B) (SH2-11)
KELLY, Geo. 41 (SH1-396)
KELLY, George P. 29 (B) (SH1-90)
KELLY, Georgiana 24 (B) (SH2-115)
KELLY, Henry 40 (B) (SH1-250)
KELLY, Henry 55 (B) (SH2-268)
KELLY, James 35 (SH2-231)
KELLY, James __ (SH2-47)
KELLY, John 24 (SH2-29)
KELLY, John 26? (SH2-162)
KELLY, John 42 (SH2-84)
KELLY, John 50 (SH2-231)
KELLY, John 50 (SH2-258)
KELLY, John 65 (SH2-20)
KELLY, John D. 32 (SH2-51)
KELLY, Joseph A. 50 (SH2-88)
KELLY, Kate 16 (SH1-110)
KELLY, Kate 55 (SH2-165)
KELLY, Katie 11 (SH1-110)
KELLY, Lewis 30 (B) (SH2-235)
KELLY, M. J. 32 (m) (SH2-111)
KELLY, M. _. 26 (f) (SH2-315)
KELLY, Martin? 45 (SH2-157)
KELLY, Mary 11 (SH1-110)
KELLY, Mary 30 (SH1-387)
KELLY, Mary 50 (SH1-126)
KELLY, Mary 60 (SH2-155)
KELLY, Mima? 11 (SH1-110)
KELLY, Mollie 12 (SH1-436)
KELLY, Nora 40 (SH2-28)
KELLY, Nora 40 (SH2-9)
KELLY, Thomas 42 (SH2-22)
KELLY, Thomas 5 (B) (SH1-161)
KELLY, Thos. 26 (B) (SH1-449)
KELLY, Thos. 50 (SH2-289)
KELLY, Tom 35 (SH2-114)
KELLY, Wm. 23 (B) (SH2-198)
KELLY, Wm. 29 (B) (SH2-184)
KELLY, Wm. 4 (B) (SH2-268)
KELL__, C.? 54 (m) (SH1-449)

KELSEE, Mattie 6 (f) (B) (SH1-35)
KELSEY, Albert? 50 (B) (SH1-123)
KELSEY, Ed 40 (SH2-112)
KELSEY, Elsie 55 (B) (SH1-254)
KELSEY, Tony 37 (B) (SH1-437)
KELTNER, Henry H. 42 (SH1-16)
KEMP, Henry 26 (SH2-8)
KEMPF?, Robt. 29 (SH2-91)
KEMPLE, Mary 30 (SH2-157)
KEM_T, David 50 (B) (SH2-144)
KENDALL, James 65 (SH1-54)
KENDALL, Martha A. 36 (SH1-411)
KENDALL, Richard M. 22 (SH1-415)
KENDALL, Salina 40 (SH2-330)
KENDALL, Weaver R. 39 (SH1-412)
KENDRICK, Mary 19 (B) (SH1-113)
KENDRICK, _. C. 28 (m) (SH2-90)
KENEDAY, John 27 (B) (SH1-373)
KENEDY, Jake 40 (B) (SH1-355)
KENEDY, Thomas 50 (SH1-342)
KENEDY, Wm. 24 (B) (SH2-108)
KENEY, Silas 25 (B) (SH1-127)
KENLEY, Nellie 8 (SH2-13)
KENNADAY, Wm. 45 (SH2-51)
KENNADY, Alf A. 26 (B) (SH2-223)
KENNEDAY, Adolphus 25 (SH1-306)
KENNEDAY, Ella 28 (SH2-201)
KENNEDAY, Minnie 23 (B) (SH2-357)
KENNEDAY, Wm. 40 (SH1-369)
KENNEDAY, Wm. H. 43 (SH2-215)
KENNEDY, B. F. 42 (m) (SH2-256)
KENNEDY, E. A. 37 (m) (SH2-158)
KENNEDY, E. C. 6 (m) (SH2-247)
KENNEDY, Ellick 52 (B) (SH2-249)
KENNEDY, H. A. 20 (f) (SH1-250)
KENNEDY, Irena 15 (B) (SH2-324)
KENNEDY, James 50 (SH2-252)
KENNEDY, Laura 25 (B) (SH2-125)
KENNEDY, Lue 48 (f) (B) (SH2-156)
KENNEDY, M. C. 4_ (m) (SH2-247)
KENNEDY, Mrs. 56 (SH2-347)
KENNEDY, Peter 53 (SH2-315)
KENNEDY, Sally 35 (B) (SH1-407)
KENNEDY, Silas 12 (B) (SH1-414)

KENNEDY, Susan 50 (B) (SH1-430)
KENNEDY, Tim 27 (SH1-460)
KENNEDY, _. J. 47 (m) (SH1-399)
KENNEDY?, Albert 51 (B) (SH2-178)
KENNEL, Ann 44 (SH2-19)
KENNEL, Mary E. 28 (B) (SH2-338)
KENNEL, Mary J. 43 (B) (SH2-324)
KENNEL, Sallie 25 (SH2-176)
KENNELL, Ella 22 (B) (SH1-301)
KENNER, A. L. 47 (f) (SH2-105)
KENNETT, P. G. 50 (m) (SH2-75)
KENNEY, Caroline 45 (SH2-87)
KENNEY, Laura 24 (B) (SH2-81)
KENNISON, F. M. 25 (m) (SH2-78)
KENNON, Margaret 48 (SH2-109)
KENNY, Louise 28 (B) (SH1-99)
KENOWA, Barney 45 (SH2-113)
KENSTER, Gush 16 (m) (SH2-152)
KENT, James 38 (SH2-51)
KENYAN, Alexander 46? (SH2-100)
KER, Julia 24 (SH2-193)
KERBY, Richmond 45 (B) (SH1-468)
KERN, Carrie 63 (SH2-164)
KERN, Livingston 27 (B) (SH2-173)
KERNAN, Mark 35 (SH2-231)
KERNAN, Thos. E. B. 25 (SH2-101)
KERNELL, Ursula 64 (SH2-137)
KERNS, Kate 19 (SH2-47)
KERNS, Patrick 68 (SH2-15)
KERR, A. H. 68 (m) (SH1-41)
KERR, Annie J. 40 (SH2-100)
KERR, Charles 32 (SH2-78)
KERR, Jason 19 (B) (SH2-28)
KERR, Katy 18 (B) (SH1-462)
KERR, Mattie 22 (f) (SH2-257)
KERR, Nicholas C. 37 (SH1-421)
KERR, R. P. 28 (m) (SH1-41)
KERR, Susan 50 (SH1-373)
KERRIGEN, Patrick 25 (SH2-94)
KERRY, John 26 (B) (SH2-263)
KERSEY, Jacob 23 (SH2-91)
KERTCHNER, John 13 (SH2-113)
KERTRECHT, Ella 25 (B) (SH2-315)
KESLER, Joseph F. 39 (SH2-11)
KESMODEE, Chas. 43 (SH2-349)
KESTERSON, Ann 64 (SH2-53)
KETCHUM, Emma? 20 (SH1-374)
KETCHUM, Frank 25 (B) (SH1-446)
KETCHUM, Mary 20 (SH1-281)
KETZSHA__, Frederick C. 37 (SH1-107)
KET____, ____ 40 (m) (SH2-362)
KEY, Martha 50 (B) (SH1-411)
KEY, Matilda 19 (SH2-59)

KEY, Nannie 21 (B) (SH2-224)
KEY, Nathaniel 74 (B) (SH1-466)
KEY, Nicholas 30 (B) (SH1-411)
KEY?, Christina R. 23? (SH2-272)
KEYES, Thomas 19 (SH2-71)
KEYS, Ben 70 (B) (SH1-384)
KEYS, Bettey Scott 65 (B) (SH1-55)
KEYS, John W. 52 (SH2-99)
KIBBY, Irene C. 16 (SH1-460)
KIEFFER, Louis J. 23 (SH2-7)
KIFEVILE, Chas. 32 (SH2-188)
KIING, Hill 30 (B) (SH1-286)
KILBREATH, John 27 (SH1-20)
KILE, Mary 32 (SH1-60)
KILE, Robert 27 (B) (SH2-353)
KILES, Mack 20 (B) (SH1-250)
KILGORE, Annie 38 (SH2-94)
KILGOUR, Moses 32 (B) (SH2-12)
KILGOUR, Nathan 35 (B) (SH2-16)
KILLEY, James 89 (SH1-389)
KILLEY, Marshall? 1 (SH1-7)
KIMBALL, Frank 27 (B) (SH1-356)
KIMBELL, Wm. H. 62 (SH1-472)
KIMBLE, Martha J. 24 (B) (SH2-330)
KIMBLE, Sirus 56 (B) (SH2-329)
KIMBOL, Frank 25 (B) (SH2-187)
KIMBRO, Maria 55 (B) (SH2-287)
KIMBRO, _. L. 56 (m) (SH2-146)
KIMBROUGH, A. G. 25 (m) (SH1-241)
KIMBROUGH, B. J. 30 (m) (SH1-144)
KIMBROUGH, Prince 28 (B) (SH1-429)
KIMBROUGH, Shaderic 32 (B) (SH1-355)
KIMBROUGH, Thos. 12 (B) (SH1-337)
KIMBROUGH, W. F. 28 (m) (SH1-241)
KIMEL, Henry 40 (SH2-11)
KIMPH, M. 53 (f) (SH1-406)
KINADUS?, Lizzie 28 (SH2-165)
KINCADE, Acy __ (m) (B) (SH2-184)
KINCANNON, J. L. 50 (m) (B) (SH1-243)
KINCELLA?, Thomas 29 (SH2-273)
KINDLEY, David? 50 (B) (SH2-131)
KINEY, Wm. H. 43 (SH1-87)
KING, Andrew 24 (B) (SH1-145)
KING, Austin 45 (B) (SH1-341)
KING, Ben 38 (SH1-426)
KING, Benjamin 10 (B) (SH2-97)
KING, Braz. B. 47 (m) (SH1-121)
KING, Caroline 41 (B) (SH2-283)
KING, Dawson 25 (B) (SH1-79)
KING, Doc 30 (B) (SH2-231)
KING, Elinora 3 (B) (SH1-386)
KING, Elizabeth 41 (SH2-310)
KING, Ella 40 (B) (SH2-185)
KING, Emma 23 (B) (SH2-352)
KING, Grundy 16 (SH1-132)

1880 Census Shelby Co. TN: Heads-of-Household

KING, Hannah 35 (B) (SH2-18)
KING, Harriet 40 (SH1-136)
KING, Hattie 26 (B) (SH2-160)
KING, Henry 24 (B) (SH1-113)
KING, Howard O. 30 (B) (SH2-36)
KING, Jackson 50 (B) (SH2-122)
KING, Jake 25 (B) (SH1-69)
KING, James 33 (SH1-455)
KING, James 49 (B) (SH1-447)
KING, Jas. 55 (SH2-132)
KING, Jas.? 55? (SH2-132)
KING, Jenny 15 (SH2-247)
KING, Jenny 29 (SH2-242)
KING, Joe 25 (B) (SH2-304)
KING, John 22 (SH1-101)
KING, John 22 (B) (SH1-207)
KING, John 37 (B) (SH2-247)
KING, John 45 (B) (SH1-231)
KING, John R. 75 (SH1-142)
KING, Juter 36 (m) (B) (SH1-468)
KING, Kate H. 10 (SH1-114)
KING, Lelia R. 48 (SH2-190)
KING, Lewis 47 (B) (SH1-114)
KING, Lewis 50 (B) (SH2-146)
KING, Lilly 8 (B) (SH1-42)
KING, Lou 60 (f) (B) (SH2-187)
KING, Louise? E. 30 (SH2-98)
KING, MArgaret 30 (B) (SH1-438)
KING, Mary 13 (B) (SH1-231)
KING, Mary 33 (B) (SH2-340)
KING, Mary 54 (SH1-28)
KING, Michael J. 42 (SH2-51)
KING, Milton 26 (B) (SH2-286)
KING, Moddy C. 56 (SH2-217)
KING, Napoleon 9 (SH1-128)
KING, Nathan 67 (B) (SH1-283)
KING, Peter 50 (B) (SH1-359)
KING, Porter 40 (B) (SH2-286)
KING, R. M. 32 (m) (SH1-383)
KING, Richard 22 (SH2-87)
KING, Rosa 4 (B) (SH1-132)
KING, Sam 28 (Chinese) (SH2-92)
KING, Sam A. 35 (SH1-142)
KING, Squire 30 (B) (SH1-72)
KING, T. J. 47 (m) (SH1-144)
KING, T. M. 47 (m) (SH1-270)
KING, Thomas 35 (SH2-25)
KING, Thomas 48 (SH2-78)
KING, Winnie 11 (B) (SH1-41)
KING, Wm. 45 (B) (SH2-187)
KING, ___ 6 (f) (SH2-332)
KING?, Wilson 27 (B) (SH1-57)
KINGHAM, James 37 (SH2-274)
KINGSTON, Paul 36 (SH2-154)
KINKADE, F. 30 (m) (SH1-37)
KINKER, Henry 40 (SH2-196)
KINNAN, Catharine 42 (SH2-25)
KINNANE, Wm. 31 (SH2-247)
KINNEY, Alice 21 (B) (SH1-58)
KINNEY, James 27 (SH2-101)
KINNEY, Mollie 19 (SH2-87)
KINNEY, Wm. 53? (B) (SH2-67)
KINNEY?, Joseph 52 (SH2-98)
KINNON, Ella 24? (B) (SH2-338)
KINSMAN, ___ 26 (m) (SH2-52)
KIRBY, Baum? 10 (m) (B) (SH1-280)

KIRBY, Golden 17 (f) (B) (SH2-85)
KIRBY, Henry 30 (B) (SH2-123)
KIRBY, Jno. A. 35 (SH1-436)
KIRCHUBEL, MArtha 18 (SH1-98)
KIRK, Andrew 22 (B) (SH2-137)
KIRK, Betty 26 (B) (SH1-224)
KIRK, Eugene 40 (SH2-297)
KIRK, Fanny 24 (SH2-260)
KIRK, Fanny 66 (SH1-224)
KIRK, Felix 36 (SH1-224)
KIRK, George 32 (SH1-365)
KIRK, Hamp 29 (m) (B) (SH1-147)
KIRK, James 22 (SH2-72)
KIRK, James 33 (B) (SH1-369)
KIRK, John 46 (SH2-24)
KIRK, Levi 21 (B) (SH1-280)
KIRK, Osy 8/12 (m) (B) (SH1-224)
KIRK, Sallie 37 (B) (SH1-414)
KIRK, Wm. H. 39 (SH1-465)
KIRK, Wyatt 27 (B) (SH1-90)
KIRKE, Willie 11 (m) (B) (SH2-73)
KIRKER?, Thomas B. 30 (SH2-52)
KIRKLAND, Amanda 45 (SH2-197)
KIRKLAND, Ben 38 (B) (SH2-317)
KIRKLEY, Ernest 4 (B) (SH2-242)
KIRKPATRICK, Ely 32 (SH1-6)
KIRKPATRICK, Sam 29 (SH1-16)
KIRKSEY, James 35 (B) (SH1-165)
KIRKWOOD, C. 25 (m) (B) (SH1-456)
KIRKWOOD, Frank 27 (B) (SH1-285)
KIRNAN, Emanda 38 (SH2-252)
KIRSEY, Henry T. 49 (SH1-138)
KIRSHUER?, Wm. 9 (SH1-110)
KIRTENDAL, Luise 50 (SH1-98)
KIRTLAND, Emma 45 (SH2-242)
KIRTLAND, James 31? (SH2-69)
KIRTLAND, Kate 22 (B) (SH2-242)
KIRTLAND, L. 2 (f) (SH2-243)
KIRWAN?, Thomas 54 (SH1-444)
KISER, Jack 27 (B) (SH1-286)
KISZORT?, Jordon 42 (B) (SH2-357)
KITCHEN, Katherine 50 (SH2-42)
KITES, G. W. 31 (m) (SH2-182)
KITTELE?, John 25 (SH2-112)
KI__TT___AM, ___ 63 (f) (SH2-270)
KLATZ, Lewis 25 (SH2-300)
KLAUSNER, Jacob 43 (SH2-73)
KLAYSTRY?, Margaret 48 (SH2-270)
KLECE, Eliza 30 (B) (SH2-132)
KLEIN, Joseph 60 (SH2-262)
KLEIN?, Maria 8 (SH2-267)

KLEINSMITH, Julia 16 (B) (SH2-232)
KLINE, Charles 29 (SH2-100)
KLINE, John 21 (SH1-108)
KLINKE, W. 40 (f) (SH2-303)
KLINKY, Mary 3 (SH2-50)
KLOPFUR, Fred A. 38 (SH2-99)
KLYCE, Wm. 30 (SH2-255)
KNAPP, A. J. 38 (m) (SH2-294)
KNAPP, George 27 (SH2-24)
KNARRELL, Ed 27 (B) (SH2-359)
KNEY, Charles 39 (SH1-419)
KNEY, Louis 39 (B) (SH1-419)
KNIGHT, Abe 41 (B) (SH1-387)
KNIGHT, Caroline 50 (B) (SH1-145)
KNIGHT, Cornelius 37 (B) (SH2-303)
KNIGHT, John 40 (B) (SH1-337)
KNIGHT, Joseph 32 (B) (SH2-67)
KNIGHT, Mary 62? (SH1-207)
KNIGHT, Mary C. 38 (SH2-281)
KNIGHT, Sidney 4 (m) (SH1-336)
KNIGHT, Thos. 19 (B) (SH2-104)
KNIGHT, Woodson 56 (SH1-48)
KNIGHTLY, John 45 (SH2-29)
KNOLLIS?, Andw. 32 (SH2-190)
KNOTT, J. W. 57 (m) (SH2-314)
KNOTTS, B. L. 22 (m) (SH1-450)
KNOWLES, Matthew 42 (B) (SH1-409)
KNOWLIN, Mr. 25 (B) (SH2-355)
KNOWLING, Amos 30 (B) (SH1-349)
KNOWLS, Laura 48 (B) (SH1-326)
KNOWLTON, A. I. C. 43 (f) (SH2-336)
KNOX, Belnot? 40 (m) (SH1-58)
KNOX, F. M. 41 (m) (SH1-163)
KNOX, Henry 22 (B) (SH2-324)
KNOX, Henry 24 (B) (SH2-326)
KNOX, Isaah 26 (B) (SH1-49)
KNOX, Joseph H. 35 (SH2-12)
KNOX, M. H.? 33 (m) (SH2-300)
KNOX, Munford 60 (B) (SH1-433)
KNOX, Thomas 25 (SH2-71)
KOCH, C. 34 (m) (SH2-239)
KOCK, Julius 12 (SH1-460)
KOEFCHER?, Sigmond 33 (SH2-170)
KOEN, Flora 35 (B) (SH1-265)
KOEN, Mariah 60 (B) (SH1-262)
KOEN, Robt. B. 46 (SH1-460)
KOEN?, Jno. W. 30 (SH1-265)
KOENIG, Joseph 33 (SH2-362)
KOENSONAM, H. 23 (m) (SH2-188)
KOERPEN?, Mike 23 (SH2-86)
KOESTRING, Willie 30 (m) (SH2-68)
KOGH, John 9 (SH1-110)
KOHLBEY, A. 43 (m) (SH2-293)
KOHN, F. 27 (m) (SH2-112)
KOHSCKE, ___ 32 (m) (SH2-68)
KOOLER, Bettie 18 (SH2-65)

KOONCE, Anderson 14 (B) (SH1-15)
KOONCE, Mahala 70 (SH1-12)
KOPHMAN, Sarah 38 (SH2-106)
KORTRIGHT?, Humphry 20 (SH2-170)
KOUNS, L. P. 15 (m) (SH2-260)
KOUOLSKI, Agnes _4 (SH2-168)
KRAFT, Augusta? 51 (f) (SH2-64)
KRAFT, George 35 (SH2-4)
KRAMER?, Charles 35 (SH2-263)
KRAUS, Adam? 60 (SH1-96)
KREAMER, Dennis 34 (SH2-21)
KREEMER, Lazar 54 (m) (SH2-79)
KREICHGAUER, A. ___ (m) (SH2-92)
KREKEL?, Theodore 29 (SH2-188)
KRENKEL, Gus 37 (SH2-340)
KRENKLE, John C. 34 (SH2-344)
KRENKLER, Fred 40 (SH2-188)
KREUTER, Susie 26 (SH2-189)
KRIEL?, Slaughter 22 (m) (B) (SH2-107)
KRIGG, Wiley 23 (B) (SH2-284)
KRINKLE, F. 38 (m) (SH2-110)
KRINKLE?, Conrad 55 (SH2-213)
KRONAUER, Henry 32 (SH1-371)
KRONAUER, Herrman 47 (SH2-157)
KRONE, Julia 50 (B) (SH1-99)
KROPP, Fred 40 (SH2-77)
KROUSE, Charles 40 (SH2-164)
KROUSE, Wm. 27 (SH2-111)
KRUGER, JOanna 33 (SH2-111)
KRUGMAN, Emma 22 (SH2-121)
KRUSS, Wm. 18 (SH2-105)
KRUTZ, M. E. 44 (f) (SH1-454)
KUHN, Sigman 42 (SH2-53)
KUHN?, Wm. 41 (SH2-151)
KUHNHOLZ, Chas. 45 (SH2-128)
KULY?, Mary 18 (B) (SH2-310)
KUPFERSCHMINDT, Richard 26 (SH2-51)
KUPPENSTAPEL, Wm. 21 (SH2-51)
KUSS?, Herman 40 (SH1-97)
KYLE, Amie 45 (B) (SH1-143)
KYLE, James 30 (B) (SH1-192)
KYLE, Jerryson 50 (B) (SH1-440)
KYLE, John ___ (SH2-92)
KYLE, Joseph 35 (B) (SH1-36)
KYLE, M. E. 27 (f) (SH1-258)
KYLE, Sylvester 34 (SH2-55)
KYLES, B. 27 (m) (B) (SH1-182)
LAAGUE?, Mary 60 (SH2-316)
LABESQUE, B. 46 (m) (SH1-405)
LACEY, George 25 (B) (SH2-27)
LACKEN?, M. E. 47 (f) (SH1-236)
LACOGNE, Anna 2 (SH1-110)
LACROIX, Charles 12 (SH2-168)
LACROIX, Christine 65 (SH1-407)
LACROIX, George 20 (SH1-408)
LACROIX, Jacob 41 (SH1-409)
LACROIX, Louis 24 (SH1-408)
LACROSS, Jennie 32 (SH2-293)

LACY, Annie 45 (SH1-272)
LACY, Henry 32 (B) (SH1-353)
LACY, Jack 52 (B) (SH1-343)
LACY, Nettie 10 (SH1-110)
LACY, Thomas 30 (SH2-71)
LADELLE, George 15 (B) (SH1-328)
LADELLE, Willie 9 (m) (B) (SH1-328)
LADGMORE, M. 25 (f) (B) (SH1-394)
LAFONT, Robert 17 (SH1-415)
LAGARRIO, Tony 39 (SH2-111)
LAGGERT, J. A. 31 (m) (SH2-105)
LAGLAIS, L. 66 (f) (SH1-389)
LAGOMARSINO, Louis 24 (SH2-75)
LAGORIC, Louis 45 (SH2-3)
LAGRANGE, Witty 22 (f) (SH2-163)
LAGRILL, Joseph 74 (SH2-94)
LAGRILL, Louis 27 (SH1-389)
LAGRILL, Louise 51 (m) (SH1-397)
LAGRIO, Louis 35 (SH2-45)
LAGUSTER?, Clark 37 (B) (SH1-128)
LAHACHE, Emile 32 (SH2-221)
LAHEY, John 23 (SH2-237)
LAIN, B. F. 24 (m) (SH2-74)
LAIN, Sallie 48 (B) (SH1-152)
LAINE, Edmon 20 (B) (SH2-152)
LAINE, Maria 50 (B) (SH2-149)
LAINE, York 19 (B) (SH2-99)
LAKE, Aaron 50 (B) (SH2-198)
LAKE, Alba C. 31 (m) (SH2-99)
LAKE, Armeta 18 (B) (SH1-109)
LAKE, Emma 19 (B) (SH2-176)
LAKE, George 12 (B) (SH1-255)
LAKE, Jonas C. 46 (SH1-13)
LAKE, Kate 43 (SH1-370)
LAKE, L. L. 36 (m) (SH1-460)
LAKE, Sarah J. 30 (SH1-180)
LAKE, Wm. 23 (SH2-61)
LALLY?, Frank 52 (SH2-267)
LAMALTA, Thomas 4 (SH2-50)
LAMALTO, Ernestelle 42 (f) (SH2-50)
LAMAN, Randolph 45 (B) (SH1-100)
LAMASTER, Malinda 45 (B) (SH1-351)
LAMASTUS, Willie 21 (m) (SH2-356)
LAMB, A. E. 34 (f) (SH2-331)
LAMB, Bob 36 (SH2-257)
LAMB, Charles 28 (SH1-335)
LAMB, Daniel 30 (B) (SH1-343)
LAMB, Edward 42 (SH2-78)
LAMB, Georgia E. 17 (SH1-444)
LAMB, Hannah E. 64 (SH1-469)
LAMB, Ider 12 (B) (SH1-456)
LAMB, Jessee W. 40 (m) (SH1-5)
LAMB, Rodie 60 (f) (B) (SH1-120)
LAMB, S. R. 27 (m) (SH1-302)
LAMB, Spence H. 56 (SH1-102)
LAMB, T. A. 29 (m) (SH1-373)
LAMB, Tony 60? (B) (SH1-343)

LAMBERT, G. (Mrs.) 54 (SH2-353)
LAMBERT, Henry 21 (SH2-11)
LAMBERT, Louisa 10 (B) (SH1-398)
LAMBURG, Cath__ 22 (f) (SH1-47)
LAMBURG, Chris 38 (SH2-318)
LAMEY, Catharine 40 (SH2-8)
LAMONT, Frank 35 (SH2-68)
LAMOTT, Edward 30 (SH2-112)
LAMPKINS, Lou 12 (f) (B) (SH1-237)
LANAGAN, Ed. 23 (SH2-245)
LANCASTER, Emma 26 (B) (SH2-71)
LANCASTER, Henry 34 (B) (SH1-175)
LANCE, ___ 61 (m) (SH1-220)
LANCKERNAN?, H.? 74? (m) (SH2-135)
LAND, Benj. 32 (B) (SH1-181)
LAND, Henry 10 (B) (SH1-126)
LAND, Jas. C. 35 (SH1-187)
LAND, Jno. T. 38 (SH1-186)
LAND, Laura 24 (B) (SH2-217)
LAND, MArgret 69 (SH1-186)
LAND, Phillip 38 (B) (SH2-103)
LAND, Sarah V. 20 (SH2-318)
LAND, Thomas J. 37 (SH1-186)
LAND, Willis A. 46 (SH1-189)
LAND, Wm. L. 44 (SH1-188)
LAND?, Ida 36 (SH2-49)
LANDELINO, Santo 49 (m) (SH2-3)
LANDFORD, Dick 50 (B) (SH2-342)
LANDREE, George 30 (SH2-94)
LANDRIGAN, Dennis 60 (SH2-30)
LANDY, Thomas 40 (SH2-42)
LAND____, Ed 42 (SH2-352)
LANE, Alice 17 (B) (SH2-285)
LANE, Anne 7 (B) (SH2-267)
LANE, Annie 10 (B) (SH2-231)
LANE, Anthony 56 (B) (SH2-121)
LANE, Anthony C. 33 (SH1-424)
LANE, Arthur? 33 (B) (SH2-346)
LANE, C. 34 (f) (B) (SH2-231)
LANE, Caroline 39 (B) (SH2-361)
LANE, Edward 20 (B) (SH2-298)
LANE, Fayette 32 (B) (SH2-347)
LANE, Frank 20 (SH1-403)
LANE, George F. 24 (SH1-185)
LANE, Haywood 60 (B) (SH1-443)
LANE, James 14 (B) (SH1-313)
LANE, James 21 (SH1-354)
LANE, Jarry 48 (m) (B) (SH1-393)
LANE, John 18 (B) (SH1-236)
LANE, John 35 (B) (SH2-108)
LANE, Joseph 18 (B) (SH2-245)
LANE, Julia 16 (SH2-194)
LANE, Lauson 41 (m) (B) (SH1-471)
LANE, Lizzy 15 (SH1-399)
LANE, Marinda 34 (B) (SH2-157)
LANE, Mary 55 (B) (SH2-289)

LANE, Matilda 26 (B) (SH2-195)
LANE, Mattie 23 (f) (B) (SH2-217)
LANE, Richard 30 (B) (SH2-236)
LANE, Robbi 27 (B) (SH1-408)
LANE, S. T. 40 (m) (SH1-230)
LANE, Susan 39 (B) (SH2-174)
LANE, T. H. 48 (m) (SH2-358)
LANE, Timothy 48 (SH2-18)
LANE, Wm. 9 (B) (SH2-14)
LANE, ___ 25 (m) (B) (SH1-297)
LANEY, Clinton 18 (B) (SH2-18)
LANEY, Henderson 25 (B) (SH2-18)
LANG, John 21 (SH2-58)
LANG, Julius M. 32 (SH1-6)
LANG, Wm. 25 (B) (SH1-440)
LANGBEIN, Charles 71 (SH1-414)
LANGBEIN, Herman 48 (SH1-413)
LANGE, Louis 41 (SH2-171)
LANGFORD, H. J. 41 (f) (SH2-329)
LANGFORD, Silas 30 (B) (SH1-162)
LANGFORD, ____ 22 (m) (B) (SH2-162)
LANGFORD?, Harriett 40 (B) (SH2-333)
LANGINOTI, Frank 35 (SH2-114)
LANGLEY, Lucy 22 (SH1-422)
LANGLIN, Thomas 68 (B) (SH1-44)
LANGSTAF?, Alfred 35 (SH2-93)
LANGSTAFF, Lemuel 10 (SH2-13)
LANGSTER, Fred 21 (B) (SH2-132)
LANGSTON, Andrew 22 (B) (SH1-133)
LANGSTON, Calvin 39 (B) (SH1-383)
LANGSTON, Huly? 45 (m) (B) (SH1-383)
LANGSTON, JAmes 45 (B) (SH1-122)
LANGSTON, Sam 19 (m) (B) (SH2-76)
LANHAM, E. W. 35 (m) (SH1-414)
LANIER, Felix R. 51 (SH1-100)
LANIER, Henderson 21 (B) (SH1-132)
LANIER, JEff 50 (B) (SH1-122)
LANIER, John 25 (B) (SH1-120)
LANIER, Mary 47 (SH2-71)
LANIGAN, James 24 (SH2-94)
LANIGAN, Patrick 45 (SH2-5)
LANINI, Balista 28 (m) (SH2-153)
LANNIGAN, John 24 (SH2-65)
LANSON, Freeman 19 (B) (SH1-305)
LANSTER, George 21 (B) (SH1-127)
LANSTON?, STephen 35 (B) (SH1-94)
LANTRY, Frank 40 (SH2-110)
LANTZ, John 45 (SH2-2)
LAOPOLD, Leon 49 (SH2-64)

LAPIRE, Jacob 40 (SH2-303)
LARACKE, Felix 23 (SH1-103)
LARAGE, John 33 (SH2-74)
LARKIN, A. 13 (f) (SH1-109)
LARKIN, Jno. M. 50 (SH2-86)
LARKIN, John 30 (SH2-31)
LARKIN, Julia 21 (SH2-235)
LARKIN, Mich 40 (SH2-147)
LARKIN, Michael 23 (SH2-146)
LARKIN, Phil 23 (SH2-106)
LARKINS, A. 23 (m) (B) (SH1-166)
LARKINS, Alex 61 (B) (SH1-164)
LARKINS, John 33 (B) (SH1-160)
LARKINS, Margt. 36 (SH2-288)
LARKMAN, J. H. 27 (m) (SH2-110)
LARNY, J. A. 34 (m) (SH1-31)
LARRY, Solomon 58 (B) (SH2-274)
LARSON, Andrew 20 (SH1-216)
LARSON, Mary 22 (SH2-66)
LASELLE, Frank 4 (SH1-110)
LASK, Wm. 24 (SH2-104)
LASKI, Joe 48 (SH2-114)
LASKI, R. L. 64 (m) (SH2-358)
LASTER, James 17 (B) (SH1-127)
LATEAGUE, Geo. 40 (B) (SH2-284)
LATEN, Margret 90 (B) (SH2-157)
LATHAM, C.? J. 42 (m) (SH1-399)
LATHAM, Fred 20 (B) (SH2-133)
LATHAM, George 36 (SH2-68)
LATHAM, M. J. 34 (f) (SH2-261)
LATHAM, Pinckney? 40 (m) (SH1-91)
LATIMORE, Casper 70 (B) (SH1-31)
LATIMORE, Frank 18 (SH2-101)
LATOUR, J. J. 23 (m) (SH1-420)
LATSCH, Mollie 26 (SH1-376)
LATSON, Flora 10 (B) (SH2-340)
LATTAMAN, Frank 17 (SH2-133)
LATTING, Richard G. 54 (SH2-58)
LAUBRIE, Ike 20 (SH2-92)
LAUDERDALE, Saml. 29 (B) (SH2-326)
LAUDERDALE, W. B. 49 (m) (SH1-283)
LAUDERDALE, ____ 29 (B) (SH2-32)
LAUER, Phil 43 (SH2-74)
LAUGHLIN, David 63 (SH1-134)
LAUPHIER?, John 73 (SH1-142)
LAURA, Wyna 54 (f) (B) (SH1-101)
LAURENCE, T. 14 (f) (SH1-403)
LAURENZI, Mary 29 (SH2-31)
LAUREZ, B. 16 (f) (B) (SH1-396)
LAURY, Jo 53 (m) (B) (SH1-397)
LAUTERBACK, Anthony 48 (SH2-77)
LAUTH, Nathan 28 (SH1-413)
LAVELLE, James 32 (SH2-309)
LAVETTE, Mary 5 (SH1-110)
LAVEZZO, Myke 53 (SH2-78)

1880 Census Shelby Co. TN: Heads-of-Household

LAVIEL, Ada 12 (B) (SH1-372)
LAVINE, Richard 24? (B) (SH2-178)
LAW, John 28(Chinese) (SH2-75)
LAWHORN, Charles 30 (SH2-42)
LAWHORN, L. 37 (m) (SH2-308)
LAWLER, John 38 (SH2-127)
LAWLER, Wes 35 (SH1-71)
LAWLESS, John 30 (SH2-172)
LAWLESS, Peter 60 (SH2-12)
LAWN, Joseph 25 (SH1-349)
LAWRENCE, Adolph 35 (SH2-231)
LAWRENCE, Anna E. 37 (SH2-54)
LAWRENCE, H. 43 (f) (SH1-378)
LAWRENCE, Kitty 70 (f) (B) (SH2-197)
LAWRENCE, Lizzie 30 (B) (SH2-157)
LAWRENCE, Mary 80 (B) (SH1-149)
LAWRENCE, Mattie E. 32 (f) (SH2-344)
LAWRENCE, Richd. 25 (B) (SH2-231)
LAWRENCE, S. 18 (m) (SH1-399)
LAWRENCE, ____ _ (B) (SH1-289)
LAWRENCE, _an 88 (f) (B) (SH1-474)
LAWS, Martha 39 (B) (SH2-278)
LAWS, Mary J. 44 (SH2-8)
LAWSON, Alexander 22 (B) (SH2-8)
LAWSON, Henry 35 (B) (SH1-225)
LAWSON, Louisa 21 (B) (SH2-213)
LAWSON, Sarah 8 (B) (SH1-42)
LAWTON, John 24 (SH2-199)
LAWTON, Katie 24 (SH2-301)
LAWTON, Philla T. 63 (f) (SH2-301)
LAY, Harvy 33 (SH2-351)
LAYER, Wm. 23 (SH2-5)
LAYGETT, Georgia 22 (B) (SH2-133)
LAYOMERSENI, Nettie 16 (f) (SH2-326)
LAYTON?, Maggie 28 (B) (SH2-136)
LAZOINE?, John 7 (SH1-110)
LAZZARINE, Lawrence 11 (SH1-421)
LA__IN, Daniel 48 (SH2-278)
LA___, Henry 28 (B) (SH2-174)
LEA, Nora 8 (SH1-111)
LEACH, Louis 19 (SH1-56)
LEACHMAN, Bob 28 (B) (SH1-274)
LEACHMAN, Cal 26 (B) (SH1-277)
LEAHY, Michael 30 (SH2-7)
LEAK, Armsted 55 (B) (SH1-184)
LEAK, Eddie 18 (f) (SH1-184)
LEAK, Fran? 30 (m) (SH1-184)
LEAK, Milly 65 (B) (SH1-184)
LEAKA, Myke 29 (SH2-74)

LEAKE, Ben 31 (B) (SH1-211)
LEAKE, E. K. 29 (m) (SH1-265)
LEAKE, Eliza? 50 (SH1-229)
LEAKE, Jun__ 22 (m) (B) (SH1-228)
LEAKE, M. F. 28 (m) (SH1-265)
LEAKE, Nelson 55 (B) (SH1-202)
LEAKE, R. W. 46 (m) (SH2-137)
LEARY, Luke 30 (B) (SH2-229)
LEARY, Michael 27 (SH2-327)
LEATH, Charles 36 (B) (SH1-324)
LEATH, James T. jr. 47 (SH1-420)
LEATH, Siras 56 (m) (B) (SH1-101)
LEATHERMAN, Phillip 42 (B) (SH2-325)
LEATZ, Lillie 11 (SH2-72)
LEAZER, Joseph 4 (SH1-424)
LEBANON, Dennis 25 (B) (SH2-5)
LECLERC, Chas. A. 34 (SH2-99)
LECLERCK, Felix 29 (SH2-117)
LECOQ?, Mary 36 (SH2-201)
LECROIX, John 23 (SH1-95)
LEDBETTER, Allen 55 (B) (SH1-130)
LEDBETTER, Geo. 45 (B) (SH1-121)
LEDBETTER, Hardy 30 (B) (SH1-367)
LEDBETTER, Samuel P. 45 (SH2-62)
LEDBETTER, Stephen 42 (B) (SH1-442)
LEDDEN, Thomas 45 (SH2-77)
LEDGER, Jack 34 (SH2-101)
LEE, A. 50 (m) (B) (SH1-237)
LEE, Abram 31 (B) (SH1-161)
LEE, Alexander 35 (B) (SH2-237)
LEE, Angelina 28 (SH2-86)
LEE, Antony 52 (B) (SH1-417)
LEE, Armstead 23 (B) (SH1-87)
LEE, Burrel 56 (B) (SH1-332)
LEE, C. 55 (f) (B) (SH2-20)
LEE, Celia 40 (B) (SH2-130)
LEE, Clay 33 (B) (SH1-425)
LEE, Cora 26 (B) (SH2-349)
LEE, Dan 23 (B) (SH2-356)
LEE, David 49 (B) (SH1-105)
LEE, Edward 28 (SH2-12)
LEE, Eliza 29 (SH2-175)
LEE, Ellen 2 (B) (SH1-122)
LEE, Ellen 30 (B) (SH1-128)
LEE, Emma 26 (B) (SH2-231)
LEE, Fannie 50 (f) (SH1-312)
LEE, Fed 27 (m) (SH2-307)
LEE, Frances 37 (B) (SH1-389)
LEE, Frank 35 (B) (SH2-97)
LEE, George 68 (B) (SH2-344)
LEE, Horace 27 (B) (SH1-68)
LEE, Isaac 42 (B) (SH2-26)
LEE, Jacob 23 (B) (SH1-390)
LEE, James 16 (B) (SH1-164)
LEE, James 20 (B) (SH2-15)
LEE, James 22 (B) (SH2-7)
LEE, James 36 (B) (SH1-434)
LEE, James 46 (B) (SH2-86)
LEE, James 48 (B) (SH2-338)
LEE, Jane 41 (B) (SH2-160)
LEE, Jennie 25 (B) (SH2-89)

LEE, Jerry 51 (B) (SH1-423)
LEE, Jerry 51 (B) (SH1-423)
LEE, Jessee 20 (m) (B) (SH1-11)
LEE, John 22 (SH2-22)
LEE, John 35 (B) (SH2-36)
LEE, John 49 (SH2-44)
LEE, John 56 (B) (SH1-218)
LEE, John R. 38 (SH1-444)
LEE, Jos. 60 (B) (SH2-187)
LEE, Joseph 21 (B) (SH1-84)
LEE, Joseph 54 (B) (SH1-423)
LEE, Joseph 54 (B) (SH1-423)
LEE, Josephine 12 (B) (SH1-230)
LEE, Josephine 12 (B) (SH1-242)
LEE, Julia 32 (B) (SH2-201)
LEE, Ki 15 (m) (B) (SH1-128)
LEE, Louis 45 (SH2-257)
LEE, MAggie 5 (B) (SH1-46)
LEE, Mary 24 (SH2-100)
LEE, Mary 40 (SH1-206)
LEE, Mary A. 47 (SH2-335)
LEE, Mary A. 51 (SH1-74)
LEE, Matilda 50 (B) (SH2-203)
LEE, Michael 40 (SH2-6)
LEE, Moses 45 (B) (SH2-311)
LEE, Nancy 5 (B) (SH2-279)
LEE, Nelson 48 (B) (SH1-470)
LEE, Peggy 46 (B) (SH2-338)
LEE, Peter 39 (B) (SH2-98)
LEE, R. 29 (m) (SH2-352)
LEE, R. W. 27 (m) (B) (SH2-345)
LEE, Richard 30 (B) (SH2-20)
LEE, Richard 36 (B) (SH1-103)
LEE, Robert 21 (B) (SH2-231)
LEE, Robert 22 (SH2-11)
LEE, Robert 60 (B) (SH1-157)
LEE, Robt. 35 (B) (SH2-150)
LEE, Sarah 36 (B) (SH2-33)
LEE, Selinia 50 (B) (SH1-128)
LEE, Seymour L. 38 (SH2-61)
LEE, Stack 35 (m) (SH2-73)
LEE, Stacker 31 (m) (SH2-104)
LEE, Thos. 30 (B) (SH2-283)
LEE, Wm. 23 (B) (SH1-406)
LEE, Wm. 33 (B) (SH1-355)
LEE, Wm. 34 (B) (SH1-19)
LEE, Wm. 44 (B) (SH2-230)
LEE, Zacheus 72? (B) (SH1-46)
LEECH, Allice 25 (B) (SH1-405)
LEECH, Robert 46 (B) (SH2-325)
LEECH, Thomas 12 (SH1-110)
LEECH, Thomas 23 (SH2-124)
LEELAND, Charles 38 (SH2-71)
LEES?, John T. 30 (SH2-198)
LEFEVRE, A. M. 36 (f) (SH1-170)
LEFTWICH, Mattie 28 (f) (SH1-432)
LEFTWICK, Frances 39 (B) (SH2-131)
LEFTWICK, G. A. 40 (f) (SH2-109)
LEFTWITCH, Angeline 14 (B) (SH1-117)
LEF___LLI, David 23 (SH1-107)
LEG, Tom 36 (SH1-72)
LEGAN, Jno. 65 (B) (SH1-448)
LEGUERE, Julia 38 (SH2-266)
LEHMAN, E. 31 (m) (SH2-196)
LEHMAN, Eugine 40 (SH2-196)

LEHMAN, S. 33 (m) (SH2-196)
LEHMAN, Virginia 24 (SH2-177)
LEHNER, Julia 52 (SH2-211)
LEIBUS, Mary 30 (SH2-46)
LEIDY, Eugene H. 41 (SH2-66)
LEIGH, Joseph P. 27 (SH1-85)
LEIGH, Sarah 66 (SH1-82)
LEITHE?, MArtin _ (B) (SH1-275)
LEIZER, Henry 30 (SH2-48)
LELAND, Charles 36 (SH2-93)
LELAND, Lewis 62 (B) (SH2-7)
LELIE, J. W. 24 (m) (SH2-146)
LEM, Lehman 27 (SH2-145)
LEMASTER, Mary A. 48 (SH2-213)
LEMASTER, Osman 45 (m) (B) (SH1-319)
LEMAYS, John W. 25 (B) (SH2-206)
LEMMON, Henry T. 36 (SH2-360)
LEMMON, Malidy 46 (f) (B) (SH1-215)
LEMMONS, Chana 33 (f) (B) (SH2-317)
LEMMONS, Isaam 59 (m) (B) (SH2-317)
LEMMONS, Nannie 29 (SH2-61)
LEMMONS, Sicor? 40 (m) (B) (SH1-303)
LEMON, Edward 40 (SH2-79)
LEMON, H. 56 (m) (SH2-165)
LEMON, Thomas 36 (SH1-197)
LEMON, W. Leroy 58 (SH1-188)
LEN, Lettie 63 (B) (SH1-258)
LENAHAN, Margaret 36 (SH2-16)
LENAHAN?, Lilly 10 (SH2-356)
LENDRY, M. 63 (f) (B) (SH2-185)
LENGRING, Jenny 7 (SH2-246)
LENNARD, Nancy 52 (B) (SH1-65)
LENNIHAN?, Mollie 15 (SH2-355)
LENNON, Joanna 38 (SH2-324)
LENON, John 42 (SH1-373)
LENON?, Joseph 65 (SH1-375)
LENORD, Kate 22 (SH2-34)
LENOW, Wiley 36 (B) (SH2-299)
LENSFORD, W. B. 53 (m) (SH1-390)
LENTI, John 27 (SH1-406)
LENTI?, Guiseppi 41 (SH1-106)
LEOGUE, John 7 (SH1-110)
LEON, John 35 (SH2-59)
LEONARD, Albert 35 (B) (SH1-272)
LEONARD, George A. 24 (SH2-62)
LEONARD, J. 43 (m) (SH2-200)
LEONARD, J. L. 21 (m) (B) (SH1-286)
LEONARD, James 30 (SH2-231)
LEONARD, Jas. C. 25 (SH1-470)
LEONARD, John 41 (SH2-15)
LEONARD, John 45 (SH1-424)
LEONARD, Lawrence 49 (SH2-121)
LEONARD, Lizzie 45 (SH2-262)

73

1880 Census Shelby Co. TN: Heads-of-Household

LEONARD, M. A. 46 (f) (SH2-315)
LEONARD, MArtin 28 (SH2-48)
LEONARD, Mary 6 (SH2-29)
LEONARD, Silas W. 40 (SH1-348)
LEONARD, Thomas 22 (SH2-3)
LEONARD, ___ 40? (m) (SH2-177)
LEOPPOLD, Christ 26 (SH1-115)
LERNER, Rodney 35 (SH2-180)
LEROY, Alida 59 (SH2-138)
LERRY, Caroline 45 (SH2-8)
LERRY, Hattie 17 (SH2-1)
LESHORE, Washn. 50 (B) (SH2-246)
LESLIE, Burr 55 (B) (SH1-363)
LESLIE, Charles 2 (SH2-36)
LESLIE, E. M. 32 (f) (SH2-106)
LESLIE, Jane 52 (SH2-252)
LESLIE, John H. 32 (SH2-36)
LESLIE, Joseph 30 (B) (SH2-16)
LESLIE, Nora 22 (B) (SH2-85)
LESLIE, Robert 27 (SH2-359)
LESTER, Ellis 35 (SH1-158)
LESTER, Hariet 22 (B) (SH1-332)
LESTER, J. B. 22 (m) (SH1-30)
LESTER, John 31 (SH2-172)
LESTRANGE, Wm. 18 (SH2-40)
LEVE, Sally 28 (SH2-36)
LEVELL, Bob 25 (B) (SH1-294)
LEVELL, Farron 26 (m) (B) (SH1-295)
LEVELS?, Malinda 39 (B) (SH2-266)
LEVENS, Jno? 10 (B) (SH2-81)
LEVER, Joanna 56? (SH2-139)
LEVETT, Daniel 28 (SH2-178)
LEVI, E. S. 60 (f) (SH2-170)
LEVI, Emile 30 (SH2-92)
LEVI, H. P. 46 (m) (SH2-315)
LEVI, James W. 47 (SH1-343)
LEVI, Mary A. 70 (SH2-315)
LEVI, Sally 27 (B) (SH2-246)
LEVIGNE, Francis 40 (SH2-82)
LEVOIZHN?, M. E. 35 (m) (B) (SH2-342)
LEVY, Abraham 46 (SH2-238)
LEVY, Addie 35 (SH2-335)
LEVY, Anna 28 (SH2-63)
LEVY, Baggie 4 (f) (B) (SH1-98)
LEVY, David 53 (SH2-65)
LEVY, Henriette 28 (SH2-63)
LEVY, Henry 14 (SH1-375)
LEVY, Henry 22 (SH2-101)
LEVY, Henry 23 (SH2-6)
LEVY, Jacob 49 (SH2-59)
LEVY, Joe 32 (B) (SH2-216)
LEVY, Joseph 28 (SH1-419)
LEVY, Julius 28 (SH2-92)
LEVY, Kate 39 (SH1-375)
LEVY, Louis 29 (SH2-117)
LEVY, Mark? 57 (SH2-66)
LEVY, Moses 42 (SH2-91)
LEVY, Rose 73 (SH2-265)
LEVY, Samuel 75 (SH2-193)
LEVY, Solomon 66 (B) (SH2-307)
LEVY?, James 9 (B) (SH1-99)
LEWELLYNE, Trad? J. 25 (f) (SH2-81)
LEWENSKY, Lewis 29 (SH2-99)
LEWENSTINE, Sam 36 (SH2-74)
LEWIN?, Lazarus 48 (SH2-86)
LEWIS, Al.? 30 (m) (B) (SH2-41)
LEWIS, Albert 36 (B) (SH2-158)
LEWIS, Alfred 25 (SH1-86)
LEWIS, Alx. 35 (m) (B) (SH1-371)
LEWIS, Amanda 35 (B) (SH2-109)
LEWIS, Amos 31 (B) (SH1-223)
LEWIS, Bertie? 40 (f) (SH1-233)
LEWIS, Burkley 25 (B) (SH1-172)
LEWIS, Caroline 49 (B) (SH1-348)
LEWIS, Charles H. 36 (B) (SH2-327)
LEWIS, Charlie 45 (B) (SH1-385)
LEWIS, Claiborn 30 (B) (SH1-49)
LEWIS, David 70 (B) (SH1-364)
LEWIS, Della 54 (B) (SH2-243)
LEWIS, Dinah 65 (B) (SH1-156)
LEWIS, Dolly 37 (B) (SH2-253)
LEWIS, Dora 25 (B) (SH1-344)
LEWIS, Dred? 35 (m) (SH1-63)
LEWIS, Ed 14 (B) (SH1-166)
LEWIS, Ed 26 (B) (SH1-170)
LEWIS, Eddie 18 (B) (SH1-127)
LEWIS, Edward 52 (B) (SH1-83)
LEWIS, Elijah 35 (B) (SH1-373)
LEWIS, Elizabeth 36 (B) (SH2-126)
LEWIS, Elword 40 (m) (SH2-323)
LEWIS, Fannie 27? (B) (SH2-116)
LEWIS, Francis M. 50 (SH1-83)
LEWIS, Frank 24 (B) (SH1-385)
LEWIS, Fred 5 (SH2-314)
LEWIS, Geo. W. 38 (SH1-122)
LEWIS, George 28 (B) (SH1-366)
LEWIS, George 58 (B) (SH2-59)
LEWIS, Georgian? 44 (f) (B) (SH2-344)
LEWIS, Gilland 67 (B) (SH1-265)
LEWIS, Gilley M. 40 (m) (SH1-426)
LEWIS, Green 33 (B) (SH1-260)
LEWIS, H. 55 (f) (B) (SH1-396)
LEWIS, Hal 54 (B) (SH1-346)
LEWIS, Hattie 2 (SH2-13)
LEWIS, Henry 13 (B) (SH2-134)
LEWIS, Henry 18 (B) (SH2-311)
LEWIS, Henry 18 (B) (SH2-6)
LEWIS, Henry 30 (B) (SH2-84)
LEWIS, Henry 37 (B) (SH1-348)
LEWIS, Henry 45 (B) (SH1-473)
LEWIS, Hodge 69 (B) (SH1-120)
LEWIS, Isaah 24 (B) (SH2-253)
LEWIS, Isom 25 (B) (SH1-370)
LEWIS, J. P. 65 (m) (SH1-236)
LEWIS, JAmes 27 (SH2-61)
LEWIS, James 46 (B) (SH1-43)
LEWIS, James C. 66 (B) (SH1-306)
LEWIS, James E. 24 (SH2-5)
LEWIS, Jas. 30 (B) (SH1-70)
LEWIS, Jno. 60 (B) (SH1-72)
LEWIS, Joe 27 (B) (SH1-172)
LEWIS, John 17 (B) (SH2-149)
LEWIS, John 29 (B) (SH1-354)
LEWIS, John 33 (B) (SH2-15)
LEWIS, Joseph 42 (B) (SH1-218)
LEWIS, Joseph 55 (SH1-363)
LEWIS, Josephine 19 (SH2-174)
LEWIS, Jospeh 16 (B) (SH1-429)
LEWIS, Judge 14 (B) (SH1-327)
LEWIS, Julian 26 (B) (SH2-350)
LEWIS, Katie 8 (B) (SH2-28)
LEWIS, Lady 12 (B) (SH1-359)
LEWIS, Laura 25 (B) (SH1-439)
LEWIS, Lavenia? 12 (B) (SH2-129)
LEWIS, Lizzie 17 (B) (SH2-190)
LEWIS, MAck 30 (B) (SH1-131)
LEWIS, Malida 60 (B) (SH2-159)
LEWIS, Maria 29 (B) (SH1-362)
LEWIS, Mariah 61 (B) (SH2-130)
LEWIS, Martha 24 (B) (SH1-317)
LEWIS, Mary 30 (B) (SH2-120)
LEWIS, Mary 48 (SH2-222)
LEWIS, Mary 52 (B) (SH2-233)
LEWIS, Mary F. 27 (SH1-120)
LEWIS, Melinda 30 (B) (SH2-24)
LEWIS, Mollie 45 (B) (SH1-65)
LEWIS, Mrs. 30? (B) (SH2-346)
LEWIS, Nathan C. 65 (SH1-16)
LEWIS, Oscar 31 (B) (SH2-287)
LEWIS, Pauldo 52 (m) (B) (SH1-130)
LEWIS, Rebecca 27 (B) (SH2-24)
LEWIS, Robert 37 (B) (SH1-424)
LEWIS, Robert 44 (SH2-259)
LEWIS, Robert 7 (B) (SH1-306)
LEWIS, Robt. 15 (SH1-61)
LEWIS, S. 40 (f) (B) (SH1-400)
LEWIS, S. R. 41 (f) (SH1-221)
LEWIS, Sam 25 (B) (SH2-234)
LEWIS, Sam 72? (B) (SH1-272)
LEWIS, Sina 35 (f) (B) (SH2-281)
LEWIS, Stephen 60 (B) (SH2-29)
LEWIS, Thomas 13 (B) (SH2-366)
LEWIS, Thomas 45 (B) (SH2-27)
LEWIS, Thos. P. 54 (SH1-313)
LEWIS, Wilkins 54 (B) (SH1-87)
LEWIS, Willie 11 (m) (B) (SH2-147)
LEWIS, Wm. 16 (SH1-78)
LEWIS, Wm. 34 (B) (SH1-84)
LEWIS, Wm. 35 (B) (SH2-360)
LEWIS, Wm. 40 (B) (SH2-164)
LEWIS, Wm. 47 (B) (SH1-223)
LEWIS, Wm. 60 (B) (SH1-368)
LEWIS, Wyley 28 (B) (SH1-153)
LEWIS, Zack 25 (B) (SH1-268)
LE___, Robert 30? (B) (SH2-360)
LICOY?, Marcia 37 (SH2-197)
LIDELL, Louise 35 (SH1-419)
LIEBER, Jos. 30 (SH1-423)
LIEBER, Jos. 30 (SH1-423)
LIEPEN, Wm. 29 (SH2-53)
LIFFORD, Ja__ 18 (f) (B) (SH2-105)
LIFWICK, Jackson 47 (SH1-47)
LIGEE, Jesse 32 (m) (SH2-137)
LIGGANS, John 26 (B) (SH1-356)
LIGGIN?, Dan 30 (B) (SH1-191)
LIGGON, Louis 55 (B) (SH1-316)
LIGHT, John 32 (B) (SH1-355)
LIGHTBURN?, R. W. 43 (m) (SH2-282)
LIGHTFOOT, Emmet 22 (B) (SH2-265)
LIGHTFOOT, Hannah 56 (B) (SH2-265)
LIGHTFOOT, Margaret 37 (SH1-326)
LIGHTFOOT, Moses 56 (B) (SH1-26)
LIGHTSY?, Rebecca 14 (B) (SH1-253)
LIGON, E. W. 55 (f) (SH1-31)
LIGON, Jas. 23 (SH1-32)
LIGON, Johnson _ (B) (SH1-355)
LIGON, Laura 27 (B) (SH2-35)
LIGON, N. M. 51 (m) (SH1-30)
LIGON, Silas P. 55 (SH1-30)
LILLARD, Labe 17 (m) (B) (SH1-261)
LILLARD, Wm. 19 (B) (SH2-187)
LILLY, Annie 30 (B) (SH2-205)
LILLY, John 50 (SH2-251)
LILLY, Owen 42 (SH2-223)
LINA, Keith 16 (B) (SH1-430)
LINBERGER, John 34 (SH2-48)
LINCH, Elmira 40 (B) (SH2-350)
LINCOLN, Elijah 55 (SH2-301)
LINCOLN, Mary 43 (SH1-367)
LIND, Jennie 9 (B) (SH2-36)
LINDBURG, Lena 35 (SH2-65)
LINDEMANN, Henry 42 (SH2-44)
LINDERMAN, Rose 15 (SH2-253)
LINDGREN?, Louis 35 (SH2-68)
LINDSAY, James 17 (B) (SH1-355)
LINDSAY, Roberta 40 (B) (SH2-87)
LINDSEY, George 13 (B) (SH1-386)
LINDSEY, Henry 31 (B) (SH1-154)
LINDSEY, John 42 (B) (SH2-253)
LINDSEY, Robert 51 (B) (SH2-298)
LINDSLEY, Elizabeth 59 (SH2-201)
LINEGAN?, E. 45 (f) (SH1-239)
LING, Arch 34 (Chinese) (SH2-73)
LING, Turner 30 (B) (SH1-277)
LINGNER, Henry 21 (SH2-11)
LINIHAN, Henry 52 (SH2-114)
LINK, Leopold 48 (SH1-332)
LINKENFERTH, J. 26 (m) (SH2-189)
LINKHOUR, Jno. 50 (SH2-187)
LINKHOUR?, George 29 (SH2-69)
LINN, Wm. 43 (SH2-80)
LINSAY?, Jacob 47 (B) (SH2-279)
LINSEY, Annie 5 (B) (SH1-9)
LINSEY, Ellen 24 (B) (SH2-247)
LINSEY, Hal 45 (B) (SH1-9)
LINSEY, James 22 (B) (SH1-116)
LIONS, Robert 56 (B) (SH1-92)
LIONS, Washington 90? (B) (SH1-92)
LIPMAN, David 24 (SH2-101)
LIPP, E. S. 30 (m) (SH2-290)

74

LIPP, George 27 (SH2-44)
LIPPMAN, Leo? 33 (SH2-65)
LIPPOLD, August 36 (m) (SH2-267)
LIPPOLD, Herman C. 35 (SH2-5)
LIPSCOM, Yancey 24 (m) (B) (SH2-197)
LIPSCOMB, A. W. 24 (m) (SH2-107)
LIPSCOMB, Geo. 21 (B) (SH1-236)
LIPSCOMB, W. 38 (m) (B) (SH1-389)
LIPSEY, J. W. 44 (m) (SH1-235)
LISENBERRY, Lottie 36 (f) (SH2-18)
LISLES, J. H. 49 (m) (SH2-108)
LITTIG, Catharine 47 (SH2-271)
LITTLE, Bob 22 (B) (SH1-203)
LITTLE, George 37 (B) (SH1-410)
LITTLE, Hester? 8 (B) (SH1-258)
LITTLE, J. W. 36 (m) (SH1-473)
LITTLE, Mary 28 (SH2-302)
LITTLE, Napoleon 42 (SH2-177)
LITTLE, Robert 27 (B) (SH1-355)
LITTLE, Sallie E. 18 (SH1-247)
LITTLE, Susan 58 (B) (SH2-246)
LITTLE, W. J. 31 (m) (SH1-264)
LITTLE, Wm. 28 (B) (SH1-228)
LITTLE?, Edmond 58 (B) (SH1-183)
LITTLEJOHN, Gabriel 42 (B) (SH2-343)
LITTLEJOHN, John 35 (B) (SH1-324)
LITTLEJOHN, M. H. 60 (f) (SH1-377)
LITTLEJOHN, Sarah 35 (B) (SH2-51)
LITTLETON, Jno. 19 (SH2-307)
LIVERMORE, A. S. 39 (m) (SH2-192)
LIVINGSTON, Amanda 24 (B) (SH2-118)
LIVINGSTON, Burta 46 (SH2-62)
LIVINGSTON, Carrie 23 (B) (SH1-436)
LIVINGSTON, Lonso 21 (B) (SH2-356)
LIVINGSTON, Pauline 32 (SH2-47)
LIVINGSTON, Th. 23 (m) (B) (SH2-93)
LIVINGTON, Wm. 19 (B) (SH2-149)
LIVINSON, Mary? __ (SH2-265)
LIZZENBY?, Thomas 38 (B) (SH2-312)
LLEWELLYN, Shadrick 31 (SH2-29)
LLOYD, James 25 (SH2-7)
LLOYD, Wilson 15 (SH1-428)
LOAGUE, John 51 (SH2-115)
LOBBINS, Walker 22 (B) (SH1-344)
LOCHMAN, Eddie 3 (SH2-314)
LOCHMAN, Emma 14 (SH2-314)
LOCHMEYER, Annie 7 (SH2-27)
LOCK, Alf 40 (B) (SH1-205)
LOCK, Andrew 34 (B) (SH1-221)
LOCK, Fannie B. 31 (SH1-194)
LOCK, Frank A. 50 (SH1-224)
LOCK, Guilford 57 (B) (SH1-131)
LOCK, Henriette 40 (B) (SH1-97)
LOCK, Mary 60 (SH2-83)
LOCK, W. 47 (f) (B) (SH1-393)
LOCK?, Dave 76 (B) (SH1-90)
LOCKE, Brockey 22 (B) (SH2-134)
LOCKE, Charles 40 (SH2-69)
LOCKE, D____ 30 (m) (B) (SH2-177)
LOCKE, George 65 (B) (SH1-356)
LOCKE, Henderson __ (B) (SH1-288)
LOCKE, Henry C. 66 (SH1-466)
LOCKE, Isaac 21 (B) (SH1-152)
LOCKE, J. A. 40 (m) (SH1-158)
LOCKE, Julia 16 (B) (SH1-163)
LOCKE, Robt. 52 (B) (SH2-134)
LOCKE, S. P. 32 (m) (SH1-398)
LOCKET, Dudley 50 (B) (SH2-218)
LOCKET, Polly 40? (B) (SH1-362)
LOCKET, Sylvia 48 (B) (SH2-223)
LOCKEY, W. B. 41 (m) (SH2-351)
LOCKHART, Dudley 65 (B) (SH2-74)
LOCKHART, J. 30 (m) (B) (SH1-243)
LOCKHART, James 80 (B) (SH1-335)
LOCKHART, John 27 (SH2-170)
LOCKRIDGE, James S. 27 (SH1-412)
LOCKRIDGE, Joseph 24 (B) (SH2-207)
LOCKWOOD, Jno. 45 (B) (SH1-242)
LOCKWOOD, Josephine 13 (SH2-345)
LOCKWOOD, Morris 35 (B) (SH1-97)
LOCKWOOD, Robt. 36 (SH2-191)
LOCKWOOD, T. P. 39 (m) (SH1-395)
LOCUS, Henry 24 (B) (SH1-137)
LOCUS, Moses 5 (SH1-110)
LODGE__, Phil 55 (f) (B) (SH2-155)
LOEB, Annie 30 (SH2-121)
LOEDING, Fred 55 (SH2-262)
LOEFFEL, Louesa 31 (SH2-343)
LOEFFLER, Jac. 34 (m) (SH2-262)
LOEFKER, Albert 24 (SH2-178)
LOEGER, Anna 35 (SH1-420)
LOEL, L. C. 47 (m) (SH2-91)
LOEWENBERG, Adolph 30 (SH2-92)
LOFLAND, Ch. 38 (m) (SH1-406)
LOFLIN, Jinnie 24 (SH2-73)
LOFT, George 19 (SH1-422)
LOFT, George 50 (SH1-425)
LOFTIS, Michael 34 (SH2-316)
LOFTON, D. 52 (f) (B) (SH2-145)
LOFTON, Fannie 52 (B) (SH2-145)
LOFTON, Howard 17 (B) (SH1-77)
LOFTON, Joshua 23? (B) (SH1-442)
LOFTRIS?, Joe 18 (B) (SH1-265)
LOGAMSINA, Andrew 40 (SH2-111)
LOGAN, Butler 34 (B) (SH2-333)
LOGAN, Chester 20 (SH1-471)
LOGAN, Dave? 24 (SH1-68)
LOGAN, James 25 (B) (SH2-14)
LOGAN, John 21 (SH2-259)
LOGAN, Kate 109 (B) (SH1-132)
LOGAN, MArcellus 38 (SH2-71)
LOGAN, Michael 26 (B) (SH2-104)
LOGAN, Nelson (B) (SH1-197)
LOGAN, Patrick 36 (SH2-48)
LOGONA, Sam 38 (SH2-119)
LOGWOOD, S. H. 51 (m) (SH2-89)
LOGWOOD, W. 38 (m) (B) (SH1-391)
LOHMEYER?, ____ 35 (m) (SH2-66)
LOINS, Lulla? 5 (SH1-109)
LOLLY, John 20 (SH1-442)
LOMACK, Page 66 (m) (B) (SH1-108)
LOMINICO, Max 16 (SH2-182)
LOMORA, Catherine 74 (SH2-115)
LONDA, Britten 71 (m) (B) (SH1-78)
LONDON, Adelaide 45 (f) (SH2-82)
LONEGAN, Jospehine 40 (SH2-85)
LONENSTINE?, Elias 44 (SH2-52)
LONERGAN?, Gran? 60 (f) (SH2-166)
LONG, E. W. 52 (m) (SH2-343)
LONG, Eugene 40 (SII2-51)
LONG, Fannie 30 (SH2-145)
LONG, Fanny 40 (B) (SH2-207)
LONG, Frank 24 (SH2-7)
LONG, Hannah 64 (SH2-35)
LONG, Harriet 70 (B) (SH2-117)
LONG, Henry 32 (B) (SH2-164)
LONG, J. C. 35 (m) (SH1-397)
LONG, J. L. 25 (m?) (SH2-100)
LONG, Jackson 36 (B) (SH1-443)
LONG, James 29 (SH1-445)
LONG, John 32 (m)(Chin) (SH2-73)
LONG, John 33 (B) (SH1-350)
LONG, John 50 (B) (SH1-399)
LONG, Lida 28 (B) (SH2-193)
LONG, R. D. 48 (m) (SH2-106)
LONG, Rachel 20 (B) (SH2-24)
LONG, Rufus 18 (SH2-171)
LONG, W. M. 30 (m) (SH1-396)
LONG, Wily 50 (B) (SH1-465)
LONG, Wm. 52 (SH1-458)
LONG, Wm. J. 53 (SH1-11)
LONGET, A. M. 50 (f) (SH2-70)
LONOVAN, M. 51 (f) (SH1-398)
LOOBEY?, Michael 60 (SH2-136)
LOOIN?, Anna 60 (B) (SH1-85)
LOONEY, Green 41 (B) (SH2-231)
LOONEY, Henry 41? (B) (SH2-136)
LOONEY, Joe 70 (B) (SH1-359)
LOONEY, Perry 26 (B) (SH1-435)
LOONEY, R. F. 60? (m) (SH2-366)
LOOP, Charles L. 40 (SH2-274)
LORANCE, Dellie 27 (f) (SH2-177)
LORD, Henry? 28 (SH1-178)
LORD, Moses 41 (SH2-12)
LORD, Wm. 54 (SH1-177)
LOREN, Annie 40 (SH2-83)
LORIDINE?, John 40 (SH1-32)
LORN, Jennie 29 (SH2-73)
LORY, Catherine 36 (SH1-96)
LOSCINBURY?, Edward 21 (B) (SH2-360)
LOTT, Amanda 30 (B) (SH2-120)
LOTT, James 45 (B) (SH2-219)
LOTT, Rebedcca 67? (SH2-131)
LOTT, ____ 55 (m) (B) (SH2-346)
LOUALLEN, James 18 (B) (SH2-324)
LOUBRIE?, Augustus 26 (f) (SH2-92)
LOUBRY, Ellis 41 (SH2-78)
LOUDEN, Mack 23 (B) (SH1-462)
LOUDEY, Jos. W. 44 (SH2-318)
LOUDON, Hugo 32 (SH2-231)
LOUDON, John 79 (SH2-32)
LOUE, Thomas 28 (B) (SH2-303)
LOUGH?, Dianna 62 (SH2-334)
LOUIS, Andrew 28 (B) (SH2-197)
LOUIS, Caroline 44 (B) (SH2-343)
LOUIS, David 52 (B) (SH2-158)
LOUIS, Dorah 16 (B) (SH2-103)
LOUIS, Henry 22 (B) (SH1-459)
LOUIS, Henry 23 (SH2-101)
LOUIS, John 44 (SH2-78)
LOUIS, John 5 (B) (SH2-268)
LOUIS, Kate 35 (SH2-331)
LOUIS, Lena 28 (SH2-108)
LOUIS, W. H. 30 (m) (B) (SH2-143)
LOUKE, Lee 25 (m,Chines) (SH2-76)
LOURDES, Mary 22 (SH1-109)
LOUZSTNEET?, Dock 108 (m) (B) (SH2-325)
LOVE, Aleck 25 (B) (SH2-120)
LOVE, Alexander 35 (B) (SH2-280)
LOVE, Allen 75 (B) (SH1-316)
LOVE, Barber 60 (f) (B) (SH2-245)
LOVE, Cora 210 (B) (SH2-109)
LOVE, Geo. C. 35 (SH2-298)
LOVE, George 26 (B) (SH1-364)
LOVE, Hannah 34 (SH2-328)
LOVE, Hattie 2 (B) (SH1-163)
LOVE, Houston 33 (B) (SH1-180)
LOVE, Jackson 23 (B) (SH1-180)

LOVE, James 34 (B) (SH2-331)
LOVE, James 35 (B) (SH2-64)
LOVE, James 40 (B) (SH2-200)
LOVE, Johanna 14? (SH2-35)
LOVE, John 28 (B) (SH2-364)
LOVE, John 37 (B) (SH1-6)
LOVE, John 42 (B) (SH1-291)
LOVE, Lizzie 27 (SH2-186)
LOVE, Louis 18 (B) (SH2-198)
LOVE, Mary 19 (SH2-201)
LOVE, Rachel 67 (B) (SH1-99)
LOVE, Temple? 23 (m) (SH2-167)
LOVE, Thomas 28 (SH2-35)
LOVE?, ___ 16 (m) (B) (SH1-285)
LOVELACE, Grace 45 (B) (SH1-291)
LOVELACE, Mary 12 (B) (SH1-312)
LOVELESS, W. 5 (m) (SH1-242)
LOVELL, David 7 (SH2-314)
LOVELL, Frank 26 (B) (SH1-137)
LOVELL, Isaac 71 (B) (SH1-294)
LOVELL, John 19 (B) (SH1-289)
LOVELL, Rachael 45 (B) (SH2-199)
LOVELL, W. R. 28 (m) (SH1-58)
LOVEN, Jno. J. 66 (SH2-83)
LOVIN, Amelia 30 (B) (SH2-222)
LOVING, George 28 (SH2-202)
LOVING, Richard 11 (B) (SH1-35)
LOVING?, Mrs. 47 (SH2-348)
LOW, Ben F. 36 (B) (SH1-317)
LOW, G. T. 34 (m) (SH1-288)
LOW, Henry 30 (B) (SH1-356)
LOW, J. B. 50 (m) (SH1-455)
LOW, Sam 29 (m) (B) (SH1-125)
LOWALL, Cornelia 31 (SH1-119)
LOWDEN, H. 32 (m) (SH2-195)
LOWDER, David C. 30 (SH1-346)
LOWE, Alex 45 (m) (SH2-81)
LOWE, Alex 58 (m) (SH1-50)
LOWE, Charles 25 (B) (SH1-164)
LOWE, Charles 26 (B) (SH2-19)
LOWE, Charles 30 (B) (SH1-291)
LOWE, E. A. 9 (f) (SH1-51)
LOWE, Ellis 22 (B) (SH1-231)
LOWE, Henry 36 (SH2-110)
LOWE, John A. 44 (SH1-78)
LOWE, M. 36 (f) (B) (SH1-402)
LOWE, Margaret 38 (B) (SH2-237)
LOWE, Maria 26 (B) (SH2-107)
LOWE, Sarah J. 15? (SH1-51)
LOWENSTEIN, Abe 37 (SH2-92)
LOWENSTEIN, Laz 47 (m) (SH2-258)
LOWENSTEIN, M. R. 42 (m) (SH2-242)
LOWENSTINE, Julius 4 (SH2-284)
LOWERY, Peter 55 (SH1-32)
LOWERY, W. A. 65 (m) (SH1-271)
LOWERY?, Benj. 28 (SH1-103)
LOWRANCE, Ed 50 (B) (SH1-344)
LOWRANCE, Lafayette 29 (SH1-339)

LOWREY, Peter 52 (B) (SH2-359)
LOWRY, Alfred 44 (B) (SH2-315)
LOWRY, Benj. T. 62 (SH1-463)
LOWRY, James 50 (B) (SH2-244)
LOWRY, Jas. L. 33 (SH1-463)
LOWRY, Louis H. 25 (SH1-466)
LOWRY, Louisa 16 (B) (SH2-220)
LOWRY, Robert 48 (B) (SH1-256)
LOWRY, Wm. J. 37 (SH2-211)
LOWWUQUT?, Louis 39 (SH2-231)
LOYD, A. J. 39 (m) (SH2-138)
LOYD, Bob 21 (SH2-291)
LOYD, Julia 15 (B) (SH2-150)
LOYD, Thos. 40 (SH1-214)
LOYED, Thomas 22 (B) (SH1-32)
LOZARIM?, MAry 38 (SH1-473)
LOZZEE, John 20 (B) (SH2-260)
LUCADO, James R. 29 (SH1-78)
LUCARIM, Fred 31 (SH2-132)
LUCARINI, R. 35 (m) (SH1-162)
LUCAS, Belle 24 (SH2-310)
LUCAS, George 25 (SH2-78)
LUCAS, J. 30 (f) (SH1-107)
LUCAS, J. W. 19 (m) (SH2-260)
LUCAS, Jack 34 (B) (SH1-356)
LUCAS, John 40 (B) (SH2-200)
LUCAS, Rosa 30 (B) (SH2-355)
LUCAS, Stafford 41 (B) (SH2-348)
LUCAS, Wm. D. 56 (SH2-197)
LUCERINO, Louis 37 (SH1-103)
LUCK?, Paul 30 (SH2-213)
LUCKERMAN?, Henry 39 (SH2-94)
LUCKETT, S. J. 45 (f) (SH1-55)
LUCKY, Molly 22 (SH1-94)
LUDGE, Herman 48 (SH2-323)
LUDY, Magdelena 59 (SH2-29)
LUEGER, Charles 58 (SH1-260)
LUFKE?, Herman 40 (SH2-111)
LUKE, Frank 53 (SH2-321)
LUKE, Thomas 32? (SH2-237)
LUMBURG, Peter 32 (SH2-62)
LUMKIN, Ada 20 (B) (SH2-81)
LUMKIN, Adaline 27 (B) (SH2-89)
LUMKIN, Liz 40 (B) (SH2-186)
LUMPKIN, Tony 60 (m) (B) (SH2-286)
LUMPKIN, Walton 45 (B) (SH1-469)
LUMPKIN, Wm. D. 46 (SH1-460)
LUMPKINS, Clayton 23? (B) (SH2-312)
LUMPKINS, Rube 26 (m) (SH1-28)
LUNDELL, John 27 (SH2-18)
LUNDON, James 50 (B) (SH1-350)
LUNDQUIST, Maria 40 (SH2-334)
LUNDY, Ben 60 (B) (SH1-331)
LUNDY, Edmund 40 (B) (SH1-334)
LUNDY, Jennie 22 (B) (SH1-334)
LUNDY, Jube? 21 (m) (B) (SH2-298)
LUNDY, Junius 29 (B) (SH1-334)

LUNDY, Mary N. 69 (SH2-354)
LUNDY, Millie 25 (B) (SH1-334)
LUNDY, Steven 25 (B) (SH1-353)
LURCELLI, A. 38 (m) (SH2-324)
LURRY, A. B. 30 (m) (SH1-160)
LURRY, Abner W. 46 (SH1-134)
LURRY, Barkley B. 30 (SH1-217)
LURRY, Ben 55? (B) (SH1-200)
LURRY, Sale 26 (m) (B) (SH1-207)
LURRY, T. W. 31 (m) (SH1-202)
LURRY, Wm. M. 36 (SH1-217)
LURRY?, Charles 35 (B) (SH1-211)
LUSHE, Adam 65 (B) (SH2-148)
LUSTER, Hale 33 (m) (B) (SH2-63)
LUSTER, Lucinda 49 (B) (SH2-17)
LUSTER, Nathaniel 25 (B) (SH2-17)
LUTHER?, Alfred G. 37 (SH2-209)
LUTZ, Christoph 27 (m) (SH2-272)
LUTZ, John 30 (SH2-252)
LUTZ, M. J. 25 (f) (SH2-253)
LUTZ, Wm. 23 (SH2-280)
LUZARDI, John B. 45 (SH2-44)
LYLES, Isaac 45 (B) (SH2-27)
LYLES, JAmes 22 (SH1-449)
LYLES, Lizzie 23 (SH2-239)
LYLES, Oliver P. 50 (SH2-218)
LYLES, Wallace 18 (SH1-319)
LYMAN, Chas. 22 (SH2-360)
LYMAN, Harriet 35 (SH2-210)
LYNCH, Catherine 58 (SH2-290)
LYNCH, Emma 26 (SH2-5)
LYNCH, Frances 48 (SH1-251)
LYNCH, James 35 (SH2-267)
LYNCH, Jno. 48 (SH1-266)
LYNCH, Jo. F. 23 (m) (SH1-262)
LYNCH, John 40 (SH2-51)
LYNCH, Kittie 15 (SH2-232)
LYNCH, MAggie 17 (SH1-109)
LYNCH, Marion 26 (B) (SH1-422)
LYNCH, Marion 33 (B) (SH1-294)
LYNCH, Peter 14 (SH2-321)
LYNCH, Peter 38 (SH2-106)
LYNCH, Timothy 42 (SH2-302)
LYNE, D. 36 (m) (SH2-105)
LYNN, Henry J. 41 (SH2-91)
LYNN, Jno. S. 25 (SH1-193)
LYNN, Joseph 51 (SH1-188)
LYNN, Mattie 25 (f) (SH2-174)
LYNN, Nelson 60 (B) (SH1-339)
LYNN, Thomas N. N. 49 (SH1-187)
LYNN, W. R. 28 (m) (SH2-326)
LYON, Joseph 26 (SH2-121)
LYON, Joseph 40 (SH2-133)
LYON, M. I. 40 (f) (SH1-47)
LYON, Robt. 24 (SH2-130)
LYON, Wm. D. 65 (SH1-342)
LYONS, Dennis 28 (SH2-88)
LYONS, Geo. 69 (B) (SH1-117)
LYONS, JAck 61 (B) (SH1-16)
LYONS, Rosa 17 (B) (SH1-409)
LYONS, Thomas 45 (B) (SH2-78)
LYONS, Tom 40 (B) (SH2-87)

LYONS, Victoria 15 (B) (SH2-332)
LYONS?, Simon 40 (B) (SH1-302)
LYRICH, James 37 (SH2-240)
LYSLE, A.? J. 36 (m) (SH1-164)
LYTLE, Jim 27 (B) (SH1-64)
LYTLE, John 26 (B) (SH2-75)
LYTLE, Louisa? D. 27 (SH2-268)
LYTLE, R. A. 31 (m) (SH2-288)
LYTLEFOOT, Irene 24 (SH2-92)
LYTTLE, Caroline 56 (SH1-57)
LYTTLE, Peter 40 (B) (SH1-65)
LYTTLE, Richard 25 (B) (SH1-61)
LYTTLE, Simeon? 60 (B) (SH1-60)
L____, Daid 26 (SH2-312)
MAAS, Morris 28 (SH2-92)
MABEL, Henry 39 (B) (SH2-279)
MABERY, Rachel 36? (B) (SH2-105)
MABIN, Delia 6 (B) (SH1-444)
MABIN, Jim 29 (B) (SH1-228)
MABIN, John 49 (B) (SH1-217)
MABIN, Jordan 27 (B) (SH1-228)
MABIN, Robt. 14 (B) (SH1-228)
MABIN, Van 20 (B) (SH1-217)
MABIN, Willis 24 (B) (SH1-216)
MABLAY, Willis 25 (B) (SH2-82)
MABRY, John 24 (B) (SH2-286)
MABSTON?, J. 52 (f) (SH1-99)
MACAULEY, Fad 40 (m) (B) (SH2-219)
MACCABE, John 40 (SH2-76)
MACENTEE, John 14 (SH2-77)
MACHIN, Aaron 26 (SH2-202)
MACINELLE, Wm. 34 (SH2-199)
MACK, Daniel 46 (SH2-29)
MACK, Delia 31 (B) (SH1-337)
MACK, Ella 12 (SH2-332)
MACK, Geo. 33 (B) (SH2-160)
MACK, Henry 20 (B) (SH2-324)
MACK, James 22 (SH2-18)
MACK, Jesse 31 (B) (SH1-328)
MACK, John 23 (SH2-101)
MACK, John 32 (SH2-69)
MACK, Joseph 57 (SH1-267)
MACK, Lizzie 15 (SH1-334)
MACK, Mary 25 (SH2-13)
MACK, Patrick 36 (SH2-103)
MACK, Sal 50 (m) (B) (SH1-65)
MACK, Sarah 25 (SH2-280)
MACK, Sidney 35 (m) (B) (SH2-338)
MACK, Tim 56 (SH1-126)
MACK, Tupy? 70 (m) (B) (SH1-421)
MACK?, Fred 42 (SH2-106)
MACKAWAY, Ellen 35 (B) (SH1-351)
MACKEROY, MAggie 34 (SH2-51)
MACKEY, Geo. 42 (SH2-112)
MACKEY, Harriet 70 (B) (SH2-197)
MACKEY, Lou 30 (f) (B) (SH2-233)
MACKEY, P. L. 22 (m) (SH1-37)
MACKEY, Sarah 24 (SH2-142)
MACKINSEY, Pattie 21 (SH1-71)

MACKLEMORE, S. 10 (B) (SH1-454)
MACKLIN, Abram 83 (SH1-167)
MACKLIN, Albert 40 (B) (SH2-2)
MACKLIN, David 35 (B) (SH1-349)
MACKLIN, John 50 (B) (SH1-317)
MACKLIN, Louis 17 (B) (SH1-168)
MACKLIN, Mirah 50 (B) (SH1-172)
MACKLIN, R. 50 (m) (B) (SH1-245)
MACKLIN, Robt. 40 (B) (SH2-321)
MACKLIN, Tiny 25 (f) (B) (SH2-55)
MACKLIN, W. 53 (m) (B) (SH1-242)
MACLEN?, Ember 22 (m) (B) (SH1-127)
MACLERSON, Jno. 40 (B) (SH1-206)
MACLIN, Fred 36 (B) (SH1-418)
MACLIN, Harvey? 38 (B) (SH2-229)
MACLIN, Henry 30 (B) (SH2-229)
MACLIN, Maggie 30 (SH2-94)
MACLIN, Paul 35 (B) (SH2-229)
MACLIN, S. R. 47 (f) (SH1-248)
MACLIN, Wm. 29 (B) (SH1-422)
MACLIN?, Jenny 43? (B) (SH2-278)
MACON, Henry 45 (B) (SH1-359)
MACON, James 56 (B) (SH1-434)
MACON, Luster? 41 (m) (B) (SH1-459)
MACON, Mary 35 (B) (SH2-218)
MACON, Ross 43 (B) (SH2-277)
MACY?, Mahaley 25 (SH2-83)
MAC_____, John 30 (SH2-360)
MADDEN, Annie 44 (B) (SH1-311)
MADDEN, Annie __ (SH2-100)
MADDEN, James 45 (SH2-18)
MADDEN, Johanna 37 (SH2-178)
MADDEN, Laura 2 (SH2-107)
MADDEN, Mary 53 (SH2-240)
MADDEN, Thomas 5 (SH2-47)
MADDEN, Wm. 17 (B) (SH1-319)
MADDOX, Emma 19 (SH2-37)
MADDOX, James 40 (SH2-350)
MADDOX, John A. 39 (SH1-418)
MADDUX, Ermine J. 37 (SH1-463)
MADDUX, Snowlan C. 47 (m) (SH1-195)
MADDUX, Virginius 31 (m) (SH1-51)
MADDY, Willie 4 (m) (SH2-306)
MADIGAN, Michl. 39 (SH2-240)
MADIGAN, Thomas 14 (SH2-316)
MADISON, Eli 5 (B) (SH1-416)
MADISON, Hans 28 (SH2-18)
MADISON, Jno. 36 (B) (SH1-296)
MADISON, King 38 (B) (SH1-442)
MADISON, MArtin 55 (B) (SH1-428)
MADISON, Peter 18 (B) (SH1-474)
MADISON, Roger 52 (SH1-263)
MADISON, Warner 9 (B) (SH1-449)
MADISON, Willie 9 (m) (B) (SH1-439)
MADRY, Jacob 24 (B) (SH1-385)
MAENDER, G. F. 55 (m) (SH2-156)
MAGAVOCK, Wm. 6 (B) (SH2-102)
MAGEE, Thee 40 (m) (SH1-69)
MAGEE, W. S. 36 (m) (SH1-54)
MAGERNEY, Mary (Widow) 72 (SH2-88)
MAGET, Dora 15 (B) (SH1-115)
MAGIVENEY, L. 32 (f) (SH2-260)
MAGIVEREY?, Edward 35 (SH2-95)
MAGOSKI, Frank 27 (SH2-357)
MAGRIDGE?, T. 49 (m) (SH1-390)
MAGRON, Mary 50 (SH2-143)
MAGUIRE, Annie 6 (SH2-5)
MAGUIRE, Ellen 23 (SH2-13)
MAGUIRE, Luke 45 (SH2-68)
MAGUIRE, S. T. 45 (f) (SH1-408)
MAGUIRE, Wm. 8 (B) (SH2-14)
MAG____, Maggie 21 (SH1-109)
MAHAALY, Henry 25 (SH2-306)
MAHAFFY, James 39 (SH2-126)
MAHALLY, M. L. 51 (f) (SH1-398)
MAHAN, John 20 (SH2-231)
MAHAN, Kate 18 (SH2-100)
MAHAN, MArtha K. 54 (SH1-197)
MAHAN, Patrick 36 (SH1-365)
MAHAN?, Kiziah 50 (SH1-209)
MAHANNA, Mat 25 (m) (SH1-414)
MAHAR, Matt 45 (m) (SH2-117)
MAHER, James 30 (SH2-128)
MAHER, James 35 (SH1-49)
MAHER, Mitchell 51 (SH2-128)
MAHLER, Anna 12 (SH2-51)
MAHON, George 20 (SH2-217)
MAHON, Robert H. 40 (SH2-55)
MAHONEY, James 53 (B) (SH2-337)
MAHONEY, John 42 (SH2-259)
MAHONEY, Mary 12 (SH1-110)
MAHONEY, Wm. 40 (SH1-101)
MAHONY, Florence 76 (SH2-231)
MAHONY, Michael 25 (SH2-25)
MAHOONEY, M. L. 19 (f) (B) (SH2-149)
MAIER, J. B. 45 (m) (SH2-249)
MAIER, Katie 7 (SH2-248)
MAILLARD, P. J.? 39 (m) (SH1-391)
MAIN, James 25 (SH2-189)
MAINGAULT, Wm. 40 (SH2-13)
MAINQUALT, John 22 (SH2-11)
MAIS, Harriet 35 (B) (SH2-248)
MAISE?, Mary 20 (SH2-129)
MAJORS, Margaret 48 (B) (SH2-360)
MAKIN, Susan 36 (B) (SH2-20)
MALATISTA, Bartholomew? 46 (SH2-99)
MALATISTA, M. 38 (f) (SH1-395)
MALAY, Elizabeth 56 (SH2-120)
MALDEN, Archie 33 (B) (SH1-157)
MALHOLLAND, John 28 (SH2-166)
MALINDY, Ann 51 (B) (SH2-19)
MALLATISTA, Nicholas 43 (SH2-109)
MALLER, Jospehine 18 (SH2-51)
MALLERY, T. W. 55 (m) (SH2-111)
MALLET, George 60 (B) (SH2-357)
MALLICK, Henry 30 (SH2-293)
MALLON, Phil J. 45? (SH2-53)
MALLONEY?, MAggie 12 (SH1-110)
MALLONY, T. S. 50 (m) (SH2-358)
MALLORY, Elvin 29 (SH2-12)
MALLORY, Frank 32 (SH2-11)
MALLORY, George 45 (SH2-76)
MALLORY, J. A. 22 (m) (SH1-398)
MALLORY, James 75 (B) (SH2-45)
MALLORY, Susan 43 (SH2-260)
MALLORY, Wi____ __ (m) (SH2-236)
MALLOY, Bea 20 (f) (SH2-13)
MALOAN, Cora 26 (B) (SH2-71)
MALOE, Robt. O. 39 (SH2-82)
MALONE, Abe 30 (B) (SH1-338)
MALONE, Aggy 70 (B) (SH1-320)
MALONE, Booth J. 23 (SH1-100)
MALONE, Caroline 50 (B) (SH2-230)
MALONE, Charles __ (B) (SH1-6)
MALONE, Charlie 23 (B) (SH2-304)
MALONE, Chas. 67 (B) (SH1-193)
MALONE, Harry 12 (B) (SH1-454)
MALONE, Harry 22 (B) (SH1-335)
MALONE, Henry 22 (B) (SH2-3)
MALONE, JAckson 41 (B) (SH1-78)
MALONE, Jas. H. 28 (SH2-221)
MALONE, Johanna (Miss) 21 (SH1-407)
MALONE, John 48 (SH2-231)
MALONE, Joseph 55 (B) (SH1-114)
MALONE, Louis 35 (B) (SH2-197)
MALONE, Maggie 22 (B) (SH2-103)
MALONE, Mary 25 (B) (SH1-348)
MALONE, Mollie 36 (B) (SH2-118)
MALONE, R. F. 23 (m) (SH1-324)
MALONE, Rena 14 (SH1-373)
MALONE, Richard 26 (B) (SH1-341)
MALONE, Richard 28 (B) (SH1-350)
MALONE, Robert 73 (SH2-70)
MALONE, Samuel 52 (B) (SH1-339)
MALONE, Thomas 27 (B) (SH1-350)
MALONEY, Jake 34 (SH1-69)
MALONEY, Maggie 15 (SH2-304)
MALONEY, Mary 15 (SH2-298)
MALONEY, Mary 19 (SH2-45)
MALONEY, Mary 27 (SH2-32)
MALONEY, Michael 45 (SH2-6)
MALONY, Mary 33 (SH2-100)
MALONY, Patrick 45 (SH2-75)
MALOUGHNEY, John 26 (SH2-103)
MALOWNY, Mike 55 (SH2-319)
MALSI, Anna 13 (SH1-96)
MALSI, JAcob 18 (SH1-96)
MAN?, Almira 37 (SH2-313)
MANAGAN, Edmund 75 (B) (SH1-328)
MANASCOE, George 16 (SH1-52)
MANASCOE, Pleasant 38 (SH1-52)
MANCHER, Chas. 38 (SH1-362)
MANDLESON?, Feebe 18? (f) (SH2-54)
MANGAN, Wm. 60 (SH1-416)
MANGE, Lizzy 19 (SH2-267)
MANGRUM, Jo. H. 43 (m) (SH1-263)
MANGRUM, _. 24 (f) (SH1-227)
MANINO, J. M. 27 (m) (SH2-112)
MANLEY, A. M. 49 (m) (SH2-255)
MANLEY, Clarence 30 (SH1-121)
MANLEY, Lou 16 (f) (B) (SH1-305)
MANLEY, Louis 45 (B) (SH1-306)
MANLEY, Louisa 35 (SH2-107)
MANLEY, Pat 61 (m) (SH2-113)
MANLY, Michael J. 36 (SH2-3)
MANN, Agnus 70 (B) (SH1-466)
MANN, Daniel 30 (B) (SH1-231)
MANN, David 54 (B) (SH1-89)
MANN, H. D. 30 (m) (SH1-165)
MANN, Jake 57 (B) (SH1-293)
MANN, John 30? (B) (SH2-128)
MANN, John 38 (SH1-368)
MANN, R. W. 37 (m) (SH1-162)
MANNHEIN?, Max 30 (SH2-53)
MANNIG, Alfred 40 (B) (SH1-75)
MANNIG, T. M. 26 (m) (SH2-112)
MANNIGAN, Peter 40 (SH1-369)
MANNING, Eldorado 29 (f) (SH1-135)
MANNING, Henry 26 (B) (SH1-2)

1880 Census Shelby Co. TN: Heads-of-Household

MANNING, Horace 51 (B) (SH1-416)
MANNING, James 60 (SH1-100)
MANNING, Jno. A. 41 (SH1-135)
MANNING, John 30 (B) (SH2-353)
MANNING, John 8 (SH1-110)
MANNING, MArgaret 40 (SH2-29)
MANNING, Mary 13 (SH1-110)
MANNING, Mary 75 (SH1-135)
MANNING, Sabina 52 (SH2-29)
MANNING, Wm. T. 52 (SH1-137)
MANNING?, Joey 23 (f) (SH2-217)
MANNING?, Mollie 20 (SH2-100)
MANNOX, Mary 16 (SH1-109)
MANOGUE?, John 43 (SH2-62)
MANS, Andrew 27 (B) (SH1-90)
MANS, Birney? 8 (f) (B) (SH1-116)
MANS?, Patrick 63 (B) (SH2-333)
MANSE, Lucy 17 (B) (SH2-200)
MANSFIELD, Saml. 59 (SH2-80)
MANSFORD, Falicia 27 (SH2-95)
MANSFORD, Mattie 20 (f) (SH2-54)
MANSFORD, Myke 38 (SH2-74)
MANSON, John 35 (B) (SH2-304)
MANSON, Nick 28 (B) (SH2-174)
MANUEL, Rubin 6 (SH2-59)
MANUS, Charles 5 (SH1-130)
MAN___, Joe 28 (SH2-193)
MAPP, Floyd 38 (B) (SH1-470)
MAPSON?, Wm. 25 (B) (SH2-274)
MARABLE, John T. 47 (SH2-45)
MARBLES, David 54 (B) (SH2-167)
MARCH, Benjamin 23 (B) (SH2-338)
MARCH, Benjamin 32 (SH2-93)
MARCH, Frank 36 (SH2-131)
MARCHELDON, A. W. 30 (m) (SH2-78)
MARCKISON, Dan 30 (B) (SH1-316)
MARCUM, Britt 45 (m) (B) (SH1-335)
MARCUS, Grandeville 49 (B) (SH2-266)
MARCUS, Pleasant 70 (B) (SH2-198)
MARCUS?, Fred 24 (SH2-107)
MARDEN, Daniel G. 53 (SH2-29)
MARE, Edmonia 7 (B) (SH2-277)
MARE, Jim 19 (B) (SH2-87)
MARGIDGE?, R. E. 23 (m) (SH1-38)
MARGUM, G. V. 64 (m) (SH2-263)
MARIANNA?, Darien 23 (m) (SH2-120)
MARIE, Ambrose 23 (SH2-77)
MARIENJOCH?, Sophia 48 (SH2-31)
MARINJACK, Lou 20 (SH2-75)
MARIWETHER, Patsy 46 (B) (SH1-117)

MARJORAM, Dollie 28 (B) (SH2-35)
MARKAM, Ben 25 (B) (SH1-130)
MARKAM, Thomas 14 (B) (SH1-124)
MARKES, Fred 41 (SH2-70)
MARKEY, Ann 40 (SH2-248)
MARKEY, Michael 62 (SH2-47)
MARKHAM, George 24 (SH1-27)
MARKHAM, Haywood 53 (B) (SH1-433)
MARKHAM, Lizzie 23 (SH2-206)
MARKHAM, Oscar 22 (B) (SH1-419)
MARKLEY, Anne 55 (SH2-250)
MARKS, David 62? (SH2-266)
MARKS, Henry 54 (SH2-256)
MARKS, J. S. 48 (m) (SH1-205)
MARKS, John W. 44 (SH2-223)
MARKS, Lena 12 (SH1-155)
MARKS, Rosetta? 65 (SH2-77)
MARKS, S. 52 (m) (SH1-362)
MARKSMAN?, D. 30 (m) (SH2-346)
MARKUM, WRight 20 (B) (SH1-130)
MARKWELL, Lucinda 35 (B) (SH2-108)
MARLAR, Mary 62 (B) (SH1-282)
MARLEY, Elizabeth 45 (SH2-263)
MARLEY, Nancy 30 (B) (SH1-286)
MARLEY, Newton 63 (SH1-272)
MARLEY, Samuel 22 (SH2-7)
MARLEY, Sidney 35 (m) (B) (SH1-262)
MARLEY, Young F. 54 (SH1-175)
MARLEY?, Hampton Y. 36 (SH1-175)
MARLOW, Bedford 16 (SH1-226)
MARLOW, Elizabeth 17 (SH1-229)
MARLOW, JEff 18 (SH1-202)
MARLOW, James 28 (SH1-227)
MARLOW, Jeff 36 (SH1-227)
MARLOW, Jessy 19 (m) (SH1-216)
MARLOW, Jno. 29 (SH1-227)
MARLOW, R. W. 41 (m) (SH1-226)
MARL___, ___ 15 (m) (SH1-220)
MARON, Sam 3 (B) (SH2-186)
MARONY, Mary 18 (SH2-311)
MAROONEY, Bridget 40 (SH2-91)
MAROONY, Pat 38 (m) (SH2-296)
MARR, Charles 20 (B) (SH2-47)
MARR, Patrick 40 (SH2-293)
MARRISETH?, Isaac 76 (SH1-15)
MARRN, Frank 53 (SH1-456)
MARSH, Alfred 10 (B) (SH2-43)
MARSH, Annie 45 (SH2-207)
MARSH, Ellen 62 (SH2-139)
MARSH, Frank 39 (SH2-247)
MARSH, George 27 (SH1-332)
MARSH, John 10 (B) (SH1-123)
MARSH, John 24 (SH2-100)

MARSH, Jone 26 (f) (SH2-72)
MARSH, Joseph 28 (SH2-112)
MARSH, Laura 16 (B) (SH2-111)
MARSH, Mary 11 (SH1-123)
MARSH, Robert 30 (B) (SH2-260)
MARSH, Sam M. 59 (SH1-332)
MARSH, Tom 31 (B) (SH2-239)
MARSH, ___ 47 (m) (SH2-168)
MARSHAL, Amanda 36 (B) (SH2-159)
MARSHAL, Chas. 28 (SH2-248)
MARSHAL, Clara 50 (B) (SH2-287)
MARSHAL, E. 15 (f) (B) (SH2-194)
MARSHAL, Eli 15 (B) (SH1-83)
MARSHAL, Eliza 50 (B) (SH1-83)
MARSHAL, Geo. 10 (B) (SH2-244)
MARSHAL, Geo. 32 (B) (SH2-250)
MARSHAL, Huxey 23 (f) (B) (SH1-84)
MARSHAL, John 16 (B) (SH2-245)
MARSHAL, John 31 (SH2-179)
MARSHAL, Miller 6 (SH2-299)
MARSHALL, Anna R. 23 (SH2-54)
MARSHALL, Annie 25 (B) (SH2-12)
MARSHALL, Archie 30 (B) (SH2-118)
MARSHALL, Bill 27 (B) (SH1-355)
MARSHALL, Charles 21 (B) (SH2-274)
MARSHALL, Chas. 40 (B) (SH1-418)
MARSHALL, Clem 56 (m) (B) (SH1-312)
MARSHALL, Emma 25 (B) (SH2-81)
MARSHALL, Geo. 40 (B) (SH2-130)
MARSHALL, Isaac 40 (B) (SH2-242)
MARSHALL, J. C. 56 (m) (SH2-252)
MARSHALL, James 30 (SH2-278)
MARSHALL, Jennie 25 (SH2-47)
MARSHALL, Jessie 5 (m) (B) (SH1-313)
MARSHALL, Jno. C. 36 (SH1-260)
MARSHALL, John 35 (B) (SH2-193)
MARSHALL, John 4 (B) (SH1-314)
MARSHALL, Louis 10? (SH1-186)
MARSHALL, Mannie 6 (f) (B) (SH2-21)
MARSHALL, Mose 27 (B) (SH2-110)
MARSHALL, Robert 36 (B) (SH1-105)
MARSHALL, T.? J. 40 (m) (SH1-70)
MARSHALL, Wm. 28 (SH1-473)

MARSHALL, Wm. 30 (B) (SH1-445)
MARSHEL, Malone 10 (B) (SH2-193)
MARTAN, J. M. 35 (m) (SH1-216)
MARTHENTHAL, Frank J. 55 (SH1-420)
MARTIN, A. E. 17 (f) (SH1-52)
MARTIN, Alex 33 (SH1-412)
MARTIN, Allen 45 (B) (SH2-251)
MARTIN, Amanda 20 (B) (SH2-27)
MARTIN, Andrew 20 (B) (SH2-295)
MARTIN, Andrew 38 (SH1-52)
MARTIN, Andrew? 34 (B) (SH2-164)
MARTIN, Angie 18 (SH1-301)
MARTIN, B. M. 40 (m) (SH1-57)
MARTIN, Benj. 40 (B) (SH1-183)
MARTIN, Berry 30 (B) (SH1-276)
MARTIN, Bettie 37 (B) (SH2-83)
MARTIN, Beverly 50 (m) (B) (SH1-103)
MARTIN, Bill 25 (SH1-60)
MARTIN, Booker 40 (B) (SH1-186)
MARTIN, Butler 35 (B) (SH2-107)
MARTIN, Catharine 41 (B) (SH2-56)
MARTIN, Church 53 (B) (SH1-113)
MARTIN, Comodore 26 (B) (SH1-345)
MARTIN, Cornelius 44 (SH2-344)
MARTIN, Edward B. 15 (B) (SH1-97)
MARTIN, Edwin 20 (B) (SH2-94)
MARTIN, Ella 28 (B) (SH2-207)
MARTIN, Ellen 23 (SH2-123)
MARTIN, Emma 20 (SH2-217)
MARTIN, Frank 23 (B) (SH1-413)
MARTIN, Frank 33 (B) (SH1-433)
MARTIN, Geo. 30 (B) (SH1-192)
MARTIN, George 28 (B) (SH2-12)
MARTIN, George 37 (B) (SH2-185)
MARTIN, Henry 29 (B) (SH2-228)
MARTIN, Henry 57? (B) (SH2-122)
MARTIN, Hiram 36 (B) (SH2-339)
MARTIN, Hugh B. 43 (SH2-217)
MARTIN, J. D. 30 (m) (SH1-209)
MARTIN, J. H. 32 (m) (SH1-290)
MARTIN, James E. 23 (SH2-307)
MARTIN, James H.? 38 (SH2-275)
MARTIN, Jas. 48? (SH2-148)
MARTIN, Jessy 21 (m) (B) (SH2-98)
MARTIN, Jno. 21 (SH1-234)
MARTIN, Jno. 26 (SH1-449)
MARTIN, Jno. 37 (SH1-67)
MARTIN, Johanna 49 (SH2-166)
MARTIN, John 21 (B) (SH1-112)
MARTIN, John 21 (SH2-70)

MARTIN, John 23 (B) (SH2-121)
MARTIN, John 46 (SH2-112)
MARTIN, John D. 21 (SH1-460)
MARTIN, Joseph 22 (SH2-50)
MARTIN, Joseph 9 (SH2-80)
MARTIN, Josephine 36 (SH1-444)
MARTIN, L. 26 (m) (B) (SH1-392)
MARTIN, Laura 32 (B) (SH1-97)
MARTIN, Lavinia 24 (SH2-49)
MARTIN, Lee __ (m) (B) (SH2-37)
MARTIN, Lenora 32 (SH2-124)
MARTIN, Leroy 12 (SH1-213)
MARTIN, Lillie 30 (SH1-125)
MARTIN, M. A. 51 (f) (SH1-276)
MARTIN, M. P. 34 (m) (SH1-230)
MARTIN, MAttie 18 (f) (B) (SH1-442)
MARTIN, Mary 12 (B) (SH1-104)
MARTIN, Mary 19 (SH2-294)
MARTIN, Mary 55 (B) (SH2-151)
MARTIN, Mary Ann 47 (SH1-8)
MARTIN, Mary J. 56 (B) (SH2-55)
MARTIN, Moses 19 (B) (SH1-302)
MARTIN, Obe? 32 (m) (B) (SH1-287)
MARTIN, P. J. 40 (m) (B) (SH2-70)
MARTIN, Pat 40 (m) (SH2-353)
MARTIN, Prince 17 (B) (SH1-125)
MARTIN, Richd. 30 (SH2-188)
MARTIN, Robt. 29 (B) (SH2-283)
MARTIN, Rose 13 (SH1-109)
MARTIN, S. C. 20 (m) (SH1-263)
MARTIN, S. H. 41 (f) (SH1-232)
MARTIN, Sam 28 (B) (SH2-119)
MARTIN, Sam 38 (B) (SH1-367)
MARTIN, Sam 51 (B) (SH2-197)
MARTIN, Samuel 40 (B) (SH2-119)
MARTIN, Sarah 28 (SH1-373)
MARTIN, Steve 40 (B) (SH1-350)
MARTIN, Susie 18 (SH2-330)
MARTIN, T. C. 13 (f) (SH1-158)
MARTIN, T. W. 25 (m) (SH1-232)
MARTIN, Tom 22 (SH1-372)
MARTIN, Washington 18 (B) (SH2-64)
MARTIN, Wes 25 (B) (SH1-60)
MARTIN, Wesley 13 (B) (SH1-378)
MARTIN, Wm. 24 (B) (SH1-330)
MARTIN, Wm. H. 60 (SH1-474)
MARTINELLO, Frank 40 (SH2-107)
MARTINORA, Stephen 35 (SH2-98)
MARTIS, Max 25 (SH2-63)
MARWELL, Joseph 24? (B) (SH2-116)
MARY 35 (B) (SH1-61)
MASHER, Mary 18 (SH1-110)
MASON, Albert 30 (B) (SH1-60)
MASON, Albert 48 (B) (SH1-442)
MASON, America 46 (f) (B) (SH2-329)
MASON, Ann 25 (B) (SH1-315)
MASON, Ann 45 (B) (SH2-194)
MASON, Anthony 43 (B) (SH1-444)
MASON, Beverly 49 (m) (B) (SH1-217)
MASON, Bill 16 (B) (SH1-373)
MASON, Carrington 44 (SH1-91)
MASON, Charley 35 (B) (SH1-442)
MASON, Charly 23 (B) (SH2-338)
MASON, Clara 6 (B) (SH1-429)
MASON, Cody M. 25 (SH2-19)
MASON, Elizabeth 25 (B) (SH2-228)
MASON, Elmira 23 (B) (SH1-253)
MASON, Emile 47 (m) (SH2-104)
MASON, Frank 17 (B) (SH2-332)
MASON, Frank 37 (SH2-23)
MASON, Gus 35 (B) (SH2-254)
MASON, Henry 33 (B) (SH2-14)
MASON, Henry 34 (B) (SH2-240)
MASON, Henry 37 (B) (SH1-442)
MASON, Henry 40 (SH2-41)
MASON, Henry 50 (SH2-26)
MASON, Jack 20 (B) (SH2-104)
MASON, James 40? (B) (SH2-225)
MASON, Jerry 21 (m) (B) (SH1-19)
MASON, John 40 (B) (SH2-42)
MASON, John 50 (B) (SH1-41)
MASON, Joseph 71 (SH1-443)
MASON, Littleton W. 22 (B) (SH1-9)
MASON, MAria 15 (B) (SH1-91)
MASON, Margret 12 (SH1-34)
MASON, Mariah __ (B) (SH2-54)
MASON, Martha 36 (B) (SH2-55)
MASON, Peter 63 (B) (SH1-41)
MASON, Richard M. 57 (SH1-444)
MASON, Rosana 17 (B) (SH1-131)
MASON, Thomas 24 (B) (SH1-26)
MASON, Thomas 25 (SH2-70)
MASON, W. 32 (m) (SH1-244)
MASON, Watson 30 (SH2-271)
MASON, Wm. 25 (B) (SH1-6)
MASSA, John 50 (SH2-112)
MASSAY, Cht.? 45 (B) (SH1-400)
MASSE, John 40 (SH2-113)
MASSEE, Julius 13 (SH2-113)
MASSEY, Abram 50 (B) (SH1-443)
MASSEY, Ann 42 (B) (SH1-428)
MASSEY, Benjamin 40 (B) (SH1-430)
MASSEY, Clara 50 (B) (SH1-161)
MASSEY, Clela 15 (f) (SH1-54)
MASSEY, Crawford 57 (SH1-136)
MASSEY, Dennis 56 (B) (SH1-441)
MASSEY, E. D. 50 (m) (SH1-146)
MASSEY, Irbin M. 30 (m) (SH2-207)
MASSEY, Jerry 84 (SH1-449)
MASSEY, Joe 14 (SH1-71)
MASSEY, Joyner 32 (SH1-239)
MASSEY, Lansing 19 (SH1-71)
MASSEY, Leono 90 (B) (SH2-239)
MASSEY, Mary 35 (B) (SH2-88)
MASSEY, Sarah 69? (SH1-441)
MASSEY, Scott 21 (B) (SH1-430)
MASSEY, Stephen 29 (SH1-440)
MASSEY, Thomas D. 47 (SH1-83)
MASSEY, Wm. 50 (B) (SH1-160)
MASSIE, John 8 (SH2-301)
MASSIE, Jos. G. 38 (B) (SH2-151)
MASSILLES, Chas. 25 (SH2-92)
MASSY, John 60 (B) (SH1-353)
MASSY, Toni 42 (m) (SH1-108)
MASSY, Waitus? 32 (m) (B) (SH1-355)
MASTERMAN, Geo. 40 (SH2-113)
MATEER, Lizzie 21 (SH2-138)
MATHEW, Joe 28 (B) (SH2-110)
MATHEWS, Annie 32 (SH2-72)
MATHEWS, B. A. 34 (m) (SH1-77)
MATHEWS, Charley 25 (B) (SH2-284)
MATHEWS, Ciley? 11 (m) (B) (SH2-183)
MATHEWS, Dick 38 (B) (SH1-322)
MATHEWS, Edy 50 (f) (B) (SH2-284)
MATHEWS, Ephram? 65 (B) (SH1-10)
MATHEWS, George 39 (B) (SH1-259)
MATHEWS, Harriet 40 (B) (SH1-324)
MATHEWS, Harriet 72 (B) (SH1-325)
MATHEWS, J. B. 32 (m) (SH2-226)
MATHEWS, Jas. 50 (B) (SH2-143)
MATHEWS, John 21 (B) (SH2-106)
MATHEWS, John 38 (B) (SH1-322)
MATHEWS, John R. 50 (SH1-186)
MATHEWS, Jul 30 (f) (SH2-260)
MATHEWS, Mary 18 (B) (SH2-23)
MATHEWS, Reube? 40 (m) (B) (SH2-285)
MATHEWS, Rona 6 (SH1-187)
MATHEWS, Sam 36 (B) (SH1-355)
MATHEWS, Sandy 45 (m) (SH1-67)
MATHEWS, Sela 80 (SH1-60)
MATHEWS, W. S. 45 (m) (SH2-106)
MATHEWS, Watson 27 (B) (SH2-14)
MATHEWS?, Minna 19 (SH2-267)
MATHIS, Harvey 48 (SH2-215)
MATHUS, Bob 30 (B) (SH1-221)
MATLER, Frank 63 (SH2-258)
MATLOCK, Alex 32 (B) (SH1-310)
MATLOCK, John 25 (B) (SH2-98)
MATLOCK, Joseph 23 (B) (SH1-304)
MATLOCK, Robert 20 (B) (SH1-162)
MATMAKER, Mr. 50 (SH2-355)
MATSON?, R. 25 (m) (B) (SH1-402)
MATTHAL, Henry 18 (B) (SH1-355)
MATTHEW, Robt. 39 (SH2-177)
MATTHEW, Wally 16 (m) (B) (SH2-307)
MATTHEWS, Adolph W. 36 (SH1-87)
MATTHEWS, Albert 40 (B) (SH2-164)
MATTHEWS, Coleman 44 (SH2-227)
MATTHEWS, E. R. 62 (f) (SH1-265)
MATTHEWS, Ed 21 (B) (SH1-291)
MATTHEWS, George? 40 (B) (SH2-125)
MATTHEWS, J. R. 39 (m) (SH1-264)
MATTHEWS, Joe 72? (B) (SH1-291)
MATTHEWS, L. 51 (m) (B) (SH1-183)
MATTHEWS, Mattie 16 (f) (SH2-177)
MATTHEWS, Rosa _/12 (B) (SH2-135)
MATTHEWS, Sam W. 47 (SH2-208)
MATTHEWS, Tobe 36 (B) (SH1-250)
MATTHEWS, Virgil 26 (B) (SH1-50)
MATTHIS, M. 22 (f) (B) (SH1-398)
MATTHIS, M. L. 10 (f) (B) (SH1-402)
MATTHIS?, Francis 49 (SH1-82)
MATTICK, Mattie 1 (f) (B) (SH1-302)
MATTIS, S. W. 47 (m) (SH1-390)
MATTISON, Hans 27 (SH1-52)
MATTISON, Hugh 41 (SH2-264)
MATTOX, Charles 71 (SH1-427)
MATTOX, Ginnie 23 (f) (B) (SH2-337)
MATTOX, Wm. 28 (SH2-166)
MAUD, John 5? (B) (SH2-331)
MAUD, John 6 (B) (SH2-344)
MAUMUS, James 45 (SH2-355)
MAURY, Abram 44 (SH2-93)
MAURY, Frank 28 (SH2-120)
MAURY, Richard B. 46 (SH2-211)
MAURY, Thos. 17 (SH1-33)
MAVITA, Alice 24 (SH2-115)
MAXELL, Geo. 30 (B) (SH2-349)
MAXEY, Bettie 35 (B) (SH2-185)
MAXEY, John 50 (B) (SH1-97)

1880 Census Shelby Co. TN: Heads-of-Household

MAXWELL, Adam 63 (B) (SH1-276)
MAXWELL, Ben 8 (B) (SH1-250)
MAXWELL, Clay 43 (B) (SH2-306)
MAXWELL, H. P. 36 (m) (SH1-399)
MAXWELL, Hattie 24 (B) (SH2-222)
MAXWELL, Henry 16 (B) (SH1-436)
MAXWELL, Hillia__ 40 (f) (B) (SH2-219)
MAXWELL, Nancey 60 (B) (SH2-285)
MAXWELL, Richard? 59? (B) (SH2-279)
MAXWELL, Robt.? 49 (B) (SH1-378)
MAXWELL, Wm. 36 (B) (SH1-298)
MAXWELL, Wm. 85 (B) (SH1-429)
MAXWELL, York 22 (B) (SH2-286)
MAY, Anderson 29 (m) (B) (SH2-39)
MAY, Bertha 22 (SH2-83)
MAY, David 29 (B) (SH1-366)
MAY, Fannie 26 (SH2-87)
MAY, Frank 35 (B) (SH1-92)
MAY, George 26 (B) (SH2-273)
MAY, J. 27 (m) (SH2-92)
MAY, JAckson 52 (B) (SH1-122)
MAY, Jim 54 (B) (SH2-299)
MAY, Joe 25 (B) (SH1-366)
MAY, Josie 24 (f) (SH2-111)
MAY, K. D. 43 (m) (SH2-233)
MAY, Lilly 18 (B) (SH1-157)
MAY, Mary A. 13 (SH1-303)
MAY, Milton 29 (SH2-15)
MAY, Mollie 13 (SH1-304)
MAY, Montayo 8 (m) (SH2-83)
MAY, Sam 35 (SH2-83)
MAY, Thomas 49? (SH2-60)
MAY, Viney 17 (B) (SH1-158)
MAY, Wm. 16 (B) (SH1-124)
MAY, Wm. B. 20 (SH1-461)
MAYBERRY, Rachel 40 (B) (SH2-174)
MAYBIN?, Willis 35 (B) (SH2-338)
MAYDWELL, Thos. 49 (SH2-148)
MAYD___LL, James 54 (SH2-271)
MAYFIELD, Abner 80 (B) (SH1-447)
MAYFIELD, C. C. 30 (m) (SH1-334)
MAYFIELD, Caroline 20 (B) (SH1-124)
MAYFIELD, Ed 26 (B) (SH1-437)
MAYFIELD, J. N. 50 (m) (SH1-354)
MAYFIELD, Laura 21 (B) (SH2-107)
MAYFIELD, Mack 45 (B) (SH2-111)
MAYFIELD, Mack 70 (B) (SH2-173)
MAYFIELD, P. 60 (f) (B) (SH1-394)
MAYFIELD, Tom 30 (B) (SH1-65)
MAYFIELD, Wilson 25 (B) (SH1-129)
MAYFIELD, Wm. 42 (B) (SH1-167)
MAYHER, James 23 (B) (SH1-355)
MAYLAN, Frances 21 (SH2-130)
MAYLAN, Mike 21 (SH2-129)
MAYNARD, E. 53 (m) (SH1-47)
MAYNARD, J. T. 49 (m) (SH2-242)
MAYNARD, Thos. 46? (SH1-71)
MAYNARD, Tom 35 (SH1-66)
MAYO, Aaron 22 (B) (SH1-378)
MAYO, Kate 22 (B) (SH1-151)
MAYO, Mary A. 45 (SH1-268)
MAYO, Milt 21 (B) (SH1-355)
MAYO, Morris _ (SH2-360)
MAYO, Sally E. 22 (SH1-269)
MAYO, Wm. 36 (B) (SH1-230)
MAYO?, Johnson 55 (B) (SH1-179)
MAYS, Berry 69 (B) (SH1-163)
MAYS, Dilly 74 (f) (B) (SH2-341)
MAYS, Eddie 8 (B) (SH1-115)
MAYS, Eddie 8 (B) (SH1-423)
MAYS, Elvira 40 (B) (SH1-423)
MAYS, Elvira 40 (B) (SH1-423)
MAYS, Gardner 30 (B) (SH1-100)
MAYS, Gray 35 (B) (SH1-380)
MAYS, Henderson 5 (B) (SH1-22)
MAYS, Henry 30 (B) (SH1-21)
MAYS, Hinson 46? (B) (SH2-225)
MAYS, Ike 40 (B) (SH2-39)
MAYS, J. B. 29 (m) (SH1-154)
MAYS, James 38 (SH1-74)
MAYS, John 13 (B) (SH1-422)
MAYS, Patsy 50 (B) (SH2-273)
MAYS, Wm. 48 (B) (SH1-410)
MAYSER?, John 21 (B) (SH2-119)
MAYSON, Emma 28? (B) (SH2-80)
MAZE, Fred 12 (B) (SH1-443)
MA____, Joseph 44 (SH2-309)
MCADDEM, James 42 (SH1-195)
MCADEE, Johanna 25 (B) (SH2-228)
MCADOO, Joseph 15 (B) (SH2-280)
MCAFEE, George 50 (B) (SH1-426)
MCALISTER, J. F. 42 (m) (SH1-358)
MCALISTER, M. E. 36 (f) (SH1-290)
MCANALLY, Mary 35 (SH2-219)
MCANINCH?, Sallie 52 (SH2-304)
MCASSEY, John 54 (SH1-391)
MCASSEY, Mary 13 (SH2-224)
MCAULIFFE, R. J. 38 (m) (SH2-290)
MCBAIN, Bell 34 (SH1-467)
MCBRIDE, George 25 (B) (SH2-226)
MCBRIDE, JErry 20 (B) (SH1-439)
MCBRIDE, James __ (SH2-47)
MCBRIDE, Jas. B. 28 (SH2-80)
MCBRIDE, John 37 (B) (SH2-328)
MCBRIDE, Michael 48 (SH2-9)
MCBRIDE, Pat 49 (m) (SH1-450)
MCBRIDE, Pattie 39 (SH2-78)
MCBRIDE, Thos. 45 (SH1-369)
MCCABE, Harriett 38 (B) (SH2-15)
MCCABE, ____ 22 (m) (SH1-356)
MCCADDEN, John 22 (SH2-106)
MCCADDEN, Pat 28 (m) (SH2-111)
MCCAIN, Henry 36 (SH1-49)
MCCAIN, Rich H. 38 (B) (SH2-223)
MCCAINE?, John 43 (SH2-82)
MCCALL, Anna 21 (B) (SH2-62)
MCCALL, Annie 10 (SH2-353)
MCCALL, B.? 24 (m) (B) (SH1-396)
MCCALL, H. 23 (m) (B) (SH1-396)
MCCALL, H. C. 25 (m) (SH2-91)
MCCALL, Mack 40 (SH2-180)
MCCALL, Myra 65 (SH2-295)
MCCALL, Rosey 60 (SH2-254)
MCCALL, Sam 50 (m) (B) (SH1-57)
MCCALL, ____ 37 (m) (SH1-459)
MCCALLEY, Cinthia 23 (B) (SH1-122)
MCCALLISTER, Deliah 65 (B) (SH1-320)
MCCALLISTER, John 45 (B) (SH1-102)
MCCALLUM, A. J. 33 (m) (SH1-306)
MCCALLUM, Dan 24 (B) (SH1-154)
MCCALLUM, Julia 80 (B) (SH1-136)
MCCALLUM, Peter 24 (B) (SH1-152)
MCCALLUM, Rufus 15 (B) (SH1-150)
MCCAMERON, Jas. E. 26 (SH1-356)
MCCAN, Joseph 31 (SH2-231)
MCCAN, Mattie 29 (f) (B) (SH2-94)
MCCANE, J. H. 23 (m) (B) (SH1-154)
MCCANE, James 28 (SH2-104)
MCCANLEY?, Z.? 22 (B) (SH2-122)
MCCANN, Bridget 23 (SH1-387)
MCCANN, John 26 (SH2-299)
MCCANN, Martin 13 (SH2-272)
MCCANN, Michael 18 (SH2-248)
MCCANNON, Jas. 27 (SH2-257)
MCCARGE?, Dorch 45 (m) (B) (SH1-293)
MCCARGE?, W. H. 60 (m) (SH1-293)
MCCARGO, Millie 55 (B) (SH1-275)
MCCARGO, Rufus 20 (B) (SH1-283)
MCCARLEY, Amos 52 (B) (SH1-356)
MCCARMAL, Amy 45 (B) (SH1-207)
MCCARNEY, T__ 40 (m) (SH1-387)
MCCARROLL?, Hugh 50 (SH1-59)
MCCARTER, Mary 56 (SH2-62)
MCCARTHY, A. 49 (m) (SH2-144)
MCCARTHY, Anna 18 (SH1-109)
MCCARTHY, Catharine 42 (SH2-19)
MCCARTHY, Dennis 50 (SH2-78)
MCCARTHY, Dilla? 15? (SH1-110)
MCCARTHY, John 27 (SH2-10)
MCCARTHY, John 32? (B) (SH2-224)
MCCARTHY, Lizzie 30 (SH2-144)
MCCARTHY, Maggie 43 (SH2-162)
MCCARTHY, Molly 11 (SH1-110)
MCCARTHY, N. 10 (f) (SH1-110)
MCCARTHY, Nora 16 (SH2-263)
MCCARTHY, T. J. 30 (m) (SH1-418)
MCCARTY, Dan 30 (SH2-253)
MCCARTY, Fl__ 24 (m) (SH2-32)
MCCARTY, Frank 32 (SH2-86)
MCCARTY, Patrick 25 (SH2-33)
MCCARVER, J. ARch 36 (SH1-411)
MCCARVER, John E. 57 (SH1-426)
MCCARVER, Wm. M. 35 (SH1-426)
MCCAUGHN, L.? C. 53 (m) (SH1-37)
MCCAULEY, Annie 40 (SH2-21)
MCCAULEY, C. C. 23 (m) (SH2-253)
MCCAULEY, Hattie 50 (SH2-38)
MCCAULEY, Maggie 35 (SH2-100)
MCCAULEY, Mary 33 (SH2-245)
MCCAULEY, Molly 22 (SH2-261)
MCCAULIFFE, Jane 40 (SH1-108)
MCCAULY, Lee 20 (m) (B) (SH1-428)
MCCAULY, Vinson 55 (B) (SH1-291)
MCCAY, Timothy 40 (SH2-300)
MCCCAN, Elisabeth 55 (SH2-82)
MCCDONNALD, H. 54 (f) (B) (SH1-389)
MCCENNAN?, Wm. 28 (B) (SH1-112)
MCCHERRY, Nelson 22 (B) (SH2-302)
MCCLAIN, Wm. 54 (SH2-109)
MCCLAINE, Irene 26 (SH2-146)

MCCLAIRAN, Martha 54 (B) (SH2-200)
MCCLAM, Kam? 52 (f) (SH2-145)
MCCLAREN, Sandy 25 (m) (SH2-211)
MCCLELEN?, Mary 6 (B) (SH1-317)
MCCLELLAN, Burrell 18 (B) (SH1-52)
MCCLELLAN, Henry 40 (B) (SH2-38)
MCCLELLAN, James 26 (B) (SH1-41)
MCCLELLAN, Lee 10 (m) (B) (SH1-341)
MCCLELLAN, Lettia 32 (B) (SH2-337)
MCCLELLAN, Lizzie 18 (SH2-365)
MCCLELLAND, Jo. M. 32 (m) (SH1-74)
MCCLENNAN, Aaron 50 (B) (SH2-350)
MCCLENNAN, Reuben 60 (B) (SH1-124)
MCCLERNDON, Andrew 36 (SH2-232)
MCCLINTOCK, Jas. 30? (SH2-81)
MCCLISTER, Julia 19 (B) (SH2-109)
MCCLOUD, Richard 15 (B) (SH1-451)
MCCLOUDY, F.? 39 (m) (B) (SH1-392)
MCCLOY, Mary 68 (SH2-38)
MCCLUNE, F. O. 35 (f) (SH2-184)
MCCLURE, Eliza 10 (B) (SH1-438)
MCCLURE, Isaah 23 (B) (SH2-345)
MCCLURE, JAckson 65 (SH2-1)
MCCLURE, Julia 30 (SH2-36)
MCCLURE, Sallie 24 (SH2-230)
MCCLURE, Saml. B. 21 (SH1-472)
MCCLURE, W. C. 68 (m) (SH2-183)
MCCOLL, Mary 40 (SH1-363)
MCCOLL, Willis 50 (B) (SH1-381)
MCCOLLA, Henry B. 43 (SH1-18)
MCCOLLA, John 45 (SH1-22)
MCCOLLA, John C. 20 (SH1-21)
MCCOLLA, Robert 30 (SH1-22)
MCCOLLA, Robert M. 35 (SH1-26)
MCCOLLA, Thomas G. 38 (SH1-25)
MCCOLLUGH, Licie 25 (f) (B) (SH1-119)
MCCOLLUM, A. N. 35 (m) (SH2-111)
MCCOLLUM, Sam 30 (SH2-99)
MCCOLOUGH, C. 23 (m) (SH2-247)
MCCOLOUGH, Joe 22 (B) (SH2-246)

MCCOMB, Anna 42? (SH1-97)
MCCOMB, Mary Ann 59 (SH2-271)
MCCOMBS, Jay 52 (B) (SH1-290)
MCCOMBS, Rufus 22 (B) (SH1-272)
MCCOMBS, T. D. 30 (m) (SH1-49)
MCCOMMACK, George 16 (SH1-119)
MCCONN, Wm. 28 (SH2-306)
MCCONNEL, Caroline __ (B) (SH1-447)
MCCONNEL, Jack L. 17 (SH1-470)
MCCONNELL, Caroline 26 (B) (SH2-271)
MCCONNELL, JAmes B. 38 (B) (SH1-101)
MCCONNELL, M. 45 (f) (SH2-252)
MCCONNELL, Mary 40 (B) (SH2-55)
MCCONNELL, Owen 46 (SH2-313)
MCCONNELL, Wm. 30 (SH2-61)
MCCONNOCK, Mary 50 (SH2-324)
MCCORD, A. H. 30 (m) (SH2-291)
MCCORD, Robert G. 58 (SH1-326)
MCCORD, Wm. 40 (SH1-229)
MCCORMAC, Thornton 39 (B) (SH1-343)
MCCORMACK, MArgt. 98 (SH2-42)
MCCORMACK, Mike 48 (SH2-258)
MCCORMICK, Chas. 14 (SH2-5)
MCCORMICK, Geo. 35 (SH2-31)
MCCORMICK, Thos. 32 (SH1-407)
MCCOWELL?, Mrs. 34 (SH2-360)
MCCOY, Albert? 23 (B) (SH2-271)
MCCOY, Andrew 35 (SH1-422)
MCCOY, Anna 23 (SH1-97)
MCCOY, Bell 38 (B) (SH2-336)
MCCOY, Ellen 15 (B) (SH1-313)
MCCOY, Jas. 50 (SH2-222)
MCCOY, Levi L. 33 (B) (SH2-312)
MCCOY, Louis 24 (B) (SH1-391)
MCCOY, Mattie 19 (f) (B) (SH2-193)
MCCOY, Patrick 35 (SH2-99)
MCCOY, W. 24 (m) (B) (SH1-241)
MCCRA, John 9 (B) (SH1-86)
MCCRACKEN, Naomi 53 (SH2-258)
MCCRAE, G. W. 42 (m) (SH2-91)
MCCRAE, James 40 (B) (SH1-325)
MCCRAIGHT, James 26 (SH2-61)
MCCRANE, Anna 20 (SH2-59)
MCCRARY, Andrew 35 (B) (SH1-271)

MCCRARY, John 30 (B) (SH1-276)
MCCRARY, MAtthew 61 (SH1-269)
MCCRARY, Manuel 26 (B) (SH1-297)
MCCRARY, Rufus 26 (B) (SH1-271)
MCCRAUGH, Wm. 35 (B) (SH1-156)
MCCRAVEN, Banks 23 (SH2-58)
MCCREY, Kate 45 (SH1-117)
MCCRIGHT, Allie 8 (m) (B) (SH1-25)
MCCRIGHT, M. 33 (m) (SH2-75)
MCCRIGHT, Osborn 42 (SH1-16)
MCCROACKEN, Nancy 41 (B) (SH2-121)
MCCROE, Michael 30 (SH2-61)
MCCROSKY, H. A. 37 (m) (SH1-400)
MCCRUER, M. 37 (m) (SH2-113)
MCCR___LY, M. 13 (f) (SH1-147)
MCCUEN, John B. 57 (SH2-245)
MCCULLER, James 50 (SH2-231)
MCCULLER, Peter 27 (B) (SH2-185)
MCCULLER?, G. W. 19 (m) (SH1-208)
MCCULLERS, Juulius R. 45 (SH2-81)
MCCULLEY, Lucas? 54 (B) (SH2-279)
MCCULLEY, Luke 65 (B) (SH1-125)
MCCULLEY, Wm. 27 (SH1-76)
MCCULLEY, Wm. H. 10 (SH1-74)
MCCULLIN, John 46 (SH2-254)
MCCULLOCK, Cannon 33 (SH1-433)
MCCULLOUCH, Anna F. 80 (SH2-218)
MCCULLOUGH, Archie 24 (SH2-199)
MCCULLOUGII, C. 28 (f) (SII1-37)
MCCULLOUGH, Chas. 21 (B) (SH2-299)
MCCULLOUGH, George 21 (B) (SH1-108)
MCCULLOUGH, Jas. 35 (SH1-387)
MCCULLOUGH, M. J. 55 (f) (SH2-296)
MCCULLOUGH, Mack 30 (B) (SH2-43)
MCCULLUM, Isaac 25 (B) (SH1-433)
MCCULLUM, Jno. F. 32 (SH1-136)
MCCUMMINGS, Wm. 10 (B) (SH2-81)
MCCUNE, Michael 37 (SH2-5)
MCCURRY, Louis 57 (B) (SH2-331)
MCCURY, G.? 7 (m) (SH1-391)
MCDANELL, Henry 24 (B) (SH1-28)

MCDANIEL, Anna 33 (B) (SH1-127)
MCDANIEL, Collin 12 (B) (SH2-57)
MCDANIEL, Dafney 21 (f) (B) (SH2-130)
MCDANIEL, Ellen 58 (SH2-177)
MCDANIEL, Frederick 25 (SH2-7)
MCDANIEL, Geo. L. 31 (SH1-52)
MCDANIEL, H. A. 17 (f) (SH1-48)
MCDANIEL, J. A. 38 (m) (SH1-52)
MCDANIEL, J. L. 66 (m) (SH1-52)
MCDANIEL, James 12 (B) (SH1-46)
MCDANIEL, John 24 (SH1-308)
MCDANIEL, Mary 13 (B) (SH1-77)
MCDANIEL, Mollie 30 (SH1-257)
MCDANIEL, Pheraby 47 (SH1-13)
MCDANIEL, Phil 30 (B) (SH1-256)
MCDANIEL, S. C. 37 (m) (SH1-52)
MCDANIEL, Wm. 25 (SH1-123)
MCDANIEL, Wm. 3/12 (SH2-273)
MCDAVID, James 38 (SH2-88)
MCDAVITT, Edward 73 (SH2-313)
MCDAVITT, J. C. 45 (m) (SH2-244)
MCDAW, R. S. 54 (m) (SH1-59)
MCDERMOT, Mary 45 (SH2-71)
MCDERMOTT, John 23 (SH2-76)
MCDERMOTT, P. 32 (m) (SH2-37)
MCDERMOTT, W. J. 36 (m) (SH2-168)
MCDONALD, Angus 33 (SH2-18)
MCDONALD, Ann 34 (B) (SH2-349)
MCDONALD, Ann 47 (B) (SH2-27)
MCDONALD, Arther 50 (SH1-365)
MCDONALD, Barney 38 (SH2-61)
MCDONALD, Charlie 19 (B) (SH1-355)
MCDONALD, Danl. 25 (B) (SH2-120)
MCDONALD, Eliza 34 (SH2-176)
MCDONALD, Eliza 39? (B) (SH2-131)
MCDONALD, Ellen 13 (SH1-110)
MCDONALD, Ellick 30 (B) (SH1-355)
MCDONALD, F. 54 (m) (B) (SH1-31)
MCDONALD, Gilbert 14? (B?) (SH2-98)
MCDONALD, Green 56 (B) (SH1-412)

1880 Census Shelby Co. TN: Heads-of-Household

MCDONALD, Henry _8 (SH2-44)
MCDONALD, Ike 22 (B) (SH1-291)
MCDONALD, J. W. 30 (m) (SH1-261)
MCDONALD, J. _. 29 (m) (SH1-261)
MCDONALD, Jacob 37 (B) (SH2-320)
MCDONALD, James S. 22 (B) (SH2-54)
MCDONALD, Jas. T. 26 (SH1-44)
MCDONALD, Jetson 60 (m) (B) (SH2-227)
MCDONALD, John 4 (B) (SH1-311)
MCDONALD, Joshua 17 (B) (SH2-176)
MCDONALD, Kate 8 (B) (SH1-83)
MCDONALD, Lizzie 32 (B) (SH2-257)
MCDONALD, Lizzie 7 (B) (SH2-26)
MCDONALD, Lulu 21 (B) (SH2-201)
MCDONALD, M. 50 (f) (SH2-257)
MCDONALD, Martin 17 (B) (SH2-206)
MCDONALD, Martin 36 (SH2-48)
MCDONALD, Mary 17 (SH2-70)
MCDONALD, Myke 38 (SH2-78)
MCDONALD, Nettie 8 (SH2-9)
MCDONALD, Permella 40 (B) (SH2-197)
MCDONALD, Stephen 28 (B) (SH2-19)
MCDONALD, Steve 40 (B) (SH1-356)
MCDONALD, T. T. 33 (m) (SH1-268)
MCDONALD, Victoria 7 (B) (SH1-311)
MCDONALD, Wm. 21 (SH1-284)
MCDONALD, ____ 22 (m) (SH2-51)
MCDONALD?, Carrie 18 (B) (SH2-227)
MCDONAUGH, Ellen 60 (SH2-258)
MCDONAUGH, John 46 (SH1-125)
MCDONEL, Nise? 30 (m) (B) (SH1-229)
MCDONELL, Eliza 8 (B) (SH1-425)
MCDONELL, John 60 (SH2-18)
MCDONELL, Monroe 29 (SH1-422)
MCDONELL, Wm. 54 (SH1-422)
MCDONNEL, A.? L. 40 (m) (B) (SH1-401)
MCDONNALL, J. 45 (f) (B) (SH1-394)
MCDONNALD, James 53 (SH2-273)
MCDONNEL, Green 27 (B) (SH2-338)
MCDONNELL, Aleck 45 (SH2-273)
MCDONNELL, M. 22 (m) (SH2-271)
MCDONNELL, Timothy 30 (SH2-19)
MCDONNELL, W. 29 (SH2-311)
MCDONOUGH, Emma 33 (SH2-59)
MCDOUGAL, John 52 (SH2-17)
MCDOW, Betsy 30 (B) (SH1-430)
MCDOW, John 16 (B) (SH1-430)
MCDOWEL, Henry 28 (B) (SH1-295)
MCDOWEL, John 29 (B) (SH1-226)
MCDOWELL, Cato 45 (B) (SH2-187)
MCDOWELL, Fannie 35 (B) (SH1-384)
MCDOWELL, Frank 15 (SH1-470)
MCDOWELL, Harriet 36 (SH2-176)
MCDOWELL, J. 25 (m) (B) (SH1-145)
MCDOWELL, John 19 (B) (SH2-117)
MCDOWELL, Julia 17 (B) (SH1-49)
MCDOWELL, Mary 23 (B) (SH1-40)
MCDOWELL, Morgan 24 (B) (SH1-183)
MCDOWELL, Robert 40 (B) (SH1-309)
MCDOWELL, Sam 35 (SH2-77)
MCDOWELL, Winnie 33 (SH2-189)
MCDOWELL, Wm. 35 (B) (SH1-248)
MCDOWELL, Wm. 52 (B) (SH1-40)
MCDOWELL, Wm. H. 52 (SH2-203)
MCDOWELL?, Grace 30 (SH2-271)
MCDOWELL?, _. 46 (m) (SH2-135)
MCDUGAL, Dewitt C. 48 (SH2-101)
MCDURMIT, Patrick 33 (SH2-101)
MCEACHERN?, Martha 51 (SH1-332)
MCELLROY, W. 69 (m) (SH1-402)
MCELRATH, Arther 25 (B) (SH2-79)
MCELREE, Robert L. 45 (SH1-177)
MCELROY, Bridget 35 (SH2-290)
MCELROY, Daniel 52 (B) (SH1-316)
MCELROY, Kate 38 (SH2-286)
MCELROY, Willie 12 (m) (B) (SH1-439)
MCELVAIN, E. W. 60 (f) (SH2-328)
MCENTIRE, B. 23 (m) (B) (SH2-331)
MCENTIRE?, Alex 34 (B) (SH1-178)
MCERMOT, Dennis 36? (SH2-128)
MCEWEN, James 14 (SH1-424)
MCEWEN, Lewis 24 (SH2-7)
MCEWEN, Robrt 53? (SH1-23)
MCEWIN, Nancy 36 (B) (SH2-84)
MCE___, Peter 25 (SH1-76)
MCFADDEN, Geo. 25 (B) (SH1-42)
MCFADDEN, Mary 18 (SH2-75)
MCFADDEN, Myke 45 (SH2-72)
MCFADDEN, S. M. 63 (f) (SH1-271)
MCFADDEN, T. J. 28 (m) (SH1-403)
MCFADEN, Peter 23 (B) (SH1-338)
MCFAILER, Denis 21 (B) (SH2-109)
MCFALLS, Sallie 50 (B) (SH2-158)
MCFARLAN, Mariah 49 (SH2-343)
MCFARLAND, Jack 25 (B) (SH1-356)
MCFARLAND, Louis 34 (SH2-209)
MCFARLAND, Mary 8? (SH1-109)
MCFARLAND, W. P. 26 (m) (SH2-150)
MCFARLAND, Wm. 30 (SH1-78)
MCFARLIN, Joseph 31 (SH1-86)
MCFARLIN, Wm. 17 (SH1-13)
MCFEELY, Mary 19 (SH2-74)
MCFERRIN, Jno. H. 41 (SH1-263)
MCFERRIN, W. M. 71 (m) (SH1-261)
MCFERSON, John 24 (SH1-22)
MCFERSON, Marion 50 (SH1-22)
MCGARTH, M> 65 (f) (SH2-184)
MCGARVEY, Alexander 58 (SH2-218)
MCGAUGHAN, P. 35 (m) (SH2-191)
MCGAUGHEY, Alva W. 40 (m) (SH1-13)
MCGAVOCK, Nealie 24 (f) (B) (SH2-235)
MCGEE, Alfred 50 (B) (SH1-91)
MCGEE, E. S. 60 (f) (SH1-144)
MCGEE, Edmon 29 (B) (SH2-157)
MCGEE, Ellie _1 (B) (SH2-263)
MCGEE, Gibson 23 (B) (SH2-185)
MCGEE, Peter 36 (B) (SH2-296)
MCGEE, S. 50 (m) (SH1-395)
MCGEE, Thos. 35 (B) (SH1-449)
MCGEE, Virginius? 13 (f) (SH2-199)
MCGEE, Watson 48 (B) (SH1-392)
MCGEE, Wm. 9 (B) (SH1-456)
MCGEE, Wst 28 (B) (SH2-349)
MCGEHE, Ed 25 (SH1-338)
MCGEHEE, Mary 35 (SH2-134)
MCGEHON?, Fannie 19 (SH1-137)
MCGHEE, Albert 30 (SH2-93)
MCGHEE, Anderson 26 (B) (SH1-289)
MCGHEE, Dock 50 (B) (SH2-334)
MCGHEE, Edward 25 (B) (SH2-39)
MCGHEE, Frances E. 20 (SH1-14)
MCGHEE, Jess M. 25 (m) (B) (SH1-267)
MCGHEE, Mary 35 (B) (SH2-335)
MCGHEE, Peter? 60 (B) (SH1-289)
MCGHEE, Wesley 25 (B) (SH2-334)
MCGIN, Henry 16 (SH2-188)
MCGINNIS, James 18 (SH2-13)
MCGINNIS, Mary E. 40 (SH1-96)
MCGINNIS, Melissa 16 (SH2-13)
MCGINNIS, Peter 12 (SH1-98)
MCGINNIS, ____ 13 (f) (SH1-109)
MCGINTY, Thos. 41 (SH2-231)
MCGIRK?, Minerva 60 (SH2-291)
MCGLEN?, Francis 43 (SH2-50)
MCGLOHN, Fannie 12 (SH1-124)
MCGLON, Bell 51 (B) (SH1-211)
MCGLONE, Mary 65 (SH2-37)
MCGLOTTON, Martin 50 (SH2-65)
MCGOHEE, John P. 60 (SH1-19)
MCGOLDSICK, Jas. 27 (SH1-374)
MCGOODWIN, Claud 4 (SH2-328)
MCGOUGHEY, C. 29 (m) (SH1-12)
MCGOUGHEY, Jas. F. 57 (SH1-12)
MCGOWAN, Alec 18 (B) (SH1-157)
MCGOWAN, C. 75 (f) (B) (SH1-172)
MCGOWAN, Denis 45 (B) (SH1-453)
MCGOWAN, Dennis 40 (B) (SH2-309)
MCGOWAN, E. L. 44 (m) (SH1-172)
MCGOWAN, George 45 (B) (SH1-338)
MCGOWAN, Jack 51 (B) (SH1-172)
MCGOWAN, Jim 46 (B) (SH1-360)
MCGOWAN, Maggie 61 (B) (SH2-126)
MCGOWAN, Mattie 19 (f) (SH2-39)
MCGOWAN, Peter 65 (B) (SH1-156)
MCGOWAN, Polly 60? (B) (SH2-307)
MCGOWAN, S. R. 44 (f) (SH1-174)
MCGOWAN, Sam 22 (B) (SH2-148)
MCGOWEN, B. 64 (m) (B) (SH1-453)

MCGOY, George 30 (B) (SH1-355)
MCGOY, Thomas 43 (SH2-73)
MCGRANN, H. J. 40 (m) (SH2-147)
MCGRATH, Catherine 38 (SH2-229)
MCGRATH, James 10 (SH2-28)
MCGRATH, James 42 (SH2-303)
MCGRATH, John 23 (SH2-181)
MCGRATH, John 50 (SH2-5)
MCGRATH, Lucy 18 (SH2-257)
MCGRATH, Michael 24 (SH2-7)
MCGRATH, Michael 25 (SH2-4)
MCGRATH, Mike 23 (SH2-113)
MCGRATH, Mike 50 (SH2-317)
MCGRATH, Mrs. 40 (SH2-364)
MCGRAW, Florence 20 (SH2-365)
MCGRAW, Kate 40 (SH2-40)
MCGRAW, Mike 36 (SH2-106)
MCGROOM?, Ross 35 (B) (SH1-473)
MCGRUIN?, Clark 30 (B) (SH1-107)
MCGUFFEY, Dave 57 (B) (SH1-164)
MCGUIRE, Amanda 31 (B) (SH2-343)
MCGUIRE, Bettie 3 (B) (SH2-308)
MCGUIRE, Jas. 24 (SH2-291)
MCGUIRE, Lizzie 24 (SH2-250)
MCGUIRE, Luke 40 (SH2-30)
MCGUIRE, Mary 23 (SH2-95)
MCGUIRE, Obrien 42 (SH2-62)
MCGUIRE, Susan 33 (B) (SH2-338)
MCGUIRE, Thomas 35 (B) (SH2-20)
MCGWOAN, J. F. 24 (m) (SH2-41)
MCG___EY, John 18 (SH2-290)
MCG_____, John 39 (SH2-268)
MCHALE, Walter 49 (SH2-65)
MCHANDY?, Bridget 30 (SH1-95)
MCHENRY, Eli B. 40 (SH2-209)
MCHUGH, Mary 43 (SH2-290)
MCINTYRE, John 30 (B) (SH2-305)
MCINTYRE, Jos. A. 4 (B) (SH2-321)
MCKAIN, Mary 31 (SH2-172)
MCKALAWAY?, Henry 22 (B) (SH1-296)
MCKAOGH, Chas. 15 (SH2-237)
MCKAY, A. N. 67 (m) (SH2-111)
MCKAY, Anderson 65 (B) (SH1-127)
MCKAY, Frances 39 (B) (SH1-367)
MCKAY, Isaac 25 (B) (SH1-347)
MCKAY, Isabelle 74 (SH2-113)
MCKAY, Judy 24 (B) (SH1-302)
MCKAY, M. L. 54 (f) (SH1-234)
MCKAY, MAttie 23 (f) (B) (SH2-354)
MCKAY, Mack 29 (B) (SH1-334)
MCKAY, Ned 34 (B) (SH1-127)
MCKAY, Susa 16 (SH1-264)
MCKAY, Wm. 23 (B) (SH1-127)
MCKEDRICK, Jacob 60 (B) (SH2-262)
MCKEE, James 35 (SH2-52)
MCKEE, James 37 (SH2-104)
MCKEE, Sarah 40 (SH2-176)
MCKEE, Thos. M. 34 (SH2-155)
MCKEEHAN, N. 52 (m) (SH1-261)
MCKEEL, Evelina 40 (B) (SH2-298)
MCKEEVER, Patrick 52 (SH2-231)
MCKEEVES?, George 18 (B) (SH1-255)
MCKELLY, Step 45 (m) (B) (SH1-311)
MCKENNEY, E. 28 (f) (SH1-471)
MCKENNEY, Th.? 34 (f) (B) (SH1-397)
MCKENZIE, Abbey 24 (B) (SH2-117)
MCKENZIE, Henry 25 (B) (SH2-15)
MCKENZIE, John 4 (SH1-17)
MCKENZIE, Samuel 67 (B) (SH2-8)
MCKENZIE, Smith 50 (B) (SH1-352)
MCKENZIE, _____ 50? (SH1-375)
MCKEON, Joseph 23 (SH2-40)
MCKEON?, Perry? 15 (SH2-265)
MCKEWN, E. 16 (m) (B) (SH1-249)
MCKEY, James 30 (SH2-68)
MCKEY, M. 68 (m) (B) (SH1-393)
MCKIBBON, Anna 55 (SH1-365)
MCKINEY, Collen 38 (SH2-101)
MCKINEY, James 21 (B) (SH2-42)
MCKINNA, Maggie 21 (SH2-7)
MCKINNAY?, Mary 30 (SH2-325)
MCKINNEY, A. F. 36 (m) (SH1-292)
MCKINNEY, Andrew 22 (B) (SH2-116)
MCKINNEY, Anthony 27 (B) (SH1-134)
MCKINNEY, Bil 30 (B) (SH2-194)
MCKINNEY, C. 46 (m) (B) (SH1-146)
MCKINNEY, Eliza 50 (B) (SH2-54)
MCKINNEY, Emma 23 (B) (SH1-406)
MCKINNEY, Frank 30 (B) (SH1-121)
MCKINNEY, G. F. 59 (f,W?) (B) (SH1-292)
MCKINNEY, J. 35 (m) (SH1-241)
MCKINNEY, J. P. 32 (m) (SH2-302)
MCKINNEY, Joe 36 (B) (SH1-324)
MCKINNEY, Mack 26 (B) (SH1-428)
MCKINNEY, Martha 40 (B) (SH2-140)
MCKINNEY, Mary 32 (SH2-133)
MCKINNEY, Matie 42 (f) (SH2-233)
MCKINNEY, Matti 15 (f) (SH2-138)
MCKINNEY, Napoleon 22 (B) (SH1-121)
MCKINNEY, Riner 40 (B) (SH1-135)
MCKINNEY, Sally 48 (B) (SH2-339)
MCKINNEY, Salmon 38 (B) (SH2-141)
MCKINNEY, Saron? 9 (f) (B) (SH1-450)
MCKINNEY, Susan 48 (SH1-308)
MCKINNEY, Wake 55 (B) (SH1-292)
MCKINNEY, _____ 65 (m) (B) (SH2-289)
MCKINNIE, Patience 37 (B) (SH1-332)
MCKINNIE, Robt. 33 (B) (SH2-97)
MCKINNIS, Robert 54 (SH1-428)
MCKINNY, Dowell 25 (B) (SH1-316)
MCKINNY, Wm. 28 (B) (SH1-319)
MCKINSEY, James 22 (B) (SH1-141)
MCKINSTRY, George 28 (SH2-75)
MCKINSTRY, George 35 (SH2-71)
MCKITTRICK, Peter 33 (SH2-9)
MCKNIGHT, Abner 24 (SH1-8)
MCKNIGHT, Allen 23 (SH1-26)
MCKNIGHT, Curtis 31 (SH1-8)
MCKNIGHT, MArtha 47 (SH1-122)
MCKNIGHT, Mildred 54 (SH1-8)
MCKNIGHT, Sam B. 29 (SH1-75)
MCKNIGHT, Tobias 22 (B) (SH2-27)
MCKNOR?, George 43 (B) (SH2-339)
MCKOWN, J. D. 55 (m) (SH2-92)
MCKUCKILL, Jas. 25 (SH2-83)
MCLAIN, John 57 (B) (SH1-437)
MCLAINE, Hy. 30 (m) (B) (SH2-150)
MCLAUGHLIN, Ann 40 (SH2-158)
MCLAUGHLIN, Richard 40 (SH2-267)
MCLAUGHLIN, Wm. 45 (SH2-25)
MCLEAMORE, J. 12 (m) (B) (SH2-185)
MCLEAN, Callie 13 (B) (SH1-242)
MCLEAN, Charles 85 (SH1-103)
MCLEAN, Georg 29 (B) (SH1-93)
MCLEAN, Robt. 33 (SH2-94)
MCLEAN, _____ _ (f) (SH2-88)
MCLEER, Jas. 50 (SH2-115)
MCLEFRESH, Chas. 23 (SH2-140)
MCLELLAN, J. A. 39 (m) (SH1-52)
MCLELLAN, John 65 (SH1-100)
MCLEMAN?, Alex (Dr.) 34 (SH1-4)
MCLEMORA, Blanch? __ (SH2-323)
MCLEMORE, Alfred 59 (B) (SH2-161)
MCLEMORE, J. C. 62 (m) (SH1-282)
MCLEMORE, Martha 24 (B) (SH1-252)
MCLEMORE, Mrs. 56 (SH2-353)
MCLEMORE, Thos. 32 (SH2-85)
MCLIN, Frank 22 (B) (SH1-228)
MCLIN, J. 22 (B) (SH1-215)
MCLIN, Levy 25 (B) (SH1-166)
MCLIN, Wm. 50 (B) (SH1-131)
MCLINN, Katie 14 (SH1-366)
MCLOAN, Susan 23 (B) (SH1-473)
MCLOSKY, Chas. L. 27 (SH1-423)
MCLOSKY, Chas. L. 27 (SH1-423)
MCL___, Mattie 11 (f) (B) (SH2-174)
MCMABON, John 32 (SH1-407)
MCMAGUIRE?, Mrs. 55 (SH2-364)
MCMAHAN, B. 40 (m) (SH2-155)
MCMAHAN, Daniel W. 21 (SH2-7)
MCMAHAN, Mary 45 (SH2-21)
MCMAHAN, Michael 41 (SH1-411)
MCMAHON, Bridget 45 (SH2-17)
MCMAHON, Catharine 62 (SH2-20)
MCMAHON, John 35 (SH2-27)
MCMAHON, John 56 (SH2-130)
MCMAHON, Mollie 13 (SH2-222)
MCMAHON, Tim 48 (SH2-40)
MCMANNIS, Barney 46 (SH2-73)
MCMANNUS, M. 40 (f) (SH2-250)
MCMANUS, Peter 35 (SH2-5)
MCMANUS, R. D. 22 (m) (SH1-33)
MCMARNIA?, Anna 13 (SH2-154)
MCMARRY?, York 24 (B) (SH2-20)
MCMARY, M. 10 (f) (SH2-192)
MCMAURY, Othella 7 (SH1-48)
MCMEEN, James L. 25 (SH2-103)
MCMENEME, P. E. 42 (m) (SH2-255)
MCMILLAN, Andrew 35 (SH2-85)
MCMILLAN, E. 51 (f) (SH2-226)
MCMILLAN, E. W. 55 (m) (SH2-339)
MCMILLAN, JAmes R. 23 (SH1-18)
MCMILLEN, E. B. 35 (m) (B) (SH2-334)
MCMINN, Wm. B. 8 (SH1-118)
MCMOUDMON?, Mary 60? (SH2-326)

MCMULLEN, Eliza 45 (B) (SH1-464)
MCMULLEN, Mary 19 (B) (SH1-106)
MCMULLINS, Thomas 33 (SH1-55)
MCMURRAY, Lucious 43 (SH1-13)
MCNAB, E. B. 42 (m) (SH1-205)
MCNAB, Lucy 20 (B) (SH1-300)
MCNABB, Thos. J. 41 (SH2-157)
MCNAIR, Neel 49 (SH1-22)
MCNAIRY, Henry 52 (SH2-268)
MCNALLY, Patrick 32 (SH2-272)
MCNALLY, Sarah 28 (SH2-139)
MCNAMARA, Denis 73 (SH2-152)
MCNAMARA, Jas. 46 (SH2-251)
MCNAMARA, John 46 (SH2-323)
MCNAMARA, L. D. 42 (m) (SH2-293)
MCNAMARY, John 40 (SH2-47)
MCNAMEE, James 21 (SH1-235)
MCNAREY, Henry 53 (B) (SH1-453)
MCNARY?, Ben 28 (B) (SH2-59)
MCNEAL, David 33 (SH1-192)
MCNEAL, Isaac 37 (B) (SH2-356)
MCNEAL, Isaac 40 (B) (SH2-342)
MCNEAL, Isaac 45 (B) (SH2-341)
MCNEAL, J. 32 (m) (B) (SH1-399)
MCNEAL, Mary 39 (B) (SH2-109)
MCNEALE, Albert 24 (B) (SH2-308)
MCNEAR, Alexander S. 49 (SH2-61)
MCNEAR, John 30 (SH1-426)
MCNEEL, James 20 (SH1-282)
MCNEEL, M. 27 (m) (SH2-307)
MCNEEL, Mc. 16 (B) (SH1-259)
MCNEELE, Arthur 21 (SH2-58)
MCNEELEY, J. H. 24 (m) (SH1-213)
MCNEELEY, Napoleon 35 (SH2-12)
MCNEELEY, W. C. 36 (m) (SH1-213)
MCNEELY, Marcellus R. 38 (SH2-13)
MCNEIL, Archibald 25 (SH2-252)
MCNEIL, Caroline 26 (B) (SH1-355)
MCNEIL, Eli 34 (B) (SH1-351)
MCNEIL, George 23 (B) (SH2-117)
MCNEIL, Mary 24 (B) (SH1-339)
MCNEILL, Edward 18 (SH2-27)
MCNEILL, Edward 35 (B) (SH2-33)
MCNEILL, H. C. 35 (m) (SH1-396)
MCNEILL, Hampton 30 (B) (SH1-293)
MCNETT, Henry 38 (SH2-74)
MCNEVEN, John 23 (SH2-323)
MCNICHOLAS, Ann 40 (SH2-186)

MCNICHOLAS, Ell 15 (f) (SH2-22)
MCNICHOLUS, ____ 50 (f) (SH2-183)
MCNIEL, Andrew 28 (B) (SH1-126)
MCNIEL, Emma 20 (B) (SH2-289)
MCNIGHT, Andrew 40 (B) (SH1-182)
MCNULTY, Eleanox? 34 (m) (SH2-129)
MCNULTY, Patrick 45 (SH2-117)
MCNUTT, Wm. 28 (SH2-79)
MCNUTT?, Jas. 27 (SH2-104)
MCOMBER, D. A. 38 (m) (SH2-362)
MCONALLY?, Laura 27 (SH2-148)
MCPARTLAND, John 48 (SH2-235)
MCPHERSON, A. T. 23 (m) (SH1-148)
MCPHERSON, Emma 40 (B) (SH2-108)
MCPHERSON, Geo. 22 (B) (SH2-283)
MCPHERSON, Peter 51 (B) (SH2-159)
MCPHERSON, Therman 16 (B) (SH1-103)
MCQUINN, Thomas 34 (SH2-13)
MCQUISTON, Thomas C. 30 (SH1-24)
MCRABEN, Peter 32 (B) (SH2-271)
MCREY, John 35 (SH2-71)
MCREYNOLDS, John _0 (SH2-263)
MCROY, Walter 46 (B) (SH2-338)
MCRUTHERFORD, ____ 33 (m) (B) (SH2-191)
MCSARLEY?, Kate 35 (SH1-370)
MCSEAMORE, Ed 40 (B) (SH2-185)
MCSHANE, Joseph 38 (SH2-88)
MCSPADDEN, Caroline 51 (SH1-142)
MCSPADDEN, J. S. 23 (m) (SH2-170)
MCSPADEN, H. 74 (m) (B) (SH1-214)
MCVAY, Henry 29 (B) (SH1-166)
MCVAY, Mart 22 (m) (B) (SH1-220)
MCVAY, Nat 26 (m) (SH1-216)
MCWILLIAMS, Robt. 40 (SH2-131)
MCWRIGHT, Willis 38 (B) (SH1-414)
MC_AUL, Abram 27 (B) (SH2-115)
MC__ANTON, Borton 39 (B) (SH1-104)
MEACHAM, Cherry 56 (f) (SH1-244)
MEACHAM, Dinah 34 (B) (SH1-99)

MEACHAM, Elza A. 31 (m) (SH2-81)
MEACHAM, J. 30 (m) (B) (SH1-244)
MEACHAM, J. E. 30 (m) (SH1-242)
MEACHAM, J. G. 59 (m) (SH1-234)
MEACHAM, Major L. 55 (SH2-201)
MEACHAM, Wm. 20 (B) (SH2-282)
MEACHUM, G. L. 23 (m) (B) (SH1-281)
MEACHUM, M. H. 45 (f) (SH1-283)
MEACHUM, Sam 35 (B) (SH1-286)
MEAD, David 53 (SH1-348)
MEAD?, Julia 48 (B) (SH1-18)
MEADE, Fredrick 68 (B) (SH1-44)
MEADE, Junius 25 (B) (SH1-45)
MEADE, Lorena 34 (SH2-174)
MEADE, Pattie 60 (B) (SH1-45)
MEADE, Wm. 58 (B) (SH1-42)
MEADE?, Lewis 4 (B) (SH2-165)
MEADES?, Miser 35 (B) (SH1-343)
MEADOW, Berry 22 (B) (SH1-261)
MEADOWS, Ben F. 32 (B) (SH2-227)
MEAGHER, Laurance W. 40 (SH1-120)
MEAK, Frank 17 (SH1-158)
MEAKIN, Solomon 60 (B) (SH1-173)
MEALIUS, Alex 21 (SH2-92)
MEALY, Jas. 40 (SH1-367)
MEANES, J. F. 32 (m) (SH1-46)
MEANS, Eliza 43 (SH2-297)
MEANS, R. P. 43 (m) (SH1-145)
MEANS, Sarah 50 (SH2-35)
MEANS?, Albert 25 (B) (SH2-136)
MEATH, Jas. 28 (SH2-145)
MEATH, Maggie 22 (SH2-129)
MEATH, Mattie E. 4 (f) (SH2-130)
MEATH?, C. 50 (f) (SH2-154)
MEBANE, Emma F. 36 (SH1-262)
MECKLEBERRY, Robert A. 41 (SH1-17)
MEDLEY, Calvin 25 (B) (SH1-355)
MEDOW, Ella 6 (B) (SH1-363)
MEDOWS, Wm. 37 (SH1-277)
MEED, Harry 50 (B) (SH1-450)
MEEHAN, Margaret 38 (SH2-8)
MEEHEN, Wm. 29 (SH1-458)
MEEK, Jodella? 20 (SH2-274)
MEEKS, A. 50? (m) (B) (SH1-195)
MEELY, Amanda 35 (B) (SH2-56)
MEENS, Wm. 70 (B) (SH2-178)
MEGRATH, Mary 49 (SH2-314)
MEHAN, Edward 73 (SH1-370)
MEIDING, Edwd.? 44 (SH2-253)
MEIER, George 15? (SH1-91)

MEIGHAN, James 58 (SH1-40)
MEINEKE, Charles 55 (SH2-72)
MEISKEAL, ____ch 31 (m) (SH2-255)
MEISTER, Chas. 39 (SH2-157)
MEISTER, Richard 40 (SH2-72)
MELATZO, Angelo 25 (SH2-258)
MELDINSON, H. 49 (m) (SH2-111)
MELLERSCH, Harry 19 (SH2-133)
MELLERSH, Frank 42 (SH2-133)
MELON?, Tempy 30 (B) (SH1-181)
MELTON, Jonathan 56 (SH2-19)
MENBURN, Joseph 42 (SH2-362)
MENDENALL, Thos. 53 (SH1-444)
MENDENALL, Wm. 56 (SH1-444)
MENEFIELD, Wat 28 (m) (B) (SH2-306)
MENSCHEL, Frank 57 (SH1-422)
MENTAL?, Tom 40 (SH2-285)
MENTIONER, James 35 (B) (SH1-429)
MENZIER, Mary 40 (SH2-76)
MERATH, Barbara Anne 17 (SH2-275)
MERCER, Annie 23 (SH1-187)
MERCER, S. D. 50 (f) (SH1-146)
MERCY, Anna 50 (B) (SH1-348)
MERDET, Andrew 28 (SH2-44)
MERDOTH, Elizab. 61 (SH2-152)
MEREDITH, Coleman 48 (B) (SH1-40)
MEREDITH, Eliza 62 (SH2-188)
MEREDITH, Herbert 40 (B) (SH2-23)
MEREVITT, Benie? 33 (f) (SH2-180)
MERGLE?, John 41 (SH2-172)
MERIMAN, Arthur 28 (SH2-113)
MERIWETHER, Burney 50 (f) (B) (SH1-378)
MERIWETHER, Daniel 60 (B) (SH1-136)
MERIWETHER, Hopie 53 (f) (B) (SH2-334)
MERIWETHER, Horace 36 (B) (SH2-341)
MERIWETHER, Minor 50 (SH2-210)
MERIWETHER, Richard 34 (B) (SH1-122)
MERIWETHER, Sally 31 (B) (SH2-239)
MERIWETHER, Wm. 24 (B) (SH1-124)
MERLOW, Thos. J. 61? (SH1-216)
MERRELL, Robt. 40 (B) (SH1-125)
MERRIAM, A. P. 36 (m) (SH2-138)
MERRILL, A. H. 62 (m) (SH2-335)
MERRILL, Azzi? 32 (m) (SH1-16)
MERRILL, B. 65 (f) (SH1-39)

MERRILL, Burger L. 36 (m) (SH1-16)
MERRILL, D. A. 45 (m) (SH1-40)
MERRILL, J. A. 31 (m) (SH1-39)
MERRILL, Levi 41 (SH1-384)
MERRILL, Marietta 63 (SH2-336)
MERRIMAN, Walter 33 (SH2-92)
MERRITT, J. P. 24 (m) (SH2-262)
MERRITT, Wm. 27 (SH2-7)
MERRITT?, Josephine 20 (SH2-123)
MERRIWEATHER, D. 40 (m) (B) (SH1-159)
MERRIWETHER, Benj. 40 (B) (SH2-115)
MERRIWETHER, Ed 10 (B) (SH2-154)
MERRIWETHER, Henry 42? (B) (SH1-90)
MERRIWETHER, Jane 39 (SH1-190)
MESHLEY, F. M. 43 (m) (SH2-248)
MESS?, John 13 (SH2-66)
MESSICK, Augusta 48 (SH2-274)
MESSICK, U. 46 (m) (SH1-240)
MESSINGER, Susan 26 (B) (SH2-82)
MESTENE, Angela 18 (SH2-112)
METBAR?, MAdison 50 (B) (SH1-102)
METCALF, Charles 37 (SH2-88)
METCALF, MArtha E. 25 (SH1-426)
METTE, Mary E. 61 (SH2-86)
METZ, Andrew 26 (SH2-31)
METZGER, Albert 27 (SH2-61)
METZGER, Celstine 21 (f) (SH2-59)
MEUX, Minnie 22 (B) (SH2-340)
MEUX, W. L. 29 (m) (SH1-328)
MEYER, Chris 38 (SH1-408)
MEYER, Ella 14 (SH1-424)
MEYER, G. C. 29 (m) (SH2-79)
MEYERS, Charles 35 (SH2-270)
MEYERS, Charles 50 (B) (SH2-230)
MEYERS, Florence 30 (SH2-177)
MEYERS, John 50 (B) (SH2-206)
MEYERS, John P. 38 (SH2-93)
MEYERS, Lizzie 20 (SH2-247)
MHOON, Alfred 60 (B) (SH1-449)
MHOON?, Mary 51 (SH1-108)
MICHAL, Eliza 58 (SH1-229)
MICHELL, Lemuel 29 (SH1-434)
MICHELL, Mary J. 40 (SH1-455)
MICHELL?, Bernard 45 (SH2-66)
MICHELLE, John 30 (SH2-31)
MICHOT, E. L. 38 (f) (SH1-405)
MICKELBERRY, Andy 22 (B) (SH1-77)
MICKELBERRY, Jack 22 (B) (SH1-77)
MICKELBERRY, Jack 25 (B) (SH1-51)
MICON, L. B. 49 (m) (SH2-68)
MICON?, Milly M. 62 (SH1-443)
MIDA, Wm. 34 (SH2-74)
MIDDLETON, Abram? 28 (B) (SH2-44)
MIDDLETON, John 50 (B) (SH1-378)
MIDDLETON, Moses 40 (B) (SH1-181)
MIDDLETON, Roffy? 23 (f) (B) (SH1-180)
MIDGET, Arthur? __ (B) (SH2-132)
MILAN, Fuller 18 (B) (SH2-96)
MILAN, John 14 (SH1-187)
MILDRED, Menefee 77 (f) (SH2-215)
MILES, Agnes 10 (SH2-86)
MILES, George 6 (SH2-99)
MILES, Jerh. 50 (m) (B) (SH1-303)
MILES, Jno. 40 (SH2-86)
MILES, Kate 33 (B) (SH1-425)
MILES, Mary 12 (SH2-86)
MILES, Matilda 25 (B) (SH2-282)
MILES, N. 23 (m) (B) (SH1-347)
MILES, Robert 14 (B) (SH2-16)
MILES, Wm. 30 (B) (SH2-125)
MILES, Wm. 50 (B) (SH1-265)
MILES?, Franklin 30 (B) (SH2-137)
MILFORD, Jeff 19 (SH2-318)
MILL, John 38 (SH2-250)
MILLAR, Frank 50 (B) (SH2-355)
MILLARD, Francis 48 (SH2-7)
MILLER, Aaron 15 (B) (SH2-325)
MILLER, Albert 25 (B) (SH1-153)
MILLER, Albert 33 (B) (SH1-191)
MILLER, Albert 40 (B) (SH1-440)
MILLER, Albert 62 (SH2-243)
MILLER, Almeta 37 (B) (SH2-93)
MILLER, Andrew 28 (SH1-244)
MILLER, Annie 15 (B) (SH2-186)
MILLER, Archie 27 (B) (SH1-197)
MILLER, Archie 34 (B) (SH2-286)
MILLER, Aron 35 (B) (SH2-78)
MILLER, B. R. 35 (m) (SH1-394)
MILLER, Bell 1 (B) (SH1-395)
MILLER, Ben 50 (B) (SH1-425)
MILLER, Ben F. 63 (SH2-57)
MILLER, Carry 17 (f) (B) (SH2-263)
MILLER, Celia 28 (B) (SH2-158)
MILLER, Charles 27 (SH2-77)
MILLER, Charles 34 (B) (SH2-27)
MILLER, Charles 34 (B) (SH2-61)
MILLER, Charles 35 (SH2-127)
MILLER, Charles 60 (B) (SH1-341)
MILLER, Charley 30 (B) (SH2-203)
MILLER, Chas. A. 34 (SH2-32)
MILLER, Clarence A. 26 (SH2-15)
MILLER, Danl. 29 (B) (SH2-341)
MILLER, David 24 (B) (SH1-378)
MILLER, Dora 28 (B) (SH2-167)
MILLER, Dudley 52 (B) (SH1-324)
MILLER, Eliza 35 (B) (SH2-54)
MILLER, Ellen 50 (B) (SH1-375)
MILLER, Elliot 11 (SH2-221)
MILLER, Emma J. 37 (SH2-296)
MILLER, Er 45 (m) (B) (SH1-391)
MILLER, Evans 70 (B) (SH1-386)
MILLER, F. 45 (m) (SH1-146)
MILLER, Fannie 17 (B) (SH2-329)
MILLER, Fannie 19 (B) (SH2-261)
MILLER, Fannie 26 (SH2-1)
MILLER, Fany 22 (B) (SH1-35)
MILLER, Ferdinand 55 (SH2-317)
MILLER, Florence 30 (B) (SH1-259)
MILLER, Frances 10 (B) (SH1-157)
MILLER, Frank 20 (B) (SH2-104)
MILLER, Frank 62? (B) (SH1-149)
MILLER, Frederic 14 (SH2-267)
MILLER, George 15 (B) (SH1-98)
MILLER, George 41 (SH2-267)
MILLER, George 44 (SH2-232)
MILLER, George W. 22 (SH1-91)
MILLER, George W. 38 (SH2-345)
MILLER, HArry 22 (SH2-53)
MILLER, Hattie W. 34 (SH2-232)
MILLER, Henry 13 (SH2-57)
MILLER, Henry 25 (SH2-86)
MILLER, Henry 26 (B) (SH2-21)
MILLER, Henry 37 (SH2-231)
MILLER, Henry G. 43 (SH2-87)
MILLER, J. 35 (m) (SH1-356)
MILLER, J. B. 40? (m) (SH2-105)
MILLER, J. D. 17 (m) (SH2-331)
MILLER, JOhn 48 (B) (SH1-416)
MILLER, Jack 52 (B) (SH2-307)
MILLER, Jacob 36 (m) (SH2-106)
MILLER, Jacob 49 (SH2-176)
MILLER, Jacob 55 (SH1-421)
MILLER, Jacob 60 (SH2-194)
MILLER, James 1 (B) (SH1-1)
MILLER, James 35 (B) (SH1-348)
MILLER, James 38 (B) (SH2-361)
MILLER, James 40? (B) (SH2-226)
MILLER, Jane 40 (B) (SH2-289)
MILLER, Jas. R. 35 (SH2-36)
MILLER, Joe 23 (B) (SH2-197)
MILLER, Joe 36 (B) (SH2-337)
MILLER, John 27 (B) (SH2-117)
MILLER, John 28 (SH2-60)
MILLER, John 29 (B) (SH1-86)
MILLER, John 34 (SH1-77)
MILLER, John 40 (B) (SH1-341)
MILLER, John 40 (SH2-106)
MILLER, John W. 22 (SH1-39)
MILLER, Jordan 45 (B) (SH2-289)
MILLER, Joseph 27 (B) (SH2-278)
MILLER, Joseph 28 (SH2-11)
MILLER, Joseph 30 (SH2-332)
MILLER, Joseph E. 44 (SH2-201)
MILLER, Jourdan 38 (B) (SH2-273)
MILLER, Kate 13 (SH1-288)
MILLER, Katie 31 (B) (SH2-327)
MILLER, L. 35 (f) (B) (SH1-406)
MILLER, Laura 18 (B) (SH2-341)
MILLER, Lucenda 40 (B) (SH2-242)
MILLER, Lucy 25 (B) (SH1-8)
MILLER, Lulie? 22 (f) (B) (SH2-192)
MILLER, M. 32 (f) (B) (SH1-397)
MILLER, Margaret 35 (SH2-295)
MILLER, Margaret 51 (B) (SH1-377)
MILLER, Margarett _7 (B) (SH1-108)
MILLER, Marsh 59 (m) (SH2-245)
MILLER, Martha 33 (B) (SH1-43)
MILLER, Martha 42 (SH2-165)
MILLER, Martha B. 46 (SH2-89)
MILLER, Mary 50 (B) (SH2-105)
MILLER, Mary J. 41 (SH1-415)
MILLER, Milton 30 (B) (SH2-324)
MILLER, Minerva 30 (SH1-384)
MILLER, Mira 20 (B) (SH2-183)
MILLER, Mollie 20 (SH2-174)
MILLER, Mon 22 (m) (B) (SH2-146)
MILLER, Monroe 20 (B) (SH2-278)
MILLER, Morris 23 (B) (SH2-211)
MILLER, N. 50 (m) (SH1-252)
MILLER, Nancy C. 29 (SH1-15)
MILLER, Nannie M> 41 (SH1-15)
MILLER, P. 34 (m) (SH2-315)
MILLER, R. B. 55 (m) (SH2-296)
MILLER, Rich 44 (SH1-36)
MILLER, Richard 22 (B) (SH1-140)
MILLER, Robert 26 (B) (SH2-47)
MILLER, Robt. 27 (B) (SH1-74)
MILLER, Rosa C. 50 (SH2-35)
MILLER, Rose 28 (B) (SH2-41)
MILLER, Sam 28 (B) (SH1-382)
MILLER, Sam 48 (B) (SH1-474)
MILLER, Saml. A. 31 (SH1-24)
MILLER, Scot 40 (B) (SH1-351)
MILLER, Stokley 30 (B) (SH2-167)
MILLER, Thos. 28 (SH1-449)
MILLER, U. W. 38 (m) (SH2-154)
MILLER, W. E. 20 (m) (SH1-234)
MILLER, W. L. 32 (m) (SH2-310)
MILLER, W. N. 52 (m) (SH1-145)
MILLER, W. P. 35 (m) (SH2-164)
MILLER, Washington 22 (B) (SH1-44)
MILLER, Wiley 26 (B) (SH1-436)
MILLER, Willie 14 (m) (B) (SH1-286)
MILLER, Wm. 10 (B) (SH2-277)
MILLER, Wm. 25 (SH1-91)
MILLER, Wm. 35 (B) (SH1-307)
MILLER, Wm. 35 (B) (SH2-278)
MILLER, Wm. 59 (SH2-113)
MILLER, Wm. 8/12 (B) (SH1-149)
MILLER?, Cam 23 (m) (B) (SH2-89)
MILLER?, Isom 85 (B) (SH1-225)

MILLER?, Mollie 19 (B) (SH2-89)
MILLER?, Sam 20 (B) (SH2-89)
MILLEW, John S. 39 (SH2-99)
MILLIAM?, Jas. B. 36 (B) (SH1-461)
MILLIE, Wm. 41 (SH2-94)
MILLIGAN, J. M. 38 (m) (SH2-288)
MILLIKEN, Edwd. 20 (SH2-123)
MILLIKEN, Geo. 21 (SH2-155)
MILLIKEN, Puss 53 (SH1-1)
MILLINGTON, A. V. 19 (f) (SH1-47)
MILLINGTON, George 38 (SH2-272)
MILLION, Mary 30 (SH1-367)
MILLIS, George 21 (SH1-188)
MILLNER, Joe 40 (SH2-75)
MILLOT, Amos 46 (SH2-199)
MILLS, Archie E. 40 (SH2-59)
MILLS, George 14 (B) (SH1-442)
MILLS, Jarez 40 (m) (B) (SH1-399)
MILLS, Joe 25 (B) (SH1-2)
MILLS, John 32 (B) (SH1-457)
MILLS, John O. 44 (SH2-85)
MILLS, Mary E. 35 (SH2-8)
MILLS, Robert 55 (B) (SH2-228)
MILLS, Virginia 25 (B) (SH2-21)
MILLS, Wm. 37 (SH2-11)
MILNER, James 44 (SH1-224)
MILSON, Robt. 31 (B) (SH2-140)
MILTON, E. O. 40 (m) (SH1-398)
MILTON, Louisa R. 52 (B) (SH1-413)
MIMS, Flora 19 (B) (SH1-383)
MIMS, Ike 39 (B) (SH2-208)
MIMS, Josephus 23 (B) (SH1-232)
MIMS, Parlee 29 (f) (B) (SH1-321)
MINDEL?, Charles 64 (SH2-198)
MINDELSON, Isaac 32 (SH2-84)
MINER, Peter 45 (SH2-255)
MINER, Tom 28 (B) (SH1-181)
MINET, L. 25 (f) (B) (SH1-392)
MINGO, T. 20 (f) (B) (SH1-168)
MINN, James 35 (B) (SH1-465)
MINNIS, W. A. 40 (m) (SH1-33)
MINOR, Asa 55 (B) (SH1-99)
MINOR, Danl. 45 (B) (SH2-339)
MINOR, Isaac 28 (B) (SH1-159)
MINOR, J. M. 24 (m) (SH1-391)
MINOR, Joseph 55 (B) (SH1-326)
MINOR, Josie 20 (f) (B) (SH1-300)
MINOR, Rufus 22 (B) (SH2-317)
MINOR, Sallie M. 48 (SH2-82)
MINOR, Tolbert 1 (SH2-154)
MINS?, Minerva 59 (B) (SH1-383)
MINSE, Louis 22 (B) (SH2-45)
MINTELIONE, Jos. 24 (SH2-153)
MINTER, Isace 50 (m) (B) (SH2-192)
MINTGES, Peter 46 (SH2-75)
MIRER, Jacob A. 30 (SH1-175)
MIRES, Mary 5 (B) (SH1-300)
MIRMIR?, Edward 26 (SH2-301)
MISE, ___ 70 (f) (SH1-220)
MITCHAM, Edward 28 (B) (SH2-140)

MITCHEL, Charles 17 (SH1-219)
MITCHEL, Charles 21 (B) (SH1-128)
MITCHEL, Charley 13 (B) (SH1-467)
MITCHEL, Eli 18 (B) (SH1-306)
MITCHEL, Ephraim 57 (B) (SH1-327)
MITCHEL, Fannie 12 (B) (SH2-299)
MITCHEL, George 23 (B) (SH1-75)
MITCHEL, J. W.? ___ (m) (SH2-311)
MITCHEL, Jefferson 18 (SH1-140)
MITCHEL, John 23 (SH1-219)
MITCHEL, M. 27 (m) (B) (SH1-405)
MITCHEL, M. 45 (m) (B) (SH1-402)
MITCHEL, Margaret 40 (B) (SH1-347)
MITCHEL, Peter 24 (SH2-190)
MITCHEL, Peter 47 (SH1-348)
MITCHEL, Thos. 35 (B) (SH1-202)
MITCHEL, Thos. 35 (B) (SH1-212)
MITCHEL, W. B. 45 (m) (SH2-295)
MITCHEL, Wm. 24 (SH1-346)
MITCHEL, Wm. 30 (B) (SH1-302)
MITCHEL, Wm. H. 35 (B) (SH2-316)
MITCHEL?, Robert 60 (B) (SH1-308)
MITCHELL, A. G. 38 (m) (SH2-111)
MITCHELL, Agnes 28 (B) (SH2-228)
MITCHELL, Alexander 57 (B) (SH2-45)
MITCHELL, Allen 41 (B) (SH2-334)
MITCHELL, Allice 18 (SH2-91)
MITCHELL, Ben 26 (B) (SH1-367)
MITCHELL, Bill 25 (B) (SH2-356)
MITCHELL, Burnell? 45 (B) (SH2-133)
MITCHELL, Cane? 56 (m) (B) (SH2-341)
MITCHELL, Charles 20 (B) (SH1-307)
MITCHELL, Charley 18 (B) (SH2-39)
MITCHELL, Coatney 9 (f) (SH1-292)
MITCHELL, Davis 30 (B) (SH2-116)
MITCHELL, E. 35 (m) (SH2-148)
MITCHELL, Edwd. 4 (SH2-149)
MITCHELL, Ella 10 (B) (SH2-174)
MITCHELL, Emma 15 (B) (SH2-275)

MITCHELL, Emma 25 (B) (SH2-359)
MITCHELL, Felix 25 (B) (SH2-122)
MITCHELL, G. H. 40 (m) (SH2-252)
MITCHELL, Geo. 30 (B) (SH2-244)
MITCHELL, George 30 (B) (SH1-307)
MITCHELL, George 52 (SH2-123)
MITCHELL, H.? 27 (m) (B) (SH1-248)
MITCHELL, Henry 34 (B) (SH2-343)
MITCHELL, Henry 35 (B) (SH1-20)
MITCHELL, Horace 20 (B) (SH2-28)
MITCHELL, Isaac 29 (B) (SH1-105)
MITCHELL, Jno. 47 (SH1-262)
MITCHELL, John 34 (SH1-375)
MITCHELL, John 40 (B) (SH2-287)
MITCHELL, John H. 18 (B) (SH1-55)
MITCHELL, John M. 50 (SH2-13)
MITCHELL, John ___ (B) (SH2-126)
MITCHELL, Joshua 43 (SH1-26)
MITCHELL, Katie 10 (B) (SH2-339)
MITCHELL, Lebo? 50 (m) (B) (SH1-159)
MITCHELL, Lucy 45 (B) (SH1-472)
MITCHELL, M. 30 (m) (B) (SH1-145)
MITCHELL, MArtha 50 (B) (SH2-127)
MITCHELL, Maggie 40 (SH1-438)
MITCHELL, Manuel 14 (B) (SH1-385)
MITCHELL, Mariot 64 (f) (B) (SH2-339)
MITCHELL, Mary 21 (SH1-375)
MITCHELL, Mary 55 (SH2-174)
MITCHELL, Matilda 30 (B) (SH1-447)
MITCHELL, Matty H. 36 (f) (SH2-218)
MITCHELL, Merica 26 (B) (SH2-315)
MITCHELL, Moses 65 (B) (SH1-11)
MITCHELL, Newman 47 (B) (SH1-309)
MITCHELL, Pauline 10 (B) (SH2-175)
MITCHELL, Pauline 28 (SH2-320)
MITCHELL, Philip 39 (B) (SH1-410)
MITCHELL, Rachel 52 (B) (SH2-339)

MITCHELL, Richd. 7 (B) (SH1-167)
MITCHELL, Robert 45 (SH2-88)
MITCHELL, Robt. 45 (SH2-199)
MITCHELL, Sallie 40 (B) (SH1-162)
MITCHELL, Sam 70 (B) (SH1-289)
MITCHELL, Samuel 40 (B) (SH1-442)
MITCHELL, Sarah 28 (SH1-369)
MITCHELL, Sidy. 2 (m) (SH2-261)
MITCHELL, Thom. 39 (m) (B) (SH2-337)
MITCHELL, Thomas 39 (SH2-223)
MITCHELL, W. B. 44 (m) (SH2-79)
MITCHELL, W. F. 43 (m) (SH1-247)
MITCHELL, Washington 27 (B) (SH2-179)
MITCHELL, Washn. 40 (m) (B) (SH2-245)
MITCHELL, Wm. 25 (B) (SH1-167)
MITCHELL, Wm. 46 (SH1-70)
MIVCLAR, H. 32 (m) (SH2-146)
MIVERLA, Loula 21 (SH2-166)
MIX, Brit 33 (m) (B) (SH2-337)
MIX, Delia 40 (B) (SH2-160)
MIX, Henry 35 (B) (SH2-276)
MIX, Wm. 22 (B) (SH1-55)
MIXON, George 30 (B) (SH1-355)
MIZE, Earnest 12 (SH2-32)
MIZE, Edwin 70 (SH1-292)
MIZELL, Sallie 41 (SH2-179)
MIZZIO?, Mary 51 (SH2-98)
MI___CH, Harry 21 (SH2-178)
MOATS?, Preston 40 (B) (SH1-292)
MOBLEY, Jacob 35 (B) (SH2-107)
MOEVES, Fred 30 (SH2-246)
MOFFAT, D. B. 35 (m) (SH2-353)
MOFFAT, Sarah 47 (SH2-270)
MOFFATT, Jas. 29 (SH1-374)
MOFFATT, Patrick 52 (SH2-269)
MOFFER, Wm. 19 (SH2-181)
MOFFITT, Thomas 68 (SH2-71)
MOIT?, John 34 (SH1-86)
MOLARGHNEY?, ___ 20 (SH2-2)
MOLITER, C. 69 (f) (SH1-234)
MOLLER, John 64 (SH2-180)
MOLLERO?, Emma 13 (SH2-112)
MOLLERO?, W. M. 36 (m) (SH2-106)
MOLLETT, Ischam 34 (B) (SH1-310)
MOLLIGAN, Anna 20 (SH1-109)
MOLLOY, Ella 24 (SH2-35)
MOLOY, Jessie 35 (f) (SH2-94)
MOLWHA?, W. M. 30 (m) (SH2-114)
MOMAN, Fred 38 (B) (SH2-341)
MONAGHAN, Matt 38 (m) (SH1-419)
MONAHAN, James 32 (SH2-30)

MONAHAN, John J. 33 (SH1-298)
MONAHAN, Josephine 40 (SH2-158)
MONAHAN, Thomas 50 (SH2-29)
MONAREO, Thos. 50 (B) (SH2-140)
MONCRIEF, G. D. 17 (m) (SH1-412)
MONCRIEF, Wm. H. 45 (SH1-139)
MONDAY, John 25 (B) (SH1-300)
MONEGHAN, James 42 (SH1-96)
MONETTE, Edw. 35 (SH2-83)
MONEY, Alexander 36 (SH1-80)
MONFORD?, Sallie 20 (SH1-256)
MONGER, Dock 60 (B) (SH1-335)
MONGER, Robert 22 (B) (SH1-335)
MONGER?, Turner 25 (B) (SH1-334)
MONGER?, Willis 32 (B) (SH1-334)
MONGOMERY, M. D. 37 (SH2-112)
MONGOMERY, W. 48 (m) (B) (SH1-401)
MONMAN?, Jennie 23 (B) (SH2-328)
MONNIER?, Gabriel 40 (SH2-121)
MONROE, David 50 (SH2-47)
MONROE, Jacob 48 (B) (SH2-103)
MONROE, Jake 29 (B) (SH2-182)
MONROE, Robert 29 (B) (SH2-14)
MONROE, Virgil 33 (B) (SH1-363)
MONROE?, JAs. R. 28 (SH1-188)
MONROW, Mary 30 (B) (SH1-153)
MONTANA, F. B. 50 (m) (SH2-350)
MONTANA, Nancy 73 (SH1-376)
MONTANNA, Mary 10 (SH2-83)
MONTA___, Augustus 35 (SH1-343)
MONTEDONICO, Joseph 46 (SH2-3)
MONTEVERDE, Angelo 47 (SH1-96)
MONTEVERDO, Athonio 42 (m) (SH1-95)
MONTGOMERY, A. J. sr. 62 (m) (SH1-421)
MONTGOMERY, Adam 29 (B) (SH1-356)
MONTGOMERY, Arena 60 (f) (B) (SH1-331)
MONTGOMERY, Ben 52 (B) (SH1-280)
MONTGOMERY, Fanny 26 (SH2-219)
MONTGOMERY, Geo. 40 (B) (SH2-235)
MONTGOMERY, Henry A. 53 (SH1-108)
MONTGOMERY, J. A. 34 (m) (SH2-364)
MONTGOMERY, Jack 18 (SH1-339)
MONTGOMERY, Jas. 49 (SH2-240)
MONTGOMERY, John 25 (B) (SH2-210)
MONTGOMERY, John 39 (SH1-379)
MONTGOMERY, Maria 60 (B) (SH1-370)
MONTGOMERY, Mary 20 (B) (SH1-121)
MONTGOMERY, Mitch 25 (B) (SH2-301)
MONTGOMERY, P. 50 (m) (SH2-74)
MONTGOMERY, R. R. 33 (m) (SH1-264)
MONTGOMERY, Rufus 39 (B) (SH1-99)
MONTGOMERY, Sallie 24 (SH2-202)
MONTGOMERY, Sam 35 (B) (SH1-268)
MONTGOMERY, Sarah 30 (SH2-96)
MONTGOMERY, W. _. W. 45 (m) (SH1-369)
MONTGOMERY, Will 17? (SH2-69)
MONTGOMERY?, John 60 (SH2-88)
MONTI, Jennie 9 (SH2-323)
MONTIDONICO, Joseph D. 29 (SH1-89)
MONTIDONICO, L. 48 (f) (SH2-69)
MONTIDONICO, Mag 46 (SH2-70)
MONTLEY, Caroline 26 (SH2-149)
MONT____, Wm. H. 32 (SH1-23)
MONY, John E. 40 (SH2-92)
MOOD, V. A. 36 (m) (SH1-280)
MOODEY, J. E. 30 (m) (SH1-144)
MOODY, Abe 35 (B) (SH2-246)
MOODY, Alexander 42 (B) (SH1-102)
MOODY, Cora 25 (B) (SH1-369)
MOODY, Elsie 30 (B) (SH2-171)
MOODY, Estella 40 (B) (SH2-207)
MOODY, Fanny 11 (B) (SH2-149)
MOODY, Henry 35 (SH2-75)
MOODY, J. 53 (m) (B) (SH1-231)
MOODY, J. jr. 31 (m) (SH1-242)
MOODY, Jennie 29 (B) (SH2-158)
MOODY, Mary 38 (SH2-271)
MOODY, Sally 15 (B) (SH2-209)
MOODY, Tilmon 34 (SH1-454)
MOODY, Wm. 35 (B) (SH2-171)
MOODY, Wm. 39? (B) (SH2-225)
MOODY, __ 31 (m) (B) (SH1-295)
MOOHN?, Wallace 48 (B) (SH2-327)
MOOK, B. 46 (f) (SH2-216)
MOOK, Sam 19 (SH2-164)
MOON, Catharine 70 (B) (SH2-343)
MOON, Georgia 7 (B) (SH2-277)
MOON, Gip 30 (m) (B) (SH2-182)
MOON, Isaac M. 69 (SH1-300)
MOON, Jake 30 (B) (SH2-346)
MOON, Julia 36 (SH2-253)
MOON, Mollie 26 (B) (SH1-310)
MOON, Mrs. 54 (SH2-352)
MOON, Sabe 34 (m) (B) (SH1-170)
MOON, Virginia 35 (SH2-68)
MOON, W. D. 28 (m) (SH2-243)
MOON, Wm. 48 (B) (SH1-403)
MOONEY, D. C. 31 (m) (SH2-79)
MOONEY, J. 55 (m) (SH2-247)
MOOR, Charles 24 (SH1-68)
MOOR, Horace 30 (B) (SH1-73)
MOOR, Jake 30 (B) (SH1-60)
MOORE, A. E. 40 (f) (SH1-401)
MOORE, A. J. 26 (m) (SH1-233)
MOORE, A. M. 69 (m) (SH1-282)
MOORE, Abe 29 (B) (SH1-473)
MOORE, Alace 24 (SH1-326)
MOORE, Alex 31 (B) (SH1-464)
MOORE, Alexander B. 37 (B) (SH1-102)
MOORE, Ann 50 (SH2-288)
MOORE, Anna 50 (SH1-368)
MOORE, Annie 35 (SH2-10)
MOORE, Bettie 24 (SH1-364)
MOORE, Bettie 27 (B) (SH2-5)
MOORE, C. B. 55 (m) (SH2-329)
MOORE, Charity 40 (B) (SH1-30)
MOORE, Charles 22 (SH1-170)
MOORE, Charles 25 (B) (SH1-238)
MOORE, Clara 5 (B) (SH2-342)
MOORE, Cora 10 (B) (SH1-460)
MOORE, Cornelius 45 (B) (SH1-425)
MOORE, David 36 (B) (SH1-442)
MOORE, E. L. 29 (m) (SH2-346)
MOORE, E. L. 32 (m) (SH2-309)
MOORE, Ed 25 (B) (SH1-287)
MOORE, Edwin 9 (SH1-264)
MOORE, Elizabeth 75 (SH2-124)
MOORE, Ella 17 (B) (SH2-73)
MOORE, Ellen 48 (B) (SH1-195)
MOORE, Ellick 35? (B) (SH1-355)
MOORE, Emanuel 35 (B) (SH2-341)
MOORE, Emma 24 (B) (SH1-355)
MOORE, Eveline 24 (B) (SH1-432)
MOORE, Fannie 95 (B) (SH1-330)
MOORE, Fanny 40 (B) (SH2-271)
MOORE, Fayette 35 (B) (SH2-122)
MOORE, Florence 20 (B) (SH2-139)
MOORE, Frank 32 (B) (SH1-210)
MOORE, Frank 35 (B) (SH2-301)
MOORE, Geo. 21 (B) (SH1-268)
MOORE, Geo. W. 21 (B) (SH2-124)
MOORE, George 30 (SH2-272)
MOORE, George 36 (B) (SH1-278)
MOORE, George 38 (B) (SH1-270)
MOORE, George 45 (SH2-3)
MOORE, George 51 (B) (SH1-386)
MOORE, George 58 (B) (SH2-343)
MOORE, George? 56 (B) (SH2-179)
MOORE, Gracy 52 (B) (SH2-306)
MOORE, Green 29 (B) (SH1-278)
MOORE, H. 50? (f) (B) (SH1-237)
MOORE, Hannah 56 (B) (SH1-434)
MOORE, Harriet 28 (SH2-300)
MOORE, Hattie 20 (SH2-163)
MOORE, Henry 40 (SH1-374)
MOORE, Ida 22 (B) (SH1-128)
MOORE, Isaac 26 (B) (SH1-45)
MOORE, J. 60 (f) (B) (SH2-82)
MOORE, J. D. 29 (m) (SH1-233)
MOORE, J. D. 46 (m) (SH2-261)
MOORE, JAmes 13 (SH1-110)
MOORE, JAmes 28 (SH1-25)
MOORE, JAmes W. 38 (SH1-76)
MOORE, Jake 55 (B) (SH1-266)
MOORE, James 32 (SH1-257)
MOORE, Jasper 45 (B) (SH1-3)
MOORE, Jim 14 (B) (SH1-221)
MOORE, Jno. L. 45 (SH1-265)
MOORE, Jno. N. 44 (SH1-190)
MOORE, John 17 (SH2-17)
MOORE, John 21 (B) (SH2-353)
MOORE, John 22 (SH1-369)
MOORE, John 28 (SH2-146)
MOORE, John 41 (SH2-44)
MOORE, John 54 (B) (SH2-291)
MOORE, John S. 27 (SH1-28)
MOORE, John __ (B) (SH2-121)
MOORE, Jolen 45 (m) (B) (SH1-422)
MOORE, Joseph 24 (B) (SH1-91)
MOORE, L. 3 (m) (B) (SH1-390)
MOORE, L. 47 (m) (SH1-39)
MOORE, Laura 14 (B) (SH1-439)
MOORE, Leanah 36 (B) (SH1-209)
MOORE, Lelie? 1 (m) (SH1-369)
MOORE, Levy 30 (SH2-117)
MOORE, Lewis 22 (B) (SH1-241)
MOORE, Lindora 33 (SH2-36)
MOORE, Littie 27 (B) (SH1-172)
MOORE, Lizzie 21 (B) (SH2-125)
MOORE, Louisa 35 (B) (SH2-37)
MOORE, Love 26 (m) (B) (SH1-190)
MOORE, M. E. 28 (f) (SH2-353)
MOORE, Mack 48 (B) (SH1-43)
MOORE, Maggie 35 (SH2-294)
MOORE, Margaret 32 (SH1-138)
MOORE, Martha 35 (B) (SH1-234)
MOORE, Mary 20 (SH2-53)
MOORE, Mary 21 (SH2-63)
MOORE, Mary 36 (SH2-142)
MOORE, Mary 39 (SH2-338)
MOORE, Mary C. 12 (SH2-293)
MOORE, Mattie 23 (f) (B) (SH2-143)

MOORE, Mattie 37 (f) (B) (SH2-360)
MOORE, Mildred 80 (B) (SH1-12)
MOORE, Minerva 65 (B) (SH1-97)
MOORE, Minnie 18 (B) (SH1-438)
MOORE, Moses 30 (B) (SH1-289)
MOORE, Newton J. 44 (SH1-86)
MOORE, Nina 23 (B) (SH2-195)
MOORE, Oliver 40 (B) (SH2-39)
MOORE, Pater 3 (m) (B) (SH1-217)
MOORE, Patty G. 33 (SH1-431)
MOORE, Rachel 48 (B) (SH1-46)
MOORE, Richard 25 (B) (SH1-463)
MOORE, Richard 40 (B) (SH1-390)
MOORE, Robert 22 (B) (SH1-352)
MOORE, Robert 30 (B) (SH2-303)
MOORE, Robert 39 (SH1-414)
MOORE, Robert 7 (B) (SH1-450)
MOORE, Rosey 25 (B) (SH2-251)
MOORE, S. A. 39 (f) (SH1-395)
MOORE, S.? L. 31 (m) (SH2-139)
MOORE, STeven 60 (B) (SH1-27)
MOORE, Sadie 20 (SH2-106)
MOORE, Sallie 16? (B) (SH2-281)
MOORE, Sallie B. 21 (SH1-264)
MOORE, Sallie S. 25 (SH2-223)
MOORE, Sam 18 (B) (SH2-205)
MOORE, Sam 25 (SH1-406)
MOORE, Saml. M. 54 (SH1-460)
MOORE, Samuel 47 (SH1-329)
MOORE, Samuel 48 (SH1-326)
MOORE, Shepherd 39 (B) (SH1-417)
MOORE, Silvia 70 (B) (SH1-361)
MOORE, Simon 25 (B) (SH1-150)
MOORE, Smith W. 61 (SH2-215)
MOORE, Sophia 45 (B) (SH2-299)
MOORE, Steven 38 (SH2-69)
MOORE, T. M. 73 (m) (SH1-242)
MOORE, Tabby 24 (f) (B) (SH2-134)
MOORE, Taylor 43? (B) (SH2-88)
MOORE, Thomas 31 (B) (SH2-270)
MOORE, Thos? 13 (SH1-450)
MOORE, Timothy 49 (SH2-80)
MOORE, W. H. 30 (m) (SH2-145)
MOORE, W. M. 51 (m) (SH1-402)
MOORE, Walter 14 (B) (SH1-86)
MOORE, Walter 20 (SH2-185)
MOORE, Walter 35 (SH2-79)
MOORE, Wilber 25 (B) (SH1-287)
MOORE, Wm. 22 (SH2-13)
MOORE, Wm. 23 (SH2-13)
MOORE, Wm. 36 (B) (SH1-444)
MOORE, Wm. 45 (SH2-97)
MOORE, Wm. E. 21 (SH1-407)
MOORE, Wm. H. 45 (SH2-55)
MOORE, Wm. W. 21 (SH1-204)
MOORE, Yarick 18 (m) (SH2-118)
MOORE, _____ 20 (f) (SH2-174)
MOORE?, Thos. 25 (SH1-214)
MOORE?, Wm. 10 (B) (SH1-297)
MOORFIELD?, J. W. 38 (m) (SH1-208)
MOOSE, Frank E. 26 (SH1-21)
MOOTH, Adam 29 (SH2-61)
MOOTI, Fred 28 (SH2-193)
MOOTRIE, Smart 29 (B) (SH1-108)
MORAL?, Mary 50 (SH2-304)
MORAN, Jerry 20 (m) (B) (SH1-60)
MORAN, Kate 29 (SH2-100)
MORAN, Maggie 21 (SH2-85)
MORAN, Mary 38 (SH2-231)
MORAN, Mike 13 (SH2-324)
MORAN, Tom 30 (SH2-31)
MORAN, _____ 31 (f) (SH2-81)
MORAT, Francis 53 (SH1-364)
MORE, Mrs. 25 (SH2-364)
MOREHEAD, Harriet 65 (SH1-418)
MOREHEAD, John W. jr. 24 (SH1-418)
MOREHEAD, John W. sr. 69 (SH1-418)
MOREHEAD, Joseph M. 33 (SH1-418)
MOREHEAD, Marina O. 62 (SH1-418)
MORELAND, Alferd 35 (B) (SH1-270)
MORELAND, Lee 35 (m) (B) (SH1-293)
MORELAND, Lizzie 30 (B) (SH1-270)
MORELAND, Matt 29 (m) (B) (SH1-288)
MORELAND, W. L. 47 (m) (SH2-145)
MORFIS, Gage 20 (B) (SH1-355)
MORGAGE, Jack 21 (SH1-367)
MORGAN, A. L. 65 (m) (SH2-73)
MORGAN, Andrew 35 (B) (SH2-18)
MORGAN, Bacchus 71 (m) (B) (SH2-42)
MORGAN, Bill 37 (B) (SH2-195)
MORGAN, Calvin 33 (B) (SH1-18)
MORGAN, Charles 33 (SH1-457)
MORGAN, Curl? 10/12 (f) (B) (SH2-273)
MORGAN, Darlin 28 (m) (SH1-328)
MORGAN, Dennis 35 (B) (SH1-313)
MORGAN, Edwin J. 51 (SH1-6)
MORGAN, Frank 22 (B) (SH1-150)
MORGAN, George 30 (B) (SH1-228)
MORGAN, George 43 (B) (SH2-45)
MORGAN, HArriett 5 (B) (SH1-46)
MORGAN, Hary 31 (B) (SH1-347)
MORGAN, Hattie 40 (B) (SH2-117)
MORGAN, Henry 30 (B) (SH1-467)
MORGAN, Henry 40 (B) (SH2-200)
MORGAN, J. A. 40 (m) (SH2-68)
MORGAN, J. B. 20? (m) (SH2-262)
MORGAN, James 30 (B) (SH2-239)
MORGAN, Jas. 36 (B) (SH2-116)
MORGAN, Jennie 45 (SH2-85)
MORGAN, Jno. 28 (B) (SH1-62)
MORGAN, Jno. L. 33 (SH1-139)
MORGAN, John 32 (B) (SH2-117)
MORGAN, John 45 (B) (SH2-339)
MORGAN, John 48 (B) (SH1-45)
MORGAN, John L. 47 (SH2-18)
MORGAN, Joseph 45 (B) (SH2-40)
MORGAN, Josephine 30 (B) (SH2-38)
MORGAN, Lizzie 17 (SH2-244)
MORGAN, M. E. 21 (f) (SH2-146)
MORGAN, MArshall 60 (B) (SH1-42)
MORGAN, Mary 41 (B) (SH2-354)
MORGAN, Mary 69 (SH1-91)
MORGAN, Minnie 17 (SH1-422)
MORGAN, Moses 21 (B) (SH1-304)
MORGAN, R. H. 40 (m) (SH2-309)
MORGAN, Robt. J. 54 (SH2-82)
MORGAN, Rosanna 65 (B) (SH2-358)
MORGAN, Sophrona? 45 (SH2-244)
MORGAN, Susan 40 (B) (SH2-215)
MORGAN, Thomas 32 (B) (SH2-120)
MORGAN, Thos. J. 27 (SH1-200)
MORGAN, Virgin 7 (B) (SH1-25)
MORGAN, W. M. 59 (m) (B) (SH1-358)
MORGAN, _. 38 (f) (B) (SH2-143)
MORGAN, _____ (SH1-474)
MORGAN?, Alfred 22 (SH1-426)
MORGNEW, Thos. 35 (B) (SH2-157)
MORIARTY, Ellen 40 (SH2-21)
MORIATY, John 43? (SH2-285)
MORISEY, Thomas 60 (SH1-453)
MORISON, C. L. 50 (m) (SH1-406)
MORKLIN, Daniel 37 (SH2-2)
MORLAND, J. W. 45 (m) (SH1-452)
MORMAN, Peter 60 (SH2-196)
MORMELEY, Ralph 60 (SH2-124)
MORRELL, H. P. 65 (m) (SH1-400)
MORRING, Nellie 16 (SH2-113)
MORRIS, Allen? 50 (B) (SH1-344)
MORRIS, Amanda 35 (B) (SH2-334)
MORRIS, Anna 22 (SH2-82)
MORRIS, Arnal 51 (B) (SH1-227)
MORRIS, Baker 9 (SH1-3)
MORRIS, Caroline 49 (B) (SH2-229)
MORRIS, Chas. 26 (B) (SH1-160)
MORRIS, Christopher 35 (B) (SH2-57)
MORRIS, Crawford 18 (B) (SH1-131)
MORRIS, D. T. 35 (m) (SH1-269)
MORRIS, Edward 35 (B) (SH1-439)
MORRIS, Frances 28 (B) (SH1-223)
MORRIS, Geo. 35 (B) (SH1-250)
MORRIS, George 37 (B) (SH1-169)
MORRIS, George 37 (B) (SH1-410)
MORRIS, George 70 (B) (SH1-134)
MORRIS, Hirch? 35 (m) (SH2-91)
MORRIS, J. R. 48 (m) (SH2-355)
MORRIS, Jacob 62 (B) (SH1-314)
MORRIS, James 25 (B) (SH1-160)
MORRIS, James 25 (SH1-428)
MORRIS, James 8 (B) (SH2-225)
MORRIS, James E. 32 (SH1-318)
MORRIS, Jas. 27 (B) (SH2-311)
MORRIS, Jas. N. 45 (SH1-273)
MORRIS, Jenny 28 (B) (SH2-221)
MORRIS, John 20? (B) (SH1-279)
MORRIS, John 34 (SH2-280)
MORRIS, John 40 (B) (SH1-102)
MORRIS, John B. 53 (SH1-407)
MORRIS, Louis 34 (SH2-164)
MORRIS, Martha 18 (B) (SH2-87)
MORRIS, Mary 20 (SH2-13)
MORRIS, Mary 40 (B) (SH2-173)
MORRIS, Mary F. 5 (B) (SH1-45)
MORRIS, Milton 12 (B) (SH1-336)
MORRIS, Owen 22 (B) (SH1-159)
MORRIS, R. E. 22 (m) (SH2-91)
MORRIS, Rob 31 (B) (SH2-156)
MORRIS, Rosa B. 4 (B) (SH2-321)
MORRIS, Solomon 7/12 (B) (SH1-314)
MORRIS, Thos. J. 45 (SH1-263)
MORRIS, W. 28 (m) (B) (SH1-231)
MORRIS, W. B. 60 (m) (SH1-269)
MORRIS, Watt 30 (B) (SH1-285)
MORRIS, Wm. 30 (B) (SH1-100)
MORRIS, Wm. 50 (B) (SH1-104)
MORRIS?, Kate 28 (SH1-101)
MORRIS?, Wm. 23 (B) (SH1-314)
MORRISEY, Redmond 45 (SH1-98)
MORRISON, A. B. 31? (m) (SH2-331)
MORRISON, A. M. 30 (m) (SH2-194)
MORRISON, George E. 45 (SH1-342)
MORRISON, Harriet 72 (B) (SH2-186)
MORRISON, J. 56 (m) (SH2-251)
MORRISON, J. A. 17 (m) (SH1-247)
MORRISON, Jas. 47 (B) (SH2-134)

MORRISON, John 42 (B) (SH2-125)
MORRISON, Lizzie 19 (SH2-214)
MORRISON, M. 52 (m) (B) (SH1-405)
MORRISON, Maggie 19 (SH2-216)
MORRISON, Sarah 61 (SH2-33)
MORRISON, Thos. B. 42 (SH1-421)
MORRISS, Henry 29 (B) (SH1-58)
MORRISS, Moses 35 (B) (SH1-72)
MORRISSEY, Dan 20 (SH1-359)
MORROW, C. E. 23 (m) (SH2-91)
MORROW, Geo. 61 (SH1-458)
MORROW, Nathan M. 24 (SH1-80)
MORROW, Thomas 30 (SH2-50)
MORROW, Victoria 20 (B) (SH2-21)
MORROW?, L. P. 42 (m) (SH2-106)
MORR___, _____ 58 (f) (SH2-236)
MORSE, Clayborne 61 (B) (SH2-356)
MORSE, Emma 35 (B) (SH1-468)
MORSE, Lucius 37 (SH2-69)
MORSE, Tim 23 (B) (SH2-164)
MORSON?, Hannah 35 (SH2-146)
MORTIN, Albert F. 33 (SH2-99)
MORTON, Anna 31 (B) (SH1-410)
MORTON, Chas. 34 (B) (SH2-350)
MORTON, E. D. 33 (m) (SH1-209)
MORTON, George 31 (SH2-269)
MORTON, James 37 (B) (SH2-4)
MORTON, Jeff 60 (B) (SH1-260)
MORTON, John 26 (B) (SH2-42)
MORTON, John 35 (B) (SH2-116)
MORTON, Joseph 25 (B) (SH1-320)
MORTON, Margaret 47 (SH2-54)
MORTON, Moses 20 (B) (SH1-307)
MORTON, Robt. 28 (SH2-153)
MORTON, S. M. 17 (f) (B) (SH1-400)
MORTON, Shelby 22 (m) (B) (SH2-350)
MORTON, Solomon 55 (B) (SH1-340)
MORTON, Wm. 45 (B) (SH2-156)
MORTON, Wyatt 35 (B) (SH2-195)
MOSBY, Bella 34 (B) (SH2-263)
MOSBY, Benny 14 (m) (B) (SH1-306)
MOSBY, Cash 28 (B) (SH2-117)
MOSBY, Charles 43 (SH1-369)
MOSBY, Edward 32 (SH2-85)
MOSBY, Ellen 32 (B) (SH2-108)
MOSBY, Esther 53 (B) (SH2-284)
MOSBY, Fannie 21 (SH1-430)
MOSBY, Fanny 29 (B) (SH2-220)
MOSBY, Felix 10 (B) (SH1-432)
MOSBY, George 30 (B) (SH2-265)
MOSBY, Isaac 35 (B) (SH2-285)
MOSBY, James 39 (B) (SH2-327)
MOSBY, Jennie 10 (B) (SH1-101)
MOSBY, Jennie 9 (B) (SH2-306)
MOSBY, John 18 (B) (SH2-68)
MOSBY, John 50 (B) (SH2-89)
MOSBY, Joseph 42 (B) (SH2-169)
MOSBY, Julia 45 (B) (SH2-221)
MOSBY, Mima 40 (B) (SH2-58)
MOSBY, Nanley? 22 (B) (SH2-82)
MOSBY, Robert? 42 (B) (SH2-233)
MOSBY, Sam 12 (B) (SH1-445)
MOSBY, Samuel 70 (SH1-429)
MOSBY, Susan 75 (B) (SH2-118)
MOSBY, Washington 30 (B) (SH2-136)
MOSBY, Willy 50 (m) (B) (SH1-100)
MOSBY, _____ 35 (m) (SH1-378)
MOSBY?, Columbus 24 (B) (SH2-65)
MOSE, Jane 31 (B) (SH2-96)
MOSELEY, Henry 29 (B) (SH2-82)
MOSELEY, Tower 35 (B) (SH2-20)
MOSELY, Jerry 40 (B) (SH1-355)
MOSELY, Lidia 52 (B) (SH2-128)
MOSELY, Thomas 39 (B) (SH1-133)
MOSES, Albert 30 (SH1-423)
MOSES, Albert 30 (SH1-423)
MOSES, John 23 (SH2-178)
MOSES, Samuel 63 (SH1-423)
MOSES, Samuel 63 (SH1-423)
MOSES, Willie 21 (m) (B) (SH2-362)
MOSES, Wm. 22 (B) (SH2-94)
MOSES, Wm. 32 (B) (SH1-47)
MOSLEY, Ar. 50 (m) (B) (SH1-400)
MOSLEY, Clarence 30 (B) (SH2-231)
MOSLEY, Geo. H. 68 (SH1-469)
MOSLEY, Mary 60 (B) (SH2-109)
MOSLEY, Mattie 50 (f) (SH2-199)
MOSLEY, Wm. 53 (B) (SH2-108)
MOSS, Charles 22 (B) (SH1-407)
MOSS, Charles 42 (B) (SH1-453)
MOSS, Dennis 25 (B) (SH2-343)
MOSS, Henry 27 (B) (SH1-389)
MOSS, Henry 54? (B) (SH1-166)
MOSS, James 25 (SH2-83)
MOSS, Jno. H. 62 (B) (SH1-269)
MOSS, John T. 30 (SH2-201)
MOSS, Lucinda 26 (B) (SH1-244)
MOSS, Mathew J. 29 (SH1-25)
MOSS, Robt. 34 (B) (SH1-284)
MOSS, Robt. F. C. 27 (SH1-269)
MOSSE, Maggie 35 (B) (SH2-156)
MOSSLEY, James 21 (B) (SH1-294)
MOTHERS, Martha 35 (B) (SH2-126)
MOTLEY, Anthony 28 (B) (SH2-353)
MOTLEY, Croket 40 (B) (SH2-344)
MOTLEY, David 5 (B) (SH2-345)
MOTLEY, Kate 22 (B) (SH2-337)
MOTLEY, Lucinda 22 (B) (SH2-335)
MOTLEY, Robert 33 (SH2-62)
MOTLEY, Zackary 58 (B) (SH1-9)
MOTLEY, Zackery jr. 23 (B) (SH1-9)
MOTT, Peter 28 (B) (SH1-127)
MOULDER, James 29 (SH1-416)
MOULTON, Milton 6 (B) (SH1-407)
MOULTRY, Prince 54 (B) (SH2-268)
MOUNDS?, Bob 20 (B) (SH1-189)
MOUNT, Emma 15 (SH2-95)
MOUNT, Margret E. 50 (SH2-94)
MOUNT, Sophia 26 (B) (SH2-123)
MOWRY, Anne 56 (SH2-271)
MOXLEY, Tom 26 (B) (SH2-110)
MOYERS, A. S. 56 (m) (SH2-105)
MOYERS, George 50 (SH2-71)
MOYERS, Gilbert 46 (SH2-288)
MOYSTON, John H. 48 (SH2-144)
MO_TON, Horace 30 (SH2-350)
MO___, Minerva 40 (SH2-349)
MO___, Matilda 25 (SH2-288)
MO___S, Chas. 21 (SH2-231)
MUCHAY, Thos. 50 (SH2-142)
MUDE, Mahala 50 (B) (SH2-165)
MUELLER, Alexander? 51 (SH2-121)
MUELLER, Anna 61 (SH2-275)
MUJRPHY, Frank 38 (SH2-322)
MUKES, Mamie 34 (SH2-84)
MULBRANDON, Josephine 28 (SH2-136)
MULCAHY?, Joseph 47 (SH2-175)
MULDOON, Mary 21 (SH2-174)
MULFORD, Margaret 64 (SH2-233)
MULHERN, Katie 22 (SH2-63)
MULL, Charley 30 (SH2-260)
MULLEN, Alsey 38 (f) (B) (SH2-119)
MULLEN, Charlotte 60 (B) (SH1-429)
MULLEN, Isaac 56 (B) (SH2-95)
MULLEN, Wm. N. 59 (SH2-197)
MULLER, Salomi 16 (f) (SH2-313)
MULLIGAN, Wm. 24 (SH2-112)
MULLIN, Carrol 28 (m) (B) (SH2-285)
MULLINDER?, A. 20 (m) (SH1-239)
MULLINS, Alf. 22 (m) (SH1-149)
MULLINS, Catharine 30 (SH2-53)
MULLINS, Dick 45 (B) (SH1-168)
MULLINS, Harry 65 (B) (SH1-164)
MULLINS, Jerry 29 (B) (SH1-424)
MULLINS, L. D. 71 (m) (SH1-171)
MULLINS, L. D. jr. 39 (m) (SH2-358)
MULLINS, Ralph 47 (B) (SH1-440)
MULLINS, Sallie 30 (B) (SH1-372)
MULLINS, Sam 40 (B) (SH1-301)
MULLINS, Sarah 45 (B) (SH1-145)
MULLINS, Sarah 50? (B) (SH2-80)
MULLINS, Squire 54 (B) (SH1-164)
MULLINS, T. B. 35 (m) (SH1-144)
MULLINS, Thomas? 45 (SH2-176)
MULLINS, Wesley 26 (B) (SH1-164)
MULLNS, John 29 (B) (SH1-166)
MULLROY, Eliza 40 (SH2-37)
MULOCK, Mattia 65 (B) (SH2-185)
MULRANY?, Lizzie 28 (SH2-262)
MULROONY, Helen 21 (SH2-61)
MULROY, Patrick 33 (SH2-235)
MULTA, Eugene 38 (SH2-112)
MULVY, Hannah 40 (SH2-285)
MUMFORD, Charicy? 47 (f) (B) (SH1-319)
MUNCH, Geo. P. 44 (SH2-364)
MUNCH, John 35 (SH2-13)
MUNCY?, Mariah 60 (B) (SH1-301)
MUNDINGER, Christian 40 (m) (SH2-54)
MUNDY, Oscar 9 (B) (SH2-18)
MUNEW?, Arther 30 (SH2-72)
MUNFREY, Ella 25 (B) (SH2-100)
MUNN, Columbus 40 (SH2-29)
MUNROE, Elzic 22 (m) (B) (SH1-315)
MUNROE, John 28 (SH1-301)
MUNROE, Wm. 31 (SH2-93)
MUNSON, Abraham 75 (B) (SH1-272)
MUNSON, Joe 24 (B) (SH1-163)
MUNSON, Maloyse 23 (f) (B) (SH1-469)
MUNSON, Offa? A. 76 (f) (SH2-329)
MUNSON, S. A. 37 (m) (SH1-166)
MUNSON, Sue 27 (B) (SH1-165)
MURCHISON, Mitchel 22 (B) (SH1-317)
MURCKISON, John 73 (B) (SH1-316)
MUREI?, Rachael B. 28 (SH2-127)
MURPHEY, Henry 39 (B) (SH1-30)
MURPHY, Anne 30 (B?) (SH2-191)
MURPHY, Annie 36 (SH2-5)
MURPHY, Benj. 35 (SH2-126)
MURPHY, Catharine 35 (SH2-11)
MURPHY, Ellen 38 (SH2-301)
MURPHY, Emily 69 (SH2-140)
MURPHY, Emma 18 (SH2-20)
MURPHY, Frank 24 (SH2-6)

MURPHY, H. Y. 47 (m) (B) (SH2-148)
MURPHY, James 26 (SH2-87)
MURPHY, James 28 (SH1-431)
MURPHY, James 35 (SH2-355)
MURPHY, James _5 (SH2-266)
MURPHY, Jas. 35 (B) (SH1-365)
MURPHY, Jas. 55 (SH2-158)
MURPHY, Jas. J. 56 (SH2-302)
MURPHY, Jim 23 (B) (SH2-284)
MURPHY, Joe 25 (B) (SH1-358)
MURPHY, John 22 (SH2-167)
MURPHY, John 35 (B) (SH2-27)
MURPHY, John 35 (SH2-65)
MURPHY, John 50 (B) (SH1-314)
MURPHY, John 50 (SH2-40)
MURPHY, John 65 (SH2-118)
MURPHY, John 68 (SH2-322)
MURPHY, John 8 (SH2-327)
MURPHY, Louisa 60 (B) (SH1-146)
MURPHY, Lucy 29 (B) (SH2-339)
MURPHY, M. A. 38 (f) (SH2-335)
MURPHY, Mag 15 (SH2-183)
MURPHY, Martin 32 (SH2-5)
MURPHY, Mary 30 (SH2-8)
MURPHY, Mary 45 (SH2-23)
MURPHY, May 15 (SH2-186)
MURPHY, Michael 25 (SH2-101)
MURPHY, Mollie 13 (SH1-299)
MURPHY, N. H. 22 (m) (SH1-38)
MURPHY, Patrick 35 (SH2-17)
MURPHY, Patrick 45 (SH2-48)
MURPHY, Pedo 10 (m) (B) (SH2-318)
MURPHY, Robert 38 (B) (SH2-76)
MURPHY, Robert 50 (B) (SH2-348)
MURPHY, Sallie 4 (SH2-314)
MURPHY, Susan 40 (SH2-36)
MURPHY, Thos. 32 (SH2-307)
MURPHY, Wm. 16 (B) (SH2-95)
MURPHY, Wm. 46? (SH2-119)
MURPHY, ___llie 79? (B) (SH1-341)
MURPHY?, Jonas 28? (B) (SH2-148)
MURRAB?, Wm. 20 (B) (SH1-56)
MURRARY, Augustus 27 (B) (SH2-91)
MURRAY, Abram 65 (B) (SH2-353)
MURRAY, Aggie 14 (f) (SH1-2)
MURRAY, Alex 56 (SH2-222)
MURRAY, Andrew J. 42 (SH2-52)
MURRAY, Ben 20 (B) (SH1-372)
MURRAY, Edward 21 (B) (SH1-154)
MURRAY, J. H. 38 (m) (SH2-255)
MURRAY, J. W. 33 (m) (SH1-158)
MURRAY, James 22 (B) (SH2-344)
MURRAY, James A. 32 (SH1-2)
MURRAY, Jef 50 (SH2-349)
MURRAY, Jennie 22 (SH2-166)
MURRAY, Judy 8 (B) (SH1-322)
MURRAY, Katie 34 (B) (SH2-143)
MURRAY, Laura 43? (B) (SH2-123)
MURRAY, Mary 22 (SH2-100)
MURRAY, Mary 43 (SH2-275)
MURRAY, Mary 7 (SH1-110)
MURRAY, Patrick 13 (SH1-110)
MURRAY, Rufus 30 (B) (SH1-373)
MURRAY, W. G. 35 (m) (SH2-354)
MURREL, John 40 (B) (SH1-87)
MURRELL, Alfred 35 (SH1-309)
MURRELL, James 25 (SH1-309)
MURRELL, Joseph 26 (B) (SH1-115)
MURRELL, Minnie 4/12 (B) (SH1-122)
MURRELL, Richard R. 32 (SH2-101)
MURRY, Barney 22 (B) (SH1-84)
MURRY, Franky 23 (f) (SH2-72)
MURRY, Harrison 37 (B) (SH1-327)
MURRY, Lizzie 38 (B) (SH2-192)
MURRY, Lucy 96 (B) (SH2-186)
MURRY, Maggie 14 (SH2-260)
MURRY, Thomas 30 (SH2-37)
MURRY, Timothy 10? (SH2-47)
MURTS?, John 30 (SH2-123)
MUSE, MArk 30 (SH1-24)
MUSGROW, W. 20 (m) (B) (SH1-454)
MUSSETTA, Patric 46 (SH2-119)
MUSSO?, Maggie 30 (SH2-155)
MUSSON, Albert 35 (SH2-170)
MUST, Chas. 49 (SH2-199)
MUSTIN?, Thomas R. 38 (SH1-80)
MUZ, C. C. 39 (m) (SH2-113)
MUZAS, Andrew 32 (SH2-77)
MYER, Abram 31 (SH2-74)
MYER, Thadore 52 (m) (SH2-329)
MYERS, Bernard 62 (SH1-384)
MYERS, Charles 23 (B) (SH1-114)
MYERS, Daniel E. 37 (SH2-213)
MYERS, David H. 33 (SH2-53)
MYERS, Fannie 19 (B) (SH1-155)
MYERS, Faulkner 28 (B) (SH1-336)
MYERS, Georgie 11 (f) (SH2-13)
MYERS, Horace 14 (B) (SH1-326)
MYERS, John 70 (B) (SH1-336)
MYERS, Johnie 15 (SH1-175)
MYERS, Laura 33 (B) (SH2-327)
MYERS, Louisa 27 (SH1-427)
MYERS, Lucy 30 (B) (SH2-354)
MYERS, Major 25 (B) (SH1-127)
MYERS, Mary 18 (B) (SH2-333)
MYERS, Mary 9 (SH2-213)
MYERS, Nancy 60 (SH1-237)
MYERS, Phil 45 (B) (SH2-361)
MYERS, Rowena 25 (SH2-24)
MYERS, S. B. 30 (m) (SH1-425)
MYERS, Silas 35 (B) (SH1-326)
MYERS, Walace 33 (B) (SH1-328)
MYERS?, David 29 (SH2-343)
MYNICHANO, John 40 (SH2-181)
MYNOTT, A. 10 (m) (B) (SH1-394)
MYNOTT, Lucy 8 (B) (SH2-339)
MYRES, Tommie W. 9 (SH1-6)
MYRICK, W. H. 52 (m) (SH1-233)
MYRICK, Wm. 10 (SH1-238)
M____, JOHN 40 (SH1-347)
M____, Matta 5 (f) (B) (SH1-89)
M____, Robt. 25 (SH1-36)
M____E, Mira 33 (B) (SH1-91)
M____S, Jackson 55 (SH2-50)
M____, Pauline 50 (SH1-473)
NABERS, James W. 49 (SH1-137)
NABORS, Joseph 27 (B) (SH1-127)
NABORS, Ths. P. 40 (m) (SH1-465)
NABUS?, Lucinda 56 (B) (SH1-90)
NADLING, Wm. 30 (SH2-106)
NAFORI?, Philip 34 (SH2-101)
NAGLE, Mary 37 (SH2-95)
NAIL, Mary 20 (B) (SH1-330)
NAILL, Geo. W. 42 (SH2-216)
NAILOR, S. 25 (f) (B) (SH1-400)
NALE?, Mattie 32 (f) (SH2-131)
NALEMS?, M. J. 32 (f) (B) (SH1-405)
NALL, Henry C. 27 (SH2-217)
NANCE, A. M. 20 (m) (SH2-247)
NANCE, Arnold 38 (B) (SH1-362)
NANCE, Luke 70 (B) (SH1-427)
NANCE, Susan 55 (B) (SH2-82)
NANCE, Walter 25 (SH2-320)
NANCE, Willis 22 (B) (SH1-351)
NANNALLY, Dollie 26 (SH2-177)
NANTEL, Ernest 32 (SH2-18)
NAPOLEON, Louis 30 (B) (SH2-38)
NAPOLEON, Louis 40 (B) (SH2-57)
NAPOLEON, Robt. 28 (B) (SH1-36)
NARDI, A. 23 (m) (SH2-162)
NASH, Armsted 70 (B) (SH1-211)
NASH, F. 34 (m) (B) (SH1-150)
NASH, George 14 (SH1-423)
NASH, Jessie V. 24 (f) (SH2-237)
NASH, John 50 (B) (SH1-395)
NASH, MAggie 25 (SH1-95)
NASH, Thomas 47 (SH1-9)
NASH, Wm. J. 37 (SH1-301)
NASON?, Alexander 38 (B) (SH2-325)
NATHAN, F. 7 (m) (SH2-185)
NATHAN, James 40 (B) (SH2-39)
NATHANIEL, Albert 38 (B) (SH1-43)
NATHANIEL, M. 54 (f) (B) (SH1-44)
NAZELE?, Anna 18? (SH1-93)
NEAL, Alex 29 (B) (SH1-169)
NEAL, Alex __ (B) (SH1-215)
NEAL, Andy 21 (B) (SH1-296)
NEAL, Ann 40 (B) (SH2-171)
NEAL, Ellison 18 (B) (SH1-50)
NEAL, Henry 11 (SH1-264)
NEAL, JAckson 26 (B) (SH1-267)
NEAL, James 50 (B) (SH1-292)
NEAL, Jestien 10 (f) (B) (SH1-77)
NEAL, Jno. 20 (B) (SH1-260)
NEAL, Julia 38 (B) (SH1-77)
NEAL, Laura 23 (B) (SH1-166)
NEAL, Laura 24 (B) (SH1-153)
NEAL, Louisa 35 (B) (SH1-410)
NEAL, M. A. 44 (f) (SH1-33)
NEAL, Moses 30 (B) (SH1-270)
NEAL, Pernelia 23 (B) (SH1-293)
NEAL, Pryor 25 (B) (SH1-279)
NEAL, Robert 23 (B) (SH1-47)
NEAL, Rufus 34 (B) (SH2-184)
NEAL, W. H. 55 (m) (SH2-309)
NEAL, Wilson 54 (SH1-72)
NEAL?, MArshall W. 32 (SH2-61)
NEALE, Jeff 52 (B) (SH1-260)
NEALEY, Christian 26? (m) (B) (SH1-293)
NEEL, John 41 (SH2-238)
NEELEY, A. 28 (m) (B) (SH1-248)
NEELEY, Andy 37 (B) (SH1-250)
NEELEY, Dolphus 34 (B) (SH1-211)
NEELEY, H. 30 (m) (B) (SH1-253)
NEELEY, James 65 (B) (SH1-256)
NEELEY, Moses 81 (SH1-248)
NEELEY, Rob 18 (B) (SH1-248)
NEELEY, Sam 60 (B) (SH1-246)
NEELY, Bill 31 (B) (SH1-292)
NEELY, Charles M. 46 (SH1-433)
NEELY, Easter 80 (B) (SH1-252)
NEELY, Hugh M. 45 (SH2-100)
NEELY, J. C. 52 (m) (SH2-282)
NEELY, James 24 (B) (SH2-227)
NEELY, Jane 50 (B) (SH1-437)
NEELY, Jeff 32 (B) (SH1-266)
NEELY, John 29 (B) (SH1-120)
NEELY, Olly 25 (m) (B) (SH2-354)
NEELY, Wallace 48 (B) (SH1-249)
NEFF, B____dine 48 (f) (SH2-265)
NEIDIECK, Chas. H. 40 (SH1-409)
NEIGHBOR, Edwd. 51 (B) (SH2-157)
NEIGHBORS, Annie 51 (B) (SH2-107)
NEIGHBORS, Gus 49 (B) (SH1-151)
NEIGHBORS, Thos. 42 (SH1-203)
NEIGHBORS, Warner 54 (B) (SH1-151)
NEIGHTON?, John 40 (SH2-181)
NEIGLE, Ellen 45 (SH2-351)
NEIL, Dick 30 (SH2-70)
NEIL, J. S. M. 23 (f) (SH1-230)
NEIL, John 50 (B) (SH1-315)
NEIL, Martha 5 (B) (SH1-314)
NEIL, Robert 27 (B) (SH1-313)
NEILEY, Jessee 30 (m) (B) (SH1-242)
NEILL, Robert B. 44 (SH2-40)
NEILSON, Levina 30 (B) (SH1-305)
NEILY, Margaret 40 (SH2-241)
NELAMASTER?, Mary 21 (SH2-13)
NELLINS, M. 90 (m) (B) (SH1-389)

NELLUMS, Harvey 32 (B) (SH2-336)
NELMS, Charles 50 (B) (SH1-351)
NELMS, Green 50 (B) (SH2-107)
NELMS, Gus 55 (B) (SH1-356)
NELMS, Martha 55 (B) (SH1-344)
NELMS, Solomon 40 (B) (SH1-344)
NELSON, A. B. 30 (m) (SH2-255)
NELSON, Abram 23 (SH1-148)
NELSON, Alfred 40 (B) (SH2-342)
NELSON, Andrew 21 (B) (SH2-313)
NELSON, Andrew 33 (B) (SH1-187)
NELSON, Andrew 39 (B) (SH2-226)
NELSON, Andrew 40 (B) (SH2-222)
NELSON, Ann 30 (B) (SH1-258)
NELSON, Caroline 15 (B) (SH1-49)
NELSON, Chancy 60 (f) (B) (SH1-305)
NELSON, Charles 23 (SH2-100)
NELSON, Charles 6 (B) (SH2-107)
NELSON, Christian 33 (SH2-95)
NELSON, Cicero 20 (B) (SH2-75)
NELSON, Clarence 22 (SH1-90)
NELSON, Cooper 22 (SH2-206)
NELSON, D. D. 57 (m) (SH1-45)
NELSON, Dennis 18 (B) (SH1-154)
NELSON, Edmund 40 (B) (SH2-39)
NELSON, Emma 7 (B) (SH1-101)
NELSON, Fred M. 35 (SH2-209)
NELSON, Geo. 35 (B) (SH2-149)
NELSON, George 38 (B) (SH2-278)
NELSON, George 45 (B) (SH1-208)
NELSON, George 52 (B) (SH1-251)
NELSON, Georgiana 11 (B) (SH1-34)
NELSON, Hampton 55 (B) (SH2-126)
NELSON, Harriet 51 (B) (SH1-416)
NELSON, Henry 41 (B) (SH1-337)
NELSON, Henry 70 (B) (SH1-124)
NELSON, Isaac 35 (B) (SH1-319)
NELSON, J. S. 35 (m) (B) (SH1-269)
NELSON, Jack 37 (B) (SH2-85)
NELSON, Jack 42 (SH2-126)
NELSON, Jaes 19? (B) (SH2-342)
NELSON, Jain 56 (f) (B) (SH1-222)
NELSON, James 83 (B) (SH2-67)
NELSON, Jim 24 (B) (SH1-167)
NELSON, John 20 (B) (SH1-162)
NELSON, John 45 (B) (SH2-246)
NELSON, Joseph 22 (B) (SH1-133)
NELSON, Julius 35 (SH1-416)
NELSON, Lizze 17 (B) (SH2-287)
NELSON, Lizzie 21 (SH2-47)
NELSON, Loft__ 20 (m) (SH1-103)
NELSON, Lorenzo 52 (B) (SH1-133)
NELSON, Luella 24 (B) (SH1-47)
NELSON, Luke 38 (B) (SH2-197)
NELSON, Luke 48 (B) (SH1-427)
NELSON, M. L. 51 (m) (SH1-46)
NELSON, MAtilda 30 (B) (SH1-98)
NELSON, Mark 24 (SH1-364)
NELSON, Martha 45 (B) (SH1-173)
NELSON, Mary 39 (SH2-174)
NELSON, Mary 69 (SH2-269)
NELSON, Mrs. 40 (SH2-221)
NELSON, Murphy 29 (f) (B) (SH2-360)
NELSON, N. H. 39 (m) (SH1-302)
NELSON, Oceolah 30? (m) (SH2-60)
NELSON, Pat 25 (m) (SH2-346)
NELSON, Peter 53 (B) (SH1-140)
NELSON, Rachel 35 (B) (SH1-108)
NELSON, Robert 24 (B) (SH1-389)
NELSON, Robert 30 (SH2-77)
NELSON, Sallie 27 (B) (SH2-124)
NELSON, Sam 44 (B) (SH2-39)
NELSON, Samuel 56 (B) (SH1-136)
NELSON, Saulter 35 (m) (B) (SH1-173)
NELSON, Sophia 33 (B) (SH2-359)
NELSON, Tansy 21 (f) (B) (SH2-317)
NELSON, Thomas 22 (B) (SH1-325)
NELSON, Thomas L. 33? (B) (SH1-191)
NELSON, Thos. 60 (SH2-85)
NELSON, Tom 23 (B) (SH1-409)
NELSON, Tom 33 (B) (SH2-43)
NELSON, W. T. 33 (m) (SH1-45)
NELSON, Washington 40 (B) (SH2-276)
NELSON, Will 19 (B) (SH1-208)
NELSON, Wm. 21 (B) (SH2-340)
NELSON, Wm. 25 (B) (SH1-90)
NELSON, Wm. 38 (B) (SH1-319)
NELSON, Wm. H. 34 (SH1-103)
NELSON?, George 27 (B) (SH1-46)
NELSON?, J. 80 (m) (SH1-389)
NELSON?, ____ 40 (m) (SH1-126)
NEMAN, Irvin 55 (B) (SH1-45)
NERR?, Sam 24 (SH2-84)
NESBIT, Geo. 48 (B) (SH2-160)
NESBIT, Josep 40 (B) (SH2-182)
NESBIT?, Geo. 23 (B) (SH1-190)
NESBITT, Johnson 19 (B) (SH1-243)
NETHERLAND, A.? 27 (m) (B) (SH2-149)
NETHERLAND, Manuel 31 (B) (SH2-203)
NETTEL, ____ 13 (f) (SH2-113)
NETTER?, Wm. 33 (SH2-176)
NETTLES, Sallie 33 (B) (SH2-176)
NEUMAN, Sallie 50 (B) (SH2-158)
NEUTON, Noah 35 (B) (SH1-177)
NEUTON, Wm. B. 63 (SH1-7)
NEVELS, Joseph A. 40 (SH2-330)
NEVELS, Stephen? 40 (B) (SH1-176)
NEVELS?, Joe 4 (B) (SH1-49)
NEVER, Charles 33 (SH1-459)
NEVERSON, Wilbron? 52 (m) (B) (SH1-117)
NEVIL, Lizzie 45 (SH1-307)
NEVIL?, Edward 25 (SH1-304)
NEVILL, Lucy 30 (B) (SH2-296)
NEVILLE, C. A. 40 (f) (SH1-275)
NEVILLE, Elbert 33 (B) (SH1-285)
NEVILLE, Hampton 50 (B) (SH1-280)
NEVILLE, Mathew 72 (SH1-281)
NEVILLE, Milton 28 (B) (SH1-282)
NEVILS, Ike 50 (B) (SH1-67)
NEVILS, John 25 (B) (SH1-101)
NEVILS, S. 60 (m) (B) (SH1-231)
NEVITT?, Alex 49 (B) (SH1-37)
NEW, J. R. 37 (m) (SH1-51)
NEW, Penny 58 (SH1-252)
NEWBORN, Andrew? 45 (B) (SH1-104)
NEWBURG, John 34 (SH1-94)
NEWBURN, Adaline 17 (B) (SH2-361)
NEWBURN, Kitty 40 (B) (SH2-361)
NEWBY, Jim 50 (SH1-229)
NEWEL, Jno.? 29 (SH1-233)
NEWELL, Heffie 39 (f) (SH1-238)
NEWELL, Washington 42 (B) (SH1-100)
NEWMAN, A. A. 45 (f) (SH2-308)
NEWMAN, Bill 40 (B) (SH2-42)
NEWMAN, Charles 19 (B) (SH2-75)
NEWMAN, Jerusha 35 (B) (SH1-417)
NEWMAN, Jno. 24 (SH2-307)
NEWMAN, Lizzie 75 (B) (SH1-129)
NEWMAN, Mary V. 13 (SH2-299)
NEWMAN, Otis 21 (SH2-282)
NEWPORT, Richard D. 46 (SH1-96)
NEWSEN, Robert 34 (B) (SH1-400)
NEWSOM, Allison W. 37 (SH2-205)
NEWSOM, George 25 (B) (SH1-155)
NEWSOM, Henry S. 40 (SH2-41)
NEWSOM, Joseph J. 43 (SH1-408)
NEWSOM, M. A. 45 (m) (SH2-318)
NEWSOM, Martha 50 (B) (SH1-96)
NEWSOM, Mary 48 (SH2-84)
NEWSOM, Robert 43 (B) (SH2-27)
NEWSUM, Authur 19 (m) (SH2-199)
NEWSUM, Helen R. 26 (SH2-199)
NEWTON, A. 22 (f) (B) (SH1-396)
NEWTON, Horatio 66 (SH2-78)
NEWTON, James W. 38 (SH2-58)
NEWTON, John F. 26 (SH1-3)
NEWTON, Victor 40 (SH2-72)
NEY, Charles 30 (SH2-106)
NEY, Jacob 39 (SH2-59)
NEY, Patrick 32 (SH2-34)
NEYLON?, Mollie 9 (SH2-22)
NEYNEKER, Joe 45 (SH1-115)
NICE, Wm. 45 (B) (SH2-155)
NICELS, Harriet 18 (B) (SH2-309)
NICHOLS, Alec 40 (B) (SH2-217)
NICHOLS, Fred 52 (SH2-82)
NICHOLS, J. H. 21 (m) (SH1-392)
NICHOLS, James 21 (SH1-178)
NICHOLS, Joseh 60? (SH2-65)
NICHOLS, L. R. 53 (f) (SH2-243)
NICHOLS, Lewis 36 (B) (SH1-36)
NICHOLS, Richd. 30 (B) (SH2-185)
NICHOLS, S. H. 30 (m) (SH2-151)
NICHOLS, Samuel 35 (B) (SH2-64)
NICHOLSON, A. C.? 23 (f) (SH2-154)
NICHOLSON, Bettie? 19 (B) (SH2-121)
NICHOLSON, Ed 40 (B) (SH2-206)
NICHOLSON, Emanuel 30 (B) (SH2-39)
NICHOLSON, Enoch 21 (B) (SH1-433)
NICHOLSON, Hanna 58 (SH2-249)
NICHOLSON, Jno. 45 (SH2-193)
NICHOLSON, John 34 (B) (SH1-390)
NICHOLSON, Phillip 34 (B) (SH1-384)
NICHOLSON, Ralph C. 34 (SH2-211)
NICHOLSON, Richd. 27 (B) (SH1-470)
NICHOLSON, Thos. 45 (B) (SH1-433)
NICHORSON, P. 36 (f) (B) (SH2-256)
NICK, Annie 29 (SH2-88)
NICKERSON, H.? 38 (m) (B) (SH2-140)
NICKLES, Charles 36 (SH2-104)

NICKLES, Martha 43 (B) (SH1-427)
NICKLESON, _lie 23 (f) (B) (SH1-176)
NICKOLS, John D. 34 (SH2-315)
NICOLSON, R. W. 25 (m) (SH2-261)
NIEDERER, Edward 55 (SH2-91)
NIGHTINGALE, Tom 5? (B) (SH1-156)
NILSON, Oliver 23 (B) (SH1-136)
NISH, J. 32 (m) (B) (SH1-406)
NITRE?, Charles 25 (B) (SH1-315)
NIXON, Alice 45 (B) (SH2-45)
NIXON, J. H. 28 (m) (SH2-138)
NOBLES, Alexander 30 (B) (SH2-14)
NOBLIN, Hamp 20 (m) (B) (SH1-124)
NOBLIN, John 15 (B) (SH1-124)
NOBLIN, T. F. 15 (m) (SH1-51)
NOEL, Charles 26 (SH2-74)
NOEL, Cora 20 (SH2-166)
NOFFLETT, Rance? 47 (m) (B) (SH1-315)
NOFFORD, Thomas 30 (B) (SH2-230)
NOLAN, Buck 48 (B) (SH2-285)
NOLAN, Georgiana 17 (B) (SH2-133)
NOLAN, Hannah 50 (SH2-40)
NOLAN, James 52 (SH2-241)
NOLAN, Maggie 53 (SH2-44)
NOLAN, Michiel 65 (m) (SH1-114)
NOLAND, R. L. 24 (m) (SH2-107)
NOLAND, Sarah 60 (SH2-109)
NOLAND, Thos. 50 (SH1-473)
NOLAND, Wilhemina 40 (f) (SH2-107)
NOLL, Carroline 17 (SH2-94)
NOLL, Hennie 41 (f) (SH2-111)
NOLL, Robt. 34 (SH2-165)
NOLLEY, John A. 28 (SH1-222)
NOLLEY, T. S. 37 (m) (SH1-214)
NOLLEY, W. H. 39 (m) (SH1-270)
NOLLEY, Wm. N. 73 (SH1-224)
NOLLIN, Robt. sr. 46 (B) (SH1-54)
NOLLY, Henry 29 (B) (SH1-422)
NOLTON, Tilda 20 (B) (SH1-300)
NOMAN, C. E. 50 (f) (B) (SH2-150)
NOOMAN?, Thomas 35 (SH1-32)
NOONAN, Ann 42 (SH2-48)
NOONAN, John 30 (SH2-245)
NOONAN, Thomas 41 (SH2-18)
NOONER, James 56 (B) (SH1-415)
NORDWOOD?, Sandrews 43 (m) (SH1-95)
NORFLEET, Bill 46 (B) (SH1-272)
NORFLEET, Harriet 59 (B) (SH1-361)
NORFLEET, Sarah 52 (SH1-423)
NORFLEET, Sarah 52 (SH1-423)
NORFLEET, W. J. 13 (m) (B) (SH1-287)
NORFLET, Patsy 60 (B) (SH1-362)
NORFOLK, Wm. 30 (B) (SH2-121)
NORMAN, Allen 50 (B) (SH1-64)
NORMAN, Andrew 24 (B) (SH1-30)
NORMAN, Andrew J. 56 (SH1-135)
NORMAN, C. 25 (m) (B) (SH1-248)
NORMAN, Charles S. 21 (SH1-314)
NORMAN, George 28 (B) (SH2-61)
NORMAN, JAmes 65 (B) (SH1-346)
NORMAN, Lou 35 (f) (B) (SH2-184)
NORMAN, N. _. 37 (f) (B) (SH2-194)
NORMAN, Robert 30 (B) (SH1-337)
NORMAN, Thomas 64 (SH2-37)
NORMAN, Wash 21 (B) (SH1-275)
NORMAN, Wm. 47 (B) (SH2-227)
NORMANS, Geo. 40 (B) (SH2-242)
NORMENT, DAvid 80 (B) (SH1-255)
NORMENT, Jerry 40 (m) (B) (SH1-255)
NORMENT, Wm. 42 (SH2-62)
NORMENT?, Wm. 25 (B) (SH1-247)
NORR, Lum 26 (m) (B) (SH2-307)
NORRELL, John H. 28 (B) (SH2-354)
NORREZER?, Abbert 28 (SH1-404)
NORRIS, Bettie 25 (B) (SH2-187)
NORRIS, John Z. 39 (SH1-462)
NORRIS, L. A. 33 (f) (SH1-203)
NORRIS, MArtin F. 37 (SH1-464)
NORRIS, Mary 5 (SH2-17)
NORRIS, Richard 68 (SH2-277)
NORRIS, Samuel 40 (B) (SH1-135)
NORRIS, T. W. 34 (m) (SH1-278)
NORTH, John 29 (SH2-14)
NORTHCROSS, W. J. 14 (m) (SH1-278)
NORTHINGTON, John 30 (B) (SH1-49)
NORTHROP, Peter 35 (B) (SH2-333)
NORTHRUP, John 54 (SH2-176)
NORTON, Bridget 60 (SH2-298)
NORTON, E. J. 35 (m) (SH2-185)
NORTON, Eliza 40 (B) (SH2-308)
NORTON, JOhn L. 34 (SH2-88)
NORTON, Jacob 37 (B) (SH2-56)
NORTON, Jno. L. 32 (SH2-82)
NORTON, Lucinda 50 (SH2-83)
NORTON, N. P.? 66 (m) (SH2-193)
NORTON, Nora 21 (SH2-55)
NORTON, Patrick J. 15 (SH2-326)
NORTON, Peter 50 (SH2-70)
NORTON, Sarah 50 (SH2-83)
NORTON, Sarah 67 (SH2-72)
NORTON, Tom 35 (B) (SH1-65)
NORVELL, Ellen 50 (SH1-100)
NORVELL, Thos. E. 43 (SH1-418)
NORWOOD, Annie A. 53 (SH2-331)
NORWOOD, Lawson 20 (SH1-347)
NOTT, Hugh 44 (SH2-238)
NOVITSKE, Valentine? 54 (SH2-256)
NOWAG?, Joseph 40 (SH2-113)
NOWLAND, Sarah 40 (B) (SH2-161)
NOWLAND, Thomas 23 (B) (SH1-453)
NUBIE?, Alex 19 (B) (SH1-304)
NUCKLES, Anthony 18 (B) (SH1-168)
NUCKLES, Fannie 20 (SH2-94)
NUCKOLS, Sarah C. 43 (SH1-142)
NUITZEL, Jos. 29 (m) (SH2-186)
NULL, George 9 (SH1-86)
NUN, Peter 50 (B) (SH1-332)
NUNLY, Nancy 47 (B) (SH2-304)
NUNNELLY, h. 32 (m) (SH1-158)
NUNNS, Mary 35 (SH2-85)
NUTALL, Joseph 48 (SH2-77)
NUTTALL, Nellie 25 (SH2-158)
NUTZELL, Chars? 40? (m) (SH2-142)
OAKE, Charlotte M. 55 (SH1-97)
OAKES, John 38 (B) (SH2-168)
OAKEY, John 36 (SH2-116)
OAKLEY, E. C. 49 (m) (SH1-68)
OAKLEY, Elvira 40 (B) (SH2-171)
OAKLEY, Wm. 22 (SH1-449)
OATES, J. M. 25 (m) (SH1-352)
OATES, James T. 17 (SH1-417)
OATES, Wm. C. 25 (SH1-415)
OATS, John ___ 32 (m) (SH2-262)
OBANNON, Adam 40 (B) (SH2-259)
OBERST, Rosina 41 (SH1-414)
OBRIAN, John 44 (SH2-104)
OBRIANT, Mitchell 14 (SH2-113)
OBRIEN, Bridget 45 (SH2-328)
OBRIEN, Bridget 55 (SH2-298)
OBRIEN, David 55 (SH2-356)
OBRIEN, James 14 (SH2-20)
OBRIEN, James 25 (SH2-25)
OBRIEN, James M. 21 (SH2-44)
OBRIEN, John 22 (SH2-31)
OBRIEN, John 25 (SH2-3)
OBRIEN, John 45 (SH2-25)
OBRIEN, John 50 (SH2-95)
OBRIEN, Joseph 49 (SH2-38)
OBRIEN, Margaret 55 (SH2-321)
OBRIEN, Mary 18 (SH1-101)
OBRIEN, Mary R. 39 (SH2-229)
OBRIEN, Mary ___ (SH2-271)
OBRIEN, Michael 15? (SH2-179)
OBRIEN, Michael 64 (SH1-44)
OBRIEN, Sarah 23 (SH2-48)
OBRIEN, Sarah 77 (SH1-92)
OBRIEN, W. 67 (f) (SH2-320)
OBRION, Martha 51 (SH2-245)
OCAIN, Edner 30 (f) (B) (SH2-163)
OCAIN, John 68 (SH2-293)
OCALLA, Permelia 6 (SH2-96)
OCHENER?, Samuel 24 (SH2-99)
OCHILT?, Jacob 46 (SH1-52)
OCONER, Mary 39 (SH1-91)
OCONER, Thomas 62 (SH1-82)
OCONNER, Maggie 28 (SH2-172)
OCONNOR, Patrick 47 (SH2-41)
OCONNOR, Samuel 46 (SH1-184)
OCONNOR, Thos. 33 (SH1-57)
OCONOORS, Mary 47 (SH2-27)
OCTAVIA, Jul__ (SH1-473)
ODANIEL, Anna 67 (SH1-407)
ODANIEL, B. F. 30 (m) (SH1-17)
ODANIEL, L. M. 12 (f) (SH1-152)
ODANIEL, Mattie J. 30 (SH1-179)
ODELL, Fred 33 (SH2-85)
ODEN, Cyntha 50 (SH1-23)
ODENNEL, _____ 25 (SH2-2)
ODLUM, Peter 55 (SH2-260)
ODONNEL, Daniel 37 (SH2-324)
ODONNEL, Edward 43 (SH2-268)
ODONNEL, Julia 38 (SH2-340)
ODONNEL, Willie 18 (m) (SH2-345)
ODONNELL, Agnes 7 (SH1-110)
ODONNELL, Thomas 35 (SH2-276)
ODONNELL, Thomas 45 (SH2-24)
ODUM, Charles 34 (B) (SH1-112)
ODWAY, Lawrence 46 (SH2-88)
OFARRELL, Barney 25 (SH2-30)
OFEE, James 20 (SH2-62)
OFEE, James 20 (SH2-75)
OFFUTT, Richard H. 53 (SH2-212)
OFLAHERTY, Hanna? 70 (SH1-368)
OGARA, Catharine 48 (SH2-316)
OGLESBY, Bill 35 (SH1-66)
OGLESBY, Harry 24 (B) (SH1-272)
OGLESBY, J. D. 27 (m) (SH1-151)
OGLESBY, Jas. S. 52 (m) (SH1-148)
OGLESBY, Julia 36 (B) (SH2-253)
OGLESBY, Julia 50 (B) (SH1-73)
OGLESBY, R. S. 30 (m) (SH1-146)
OGOAM?, Julia 89 (SH2-154)
OGRE, Simon 50 (B) (SH1-268)
OHARA, Mary A. 44 (SH2-97)
OHARER, J. T. 30 (m) (SH2-107)
OHEARN, Michael 20 (SH1-368)
OHERN, Edward 10 (SH1-110)
OHERN, Ellen 40 (SH2-327)
OHERN, John 27 (SH2-327)
OHORN, John 55 (SH1-347)
OKEEFE, Bridget 60 (SH2-24)
OKEEFE, Walter 18 (SH2-83)

1880 Census Shelby Co. TN: Heads-of-Household

OKEITH, James 50 (SH2-60)
OLACK, Henry 60 (B) (SH2-11)
OLAM, Julia 33 (B) (SH2-137)
OLAVI, Louis 26 (SH2-77)
OLAVI, Louis 26 (SH2-78)
OLAWAY, Isaac 50 (B) (SH2-130)
OLD, James 70? (SH2-176)
OLDHAM, Brink 24 (m) (SH1-78)
OLDHAM, Edmund 60 (B) (SH1-410)
OLDHAM, H. 30 (m) (B) (SH2-318)
OLDHAM, James B. 55 (SH1-85)
OLDHAM, John 53 (SH1-85)
OLDHAM, Joseph 50 (SH1-452)
OLDHAM, Tapley L. 55 (m) (SH1-82)
OLDHAM, Wm. 20 (B) (SH1-81)
OLDS, David 28 (B) (SH1-39)
OLEARY, Daniel 28 (SH2-25)
OLEARY, JAmes 55 (SH2-48)
OLEVET?, Joseph 40 (SH1-262)
OLIVER, Ann 47 (B) (SH2-226)
OLIVER, Bennett 28 (SH2-178)
OLIVER, Carter 42 (SH2-172)
OLIVER, Cathn. 37 (f) (B) (SH2-194)
OLIVER, Charity 68 (B) (SH1-77)
OLIVER, Charles 17 (B) (SH1-303)
OLIVER, Charles H. 20 (SH2-217)
OLIVER, Ed J. 32 (SH2-288)
OLIVER, Edward 30 (B) (SH2-235)
OLIVER, Ella 25 (B) (SH2-64)
OLIVER, Emily 22 (B) (SH2-331)
OLIVER, Fanny 25 (B) (SH2-219)
OLIVER, Florence 17 (B) (SH1-301)
OLIVER, Hattie 18 (B) (SH2-193)
OLIVER, Henry 1/12 (B) (SH2-331)
OLIVER, Henry 30 (B) (SH2-301)
OLIVER, Henry 33 (B) (SH1-346)
OLIVER, Henry 50 (B) (SH1-451)
OLIVER, James 50 (B) (SH2-3)
OLIVER, Joseph 51 (B) (SH2-94)
OLIVER, Louis 35 (B) (SH2-255)
OLIVER, M. 24 (f) (B) (SH1-236)
OLIVER, Mahly 45 (f) (B) (SH1-296)
OLIVER, Mary 40 (B) (SH2-317)
OLIVER, Mary J. 51 (B) (SH1-379)
OLIVER, Peter 30 (B) (SH2-359)
OLIVER, Prince 34 (B) (SH2-129)
OLIVER, Redmond 35 (B) (SH1-303)
OLIVER, Robert 7 (SH1-74)
OLIVER, Stephen 62 (B) (SH2-121)
OLIVER, Winfield 28 (B) (SH1-114)
OLIVER, Wm. 25 (B) (SH2-231)
OLSAN, Julius 35 (SH2-180)
OLSON, Oloof 32 (m) (SH2-58)
OLTMAN, Elizabeth 45 (SH2-297)
OLTON, Mary 6 (B) (SH1-149)
OLUM, Mers? 60 (f) (SH2-154)

OMALEY, Bridg 48 (f) (SH2-250)
OMALEY, Bridget 47 (SH2-18)
OMALEY, John 14 (SH2-9)
OMALLY, Thomas 36 (SH2-99)
OMBERG?, J. A. 38 (m) (SH2-222)
OMEILL, Michael 23 (SH2-1)
OMEILL, Patrick 59 (SH2-4)
ONEAL, Alice 10 (SH1-376)
ONEAL, Ella 13 (SH1-470)
ONEAL, Frank 15 (B) (SH1-431)
ONEAL, H. 50 (m) (SH1-234)
ONEAL, Jane 27 (SH2-221)
ONEAL, L. J. 49 (f) (SH1-144)
ONEAL, Mike 36 (SH2-337)
ONEAL, Scipio 70 (m) (B) (SH1-432)
ONEAL, Thomas 9 (B) (SH1-432)
ONEAL, W. H. 21 (m) (SH1-144)
ONEAL, Wm. J. 21 (SH2-67)
ONEEL, Mary 17 (SH2-299)
ONEIL, Isaac 22 (B) (SH2-45)
ONEIL, John 55 (SH2-85)
ONEIL, Mary 78 (SH2-248)
ONEIL, Mary L. 46 (SH2-147)
ONEIL, Michl. 50 (SH2-255)
ONEIL, Patrick 24 (SH1-126)
ONEIL, Patrick 34 (SH2-94)
ONEIL, Willie 15 (m) (B) (SH2-220)
ONEIL, Wm. 30 (B) (SH2-203)
ONEILL, Catharine 45 (SH2-17)
ONEILL, Francis 38 (SH2-258)
ONEILL, James 23 (SH2-17)
ONEILL, Michael 25 (SH2-25)
ONETTO, O. 56 (f) (SH2-352)
ONIEL, Daniel 49 (SH2-304)
ONIEL, Dennis 40 (SH2-79)
ONIEL, Icellius 28 (f) (B) (SH2-76)
ONLEY, Dora 19 (SH1-47)
ORANGE, Daniel 50 (B) (SH1-330)
ORANGE, Den 50 (m) (B) (SH1-397)
ORBERLE?, Chas. 46 (SH2-188)
OREGAR, Oscar 21 (SH1-267)
OREILEY, John J. 34 (SH2-280)
OREILLY, M. G. 21 (f) (SH1-397)
ORILEY, D. J. Dr. 62 (SH1-339)
ORINN, Lizzie 35 (B) (SH2-149)
ORLANDI, Tony 45 (m) (SH2-290)
ORNE?, John 50 (SH1-450)
OROURKE, Patrick 32 (SH2-100)
OROURKE, Philip 20 (SH2-100)
OROURKE?, James 30 (SH2-89)
ORR, Amelia 53 (SH2-56)
ORR, Andrew 21 (B) (SH2-59)
ORR, Lavenia 42 (B) (SH2-60)
ORR, Maria 44 (B) (SH2-160)
ORR, Sarah 22 (B) (SH1-239)
ORTON, Junius 40 (B) (SH1-370)
OR___, Wm. 52 (SH1-387)
OSBORN, Edith 30 (SH2-136)
OSBORN, Hattie M. 26 (SH2-13)
OSBORN, James 20 (SH1-4)
OSBORN, Josephine 19 (B) (SH2-273)
OSBORN, Wm. 6 (SH1-466)

OSBORN, Wm. A. 24 (SH1-4)
OSBORNE, Charles 23 (B) (SH1-182)
OSBORNE, Henry 45 (B) (SH2-311)
OSBOURN, Berry 43 (B) (SH2-159)
OSBURN, Henry 32 (B) (SH2-125)
OSBURN, Jane 47 (SH1-3)
OSBURY, Luster 38 (B) (SH1-410)
OSESTERHOUTE?, Frank 20 (SH1-119)
OSTER, Dorcus 46 (f) (B) (SH2-239)
OSTERYUNG?, Manuel 46 (SH2-180)
OSTON, Lizzie 21 (B) (SH2-188)
OSULLIVAN, Thomas 40 (SH2-44)
OSWALD, Feneston 54 (m) (SH2-91)
OTEY, Emma 24 (B) (SH2-42)
OTOOLE, Bridget 63 (SH2-129)
OTTENHEIMER, Franz 54 (SH2-160)
OTTIS, Peter 2 (B) (SH2-298)
OTY, Green 22 (B) (SH2-108)
OULY, J. A. 45 (m) (SH1-365)
OUTERBRIDGE, J. C. 29 (m) (SH1-348)
OUTLAW, Geo. W. 33 (SH1-187)
OUTLAW, Jack 50 (B) (SH1-176)
OUTLAW, Jerry 37 (m) (B) (SH2-316)
OUTLAW, Joseph 35 (SH2-175)
OUTLAW, Lonzo 29 (B) (SH1-182)
OUTLAW, Nathaniel 35 (SH2-8)
OVERALL, George 32 (SH2-201)
OVERTEL?, Ginnie 56 (SH2-87)
OVERTON, Jno. 38 (SH1-150)
OVERTON, John 38 (SH1-361)
OVERTON, Lucinda 25 (B) (SH2-356)
OVERTON, Lucy 30 (B) (SH2-334)
OVERTON, P. 50 (m) (SH1-282)
OVERTON, Sarah 22 (B) (SH2-88)
OVERTON, W. 30 (m) (SH1-389)
OVERTON, Wesley 45 (B) (SH1-94)
OVERTON, Wilburn 33 (B) (SH2-283)
OVRTON, Ned 35 (B) (SH1-149)
OWEN, Albert 13 (B) (SH1-273)
OWEN, Alexander 22? (SH1-77)
OWEN, Alice 19 (B) (SH2-281)
OWEN, Amer 34 (m) (SH2-31)
OWEN, Ann 35 (B) (SH1-264)
OWEN, Anna 18 (B) (SH2-159)
OWEN, Ben 25 (B) (SH1-280)
OWEN, Bettie 20 (B) (SH2-109)
OWEN, Coles? 50 (m) (SH1-200)
OWEN, David 28 (B) (SH2-317)
OWEN, Edmison? 21 (B) (SH2-266)
OWEN, Elizabeth 45 (SH1-77)
OWEN, F. 28 (m) (B) (SH1-230)

OWEN, Fred 34 (SH1-36)
OWEN, George 40 (B) (SH2-306)
OWEN, Harry 65 (B) (SH2-108)
OWEN, Hent 20 (m) (B) (SH2-156)
OWEN, Isabella 60 (B) (SH1-230)
OWEN, J. West 38 (SH2-104)
OWEN, JAmes 50 (B) (SH1-113)
OWEN, Jack 12 (B) (SH1-260)
OWEN, Jackson 51 (B) (SH1-157)
OWEN, James 26 (B) (SH2-336)
OWEN, John 20 (B) (SH1-230)
OWEN, Kidd 26 (B) (SH1-409)
OWEN, Linda 23 (B) (SH2-57)
OWEN, Lou 16 (f) (B) (SH2-57)
OWEN, M. J. 40 (f) (B) (SH2-223)
OWEN, Manerva? 63 (SH1-198)
OWEN, Marvin 19 (SH1-235)
OWEN, Minnie 28 (SH2-170)
OWEN, Newton 28 (B) (SH1-268)
OWEN, Nick 22 (B) (SH2-144)
OWEN, Phil 28 (B) (SH1-200)
OWEN, R. J. F. 45 (m) (SH1-235)
OWEN, Sam A. 26 (m) (SH1-131)
OWEN, Seely 35 (B) (SH1-271)
OWEN, Virginia E. 40 (SH1-469)
OWEN, W. A. 43 (m) (SH1-282)
OWEN, Warren 48 (B) (SH1-282)
OWEN, Wm. 50 (SH2-116)
OWENS, A. R. 32? (m) (B) (SH2-333)
OWENS, Ada 15 (B) (SH1-99)
OWENS, Aff 46 (m) (B) (SH2-188)
OWENS, Anna 58 (SH2-62)
OWENS, Blanch 15 (B) (SH1-396)
OWENS, Edmond 26? (B) (SH2-278)
OWENS, Frank 24 (B) (SH2-121)
OWENS, H. 32 (m) (B) (SH2-273)
OWENS, HEnry 28 (B) (SH2-152)
OWENS, Henry 22 (B) (SH2-119)
OWENS, Horrace 38 (B) (SH2-250)
OWENS, J. W. 38 (m) (SH2-352)
OWENS, James 30 (B) (SH1-78)
OWENS, Jane 25? (B) (SH2-129)
OWENS, Jane 45 (B) (SH1-284)
OWENS, Jas. 30 (B) (SH2-133)
OWENS, Jennie 39 (B) (SH2-226)
OWENS, Jessie 40 (m) (B) (SH2-344)
OWENS, Joe 20 (SH1-363)
OWENS, Joseph 56 (B) (SH2-350)
OWENS, Joseph 60 (B) (SH1-348)
OWENS, Lillie 49 (B) (SH2-116)
OWENS, Lisa 36? (B) (SH2-278)
OWENS, Louis 50 (B) (SH2-266)
OWENS, Lucy 22 (B) (SH2-314)
OWENS, Manuel 26 (B) (SH1-259)
OWENS, Mary 11 (B) (SH1-251)
OWENS, Mary 17 (B) (SH2-206)
OWENS, Mary 68 (SH2-252)
OWENS, Milly 23 (B) (SH2-262)
OWENS, Peter 49 (SH2-72)
OWENS, S. A. 25 (f) (SH1-295)
OWENS, Sam 50 (B) (SH2-257)
OWENS, Silas 51 (B) (SH1-359)

93

1880 Census Shelby Co. TN: Heads-of-Household

OWENS, Siras? 22 (m) (B) (SH1-102)
OWENS, Squire 35 (B) (SH2-284)
OWENS, Wm. 40 (B) (SH1-255)
OWIN, Sophy 66 (B) (SH1-223)
OWING, Jerry 35 (B) (SH2-116)
OWING, Mary 24 (SH1-339)
OWLIN, John 37 (SH2-139)
OZANNE, Frank 35 (SH1-419)
OZANNE, Izadore 48 (SH1-421)
PACE, Elvira 35 (B) (SH1-253)
PADDEN, Elsie 88 (B) (SH2-235)
PADGET, Calvin M. 56 (SH1-351)
PADGETT, E. 55 (SH1-390)
PADGETT, Thos. H. 37 (SH2-104)
PADUNA?, Frank 52 (SH2-162)
PAGE, Benjamin 45 (B) (SH1-346)
PAGE, Ellenor 37 (SH1-93)
PAGE, J. C. 35 (m) (SH2-288)
PAGE, Jane 38 (B) (SH1-420)
PAGE, Jesse W. 41 (m) (SH2-54)
PAGE, John 54 (B) (SH2-21)
PAGE, Mary 26 (B) (SH2-5)
PAGE, Silas 40 (B) (SH1-73)
PAGE, Wm. 42 (B) (SH2-14)
PAGER, Mary 32 (B) (SH2-297)
PAIGE, Loiuisa 36 (B) (SH2-361)
PAIGE, Mrs. 36 (B) (SH2-365)
PAIGE?, Mrs. 64 (B) (SH2-359)
PAIN, Albert 54 (B) (SH1-453)
PAIN, James 23 (B) (SH1-402)
PAIN, Jennie 8 (B) (SH2-246)
PAIN, Robt. 32 (B) (SH2-102)
PAINE, Amey 55 (B) (SH2-331)
PAINE, Annie 7 (SH2-38)
PAINE, Carrol 31 (m) (SH1-135)
PAINE, Chas. 8 (SH1-365)
PAINE, Ed 33 (B) (SH2-281)
PAINE, Ellen 7 (B) (SH1-111)
PAINE, F. 70 (m) (B) (SH1-243)
PAINE, George 28 (B) (SH2-361)
PAINE, George 47 (B) (SH1-251)
PAINE, George 6 (B) (SH2-361)
PAINE, Hannah 41 (SH1-253)
PAINE, J. J. 37 (m) (SH2-357)
PAINE, J. S. 48 (m) (SH1-33)
PAINE, James B. 27 (B) (SH1-131)
PAINE, Judy 70 (B) (SH1-379)
PAINE, Louisa 40 (B) (SH2-40)
PAINE, MArtha 25 (B) (SH1-244)
PAINE, Mary 40 (SH2-80)
PAINE, Ned 35 (B) (SH1-131)
PAINE, R. 56 (m) (B) (SH1-243)
PAINE, Richard 45 (B) (SH2-328)
PAINE, Tom 32 (B) (SH2-42)
PAINE, Wm. 23 (SH2-81)
PAINE, Wm. 25 (B) (SH2-220)
PAINE, Wm. 26 (SH1-135)
PAINE?, Roda 18 (B) (SH1-372)
PAINTER, Wm. 40 (B) (SH1-295)
PALINA, Frances 30 (B) (SH2-80)
PALLOMCHRIST, Robert 34 (SH2-60)
PALM, Alice 24 (SH2-345)
PALMER, Charles 44 (B) (SH2-159)
PALMER, Charles W. 40? (SH2-54)
PALMER, Cora 24 (B) (SH2-70)
PALMER, D. E. 53 (m) (SH1-43)
PALMER, D. W. 28 (m) (SH1-417)
PALMER, Ed 28 (SH1-303)
PALMER, Fannie 28 (B) (SH2-168)
PALMER, Fannie 33 (SH2-177)
PALMER, Henry 68 (B) (SH1-447)
PALMER, Isabella 40 (B) (SH2-199)
PALMER, JAck 20 (B) (SH1-406)
PALMER, John 30 (SH2-118)
PALMER, John 39 (B) (SH1-123)
PALMER, John 40? (B) (SH2-58)
PALMER, Lavinia 24 (B) (SH1-443)
PALMER, Mary 47 (B) (SH2-229)
PALMER, Porter 30 (B) (SH2-328)
PALMER, Robert 18 (B) (SH1-84)
PALMER, Robert 50 (B) (SH1-384)
PALMER, Rodney 16 (B) (SH1-83)
PALMER, Rubin 45 (B) (SH2-296)
PALMER, W. H. 26 (m) (B) (SH2-279)
PALMER, W. H. 32 (m) (SH2-295)
PALMER, Wm. 22 (B) (SH2-25)
PALMER, Wm. 26 (B) (SH1-83)
PALMIRE, Fannie 50 (B) (SH1-113)
PANAKI, Joseph 4 (SH1-107)
PANELLA?, Mary 40 (B) (SH1-301)
PANKEY, Walter P. 9 (SH1-87)
PANN, Wm. 40 (B) (SH1-401)
PANOCKE?, Jennie 5 (SH1-108)
PANTE?, Dietrich 61 (SH2-264)
PANTICUS?, Abraham 30 (SH2-278)
PAN___, Lizzy 40 (SH1-108)
PAOLI, Marco 32 (SH2-219)
PARADISE, Henry 60 (B) (SH1-225)
PARADISE?, F. D. 45 (m) (SH2-362)
PARCHMAN, Emeline 38 (B) (SH2-14)
PARCHMENT, Julia 21 (B) (SH1-35)
PARCZYK, Anna 17 (SH1-419)
PARDINS?, Dominic 40 (SH2-101)
PARDIS, Margrette 50 (SH2-102)
PARE, Sallie 37 (SH1-162)
PARE?, JErry 64 (m) (SH1-194)
PARHAM, Emily 33 (B) (SH1-261)
PARHAM, George 38 (B) (SH1-134)
PARHAM, L. L. 31 (m) (SH2-166)
PARHAM, Lynn 24 (m) (B) (SH2-20)
PARHAM, Peter 39 (B) (SH1-134)
PARHAM, Phil 57 (B) (SH1-382)
PARHAM, Priscilla 46 (SH2-163)
PARHAM, Windon? 11 (m) (B) (SH1-411)
PARHAM, Wm. 32 (B) (SH2-267)
PARHAM, Wm. 40 (SH1-449)
PARIS, Chas. G. 46 (m) (SH2-307)
PARISH, Chas. 30 (B) (SH2-238)
PARISH, Nuggie? 33 (m) (B) (SH1-285)
PARK, Allen 45 (B) (SH2-61)
PARK, Lottie 39 (B) (SH1-103)
PARK, Rebecca 52 (SH2-88)
PARK, Sam 75 (SH2-215)
PARK, Steven 25 (B) (SH1-25)
PARK, Thos. 50 (SH2-81)
PARKAS, Frank 42 (B) (SH2-142)
PARKER, Allen 36 (B) (SH1-344)
PARKER, Annias B. 21 (B) (SH2-33)
PARKER, Ben 35 (B) (SH1-339)
PARKER, Benj. 40 (B) (SH2-120)
PARKER, Carrie 44 (SH2-117)
PARKER, Carrie M. 28 (SH2-96)
PARKER, Charles W. 60 (SH2-10)
PARKER, Charlotte 58 (SH1-365)
PARKER, Dave 35 (B) (SH2-84)
PARKER, David 40 (B) (SH2-200)
PARKER, Eliza 17 (B) (SH1-321)
PARKER, Esquire 45 (B) (SH1-115)
PARKER, Euxcum 63 (m) (B) (SH2-73)
PARKER, Evans 28 (B) (SH1-294)
PARKER, Frances 50 (B) (SH2-212)
PARKER, Frank 21 (B) (SH1-108)
PARKER, Frank 22 (B) (SH1-95)
PARKER, Geo. 35 (B) (SH1-67)
PARKER, George 45 (B) (SH2-309)
PARKER, George W. 48 (B) (SH1-78)
PARKER, Henry 29 (B) (SH2-325)
PARKER, Henry 35 (SH2-85)
PARKER, Howard 15 (B) (SH1-320)
PARKER, Isaac 65 (B) (SH1-251)
PARKER, Isham 70 (B) (SH1-168)
PARKER, Jack 23 (B) (SH1-343)
PARKER, Jack 44 (B) (SH1-255)
PARKER, James 50 (SH1-334)
PARKER, Louisa 45 (B) (SH2-121)
PARKER, Lucy 24 (B) (SH2-287)
PARKER, M. 30 (m) (B) (SH1-364)
PARKER, M. 37 (m) (SH1-399)
PARKER, Maria 35 (B) (SH2-145)
PARKER, Martha 28? (B) (SH2-339)
PARKER, Matilda 11 (B) (SH1-323)
PARKER, Milley 65 (B) (SH1-399)
PARKER, Millie 60 (B) (SH2-329)
PARKER, O. B. 66 (m) (SH2-189)
PARKER, Olive 47 (B) (SH1-142)
PARKER, R. A. 67 (f) (SH2-146)
PARKER, R. M. C. 49 (m) (SH2-319)
PARKER, Robert A. 42 (SH2-216)
PARKER, Samuel 39 (SH1-104)
PARKER, Sila? 15 (B) (SH1-408)
PARKER, Spencer D. 11 (B) (SH1-321)
PARKER, Walter L. 28 (SH2-212)
PARKER, Warren J. 3 (B) (SH1-317)
PARKER, Willis 40 (B) (SH1-167)
PARKER, Wm. 25 (B) (SH1-356)
PARKER, Wm. 25 (B) (SH2-56)
PARKER, Wm. 35 (B) (SH1-379)
PARKER, Wm. 38 (B) (SH2-31)
PARKER, Wright 40 (SH2-84)
PARKER?, Maria J. 3 (B) (SH1-298)
PARKERSON, Ross 14 (f) (B) (SH1-239)
PARKISON, John 59 (SH1-20)
PARKISON, Thomas 23 (SH1-21)
PARKISON, Thomas F. 26 (SH1-20)
PARKS, Ephram 30 (B) (SH2-104)
PARKS, Gally? 21 (m) (B) (SH2-197)
PARKS, John 60 (SH1-194)
PARKS, John 70 (B) (SH1-420)
PARKS, Melessee 6 (f) (B) (SH2-239)
PARKS, Wm. 17 (B) (SH1-134)
PARK___, _____ (SH2-99)
PARMAN, Mary 23 (SH2-143)
PARMER, Jaine 14 (B) (SH1-225)
PARMER, Rachael 50 (SH1-351)
PAROTT, John 18 (SH1-464)
PARR, Benj. 28 (SH1-193)
PARR, E. 89 (f) (SH1-278)
PARR, Mc. 25 (m) (SH1-222)
PARR, Wm. 25 (B) (SH2-42)
PARRENT, Jas. B. 32 (SH2-222)
PARRISH, Henry 22 (SH2-68)
PARRISH, Wm. 27 (SH2-104)
PARROTT, A. G. 51 (m) (SH1-230)
PARROTT, Joel E. 24 (SH1-461)
PARSON, Frank 25 (B) (SH2-58)
PARSON, George 21 (B) (SH2-59)
PARSON, Mary 13 (B) (SH2-235)
PARSONS, Daisy 10 (SH1-144)
PARSONS, Frank 21 (B) (SH2-30)
PARSONS, Henry 37 (B) (SH2-128)
PARTEE, Amanda 40 (SH2-23)
PARTEE, Chas. 24 (SH2-191)
PARTEE, Ella 50 (SH1-373)
PARTEE, Hama? 28 (f) (B) (SH2-190)
PARTEE, Haywood 57 (B) (SH1-175)
PARTEE, Hiram 25 (SH1-375)
PARTEE, Jane 48 (B) (SH2-339)
PARTEE, Kate 37 (B) (SH2-172)
PARTEE, Malinda 50 (B) (SH1-442)
PARTEE, Wm. 51 (B) (SH1-136)

PARTHESIUS, Martha 14 (SH1-424)
PARTON, Chas. 70 (SH1-238)
PARTON, Wm. 45 (B) (SH2-130)
PASCAL, Mary 38 (B) (SH2-31)
PASCALL, Sallie 47 (SH2-112)
PASS, Herman B. 31 (SH1-112)
PASS, MEricus L. 28 (SH1-78)
PATE, Joseph 30 (B) (SH1-87)
PATE, Martha 25 (B) (SH2-281)
PATE, Pinkney M. 52 (SH1-197)
PATERSON, Lucy 17 (SH1-213)
PATILLO, Harriet 58 (SH2-201)
PATILLO, John 24 (SH2-11)
PATRICK, D. T. 18 (m) (SH1-204)
PATRICK, Edward 19 (SH2-298)
PATRICK, George 38 (B) (SH1-385)
PATRICK, Henrietta 27 (B) (SH2-61)
PATRICK, J. W. 30 (m) (SH2-167)
PATRICK, James 38 (B) (SH1-385)
PATRICK, James T. 31 (SH1-222)
PATRICK, Jo B. 58 (m) (SH1-211)
PATRICK, Jo H. 37 (m) (SH1-213)
PATRICK, John M. 75? (SH2-124)
PATRICK, Lula 11? (SH2-130)
PATRICK, Mary E. 49 (SH1-212)
PATRICK, Virge 40 (m) (SH2-69)
PATRICK, Willis 27 (B) (SH2-118)
PATRICK, Wm. J. 34 (SH1-211)
PATRICK, ____na? 30 (f) (SH2-124)
PATTEN, Delia 38 (SH2-80)
PATTEN, Elijah 35? (B) (SH1-355)
PATTEN, John 17 (B) (SH1-44)
PATTEN, ____ L. 34 (m) (SH1-180)
PATTERSON, Albert 31 (B) (SH2-228)
PATTERSON, Albert? 22 (B) (SH1-203)
PATTERSON, Alfred 24 (B) (SH2-350)
PATTERSON, And. 24 (m) (SH1-203)
PATTERSON, Angeline 50? (B) (SH2-225)
PATTERSON, C. A. 73 (f) (SH1-37)
PATTERSON, Charles 50 (SH2-68)
PATTERSON, Chas. 30 (B) (SH2-350)
PATTERSON, Chas. 49 (SH2-214)
PATTERSON, Dewitt 50 (B) (SH2-202)
PATTERSON, Eliza N. 48 (B) (SH2-197)
PATTERSON, Emiline 40 (B) (SH2-108)
PATTERSON, George 14 (B) (SH1-440)
PATTERSON, George 30 (SH2-166)
PATTERSON, George 52 (B) (SH1-284)
PATTERSON, George B. 56 (SH2-59)
PATTERSON, Henry 22 (B) (SH1-281)
PATTERSON, Ike 17 (B) (SH1-259)
PATTERSON, J. 40 (f) (SH2-222)
PATTERSON, J. A. 36 (m) (SH1-234)
PATTERSON, J.? 25 (f) (B) (SH2-132)
PATTERSON, James 29 (SH2-78)
PATTERSON, Jas.? 25 (B) (SH2-132)
PATTERSON, John 43? (SH2-329)
PATTERSON, Joseph 50 (B) (SH1-446)
PATTERSON, Josiah 42 (SH2-213)
PATTERSON, Larry 38 (B) (SH2-162)
PATTERSON, Louisa 38 (B) (SH2-211)
PATTERSON, Mary 38? (B) (SH2-64)
PATTERSON, Mattie 23 (f) (SH2-47)
PATTERSON, N. B. 36 (f) (SH2-153)
PATTERSON, Nicey 31 (B) (SH2-350)
PATTERSON, P. M. 52 (m) (SH2-283)
PATTERSON, Phebe 45 (B) (SH1-81)
PATTERSON, Rachael 75 (B) (SH1-129)
PATTERSON, Rachel 20 (SH2-163)
PATTERSON, Robert 36 (SH1-339)
PATTERSON, Robert F. 45 (SH2-360)
PATTERSON, S. 18 (m) (SH1-57)
PATTERSON, S. G. 36 (m) (SH1-54)
PATTERSON, Sterling 55 (B) (SH1-441)
PATTERSON, Susan 60 (B) (SH1-141)
PATTERSON, Thomas 4 (SH1-110)
PATTERSON, Thos. 16 (B) (SH1-203)
PATTERSON, Thos. F. 25 (SH1-261)
PATTERSON, Turner 26 (B) (SH1-435)
PATTERSON, Wright 31 (B) (SH1-385)
PATTISON, E. C. 41 (m) (SH1-52)
PATTON, C. M. 25 (m) (SH2-92)
PATTON, Calvin 52 (B) (SH1-470)
PATTON, Elizabeth 56 (SH2-93)
PATTON, Frank 22 (B) (SH2-331)
PATTON, Harry 35 (SH2-86)
PATTON, Hattie 25 (B) (SH1-367)
PATTON, Henry 30 (SH2-128)
PATTON, Henry 39 (B) (SH1-134)
PATTON, Ike 23? (B) (SH2-116)
PATTON, J. M. 28 (m) (SH2-307)
PATTON, Jno. 35 (B) (SH1-68)
PATTON, John 22 (B) (SH1-39)
PATTON, Lee 22 (m) (SH2-199)
PATTON, Mary 27 (SH1-91)
PATTON, Patrick 24 (SH2-103)
PATTON, Patrick 24 (SH2-22)
PATTON, Strond 30 (SH2-6)
PATTON, Thomas N. 41? (SH1-96)
PATTON, Willis 33 (B) (SH2-130)
PAUDEIT, Fany 15 (SH2-246)
PAUL, Hattie 20 (B) (SH1-195)
PAUL, Wm. 14 (B) (SH2-81)
PAULEY?, James 37 (SH2-104)
PAULI, Julia 9 (SH2-276)
PAULIE, Maggie 22 (SH2-234)
PAUTERT?, Thos. 17 (SH1-457)
PAVES?, Tho. W. 27 (SH2-80)
PAWLING, Robt. 51 (SH2-123)
PAXTON, Jane 45 (SH1-81)
PAXTON, Milton B. 37 (SH1-85)
PAYLOR?, Patsy 19 (B) (SH1-207)
PAYNE, Alex 16 (m) (B) (SH1-13)
PAYNE, Arch 24 (B) (SH1-284)
PAYNE, Ben 50 (B) (SH1-318)
PAYNE, Calvin 32 (B) (SH1-162)
PAYNE, Chas. 20 (B) (SH1-247)
PAYNE, Coatney 24 (SH1-213)
PAYNE, Edna 35 (B) (SH1-162)
PAYNE, F. 27 (m) (B) (SH1-237)
PAYNE, Ida 9 (B) (SH1-25)
PAYNE, Ike 54 (B) (SH1-171)
PAYNE, Issabella 28 (B) (SH1-164)
PAYNE, J. H. 50 (m) (SH1-285)
PAYNE, Jas. 50 (SH2-86)
PAYNE, Jordan 30 (B) (SH1-249)
PAYNE, Joseph N. 44 (SH1-422)
PAYNE, Liddy 65 (B) (SH1-90)
PAYNE, Louis 35 (B) (SH1-147)
PAYNE, Lucy J. 56 (SH1-224)
PAYNE, Mary 12 (B) (SH1-283)
PAYNE, Mary 50 (B) (SH1-338)
PAYNE, Mat 35 (m) (B) (SH2-338)
PAYNE, Nellie A. 1 (B) (SH1-182)
PAYNE, Ross 34 (B) (SH2-333)
PAYNE, Thos. 24? (SH1-220)
PAYTON, Gus 29 (B) (SH1-383)
PAYTON, Jerry 34 (m) (SH2-69)
PAYTON, M. C. (Mrs.) 49 (SH1-72)
PAZI, Henry 38 (SH2-298)
PA____, Luke 50 (B) (SH2-122)
PEABODY, Mary E. 33 (SH1-424)
PEACE, Ella _ (SH2-35)
PEACE, Emma 17 (B) (SH2-299)
PEACK, John 45 (B) (SH2-96)
PEACOCK, John S. 27 (SH2-51)
PEADONI?, Paul 28 (SH2-78)
PEAFO?, John 58 (SH2-46)
PEAK, Josie 17 (f) (SH2-295)
PEAK, Saml. 50 (B) (SH1-449)
PEAK, W. S. 21 (m) (SH1-144)
PEAK, Wm. 31 (SH2-318)
PEAKE, Emma 23 (SH2-33)
PEAKE, Lawson 42 (SH2-154)
PEAKE, Pleasant 25 (B) (SH2-181)
PEALE, Mary 7 (SH2-38)
PEARCE, Frank 40 (B) (SH2-64)
PEARCE, Lealia H. 8 (SH2-190)
PEARCE, Mike 37 (B) (SH2-329)
PEARCEY, Jane 54 (SH1-472)
PEARL, Margaretta 52 (B) (SH2-362)
PEARL?, W. D. 28 (m) (SH1-401)
PEARSON, Doyle 65 (SH1-313)
PEARSON, Henry 12 (B) (SH1-317)
PEARSON, J.? 72 (m) (SH2-162)
PEARSON, Jas. 24 (B) (SH2-130)
PEARSON, Kitty 68 (B) (SH2-275)
PEARSON, Richard 32 (SH1-312)
PEARSON, Thos. 31 (SH1-316)
PECK, Lizzie 28 (B) (SH2-108)
PECK, Sussie 30 (f) (B) (SH1-98)
PECK, ____ M. 36 (m) (SH2-124)
PECORA?, Willie 19 (f) (SH2-103)
PEDDIS, Henry 25 (B) (SH2-327)
PEEBLES, Andy 30 (B) (SH1-291)
PEEBLES, Henry 25 (B) (SH1-333)
PEEBLES, Israel 39 (B) (SH1-327)
PEEBLES, Steven 30 (B) (SH1-283)
PEEBLES, Wm. 68 (SH1-376)
PEEL, Mary 31 (SH2-272)
PEEL, Rachael 75 (B) (SH1-151)
PEEL, Wm. 28 (SH1-458)
PEELER, Al 28 (B) (SH2-212)
PEEPLES, John 43 (B) (SH2-284)
PEEPLES, Milford 50 (B) (SH1-175)
PEEPLES, Silas 25 (B) (SH1-252)
PEEPLES, Thomas 37 (B) (SH2-335)
PEEPLES, Wash 46 (B) (SH2-331)
PEGEES, Tommy 12 (B) (SH1-466)
PEGEES, Washington 31 (B) (SH1-469)
PEGEESE, Daniel 56 (B) (SH1-469)
PEGEESE, Samuel 24 (B) (SH1-466)

PEGRAM, B. F. 30 (m) (B) (SH1-40)
PEGUES?, Wm. 23 (B) (SH1-443)
PEGUSES, Robert 8 (B) (SH1-359)
PEGWEES?, Elijah 17 (B) (SH2-39)
PEIRCE, Lizzie 15 (SH1-441)
PELER?, Frank 4 (B) (SH1-5)
PELMONT, Chas. 22 (B) (SH2-95)
PELQUIN, John 48 (SH2-172)
PELTS, Stephen 33 (B) (SH1-154)
PEMBERT, ____ 30 (m) (B) (SH1-473)
PENDER, Annie 21 (SH2-211)
PENDER, Clara 65 (B) (SH1-168)
PENDER, Mary 12 (SH2-353)
PENDER?, Julia 16 (SH2-117)
PENDERGAST, Mary 60 (SH2-328)
PENDERGRASS, Joe 21 (SH2-31)
PENDERGRAST, John R. 38 (SH2-326)
PENDLESON, E. J. 51 (f) (SH2-151)
PENDLETON, George R. 25 (SH1-439)
PENDLETON, Henry 27 (B) (SH1-310)
PENDLETON, Peter 87 (B) (SH1-385)
PENDY, Jennie 25 (B) (SH2-224)
PENICK, Edward 19? (SH2-104)
PENIX, Lou 25 (f) (B) (SH1-260)
PENN, Edward 51 (B) (SH2-119)
PENN, Jane 10 (B) (SH1-398)
PENN, Jane 10 (B) (SH2-351)
PENN, Mary 26 (B) (SH1-176)
PENN, Mary 30 (B) (SH2-64)
PENN, W. J. 25 (m) (SH2-301)
PENNELL, Thomas 30 (B) (SH1-89)
PENNY, Clara F. 19 (SH2-260)
PENNY, Hugh P. 66 (SH1-25)
PENSE, Rosa 22 (SH2-190)
PEOPLES, Robert A. 40 (SH2-265)
PEPPER, John R. B. 30 (SH2-59)
PEPPER, Sallie 15 (B) (SH1-413)
PEPPERS, Jane 28 (B) (SH1-418)
PERAT__, ___us 37 (m) (SH1-416)
PERCER, John 26 (SH1-26)
PERCY, Hattie 40 (SH2-300)
PERGE, Louis 21 (SH2-110)
PERIES, E. 50 (f) (SH2-184)
PERIN, Edward 30 (SH2-180)
PERKINS, A. 35 (m) (B) (SH2-359)
PERKINS, Albert 30 (B) (SH1-293)
PERKINS, Alex 35 (B) (SH2-109)
PERKINS, Andrew 28 (B) (SH2-141)
PERKINS, Andrew __ (B) (SH2-122)
PERKINS, Arch 15 (B) (SH1-118)
PERKINS, Bristo 56 (m) (B) (SH1-285)
PERKINS, C. C. 37 (m) (SH1-40)
PERKINS, David 51 (B) (SH2-208)
PERKINS, Deliespie 29 (f) (SH2-221)
PERKINS, E. L. 50 (m) (SH1-267)
PERKINS, Elila 55 (B) (SH2-328)
PERKINS, Emma 12 (B) (SH2-24)
PERKINS, Emma 23 (B) (SH2-90)
PERKINS, George 33 (B) (SH1-355)
PERKINS, Henry 29 (B) (SH2-148)
PERKINS, Henry 30 (B) (SH2-281)
PERKINS, Isaac 8 (B) (SH1-131)
PERKINS, Jerry 40 (B) (SH1-400)
PERKINS, Joseph 34 (SH2-7)
PERKINS, Joshua 50 (B) (SH1-445)
PERKINS, L. H. 38 (m) (SH1-280)
PERKINS, Lee W. 35 (m) (B) (SH1-382)
PERKINS, Lena 5 (B) (SH2-221)
PERKINS, Lizzie 12 (B) (SH2-355)
PERKINS, M. M. 64 (m) (SH1-280)
PERKINS, Margaret 35 (B) (SH2-211)
PERKINS, Mary 30 (B) (SH1-258)
PERKINS, Mildred? 37 (B) (SH2-124)
PERKINS, NElson 35 (B) (SH1-129)
PERKINS, NEwton C. 45 (SH1-435)
PERKINS, Nancy 11? (B) (SH2-342)
PERKINS, Nancy 16 (B) (SH1-343)
PERKINS, P. A. 27 (m) (SH1-266)
PERKINS, P. W. (Dr.) 34 (SH1-215)
PERKINS, Robert 25 (B) (SH1-439)
PERKINS, Robert 40 (B) (SH1-363)
PERKINS, Rosa 28 (B) (SH2-150)
PERKINS, Sam 48 (B) (SH1-330)
PERKINS, Stephen 30 (B) (SH2-27)
PERKINS, Wilson? 73 (B) (SH1-313)
PERKINS, Wm. 28 (B) (SH2-307)
PERLD?, Felix 36 (SH2-188)
PERMENTO?, Henry 48 (B) (SH2-334)
PEROTTE, Josephine 31 (SH2-45)
PEROTTI, B. 46 (SH2-72)
PERROT?, Jacob 37 (B) (SH1-92)
PERRY, A. 26 (f) (SH1-290)
PERRY, Alfred 50 (B) (SH1-64)
PERRY, Amanda 60 (B) (SH1-233)
PERRY, Ann 46 (f) (SH2-185)
PERRY, Armstead 13 (B) (SH1-379)
PERRY, Bertha 50 (B) (SH1-443)
PERRY, Bettie 14 (B) (SH1-167)
PERRY, Charley 30 (B) (SH1-295)
PERRY, Dan 17? (B) (SH1-346)
PERRY, Davis 21 (B) (SH1-260)
PERRY, E. 20 (m) (SH1-260)
PERRY, Elias 60 (B) (SH1-353)
PERRY, George 30 (B) (SH1-443)
PERRY, Jack 30 (B) (SH1-421)
PERRY, James 22 (SH2-104)
PERRY, James 22 (SH2-60)
PERRY, Jeff 22 (B) (SH1-235)
PERRY, Jerry 20 (SH1-256)
PERRY, Job 22 (B) (SH1-106)
PERRY, John 26 (SH1-251)
PERRY, Lizzie 18 (B) (SH1-168)
PERRY, Mandy 28 (B) (SH2-28)
PERRY, Mary 11 (SH2-112)
PERRY, Mary 35 (SH2-179)
PERRY, Mat 10 (m) (B) (SH1-32)
PERRY, Milley 70 (B) (SH1-133)
PERRY, N. 33 (B) (SH1-105)
PERRY, Olivia 34 (B) (SH1-356)
PERRY, Oscar 27 (B) (SH1-190)
PERRY, Roxana 28 (B) (SH1-35)
PERRY, Simon 21 (B) (SH2-303)
PERRY, Stephen 35 (B) (SH2-239)
PERRY, Thomas 51 (B) (SH1-254)
PERRY, Wm. 24 (SH1-440)
PERRY, Wm. P. 28 (SH2-94)
PERRY, Wyot 52 (B) (SH2-209)
PERRY, ____ 81 (f) (SH1-90)
PERRYMAN, Al__ 30 (m) (SH2-291)
PERRYMAN, James C. 35 (SH2-17)
PERRYMAN, ____ 25 (m) (SH2-154)
PERSON, B. 38 (m) (B) (SH1-454)
PERSON, Ben 40 (B) (SH1-453)
PERSON, C. P. 38 (m) (SH1-260)
PERSON, Charles 50 (B) (SH1-347)
PERSON, H. C. 44? (f) (SH1-265)
PERSON, Henry 23 (B) (SH1-347)
PERSON, Jno. 20 (B) (SH1-61)
PERSON, Millie 75 (B) (SH1-137)
PERSON, Prince 60 (B) (SH1-347)
PERSON, Richard 16 (B) (SH1-347)
PERSON, Robert J. 38 (SH1-347)
PERSON, Simeon 50 (B) (SH1-65)
PERSON, Wm. 60 (B) (SH1-347)
PERSON, Zackaria 75 (B) (SH1-347)
PERSONS, Annie A. 17 (SH1-190)
PERSONS, Brooks 20 (m) (B) (SH2-301)
PERSONS, Isham 50 (B) (SH1-61)
PERSONS, J. L. 14 (m) (SH1-146)
PERSONS, Jane 32 (B) (SH2-20)
PERSONS, Jeff 35 (B) (SH1-61)
PERSONS, Jessee 30 (m) (B) (SH1-14)
PERSONS, Linnie 7 (f) (SH1-234)
PERSONS, Lucy 30 (B) (SH2-362)
PERSONS, Lucy 62 (B) (SH1-102)
PERSONS, M. L. 45 (f) (SH1-65)
PERSONS, Maria 65 (B) (SH1-307)
PERSONS, Mc. 19? (m) (SH1-217)
PERSONS, Mihnie? 16 (f) (SH1-144)
PERSONS, Millie 98 (B) (SH1-308)
PERSONS, Mingo? 40 (m) (B) (SH1-61)
PERSONS, Ned 40 (B) (SH1-61)
PERSONS, Peter 40 (B) (SH2-20)
PERSONS, Rinda 16 (f) (B) (SH2-343)
PERSONS, Sam 25 (m) (B) (SH1-64)
PERSONS, Sam 53 (B) (SH1-299)
PERSONS, Sarah 70 (B) (SH1-141)
PERSONS, Sarah 70 (B) (SH1-306)
PERSONS, W. H. 33 (m) (B) (SH1-366)
PERSONS, Wm. 18 (B) (SH1-454)
PERSONS?, John 37 (B) (SH1-385)
PERTICO, Sarah 23 (SH2-87)
PERTILLA, Robert 4 (SH2-87)
PERTILLER?, George 25 (B) (SH2-162)
PERTILLO, Aaron 30 (SH2-199)
PERY, John H. 48 (SH1-5)
PERY, Oliver 28 (B) (SH1-355)
PERYEAR, Richard E. 31 (SH1-24)
PESCIA, Antonio 57 (SH2-45)
PETER, Alonzo 6 (B) (SH1-5)
PETER, Josie 17? (f) (SH2-52)
PETER, Willis 27 (B) (SH1-5)
PETERS, Addison 50 (B) (SH2-41)
PETERS, Ben 52 (B) (SH1-163)
PETERS, Betty 5/12 (B) (SH2-361)
PETERS, Brides? 34 (f) (SH2-141)
PETERS, Edward 43 (B) (SH2-343)
PETERS, Emma 41 (SH2-346)
PETERS, George 30 (B) (SH1-307)
PETERS, George 45 (B) (SH1-12)
PETERS, George B. 30 (SH2-209)
PETERS, Hardy 50 (B) (SH1-439)
PETERS, John 24 (B) (SH2-18)
PETERS, John 39 (SH1-370)
PETERS, John 60 (SH2-189)
PETERS, Josephine 13 (SH2-147)
PETERS, Madison 50 (B) (SH1-439)
PETERS, Richd. 32 (SH2-132)
PETERS, Sam 45 (B) (SH1-145)
PETERS, Stephen 40 (B) (SH2-89)
PETERSEN, Sallie 8 (SH1-109)
PETERSON, Alice 18 (B) (SH2-206)
PETERSON, August 14 (SH2-103)
PETERSON, Charles 33 (SH2-18)
PETERSON, H. 27 (m) (SH2-342)
PETERSON, Henry 25 (SH2-50)

PETERSON, Lou 30 (f) (B) (SH1-289)
PETERSON, Will 15 (m) (SH2-332)
PETERSON, Wm. L. 40 (SH1-14)
PETESSON, Jerry 40 (m) (SH1-52)
PETITDIDIER, S. 36 (m) (SH1-391)
PETRIE, Jack 30 (SH2-304)
PETTICO, Thomas 25 (B) (SH2-75)
PETTIGREW, Fanny 35 (SH2-199)
PETTIGREW, George 68 (SH1-137)
PETTIS, Ballard 20 (B) (SH1-321)
PETTIS, Jno. 25 (B) (SH1-68)
PETTIS, Sinai 33 (f) (B) (SH1-326)
PETTIT, James T. 54 (SH2-206)
PETTIT, Joshua? 45 (B) (SH1-378)
PETTIT, P. P.? 45 (m) (SH2-187)
PETTIWAY, Aline 10/12 (f) (B) (SH2-109)
PETTUS, Richmond 26 (B) (SH1-320)
PETTUS?, J. C. 19 (m) (SH1-241)
PETTY, Mary 26 (B) (SH2-186)
PETTY, Sally 5 (B) (SH1-302)
PETTY, Wash 64 (B) (SH2-331)
PETTYCORD, Thomas 28 (B) (SH2-57)
PETUS, James 59 (B) (SH1-431)
PEVERLY?, Robt. 18 (SH2-93)
PEVLIN, Philip 44 (SH2-94)
PEYTON, Jesse 50 (m) (B) (SH1-149)
PEYTON, John 23 (B) (SH1-409)
PEYTON, John __ (m) (SH2-77)
PEYTON, Matty A. 32 (f) (SH1-227)
PEYTON, Roberta 38 (B) (SH2-290)
PEYTON, Virginia L. 4 (SH1-127)
PEYTON, Willie 7 (m) (SH2-203)
PHELAN, Eliza 30 (SH2-288)
PHELAN, George R. 31 (SH2-211)
PHELAN, James 22 (SH2-211)
PHELAN, Patrick 35 (SH2-147)
PHENFERT?, Fritz? 52 (SH2-329)
PHEW, Geo. 24 (B) (SH2-349)
PHILEBERT, Will 55 (SH2-73)
PHILIP, James 55 (B) (SH1-282)
PHILIP, John 38 (B) (SH2-175)
PHILIPPS, Albert 42? (B) (SH1-105)
PHILIPPS, John 35? (B) (SH2-349)
PHILIPS, Alice 25 (B) (SH2-36)
PHILIPS, Armstead 40 (SH1-362)
PHILIPS, Euel P. 53 (m) (SH2-93)
PHILIPS, John 5/12 (SH2-93)
PHILIPS, Nancy 53 (B) (SH1-32)

PHILIPS, Richarrd 23 (B) (SH1-336)
PHILIPS, Wm. 40 (B) (SH2-360)
PHILIPS, ___ B. 29 (m) (SH2-105)
PHILIPS, _____ 40 (f) (B) (SH1-261)
PHILLIP, G. T. 26 (m) (SH2-110)
PHILLIP, James 18 (B) (SH1-8)
PHILLIP, L. A. 24 (f) (SH2-110)
PHILLIP, Robert A. 31 (SH1-10)
PHILLIPO, George 58 (B) (SH1-107)
PHILLIPPE, P. 66 (m) (B) (SH1-405)
PHILLIPPE, W. 24 (m) (B) (SH1-401)
PHILLIPPS, Anderson 38 (B) (SH1-315)
PHILLIPPS, Bill 30 (B) (SH1-56)
PHILLIPPS, Edward 30 (B) (SH1-303)
PHILLIPPS, Jno. 40 (B) (SH1-66)
PHILLIPS, Adeline 15 (B) (SH2-42)
PHILLIPS, Amanda 23 (B) (SH1-5)
PHILLIPS, Anderson 48 (B) (SH1-7)
PHILLIPS, Ann 50 (SH2-233)
PHILLIPS, Annie 52 (B) (SH2-85)
PHILLIPS, Augustus F. 38 (SH1-191)
PHILLIPS, Barbra 26 (B) (SH1-298)
PHILLIPS, Bill 24 (B) (SH1-7)
PHILLIPS, Caroline 36 (B) (SH2-80)
PHILLIPS, Charles 20 (B) (SH2-279)
PHILLIPS, Chas. J. 46 (SH2-222)
PHILLIPS, Ciander? 45 (f) (SH2-116)
PHILLIPS, David 50 (B) (SH2-125)
PHILLIPS, Dora 24 (B) (SH2-329)
PHILLIPS, Edward J. 36 (SH2-98)
PHILLIPS, Eliz. 19 (SH2-257)
PHILLIPS, Eliza 51 (SH1-429)
PHILLIPS, Ettie 10 (f) (SH2-180)
PHILLIPS, Frank 56 (B) (SH1-172)
PHILLIPS, Geo. 50 (B) (SH1-56)
PHILLIPS, George 22 (B) (SH2-174)
PHILLIPS, Ginney? 28 (f) (B) (SH2-337)
PHILLIPS, Green 36 (B) (SH2-103)
PHILLIPS, Harry 28 (SH2-180)
PHILLIPS, Henry 25 (B) (SH2-159)
PHILLIPS, Henry 30 (B) (SH1-57)
PHILLIPS, Hettie 35 (B) (SH2-200)
PHILLIPS, Hetty 35 (B) (SH2-88)
PHILLIPS, Hulman 63 (B) (SH2-52)
PHILLIPS, J. J. 33 (m) (SH1-40)

PHILLIPS, JAmes 43 (SH2-48)
PHILLIPS, James R. 35 (SH1-7)
PHILLIPS, Jane 24 (B) (SH1-298)
PHILLIPS, Jen 50 (B) (SH1-381)
PHILLIPS, Jno. P. 29 (SH1-356)
PHILLIPS, Lee 24 (B) (SH2-231)
PHILLIPS, Leon 29 (SH2-326)
PHILLIPS, Lou 32 (f) (SH1-343)
PHILLIPS, Mary 22 (B) (SH2-190)
PHILLIPS, Mary J. 48 (SH2-80)
PHILLIPS, Mollie 35 (B) (SH1-429)
PHILLIPS, Peter 48 (B) (SH2-328)
PHILLIPS, Powell 28 (B) (SH2-356)
PHILLIPS, Samuel 52 (SH1-374)
PHILLIPS, Sarah 30 (B) (SH1-108)
PHILLIPS, Sarah 30 (B) (SH1-420)
PHILLIPS, W. H. 39 (m) (B) (SH2-143)
PHILLIPS, W. J. 40 (m) (SH1-107)
PHILLIPS, Willie 11 (f) (SH2-233)
PHILLIPS, Wm. 19 (B) (SH1-309)
PHILLIPS, Wm. 25 (SH1-22)
PHILLIPS, Wm. 36 (B) (SH2-32)
PHILLIPS, Wm. 7 (B) (SH2-227)
PHILMOT, Cal 13 (m) (SH2-73)
PHILMOTT, Mary 26 (SH2-72)
PHINISEY, Kate 60 (SH2-171)
PHIPPS, Jerry 26 (m) (SH2-285)
PHIPPS, Jmaes N. 26 (SH1-304)
PHIPPS, Wm. 13 (B) (SH1-410)
PHON?, Jas. 22 (SH2-86)
PHOTSKI?, Louis 32 (SH2-63)
PIAGGIN, Louisa 36 (SH2-4)
PICARD, Maxwell 27 (SH2-180)
PICKENS, Lucy C. 41 (SH1-461)
PICKENS, Malinda 60? (B) (SH2-95)
PICKERILL, Mary 53 (SH2-58)
PICKET, Adaline 35 (B) (SH2-183)
PICKET, Calvin 57 (SH1-459)
PICKET, George 30 (B) (SH1-320)
PICKET, Mary 20 (B) (SH2-197)
PICKET, Wm. 23 (B) (SH1-17)
PICKETT, Adeline 55 (B) (SH2-166)
PICKETT, Isaiah 33 (B) (SH2-201)
PICKETT, JOsephine 3 (B) (SH1-407)
PICKETT, S. P. 32 (m) (SH2-147)
PICKETT, Smith 36 (B) (SH1-409)
PICKETT, Thomas 27 (SH2-178)
PICKETT, Wm. S. 70 (SH2-85)
PIDGEON, Lottie 9 (SH2-341)
PIDGEON, Phillip 18 (SH2-326)
PIERCE, Ada 35 (SH2-80)

PIERCE, Anne 25 (B) (SH1-393)
PIERCE, Charles 25 (SH2-271)
PIERCE, Frank 26 (B) (SH2-175)
PIERCE, Henry 23 (SH2-72)
PIERCE, J. O. 45 (m) (SH2-82)
PIERCE, McAllister 40 (SH1-108)
PIERCE, Nelson 53 (B) (SH1-239)
PIERCE, Perry 28 (B) (SH1-84)
PIERCE, Wm. 23 (SH2-85)
PIERCE, Wm. D. 23 (SH2-53)
PIERCON, Haywood 68 (B) (SH2-141)
PIERROTTI, Ettore 21 (m) (SH2-120)
PIERSALL, Catharine 50 (SH2-199)
PIERSON, Henry 25 (B) (SH1-10)
PIERSON, Paulina 40 (B) (SH1-363)
PIERSON, Wm. 22 (SH2-74)
PIGEE, Dan 27 (B) (SH2-319)
PIGEE, Delia 24 (B) (SH1-271)
PIGEON, Maggi 13 (SH2-241)
PIG___S, Rhoda 55 (B) (SH1-259)
PIKE, Andrew J. 26 (SH1-14)
PIKE, Francis M. 42 (SH1-86)
PILES, Annie 22 (B) (SH2-238)
PILES, Robert 35 (B) (SH2-156)
PILKIN, Wm. 35 (SH2-21)
PILLON, Edward 18 (SH2-92)
PILLOW, Hattie 20 (B) (SH1-95)
PIMER, Sye 28 (m) (SH2-307)
PIMM, Joseph 54 (SH1-407)
PINDER, Michel 40 (m) (SH2-153)
PINE, John 45 (SH2-75)
PINE, Rosie 24 (B) (SH2-303)
PINEDEXTER, Jutty? 10 (m) (B) (SH2-238)
PINKNEY, Sam 25 (m) (B) (SH1-175)
PINKSTON, J. 25 (m) (B) (SH2-195)
PINKSTON, James 25 (B) (SH2-270)
PINKSTON, John Sidney 29 (B) (SH1-45)
PINNER, Wise 25 (SH1-51)
PINNIX?, Edna 2 (SH2-110)
PIPER, Oliver P. 40 (SH2-215)
PIPLES, Ida 13 (B) (SH1-394)
PIQUE, Ellen 28 (SH1-135)
PIRHAM, Richard 28 (B) (SH1-431)
PITMAN, Billy 23 (SH1-162)
PITMAN, Frank 21 (SH1-162)
PITMAN, Ida 15 (B) (SH1-412)
PITMAN, Mary 56 (SH1-176)
PITMAN, Richard 55 (B) (SH1-466)
PITMAN, Robt. 13 (SH1-185)
PITMAN, Thomas 24 (B) (SH2-210)
PITMAN?, John (Dr.) 72 (SH2-359)
PITTMAN, Cherry 30 (f) (B) (SH2-297)
PITTMAN, J. A. 16 (m) (SH1-163)

PITTMAN, Malichi 38 (B) (SH2-298)
PITTS, George 27 (B) (SH1-370)
PITTS, James M. 23 (SH1-342)
PITTS, Mollie 32 (SH2-111)
PLAINE?, P. K. 36 (m) (SH2-364)
PLAITER, Annie 22 (B) (SH1-356)
PLASS, Geo. W. 36 (SH2-258)
PLASS, Nancy 25 (SH2-258)
PLATER, Wm. 29 (SH2-2)
PLEAS, Henry 35 (B) (SH1-347)
PLEASANT, Anna 12 (B) (SH2-263)
PLEASANT, Robert 33 (B) (SH2-57)
PLEASANT, S. 50 (f) (B) (SH1-98)
PLEASANT?, Lucille 27 (B) (SH2-271)
PLEASANTS, C. F. 32 (m) (SH1-146)
PLEASANTS, John 2 (B) (SH1-154)
PLEASANTS, Mary 30 (B) (SH2-187)
PLEASANTS, Wm. 47 (B) (SH2-291)
PLLEN, Thomas 36 (B) (SH2-361)
PLUMBER, Peter 55 (B) (SH2-227)
PLUMER, Moses 38 (B) (SH2-138)
PLUMER?, Dick 35 (B) (SH1-191)
PLUMMER, E. H. 18 (m) (SH2-310)
PLUMMER, Edward 23 (SH2-172)
PLUMMER, Gorge 24 (B) (SH2-204)
PLUMMER, H. R. 23 (m) (SH1-266)
PLUMMER, Jno. A. 25 (SH1-264)
PLUMMER, Maggy 18 (SH1-227)
PLUMMER, Thad. 37 (B) (SH2-358)
PLUMMER, Wm. 45 (B) (SH2-431)
PLUNCKETT, Kate 25 (B) (SH1-102)
PLUNKET, Elijah 56 (B) (SH1-334)
PLUNKETT, R. N. 69 (m) (SH1-234)
PLUNKETT, Thos. 45 (B) (SH1-303)
PLUNKETT, Wm. 51 (B) (SH1-301)
PODESTA, Antoni 66 (SH2-101)
PODESTA, Jas. 68 (SH1-462)
PODESTA, Louis 35 (SH1-395)
PODESTA, Louis 40 (SH2-131)
PODESTA?, Mollie 31 (SH2-45)
POE, Adelaide 18 (f) (B) (SH1-376)
POE, Lewis 30 (B) (SH1-416)
POFF, Calvin 36 (SH1-80)
POHEL?, Josephine 11 (SH1-424)
POHESTY?, Robt. 20 (SH2-99)
POINDEXTER, Ben 59 (B) (SH1-207)
POINDEXTER, Laura 25 (B) (SH2-362)
POINDEXTER, Sally 50? (B) (SH2-55)
POINTER, Adelaide 3 (f) (B) (SH2-313)
POINTER, Dyce 50 (f) (B) (SH2-236)
POINTER, Eugenia 13 (B) (SH2-89)
POINTER, James 27 (B) (SH1-363)
POINTER, Jennie 35 (B) (SH2-89)
POINTER, Joe 26 (B) (SH2-89)
POINTER, John 25 (B) (SH2-237)
POINTER, Lewis 23 (B) (SH1-355)
POINTER, Louis 20 (B) (SH2-132)
POINTER, Louis 52 (B) (SH2-125)
POINTER, Mark 21 (B) (SH2-284)
POINTER, Mary 39 (B) (SH2-186)
POINTER, Morris 30 (B) (SH2-156)
POINTER, Ned 52 (B) (SH1-411)
POLK, A. 50 (m) (SH1-147)
POLK, Alphonse 53 (B) (SH2-200)
POLK, Camilla 27 (B) (SH1-362)
POLK, Charles 60 (B) (SH2-343)
POLK, Collins 55 (B) (SH1-371)
POLK, Ella 35 (B) (SH2-107)
POLK, Florence 12 (B) (SH2-364)
POLK, Frank 55 (B) (SH2-204)
POLK, Geo. 47 (B) (SH1-115)
POLK, Gus 39 (B) (SH1-159)
POLK, Henry C. 35 (SH2-44)
POLK, Iratha? 40 (m) (B) (SH2-159)
POLK, Jack 25 (B) (SH1-116)
POLK, Jesse 45 (m) (B) (SH2-286)
POLK, Jim 49 (B) (SH2-291)
POLK, John 60 (B) (SH2-122)
POLK, M. A. 59 (f) (SH1-147)
POLK, Martha 63 (SH1-12)
POLK, Mary 10 (B) (SH1-141)
POLK, Mima 25 (B) (SH1-147)
POLK, Oliver 36 (B) (SH2-184)
POLK, Ransom 50 (B) (SH2-156)
POLK, Sallie 40 (B) (SH1-138)
POLK, Sam 45 (B) (SH2-207)
POLK, W. E. 23 (m) (SH1-146)
POLK, Wm. R. 49 (SH2-124)
POLLARD, Bob 24 (B) (SH2-289)
POLLARD, C. R. 33 (m) (SH2-113)
POLLARD, Joe 30 (B) (SH2-199)
POLLARD, John A. 31 (B) (SH1-12)
POLLARD, Prince 55 (B) (SH1-300)
POLLARD, Reubin 40 (SH1-331)
POLLEY, Henry 18 (SH2-101)
POLLOCK, Jeannette 31 (SH2-50)
POLLOCK, Jule 45 (m) (SH1-369)
POLLOCK, Mrs. 70 (SH2-364)
POMPSON, Susan 28 (B) (SH2-183)
POMROY, Math 10 (m) (SH2-183)
PONDER, Jim 42 (B) (SH2-293)
PONDS?, Abraham 26 (B) (SH2-134)
PONTECOST, Joseph 39 (SH2-250)
POOL, Alexander 40 (B) (SH2-161)
POOL, Alva 21 (SH1-6)
POOL, Charlie 9 (SH1-8)
POOL, Columbus C. 24 (SH1-176)
POOL, Dilsey 29 (f) (B) (SH1-265)
POOL, Elijah 33 (SH1-25)
POOL, Elnora 15 (B) (SH1-302)
POOL, George H. 31 (SH1-8)
POOL, Gib. M. 38 (m) (SH1-3)
POOL, James M. 39 (SH1-9)
POOL, John 60 (SH1-7)
POOL, John G. 41 (SH1-7)
POOL, Lucinda 18 (B) (SH2-82)
POOL, Samuel 49 (SH2-172)
POOL, Silas 32 (B) (SH2-193)
POOL, Wm. 13 (B) (SH1-338)
POOL, Wm. 30 (B) (SH1-447)
POOLE, Emericus 21 (SH1-83)
POOLE, Wm. 25 (B) (SH1-474)
POOTER, Henry 45 (B) (SH1-92)
POPE, Andrew R. 38 (SH1-111)
POPE, Daniel 72 (B) (SH1-467)
POPE, Eugene 10 (SH1-424)
POPE, Fannie 25 (B) (SH2-68)
POPE, Fannie 35 (B) (SH2-168)
POPE, Fielding 22 (SH2-52)
POPE, G. R. 25 (m) (SH2-159)
POPE, Geo. 38 (B) (SH1-111)
POPE, George 80 (B) (SH1-348)
POPE, Helen? 13 (SH1-103)
POPE, James 21 (B) (SH2-339)
POPE, John 24 (SH2-249)
POPE, Leroy 46 (SH1-445)
POPE, Lizzie 18 (B) (SH2-108)
POPE, London 60 (B) (SH1-425)
POPE, Loucious 30 (B) (SH1-5)
POPE, Louis 23 (B) (SH2-54)
POPE, Lula 32 (SH2-267)
POPE, Margaret 65 (B) (SH1-467)
POPE, Martha 30 (B) (SH2-56)
POPE, Mary 40 (B) (SH1-370)
POPE, Mary 42 (B) (SH1-472)
POPE, Minnie 40 (B) (SH2-64)
POPE, Nelly 21 (SH1-429)
POPE, Oscoe 32 (B) (SH1-355)
POPE, Richmond 47 (B) (SH1-423)
POPE, S__ 40 (m) (B) (SH2-346)
POPE, Thornton 60 (B) (SH1-445)
POPE, Walter S. 30 (SH1-119)
POPE, Wash 40 (B) (SH1-252)
POPE, Washington 45 (B) (SH1-467)
POPE, Wm. 33 (B) (SH1-355)
POPE, Wm. 60 (B) (SH1-264)
POPLAR, Robert 62 (SH2-151)
POPLIN, Wm. 21 (SH2-95)
PORCHMAN, Atwiana 6/12 (f) (B) (SH2-296)
PORTER, Alexander 35 (B) (SH2-84)
PORTER, Alice 13 (B) (SH1-170)
PORTER, Amy 16 (B) (SH2-361)
PORTER, Annie 35 (SH1-357)
PORTER, Barden 54 (B) (SH2-169)
PORTER, Celia Ann 30 (B) (SH1-445)
PORTER, Chancy 69 (f) (B) (SH1-279)
PORTER, Charles 42 (B) (SH2-338)
PORTER, David T. 50 (SH2-222)
PORTER, Douglass 35 (B) (SH1-67)
PORTER, Ethel H. 76 (SH2-58)
PORTER, Fannie 19 (SH2-106)
PORTER, Fanny 26 (B) (SH2-252)
PORTER, Frank 19 (B) (SH2-104)
PORTER, Frank 22 (B) (SH1-451)
PORTER, Fred 2 (B) (SH1-113)
PORTER, Fred 25 (B) (SH1-422)
PORTER, Henry 35 (SH1-342)
PORTER, Henry 50 (B) (SH1-343)
PORTER, J. H. 40 (m) (SH2-335)
PORTER, J. K. 36 (m) (SH2-192)
PORTER, Jack? __ (B) (SH1-294)
PORTER, James 14 (B) (SH2-34)
PORTER, James 23 (B) (SH1-399)
PORTER, John 18 (B) (SH2-104)
PORTER, Jos. 25 (B) (SH2-185)
PORTER, Mariah 53 (B) (SH2-97)
PORTER, Martha 8/30 (SH2-192)
PORTER, Mary Jane 45 (B) (SH1-422)
PORTER, Mattie C. 46 (f) (SH1-112)
PORTER, Moss 38 (m) (B) (SH1-390)
PORTER, Mrs. 37 (SH2-353)
PORTER, Nellie 32 (SH2-12)
PORTER, Richard 40 (SH2-331)
PORTER, Susan 25 (B) (SH2-205)
PORTER, Susan 49 (B) (SH2-350)
PORTER, Thomas 23 (B) (SH1-116)
PORTER, Thomas 23 (B) (SH2-28)
PORTER, Tonni 25 (m) (SH1-403)
PORTER, Wash 19 (B) (SH1-119)
PORTER, Wm. 28 (B) (SH2-123)
PORTERFIELD, Henry 39 (B) (SH1-41)
PORTERFIELD, Sarah 60 (B) (SH1-414)
PORTERFIELD, Thomas 19 (B) (SH1-45)
PORTLOCK?, Nellie 32 (SH2-288)

POSEY, Mary 40 (SH2-215)
POSEY, _____ 28 (f) (SH2-279)
POSSY, M. 45 (f) (B?) (SH1-394)
POST, John A. 38 (SH2-97)
POSTAL, C. M. 26 (m) (SH2-248)
POSTAL, Edward C. 38 (SH2-274)
POSTAL, Oscar 43? (SH2-248)
POSTER, Anna 33 (B) (SH2-60)
POSTER, Houston 31 (B) (SH1-355)
POSTON, David H. 36 (SH2-218)
POSTON, Ella B. 25? (SH2-123)
POSTON, J. 25 (m) (SH1-51)
POSTON, J. W. 25 (m) (SH1-36)
POSTON, James B. 33 (SH2-215)
POSTON, John A. 43 (SH1-77)
POSTON, Mary 32 (SH2-314)
POSTON, S. A. 51 (m) (SH1-51)
POSTON, Samuel 14 (SH1-49)
POSTON, Thomas H. 36 (SH1-78)
POSTON, W. K. 36 (m) (SH1-373)
POTTER, Asa W. 50 (SH2-46)
POTTER, B. 47 (m) (SH1-30)
POTTER, James 30 (B) (SH2-136)
POTTER, John 59 (B) (SH2-318)
POTTER, Thadeus 23 (B) (SH1-101)
POTTER, Theo. 26 (B) (SH2-318)
POTTIE, C. 38 (f) (B) (SH2-143)
POTTS, Dora 19 (B) (SH2-188)
POTTS, Dora 22 (B) (SH2-179)
POTTS, Etta 12 (SH1-431)
POTTS, Jack 64 (B) (SH2-326)
POTTS, Joseph R. 66 (SH1-441)
POTTS, Sarah 27 (SH2-152)
POTTS, Wm. B. 30 (SH1-108)
POUCH, Permian? 32 (m) (SH1-462)
POUDAR, Pearce 20 (SH1-457)
POULIAM, W. 55 (B) (SH1-397)
POWEL, Bradley 19 (B) (SH1-78)
POWEL, Calvin 23 (B) (SH1-228)
POWEL, Charles 38 (B) (SH1-339)
POWEL, Harvy 58 (B) (SH1-214)
POWEL, Henrietta _0 (B) (SH2-268)
POWEL, Jno. 35 (SH2-295)
POWEL, Sarena 22 (B) (SH1-78)
POWEL?, Clara 22 (B) (SH2-154)
POWELL, AGnes 16 (SH1-209)
POWELL, Ada 18 (B) (SH2-20)
POWELL, Al__ 26 (f) (SH1-109)
POWELL, Aleck 49 (SH1-429)
POWELL, Baldwin? 67 (B) (SH1-115)
POWELL, Benjamin 24 (SH2-88)
POWELL, Chaney 82? (f) (B) (SH1-308)
POWELL, David 26 (B) (SH2-24)
POWELL, Elizabeth 35 (SH2-21)
POWELL, Geo. R. 64 (SH1-115)
POWELL, Hannah 72 (B) (SH2-160)
POWELL, Harry 25 (SH2-68)

POWELL, Henry 30 (B) (SH1-212)
POWELL, Henry 44 (B) (SH1-423)
POWELL, Henry 48 (B) (SH1-115)
POWELL, J. D. 46 (m) (SH1-271)
POWELL, John 10 (B) (SH1-155)
POWELL, John 30 (B) (SH1-127)
POWELL, John 39 (SH1-142)
POWELL, John sr.? 48 (SH2-69)
POWELL, Lucy 14 (B) (SH1-284)
POWELL, MArgaret 35 (SH1-412)
POWELL, Nancy 45 (B) (SH1-416)
POWELL, Pierce 50 (B) (SH2-359)
POWELL, Randy 13 (B) (SH2-131)
POWELL, Richard 42 (B) (SH1-299)
POWELL, Thomas 25 (SH1-427)
POWELL, Thomas 42 (B) (SH1-342)
POWELL, Thomas? 25 (SH1-107)
POWELL, Virginia H. 44 (SH1-191)
POWELL, W. R. 50 (m) (SH2-75)
POWELL, Wiley 47 (B) (SH2-38)
POWELL, Wilson 56 (B) (SH1-311)
POWELL, Wm. 21 (B) (SH1-154)
POWELL, Wm. C. 49 (SH2-96)
POWELS, Catharine 45 (B) (SH2-311)
POWER, E. Copt? 50 (m) (SH2-73)
POWERS, Dennis 38 (SH2-11)
POWERS, Frank 32 (B) (SH2-95)
POWERS, H. B. 21 (m) (SH2-317)
POWERS, Ida 24 (SH1-376)
POWERS, John 12 (SH2-302)
POWERS, John 43 (SH2-22)
POWERS, Joseph 50 (SH2-12)
POWERS, M. R. 17 (m) (SH1-397)
POWERS, Mary 12 (SH2-168)
POWERS, Mary 60 (SH2-25)
POWERS, Mattie 50 (f) (SH2-299)
POWERS, Michael 34 (SH2-36)
POWERS, Porter 50 (B) (SH1-347)
POWERS, W. H. 46 (m) (SH1-397)
POWERS, Wyatt 26 (B) (SH1-128)
PRACHT, Powel 30 (SH2-91)
PRACY, Peter 37 (SH2-182)
PRAGGIO?, Rosa 18 (SH2-115)
PRAT, George 15 (B) (SH2-98)
PRATT, Carter 65 (B) (SH2-156)
PRATT, G. W. 58 (m) (SH2-75)
PRATT, John 47 (B) (SH1-341)
PRATT, Rosa 16 (B) (SH1-321)
PREIOR?, Levi 40 (B) (SH1-302)
PRESCOTT, Daniel 24 (SH1-461)
PRESCOTT, Hannah 27 (SH2-30)

PRESCOTT, Jas. A. 35 (SH1-463)
PRESCOTT, Jesse P. 53 (m) (SH1-407)
PRESCOTT, John 28 (SH2-25)
PRESCOTT, Mary 59 (SH2-30)
PRESCOTT, Zachariah 44 (SH2-462)
PRESS, George 25? (SH2-177)
PRESTIDGE, Jas. S. 47 (SH2-209)
PRESTON, Annie 28 (B) (SH2-131)
PRESTON, Martin 23? (B) (SH2-122)
PRESTON, Wm. 12 (B) (SH2-317)
PRETTY, Dick 16 (SH1-57)
PREVITTE, Walter F. 28 (SH2-101)
PREWETT, Dick 31 (SH1-71)
PREWETT, Lucinda 65 (B) (SH1-104)
PREWETT, Rube 26 (m) (SH1-68)
PREWETT, Tom 40 (B) (SH2-43)
PREWETT?, Columbus? 28 (SH1-71)
PREWETT?, H. 48 (m) (SH2-182)
PREWITT, George 3_ (SH2-97)
PRICE, Ann 34 (B) (SH1-308)
PRICE, Annie 23 (B) (SH2-24)
PRICE, Bun F. 35 (m) (SH2-89)
PRICE, Charles 78 (B) (SH1-90)
PRICE, Charles R. 33 (SH2-99)
PRICE, Charles _ (B) (SH2-127)
PRICE, Christian 23 (f) (B) (SH2-160)
PRICE, Clay V. 19 (SH2-89)
PRICE, Dick 25 (B) (SH2-334)
PRICE, Edward 23 (B) (SH2-199)
PRICE, Edward 39 (B) (SH2-151)
PRICE, Ella 24 (B) (SH2-122)
PRICE, Ellen 55 (B) (SH1-188)
PRICE, Fannie 35 (B) (SH2-189)
PRICE, Frank 21 (B) (SH1-362)
PRICE, Gabriel 23 (B) (SH2-303)
PRICE, Greene 27 (B) (SH2-160)
PRICE, Harriet 30 (B) (SH1-135)
PRICE, Harry P. 39 (B) (SH1-116)
PRICE, J. C. 23 (m) (SH2-224)
PRICE, J. C. 26 (m) (B) (SH2-364)
PRICE, James H. 32 (B) (SH1-214)
PRICE, James W. 31 (SH1-469)
PRICE, John 19 (SH1-300)
PRICE, John 28 (B) (SH2-8)
PRICE, John 55 (B) (SH2-43)
PRICE, Lou 19 (B) (SH2-225)
PRICE, Louise 22 (B) (SH2-223)
PRICE, M. H. 26 (m) (SH2-362)
PRICE, Mattie 16 (f) (B) (SH1-442)
PRICE, Maude 22 (SH2-47)
PRICE, Nanny 18 (B) (SH2-216)
PRICE, Oscar 34 (SH2-49)
PRICE, Peter 35 (B) (SH2-357)
PRICE, Randel 40 (B) (SH1-466)
PRICE, Robert 55 (B) (SH2-305)

PRICE, Royal 36 (m) (B) (SH1-128)
PRICE, Sarah 13 (B) (SH2-36)
PRICE, Sarah 50 (B) (SH1-100)
PRICE, Wm. 34 (B) (SH1-329)
PRICE, Wm. 42 (B) (SH1-155)
PRICE?, Mary 43 (SH2-34)
PRICE?, Oliver (B) (SH1-302)
PRIDDY, H. L. 44 (m) (SH1-144)
PRIDDY, John H. 69 (SH2-101)
PRIDDY?, Wm. 18 (SH1-5)
PRIDE, Albert M.? 54 (SH1-223)
PRIDE, Bettie 18 (B) (SH2-287)
PRIDE, John 59 (B) (SH2-257)
PRIDE, Mason 26 (B) (SH1-130)
PRIDE, Phil 35 (B) (SH2-186)
PRIEST, Peter 52 (B) (SH1-257)
PRIEST, W. C. 36 (m) (SH1-242)
PRIMMEL, Lemuel 38 (B) (SH2-324)
PRINCE, Anderson 60 (B) (SH1-432)
PRINCE, Dave 75 (B) (SH1-310)
PRINCE, Gabriel 25 (B) (SH2-33)
PRINCE, Henry 19 (B) (SH2-299)
PRINCE, Jno. 25 (B) (SH2-131)
PRINCE, Louis 66 (B) (SH1-455)
PRINCE, Lucy 25 (B) (SH2-350)
PRINCE, Martha 70 (B) (SH2-33)
PRINCE, Moses 20 (B) (SH1-468)
PRINCE, Wm. A. 31 (SH2-85)
PRINCE?, James 27 (B) (SH1-49)
PRIOR, Charlot 24 (B) (SH2-246)
PRITCHETT, Theo. 60 (SH2-201)
PROCTOR, Annie 15 (SH2-13)
PROCTOR, Richard? 41 (SH2-340)
PROFIT, Moses 50 (B) (SH1-131)
PRONDLIS?, Wm. P. 50 (SH2-80)
PROPHET, Elizza 12 (SH1-76)
PRORIM?, Sarah 50 (SH1-371)
PROSSER, Eleanora 32? (SH1-103)
PROSSIE, Mary 29 (SH1-113)
PROTHRO, M. R. 46 (f) (SH1-402)
PROUD?, Hettie 26 (SH2-180)
PROUDFIT, Edwd. S. 28 (SH2-124)
PROUDFIT, Geo. 17 (SH2-243)
PROVENGALE?, Mary 30 (SH1-93)
PRUDEN, Eli 70 (B) (SH2-186)
PRUDEN, Jacob 56 (B) (SH2-38)
PRUDEN, Laura 19 (B) (SH1-171)
PRUDEN, Pearl 13 (SH1-168)
PRUDEN, S. A. 45 (f) (B) (SH1-155)
PRUDEN, Shedrick 25 (B) (SH1-168)
PRUDEN, Thomas 26 (B) (SH2-1)
PRUDEN, Thomas 47 (B) (SH1-173)
PRUDEN, Violet 65? (B) (SH1-168)
PRUETT, Jim 19 (B) (SH1-243)
PRUETT, Wm. T. 62 (SH2-264)
PRUITT?, Eliza 44 (SH1-380)
PRUM, Ben 80 (B) (SH1-202)

PRYDE, Hicksey 40? (f) (B) (SH2-309)
PRYDE, Julia 27 (B) (SH2-300)
PRYDE, Wm. 35 (SH2-172)
PRYE, Ella 14 (B) (SH2-317)
PRYOR, Bedford W. 50 (SH1-138)
PRYOR, Essex 29 (B) (SH1-260)
PRYOR, George 20 (SH1-92)
PRYOR, Henry 37 (B) (SH2-226)
PRYOR, Jessie 40 (m) (B) (SH1-58)
PRYOR, John 4_ (SH2-247)
PRYOR, John 53 (B) (SH1-310)
PRYOR, Judah 50 (B) (SH1-98)
PRYOR, Mary 28 (B) (SH1-93)
PRYOR, Sampson 31 (B) (SH1-17)
PRYOR, Shadrick 36 (B) (SH2-332)
PRYOR, Tom 26 (SH1-68)
PRYOR, Wm. 26 (SH1-68)
PRYOR, Wm. 48 (SH1-58)
PRYOR, Wm. T. 48 (SH1-124)
PR____, Bettie 28 (B) (SH2-92)
PUCKET?, Eliza 13 (B) (SH2-348)
PUCKETT, David 25 (B) (SH2-227)
PUCKETT, Lewis 25 (B) (SH1-409)
PUCKETT, Sarah 52 (SH2-279)
PUGH, Thomas W. 27 (SH1-129)
PUGH, Wm. 50 (B) (SH1-280)
PUGHE, Hally? 30 (f) (SH1-227)
PUJO, Maggie 40 (SH2-202)
PULLEN, Aaron 45 (B) (SH1-72)
PULLEN, Ben K. 50 (SH2-202)
PULLEN, Lucinda 32 (B) (SH2-130)
PULLEY, Kate 18 (B) (SH2-286)
PULLIAM, A. F. 21 (f) (SH1-159)
PULLIAM, Becky 40 (B) (SH2-284)
PULLIAM, Elijah 81 (SH1-159)
PULLIAM, Isaac 17 (B) (SH1-171)
PULLIAM, Mary 20 (B) (SH1-67)
PULLIAN, Shed 50 (B) (SH1-194)
PULLIEM?, Thos. 6/12 (B) (SH2-135)
PUMP, Simon 42 (SH2-8)
PUNCH, Henry 36 (SH1-370)
PUNKER, August 22 (SH2-93)
PURCELL, S. F. 30 (m) (SH2-191)
PURDY, Ella 28 (SH2-49)
PURDY, Jos. 37 (B) (SH2-184)
PURDY, Kandis 55 (f) (B) (SH2-122)
PURDY, Mary R. 41 (SH1-24)
PURL, Mary 29 (SH2-56)
PURNELL, Hortensius 42 (m) (SH2-98)
PURNELL, Wm. 25 (SH2-19)
PURRINGTON, J. L. 67 (m) (SH1-239)
PURSLEY, Sterling 43 (B) (SH2-349)
PURSON, Maddison 20 (B) (SH1-315)
PURSONS, George 21 (B) (SH1-316)

PURSONS, John 51 (B) (SH1-313)
PURTELL, David W. 29 (SH2-51)
PURTON, Thos. 34? (B) (SH2-128)
PURYEAR, Hary 50 (B) (SH1-338)
PURYEAR, True 27 (m) (SH2-83)
PYE, Charles 30 (B) (SH2-20)
PYLE, W. H. 41 (m) (SH1-389)
PYRON?, Louis 61 (SH1-195)
P___, ___ 30 (m) (B) (SH1-107)
P___, Charles L. 32 (SH1-190)
P___, Kirkpatrick? _ (SH1-290)
P___, Myer 48 (m) (SH2-47)
P___, Wash 23 (B) (SH1-332)
P____S, Handy 55 (B) (SH2-97)
QINK, Joe 22 (SH2-112)
QUACKENBUSH, Charlotte __ (SH2-137)
QUACKINBUSH?, A. 41 (f) (SH1-392)
QUAIN, Sarah 22 (SH2-209)
QUARGIARTE?, Joseph 57 (SH1-103)
QUARMBY, Joseph 42 (SH1-415)
QUART, Robert 28 (SH2-75)
QUAY, John 34 (SH2-85)
QUEEN, Wm. 41 (SH1-125)
QUEENEL, Camille 10 (SH2-95)
QUESTA, David 24 (SH2-69)
QUIGLEY, Frances 39 (SH2-178)
QUIGLEY, James D. 40 (SH2-211)
QUIGLEY, Peter Joseph 35 (SH2-272)
QUIN, D. A. 33 (m) (SH2-154)
QUIN, Sarah 22 (SH2-309)
QUINBY, Stillman 48 (SH2-70)
QUINLAN, Emanuel 27 (SH2-129)
QUINLAN, Hannah 35 (SH2-342)
QUINLAN, James 2_ (SH2-230)
QUINLAN, John 35 (SH2-244)
QUINLAN, Mary 65 (SH2-257)
QUINLAN, Michael 45 (SH2-273)
QUINLAN?, Ellen 43 (SH2-58)
QUINLON, M. W. 39 (m) (SH2-340)
QUINN, Elizah 45 (SH2-74)
QUINN, J. W. 53 (m) (SH2-301)
QUINN, Martin 40 (SH2-319)
QUINN, Mary 63 (SH2-269)
QUINN, Pat 53 (m) (SH1-465)
QUINN, Wm. 34 (SH2-47)
QUIRK, Elizabeth 59 (SH2-25)
QUIRK, Isabella 60 (SH2-16)
QUIRK, Margt. 59? (SH2-287)
QUIRK, Thomas 29 (SH2-17)
Q____RICHET?, John 21 (SH1-257)
RACINE, O. L. 24 (m) (SH2-137)
RADCLIFF, Moses 55 (B) (SH2-97)
RADCLIFFE, Jimy? 28 (B) (SH1-376)
RADCLIFFE, Thos. D. 42 (SH2-95)
RADFORD, George 11 (B) (SH2-269)
RADFORD, Nellie 11 (B) (SH2-178)

RADFORD, Willis _ (SH2-360)
RADFORD, Wm. 53 (SH2-170)
RADIGAN, J. D. 41 (m) (SH2-138)
RADLIFF, Walter 23 (B) (SH2-259)
RADNER, Mary 65 (SH1-392)
RAEHKOPH, Fred 33 (SH2-240)
RAFF, C. J. 34 (m) (SH2-300)
RAFFS, Bridet 42 (f) (SH2-161)
RAFORD, Neeley 25 (f) (B) (SH1-320)
RAFTERY, Mary 48 (SH2-44)
RAGA, Octavia 28 (SH2-184)
RAGAN, Isham 64 (B) (SH1-118)
RAGER?, Vincens 39 (m) (SH2-194)
RAGGIO, Antonio 44 (SH2-74)
RAGGIO, John 43 (SH2-7)
RAGGIO, John 52 (SH1-466)
RAGGIO, Louis 63 (SH2-133)
RAGGIO, Michael 58 (SH1-420)
RAGGIO, Minnie 20 (SH2-289)
RAGIN, Anna 30 (B) (SH2-187)
RAGIN, George 40 (B) (SH2-189)
RAGIN, Moses 100 (B) (SH1-125)
RAGINS, Jno. 50 (B) (SH2-188)
RAGLAND, Henry 23 (B) (SH2-109)
RAGLAND, Steven 32 (SH1-54)
RAGLAND, Wm. 30 (B) (SH2-28)
RAGNET?, Henry 12 (SH1-91)
RAGSDALE, Edward 10 (B) (SH2-14)
RAGUETT, John A. 22 (SH2-50)
RAIFORD, Pennie 70 (B) (SH1-434)
RAILEY, Irwin 26 (SH2-152)
RAIMOND, Sister 20 (nun) (SH1-110)
RAINE, Archie 35 (B) (SH2-351)
RAINE, Gilbert 24 (SH2-215)
RAINE, Gilbert D. 24 (SH2-52)
RAINE, Jo 50 (m) (B) (SH1-404)
RAINES, James 20 (SH1-342)
RAINES, Pompy 50 (B) (SH1-343)
RAINES, Samuel 52 (SH1-386)
RAINEY, Bill 43 (B) (SH2-43)
RAINEY, Eddie 35 (B) (SH2-126)
RAINEY, Ellis 13 (B) (SH2-105)
RAINEY, H. 35 (f) (B) (SH1-278)
RAINEY, Isaac M. 35 (SH2-66)
RAINEY, James 35 (B) (SH1-338)
RAINEY, Mary 40 (B) (SH2-89)
RAINEY, S. M. 33 (f) (SH1-257)
RAINS, G. W. 23 (m) (SH1-242)
RAINS, John 52 (B) (SH2-182)
RAJA, Louis 35 (SH2-3)
RALDLE, Sophia 59? (B) (SH2-110)
RALSTON, Ann 25 (B) (SH1-123)
RALSTON, George 48 (SH2-48)
RALSTON, James 45 (SH2-298)
RALSTON, Maggie 18 (B) (SH2-301)
RALSTON, Matilda 40 (B) (SH1-125)
RALSTON, W. E. 50 (m) (SH1-241)

RAMBEAUT, Robert 40 (SH2-213)
RAMBEAUT?, Gilbert 43 (SH2-216)
RAMEY?, Jos. M. 36 (m) (SH2-217)
RAMSAY, Walter E. 41? (SH2-224)
RAMSEY, Adam 50 (B) (SH2-276)
RAMSEY, Edmund 40 (B) (SH1-438)
RAMSEY, Fanny M. 30 (SH1-92)
RAMSEY, Geo. 25 (B) (SH2-288)
RAMSEY, H. B. (Dr.) 65 (SH1-268)
RAMSEY, J. H. 51 (m) (SH1-263)
RAMSEY, J. W. 53 (m) (SH2-175)
RAMSEY, James 16 (SH2-105)
RAMSEY, Josephine 16 (B) (SH2-273)
RAMSEY, Maggie 21? (SH2-178)
RAMSEY, Nelson 50 (B) (SH1-438)
RAMSEY, Noah 26 (B) (SH1-348)
RAMSEY, Robert 58? (B) (SH2-39)
RAMSY, Henry 33 (SH1-447)
RAN?, Margareth 48 (SH2-137)
RANCH, Jno. M. 42 (SH2-153)
RANDAL, G. W. 57 (m) (SH1-204)
RANDAL, H. B. 36 (m) (SH1-217)
RANDAL, Henry 21 (SH1-204)
RANDAL, Jeff D. 17 (SH1-215)
RANDAL, Jno. B. 51 (SH1-215)
RANDAL, Jo C. 29 (m) (SH1-212)
RANDAL, S. Ann 35 (SH1-212)
RANDAL, W. H. 25 (m) (SH1-212)
RANDAL, W. T. 52 (m) (SH1-212)
RANDAL?, Nat 30 (B) (SH1-63)
RANDALL, Burell 39 (B) (SH1-40)
RANDALL, Henry 24 (B) (SH2-160)
RANDALL, Newton 13 (B) (SH2-220)
RANDEL, J. B. __ (m) (SH2-77)
RANDEL, Phil 40 (B) (SH2-193)
RANDELL, Jennie 30 (SH1-109)
RANDLE, Austin 60 (SH1-380)
RANDLE, Biddie 83 (f) (B) (SH2-325)
RANDLE, Clara 25 (B) (SH1-100)
RANDLE, Coleman 50 (B) (SH1-365)
RANDLE, J. D. 40 (m) (SH2-69)
RANDLE, Jno. H 27 (m) (SH1-268)
RANDLE, John E. 51 (SH2-53)
RANDLE, Mat 26 (m) (B) (SH2-336)
RANDLE, R. Lee 13 (f) (SH1-267)
RANDLE, Wm. 28 (B) (SH1-380)
RANDOLF, Burrel 28 (B) (SH2-109)

RANDOLF, Tom? 48 (SH2-110)
RANDOLPH, Adaline 40 (B) (SH1-278)
RANDOLPH, Anna 50 (B) (SH1-90)
RANDOLPH, B. J. 30 (m) (B) (SH2-227)
RANDOLPH, Bonner 30 (m) (B) (SH1-262)
RANDOLPH, David 53 (B) (SH1-85)
RANDOLPH, Eli 16 (B) (SH2-343)
RANDOLPH, Ida 18 (B) (SH2-194)
RANDOLPH, Jack 27 (B) (SH1-275)
RANDOLPH, Joe 30 (B) (SH1-264)
RANDOLPH, John 28 (B) (SH2-306)
RANDOLPH, John 3 (B) (SH1-33)
RANDOLPH, John 56 (B) (SH1-434)
RANDOLPH, Lee 21 (m) (B) (SH1-278)
RANDOLPH, Madison 59 (B) (SH1-262)
RANDOLPH, Maggie 15 (B) (SH1-461)
RANDOLPH, Matthew 23 (B) (SH1-260)
RANDOLPH, Oliver 26 (B) (SH1-124)
RANDOLPH, Preston? 24 (B) (SH1-185)
RANDOLPH, R. H. 45 (m) (SH2-311)
RANDOLPH, Samuel 30 (B) (SH2-28)
RANDOLPH, Silas 45 (B) (SH1-411)
RANDOLPH, W. 27 (m) (B) (SH2-321)
RANDOLPH, Wiley 45 (B) (SH2-237)
RANDOLPH, Wm. 49 (B) (SH1-432)
RANDOLPH, Wm. M. 42 (SH2-207)
RANDOLPH?, Gus 25 (B) (SH1-185)
RANEY, Georgia _ 4 (B) (SH2-162)
RANEY, Susan 42 (SH2-180)
RANGE, ___ 55 (m) (SH2-156)
RANKIN, Almettie 42 (f) (SH1-77)
RANKIN, Fannie 35 (B) (SH2-297)
RANKIN, Geo. L. 40 (B) (SH1-50)
RANKIN, James 30 (B) (SH1-234)
RANKIN, Jas. 31 (B) (SH2-102)
RANKIN, S. D. 21 (m) (SH1-48)
RANSOM, Anna 19 (B) (SH1-407)
RANSOM, Willie 9 (m) (B) (SH1-426)
RANSON, Blanche 19 (SH2-96)
RAPER, Pat 28 (SH1-376)

RAPHAEL, Louis 50 (B) (SH1-151)
RAPP, W. J. 28 (m) (SH2-304)
RASH, George 42 (B) (SH2-361)
RASPBERRY, Jas. 6 (B) (SH2-128)
RATHER, Charles 23 (B) (SH1-343)
RATHER, George 36 (SH2-74)
RATHER, Hal 23 (SH2-283)
RATHER, John 22 (SH2-181)
RATTMAN?, S. 22 (f) (B) (SH1-400)
RAULHAC?, Mildred 56 (SH1-190)
RAVENELL, Nell 19 (f) (SH2-76)
RAVERT, Thomas 50 (B) (SH1-105)
RAVILS, Ph. 70 (f) (B) (SH1-395)
RAVIN, Lou 24 (f) (B) (SH1-117)
RAVINTISH?, Augente? 24 (m) (SH2-290)
RAW, Morris 30? (SH2-53)
RAWLING, George 35 (B) (SH1-419)
RAWLING, Isaac 21 (B) (SH1-132)
RAWLINGS, Aleck 52 (B) (SH1-411)
RAWLINGS, Chas. 23 (B) (SH1-81)
RAWLINGS, George 23 (B) (SH2-273)
RAWLINGS, J. B. 23 (m) (SH1-175)
RAWLINGS, J. H. 39 (m) (B) (SH2-109)
RAWLINGS, Jacob 48 (B) (SH1-417)
RAWLINGS, James S. 44 (SH1-412)
RAWLINGS, Jas. 28 (B) (SH1-56)
RAWLINGS, John 27 (SH1-77)
RAWLINGS, John J. 72 (SH2-211)
RAWLINGS, John L. 39 (SH1-117)
RAWLINGS, Jordan 50 (B) (SH1-255)
RAWLINGS, Joseph 70 (B) (SH1-411)
RAWLINGS, Laura 15 (B) (SH1-447)
RAWLINGS, Lizzie 28 (B) (SH2-62)
RAWLINGS, Lucy 18? (B) (SH1-58)
RAWLINGS, Oliver 18 (B) (SH2-24)
RAWLINGS, Patrick 55 (B) (SH1-133)
RAWLINGS, R. J. 36 (m) (SH2-310)
RAWLINGS, Roxana 8 (B) (SH1-136)
RAWLINGS, Sallie 20 (B) (SH1-147)
RAWLINGS, Sophia H. 14 (SH1-87)
RAWLINGS, Virgal A. 37 (SH1-117)

RAWLINGS, Wallace 63 (B) (SH1-410)
RAWLINGS, Wm. 17 (B) (SH1-122)
RAWLINS, Celia 35 (B) (SH2-213)
RAWLINS, John 25 (SH2-101)
RAWLINS, Mary 26 (SH2-304)
RAWLINS, Ros 40 (m) (B) (SH2-93)
RAWLINS, Sarah 40 (B) (SH2-52)
RAWLS, Lucius 37 (B) (SH1-350)
RAY, Eddie 26 (SH2-83)
RAY, Elijah 22 (B) (SH2-4)
RAY, Frances 32 (B) (SH2-246)
RAY, Italy 41 (f) (SH2-368)
RAY, J. 25 (m) (B) (SH1-404)
RAY, Kirwan? 30 (m) (B) (SH2-279)
RAY, Lillie 25? (B) (SH2-224)
RAY, P. D. 47 (f) (SH2-148)
RAY, Sadie 22 (SH2-106)
RAY, Sarah 30 (SH2-85)
RAY, Steven 21 (B) (SH1-21)
RAY, Thomas 50 (B) (SH1-107)
RAY, W. L. 21 (m) (SH2-91)
RAY, William 31 (SH2-132)
RAY, Wm. 25 (SH2-83)
RAY, Wm. 31 (SH2-132)
RAY, Wm. 34 (B) (SH2-290)
RAYBURN, Chas. 23 (SH1-71)
RAYBURN, Thos.? 24 (B) (SH2-102)
RAYFIELD, Ella 16 (B) (SH1-363)
RAYMOND, Connie 35 (SH2-81)
RAYMOND, Frank 25 (SH2-7)
RAYMOND, Wm. S. 49 (SH2-28)
RAYNARD, Paul 45 (SH2-85)
RAYNER, Anderson 28 (B) (SH1-122)
RAYNER, Eli 60 (SH2-215)
RAYNER, L. 50 (SH1-153)
RAYNER, Tom? 40 (B) (SH2-116)
RAYNOR, Henry 50? (B) (SH1-367)
RAYNOR, Mack 40 (B) (SH1-369)
REA?, Wm. H. 29 (SH1-129)
READ, Alexan C. 30 (m) (B) (SH1-448)
READ, Carry __ (f) (SH1-96)
READ, Elvira 53 (B) (SH1-66)
READ, Henderson 50 (B) (SH1-95)
READ, Jack 20 (B) (SH1-56)
READ, Jennie 50 (B) (SH1-109)
READ, Lewis? 30 (B) (SH1-66)
READ, Lizzie H. 1 (SH2-35)
READ, Mary 45 (B) (SH2-201)
READ, Nathan 17 (SH1-137)
READ, Patrick 35 (SH2-65)
READ, R. D. 60 (m) (SH2-34)
READ, Robt. 54 (B) (SH2-184)
READ, Samuel 48 (SH2-192)
READ, Thomas 27? (B) (SH2-273)
READ, Wash 47 (B) (SH2-41)
READ, Wm. 36 (SH2-92)
READ, ___ 27? (m) (B) (SH2-224)

READ?, Mary 49 (SH2-170)
READE, Eliza 64 (SH2-148)
READES, Lewis 45 (SH2-153)
READFORD, W. A. 38 (m) (SH2-152)
READICK, John jr.? 53 (SH2-198)
REAGAN, Freeman 19 (B) (SH2-37)
REAGAN, Michael 40 (SH2-66)
REAMEY, James 28 (B) (SH1-120)
REARDEN, Ellen 50 (SH2-2)
REARDON?, M. (SH2-2)
REASENOVER, Am. 72 (f) (SH1-217)
REASON, Annie 2 (SH2-314)
REASON, Florence 8 (SH2-314)
REASON, Wm. 17 (SH2-77)
REASONOVER, Ned 13 (B) (SH1-280)
REASONOVER, Rob 40 (SH1-282)
REASONS, Dolly 50 (B) (SH2-337)
REAVES, Allen 68 (SH1-69)
REAVES, B. G. 8 (m) (SH1-145)
REAVES, B. T. 41 (m) (SH1-145)
REAVES, Eveline 26 (B) (SH1-186)
REAVES, Henry 50 (B) (SH1-71)
REAVES, Isiah 47 (B) (SH1-141)
REAVES, Octavia 33 (SH1-74)
REAVES, Wm. 38 (B) (SH1-115)
REAVES?, Rhoda _ (B) (SH1-197)
REBOLT, Jacob 22 (SH2-5)
RECORD, Egbert 48 (B) (SH2-343)
RECORD, Levina 5 (B) (SH2-343)
RECORD, Mary 44 (SH2-306)
RECOUNT, Augusta 46 (SH2-345)
RED, M. 28 (f) (B) (SH1-397)
RED?, Guss 24 (B) (SH1-340)
REDD, Betsey 69 (B) (SH2-41)
REDD, Jesse 25 (m) (B) (SH1-294)
REDD, Temp 29 (m) (SH1-218)
REDDEN, Henderson 39 (B) (SH1-324)
REDDER, Lucy 22 (SH2-49)
REDDERS?, Eliza 46 (SH2-258)
REDDETT, Green 46 (SH1-206)
REDDICK, Alexander 26 (B) (SH2-20)
REDDICK, Josie 18 (f) (B) (SH1-174)
REDDICK, Lewis 62 (B) (SH1-290)
REDDICK, W. S. 45 (m) (SH2-137)
REDDICK, Watt 21 (B) (SH1-272)
REDDICK, Wm. 10 (B) (SH2-257)
REDDINGTON, Thomas 42 (SH2-60)
REDDIT?, John W. 64 (SH1-77)
REDDITT, George 49 (SH1-455)
REDDITT, J. W. 52 (m) (SH1-149)
REDDITT, Jack 45 (B) (SH1-157)

101

1880 Census Shelby Co. TN: Heads-of-Household

REDDITT, John 30 (B) (SH1-210)
REDDITT, Patrick 52 (B) (SH1-151)
REDDITT, Richard 35 (B) (SH1-210)
REDDITT, Warren 20 (B) (SH1-274)
REDDITT, Wm. 48 (SH1-149)
REDENER?, MAry 58 (SH1-97)
REDFERN, Mattie 38 (f) (SH2-75)
REDFORD, Beverly 30 (m) (SH1-444)
REDFORD, Lucy 37 (SH2-268)
REDFORD, Sallie 20 (SH2-356)
REDFORD, Thos. 50 (B) (SH1-463)
REDFORD, Willie 16 (m) (B) (SH1-370)
REDICK, Boon 55 (B) (SH1-189)
REDMOND, Henry 20 (SH2-233)
REDMOND, Jack 17 (SH1-367)
REDMOND, John 19 (SH1-44)
REDMOND, Mary 50? (SH2-86)
REDWINE, Wm. 45 (SH2-79)
REDWOOD, Berry 55 (B) (SH1-168)
REDWOOD, John 45 (B) (SH1-229)
REDWOOD, Sarah 45 (B) (SH1-171)
REECE, Ben 21 (B) (SH1-149)
REECE, Branch 25 (B) (SH1-159)
REECE, Jack 54 (SH1-156)
REECE, Laura 6 (B) (SH1-158)
REECH, Frank 57 (B) (SH2-151)
REED, Alabama 10 (f) (B) (SH2-176)
REED, Albert 62? (B) (SH1-216)
REED, Amy 70 (SH1-279)
REED, Bristol 28 (B) (SH2-29)
REED, Calvin 37 (B) (SH2-357)
REED, Dan 30 (B) (SH2-319)
REED, Edward 12 (B) (SH2-21)
REED, Emigine 25 (SH1-100)
REED, Eugene 35 (SH1-267)
REED, Fanny 28 (B) (SH1-91)
REED, Geo. 42 (m) (SH1-398)
REED, George 65 (B) (SH2-203)
REED, Henry 25 (SH2-25)
REED, Henry 25 (B) (SH2-27)
REED, Henry 30 (B) (SH2-15)
REED, J. T. 28 (m) (SH1-269)
REED, Jesse 30 (m) (B) (SH2-3)
REED, Jodie S. 5 (m) (SH1-262)
REED, Joe 22 (B) (SH1-372)
REED, Joe 30 (B) (SH1-351)
REED, John 24 (B) (SH1-191)
REED, John 35 (SH2-15)
REED, John 42 (SH2-238)
REED, Joseph 30 (B) (SH2-14)
REED, Lena 11 (B) (SH2-95)
REED, Lewis 62 (B) (SH1-355)
REED, Lizzie 15 (SH2-117)
REED, Louisa 40 (B) (SH2-178)
REED, Martin 22 (B) (SH1-349)
REED, Mary 23 (B) (SH1-363)
REED, Mary 68 (SH1-269)
REED, Matilda 45 (B) (SH1-230)
REED, Moses 28 (B) (SH2-104)
REED, Robt. 15 (B) (SH1-122)
REED, Samuel 49 (B) (SH2-141)
REED, Sussex 65 (m) (B) (SH1-117)
REED, Tennie 65 (B) (SH2-127)
REED, Wm. 25 (B) (SH1-117)
REED, _. Marshall 26 (SH2-132)
REEDER, Nicie 24 (f) (B) (SH1-460)
REEDER, Wm. A. 23 (SH2-84)
REEK?, Lena 22 (SH2-256)
REES, Wm. F. 26 (SH2-104)
REESE, Alfred 63 (B) (SH2-319)
REESE, Frank 35 (SH2-78)
REESE, Isaiah 56 (B) (SH1-438)
REESE, Mary 35 (B) (SH1-376)
REESE, Salina 38 (B) (SH2-344)
REESE, Solomon 55 (B) (SH1-115)
REEVES, Alber 2 (f) (SH2-191)
REEVES, Cora 45 (B) (SH2-280)
REEVES, George 20 (B) (SH1-355)
REEVES, Hannah? 45 (B) (SH2-319)
REEVES, MAdison 54 (B) (SH2-245)
REEVES, Nicy 30 (B) (SH2-237)
REEVES, Thomas 40 (B) (SH1-97)
REEVES, W. G. 50 (m) (SH1-170)
REEVES, _. Y. 28 (m) (SH2-190)
REGVELL, Joe 44 (SH1-269)
REHEARD?, D. G. 49 (m) (SH2-146)
REHHOPF, Austin 32 (SH2-122)
REHOE?, John 36 (SH2-6)
REICHINBACHER, Mary 55 (SH2-97)
REID, Adelaide 20 (B) (SH1-44)
REID, Alice 3 (B) (SH1-299)
REID, Archibald 7? (SH2-230)
REID, Aron 23 (B) (SH1-309)
REID, B.? 24 (m) (SH1-200)
REID, Cora 24 (B) (SH2-257)
REID, Dantsy? 3 (f) (B) (SH2-311)
REID, David W. 44 (SH1-16)
REID, E. 23 (m) (B) (SH1-240)
REID, Ephraim 33 (B) (SH1-361)
REID, J. 36 (m) (SH1-399)
REID, James 27 (SH1-300)
REID, Joe 30 (B) (SH1-351)
REID, John 25 (B) (SH2-255)
REID, John 35 (B) (SH1-306)
REID, Kate 8 (B) (SH1-172)
REID, Lillian F. 23 (SH2-104)
REID, Louis 35 (B) (SH1-300)
REID, Lydia 23 (SH1-342)
REID, Ruben 40 (B) (SH2-308)
REID, Sam M. 78 (m) (SH1-202)
REID, Solomon 28 (B) (SH1-304)
REID, Stepen 74 (B) (SH1-298)
REID, Virginia 17 (B) (SH1-48)
REID, Virginia 52 (B) (SH2-257)
REID, W. D. 53 (m) (SH1-34)
REIFFER, Wm. 40 (SH2-78)
REIGAL, Emile 16 (m) (SH2-73)
REIGEL, L. 26 (m) (SH2-73)
REILEY, Charlotte 70 (SH2-39)
REILEY, Ellis _5 (SH2-270)
REILEY, Jno. 25 (B) (SH1-63)
REILEY, Jno. 38 (B) (SH1-236)
REILEY, Margaret 32 (SH2-111)
REILEY, Mary 34 (SH2-40)
REILEY, W. 50 (m) (B) (SH1-238)
REILLEY, O. 50 (m) (SH2-143)
REILLY, Christopher 29 (SH2-300)
REILLY, Francis 70 (SH2-33)
REILLY, Frank W. 44 (SH2-100)
REILLY, Jas. 40 (SH2-302)
REILLY, John 60 (SH2-33)
REILLY, M. 47 (m) (SH2-31)
REILY, George 30 (B) (SH2-90)
REILY, Martha 50 (B) (SH2-209)
REINACH, G. 40 (m) (SH2-92)
REINDERS, Joseph W. 48 (SH2-207)
REINHARDT, J. H. 17 (m) (SH2-111)
REINHARDT, Magdalene 69 (SH2-275)
REINHARDT, O. 30 (m) (SH2-61)
REINHART, Effie 1 (f) (SH2-241)
REINHART, Fred W. 43 (SH2-241)
REINHART, Wm. 23 (SH2-253)
REINHART, Wm. 60 (SH2-169)
REINIG, Charles 37 (SH2-55)
REIS, Frank 24 (SH2-66)
REIS, Wm. M. 29 (SH2-81)
REITER, Henry 33 (SH2-168)
REITER, Wm. 30 (SH2-229)
RELEEN, Henry 40 (SH2-133)
RELLAFORD, Jackson 38 (B) (SH2-21)
RELLEY, Peter 50 (B) (SH2-156)
REMANN?, Adol 39 (m) (SH2-181)
REMBERT, Charles 25 (B) (SH1-432)
REMBERT, Ed 50 (B) (SH1-59)
REMBERT, Ham? 55 (m) (B) (SH1-67)
REMBERT, Hilliard B. 9/12 (B) (SH1-51)
REMBERT, Lun? 47 (m) (B) (SH1-140)
REMBERT, Morriss 28 (B) (SH1-67)
REMBERT, Sam sr. 60 (SH1-67)
REMBERT, Solomon 55 (B) (SH1-51)
REMBERT?, Stephen 50 (B) (SH1-58)
RENAULT, Chas. 35 (SH2-84)
RENAULT, G. 35 (m) (SH2-79)
RENDELHUBER, John S. 35 (SH2-51)
RENDELHUBER?, E. K. 63 (f) (SH2-262)
RENEHAN, Mary 21 (SH2-255)
RENENOVER, Felix 30 (B) (SH1-303)
RENFROE, Don 28 (SH1-473)
RENFROW, Ann 38 (SH1-219)
RENFROW, JAmes 48 (B) (SH1-93)
RENFROW, Jim 24 (SH1-219)
RENKERT, Andrew 47 (SH2-41)
RENO, Young A. 24 (SH2-7)
RENOLD, George jr. 23 (B) (SH2-195)
RENOLDS, George 59 (B) (SH2-195)
RENSAW, Saml. N. 43 (SH1-463)
RENSHAW, R. F. 34 (m) (SH1-257)
RESCHOFF, Clara 28 (SH1-376)
RESTER, Jno. D. 52 (SH2-149)
RETHERFORD, Jas. 55 (SH1-60)
RETHMOND?, E. L. 30 (m) (SH1-227)
REUBEN, Sam 38 (SH1-57)
REUBERT, Archy 35 (B) (SH1-57)
REUBERT?, Martha 70 (B) (SH1-359)
REVARS?, Mollie 16 (SH1-101)
REVELL, Etta 30 (SH1-273)
REVES, Julia 60 (B) (SH1-96)
REVOW?, Mary 9 (SH2-314)
REVVES?, Dick 49 (B) (SH1-186)
REYBURN, Mary 43 (SH1-59)
REYGAN, H. M. 32 (m) (SH2-68)
REYGAN, Myke 40 (SH2-74)
REYLEY, Joseph 35 (SH2-73)
REYNOLD, _. G. 40 (m) (SH2-193)
REYNOLDS, A. M. 21 (m) (SH1-398)
REYNOLDS, Elias 22 (B) (SH1-166)
REYNOLDS, Fannie 30 (SH2-353)
REYNOLDS, John H. 37 (SH2-48)
REYNOLDS, Joseph G. 36 (SH2-50)
REYNOLDS, Major 26 (B) (SH2-311)
REYNOLDS, Malvina 30? (B) (SH2-285)
REYNOLDS, W. N. 39 (m) (SH1-36)
RHEA, Wesley 45 (SH2-68)
RHEINDHART, Augustus 34 (SH2-127)
RHET, T. S. M> 40 (m) (SH2-79)
RHETT, Nelson 14 (SH2-85)
RHINE, Fredrico 34 (SH2-56)
RHINE, John 14 (SH2-114)
RHINEHEARDT, Albert 47 (B) (SH1-334)
RHOADES, Anna 13 (B) (SH1-5)
RHOADES, Mary 52 (B) (SH1-191)
RHODA, John 41 (SH1-290)
RHODES, Alexander 43 (SH2-65)
RHODES, Betty 14 (B) (SH2-203)
RHODES, Charles 39 (SH2-169)
RHODES, E. M. 60 (f) (SH1-262)
RHODES, Emma 22 (B) (SH2-295)
RHODES, Fred 45 (SH2-231)
RHODES, Henry 20 (SH1-61)
RHODES, J. N. 23 (m) (SH1-32)
RHODES, JAmes 8 (B) (SH1-126)
RHODES, Jno. N. 25 (m) (SH1-266)
RHODES, Jos. 21 (m) (SH2-83)

1880 Census Shelby Co. TN: Heads-of-Household

RHODES, M. A. 64 (f) (SH2-146)
RHODES, M. D. 58 (m) (SH2-35)
RHODES, Murphy 25 (B) (SH2-321)
RHODES, Platt W. 22? (m) (SH2-104)
RHODES, R. R. 74 (m) (B) (SH1-297)
RHODES, Sam 27 (m) (B) (SH1-120)
RHODES, Thos. 35 (B) (SH1-63)
RHODES, Vernon 61 (SH1-461)
RHODES, W. C. 67 (m) (SH1-35)
RHODES, W. L. 13 (m) (SH1-230)
RHODES, Wm. H. 30 (SH1-123)
RHODES, _. 50 (m) (B) (SH1-247)
RHOE, Edward 25 (SH2-74)
RIAG, Mary 16 (SH1-109)
RIBBINS, Jack 35 (B) (SH1-342)
RICE, Alfred 22 (B) (SH1-158)
RICE, Anna 69 (B) (SH1-173)
RICE, Anthony 35 (B) (SH1-149)
RICE, Ben 25 (B) (SH2-288)
RICE, Elijah 27 (B) (SH2-165)
RICE, Ely 30 (B) (SH2-78)
RICE, Frank 24 (B) (SH2-127)
RICE, Fred M. 56 (SH1-24)
RICE, George 39 (B) (SH1-294)
RICE, Glover 35 (B) (SH1-305)
RICE, Harry J. 24 (SH2-158)
RICE, Isabella 31 (SH2-62)
RICE, J. S. 50 (m) (SH2-183)
RICE, JEssee 35 (m) (B) (SH1-112)
RICE, James __ (SH2-103)
RICE, Jane E. 61 (SH1-408)
RICE, John H. 35 (SH2-93)
RICE, Kate 50 (SH1-112)
RICE, Lane 30 (B) (SH1-352)
RICE, Margaret 46 (B) (SH1-413)
RICE, Milton 60 (B) (SH1-165)
RICE, Nolan? 10 (B) (SH1-303)
RICE, Robert 27 (B) (SH1-352)
RICE, Sallie 37 (SH1-426)
RICE, T. H. 49 (m) (SH2-249)
RICE, W. T. 42 (m) (SH2-112)
RICE, _____ 26 (m) (B) (SH2-19)
RICE?, Louisa 62 (SH2-31)
RICH, Frank 26 (B) (SH1-5)
RICH, J. M.? 37 (m) (SH2-188)
RICH, Julia 47 (B) (SH2-130)
RICH, Sarah 41 (B) (SH1-25)
RICHARD, Phillip 41 (B) (SH2-276)
RICHARDET, Rosa 15 (SH2-53)
RICHARDS, Abraham 64 (B) (SH2-42)
RICHARDS, Chas. 22 (SH1-164)
RICHARDS, Henry 45 (B) (SH1-165)
RICHARDS, Jno. 65 (B) (SH1-205)
RICHARDS, Mary 37 (SH2-338)
RICHARDS, Robert 3 (B) (SH1-164)
RICHARDS, Robert 47 (SH1-104)
RICHARDS, S. R. 16 (m) (SH1-164)
RICHARDS, Wm. 29? (B) (SH2-127)
RICHARDSON, Arch 70 (B) (SH2-326)
RICHARDSON, Bob 21 (B) (SH1-297)
RICHARDSON, Caroline 39 (B) (SH1-411)
RICHARDSON, Celia 54 (B) (SH1-365)
RICHARDSON, Christoph 52 (m) (SH2-272)
RICHARDSON, Clark 40 (B) (SH2-218)
RICHARDSON, Clement 22 (B) (SH2-32)
RICHARDSON, Cornelia 34 (B) (SH2-8)
RICHARDSON, David 39 (B) (SH2-244)
RICHARDSON, E. M. 52 (m) (SH2-310)
RICHARDSON, Elise 3 (B) (SH1-99)
RICHARDSON, Elizabeth 15 (B) (SH2-314)
RICHARDSON, F. 1 (f) (B) (SH2-246)
RICHARDSON, F. A. 35 (m) (SH1-166)
RICHARDSON, Geo. 55 (SH2-231)
RICHARDSON, George 24 (B) (SH2-18)
RICHARDSON, Helen 14 (B) (SH2-317)
RICHARDSON, Isaac 60 (B) (SH1-134)
RICHARDSON, Isabella 45 (B) (SH1-407)
RICHARDSON, J. 50 (f) (SH1-94)
RICHARDSON, J. W. 20 (m) (SH2-79)
RICHARDSON, J. W. 50 (m) (SH2-92)
RICHARDSON, Jack 50 (B) (SH1-467)
RICHARDSON, James 16? (B) (SH1-95)
RICHARDSON, Jas. M. 29 (m) (SH1-460)
RICHARDSON, Jennie 52 (B) (SH1-117)
RICHARDSON, Jim 27 (B) (SH1-355)
RICHARDSON, John 23 (B) (SH1-408)
RICHARDSON, John 25 (B) (SH2-36)
RICHARDSON, John 40 (B) (SH1-420)
RICHARDSON, Jordan 26 (B) (SH2-348)
RICHARDSON, Joseph 33 (B) (SH2-256)
RICHARDSON, Lilian 7 (B) (SH1-2)
RICHARDSON, Liz 8 (B) (SH2-318)
RICHARDSON, Louis 22 (B) (SH2-12)
RICHARDSON, Lucy L. 60 (B) (SH2-207)
RICHARDSON, M. 70 (f) (B) (SH2-246)
RICHARDSON, Mittie Ann 14 (B) (SH1-344)
RICHARDSON, Monan 13 (m) (B) (SH2-234)
RICHARDSON, Parker 22 (SH2-101)
RICHARDSON, R. B. 26 (m) (SH1-40)
RICHARDSON, Rachel 27 (B) (SH1-411)
RICHARDSON, Robt. 31 (SH1-460)
RICHARDSON, S. H. 23 (m) (SH1-360)
RICHARDSON, Susan 38 (B) (SH1-416)
RICHARDSON, Turner 30 (B) (SH1-288)
RICHARDSON, W. 45 (m) (B) (SH1-390)
RICHARDSON, Warrick 75 (B) (SH1-418)
RICHARDSON, Wm. 26 (B) (SH2-15)
RICHARDSON, Wm. 29 (SH2-342)
RICHERSON, Elvira 42 (B) (SH2-334)
RICHERSON, Lou 23 (f) (B) (SH2-194)
RICHERT, Jas. 34 (SH2-196)
RICHETT, Henry 32 (B) (SH1-250)
RICHEY, Jason 37 (B) (SH1-280)
RICHI, _____ (SH2-98)
RICHMON, Nancy 11 (B) (SH1-319)
RICHMOND, Abe 60? (B) (SH2-32)
RICHMOND, Benjamin 50 (SH2-274)
RICHMOND, Haywood? 20 (B) (SH2-121)
RICHMOND, Henry 34 (SH2-353)
RICHMOND, John? 40 (B) (SH1-104)
RICHMOND, L. 50 (m) (SH1-247)
RICHMOND, Nancy 12 (B) (SH1-317)
RICHMOND, R. 35 (m) (SH1-247)
RICHMOND, Robt. 21 (B) (SH2-122)
RICHMOND, Thos. 31 (SH1-219)
RICHMOND?, John 50 (B) (SH2-114)
RICK, Alex 25 (B) (SH1-18)
RICK, Allice H. 23 (SH2-323)
RICK, Joe 47 (B) (SH1-157)
RICK?, E. F. 62 (m) (SH2-112)
RICKETS, Chas. 30 (SH2-86)
RICKEY, Thomas 40 (B) (SH2-60)
RICKLES, Alice 10 (SH2-32)
RICKMAN, Charles 29 (B) (SH2-174)
RICKMAN, S. S. 33 (m) (B) (SH2-284)
RICKS, Ben 29 (B) (SH1-11)
RICKS, Henry 29 (B) (SH1-13)
RICKS, Isaac 50 (B) (SH1-350)
RICKS, John 40 (SH1-328)
RICKS, Joseph 49 (SH1-75)
RICKS, Nathan 21 (B) (SH1-28)
RICKS, Robert 23 (SH1-15)
RICKS, Robert 52 (SH1-4)
RIDDICK, George 40 (B) (SH2-16)
RIDDLE, Jennie 16? (B) (SH2-168)
RIDDLE, Jno. 40 (SH2-191)
RIDDLE, Mary C. 12 (SH2-191)
RIDDY?, Jain 52 (f) (SH1-228)
RIDEOUT, John 44 (SH1-429)
RIDEOUT, Richard 34 (B) (SH2-204)
RIDEOUT, Wm. _. 46 (SH1-227)
RIDER, Cornelius 43 (SH2-313)
RIDER, Emily 30 (SH2-160)
RIDER, Maggie 21 (SH2-47)
RIDER, Maggie 30 (SH2-242)
RIDER, Mary C. 32 (SH2-293)
RIDER, _____ _ (m) (SH2-50)
RIDGE?, Wm. 25 (SH2-263)
RIDGLEY, Singleton 52 (SH2-282)
RIDLEY, Kate 26 (B) (SH2-269)
RIDLEY, Money? 55 (m) (B) (SH2-44)
RIDOUT, Mollie 28 (B) (SH2-109)
RIELEY, George 10 (B) (SH1-21)
RIELLY, James 26 (B) (SH1-324)
RIELLY, Nancy 36 (SH2-28)
RIES?, Josephine 40 (SH2-182)
RIFFLE, Sam 24 (m) (SH1-216)
RIGDON, Jessie N. 32 (m) (B) (SH1-85)
RIGGS, Samuel 30 (SH2-43)
RIGHTON, Henry 33 (SH2-114)
RIGLEY, George 13 (SH2-270)
RILEY, Arthur 22 (B) (SH1-440)
RILEY, Clara 20 (B) (SH2-84)
RILEY, Ella 19 (B) (SH2-285)
RILEY, Fanny 60 (B) (SH2-285)
RILEY, J. 40 (m) (SH2-51)
RILEY, James 35 (SH1-130)
RILEY, Jerry 50 (m) (B) (SH2-248)
RILEY, Mariah 44 (SH2-186)
RILEY, Mary 27 (SH2-257)
RILEY, Mary 28 (SH1-77)
RILEY, Mary 28 (SH2-48)
RILEY, Mary 29 (SH2-299)
RILEY, Mary 45 (SH2-228)
RILEY, Mary 52 (SH2-113)
RILEY, Melvina 35 (B) (SH2-120)
RILEY, Owen 41 (SH2-4)
RILEY, Pat 35 (m) (SH2-248)
RILEY, Patrick 39 (SH2-168)
RILEY, Wm. 10 (SH2-85)
RILEY, Wm. 47 (B) (SH1-452)
RILEY?, Margaret 31 (SH2-31)

1880 Census Shelby Co. TN: Heads-of-Household

RINDEN, Ella 36 (SH2-174)
RINDSKOFF, N. 28 (m) (SH2-71)
RINE, Edward 25 (SH2-273)
RINER, John B. 39 (SH1-118)
RINESHAGEN, Otto 54 (SH2-44)
RING, Katy 30 (SH2-101)
RING, Laura 18 (SH2-333)
RING, Mary 7 (SH1-109)
RINGROSE, Michel 40 (m) (SH1-98)
RINGWALD, Louis 21 (SH1-93)
RINGWALD, Robert 9 (SH2-263)
RINGWALD, _____ (SH2-262)
RINGWOLD, Mary 47 (SH2-317)
RINGWOOD, Johanna 28 (SH2-21)
RIPLEY, Wm. 18 (SH1-130)
RIPPER, Sam 37 (SH2-91)
RIPPLE, Harry 26 (SH2-73)
RISBY, Edward 40 (SH2-11)
RISK, Ebbie L. 4 (m) (SH2-323)
RISK, L. Tibb 30 (m) (SH2-247)
RISK, Thos. L. 32 (SH2-241)
RITCHEE, Wm. L. 67 (m) (SH2-149)
RITCHIE, Eliza 35 (SH2-180)
RITER, W. D. 39 (m) (SH2-113)
RITTENHOUR?, Danl. 43 (SH1-191)
RITTER, Carrie 22 (SH2-102)
RITTER, Chas. 32 (SH2-247)
RITTER, Joe 18 (SH2-246)
RITTER, Johana 56 (SH2-246)
RITTER, Joseph 18 (SH2-72)
RITTER, Peter 48 (SH1-99)
RIVERS, Annie 19 (B) (SH2-21)
RIVERS, Douglass 20 (B) (SH1-172)
RIVERS, Edward 23 (B) (SH2-16)
RIVERS, Eliza 10 (B) (SH1-368)
RIVERS, George 30 (B) (SH1-157)
RIVERS, Giles 56 (B) (SH1-182)
RIVERS, Lena 20 (SH2-174)
RIVERS, Melinda 3_ (B) (SH2-199)
RIVERS, Rasmus 60 (B) (SH1-131)
RIVERS, Sandy C. 29 (m) (B) (SH2-227)
RIVERS, Turner? 76 (B) (SH1-387)
RIVERS, Wm. 27 (B) (SH2-119)
RIVES, JAne 65 (SH2-48)
ROACH, Andrew J. 48 (SH2-235)
ROACH, Ben M. 86 (B) (SH1-200)
ROACH, Bridget 30 (SH2-40)
ROACH, C. 40 (f) (B) (SH1-391)
ROACH, Dennis 43 (SH1-101)
ROACH, Dick 40 (B) (SH2-34)
ROACH, Eliza 70 (B) (SH2-125)
ROACH, Ella 16 (B) (SH1-305)
ROACH, Geo. 31 (SH2-107)
ROACH, George 22 (B) (SH1-169)
ROACH, George 40 (B) (SH2-96)
ROACH, George 68 (B) (SH1-169)
ROACH, Izora 25 (B) (SH2-362)
ROACH, J. A. 35? (m) (SH2-114)
ROACH, J. M. 71 (m) (SH1-200)
ROACH, John 24 (B) (SH1-161)
ROACH, Lewvyne 40 (f) (SH1-217)
ROACH, Mary 34 (B) (SH2-132)
ROACH, Mary 35 (B) (SH2-132)
ROACH, Matilda 19 (B) (SH2-228)
ROACH, Michel 16 (m) (SH1-97)
ROACH, Minnie 23 (SH2-47)
ROACH, Mollie 25 (B) (SH1-160)
ROACH, Sallie 9 (B) (SH1-423)
ROACH, Tom 17 (B) (SH1-355)
ROACHE, Mary 24 (B) (SH2-120)
ROADLANDER, A. 27 (m) (SH1-207)
ROADLANDER, Eliza 45 (SH1-57)
ROADLANDER, M. 23 (m) (SH1-59)
ROAMS, Elmira 40 (B) (SH1-315)
ROAN, Frank 25 (B) (SH1-210)
ROAN, Wm. 19 (SH1-449)
ROANE, Geo. 40 (B) (SH2-292)
ROANS, Robt. 40 (B) (SH1-257)
ROAPER, E. 40 (m) (SH2-182)
ROARK, A. C. 42 (m) (SH1-449)
ROARK, A. F. 30 (m) (SH1-449)
ROBARDS, Mary 30 (B) (SH2-190)
ROBBE, Albert? 53 (SH2-187)
ROBBE, Jos. 16 (SH2-196)
ROBBERTS, Ed 33 (SH1-343)
ROBBERTS, Jas. M. 44 (SH1-4)
ROBBINS, Dodie 12 (f) (SH1-190)
ROBBINS, Nora 18 (SH2-83)
ROBENSTEIN, Henry 17 (SH2-91)
ROBERSON, Adiline 52 (B) (SH2-107)
ROBERSON, Alex 40 (B) (SH2-187)
ROBERSON, Ben 36 (B) (SH1-268)
ROBERSON, Bob 60 (B) (SH1-2)
ROBERSON, Cath 40 (f) (B) (SH2-188)
ROBERSON, Charles 32 (B) (SH1-84)
ROBERSON, Charles 32 (B) (SH2-109)
ROBERSON, Clara 14 (B) (SH2-187)
ROBERSON, Dan 23 (B) (SH1-342)
ROBERSON, Eliza 60 (B) (SH2-186)
ROBERSON, Frances 50 (B) (SH2-168)
ROBERSON, George R. 59 (SH2-99)
ROBERSON, Harriet 10 (B) (SH1-81)
ROBERSON, Jerry 31 (m) (B) (SH1-19)
ROBERSON, Jerry 49 (m) (B) (SH1-287)
ROBERSON, Jno. __ (B) (SH1-263)
ROBERSON, John 20 (B) (SH1-18)
ROBERSON, John 24 (B) (SH1-356)
ROBERSON, John 26 (B) (SH1-5)
ROBERSON, Josephine 25 (B) (SH1-262)
ROBERSON, Kiziah 8 (B) (SH1-25)
ROBERSON, Lou 12 (f) (B) (SH1-25)
ROBERSON, M. M. 38 (m) (SH1-303)
ROBERSON, Patsy 80 (B) (SH1-351)
ROBERSON, Sam 20? (B) (SH1-19)
ROBERSON, Talitha 39 (SH1-307)
ROBERSON, Wash? 41 (m) (B) (SH2-162)
ROBERSON, Wm. H. 36 (B) (SH1-24)
ROBERT, Washn. 22 (SH2-132)
ROBERTS, Alfred W. 56 (SH2-94)
ROBERTS, Annie 40 (SH2-74)
ROBERTS, Betty 24 (SH2-217)
ROBERTS, C. 30 (m) (B) (SH1-236)
ROBERTS, Caesar 70? (B) (SH1-256)
ROBERTS, Chas. 30 (B) (SH2-223)
ROBERTS, Cloah 50 (f) (B) (SH2-333)
ROBERTS, Duncan 20? (B) (SH2-114)
ROBERTS, Gazella 20 (f) (B) (SH2-210)
ROBERTS, George 45 (B) (SH2-134)
ROBERTS, Hendreson 11 (B) (SH1-71)
ROBERTS, Henrietta 35 (B) (SH2-229)
ROBERTS, Ike 21 (B) (SH1-242)
ROBERTS, Isham 40 (B) (SH1-123)
ROBERTS, J. B. 27 (m) (B) (SH2-110)
ROBERTS, Jack 38 (B) (SH1-243)
ROBERTS, James 48 (B) (SH1-248)
ROBERTS, Jas. 35 (B) (SH2-155)
ROBERTS, Jerry 48 (B) (SH2-197)
ROBERTS, Mary 24 (B) (SH2-28)
ROBERTS, Mary 30 (SH2-177)
ROBERTS, Mary 30 (SH2-52)
ROBERTS, Mary E. 22 (SH1-179)
ROBERTS, Mose 33 (m) (B) (SH1-213)
ROBERTS, Nan 55 (f) (SH1-30)
ROBERTS, Napoleon 26 (B) (SH1-430)
ROBERTS, Preston 40 (B) (SH1-282)
ROBERTS, Q. 46 (m) (SH1-232)
ROBERTS, Randal 50 (B) (SH1-453)
ROBERTS, Sallie 42 (B) (SH2-156)
ROBERTS, T. W. 26 (m) (SH1-52)
ROBERTS, Vance 23 (B) (SH2-233)
ROBERTS, W. T. 64 (m) (SH1-455)
ROBERTS, Washn. 22 (SH2-132)
ROBERTS, Wesley T. 50 (SH1-79)
ROBERTS, Wm. 32 (B) (SH2-309)
ROBERTS, Wm. 35? (SH2-179)
ROBERTS, Wm. 38 (SH1-34)
ROBERTS, Wm. 48 (B) (SH2-125)
ROBERTS?, Alice 7 (B) (SH1-284)
ROBERTSON, Albert R. 40 (B) (SH1-414)
ROBERTSON, Alec 35 (B) (SH1-473)
ROBERTSON, Andrew 45 (B) (SH1-438)
ROBERTSON, Anna 30 (B) (SH1-125)
ROBERTSON, Annie 33 (B) (SH2-309)
ROBERTSON, Armstead 36 (B) (SH2-303)
ROBERTSON, Ben 19 (B) (SH2-95)
ROBERTSON, C. 50 (f) (B) (SH2-91)
ROBERTSON, C. 75 (m) (B) (SH1-230)
ROBERTSON, Cecilia 33? (B) (SH2-53)
ROBERTSON, Dink 13 (f) (B) (SH1-134)
ROBERTSON, Ed 25 (B) (SH2-309)
ROBERTSON, Elfe? 23 (m) (B) (SH2-120)
ROBERTSON, Ellis 35 (B) (SH1-118)
ROBERTSON, Geo. 25 (B) (SH2-349)
ROBERTSON, George 50 (B) (SH1-420)
ROBERTSON, George W.? 36 (SH2-57)
ROBERTSON, Henry 22 (B) (SH1-130)
ROBERTSON, Henry 23 (B) (SH1-120)
ROBERTSON, Isaac 28 (B) (SH2-254)
ROBERTSON, Jasper 40 (B) (SH2-238)
ROBERTSON, Jennie 25 (B) (SH1-131)
ROBERTSON, Jno. 28 (B) (SH1-365)
ROBERTSON, John 25 (SH2-78)
ROBERTSON, John 52 (B) (SH2-129)
ROBERTSON, John 60 (B) (SH2-355)
ROBERTSON, Jordan 33 (B) (SH2-313)
ROBERTSON, Joseph D. 33? (B) (SH2-346)
ROBERTSON, Kit 40 (f) (B) (SH2-346)
ROBERTSON, L. 40 (m) (SH2-300)

ROBERTSON, Lewis 24 (B) (SH1-141)
ROBERTSON, Lewis 30 (B) (SH2-306)
ROBERTSON, Lot 47 (B) (SH2-51)
ROBERTSON, Loula 7 (B) (SH1-123)
ROBERTSON, Lousinda 21 (B) (SH1-141)
ROBERTSON, Mary 28 (B) (SH2-259)
ROBERTSON, Mary 53 (B) (SH2-350)
ROBERTSON, Mary 65 (B) (SH1-239)
ROBERTSON, Molie 13 (B) (SH1-256)
ROBERTSON, Morgan 29 (B) (SH2-56)
ROBERTSON, N. 30 (m) (B) (SH1-244)
ROBERTSON, Nora 40 (B) (SH1-106)
ROBERTSON, Oliver 33 (B) (SH1-123)
ROBERTSON, Porter 21 (B) (SH1-60)
ROBERTSON, Robert 70? (B) (SH2-347)
ROBERTSON, S. M. 38 (m) (SH2-151)
ROBERTSON, Sam 30 (B) (SH1-355)
ROBERTSON, Sarah 18 (B) (SH1-436)
ROBERTSON, W. 9 (m) (B) (SH1-232)
ROBERTSON, Wiley 26 (B) (SH1-131)
ROBERTSON, Zack 27 (B) (SH2-306)
ROBESEN, T. 19 (m) (B) (SH1-403)
ROBESON, F____ 40 (m) (B) (SH2-288)
ROBESON, H. 30 (m) (B) (SH1-400)
ROBESON, Jos. 56 (B) (SH2-288)
ROBESSON, George B. 42 (SH2-101)
ROBESSON?, Dock 54 (B) (SH2-330)
ROBINET, Susan 46 (SH1-83)
ROBINETT, Ashby 20 (m) (SH1-48)
ROBINS, Charles 60 (B) (SH1-337)
ROBINS, J. E. 25 (m) (SH1-146)
ROBINS, M. E. 53 (f) (SH1-160)
ROBINS, Sam 30 (m) (SH2-106)
ROBINS, W. A. 31 (m) (SH1-160)
ROBINS, W. J. 26 (m) (SH1-160)
ROBINS, Wm. 80 (B) (SH1-162)
ROBINS?, Melissa 24 (B) (SH2-351)
ROBINSON, Abe 67 (B) (SH1-471)
ROBINSON, Alex 30 (B) (SH1-382)
ROBINSON, Alley J. 34 (SH1-80)
ROBINSON, Amanda 35 (B) (SH1-469)
ROBINSON, Anderson 46 (B) (SH1-424)
ROBINSON, Andrew 29 (SH2-18)
ROBINSON, Anna 48 (B) (SH2-137)
ROBINSON, Annie 24 (B) (SH2-144)
ROBINSON, Annie 40 (B) (SH2-85)
ROBINSON, Ben 45 (B) (SH2-158)
ROBINSON, Calvin 21 (B) (SH1-344)
ROBINSON, Charles 24 (B) (SH2-330)
ROBINSON, Charles 25 (B) (SH1-323)
ROBINSON, Charles 28 (B) (SH1-436)
ROBINSON, Charles 45 (B) (SH1-307)
ROBINSON, Charley 26 (B) (SH2-336)
ROBINSON, Charly 50 (B) (SH1-311)
ROBINSON, Chas. 40 (B) (SH2-161)
ROBINSON, Chas. 60 (B) (SH2-354)
ROBINSON, Claiborne 28 (B) (SH1-385)
ROBINSON, Daniel 23 (B) (SH2-26)
ROBINSON, David G. 51 (SH2-340)
ROBINSON, E. 8 (f) (B) (SH1-147)
ROBINSON, Edwin G. 35 (B) (SH1-96)
ROBINSON, Elijah 33 (B) (SH1-472)
ROBINSON, Eliza 18 (B) (SH1-37)
ROBINSON, Ella 21 (B) (SH2-174)
ROBINSON, Ella 24 (B) (SH2-138)
ROBINSON, Emma 22 (B) (SH2-328)
ROBINSON, Frances _4 (B) (SH2-330)
ROBINSON, Frank 27 (SH1-303)
ROBINSON, George E. 30 (B) (SH2-276)
ROBINSON, Harriet 32 (B) (SH1-154)
ROBINSON, Harry F. 23 (SH2-89)
ROBINSON, Harvey 40 (SH2-95)
ROBINSON, Hattie 27 (B) (SH2-19)
ROBINSON, Henry 42? (B) (SH2-228)
ROBINSON, Howard 45 (B) (SH2-365)
ROBINSON, Ira 45 (SH2-178)
ROBINSON, JAmes 25 (B) (SH2-108)
ROBINSON, JEff 46 (B) (SH1-426)
ROBINSON, Jacob 46 (B) (SH2-274)
ROBINSON, Jas. B. 36 (B) (SH2-286)
ROBINSON, Jennie 20 (B) (SH2-126)
ROBINSON, Jesse 6 (m) (B) (SH1-408)
ROBINSON, Jessie 14 (m) (B) (SH1-370)
ROBINSON, Jno. 20 (SH2-149)
ROBINSON, John 30 (B) (SH1-361)
ROBINSON, John 32 (SH2-68)
ROBINSON, John 33 (B) (SH1-355)
ROBINSON, John sr. 59 (SH2-68)
ROBINSON, Jones? 30 (B) (SH1-386)
ROBINSON, Joseph 24? (B) (SH2-104)
ROBINSON, Joseph 50 (B) (SH2-337)
ROBINSON, Joseph 6 (B) (SH1-409)
ROBINSON, Lance 35 (B) (SH2-68)
ROBINSON, Laura 23 (B) (SH2-362)
ROBINSON, Lewis 59 (B) (SH1-460)
ROBINSON, Lizzy 44 (B) (SH2-45)
ROBINSON, Lucy 40 (B) (SH2-159)
ROBINSON, Lucy 50 (B) (SH2-151)
ROBINSON, M. 50 (f) (B) (SH2-142)
ROBINSON, Martha E. 59 (SH1-96)
ROBINSON, Mary 32 (B) (SH2-19)
ROBINSON, Mary 43 (SH2-32)
ROBINSON, Mary? 60 (B) (SH1-362)
ROBINSON, Mat 23 (m) (SH2-336)
ROBINSON, Mattie 10 (f) (B) (SH1-469)
ROBINSON, Mattie 24 (f) (SH2-139)
ROBINSON, Merrit 70 (B) (SH1-435)
ROBINSON, Mollie 20 (SH2-174)
ROBINSON, N.? A. J. 35 (m) (SH1-303)
ROBINSON, Nathan 55 (B) (SH1-303)
ROBINSON, Ned 49 (B) (SH2-224)
ROBINSON, Pat 40 (m) (B) (SH2-206)
ROBINSON, Penny 65 (B) (SH2-338)
ROBINSON, Reuben 24 (B) (SH1-422)
ROBINSON, Richard 52 (SH2-265)
ROBINSON, Robt. M. 23 (B) (SH1-300)
ROBINSON, Sarah 27 (SH2-23)
ROBINSON, Sarah 40 (B) (SH2-146)
ROBINSON, Sidney 19 (m) (B) (SH1-25)
ROBINSON, Sylvanius? 22 (B) (SH1-362)
ROBINSON, Tempy 15 (B) (SH1-146)
ROBINSON, Thomas 49 (B) (SH1-447)
ROBINSON, Thos. 33 (B) (SH2-139)
ROBINSON, Willis 28 (B) (SH2-33)
ROBINSON, Wm. 30 (B) (SH2-256)
ROBINSON, Wm. 55 (B) (SH1-306)
ROBINSON, Wm. A. 55 (SH2-137)
ROBINSON, Wm. R.39? (SH2-226)
ROBINSON?, Claiborne 24 (B) (SH2-126)
ROBINSON?, Henry 20 (B) (SH1-401)
ROBINSON?, Richd. 17 (B) (SH2-126)
ROBIN___, Mary V. 12 (SH2-270)
ROBISON, George 40 (B) (SH1-453)
ROBISON, John 45 (SH1-47)
ROBISON, Joseph 30 (B) (SH1-54)
ROBISON, Maria 38 (B) (SH1-49)
ROBISON, Simon 23 (B) (SH2-284)
ROBSON, B. P. 48 (m) (SH2-255)
ROBTS, Tim 45 (B) (SH2-164)
ROCCO, B. 50 (m) (SH2-76)
ROCCO, Henry 36 (SH2-353)
ROCHELLE, Caesar 48 (B) (SH1-225)
ROCHESTER, Matilda 40 (B?) (SH2-134)
ROCK, Mary 45 (SH2-31)
ROCKHOLDT, Lula 14 (SH1-165)
ROCKS, Lizzie 26 (B) (SH2-157)
RODDICK, July 40 (f) (B) (SH1-214)
RODDY, Jos. 28 (B) (SH2-184)
RODD___, Alx. 18 (m) (B) (SH1-216)
RODGERS, A. B. 28 (m) (SH1-262)
RODGERS, A. C. 38 (m) (SH2-345)
RODGERS, A. E. L. 49 (f) (SH2-154)
RODGERS, Aaron 28 (B) (SH2-40)
RODGERS, Alak 40 (B) (SH1-293)

RODGERS, Alford 19 (B) (SH1-271)
RODGERS, C.? 14 (m) (B) (SH1-98)
RODGERS, Caroline 40 (B) (SH2-134)
RODGERS, Cas 25 (m) (B) (SH2-357)
RODGERS, Dewitt 19 (B) (SH1-86)
RODGERS, E. E. 50 (f) (SH2-110)
RODGERS, Gideon 19 (SH1-427)
RODGERS, J. E. 39 (f) (SH1-235)
RODGERS, J. W. 42 (m) (SH1-244)
RODGERS, John 40 (B) (SH2-336)
RODGERS, John 52 (B) (SH1-128)
RODGERS, Mag 22 (f) (B) (SH1-444)
RODGERS, Mary 55 (B) (SH2-92)
RODGERS, Pryor?_ (B) (SH1-296)
RODGERS, R. 28? (B) (SH1-297)
RODGERS, Reuben 37 (B) (SH1-249)
RODGERS, Shedrick 49 (SH1-132)
RODGERS, T. 25 (m) (B) (SH1-389)
RODGERS, V.? B. 14 (f) (SH1-392)
RODGERS, Vina 18 (B) (SH1-389)
RODGERS, Wm. 18 (B) (SH1-433)
RODGERS, Wm. 32 (B) (SH1-127)
RODGERS, Wm. H. 54 (SH1-133)
RODIC, July 35 (f) (B) (SH1-216)
RODICK, Patrick 50 (SH2-231)
RODIMAN?, Frances 20 (SH2-277)
ROE, Bessie 2 (B) (SH2-108)
ROEHER, Edwd. 28 (SH2-240)
ROEMER, Charles 56 (SH1-95)
ROESCHER, Isadore 37 (m) (SH2-166)
ROESEN, Wm. 21 (SH1-408)
ROGAN, Tim 35 (SH2-328)
ROGAN?, Jerry? 19 (m) (SH2-36)
ROGATION?, Louis 40 (SH2-267)
ROGERS, A. M. 39 (m) (SH2-304)
ROGERS, Albert 24 (B) (SH1-218)
ROGERS, Albert 25 (B) (SH1-453)
ROGERS, Andrew 28 (B) (SH2-28)
ROGERS, Annie 50 (SH2-100)
ROGERS, Benj. 45 (B) (SH2-129)
ROGERS, Betty 19 (B) (SH2-277)
ROGERS, Caroline 65 (B) (SH1-344)
ROGERS, Charlie 30 (B) (SH1-355)
ROGERS, Clara 19 (B) (SH2-220)
ROGERS, Cornelius 50 (SH2-16)
ROGERS, Dallas 35 (B) (SH1-261)
ROGERS, E. E. 50 (f) (SH1-155)
ROGERS, E. M.? 23 (m) (B) (SH2-265)
ROGERS, E. V. 52 (f) (SH2-153)
ROGERS, Ed 27 (B) (SH1-348)
ROGERS, Eliza 2 (B) (SH1-299)
ROGERS, Ellen J. 25 (SH2-85)
ROGERS, Ellin 27 (B) (SH1-228)
ROGERS, Fannie 17 (SH1-191)
ROGERS, Genier? 23 (f) (B) (SH2-121)
ROGERS, Geo. 26 (B) (SH2-142)
ROGERS, George 21 (B) (SH1-14)
ROGERS, George 25 (SH1-156)
ROGERS, George 31 (B) (SH1-170)
ROGERS, George 56 (SH2-78)
ROGERS, Hattie 35 (B) (SH2-200)
ROGERS, Henry 45 (B) (SH1-63)
ROGERS, Isaac 45 (B) (SH1-165)
ROGERS, J. F. 43 (f) (SH1-34)
ROGERS, J. P. 40 (m) (SH2-290)
ROGERS, James 40 (SH2-167)
ROGERS, Jas. 32 (SH2-76)
ROGERS, Jasper C. 45 (SH1-222)
ROGERS, Leathe 26 (f) (B) (SH1-299)
ROGERS, Madelina 40 (SH2-65)
ROGERS, Martha 72 (B) (SH1-330)
ROGERS, Mary 48 (SH2-87)
ROGERS, Mary 50 (B) (SH1-98)
ROGERS, Mary R. 66 (SH2-294)
ROGERS, Mat 35 (m) (B) (SH2-73)
ROGERS, P. C. 34 (m) (SH2-74)
ROGERS, Richard 24 (B) (SH1-344)
ROGERS, Rubin 28 (SH1-298)
ROGERS, Sallie 21 (B) (SH2-73)
ROGERS, Samuel 42 (SH2-207)
ROGERS, Scott 50 (B) (SH1-336)
ROGERS, Stanton 30 (B) (SH1-162)
ROGERS, Tom 70 (B) (SH1-344)
ROGERS, W. L. 25 (m) (SH2-153)
ROGERS, Wm. 52 (SH1-162)
ROGERS, Wm.? 47 (SH1-374)
ROGERS, _____ 24 (m) (SH2-291)
ROGERSON, Ulrich 17 (SH2-157)
ROGERSON, Wm. 23 (SH2-99)
ROGGERS, John M. 34 (SH1-25)
ROGGERS, Mahala 55 (SH1-21)
ROICE, George 45 (SH2-104)
ROICE?, Lizzie 7 (SH2-129)
ROLACK, Ed 25 (B) (SH1-63)
ROLACK, Tom 50 (B) (SH1-61)
ROLAND, J. 22 (m) (SH1-217)
ROLAND, Jennie 38 (B) (SH2-16)
ROLBE?, Hatie 14 (SH2-52)
ROLDSMITH, Jacob 30 (SH2-133)
ROLE, Eliz. 68 (SH1-195)
ROLFES, Wm. 63 (SH2-252)
ROLLAND, James R. 55 (SH2-44)
ROLLINGS, William 24 (B) (SH2-117)
ROLLINS, Caroline 65 (SH1-365)
ROLLINS, Fannie 8 (B) (SH1-363)
ROLLINS, Fannie 9 (SH1-15)
ROLLINS, Frank 29 (B) (SH2-316)
ROLLINS, Geo. 23 (B) (SH2-239)
ROLLINS, George 40 (B) (SH2-174)
ROLLINS, Hamilton 27 (B) (SH2-316)
ROLLINS, Lucey 50 (B) (SH1-459)
ROLLINS, Phoebe 55 (B) (SH2-306)
ROLLINS, Wm. 26 (B) (SH2-246)
ROLLINS, Zilophie 60 (f) (B) (SH2-178)
ROLMAN, David 28 (B) (SH2-93)
ROLMAN, Sally 21 (B) (SH2-221)
ROLSTON, George 40 (SH2-189)
ROMAJIO, G. 60 (m) (SH-405)
RONE, Susar 37 (f) (SH2-329)
RONE?, M. 13 (f) (SH1-391)
ROOKS, Roxie 10 (f) (B) (SH1-248)
ROOKS, Thomas 60 (B) (SH1-252)
ROOME, George 25 (SH1-86)
ROON, Edward 26 (B) (SH2-70)
ROONEY, Sarah 2? (SH1-109)
ROOTS, Wm. M. 32 (SH2-329)
ROPER, Alice 70 (B) (SH2-43)
ROPER, John 36 (SH2-165)
ROPER, L. F. 30 (f) (SH2-301)
ROPER, Thomas J. 43 (SH1-76)
ROPPER, Ed 7 (B) (SH1-390)
RORSA, Georgia 34 (SH1-111)
ROSAMOND, Jas. 74 (SH2-83)
ROSE, Cora 23 (B) (SH2-258)
ROSE, Frank 27 (SH1-49)
ROSE, Henry 35 (B) (SH2-159)
ROSE, Henry 45 (B) (SH1-135)
ROSE, Henry 49 (B) (SH1-130)
ROSE, Henry 60 (B) (SH1-434)
ROSE, Henry? 47? (B) (SH1-209)
ROSE, J. C. 30 (m) (SH2-261)
ROSE, J. J. 42 (m) (SH1-32)
ROSE, Jane 50 (B) (SH1-289)
ROSE, Jas. 65 (B) (SH2-188)
ROSE, John 40 (B) (SH2-18)
ROSE, John 60 (B) (SH1-106)
ROSE, Kitty 55 (B) (SH2-204)
ROSE, Louisa 48 (SH1-82)
ROSE, Mary 17 (B) (SH1-129)
ROSE, Mary 8 (SH2-83)
ROSE, Mary 90 (B) (SH1-358)
ROSE, Monan 25 (f) (B) (SH1-105)
ROSE, Peter 36 (B) (SH1-125)
ROSE, Sarah 20 (B) (SH1-152)
ROSE, Solomon 55 (SH2-242)
ROSE, Walter S. 49 (SH1-463)
ROSE, Willis 40 (B) (SH1-162)
ROSE, Willis 65 (B) (SH1-162)
ROSE, Wilson 27? (B) (SH1-291)
ROSEBAR, Cedar 35 (f) (B) (SH1-110)
ROSEBOROUGH, Alex 50 (B) (SH1-383)
ROSEBOROUGH, Mattie 36 (SH1-377)
ROSELL, John 42 (B) (SH1-153)
ROSELL, Lewis 60 (B) (SH1-153)
ROSELLE, Louis 20 (SH2-177)
ROSEN, Gertrude 36 (SH1-98)
ROSEN, Leopold 30? (SH2-133)
ROSENBAUM, Augustus 16 (SH2-9)
ROSENBAUM, Levi 41 (SH2-180)
ROSENBERGER, Frank 21? (SH2-105)
ROSENHEIN?, S. 19 (m) (SH2-105)
ROSENSTEIN, Jennette 45 (SH2-63)
ROSENSTEIN, Leon 20 (SH2-105)
ROSENSTINE, Rebecka 15 (SH2-98)
ROSENTHAL, Henry 47 (SH2-86)
ROSENTHAL, Louis 39 (SH2-132)
ROSENTHAL, Louis 39 (SH2-132)
ROSINTHAL, Nathan 52 (SH2-37)
ROSS, Albert 22 (B) (SH1-108)
ROSS, Albert 23 (B) (SH2-16)
ROSS, Albert 33 (B) (SH2-14)
ROSS, Albert 60 (B) (SH2-207)
ROSS, Alf 50 (B) (SH1-63)
ROSS, Anthony 58 (SH2-34)
ROSS, Bary 34 (B) (SH2-340)
ROSS, Betty 12 (B) (SH2-356)
ROSS, Charly 25 (B) (SH1-33)
ROSS, Clara 70 (B) (SH1-35)
ROSS, Clifford 37 (B) (SH2-150)
ROSS, Clifford 72 (B) (SH2-356)
ROSS, Ella 19 (B) (SH2-93)
ROSS, Ellen 23 (B) (SH1-9)
ROSS, Ether A. 1/12 (f) (B) (SH1-121)
ROSS, F. H. 33 (m) (B) (SH1-49)
ROSS, F. M. 25 (m) (B) (SH1-37)
ROSS, Fountain 38 (SH1-17)
ROSS, Francis 10 (B) (SH1-417)
ROSS, Freddie 3 (SH1-132)
ROSS, HEnry 30 (B) (SH1-62)
ROSS, Hannah 42 (B) (SH2-322)
ROSS, Henry 35 (B) (SH2-271)
ROSS, Henry 47 (B) (SH2-278)
ROSS, Herrod 52 (B) (SH1-12)
ROSS, J. O. 22 (f) (SH1-459)
ROSS, JEssee 35 (m) (B) (SH1-63)
ROSS, James 1 (SH2-217)
ROSS, James 44 (B) (SH1-139)
ROSS, Jerry 26 (B) (SH1-458)
ROSS, John 24 (B) (SH2-236)
ROSS, John 27 (B) (SH2-75)
ROSS, John 38 (SH2-356)
ROSS, Joseph 12 (B) (SH2-19)
ROSS, Julia 30 (B) (SH1-450)
ROSS, Lee 18 (f) (B) (SH1-195)
ROSS, Lee 30 (m) (B) (SH2-321)
ROSS, Lena 20 (SH2-190)
ROSS, Lilly 15 (B) (SH1-307)
ROSS, Mary 45 (B) (SH2-125)
ROSS, Mary 45 (B) (SH2-171)
ROSS, Mr. 45 (SH2-170)
ROSS, Newton 12 (B) (SH1-51)
ROSS, Patty 45 (B) (SH2-222)
ROSS, Ralf 27 (B) (SH1-12)
ROSS, Richard 36 (B) (SH1-75)
ROSS, Robert 30 (B) (SH2-60)
ROSS, Robert L.? 27 (B) (SH2-270)
ROSS, Robert W. 23 (SH1-77)
ROSS, Robt. 23 (B) (SH2-289)

ROSS, Roxie 10 (f) (B) (SH1-269)
ROSS, Sallie 30 (f) (SH1-244)
ROSS, Sheppard 21 (B) (SH1-305)
ROSS, Smith 28 (B) (SH2-17)
ROSS, Susan 36 (B) (SH2-136)
ROSS, Thomas 60 (SH1-19)
ROSS, W. J. 60 (m) (SH2-283)
ROSS, Wash 55 (B) (SH1-365)
ROSS, Will 28 (B) (SH2-287)
ROSS?, Harrel 48 (B) (SH1-326)
ROSSEE?, Peter 18 (SH2-71)
ROSSEL, Marion Jas. 45 (m (SH2-274)
ROSSELL, Gilbert 50? (B) (SH2-225)
ROSSELL, Wm. 66 (SH2-106)
ROSSER, Isaac 41 (SH2-241)
ROSSER?, Jno. B. 28 (SH2-81)
ROSSET, Ike 9? (B) (SH2-270)
ROSSI, Anthony 26 (SH2-31)
ROSSI?, J. 32 (m) (SH2-72)
ROSSIER, John 69 (SH2-244)
ROSSM___, J. 19 (f) (SH1-109)
ROTNITS?, Wm. 43 (SH2-177)
ROUCH, Louisa 22 (SH2-76)
ROUGH?, Harry 30 (B) (SH1-113)
ROUND, J. 28 (f) (SH1-389)
ROUND, Jas. 57 (SH2-294)
ROURKE, James 33 (SH2-142)
ROURKE, John M. 36 (SH2-47)
ROUSCH, Mary 34 (SH2-97)
ROUTH, _____ __ (B) (SH2-266)
ROVELL, John 50 (B) (SH1-57)
ROVER?, Mary C. 47 (SH2-197)
ROWAN, T. J. 25 (m) (SH1-395)
ROWDEN, Thomas 31 (SH2-102)
ROWDEN, Thos. 28 (SH2-104)
ROWE, Ambrose 33 (SH2-325)
ROWE, Cornelia 12 (B) (SH2-3)
ROWE, Eliza 40 (B) (SH2-15)
ROWE, Martha 30 (SH1-279)
ROWE, Thomas A. 31 (SH1-80)
ROWELL, Augustus 35 (SH1-434)
ROWELL, John 28 (SH2-68)
ROWELL, Julia 50 (B) (SH2-297)
ROWLAND, Henrietta __ (B) (SII2-119)
ROWLET, Alfred 21 (B) (SH1-430)
ROWLET, Daniel 53 (B) (SH1-298)
ROWLETT, Cora 16 (B) (SH2-352)
ROWLETT, J. W. 41 (m) (SH2-357)
ROWLETT, James 23 (B) (SH1-257)
ROWLETT, M. M. 29 (m) (SH1-266)
ROWLIN, Mastin 21 (m) (B) (SH1-468)
ROY, M. D. sr? 74 (SH1-50)
ROY, Maggie 24 (SH2-304)
ROY, Wm. D. 28 (SH2-94)
ROYAL, Charles 21 (B) (SH1-217)
ROYAL, Joseph 40 (B) (SH1-46)
ROYAL, Mary 22 (B) (SH2-184)
ROYAL, Richard 19 (B) (SH1-332)

ROYASTER, Citty 85 (f) (B) (SH1-219)
ROYCE, Amos 31 (SH2-295)
ROYE, H. 35 (m) (B) (SH1-400)
ROYEL, Mandy 50 (B) (SH1-316)
ROYNON?, H. A. 41 (m) (SH1-358)
ROYSTER, Fink 64 (m) (SH1-108)
ROYSTER, Jim 61 (B) (SH1-228)
ROYSTER, Leo 35 (SH2-80)
ROYSTER, Martha 40 (B) (SH2-25)
ROZELL, Henry 34 (B) (SH1-309)
ROZELL, Jordon 5 (B) (SH2-295)
ROZELLE, R. J. 25 (m) (B) (SH1-400)
ROZZELL, Milford W. 22? (SH1-51)
RPICE, Ed 25 (SH1-117)
RUBBIN, Jane 48 (B) (SH2-103)
RUBER, Julia 40 (B) (SH1-64)
RUBSCH?, George 46 (SH2-341)
RUCKER, Sandy 70 (m) (B) (SH1-62)
RUCKER, Violet 16? (B) (SH2-116)
RUCKER, Violet 19 (B) (SH2-212)
RUDD, Frank 30 (SH1-404)
RUDD, Manuel 20 (B) (SH1-373)
RUDD, Rosa 24 (SH2-215)
RUDE, Walter 25 (B) (SH1-228)
RUDISILL, G. E. 45 (m) (SH2-263)
RUDISILL, Phillip 57 (B) (SH2-275)
RUDISILL?, Zenas A. 28 (m) (SH1-10)
RUFF, Harry 38 (SH2-54)
RUFF, Simon 27 (SH2-154)
RUFFIN, Alf 30 (B) (SH1-214)
RUFFIN, Alford 25 (B) (SH1-282)
RUFFIN, Betsy 50 (B) (SH2-205)
RUFFIN, Frozena 42 (f) (B) (SH2-319)
RUFFIN, Harriet 30 (B) (SH1-301)
RUFFIN, John 40 (B) (SH1-437)
RUFFIN, Mary 41 (SH2-170)
RUFFIN, Ples 48 (B) (SH1-233)
RUFFIN, S. 80 (B) (SH1-395)
RUFFIN, Selia 43 (f) (B) (SH2-329)
RUFFIN, W. 45 (m) (B) (SH1-238)
RUFFIN, White 21 (SH2-164)
RUFUS, L. 22 (m) (SH2-106)
RULE, George 33 (SH1-368)
RULEMAN?, W. J. 43 (m) (SH1-61)
RULSCH, G.? P. 22 (m) (SH1-390)
RUMAGGI, Kate 30 (SH1-416)
RUMSEY, Lee 36 (m) (SH1-352)
RUMSLEY, John 18 (SH1-265)
RUNELS, Israel 6 (f) (B) (SH1-92)
RUSA____, John 18 (SH1-387)

RUSCHHAUPT, Minnie 17 (SH2-295)
RUSH, Martin J. 52 (B) (SH1-317)
RUSH, Thomas 50 (SH2-111)
RUSHHAUPT, Wm. 46 (SH2-276)
RUSHING, Basil 35 (B) (SH1-312)
RUSHMAN, Henry 12 (SH2-332)
RUSHTON, Martha 5 (SH2-314)
RUSS, Berry 35 (B) (SH1-73)
RUSSART, Wm. 40 (SH1-363)
RUSSE, Benny 12 (m) (B) (SH2-338)
RUSSE, Thomas 50 (SH2-44)
RUSSEL, Ann 35 (B) (SH1-222)
RUSSEL, Easter 67 (B) (SH2-197)
RUSSEL, Frank 54 (B) (SH1-89)
RUSSEL, Lottie 40 (f) (SH2-330)
RUSSELL, Andrew 20 (B) (SH1-133)
RUSSELL, Andrew J. 42 (B) (SH2-220)
RUSSELL, Edward 7 (B) (SH1-136)
RUSSELL, Elisabeth 49 (SH1-100)
RUSSELL, Emma 22 (SH1-95)
RUSSELL, F. R.? 32 (m) (SH2-152)
RUSSELL, Henry 59 (B) (SH1-119)
RUSSELL, John 50? (SH2-178)
RUSSELL, Lawrence 18 (SH2-25)
RUSSELL, Lizzie 44 (SH2-74)
RUSSELL, Martha 50 (B) (SH2-156)
RUSSELL, Nannie 12 (B) (SH1-384)
RUSSELL, S. H. 34 (m) (SH1-265)
RUSSELL, Will 12 (B) (SH1-373)
RUSSELL, Willie 10 (m) (B) (SH1-386)
RUSSELL, Wm. M. 32 (SH1-112)
RUSSER, Jacob 38 (SH2-188)
RUSSLE, John 21 (SH1-74)
RUSSUM?, Edwin F. 30 (SH2-53)
RUTH, August 12 (SH2-138)
RUTH, S. 27? (m) (SH1-354)
RUTHERFORD, D. 40 (m) (SH1-243)
RUTHERFORD, E. 25 (f) (B) (SH2-191)
RUTHERFORD, Jake 55 (B) (SH1-186)
RUTHERFORD, Jessie 45 (m) (B) (SH2-127)
RUTHERFORD, John 22 (B) (SH1-60)
RUTHERFORD, Winnie 40 (B) (SH2-34)
RUTHERFORD, _. D. 24 (m) (SH2-105)
RUTIDGE?, Thomas 50 (SH1-82)
RUTLAND, Chas. 18 (SH1-358)
RUTLAND, Geo. W. 28 (SH1-461)
RUTLAND, Ike 46 (B) (SH1-361)
RUTLAND, S. C. 55 (f) (SH1-257)
RUTLAND, Sim 25 (B) (SH1-254)
RUTLAND?, Sandy 28 (m) (B) (SH1-355)

RUTLE, John 55 (SH2-23)
RUTLEDGE, Dave 52 (SH1-213)
RUTLEDGE, Frank 66 (SH2-195)
RUTLEDGE, Henry 25 (SH1-223)
RUTLEDGE, John T. 24 (SH2-145)
RUTLEDGE, M. 49 (m) (SH1-224)
RUTL____, ____ (m) _3 (SH2-201)
RUTSCHMAN, Conrad 35 (SH1-98)
RUTSHMANN, Geo. 34 (SH2-258)
RUTTER, George? 10 (SH2-192)
RUTTER, Sarah 40 (SH2-191)
RUTTINGHAM?, Fred? W. 59 (SH1-89)
RYAN, Augustus 42 (SH2-78)
RYAN, B. 1_ (f) (SH1-176)
RYAN, Bridget 46 (SH2-185)
RYAN, Charles R. 45 (SH2-211)
RYAN, Daniel 31 (SH2-178)
RYAN, Dennis 46 (SH2-240)
RYAN, Ellen 23 (SH2-74)
RYAN, James 27 (SH2-178)
RYAN, James 29 (SH2-66)
RYAN, James 29 (SH2-74)
RYAN, James 30 (SH2-17)
RYAN, John 25 (SH2-68)
RYAN, M. 28 (m) (SH2-154)
RYAN, Maggie 45 (SH2-100)
RYAN, Margaret 44 (SH2-40)
RYAN, Mary 49 (SH2-41)
RYAN, Mike 35 (B) (SH2-110)
RYAN, Samuel 25 (B) (SH2-43)
RYAN, T. A. 50 (m) (SH2-364)
RYAN, Thomas _2 (SH2-242)
RYAN, Wm. E. 34 (SH2-46)
RYAN, ____ (m) (SH2-47)
RYAN?, Bridget 42 (SH2-33)
RYBERG?, Lena 14 (SH2-49)
RYDER, James 25 (SH2-22)
RYKER, Elizabeth 60 (SH2-293)
RYLES?, Lizzie 11 (SH1-109)
R___, Geo. F. 32 (SH1-175)
R___CK, Hardy 48 (B) (SII1-12)
R___I, Celia 38 (SH2-96)
R___S, H. L. 15 (m) (B) (SH1-243)
SABATSY?, Ella 28 (SH2-93)
SABINE, Elizab. 34 (SH2-241)
SACHE?, Moses 17 (SH2-65)
SACHELL?, Peter 36 (SH1-83)
SACKETT, James 63 (SH2-122)
SADLER, Augustus 50 (SH1-375)
SADLER, J. H. 28 (f) (SH2-264)
SADLER, Maynard 28 (B) (SH1-343)
SADLER, Wm. 33 (B) (SH2-109)
SAFFARANS, Jennie 37 (SH2-85)
SAFFARANS, Jordon 47 (B) (SH2-295)
SAFFARANS, Louisa 36 (B) (SH2-295)
SAFFERENO, Joseph _(convict) (SH1-356)
SAFFORD, W. B. 38 (m) (SH2-152)
SAFFORD, Wm. B. 35 (SH2-215)

1880 Census Shelby Co. TN: Heads-of-Household

SAFFRON, Charlie 21 (SH1-356)
SAFFRONS?, Sallie 52 (SH2-68)
SAGE, Willie 4 (m) (SH2-314)
SAGE, Wm. 24 (B) (SH2-263)
SAHIARK?, Rosa 18 (SH1-144)
SAILER, Anthony 5 (SH2-314)
SAILER, Henry 47 (B) (SH2-259)
SAIN, W. F. 38 (m) (SH1-240)
SAINS, George 33 (B) (SH1-456)
SAINS?, Philip 21 (SH2-284)
SAINT, Albert 56 (B) (SH1-440)
SAINT, J. C. 60 (m) (SH1-404)
SAINT, Newton 48 (SH1-473)
SAINT, W. H. 23 (m) (B) (SH1-277)
SALARI, August 25 (SH1-376)
SALARI, Louise 18 (SH2-99)
SALE, Margaret L. 50 (SH2-94)
SALEN, Godfrey 58 (SH2-174)
SALERY, Riley 37 (SH2-109)
SALES, Henry 12 (B) (SH2-317)
SALES, Ike 36 (B) (SH1-162)
SALES, Indiana 27 (B) (SH2-260)
SALES, Jeff 22 (B) (SH1-9)
SALES, Jeff 54 (B) (SH1-15)
SALES, Jeff jr. 25 (SH1-16)
SALES, Julia 82 (B) (SH2-239)
SALES, Lewis 40 (B) (SH1-27)
SALES, Lewis 50 (B) (SH1-328)
SALES, Lewis 8 (B) (SH2-318)
SALES, Rolan 20 (B) (SH1-179)
SALES, Sarah 38 (B) (SH2-73)
SALES, Wash 23 (B) (SH1-121)
SALLES, Clem 48 (m) (SH2-193)
SALLY, G. J. 40 (m) (SH1-251)
SALOAM?, Levey 35 (B) (SH2-58)
SALTAS, J. G. 40 (m) (SH2-77)
SALTMARSH, Charles T. 43 (SH2-53)
SALVITARO, Corsi 27 (m) (SH2-132)
SAMBRUETTE?, Mary 60 (SH2-3)
SAMDEN?, MArgret 39 (B) (SH1-321)
SAMELSBERG?, Charles 20 (SH2-19)
SAMELSON, Carrie 45 (SH2-64)
SAMFIELD, Max 35 (SH2-259)
SAMONS, Sarah 30 (SH2-239)
SAMPLE, Clinton 50 (B) (SH1-379)
SAMPLE, Major 55 (B) (SH1-46)
SAMPLE, Nancy 37 (SH1-224)
SAMPLE, Texas 32? (f) (SH2-174)
SAMPLE, Wm. M. 27 (SH2-221)
SAMPLES, John H. 45 (SH1-229)
SAMPSON, B. K. 39 (m) (SH1-393)
SAMPSON, H. 38 (SH1-399)
SAMPSON, Joseph H. 28 (SH2-94)
SAMPSON, Wm. 65 (B) (SH1-407)
SAMTER, Marks 39 (SH2-52)
SAMUEL, Violet 25 (B) (SH2-89)
SAMUELS, Alma 8 (SH1-442)
SAMUELS, Daniel 46 (B) (SH1-241)
SAMUELS, Eli 32 (SH2-10)
SAMUELS, George 65? (B) (SH2-118)
SAMUELS, J. T. 48 (m) (SH2-110)
SAMUELS, Minnie 42 (SH2-86)
SANCEBOO?, E. 88 (f) (B) (SH1-401)
SANDEFORD, Ben H. 17 (SH2-99)
SANDERFORD, Benjamin 40 (SH2-99)
SANDERLIN, Andrew 27 (B) (SH1-429)
SANDERLIN, Cornelius 35 (B) (SH2-32)
SANDERLIN, Jno. M. 39 (SH1-141)
SANDERS, Andy 29 (B) (SH1-459)
SANDERS, Belle 25 (B) (SH2-28)
SANDERS, Charles 10 (B) (SH1-437)
SANDERS, Chas. 25 (B) (SH2-286)
SANDERS, D. D. jr.? 47 (m) (SH2-183)
SANDERS, E. D. 43 (m) (SH1-455)
SANDERS, Ellen 35 (B) (SH1-323)
SANDERS, Ellis 19 (B) (SH2-184)
SANDERS, G. C. 28 (m) (B) (SH1-449)
SANDERS, George 22 (B) (SH2-184)
SANDERS, George 24 (B) (SH2-65)
SANDERS, George 42 (B) (SH1-48)
SANDERS, George 70 (B) (SH2-192)
SANDERS, Henry 30 (B) (SH2-214)
SANDERS, Isaah 48 (SH1-341)
SANDERS, James 51 (SH1-179)
SANDERS, Jennie 30 (SH2-118)
SANDERS, John 17 (B) (SH2-118)
SANDERS, John 18 (B) (SH1-339)
SANDERS, John 18 (B) (SH1-433)
SANDERS, John 22 (B) (SH1-283)
SANDERS, John 30 (SH2-68)
SANDERS, Jordan 50 (B) (SH2-23)
SANDERS, Joseph 10 (B) (SH2-190)
SANDERS, Joseph 24 (B) (SH2-14)
SANDERS, Joseph 35 (B) (SH1-46)
SANDERS, Lewis 55 (B) (SH2-256)
SANDERS, Louisa 38 (B) (SH1-411)
SANDERS, M. 27 (m) (B) (SH1-401)
SANDERS, Rebecca 26 (B) (SH1-95)
SANDERS, Reuben 50 (B) (SH2-286)
SANDERS, Sarah 38 (B) (SH2-89)
SANDERS, Spade? 50 (m) (B) (SH1-150)
SANDERS, Stephen 58 (B) (SH2-48)
SANDERS, Thos. B. 45 (B) (SH2-102)
SANDERS, Wm. S. 28 (SH1-11)
SANDERS, Wyatt 27 (B) (SH1-139)
SANDERS, alice 23 (B) (SH2-365)
SANDERSON, Albert 32 (SH1-111)
SANDERSON, Eliza 66 (SH1-112)
SANDERSON, Wm. 35 (SH1-100)
SANDFORD, Cal 22 (B) (SH1-433)
SANDFORD, David 32 (B) (SH2-342)
SANDFORD, Edmon 18 (B) (SH2-104)
SANDFORD, Harvey 40 (B) (SH1-160)
SANDRIDGE, Frances 38 (SH2-173)
SAND____, A. E. 65 (f) (SH1-200)
SAND____, ____ 35 (m) (SH1-200)
SANFORD, John 45 (B) (SH1-169)
SANFORD, Jos. 62 (B) (SH2-155)
SANFORD, Nathan 24 (B) (SH1-4)
SANFORD, Willis 49 (B) (SH1-5)
SANFORD, Wm. 15 (B) (SH1-49)
SANGLSEE, David 25 (B) (SH2-139)
SANGSTER, M. 41 (f) (SH2-246)
SANNANER?, James 50 (B) (SH2-266)
SANNONER?, F. R. 35 (m) (SH2-111)
SANTHOAF?, Henry 38 (SH1-22)
SAPINE?, Wm. 22 (B) (SH2-168)
SARBY?, Wm. 47 (SH2-58)
SARGEANT, Wm. 21 (B) (SH2-197)
SARNER, F. L. 39 (m) (SH2-31)
SARON, Geo. 34 (SH2-130)
SARTORIUS?, JAcob 60 (SH2-62)
SASSARINA, Frank 48 (SH2-99)
SASTOSE?, Herman 27 (SH2-101)
SATERFIELD, Wm. 30 (B) (SH1-315)
SATTERNAR, Porter 40 (SH2-114)
SAULSBURY, James 39 (SH2-44)
SAUNDERS, Allen 30 (B) (SH2-200)
SAUNDERS, Chesterfield 63 (B) (SH2-334)
SAUNDERS, D. M. 40 (m) (SH1-319)
SAUNDERS, De__ 11 (f) (B) (SH2-58)
SAUNDERS, Eliza 50 (B) (SH2-108)
SAUNDERS, Erwin 23 (B) (SH2-138)
SAUNDERS, Henry 40 (B) (SH1-331)
SAUNDERS, Hettie 65 (B) (SH2-296)
SAUNDERS, Jim 23 (B) (SH1-379)
SAUNDERS, John 24 (SH1-384)
SAUNDERS, Kate 43 (SH1-408)
SAUNDERS, Lucette 18 (B) (SH2-296)
SAUNDERS, Oga 1 (f) (SH2-314)
SAUNDERS, R. T. 50 (m) (SH2-110)
SAUNDERS, Sam 24 (B) (SH1-298)
SAUNDERS, Solomon 90 (B) (SH2-336)
SAUNDERS, Susie 14 (SH1-377)
SAUNDERS, Wm. 50 (B) (SH2-45)
SAUNDERS, ____ 28 (m) (B) (SH2-207)
SAUNDERSON, Tony 32 (m) (B) (SH1-417)
SAUPE, Ferdinand 64 (SH2-37)
SAUPE?, Henriette 22 (SH2-38)
SAUSBORN, Milly 25 (SH1-225)
SAVAGE, Anna 26 (SH2-186)
SAVAGE, Chas. 14 (B) (SH2-231)
SAVAGE, Frances 22 (SH2-242)
SAVAGE, Frank 40 (B) (SH1-340)
SAVAGE, Frederick 30? (SH2-224)
SAVAGE, Martha B. 40 (SH1-45)
SAVAGE, Mary 9 (SH2-345)
SAVAGE, Nora 2 (B) (SH1-308)
SAVAGE, Roland 53? (SH2-345)
SAVAGE, Sally 19 (B) (SH2-64)
SAVAGE, Sam 37 (B) (SH1-311)
SAVAGE, Wm. 21 (B) (SH1-43)
SAVALLE, E. C. 68 (f) (SH2-43)
SAVILLE, John 28 (SH2-48)
SAWYER, F. J. 47 (m) (SH1-167)
SAWYER, James 45 (B) (SH1-92)
SAWYER, Rosa S. 16 (B) (SH1-422)
SAWYER, Wm. H. 38 (SH1-207)
SAWYERS, Alford 50 (B) (SH1-180)
SAWYERS, John 28 (B) (SH2-128)
SAWYERS, Lizzie 20 (B) (SH2-127)
SAWYERS, Lizzie 56 (B) (SH1-115)
SAWYERS, Silas 51 (B) (SH1-116)
SAY, Geon W. 52 (m) (B) (SH2-194)
SAYLOR, Annie 38 (SH2-296)
SCAFFE, Susan 35? (SH2-111)
SCAGLAN?, Georgie 19 (f) (SH2-222)
SCAIFE, Jefferson 9 (B) (SH2-1)
SCAIFE, L. W. 24 (f) (SH2-183)
SCALES, Adolphus 35? (B) (SH2-311)

108

SCALES, Dabny M. 38 (m) (SH2-91)
SCALES, Darkey 24 (f) (B) (SH2-297)
SCALES, Geo. 44 (B) (SH2-301)
SCALES, Henry 35 (B) (SH1-349)
SCALES, Joseph 16 (SH1-36)
SCALES, Lewis 30 (B) (SH1-255)
SCALF, J. F. 30 (m) (SH1-144)
SCARBOROUGH, Alford 57 (SH2-74)
SCARBOROUGH, Bettie 28 (SH2-74)
SCARBROUGH, Eliza 52 (B) (SH1-285)
SCARBROUGH, John 18 (SH2-77)
SCATTER, Allen 19 (SH2-158)
SCHAAF, Charles 6 (SH2-314)
SCHAAF, Emma 12 (SH2-314)
SCHABEL, J. F. 52 (m) (SH2-296)
SCHABEL, Martha J. 51 (SH2-293)
SCHAEFER, Jno. 30 (SH2-81)
SCHANK, Gustave 35 (SH2-1)
SCHARFF, Barnard 36 (SH2-191)
SCHARFF, Jacob 34 (SH2-97)
SCHARPER, Lizzie 31 (SH2-41)
SCHEER, Herman 22 (SH2-104)
SCHEIBER, Sam 45 (SH2-303)
SCHEIBLER, A. 38 (m) (SH2-302)
SCHEIBLER, Frederick 52 (SH2-2)
SCHELLY, Casper 36 (SH2-252)
SCHERIDAN, T. A. 32 (m) (SH1-260)
SCHERRER, Charles 40 (SH2-76)
SCHEVNELL, Walter 15 (SH2-72)
SCHIDE, Phillip 38 (SH2-147)
SCHIEBLER, John 51 (SH1-137)
SCHIFFLER, Leopold 51 (SH2-40)
SCHILLER, Edward 51 (SH2-137)
SCHILLER, John 44 (SH2-189)
SCHILLING, JAcob 36 (SH1-409)
SCHILLING, Leopold 36 (SH2-72)
SCHILLING, Wm. 34 (SH2-54)
SCHILLY, Rufus 19 (B) (SH2-333)
SCHILL_, ___ 24? (B) (SH1-289)
SCHINBER?, Wm. 30 (SH1-371)
SCHINLAN, Charles 32 (SH2-113)
SCHLANCH, John 25 (SH2-70)
SCHLEMMER, E. B. 15 (f) (SH2-240)
SCHLEMMER, Eliz. 38 (SH2-240)
SCHLOS, Jacob 20 (SH2-91)
SCHLOSS, Daniel 41 (SH2-49)
SCHLOSS, Edward 41 (SH2-42)
SCHLOSS, Sam 45 (SH2-63)
SCHMEIRER, George 50 (SH1-344)
SCHMID, Fredrick 46 (SH2-96)
SCHMIDT, Anton 54 (SH2-335)
SCHMIDT, Caroline 18 (SH1-100)
SCHMIDT, Henry 21 (SH2-326)
SCHMIDT, John C. 40 (SH1-94)
SCHMIDT, Josephine 11 (SH2-277)
SCHMOELLER, Henry 18 (SH2-70)
SCHNEALZEIED, Geo.? 36 (SH2-168)
SCHNEIDER, G. D. 38 (m) (SH2-151)
SCHNEIDER, Samuel 27 (SH2-60)
SCHNIELIG, Henry 34 (SH2-48)
SCHNITE?, Wm. F. 25 (SH1-308)
SCHNOOIL?, Mick 53 (SH2-252)
SCHOEMAKER, John 41 (SH2-98)
SCHOLLS, Louisa 33 (SH2-176)
SCHOOLFIELD, JAmes S. 30 (SH1-134)
SCHOOLFIELD, Wm. W. 47 (SH2-61)
SCHOOLS, Mary 36 (SH2-117)
SCHOTT, Sam H. 40 (B) (SH2-96)
SCHRADER, Jno. H. 42 (SH1-275)
SCHREYER, Harriett 38? (SH2-8)
SCHRIEBER, Rosina 52 (SH2-15)
SCHRIEDT, JOhn 59 (SH2-256)
SCHROEDER, Caroline 22 (SH1-416)
SCHRONERO?, Mollie 50 (SH2-154)
SCHUALMEYER, Eliza 26 (B) (SH2-126)
SCHUBARTH, Julius 45 (SH2-111)
SCHUBERT, Fred 41 (SH2-99)
SCHUHLE, David 30 (SH2-293)
SCHULER, G.? L. 27 (m) (SH1-391)
SCHULER, Louise 53 (SH2-272)
SCHULLENBAUM, Jno. 57 (SH2-115)
SCHULTZ, Arthur 3 (SH2-49)
SCHULTZ, Helena 49 (SH2-254)
SCHULTZ, John 27 (SH2-48)
SCHULTZ, Richd. 22 (SH2-256)
SCHULTZE, HEnry 29 (SH1-94)
SCHULZE, Herman 36 (SH2-259)
SCHUMAN, Frank 29 (SH2-116)
SCHUMER, Fred 34 (SH2-112)
SCHURMEYER, John 48 (SH2-6)
SCHUYLE, Jas. 27 (SH1-32)
SCHWABB, Nathan 28 (SH2-92)
SCHWALMIER?, Wm. 40 (SH2-105)
SCHWARER, Houston 11 (SH2-218)
SCHWARTZ, M. 46 (m) (SH2-160)
SCHWARZ, E____ 18 (f) (SH2-264)
SCHWA__, Joh__ 18 (m) (SH1-96)
SCHWIHOCK?, Jim 55 (B) (SH1-302)
SCOBBLER, Frank 35 (B) (SH1-338)
SCOGGINS, Flemintine 10 (f) (SH1-23)
SCOGGINS, James 21 (SH1-22)
SCOGGS, Frank 22 (SH1-4)
SCOGGS, Geo. S. 25 (SH1-4)
SCOGGS, John 20 (SH1-4)
SCOLLAN, John 22 (SH2-101)
SCOT, Mary 23 (B) (SH2-348)
SCOT, Robert F. 33 (SH1-76)
SCOTT, Alex 50 (SH1-373)
SCOTT, Allen 40 (B) (SH2-142)
SCOTT, Auguston 68 (B) (SH2-340)
SCOTT, Badie 36 (f) (B) (SH1-400)
SCOTT, C. 7 (m) (SH1-33)
SCOTT, Charles 33 (B) (SH2-364)
SCOTT, Charley 30 (B) (SH1-181)
SCOTT, Charly 28 (B) (SH2-328)
SCOTT, Daniel 50 (B) (SH1-268)
SCOTT, David 60 (B) (SH1-142)
SCOTT, Delia 42 (SH2-235)
SCOTT, Dock 32 (B) (SH1-194)
SCOTT, E. A. 48 (f) (SH2-137)
SCOTT, Eli 30 (B) (SH1-464)
SCOTT, Elisabeth V. 58 (SH1-100)
SCOTT, Elise 38 (SH1-264)
SCOTT, Eliza 26 (B) (SH2-64)
SCOTT, Ella 30 (B) (SH2-170)
SCOTT, Ellen 60? (B) (SH2-125)
SCOTT, F. T. 43 (m) (SH1-230)
SCOTT, G. 42 (m) (B) (SH1-145)
SCOTT, George 24 (B) (SH1-205)
SCOTT, H. L. 37 (m) (SH2-143)
SCOTT, Isac 45 (B) (SH2-88)
SCOTT, J. B. 37 (m) (SH1-33)
SCOTT, J. Burk 29 (SH2-37)
SCOTT, J. L. 39 (m) (SH1-40)
SCOTT, J. M. 38 (m) (SH1-236)
SCOTT, James 40 (SH2-288)
SCOTT, Jane 30 (B) (SH1-311)
SCOTT, Jane 35 (B) (SH1-147)
SCOTT, Jane 44 (B) (SH1-239)
SCOTT, Jesse 20 (m) (B) (SH1-158)
SCOTT, Jesse 35 (m) (B) (SH2-285)
SCOTT, Jno. 40 (B) (SH1-360)
SCOTT, Jo B. 30 (m) (SH1-265)
SCOTT, John 30? (B) (SH2-150)
SCOTT, John 39 (B) (SH1-134)
SCOTT, John __ (B) (SH1-34)
SCOTT, Johnson 40 (B) (SH1-256)
SCOTT, Kate 14 (SH2-281)
SCOTT, Katie 13 (SH2-236)
SCOTT, Lizzie 18 (B) (SH2-359)
SCOTT, Lizzie 18 (B) (SH2-53)
SCOTT, Lizzie 40 (B) (SH2-131)
SCOTT, Lizzie 53 (B) (SH2-330)
SCOTT, M. E. 50 (f) (SH2-37)
SCOTT, M. L. 67 (f) (SH1-230)
SCOTT, Martha 29 (B) (SH1-42)
SCOTT, Mary 11 (B) (SH2-338)
SCOTT, Mary 15 (B) (SH2-16)
SCOTT, Mary 27 (B) (SH2-356)
SCOTT, Mary 35 (B) (SH2-75)
SCOTT, Mary A. 40 (B) (SH2-143)
SCOTT, Matilda 33 (B) (SH2-298)
SCOTT, Mike 37 (B) (SH2-351)
SCOTT, Mitchell 45 (B) (SH2-239)
SCOTT, Mollie 31 (B) (SH2-110)
SCOTT, Mrs. 24 (B) (SH2-365)
SCOTT, NElson 17 (B) (SH2-96)
SCOTT, Napoleon B. 43 (SH1-77)
SCOTT, Nat 20 (B) (SH1-423)
SCOTT, Nat 20 (B) (SH1-423)
SCOTT, Nor_ 24 (f) (B) (SH1-97)
SCOTT, Patrick 37 (SH2-183)
SCOTT, Phillip 52 (B) (SH1-180)
SCOTT, R. L. 40 (m) (SH1-242)
SCOTT, Samuel G. 52 (SH1-421)
SCOTT, Thomas 24 (SH2-228)
SCOTT, Walter 70 (B) (SH1-112)
SCOTT, Will 12 (B) (SH1-153)
SCOTT, Wm. 22 (B) (SH2-65)
SCOTT, Wm. 28 (B) (SH2-77)
SCOTTS, Maggie 27 (B) (SH2-146)
SCRIBNER, Lewis 20 (B) (SH1-355)
SCRUGGS, Albert M. 69 (SH1-427)
SCRUGGS, Anna 23 (B) (SH1-106)
SCRUGGS, Balaam? 38 (m) (B) (SH1-147)
SCRUGGS, Eliza 12 (B) (SH1-150)
SCRUGGS, Henry 28 (B) (SH2-117)
SCRUGGS, Jesse 38 (m) (SH1-147)
SCRUGGS, Jessie 30 (m) (B) (SH2-200)
SCRUGGS, Mary 50 (B) (SH1-370)
SCRUGGS, Nora 65 (SH1-197)
SCRUGGS, Susan 32 (B) (SH1-231)
SCRUGGS, T. M. 24 (m) (SH2-91)
SCRUGGS, Terry 39 (m) (B) (SH2-364)
SCRUGGS, Willie 3 (m) (B) (SH1-148)
SCRUGGS, Wm. 27 (B) (SH2-1)
SCRUGS, Binkie? 9/12 (f) (B) (SH1-136)
SCRUGS, Charles 25 (B) (SH1-333)
SCRUGS, Frank 29 (B) (SH1-332)
SCRUGS, Green 23 (B) (SH1-346)
SCRUGS, Henry 33 (B) (SH1-457)
SCUDDER, Marshy 30 (SH1-430)
SCUDDER, Mary 53 (SH1-415)
SCULLY, Annie 24 (SH2-251)
SCULLY, James 60 (SH2-25)
SCULLY, Thos. 65 (SH2-247)
SCURLOCK, E. G. 14 (m) (SH1-406)
SCURLOCK, MAttie 9 (f) (B) (SH2-337)
SCURLOCK, Pinkney 32 (B) (SH1-463)
SCURLOCK, Robt. 54 (B) (SH2-339)
SEABROOK, J. P. 27 (m) (SH1-234)
SEABROOK, S. L. S. 45 (f) (SH1-234)
SEABROOK, Wm. J. 35 (SH2-82)
SEAFUS, Maria 45 (B) (SH2-218)
SEALES, Jasper 35 (B) (SH1-51)
SEALLY, Austin 47 (SH2-6)
SEALLY, Rosa 14 (SH2-20)
SEALS, Isam 35? (B) (SH2-56)
SEALS, James P. 33 (B) (SH2-240)
SEALS, Mattie 23 (f) (B) (SH2-186)
SEAMON, Edward 25 (SH2-7)

SEAMON, Wm. 24 (B) (SH2-14)
SEARCY, Jane M. 44 (SH1-461)
SEARCY, Mattie 27 (SH2-190)
SEARCY, Wm. O. 35 (SH1-332)
SEASE?, George 44 (SH2-168)
SEASKIN, W. M. 28 (m) (SH2-154)
SEASONS, Mary 36 (B) (SH2-149)
SEATS, Isam? 47 (m) (SH1-203)
SEAY, Jennie 30 (B) (SH2-28)
SEBREL, George 12 (B) (SH1-356)
SEBRELLA, Edward 16 (SH2-19)
SEDBERRY, J. R. 51 (m) (SH1-55)
SEDINGER, F. P. 27 (m) (SH1-144)
SEDINGER, Rachael 61 (SH1-170)
SEDNEY, Jack 27 (B) (SH1-392)
SEELIG, Moses 51 (SH2-259)
SEELIG?, Louis 27 (SH2-262)
SEESSEL, Albert 29 (SH2-6)
SEESSEL, Andrew 76 (SH2-36)
SEEVEY, Wiley 22 (B) (SH2-4)
SEIDD, Fredrick 48 (SH2-98)
SEIPPEL, Otto 25 (SH2-148)
SELBY, Louis 35 (SH2-61)
SELDEN, Clarence 33 (SH2-271)
SELDEN, Metellus 37 (m) (SH2-211)
SELDON, Jas. 65 (B) (SH2-244)
SELIGSTEIN, Abe 24 (SH2-37)
SELKA, Herman J. 41 (SH2-31)
SELLECK, Alburt 40 (SH2-93)
SELLERS, Estell 35 (SH2-50)
SELLERS, Frank 48 (SH2-221)
SELLERS, John 35 (B) (SH1-356)
SELLERS, Mariah 13 (B) (SH1-337)
SELLERS, Mariah 15 (SH1-346)
SELLERS, T. S. 46 (m) (SH1-342)
SELLYX, Phil 25 (B) (SH2-203)
SELMA, Wm. 31 (SH2-45)
SELVEY, Archie 14 (B) (SH2-162)
SEMERSON, R.? 24 (m) (SH2-143)
SEMMES, John B. 58 (SH2-123)
SEMMES, Warfield? 32 (m) (SH2-123)
SEMORE, Walter 13 (B) (SH2-140)
SENDER, L. 24 (m) (B) (SH1-92)
SENGREEN, L. S. 30 (m) (SH2-77)
SEPHUS?, John 21 (B) (SH1-301)
SERANDEN, Isom 30 (B) (SH2-175)
SERLES, James 35 (SH2-179)
SERVATIUS, Louisa 50 (SH2-61)
SESSOM, Dilly 60 (f) (B) (SH1-13)
SETTLE, H. M. 37 (m) (B) (SH2-151)
SETTLES, Bob 37 (B) (SH2-321)
SETTLES, Wilson 22 (B) (SH1-209)
SETTLES, Wm. 48 (B) (SH1-208)
SEVIER, Harvey 39 (B) (SH2-365)
SEVIER, J. T. 21 (m) (SH1-152)
SEVIER, Mildred 62 (SH2-281)
SEWALL, Jane 50 (B) (SH2-137)
SEWARD, Ann C. 70 (SH1-219)
SEWARD, Hany 45 (m) (B) (SH1-218)
SEWARD, Lizzie 17 (B) (SH1-185)
SEWARD, Reason 47 (B) (SH1-135)
SEWARD, S. E. 35 (f) (SH1-157)
SEWARD?, Andrew 28 (SH1-191)
SEWART, Marie 65 (B) (SH2-228)
SEWELL, Ed 17 (SH1-167)
SEWELL, Henry 45 (B) (SH1-242)
SEWELL, Mary 40 (SH1-68)
SEWELL, Virginia 3 (B) (SH1-127)
SEWER, Wm. 44 (SH2-303)
SEWEY, Sam 22 (B) (SH1-354)
SEWLEY?, HEnry 34 (B) (SH1-239)
SEXTON, Dennis 45 (SH1-416)
SEXTON, JAmes 20 (SH1-18)
SEYLER, Jacob 35 (SH1-372)
SEYMORE, Jefferson 63 (B) (SH2-43)
SEYMOUR, John 35? (SH1-375)
SEYMOUR, Matilda 18 (B) (SH2-87)
SHAAHAN?, Ellen 55 (SH2-313)
SHACKELFOOT, Sandy 27 (m) (B) (SH1-176)
SHAER, Caswell 43 (B) (SH1-445)
SHAFER, Milinda 44 (SH2-106)
SHAFER, Minnie 18 (SH2-213)
SHAFER, Wm. 26 (SH2-233)
SHAFFER, Geo. W. 56 (SH2-102)
SHAIN, Mary J. 20 (SH1-226)
SHAKLEFORD, Ed 28 (SH1-290)
SHALLUE, Mary 51 (SH2-4)
SHALTON, L. 20 (m) (B) (SH1-394)
SHAM?, Virginia 14 (B) (SH1-303)
SHAMBERGER, John 22 (SH1-18)
SHANDS, Charley 45 (B) (SH1-324)
SHANDS, J. J. (Rev.) 37 (B) (SH2-298)
SHANDS?, Chess 50 (B) (SH1-319)
SHANE, James 48 (SH2-260)
SHANE, Louisa 48 (B) (SH2-342)
SHANKLE, Henry 30 (SH1-62)
SHANKS, Alex 33 (B) (SH1-329)
SHANKS, Harry? B. 48 (SH2-124)
SHANKS, J. T. 51 (m) (SH2-170)
SHANKS, Rachel 50 (B) (SH1-454)
SHANLAY?, John 21 (SH2-316)
SHANLEY, Pat 65 (m) (SH2-316)
SHANLEY, Wm. 48 (SH2-29)
SHANNON, Ann 40 (SH1-363)
SHANNON, Maggie 26 (SH2-35)
SHANNON, Wm. 37 (B) (SH1-61)
SHAPHEN?, W. J. 24 (m) (SH1-40)
SHARE, Jno. B. 28 (SH1-188)
SHARKEY, A. 45 (m) (B) (SH1-389)
SHARKEY, Haynes 35 (B) (SH1-387)

SHARP, Aaron 28 (B) (SH1-385)
SHARP, Alex 50 (B) (SH1-159)
SHARP, B. R. 38 (m) (SH1-381)
SHARP, Dorathea 35 (SH2-17)
SHARP, Jeff 19 (B) (SH1-450)
SHARP, Joe 28 (B) (SH2-248)
SHARP, John 35 (B) (SH2-339)
SHARP, Rachael 25 (SH1-300)
SHARPE, Hany? 35 (m) (SH2-81)
SHARPER, Isibella 50 (B) (SH1-4)
SHARRON, Isabella 62 (SH2-66)
SHARTMACH, W. H. 43 (m) (SH2-111)
SHAURMAN?, S. 15 (f) (SH2-313)
SHAVERS, Ed 25 (B) (SH1-64)
SHAW, Adeline 63 (B) (SH2-57)
SHAW, Booker 24 (B) (SH2-349)
SHAW, Brooks 25 (B) (SH1-351)
SHAW, Caroline 62 (SH2-120)
SHAW, David 22 (B) (SH2-151)
SHAW, Edwd. 53 (B) (SH2-149)
SHAW, Emma 30? (B) (SH2-13)
SHAW, Emma 40 (B) (SH2-11)
SHAW, Henrietta 60 (B) (SH2-337)
SHAW, Henry 29 (B) (SH1-176)
SHAW, Henry 45 (B) (SH1-176)
SHAW, Howard 2 (B) (SH1-298)
SHAW, Hugh P. 37 (SH1-11)
SHAW, James E. 42 (SH1-117)
SHAW, Jane 20 (B) (SH1-351)
SHAW, Jerry 51 (B) (SH1-457)
SHAW, Joseph 56 (B) (SH1-186)
SHAW, Laura 26, B (SH2-287)
SHAW, Laura 35 (B) (SH1-180)
SHAW, Lucius L. 48 (SH1-11)
SHAW, Mack 40 (SH1-65)
SHAW, Maria 34 (B) (SH2-243)
SHAW, Nellie? 56 (SH1-305)
SHAW, Patsy 42? (B) (SH2-348)
SHAW, Peter 45 (B) (SH2-36)
SHAW, Rachael 27 (SH2-52)
SHAW, Reuben 52 (B) (SH1-447)
SHAW, Rosa 23 (B) (SH1-44)
SHAW, Sarah 25 (B) (SH1-169)
SHAW, Sheppard 32 (B) (SH2-357)
SHAW, Sophia 23 (B) (SH2-346)
SHAW, Stanford 19 (B) (SH1-310)
SHAW, Starling 45 (B) (SH1-299)
SHAW, Thomas 10 (B) (SH1-286)
SHAW, Tony? 21 (m) (SH2-75)
SHAW, Wm. 35 (B) (SH1-343)
SHAW?, Henry 25 (B) (SH1-42)
SHAY, John J. 24 (SH2-295)
SHAY, Wm. 45 (SH2-69)
SHAY, ____ ____ (m) (SH2-47)
SHEA, D. _. _6 (SH2-2)
SHEA, Ellen 50 (SH1-144)
SHEA, James 28 (SH2-9)
SHEA, John 23 (SH2-272)
SHEA, John 8 (SH1-110)
SHEA, Julia 65 (SH2-4)
SHEA, K. 10 (f) (SH2-2)
SHEA, Martin 60 (SH1-98)
SHEA, Mary 13 (SH2-8)
SHEA, Wm. 18 (SH2-304)
SHEAR, Samuel 55 (SH2-122)
SHEARER, Mack 26 (SH2-104)

SHEDRICK, San? 24 (m) (B) (SH1-318)
SHEEHAN, Bridget 50 (SH2-24)
SHEEHAN, J. M. 27 (m) (SH1-399)
SHEEHAN, John 30 (SH2-28)
SHEEHAN, John 40 (SH2-9)
SHEEHAN, Mary 28 (SH2-21)
SHEEHEAN, John 48 (SH2-313)
SHEELEY, Bettie 22 (SH2-7)
SHEELEY, John 36 (B) (SH2-315)
SHEELY, Bettie 25 (B) (SH2-42)
SHEETER, Esex? 37 (m) (B) (SH1-331)
SHEFFIELD, Charles 25 (B) (SH1-156)
SHEFFRY, George 23 (B) (SH1-356)
SHEHAN, Mandie? 28 (SH2-136)
SHELBY, A. F. 67 (f) (SH1-171)
SHELBY, Abe 55 (B) (SH2-70)
SHELBY, D. G. 30 (m) (SH1-145)
SHELBY, Essicks 59 (m) (B) (SH2-103)
SHELBY, Hy. 31 (m) (B) (SH2-150)
SHELBY, J. B. 28 (m) (SH1-144)
SHELBY, Lucinda 53? (B) (SH2-54)
SHELBY, Mary 60 (SH2-209)
SHELBY, Mary A. 62 (SH1-358)
SHELBY, Richard 32 (SH1-76)
SHELBY, Stafford 65 (B) (SH1-59)
SHELBY, Thomas C. 43 (SH1-76)
SHELBY, Wm. A. 35 (SH1-79)
SHELDON, Alonzo 23 (SH2-176)
SHELL, Lou 4 (f) (B) (SH1-279)
SHELLING, Henry 32 (SH2-70)
SHELLY, George 33 (SH2-343)
SHELL__, Sofia 50 (SH2-329)
SHELTON, Allen 27? (SH2-83)
SHELTON, Alonzo 28 (SH2-79)
SHELTON, Benton 33 (SH1-18)
SHELTON, Billie 28 (B) (SH1-36)
SHELTON, Cora 7 (B) (SH1-40)
SHELTON, Edward 27 (SH2-95)
SHELTON, Geo. 4 (B) (SH1-41)
SHELTON, Henrietta 13 (SH1-16)
SHELTON, J. R. 48 (m) (SH1-274)
SHELTON, Jack 53 (B) (SH2-299)
SHELTON, James 25 (B) (SH1-283)
SHELTON, Jeff 50 (B) (SH1-40)
SHELTON, Jordan 45 (B) (SH1-340)
SHELTON, Mary M. 51 (SH1-13)
SHELTON, Moses 23 (B) (SH1-41)
SHELTON, Patience 20 (B) (SH2-259)
SHELTON, Riley 20 (B) (SH1-82)
SHELTON, Southern? 40 (m) (SH2-92)
SHELTON, Tena 43 (B) (SH1-463)
SHELTON, Thomas 40 (B) (SH1-289)

1880 Census Shelby Co. TN: Heads-of-Household

SHELTON, Thomas J. 26 (SH1-19)
SHELTON, Thomas J. 29 (SH1-13)
SHELTON, Vinson 30 (B) (SH1-133)
SHELTON, Wesley 58 (SH1-439)
SHELTON, Wm. 10 (SH2-84)
SHELTON, Wm. 33 (B) (SH1-44)
SHELTON, Wm. 47 (B) (SH1-340)
SHELTON, Wm. A. 22 (SH1-1)
SHEM, Sally 32 (B) (SH1-432)
SHEMMIN, Wm. 27 (SH2-149)
SHEOUGOHN, ___ 40 (m) (SH2-51)
SHEPARD, Annie 45 (B) (SH2-190)
SHEPARD, Wiley 27 (B) (SH1-115)
SHEPARD, Willie 10 (m) (SH2-193)
SHEPARD, Wm. 40 (B) (SH1-119)
SHEPHARD, Imogene 33 (SH2-213)
SHEPHARD, Rob 30 (B) (SH2-255)
SHEPHERD, Charles H. 28 (SH1-194)
SHEPHERD, E. A. 60 (f?) (SH2-223)
SHEPHERD, Henry 48 (B) (SH1-364)
SHEPHERD, Isaac N. 71 (SH1-142)
SHEPHERD, John 23 (B) (SH2-8)
SHEPHERD, Lewis 45 (B) (SH2-287)
SHEPHERD, Maggie 18? (SH2-82)
SHEPHERD, Mary 70 (B) (SH1-232)
SHEPHERD, R. B. 50 (m) (SH1-425)
SHEPHERD, S. B. 30 (m) (SH1-235)
SHEPHERD, Theresa __ (SH1-109)
SHEPHERD, Thos. 60 (SH1-170)
SHEPHERD, Thos. 60 (B) (SH1-376)
SHEPHERD, W. W. 63 (m) (SH1-171)
SHEPHERD, Wm. 52 (B) (SH1-279)
SHEPPARD, Alex 21 (B) (SH1-31)
SHEPPARD, Charles 27 (SH2-74)
SHEPPARD, J. 38 (m) (SH2-191)
SHEPPARD, Mark 15 (B) (SH1-21)
SHEPPARD, W. D. 29 (m) (SH2-105)
SHERDON, Joseph 31 (SH2-327)
SHERENEL?, Mary 49 (SH2-190)
SHERFIELD?, Emma 16 (SH2-333)
SHERFIELD?, ___ssa _5 (f) (SH2-330)
SHERIDAN, Julia? 35 (B) (SH1-96)
SHERIDAN, Maurice 46 (SH2-113)
SHERLE?, N.? C. 29 (m) (SH2-156)
SHERLY, Daniel 49 (B) (SH1-322)
SHERMAN, Alf 40 (B) (SH1-63)
SHERMAN, Elijah 25 (SH1-36)
SHERMAN, Harry 60 (SH2-120)
SHERMAN, James 37 (B) (SH2-4)
SHERMAN, James 50 (SH2-27)
SHERMAN, Lou 23 (f) (B) (SH2-185)
SHERMAN, Polly 50 (B) (SH1-300)
SHERMASTER?, Mrs. 66 (SH2-364)
SHEROD, Allen 31 (B) (SH2-182)
SHERRILL, Cathrine 35 (SH1-16)
SHERRILL, F. W. 30 (m) (SH2-295)
SHERROD, Abe 47 (B) (SH1-145)
SHERROD, Guilford 42 (B) (SH1-426)
SHERROD, Mary 56 (B) (SH1-428)
SHERRON, Frank 28 (SH2-322)
SHERRY, Letitia 22 (SH2-45)
SHERRY, Mary 84 (SH2-317)
SHERRY, Morris 44 (SH2-295)
SHERRY?, ___ 23 (m) (B) (SH1-183)
SHERWOOD, Alonzo 62 (SH2-72)
SHERWOOD, Thos. 46 (SH2-80)
SHEVENELLE, Alvin W. 19 (SH2-55)
SHEVETTE, Stephen 48 (f?) (B) (SH2-119)
SHIELDS, Alfred 55 (B) (SH1-164)
SHIELDS, Annie 40 (B) (SH2-72)
SHIELDS, Ben 50 (B) (SH1-368)
SHIELDS, Catherine 25 (SH2-47)
SHIELDS, Charles 23 (B) (SH2-366)
SHIELDS, Henry 50 (B) (SH2-296)
SHIELDS, Isaac 32 (B) (SH1-333)
SHIELDS, Jennie 35 (SH1-91)
SHIELDS, Mary 52 (B) (SH2-28)
SHIELDS, Mrs. 57 (B) (SH2-362)
SHIELDS, R. H. 32 (m) (SH2-281)
SHIELDS, Thomas 36 (B) (SH1-99)
SHIELDS, Zine? 27 (m) (B) (SH1-368)
SHIELDS?, Caroline 42 (B) (SH2-89)
SHILLING, Wm. 33? (SH2-106)
SHILVAN?, Pat 51 (m) (SH1-474)
SHINAULT, Isaac 29 (B) (SH1-170)
SHINDERLAND, Hy. 56 (m) (SH2-158)
SHINES, Grandison 26 (B) (SH1-130)
SHINES, Percy 7 (m) (B) (SH2-318)
SHIP, Charles 19 (SH2-58)
SHIP, Eliss 24 (m) (B) (SH1-18)
SHIP, Henry 20? (B) (SH2-32)
SHIP, Lucey 40 (B) (SH1-453)
SHIPLEY, Edward H. 27 (SH2-29)
SHIPPERSOM, Henry 56 (SH2-250)
SHIPPIC?, Frank 40 (SH2-190)
SHIPWORTH, J. C. 30 (m) (SH2-249)
SHIRD, George 46 (B) (SH1-390)
SHIRES, Mary 60 (SH2-63)
SHIRLEY, Mariah 55 (SH2-103)
SHIRMASTER, John 37 (SH2-255)
SHIRMER?, Louis G. 35 (SH2-14)
SHIRRER, Wm. 38 (B) (SH1-104)
SHIVERS, Gilford 29 (B) (SH1-83)
SHIVERS, Jerry 55 (m) (B) (SH1-152)
SHIVERS, R. T. 30 (m) (SH1-150)
SHIVLEY, Mathias 48 (SH2-258)
SHLESINGER, Herman 30? (SH2-53)
SHOATI?, John 9 (B) (SH1-291)
SHOCK, S. H. 57 (m) (SH2-92)
SHOCKLEY, Dera F. 2 (SH1-87)
SHOEMAKER, J. J. 41 (m) (SH2-183)
SHOEMAKER, JAmes 26 (SH1-22)
SHOEMAKER, W. T. 23 (m) (SH1-30)
SHOENFELD, Jennette 60 (SH2-64)
SHOFFER, Will 25 (SH2-73)
SHOFFMAN, Joseph 42 (SH2-75)
SHOMATE, Mase Z. 29 (m) (B) (SH1-177)
SHOOK, George 20 (SH2-199)
SHORE, L. A. 49 (f) (SH1-159)
SHORE, Willie 15 (m) (SH1-159)
SHORT, Charles 65 (B) (SH1-258)
SHORT, Wm. __ (SH2-77)
SHORTER, Jack 70 (B) (SH1-249)
SHOSTER?, Alfred 48 (B) (SH1-469)
SHOTE, Tomas 25 (B) (SH1-390)
SHOTWELL, Betty 24 (B) (SH1-217)
SHOTWELL, C. H. 23 (m) (SH1-277)
SHOTWELL, Mary 8 (SH1-109)
SHOTWELL, Melvy 32 (f) (B) (SH1-217)
SHOTWELL, S. 33 (m) (SH1-217)
SHOUSE, Wm. 37 (SH2-60)
SHOUT, Jacob 45 (SH2-70)
SHOVERS?, Thomas 32 (B) (SH2-341)
SHOW, John 24 (B) (SH2-198)
SHRANER, John 40 (SH2-139)
SHRATE, Elijah 59 (B) (SH1-161)
SHRAYER, Katie 30 (SH1-403)
SHRINK, Frank 41 (SH1-367)
SHUFFIELD, Ben 45 (SH1-354)
SHUFORD, R. W. 25 (m) (SH2-91)
SHULER, Tony 26 (SH2-189)
SHULL, J. B. 53 (m) (SH1-455)
SHULZ, Catharine 52 (SH2-56)
SHUMAN, Paul 26 (SH2-50)
SHUTLE?, Jno. 62 (SH2-194)
SHUTSLER, Jno. 54 (SH2-182)
SHUTTLEWORTH, Will 44 (SH2-70)
SHUTZLER, Henry 18 (SH1-423)
SHUTZLER, Henry 18 (SH1-423)
SHWAB, Catherine 49 (SH2-34)
SHW__, Richard 47 (B) (SH1-310)
SIBLEY, T. L. (Mrs.) 53 (SH2-364)
SICHES?, Harry? 20 (SH2-198)
SIDES, Wm. 70 (SH1-368)
SIDNEY, David 32 (B) (SH2-328)
SIDNEY, Ike 14 (B) (SH1-194)
SIEQUIST?, Charles 53 (SH2-8)
SIFERS?, Wm. W. 41 (SH2-264)
SIGELER, Henry 33 (SH2-49)
SIGINAGO?, Jno. B. 39 (SH2-283)
SIGLER, Adam West 48 (SH1-54)
SIGLER, Howell 30 (SH2-248)
SIGLER, James 59 (SH1-74)
SIGLER, James A. 30 (SH1-74)
SIGLER, John 29 (SH1-54)
SIGLER, Nancy (Mrs.) 80 (SH1-54)
SIGLER, W. A. sr. 49 (m) (SH1-49)
SIGLER, Wm. L. 33 (SH1-74)
SIGMAN, Adeline 48 (B) (SH2-268)
SIGMAN, Sidney 44 (m) (B) (SH2-49)
SIGMON, James 38 (B) (SH1-456)
SIGNAIGO?, August 18 (SH2-70)
SIKES, Nancy 40 (B) (SH1-396)
SIKES, Reuben 32 (B) (SH1-356)
SIKES?, David 56 (B) (SH1-250)
SIKINS, Isaac M. 27 (SH2-346)
SILLS, Henry 58 (SH1-273)
SILVER, Larry 40 (SH2-255)
SILVER, Louisa 45? (SH2-49)
SILVERBERG, Abraham 26 (SH2-1)
SILVERBERG, Henry 23 (SH2-3)
SILVERS, George 38 (SH2-310)
SIM, F. L. (Dr.?) 46 (SH2-133)
SIMKINS, H. S. 24 (m) (SH1-449)
SIMKINS, M. L. 17 (f) (SH1-449)
SIMMERSON, Julius L. 30 (SH1-134)
SIMMON, Thos. 22 (B) (SH1-211)
SIMMONS, A. L. 35 (f) (SH2-223)
SIMMONS, Albert 31 (SH2-125)
SIMMONS, Anderson 20 (B) (SH2-33)
SIMMONS, Bob 40 (B) (SH1-229)
SIMMONS, Charles 23 (B) (SH2-335)
SIMMONS, Chas. L. 67 (B) (SH1-463)
SIMMONS, Henry 32 (SH2-223)
SIMMONS, Jas. 35 (SH2-212)
SIMMONS, Jennie 65 (B) (SH2-9)
SIMMONS, Jenny 70 (B) (SH2-219)

1880 Census Shelby Co. TN: Heads-of-Household

SIMMONS, Jesse 31 (m) (B) (SH1-101)
SIMMONS, Jessie 28 (m) (B) (SH2-122)
SIMMONS, Lucy 55 (B) (SH1-338)
SIMMONS, Mack 58 (B) (SH2-334)
SIMMONS, Mike 50 (SH2-348)
SIMMONS, Oliver 40 (B) (SH1-368)
SIMMONS, Parallee 17 (B) (SH1-336)
SIMMONS, Samuel 27 (B) (SH2-32)
SIMMONS, Sol 30 (B) (SH1-368)
SIMMONS, Thos. 45 (SH2-299)
SIMMONS, Tom 40 (B) (SH2-207)
SIMMONS, W. A. __ (m) (SH1-275)
SIMMONS, W. F. 37 (m) (SH2-171)
SIMMONS, Wm. 50 (B) (SH1-249)
SIMMONS, Wm. 50 (B) (SH1-347)
SIMMONS, ____ 30 (m) (SH2-171)
SIMMONS?, Sallie 3 (B) (SH1-99)
SIMMS, Daniel 30 (B) (SH1-433)
SIMMS, Fannie 45 (B) (SH1-304)
SIMMS, Henry 45 (B) (SH2-36)
SIMMS, Jane 40 (B) (SH1-318)
SIMMS, Joe 25 (B) (SH1-59)
SIMMS, John 30 (B) (SH1-308)
SIMMS, Mildred 11 (B) (SH2-17)
SIMMS, Nancy 34 (B) (SH2-43)
SIMMS, Wm. J. 36 (SH1-102)
SIMON, George 20 (B) (SH2-119)
SIMON, Jospeh 40 (SH2-180)
SIMON, P.? S. 47 (m) (SH2-300)
SIMON?, Wm. 35 (B) (SH1-183)
SIMONS, Bob 30 (B) (SH1-200)
SIMONS, James 49 (SH2-199)
SIMONS, Mary 47 (B) (SH2-204)
SIMONS, Nathan 48 (SH2-1)
SIMONS, Philip 43 (SH2-68)
SIMONTON, J. M. 28 (m) (SH1-30)
SIMONTON, Jas. 31 (B) (SH1-44)
SIMONTON, Maggie 14 (SH1-23)
SIMONTON, R. C. 32 (m) (SH1-39)
SIMONTON, W. B. 50 (m) (SH1-40)
SIMOUELLE?, C. 40 (m) (SH1-405)
SIMPSON, Alice 9 (SH1-166)
SIMPSON, Frank 21 (B) (SH2-61)
SIMPSON, George 23 (B) (SH1-301)
SIMPSON, Hannah 60 (B) (SH2-148)
SIMPSON, Harriet 35 (B) (SH2-119)
SIMPSON, Harriet 45 (B) (SH2-75)
SIMPSON, J. 45 (m) (SH2-193)
SIMPSON, J. C. 43 (m) (SH1-416)
SIMPSON, James __ (SH2-47)
SIMPSON, John 22 (B) (SH2-61)
SIMPSON, John 35 (SH1-40)
SIMPSON, Levy 28 (B) (SH2-277)
SIMPSON, Molly 17 (B) (SH2-263)
SIMPSON, Moses 35 (B) (SH2-230)
SIMPSON, Singleton 42 (B) (SH2-276)
SIMPSON, W. M. 30 (m) (SH1-262)
SIMPSON, Wm. 10 (B) (SH1-128)
SIMPSON, Wm. 31 (SH2-163)
SIMPSON, Wm. 63 (SH2-263)
SIMPSON, ____ 18? (SH1-375)
SIMS, Abby 9 (B) (SH1-382)
SIMS, Abe 25 (B) (SH1-362)
SIMS, Charles 30 (B) (SH1-410)
SIMS, Charlotte 13 (B) (SH1-45)
SIMS, Chas. 23 (B) (SH1-474)
SIMS, Dave 25 (B) (SH1-67)
SIMS, David 38 (B) (SH1-265)
SIMS, Edy 50 (f) (B) (SH1-250)
SIMS, Henry 40 (B) (SH2-24)
SIMS, James 28 (B) (SH2-259)
SIMS, John E. 22 (SH2-116)
SIMS, Kate 25 (B) (SH2-174)
SIMS, Lewis 38 (B) (SH1-389)
SIMS, Louisa 64 (SH2-247)
SIMS, Marquis 54 (SH1-380)
SIMS, Martha 45 (B) (SH1-431)
SIMS, Martin 50? (B) (SH1-385)
SIMS, Mary 13 (B) (SH1-123)
SIMS, Mary 4 (B) (SH2-164)
SIMS, Mary 60 (SH1-250)
SIMS, NAncy 35 (B) (SH1-240)
SIMS, Narcissa 23 (B) (SH1-31)
SIMS, Oscar 49 (B) (SH2-165)
SIMS, Ruben 52 (B) (SH1-456)
SIMS, T. B. 36 (m) (SH2-353)
SIMS, Thomas 20 (B) (SH2-231)
SIMS, Thomas 7 (B) (SH1-123)
SIMS, Viola 19 (SH1-424)
SIMS, Violet 38 (B) (SH1-135)
SIMS, W. R. 33 (m) (SH2-140)
SIMS, Watson 24 (B) (SH2-287)
SIMSON, Edward 14 (SH1-456)
SIMSON, James 31 (SH1-457)
SIMSON, John 21 (SH1-455)
SIMSON, Will Ater 18 (f) (SH1-456)
SIN, Fred 31 (SH2-74)
SINCLAIR, Frank 45 (SH2-50)
SINCLAIR, Julia 38 (SH2-253)
SING, Lean 25 (m) (B) (SH2-61)
SINGER, Wm. 21 (SH2-81)
SINGFIELD, O. 27 (m) (SH2-188)
SINGLETON, C. C. 32 (m) (SH1-34)
SINGLETON, Charles 25 (SH1-119)
SINGLETON, F. F. 26 (m) (SH1-33)
SINGLETON, Kate 21 (B) (SH2-127)
SINGLETON, Kate 23 (SH2-189)
SINGLETON, Nelton 56 (m) (SH2-355)
SINGLETON, Nicey 55 (B) (SH2-18)
SINGLETON, Wm. M. 31 (SH2-67)
SINGLETON, ____ 26 (f) (SH2-51)
SINK, George F. 37 (SH1-15)
SINK, Jacob H. 64 (SH1-15)
SINK, James R. 28 (SH1-27)
SINK, John F. 35 (SH1-22)
SINK, John H. 43 (SH1-15)
SINNETT, J. A. 40 (f) (SH2-222)
SINTHAL, Eliza 30 (B) (SH1-277)
SION, A. 31 (m) (SH2-164)
SIRES?, Fred 24 (B) (SH1-31)
SIRI, Burnard 30 (B) (SH1-336)
SIRK, Mary 21 (SH2-279)
SIRL, George 20 (SH1-456)
SISK, Wm. 55 (SH2-299)
SISLEY, Silas 28 (B) (SH1-286)
SISMOND, James J. 33 (SH1-23)
SISSOM, Calvin 50 (SH1-11)
SISSOM, Owen 49 (B) (SH1-11)
SISSOM, Robert 54 (B) (SH1-26)
SISSOM, Saml. D. 35 (SH1-11)
SISSON, Henry? 23 (B) (SH2-233)
SITH, Davis? 22 (m) (SH2-162)
SITTON?, P. W. 20 (m) (SH1-35)
SKELLY, Mary 80 (SH2-38)
SKELTON, Robt. 55 (B) (SH1-378)
SKINKIZE, Jacob 35 (SH2-114)
SKINNER, James 26 (B) (SH1-50)
SKIPPER, Abbie 16 (SH2-118)
SKIPWORTH, P. 41 (m) (SH2-183)
SKISLOCK, Nannie 30 (B) (SH2-171)
SKULOOK?, Annie 28 (B) (SH2-122)
SLACK, T. B. 70 (m) (SH1-421)
SLADE, A. W. 65 (m) (SH2-335)
SLADE, M. D. 35 (m) (SH1-356)
SLADER?, H. G. 63 (m) (SH2-112)
SLAGER, Ellis 29 (SH2-84)
SLAGER, ____ 25 (m) (SH2-84)
SLAGLE, A. G. 29 (m) (SH2-111)
SLAGLE, Samuel 26? (SH2-270)
SLATE, Mary 54 (B) (SH2-334)
SLATEN, Hans 34 (B) (SH2-169)
SLATER, Cassy 25 (B) (SH1-285)
SLATER, JAmes 54 (SH1-82)
SLATER, Leathey 55 (B) (SH2-130)
SLATER, O. L. 35 (m) (SH1-263)
SLATLIMAN?, Susan 43 (B) (SH1-473)
SLATTERY, John 47 (SH2-6)
SLAUGHTER, David C. 49 (SH2-275)
SLAUGHTER, Henretta 25 (B) (SH1-311)
SLAUGHTER, John D. 30 (SH1-27)
SLAUGHTER, Mamie? 12 (f) (SH1-10)
SLAUGHTER, Wm. 28 (B) (SH1-314)
SLEDGE, George 43 (B) (SH1-347)
SLEDGE, Isam 42 (B) (SH1-414)
SLEDGE, Joseph 55 (B) (SH2-6)
SLEDGE, L. 40 (m) (SH1-96)
SLEDGE, Lucinda 13 (B) (SH2-202)
SLEDGE, Penny 35 (B) (SH1-410)
SLEE, J. W. 70 (m) (SH1-284)
SLEE?, W. E. 50 (m) (SH1-269)
SLENLER, Joseph 28 (SH2-84)
SLIPPY?, Catharine 60 (SH2-268)
SLOAN, Alice 18 (B) (SH1-233)
SLOAN, Archer 40 (SH2-77)
SLOAN, Belle 26 (SH2-66)
SLOAN, Elizabeth 30 (SH1-48)
SLOAN, Ellick 70 (B) (SH1-341)
SLOAN, Frederick 53 (SH2-62)
SLOAN, Isabella 40 (B) (SH1-261)
SLOAN, J. B. 61 (m) (SH2-223)
SLOAN, J. R. 31 (m) (SH2-340)
SLOAN, Lula 15 (B) (SH1-265)
SLOAN, Mary 27 (SH2-124)
SLOAN, Rosa 56 (SH2-17)
SLOAN, Willie 17 (m) (SH1-370)
SLOCUM?, Nancy 45 (B) (SH2-187)
SLOGAN, Pat 46 (m) (SH2-331)
SLOGAN?, Thomas 36 (SH2-324)
SLONE, John M. 23 (B) (SH2-33)
SLOOP, Bery 27 (SH1-413)
SLOSSEN, John 16 (SH2-297)
SLOVER, G. Y. 38 (m) (SH1-404)
SLOWSSER, Joseph 35 (SH2-15)
SLUSHER, Fee 27 (m) (B) (SH1-300)
SMALL, Charles 30 (B) (SH1-468)
SMALL, Ellen 15 (SH2-294)
SMALL, G. 75 (m) (SH1-246)
SMALL, Hannah 80 (B) (SH1-334)
SMALL, J. W. 41 (m) (SH1-171)
SMALL, Lucy 26 (B) (SH1-348)
SMALL, Mary 15 (SH1-335)
SMALL, Pleasant 35 (B) (SH2-48)
SMALL, R. _. 37 (m) (SH1-230)
SMALL, Samuel 11 (SH1-326)
SMALL, Wallis 35 (SH2-114)
SMALLS, M. J. 56 (f) (SH1-396)
SMALLWOOD, Jas. 23 (SH2-74)
SMED?, Frank 20 (B) (SH1-364)
SMIDDY, Pierce 45 (SH2-313)
SMILEY, Ephraim 28 (B) (SH2-166)
SMILEY, George 38 (B) (SH2-184)
SMITH, A. J. 50 (m) (SH1-449)
SMITH, A. S. 22 (m) (B) (SH1-281)
SMITH, Aaron 30 (B) (SH2-128)
SMITH, Abe 17 (B) (SH1-467)
SMITH, Abraham 22? (B) (SH1-350)
SMITH, Ada 15 (B) (SH2-118)
SMITH, Adam 64 (B) (SH1-51)
SMITH, Adolphus 30 (B) (SH2-42)
SMITH, Alex 19 (B) (SH1-220)
SMITH, Alex 26 (B) (SH2-121)
SMITH, Alex 26 (SH2-320)

1880 Census Shelby Co. TN: Heads-of-Household

SMITH, Alexander 29 (B) (SH1-112)
SMITH, Alfred 23 (B) (SH2-128)
SMITH, Alfred 29? (B) (SH2-266)
SMITH, Alice 9 (B) (SH1-366)
SMITH, Allice 23 (B) (SH2-100)
SMITH, Amos 30 (B) (SH1-155)
SMITH, An 26 (f) (B) (SH1-395)
SMITH, Andy 24 (B) (SH1-357)
SMITH, Ann 40 (B) (SH2-152)
SMITH, Ann 59 (SH1-132)
SMITH, Anna 25 (B) (SH1-433)
SMITH, Anner 20 (B) (SH1-457)
SMITH, Annia 48 (B) (SH2-123)
SMITH, Annie 12 (B) (SH2-128)
SMITH, Annie 18 (B) (SH2-364)
SMITH, Annie 26 (B) (SH1-70)
SMITH, Annie 27 (B) (SH2-309)
SMITH, Annie? 30 (B) (SH2-124)
SMITH, Archie 21 (B) (SH2-289)
SMITH, Archie 30 (B) (SH1-363)
SMITH, Austin 55 (B) (SH1-411)
SMITH, B. 48 (m) (SH2-317)
SMITH, B. F. 38 (m) (SH2-358)
SMITH, Barney 25 (B) (SH1-49)
SMITH, Ben 1 (B) (SH1-432)
SMITH, Ben 21 (B) (SH1-370)
SMITH, Ben 21 (B) (SH2-183)
SMITH, Ben 22 (B) (SH1-167)
SMITH, Ben? 38 (B) (SH2-271)
SMITH, Benj. 33 (SH1-466)
SMITH, Benjamin 26 (B) (SH2-14)
SMITH, Benjamin 55 (B) (SH2-228)
SMITH, Berry 22 (B) (SH1-115)
SMITH, Berry 52 (m) (B) (SH1-260)
SMITH, Betsey 57 (B) (SH1-328)
SMITH, Birch 30 (B) (SH2-221)
SMITH, Buck 43 (B) (SH2-361)
SMITH, Bunk 23 (m) (B) (SH1-59)
SMITH, C. C. 45 (m) (SH1-357)
SMITH, C. H. 40 (m) (SH2-307)
SMITH, C. M. 33 (m) (SH1-74)
SMITH, Caroline 40 (B) (SH1-95)
SMITH, Caroline 40 (B) (SH2-282)
SMITH, Caroline 46 (B) (SH1-85)
SMITH, Carter 35 (B) (SH1-186)
SMITH, Catharine 35 (B) (SH2-342)
SMITH, Catherine 17 (B) (SH1-454)
SMITH, Celia 32 (SH2-184)
SMITH, Charles 24 (B) (SH1-41)
SMITH, Charles 24 (B) (SH2-118)
SMITH, Charles 38 (SH2-102)
SMITH, Charles 45 (SH2-71)
SMITH, Charles 45? (SH2-48)
SMITH, Charles J. 39 (SH1-6)
SMITH, Charles R. 26 (SH1-438)
SMITH, Charles W. 10 (SH1-134)
SMITH, Charlie 27 (B) (SH1-23)
SMITH, Chas. 32 (B) (SH2-243)
SMITH, Chas. A. 39 (SH2-228)
SMITH, Chas. T. 35 (SH1-264)
SMITH, Chris 23 (B) (SH2-215)

SMITH, Church 26 (f) (B) (SH1-173)
SMITH, Claborn 46 (B) (SH1-128)
SMITH, Clara 40 (B) (SH2-185)
SMITH, Clarinda 53 (SH1-16)
SMITH, Clem 41 (m) (B) (SH1-322)
SMITH, Collier 48 (B) (SH2-98)
SMITH, Colonel 22 (SH1-24)
SMITH, D. 30 (m) (B) (SH1-61)
SMITH, DAvid 53 (B) (SH1-470)
SMITH, Dafney 21 (B) (SH1-263)
SMITH, Dan 26 (B) (SH2-298)
SMITH, Dan 35 (B) (SH1-36)
SMITH, Danl. 8 (B) (SH2-338)
SMITH, Dash? 85 (f) (B) (SH1-15)
SMITH, David 45 (B) (SH1-453)
SMITH, Dela 26 (B) (SH1-136)
SMITH, Dennie? 35 (m) (SH2-68)
SMITH, Derry 50 (B) (SH2-15)
SMITH, Dice 23 (f) (B) (SH1-86)
SMITH, Don 28 (B) (SH1-24)
SMITH, Dorcus 40 (f) (B) (SH1-465)
SMITH, Drew 40 (B) (SH1-65)
SMITH, Dryden 30 (B) (SH1-182)
SMITH, E. 45 (f) (B) (SH1-389)
SMITH, E. _. 46 (m) (SH1-303)
SMITH, Ed 33 (B) (SH1-355)
SMITH, Ed 50 (B) (SH1-394)
SMITH, Edd 33 (m) (B) (SH1-207)
SMITH, Edmond 40 (B) (SH2-279)
SMITH, Edward 50 (B) (SH1-437)
SMITH, Elex 60 (m) (B) (SH1-150)
SMITH, Eliza 26 (B) (SH2-209)
SMITH, Eliza 63 (SH2-168)
SMITH, Ellen 25 (B) (SH1-374)
SMITH, Ely 35 (SH2-78)
SMITH, Emma 33 (SH2-117)
SMITH, Ennis 64 (B) (SH1-432)
SMITH, Epham 30 (m) (B) (SH2-161)
SMITH, Ester 21 (B) (SH2-246)
SMITH, Eugene 14 (SH2-227)
SMITH, F. F. 60 (m) (SH1-55)
SMITH, F. W. 60 (m) (SH1-77)
SMITH, Fannie 19 (B) (SH1-26)
SMITH, Fannie 20 (B) (SH2-115)
SMITH, Fannie 40 (SH2-89)
SMITH, Felix 45 (B) (SH1-122)
SMITH, Finis 16 (B) (SH1-472)
SMITH, Frances 29 (B) (SH2-149)
SMITH, Frank 15 (B) (SH1-121)
SMITH, Frank 16 (B) (SH1-434)
SMITH, Frank 20 (B) (SH1-450)
SMITH, Frank 24 (SH2-50)
SMITH, Frank 27 (B) (SH1-45)
SMITH, Frank 39 (B) (SH1-151)
SMITH, Frank 4 (SH1-449)
SMITH, Frank 40 (B) (SH1-453)
SMITH, Frank 40 (B) (SH1-98)
SMITH, Frank 42 (SH2-121)
SMITH, Frank 43 (B) (SH2-303)
SMITH, G. W. 40 (m) (SH1-33)
SMITH, G_____ 40 (m) (B) (SH2-233)

SMITH, Geo. 16 (B) (SH1-243)
SMITH, Geo. 25 (SH2-289)
SMITH, Geo. 30 (B) (SH2-138)
SMITH, Geo. 40 (B) (SH1-57)
SMITH, Geo. W. 50 (B) (SH1-131)
SMITH, George 33 (B) (SH1-428)
SMITH, George 65 (B) (SH1-155)
SMITH, George 65 (SH2-313)
SMITH, George W. 67 (SH1-20)
SMITH, George jr. 30 (SH1-20)
SMITH, Georgia 17 (B) (SH1-57)
SMITH, Gertrude 19 (B) (SH2-35)
SMITH, Gilbert 25 (B) (SH1-355)
SMITH, Granville 24 (B) (SH1-167)
SMITH, Green 35 (B) (SH1-251)
SMITH, Green 48 (B) (SH1-20)
SMITH, H. 34 (m) (B) (SH1-392)
SMITH, H. M. 50 (m) (SH2-304)
SMITH, Handy 20 (B) (SH1-356)
SMITH, Hannah 18 (B) (SH2-38)
SMITH, Hannah 70 (B) (SH1-364)
SMITH, Hardy 18 (B) (SH1-411)
SMITH, Haywood 24 (B) (SH1-127)
SMITH, Hemp 46 (m) (SH1-23)
SMITH, Henery 8 (B) (SH1-79)
SMITH, Henrietta 12 (SH2-89)
SMITH, Henrietta 53 (B) (SH1-149)
SMITH, Henry 15? (B) (SH2-102)
SMITH, Henry 22 (B) (SH2-231)
SMITH, Henry 24 (B) (SH1-470)
SMITH, Henry 25 (B) (SH2-305)
SMITH, Henry 26 (SH2-29)
SMITH, Henry 38 (B) (SH1-459)
SMITH, Henry 41 (B) (SH2-333)
SMITH, Henry B. 25 (B) (SH2-225)
SMITH, Henry? 27 (B) (SH1-303)
SMITH, Hillard 10 (B) (SH1-123)
SMITH, Horrice 42 (B) (SH2-158)
SMITH, Hy 34 (m) (SH2-144)
SMITH, Ida 4 (B) (SH1-13)
SMITH, Isaac 39 (B) (SH1-96)
SMITH, J. N. 33 (SH2-352)
SMITH, J. S. 49 (m) (SH1-35)
SMITH, JAmes M. 56 (SH2-63)
SMITH, JErr 36 (m) (SH1-473)
SMITH, Jack 28 (B) (SH1-356)
SMITH, Jack? 35 (B) (SH1-257)
SMITH, Jackson 29 (B) (SH1-131)
SMITH, James 14 (B) (SH2-334)
SMITH, James 26 (B) (SH1-152)
SMITH, James 28? (SH2-53)
SMITH, James 30 (B) (SH1-233)
SMITH, James 30 (B) (SH1-238)
SMITH, James 30 (SH1-50)
SMITH, James 32 (SH2-78)
SMITH, James 34 (B) (SH1-114)
SMITH, James 36 (SH1-339)
SMITH, James 36 (B) (SH1-8)
SMITH, James 36 (SH2-69)
SMITH, James 39 (B) (SH1-349)
SMITH, James 40 (SH2-70)
SMITH, James 45 (B) (SH1-392)
SMITH, James 50 (B) (SH1-115)
SMITH, James R. 60 (SH2-47)
SMITH, James? 36 (B) (SH1-279)

SMITH, Jane 40 (B) (SH2-60)
SMITH, Jef 18 (B) (SH1-80)
SMITH, Jeff 5 (B) (SH1-292)
SMITH, Jennie 19 (B) (SH2-122)
SMITH, Jennie 21 (B) (SH2-354)
SMITH, Jerry 70 (SH2-168)
SMITH, Jessee 41 (m) (B) (SH1-464)
SMITH, Jessie 30 (m) (B) (SH2-229)
SMITH, Jessie 32 (m) (SH2-189)
SMITH, Jessie 9/12 (f) (SH2-69)
SMITH, Jim 28 (B) (SH1-176)
SMITH, Jim 36 (B) (SH2-286)
SMITH, Jim 38 (B) (SH1-257)
SMITH, Jim 40 (B) (SH1-59)
SMITH, Jim 50 (B) (SH2-204)
SMITH, Jno? 28 (B) (SH1-136)
SMITH, Joe 26 (SH2-177)
SMITH, Joe 36 (SH1-362)
SMITH, John 17 (B) (SH1-19)
SMITH, John 21 (B) (SH1-28)
SMITH, John 22 (SH2-7)
SMITH, John 23 (SH1-420)
SMITH, John 24 (SH1-121)
SMITH, John 24 (SH1-329)
SMITH, John 25 (B) (SH2-134)
SMITH, John 26 (B) (SH2-20)
SMITH, John 27 (B) (SH2-129)
SMITH, John 30 (SH2-78)
SMITH, John 32 (SH2-47)
SMITH, John 35 (B) (SH1-355)
SMITH, John 36 (B) (SH1-32)
SMITH, John 40 (SH2-25)
SMITH, John 46 (B) (SH2-166)
SMITH, John 49 (SH2-253)
SMITH, John 53 (SH2-47)
SMITH, John 55 (B) (SH2-239)
SMITH, John 56 (B) (SH1-285)
SMITH, John P. __ (SH2-103)
SMITH, John T. 36 (B) (SH2-263)
SMITH, John T. 42 (SH1-387)
SMITH, John T. 47 (SH2-83)
SMITH, John W. 46 (SH2-24)
SMITH, Joseph 19 (B) (SH2-274)
SMITH, Joseph 26 (B) (SH1-118)
SMITH, Joseph 32 (SH2-104)
SMITH, Joseph 35 (SH1-168)
SMITH, Joseph L. 18 (SH1-22)
SMITH, Joseph W. 28 (SH1-191)
SMITH, Josephine 16 (B) (SH2-273)
SMITH, Julia 21 (B) (SH1-28)
SMITH, Julia 35 (B) (SH2-240)
SMITH, Julia 48 (B) (SH2-218)
SMITH, Kate 19 (SH2-265)
SMITH, Kingers? 60 (m) (B) (SH1-103)
SMITH, Kit 35 (m) (B) (SH2-299)
SMITH, Laura 14 (B) (SH1-436)
SMITH, Laurence 24 (SH2-33)
SMITH, Leatha 24 (f) (B) (SH2-108)
SMITH, Letitia T. 8 (SH1-421)
SMITH, Levey 40 (m) (B) (SH1-466)
SMITH, Lilly 36 (B) (SH2-275)
SMITH, Lizzie 27 (B) (SH2-192)
SMITH, Lorrence 24 (B) (SH1-6)
SMITH, Lou 35 (f) (B) (SH2-265)

SMITH, Lou 50 (f) (B) (SH2-336)
SMITH, Louis 24 (B) (SH1-248)
SMITH, Louis 33 (SH2-248)
SMITH, Louisa 23 (B) (SH2-133)
SMITH, Louisa 26 (SH1-102)
SMITH, Lucenda 25 (B) (SH2-246)
SMITH, Lucinda 62 (B) (SH1-330)
SMITH, Lucy 22 (B) (SH2-198)
SMITH, Lucy 74? (B) (SH2-254)
SMITH, Lue 19 (f) (B) (SH2-143)
SMITH, M. 1_ (SH1-298)
SMITH, M. A. 35 (f) (B) (SH1-289)
SMITH, M. H. 32 (m) (SH1-267)
SMITH, M. J. 20 (f) (SH1-39)
SMITH, MAggie 5 (B) (SH1-113)
SMITH, Maggie 22 (B) (SH2-130)
SMITH, Maggie 24 (SH2-71)
SMITH, Maggie 33 (B) (SH2-130)
SMITH, Major 60 (B) (SH1-292)
SMITH, Major J. H. 44 (SH2-352)
SMITH, Maria 68 (B) (SH2-221)
SMITH, Mariah 22 (SH2-94)
SMITH, Marion 32 (B) (SH1-396)
SMITH, Martha 40 (B) (SH1-302)
SMITH, Martha 9 (B) (SH1-28)
SMITH, Martin 22 (SH2-316)
SMITH, Martin 28 (SH1-457)
SMITH, Mary 16 (B) (SH2-308)
SMITH, Mary 22 (B) (SH1-443)
SMITH, Mary 24 (B) (SH2-88)
SMITH, Mary 26 (B) (SH1-297)
SMITH, Mary 28 (B) (SH1-248)
SMITH, Mary 29? (SH2-277)
SMITH, Mary 32 (SH2-189)
SMITH, Mary 40 (B) (SH1-91)
SMITH, Mary 48 (B) (SH2-154)
SMITH, Mary 9 (B) (SH2-284)
SMITH, Mat 24 (m) (B) (SH1-75)
SMITH, Mathew 33 (SH2-107)
SMITH, Matilda 70 (B) (SH2-237)
SMITH, Mattie 21 (f) (B) (SH2-342)
SMITH, Melinda 53 (B) (SH1-366)
SMITH, Melinda 63 (B) (SH2-211)
SMITH, Millie 22 (B) (SH2-38)
SMITH, Minnie 9 (B) (SH2-127)
SMITH, Missouri 6 (m) (SH2-29)
SMITH, Mollie 29 (B) (SH2-72)
SMITH, Mollie 30 (B) (SH1-418)
SMITH, Mollie 40 (B) (SH1-106)
SMITH, Moses 91 (B) (SH1-474)
SMITH, Mossie 70 (f) (B) (SH1-362)
SMITH, Mr. 30 (B) (SH2-347)
SMITH, Mrs. 40 (B) (SH2-357)
SMITH, Nancy 55 (B) (SH1-317)
SMITH, Nancy 58 (SH2-294)
SMITH, Nancy Ann 24 (B) (SH1-424)
SMITH, Nathan 18 (B) (SH2-85)
SMITH, Nellie 15 (SH2-24)
SMITH, Nellie 20 (SH2-101)
SMITH, Noah 37 (SH2-173)
SMITH, Norend 24 (f) (B) (SH2-216)
SMITH, Nute C. 36 (m) (SH1-6)
SMITH, O. 46 (m) (SH1-31)
SMITH, Oliver 40 (B) (SH1-170)
SMITH, Patrick 43 (SH2-322)
SMITH, Penny 54 (B) (SH2-301)
SMITH, Peter 41 (B) (SH2-38)
SMITH, Phil 25 (B) (SH1-369)
SMITH, Philip 35 (SH2-37)
SMITH, Phillips 42 (B) (SH2-43)
SMITH, Polk 39 (B) (SH2-174)
SMITH, Prentiss 25 (SH1-473)
SMITH, Preston 29 (SH2-87)
SMITH, Quince? 25 (m) (B) (SH1-57)
SMITH, R. F. 39 (m) (SH1-40)
SMITH, Rebecca 24 (B) (SH2-33)
SMITH, Rhoda 45 (B) (SH1-185)
SMITH, Richard 30 (B) (SH2-233)
SMITH, Richard 35 (B) (SH2-24)
SMITH, Richard 41 (SH2-173)
SMITH, Robert 35 (B) (SH1-186)
SMITH, Robert 36 (SH2-269)
SMITH, Robert 43 (B) (SH2-333)
SMITH, Robert 51 (B) (SH1-52)
SMITH, Robert 8 (SH1-416)
SMITH, Robinson 36 (B) (SH2-227)
SMITH, Robt. 45 (B) (SH2-123)
SMITH, Rosa 29 (B) (SH2-90)
SMITH, Rosa? P. 39 (f) (SH2-119)
SMITH, S. H. 29 (m) (SH1-284)
SMITH, S. W. 35 (m) (SH2-40)
SMITH, Sallie 14? (B) (SH1-362)
SMITH, Sallie 15? (B) (SH2-119)
SMITH, Sallie 24 (B) (SH2-194)
SMITH, Sam 23 (m) (B) (SH1-112)
SMITH, Sam 27 (m) (B) (SH1-126)
SMITH, Sam M. 38 (m) (SH1-2)
SMITH, Saml. 27 (B) (SH2-134)
SMITH, Saml. 36 (B) (SH1-26)
SMITH, Saml. 56 (B) (SH1-448)
SMITH, Samuel 28 (B) (SH2-119)
SMITH, Samuel 32 (SH1-328)
SMITH, Samuel 40 (B) (SH2-355)
SMITH, Sarah 18 (B) (SH1-27)
SMITH, Sarah 50 (B) (SH2-166)
SMITH, Sarah 65 (B) (SH2-320)
SMITH, Sarah 9 (B) (SH2-336)
SMITH, Scott 43 (B) (SH1-14)
SMITH, Shelton 53 (B) (SH1-154)
SMITH, Silas 28 (B) (SH2-287)
SMITH, Silas 60 (B) (SH2-122)
SMITH, Silla 28 (B) (SH1-181)
SMITH, Sol 43 (B) (SH1-417)
SMITH, Solomon 37 (B) (SH2-311)
SMITH, Susan 11 (B) (SH2-176)
SMITH, Susan 35 (B) (SH2-108)
SMITH, Susan B. 49 (B) (SH2-150)
SMITH, Sy.? 43 (m) (B) (SH1-202)
SMITH, T. B. 48 (m) (SH2-157)
SMITH, Thomas 27 (B) (SH1-175)
SMITH, Thomas 54 (B) (SH1-127)
SMITH, Thos. 22 (B) (SH1-213)
SMITH, Tobe 23 (B) (SH1-298)
SMITH, Tom 24 (B) (SH1-298)
SMITH, Tom 40? (SH2-155)
SMITH, Tom L. 30 (B) (SH1-176)
SMITH, Vinie 31 (B) (SH1-243)
SMITH, Virgin Mary 3 (B) (SH1-298)
SMITH, W. A. 33 (m) (SH2-110)
SMITH, W. A. 45 (m) (SH2-310)
SMITH, W. C. 24 (m) (SH1-37)
SMITH, W. C. 32 (m) (SH2-111)
SMITH, W. J. 57 (m) (SH2-139)
SMITH, W. S. (Dr.) 43 (SH2-365)
SMITH, W. W. 34 (m) (SH2-106)
SMITH, Warren 30 (B) (SH1-204)
SMITH, Warren 30 (B) (SH1-210)
SMITH, Wash 52 (B) (SH1-168)
SMITH, Wash 55 (B) (SH1-19)
SMITH, Whit 24 (B) (SH1-301)
SMITH, Willis 7 (B) (SH1-11)
SMITH, Winfred 30 (SH2-258)
SMITH, Wm. 19 (B) (SH2-252)
SMITH, Wm. 22? (B) (SH1-278)
SMITH, Wm. 25 (SH1-80)
SMITH, Wm. 26 (B) (SH1-309)
SMITH, Wm. 27 (B) (SH1-84)
SMITH, Wm. 30 (SH1-473)
SMITH, Wm. 30 (B) (SH2-296)
SMITH, Wm. 31 (B) (SH2-17)
SMITH, Wm. 36 (B) (SH1-103)
SMITH, Wm. 46 (B) (SH1-39)
SMITH, Wm. 49 (SH1-23)
SMITH, Wm. 66 (B) (SH1-307)
SMITH, Wm. 70 (B) (SH1-306)
SMITH, Wm. M. 50 (SH2-55)
SMITH, _. H. 40 (m) (SH2-154)
SMITH, _____ 45 (B) (SH2-131)
SMITH?, Ida 17 (B) (SH1-378)
SMITH?, J. J. 28 (m) (SH1-394)
SMITH?, Samuel 30 (B) (SH2-122)
SMITHERS?, Margaret 60 (SH1-263)
SMITHERWICK, M. L. 21 (f) (SH1-144)
SMITHWICK, Prstly 22 (SH2-205)
SMITHWICK, Sarah 55 (SH1-370)
SMLE, John 53 (B) (SH1-392)
SMOOT, John 28 (SH2-242)
SMOOT, Wm. 30 (SH2-41)
SMYTHE, Andy 36 (B) (SH1-70)
SM____, John 41 (B) (SH1-86)
SNARE, Anna 60 (B) (SH1-408)
SNEAD, Alexander 78 (SH1-19)
SNEAD, Frank 21 (B) (SH1-158)
SNEAD, Lula 9 (SH1-111)
SNEAD, Peggy 24 (B) (SH1-118)
SNEDETTE?, James 24 (SH1-95)
SNEED, A. 60 (m) (SH1-395)
SNEED, Billy 50 (B) (SH2-286)
SNEED, Eddie 5 (B) (SH2-355)
SNEED, Edwd. 50 (B) (SH2-129)
SNEED, Greel 72 (m) (SH1-442)
SNEED, H. M. 58 (m) (SH1-473)
SNEED, J. S. T. 60 (m) (SH1-464)
SNEED, Jane 50 (B) (SH2-125)
SNEED, Jennie 35 (SH2-69)
SNEED, Paul 37 (B) (SH2-141)
SNEED, Paul 39 (B) (SH1-156)
SNEED, Robt. 35 (B) (SH2-129)
SNEED, Thomas F. 45 (SH2-202)
SNEED, W. 48 (m) (B) (SH1-395)
SNEED, Willis 60 (B) (SH1-403)
SNEED, Wm. N. 35 (SH2-82)
SNEEDE, Davy _9 (m) (B) (SH1-204)
SNEIDER?, Paul 36 (SH2-168)
SNELL, Stpehen 54 (SH1-227)
SNELLING, Emma 17 (SH2-323)
SNELLING, Reuben 54 (B) (SH1-417)
SNIDER, Charity 65 (B) (SH2-324)
SNIDER, Edward 52 (B) (SH1-31)
SNIDER, J. B. 19 (m) (SH2-109)
SNIDER?, Ann 48 (B) (SH2-340)
SNIPES, Samson 2_ (B) (SH1-176)
SNITGEN, Edward 35 (SH2-62)
SNOOTS, Wade 16 (B) (SH1-332)
SNOTGRASS, _____ 40 (m) (SH2-61)
SNOW, George 35 (SH2-78)
SNOW, Green 43 (SH2-257)
SNOW, H. A. 45 (m) (SH1-56)
SNOWDEN, H. B. 39 (m) (SH2-342)
SNOWDEN, Hannah 60 (B) (SH2-215)
SNOWDEN, Ike 21 (SH1-18)
SNOWDEN, Joseph 18 (SH2-147)
SNOWDEN, Mary 63 (SH2-335)
SNOWDEN, R. B. 42 (m) (SH1-365)
SNOWDEN, Simon 46 (B) (SH1-169)
SNOWDEN, Wm. 23 (SH1-18)
SNOWDEN, _____ 3 (SH2-146)
SNOWDEN?, _. 49 (m) (SH1-205)
SNYDER, Henry 24 (SH2-6)
SNYDER, S. C. 78 (m) (SH2-345)
SOFERINA, Joseph 26 (SH2-19)
SOHM?, Ferdinand 60 (SH1-94)
SOHM?, John 28 (SH1-94)
SOHMS, Julius 26 (SH1-96)
SOLARI, Mary 40 (SH2-203)
SOLARI?, Gus 35 (SH1-420)
SOLES, Albert 27 (B) (SH1-7)
SOLES, Edmond 47 (B) (SH1-8)
SOLES, Polly 6/12 (B) (SH1-5)
SOLES?, Solomon 35 (B) (SH1-8)
SOLOMON, Washington 52 (B) (SH1-336)
SOLOMON, Wm. 35 (B) (SH2-163)
SOLONA, Joshua 30 (B) (SH1-379)
SOLS, Charlie 3 (B) (SH1-4)
SOMERS, W. D. 48 (m) (SH1-263)
SOMERVELLE, T. 35 (f) (B) (SH1-404)
SOMERVILLE, Anne 98 (B) (SH1-5)
SOMERVILLE, Bob 30 (B) (SH2-298)
SOMERVILLE, Cornelia 24 (B) (SH1-45)
SOMERVILLE, G. B. 40 (m) (SH2-194)

1880 Census Shelby Co. TN: Heads-of-Household

SOMERVILLE, Henry 28 (B) (SH1-160)
SOMERVILLE, W. 52 (m) (B) (SH1-160)
SOMMERVILLE, J. 39? (m) (B) (SH2-169)
SONA, Wait 25 (m) (B) (SH2-159)
SONERS, Edmund 32 (B) (SH1-409)
SONGSTER, S. 50 (m) (B) (SH2-309)
SONONI?, John 22 (SH2-70)
SONORA, ____ __ (SH2-323)
SOPHISKI, Albert 23 (SH2-180)
SORRELLS, Ann 40 (SH1-213)
SORRELLS, Martha 41 (SH2-29)
SORROLL, Michael 52 (SH2-179)
SORY?, P. J. 46 (f) (SH2-138)
SOTHERN, Elias 40 (B) (SH2-25)
SOTTORIOUS, Joshua 28 (SH2-72)
SOUTHALL, A. 7 (m) (B) (SH1-39)
SOUTHALL, Charles 45 (B) (SH1-87)
SOUTHALL, Clara 30 (B) (SH2-209)
SOUTHALL, Reuben 27 (B) (SH2-219)
SOUTHALL, Richd. J. 39 (SH1-464)
SOUTHEND, Anna 21 (B) (SH2-140)
SOUTHERLAND, Goffry 30 (SH2-72)
SOUTHERLAND, John C. 43 (SH2-98)
SOUTHERN, Ed 25 (B) (SH1-58)
SOUTHERS, Monroe 30 (B) (SH1-48)
SOUTHHALL, Sam 23 (B) (SH2-202)
SOUTHWICK, Willett 54 (m) (SH2-50)
SOWARD, Ann 35 (f) (B) (SH1-215)
SOWARD, Carr 26 (B) (SH1-37)
SOWARD, Eugene 46 (SH1-461)
SOWARD, Wm. 70 (B) (SH1-37)
SOWERS, Joseph 53 (SH2-305)
SOWERS, _____ 5/12 (f) (SH2-321)
SOWERS?, _. C. 54 (m) (SH1-264)
SPAIN, Albert 23 (SH2-299)
SPAIN, Alfred F.? 48 (m) (SH1-408)
SPAIN, V. E. 36 (f) (SH1-146)
SPAIN, Wm. H. 56 (SH1-5)
SPANGLER, Wm. 45 (SH2-85)
SPARKS, J. D. 31? (m) (SH1-69)
SPARKS, Julious 26 (B) (SH2-112)
SPARKS, Mc. 26 (m) (B) (SH1-176)
SPARKS, N. A. 57 (f) (SH1-240)
SPARKS, Walker 36 (B) (SH2-299)
SPAULDING, J. N. 34 (m) (SH2-252)
SPAULDING, Jas. 26 (SH2-84)

SPEARMAN, Jennie 16 (B) (SH1-371)
SPEARMAN, W. A. 39 (m) (SH1-149)
SPEARS, Ed 25 (SH1-356)
SPEARS, Rachl 38 (SH2-4)
SPEARS, Sam 28 (m) (B) (SH1-121)
SPECHT, Genevive 21 (SH2-91)
SPECHT, John 52 (SH2-102)
SPECKERNAGLE, Mary 60 (SH1-422)
SPECKET, Jos. 61 (SH2-91)
SPEDDY, Robert 37 (SH2-253)
SPEED, James S. 35 (SH1-129)
SPEED, Julia Anne 66 (SH2-271)
SPEED, Mary E. 46 (SH2-68)
SPEED, R. D. 29 (m) (SH2-145)
SPEERO, N. W. jr. 30 (m) (SH2-144)
SPEERS, Allen 21 (B) (SH1-295)
SPEERS, Andrew 14 (B) (SH1-284)
SPEERS, Dell 30 (m) (SH2-75)
SPEERS, Eli 33 (B) (SH1-311)
SPEERS, N. W. 62 (m) (SH2-145)
SPEERS, Preston 35 (B) (SH1-262)
SPEERS, Wm. 18 (B) (SH1-295)
SPEERS?, Geo. 35 (SH1-238)
SPEIER, John E. 50 (SH2-155)
SPELLMAN, Catharine 46 (SH2-14)
SPELLMAN, Ha__ 26 (f) (SH2-240)
SPELLMAN, John 45 (SH2-9)
SPELLMAN, Mr. 42 (SH2-352)
SPELMAN, Wm. 40 (B) (SH2-350)
SPENCE, Alexander C. 30 (SH1-28)
SPENCE, Allen 38 (B) (SH2-158)
SPENCE, Marion 19 (SH1-14)
SPENCER, A. 54 (m) (B) (SH1-238)
SPENCER, Abbert 52 (m) (B) (SH1-177)
SPENCER, Calvin M. 17 (SH1-24)
SPENCER, Chas. 50 (B) (SH2-144)
SPENCER, Evans __ (B) (SH1-431)
SPENCER, George 6 (B) (SH2-208)
SPENCER, Jas. 50 (B) (SH1-463)
SPENCER, Laura 10 (B) (SH2-288)
SPENCER, Maria 30 (B) (SH2-309)
SPENCER, Mattie 32 (f) (B) (SH2-138)
SPENCER, Patina 25 (B) (SH2-246)
SPENCER, R. W. 58 (m) (SH1-293)
SPENCER, Sallie 16 (B) (SH2-144)
SPENCER, Sam 24 (B) (SH1-444)
SPENCER, Syntha 40? (B) (SH1-291)

SPENCER, Tony 25 (B) (SH1-68)
SPENCER, Warren P. 26 (SH1-426)
SPENCER, Wm. 35 (B) (SH1-424)
SPENCER, Wm. A. 25 (SH1-22)
SPENCER, Zacherie 28 (SH1-35)
SPERE_, Jno. K. 32 (SH2-192)
SPERGIN?, Walter _ (SH2-182)
SPERRY, G. W. 32 (m) (SH1-390)
SPICER, R. A. 47 (m) (SH1-169)
SPICER, R. M. 24 (m) (SH2-342)
SPICER, Samuel 38 (SH2-215)
SPICKERNAGLE?, Margaret 32 (SH2-63)
SPIELMAN, Burt? 31 (m) (SH2-7)
SPIGHT, Alford 56 (B) (SH1-280)
SPINKS, George W. 35 (SH2-12)
SPITES, Edmond 22 (B) (SH2-129)
SPITTLE, Ann 50 (SH1-416)
SPIVEY, Ella 28 (B) (SH1-234)
SPIVEY, Georgiana V. 45 (SH2-21)
SPLANGLER, R____ 42 (m) (SH2-172)
SPOFFORD, S. A. 65 (f) (SH2-303)
SPONY?, John 40 (SH2-323)
SPOTSWOOD, E. A. 41 (m) (SH1-396)
SPRAGGINS, Archie 45 (B) (SH2-84)
SPRAGNE?, John 21 (B) (SH1-80)
SPRANTING, Chas. 26 (B) (SH2-159)
SPRATLEY, Benj. R. 30 (SH2-134)
SPRATLING, Catharine 33 (B) (SH1-417)
SPRATLING, Wm. 22 (B) (SH1-417)
SPRIGSS, Perry 30 (B) (SH2-27)
SPRINGFIELD, E. 55 (f) (SH1-378)
SPRINGFIELD, Lewis? 2_ (B) (SH1-289)
SPROUCE, Wm. 37 (SH2-45)
SPROW?, Peter 31 (B) (SH2-144)
SPRUCE, Joseph F. 18 (SH2-98)
SPUNGER, Mary 50 (B) (SH2-17)
SPURLOCK, Ben 55 (B) (SH1-275)
SP__, Helen 12 (SH2-166)
SQUARE, Jno. 40 (B) (SH1-61)
ST JOHN, Harry 14 (SH2-74)
STABLER, George 19 (SH2-177)
STABLER, Mary E. 47 (SH1-419)
STACEY, J. T. 25 (m) (SH1-395)
STACEY, Mary 14 (B) (SH2-217)
STACK, Edward 30 (SH2-51)
STACK, Henry 29 (B) (SH2-61)
STACK, Jane 35 (SH2-94)
STACK, Maggie 9 (SH1-109)
STACKER, Lucinda 50 (B) (SH1-446)
STACKER, Samuel 40 (B) (SH2-167)
STACKS, All 50 (f) (SH1-63)
STACKS, Robert 27 (B) (SH2-244)
STACY, Charles 24 (SH2-68)
STACY, Charlie 22 (SH1-355)

STACY, Iona 68 (B) (SH2-217)
STAFFER, Clairmont 25 (SH2-76)
STAFFIN, Uric 34 (m) (SH1-137)
STAFFORD, Amos 30 (B) (SH1-344)
STAFFORD, Fayette 25 (B) (SH2-307)
STAFFORD, Geo. 56 (B) (SH1-126)
STAFFORD, James 2/12 (B) (SH1-301)
STAFFORD, James 22 (B) (SH1-301)
STAFFORD, James F. 53 (SH1-8)
STAFFORD, Winston 13 (B) (SH1-436)
STAGER?, Fred 40 (SH2-325)
STAID, Tom 15 (SH2-186)
STAID?, Tom 16 (SH2-183)
STAINBACK, George 23 (SH2-53)
STAIND?, John 17 (SH2-188)
STAKE?, T. E. 48 (m) (SH2-355)
STALEY, Dan 35 (SH2-78)
STALKER, Elizabeth 40 (SH2-59)
STALLION, W.? F. 36 (m) (SH1-37)
STALM?, John 6 (SH2-71)
STAMP, R. 14 (f) (B) (SH1-393)
STAMPS, Jessee 10 (m) (SH1-244)
STANBROUGH, J. V. 47 (m) (SH1-413)
STANBURY, Alice 50 (B) (SH2-294)
STANFIELD, Alice 45 (B) (SH2-321)
STANFIELD, Sarah 39 (B) (SH2-305)
STANLEY, Asa 50 (B) (SH1-102)
STANLEY, James 38 (B) (SH2-203)
STANLEY, James 60 (SH2-106)
STANLEY, John 23 (B) (SH2-33)
STANLY, Fannie 6 (B) (SH1-230)
STANLY, Phillip M. 52 (SH2-101)
STANLY, Sam 50 (B) (SH1-442)
STANNERD, Frank 28 (SH2-85)
STANSBERRY, Henry 7 (B) (SH1-120)
STANTON, Fate 39 (m) (B) (SH2-229)
STANTON, James T. 35 (SH2-96)
STANTON, John 56 (SH2-89)
STANTON, M. 35 (m) (SH2-304)
STANTON, Mike 40 (SH2-351)
STANTON, Sallie 43 (B) (SH1-340)
STAPLES, Henry 33 (SH2-251)
STAPLETON, Henry 44 (SH1-282)
STAPLETON, James 40 (SH2-95)
STARETT, John 48 (SH2-50)
STARK, Alex 50 (SH1-215)
STARK, E. T. 40 (m) (SH2-356)
STARK, Elinora 37 (SH1-223)
STARK, Frank 28 (B) (SH2-188)
STARK, Jasper B. 36 (SH1-228)
STARK, Robert 51 (B) (SH1-409)
STARKER, George 1 (B) (SH2-60)
STARKS, Sarah 48 (B) (SH2-328)

STARLING, Sarah L. 38 (SH1-189)
STARNES, Milly 70 (SH1-83)
STARR, Charles A. 66 (SH1-185)
STARTETT, Willy 13 (m) (SH2-34)
STAVES, Emmet N. 27 (SH1-122)
STAVES?, Edward 9 (B) (SH1-313)
STAVES?, James 32 (B) (SH2-353)
STAVES?, John 27 (B) (SH2-353)
STA__Y, Sarah 40 (SH2-272)
STCLAIRE, Belle 28 (B) (SH2-62)
STEANBACK, L.? 56 (m) (B) (SH1-404)
STEARLES, Alexander 25 (B) (SH2-27)
STEDMAN, E. 32 (m) (B) (SH2-254)
STEDMAN, Henry 45 (B) (SH1-211)
STEDMAN, J. O. 68 (f) (SH2-243)
STEEL, Bob 26 (SH2-285)
STEEL, Charles 50 (SH2-72)
STEEL, Marthia 45 (B) (SH1-470)
STEELE, Alice 24 (B) (SH2-229)
STEELE, Andrew 45 (B) (SH2-126)
STEELE, Chas. P. 48 (SH2-193)
STEELE, Frank 46 (SH1-332)
STEELE, George 25? (SH2-176)
STEELE, George 48 (B) (SH2-277)
STEELE, Gus 25 (SH2-153)
STEELE, Henry 40 (B) (SH2-24)
STEELE, Henry 50 (B) (SH1-56)
STEELE, J. D. 28 (m) (SH1-56)
STEELE, James 55 (SH2-324)
STEELE, James 68 (SH2-52)
STEELE, Lucy 5 (B) (SH2-298)
STEELE, Maggie 13 (SH2-161)
STEELE, Martha 55 (SH2-123)
STEELE, Martha 55 (B) (SH2-204)
STEELE, Octavius 19 (f) (SH2-66)
STEELE, Oliver 22 (B) (SH2-225)
STEELE, R. L. 31 (m) (SH1-58)
STEELE, Robert 35 (B) (SH2-24)
STEELE, Rufus 30 (B) (SH1-102)
STEELLE, Charles_(convict) (SH1-356)
STEELMAN, J. H. 30 (m) (SH1-266)
STEFFEY, Wm. N. 48 (SH2-52)
STEIN, Andrew 50 (SH2-113)
STEIN, E. F. 21 (m) (SH2-114)
STEIN, Elliott 12 (B) (SH1-280)
STEIN, Fred 11 (SH2-114)
STEIN, Mathus 55 (SH2-113)
STEIN, Tom 26 (SH2-179)
STEINBACH, Benj. 20 (SH2-84)
STEINBACH, Matilda 28 (SH2-88)
STEINBARG, Solomon 57 (SH2-124)
STEINBERG, Harry 8 (SH1-473)
STEINBERG, Johannah 33 (SH2-120)
STEINBRECHER, Peter 53 (SH2-2)
STEINKUHL, Augusta 35 (SH2-70)
STEINKUHL, Jacob 56 (SH2-260)
STEMMLER, Frederick 24 (SH2-134)
STENMAN, Ben 55 (B) (SH1-183)
STEPENS, Jno.? H. 43 (SH1-184)
STEPHEN, Monroe 24 (B) (SH1-440)
STEPHENS, Abner 45 (B) (SH1-316)
STEPHENS, Arthur 25 (SH2-7)
STEPHENS, Dory? 24 (m) (B) (SH1-200)
STEPHENS, Emly 23 (B) (SH2-132)
STEPHENS, George 16 (SH1-77)
STEPHENS, Harriet 17 (B) (SH1-446)
STEPHENS, Joel 52 (SH1-410)
STEPHENS, John 24 (SH2-20)
STEPHENS, John 66 (B) (SH1-444)
STEPHENS, Joseph 20 (B) (SH2-119)
STEPHENS, Lethe 50 (f) (B) (SH1-417)
STEPHENS, M. 50 (m) (SH1-203)
STEPHENS, Monroe 22 (B) (SH2-284)
STEPHENS, Moses 23 (B) (SH1-443)
STEPHENSON, Ada 42 (SH1-332)
STEPHENSON, Albert 30 (B) (SH2-34)
STEPHENSON, Albert 46 (SH2-271)
STEPHENSON, Carrie 14 (B) (SH1-107)
STEPHENSON, E. H. 33 (m) (SH2-349)
STEPHENSON, Julia 46 (B) (SH1-288)
STEPHENSON, Saml. 50 (SH1-261)
STEPHENSON?, JEsse 45 (m) (B) (SH1-104)
STEPHERSON, Wm. 41 (SH1-216)
STEPNY?, Wallace 23 (B) (SH1-344)
STERGEIS, Charles 29 (B) (SH2-119)
STERLING, David 28 (SH2-101)
STERLING, Wm. 30 (SH2-235)
STEVENS, Anna 38 (SH1-121)
STEVENS, Fannie A. 20 (SH1-323)
STEVENS, Frederick 2 (SH2-49)
STEVENS, Harriet 45 (B) (SH2-162)
STEVENS, Horace 54 (B) (SH1-305)
STEVENS, John 35 (SH2-94)
STEVENS, Lou 8 (f) (B) (SH1-317)
STEVENS, MAggie 19? (SH2-49)
STEVENS, Mary O. 12 (SH1-321)
STEVENS, Mat 29 (m) (B) (SH2-309)
STEVENS, R. K. 35 (m) (SH1-238)
STEVENS, Wm. 25 (SH2-199)
STEVENS, Wm. 34 (B) (SH2-119)
STEVENS, Wm. 45 (B) (SH2-338)
STEVENS, _. 48 (m) (SH2-348)
STEVENS?, Luesa M. 34 (SH1-50)
STEVENSON, Burl 58 (m) (B) (SH2-296)
STEVENSON, James 28 (B) (SH1-28)
STEVENSON, Jinnie 14 (f) (B) (SH1-387)
STEVENSON, Lillie 26 (SH2-190)
STEVENSON, Lyley 42 (f) (B) (SH2-344)
STEVENSON, Miles 26 (B) (SH2-344)
STEVENSON, Mollie 36 (B) (SH2-232)
STEVENSON, Sallie 18 (SH1-133)
STEVENSON, Tony 24 (B) (SH1-223)
STEVENSON, Wm. 34 (SH2-202)
STEWARD, Allen 33 (B) (SH2-331)
STEWARD, Emanuel 54 (B) (SH1-328)
STEWARD, Fred 22 (B) (SH2-329)
STEWARD, Harrison 50 (B) (SH2-330)
STEWARD, Henderson 45 (B) (SH2-327)
STEWARD, Jacob 14 (B) (SH2-307)
STEWARD, James 19 (B) (SH1-355)
STEWARD, Joseph 57 (SH2-329)
STEWARD, Pinkney 35 (B) (SH1-383)
STEWARD, Rolinett 30 (f) (B) (SH2-333)
STEWARD, Willie 17 (m) (B) (SH1-384)
STEWART, A. 2/12 (f) (SH1-392)
STEWART, A. C. 48 (m) (SH1-246)
STEWART, Adeline 50 (B) (SH2-125)
STEWART, Alex 20 (m) (B) (SH1-15)
STEWART, Alex 28 (B) (SH2-109)
STEWART, Amanda 25 (B) (SH2-55)
STEWART, Amy 38 (B) (SH2-357)
STEWART, Ann 55 (B) (SH1-131)
STEWART, Annie 37 (SH2-170)
STEWART, Annie 8 (B) (SH1-379)
STEWART, Arnold 50 (B) (SH2-272)
STEWART, Becky 24 (B) (SH1-1)
STEWART, C. M. 47 (m) (SH1-28)
STEWART, C. Winn 29 (m) (SH1-10)
STEWART, Charlie 22 (B) (SH1-3)
STEWART, Chas. 30 (SH1-69)
STEWART, Chas. 32 (SH2-85)
STEWART, Chas. 62? (SH2-133)
STEWART, D. D. 26 (m) (SH2-138)
STEWART, Ed 65 (B) (SH1-328)
STEWART, Eliza 80 (B) (SH1-122)
STEWART, Ellen 22 (B) (SH1-28)
STEWART, Ellen J. 38 (SH1-190)
STEWART, Ellen? 25 (B) (SH2-128)
STEWART, F. H. 53 (m) (SH2-349)
STEWART, F. O. 29 (m) (SH1-209)
STEWART, Florence 15 (SH2-314)
STEWART, Frances 50 (B) (SH2-289)
STEWART, Geo. 22 (SH2-291)
STEWART, Geo. 53 (B) (SH1-37)
STEWART, Geo.? 13 (SH2-130)
STEWART, George 40 (B) (SH1-332)
STEWART, George 50 (B) (SH1-414)
STEWART, Green 35 (B) (SH1-416)
STEWART, Henry A. 43 (SH1-13)
STEWART, J. B. 51 (m) (SH1-209)
STEWART, J. C. 53? (m) (SH1-48)
STEWART, JAmes D. 55 (SH1-21)
STEWART, JOhn C. 52 (SH1-16)
STEWART, James 35 (B) (SH2-128)
STEWART, James 53 (SH1-472)
STEWART, James A. 30 (SH1-15)
STEWART, Jennie 29 (SH2-293)
STEWART, Kate 6 (SH2-314)
STEWART, Lee H. 52 (m) (SH1-428)
STEWART, Lina 35 (B) (SH1-64)
STEWART, Lizzie 22 (SH2-249)
STEWART, Lucinda 30 (B) (SH1-356)
STEWART, MArgaret 54 (SH1-421)
STEWART, MAriah 12 (B) (SH1-122)
STEWART, Mary 24 (B) (SH1-92)
STEWART, Mary E. 48 (SH1-16)
STEWART, Melvina 38 (B) (SH1-336)
STEWART, Michael 40 (SH2-178)
STEWART, Mollie 25 (SH2-49)
STEWART, Mon? 21 (m) (B) (SH1-9)
STEWART, Monroe 37 (B) (SH1-122)
STEWART, Nathan 48 (SH1-17)

1880 Census Shelby Co. TN: Heads-of-Household

STEWART, Patsy 27 (B) (SH1-382)
STEWART, Peter 65 (B) (SH1-384)
STEWART, R. W. 39 (m) (SH1-290)
STEWART, Rachel 55 (B) (SH2-186)
STEWART, Rebecca 25 (SH2-154)
STEWART, Rebecca 40 (SH2-132)
STEWART, Rebecca 40 (SH2-132)
STEWART, Reuben 30 (B) (SH2-219)
STEWART, Rinda 48 (B) (SH1-4)
STEWART, Robert 17 (SH1-130)
STEWART, Seaborn 11 (B) (SH1-461)
STEWART, Taylor 25 (B) (SH1-183)
STEWART, Wash 28 (B) (SH1-15)
STEWART, Wesley 56 (B) (SH1-22)
STEWART, Wm. 32 (B) (SH1-13)
STEWART, Wm. 49 (SH2-201)
STEWART, Wm. 58 (SH1-9)
STEWART, Wm. 60 (SH2-304)
STEWART, Wm. H. 25 (SH1-188)
STEWART, Wm. M. 27 (SH2-7)
STEWART, ____ 26 (m) (B) (SH1-356)
STEWRAT, Vina? 36 (B) (SH2-264)
STE____, Henry 19 (SH2-99)
STIDHAM, Emma 42 (SH2-177)
STIELL, John 50 (SH2-73)
STIFF, Serina 50 (SH2-176)
STIGALL, Susan 40 (B) (SH1-273)
STIGENS?, Matilda 22 (B) (SH2-341)
STIGER, Anderson 35 (B) (SH1-371)
STIGS?, Christine 56 (m) (SH1-219)
STILES, Marshal 43 (SH2-300)
STILKER, Joe 27 (SH2-114)
STILL, Ewing 48 (B) (SH2-355)
STILL, Lizzie 35 (B) (SH2-284)
STILLMAN, Eliza 48 (B) (SH2-56)
STILLMAN?, Anderson 45 (SH2-152)
STILTZ, Prince 50 (B) (SH1-169)
STIMSON, Orsin H. 41? (m) (SH2-54)
STINE, Peter 40 (SH2-188)
STINER, MAttie E. 16 (f) (SH1-140)
STINNETT, John C. 52 (SH2-300)
STINNUS?, Edward 35 (SH2-76)
STINSON, George 27 (SH1-54)
STINSON, Peter 28 (SH2-66)
STIRLE?, Caroline 28 (SH1-94)
STITH, Agnes 23 (B) (SH2-14)
STITH, Catherine 58 (B) (SH1-51)
STITH, D. M. 32 (m) (SH1-264)
STITH, George 70 (B) (SH1-305)
STITH, Sallie 30 (B) (SH2-170)
STITTS, Clinton 23 (B) (SH1-172)

STJOHN, Annie 45 (SH2-70)
STOCK, M. 60 (f) (B) (SH1-389)
STOCKLEY, John 30 (B) (SH1-397)
STOCKLEY, Mariah 53 (SH2-53)
STOCKS, Alec 45 (B) (SH1-173)
STOCKS, Ebby 25 (m) (SH2-318)
STOCKS, Ebenezer 11? (B) (SH1-344)
STOCKS, Ed 42 (B) (SH2-43)
STOCKS, Hice? 33 (m) (SH1-62)
STOCKS, Joe 21 (B) (SH1-334)
STOCKS, John 45? (B) (SH2-125)
STOCKS, Kate 25 (SH2-211)
STOCKS, Peter 23 (B) (SH1-310)
STOCKS, Willie _ (SH2-360)
STOCKSLAGER, Geo. K. 51 (SH1-469)
STODARD, Albert 54 (SH2-76)
STODDARD, Georgiana 25 (B) (SH2-205)
STODDARD, Lethi 42 (f) (B) (SH2-288)
STOKES, A. 60 (m) (B) (SH1-240)
STOKES, Allice 20 (B) (SH2-289)
STOKES, Amy 70 (B) (SH2-299)
STOKES, Arabella 59 (SH1-444)
STOKES, George 26 (B) (SH1-11)
STOKES, Harriet 80 (B) (SH2-289)
STOKES, Jack 50 (B) (SH1-316)
STOKES, James 23 (B) (SH1-346)
STOKES, John 50 (B) (SH1-126)
STOKES, John G. 45 (SH1-121)
STOKES, Levi 34 (B) (SH1-84)
STOKES, Lloyd 45 (B) (SH1-102)
STOKES, Martha 41 (B) (SH2-353)
STOKES, Nelson 21 (B) (SH1-81)
STOKES, S. M. 20 (f) (SH1-230)
STOKES, Sam 21 (B) (SH1-81)
STOKES, W. 18 (m) (SH1-233)
STOKES, Wineford 75? (SH1-104)
STOKES, Wm. 35 (SH1-164)
STOKES, Wm. 56 (B) (SH1-316)
STONE, Betty 37 (SH2-138)
STONE, Chas. 52 (SH2-194)
STONE, Edw. F. 6 (SH2-86)
STONE, Emma 35 (SH2-72)
STONE, Frank 40 (B) (SH2-43)
STONE, Henry 30 (SH2-76)
STONE, Henry 39 (SH1-445)
STONE, James H. 30 (SH1-225)
STONE, John 20 (SH1-445)
STONE, Louisa 41 (SH2-86)
STONE, Mark 42 (SH1-5)
STONE, Milus 28 (SH1-113)
STONE, Pickens 25 (SH1-87)
STONE, R. 11 (m) (SH1-448)
STONE, R. R. 49 (m) (SH1-448)
STONE, Robt. 20 (SH2-93)
STONES, Lizzie 5 (B) (SH1-441)
STORM, Adrinea? 52 (m) (SH1-95)
STORY?, Rosie 12 (SH2-293)
STOTHARD, Ines 22 (f) (SH2-51)
STOTZ, Jacob 55 (SH2-44)
STOTZ, reimer 34 (m) (SH2-76)

STOULET?, Cordelia 19 (SH1-82)
STOUT, Caroline 69 (SH2-260)
STOUT, J. 60 (m) (SH1-240)
STOUT, John 21 (SH1-459)
STOUT, Lilly 26 (B) (SH2-359)
STOUTS, Wm. 6 (B) (SH1-124)
STOVAL, Hiram 50 (B) (SH2-303)
STOVAL, Homer 28 (B) (SH2-305)
STOVALL, George 48 (SH2-164)
STOVALL, Henry P. 49 (SH1-111)
STOVALL, John 26 (B) (SH2-177)
STOVALL, Susan L. 40 (SH1-75)
STOVER, Peter 30 (B) (SH2-320)
STOVERS, Virginia 3 (B) (SH2-315)
STOVES, Mrs. 56 (B) (SH2-354)
STOWE?, Louisa 11 (SH2-314)
STPEHENS, Mary M. 65 (SH2-25)
STPEHENSON, Aaron 33 (B) (SH2-28)
STPHENSON, Fred 19 (B) (SH2-279)
STRADER, Jacob 51 (SH2-172)
STRAND, Emma 56 (B) (SH2-115)
STRANGE, Laura 42 (SH2-92)
STRANGE, M. E. 42 (f) (SH2-91)
STRATER, James 25 (B) (SH2-59)
STRATHER, C. H. 45 (m) (SH2-78)
STRATMANN, A. W. 42 (m) (SH1-397)
STRATTON, A. S. (Dr.) 59 (SH1-261)
STRATTON, Annie 3 (SH1-304)
STRATTON, B. M. 39 (m) (SH1-106)
STRATTON, Dora 35 (B) (SH2-230)
STRATTON, E. P. 45 (f) (SH2-261)
STRATTON, Emma 12 (SH2-24)
STRATTON, Frank 70 (B) (SH1-314)
STRATTON, Ila 60 (B) (SH2-202)
STRATTON, J. H. 40 (m) (SH1-264)
STRATTON, L. R. 54 (f) (SH2-149)
STRATTON, Maggie 20 (B) (SH2-65)
STRATTON, Rush 51 (m) (B) (SH2-122)
STRATTON, Thos. T. 45? (SH2-96)
STRATTON, Wm. P. 44 (SH2-96)
STRAUCH, Charley 76 (SH1-408)
STRAULUM?, Henry 32 (SH1-385)
STRAUSE, Mannie? 26 (m) (SH2-81)
STRAWBACK, Hitz? 19 (m) (SH2-328)
STRAWBER, Anderson 45 (B) (SH2-306)

STRAYHORN, D. 45 (m) (SH1-40)
STREET, Addie 20 (B) (SH2-192)
STREET, Andrew 22 (B) (SH1-284)
STREET, Beckey 18 (B) (SH1-286)
STREET, Frank 24 (B) (SH1-281)
STREET, Isham 70 (B) (SH1-284)
STREET, James 28 (B) (SH1-281)
STREET, John 9 (SH2-268)
STREET, Susan 48 (B) (SH1-283)
STREET, Wm. 33 (B) (SH1-281)
STREET, _. 19 (m) (B) (SH1-282)
STREETE, Sophia 45? (B) (SH2-136)
STREHL, Elisabeth 20 (SH1-94)
STREHL, John A. 33 (SH2-323)
STRICKLAND, Ada 7 (B) (SH2-321)
STRICKLAND, And? J. 27 (m) (SH1-460)
STRICKLAND, Ben 40 (B) (SH1-338)
STRICKLAND, D. W. 63 (f) (SH1-292)
STRICKLAND, H. 50 (m) (B) (SH2-187)
STRICKLAND, Ike 32 (B) (SH1-244)
STRICKLAND, Jane 30 (B) (SH1-323)
STRICKLAND, Jinnie 20 (B) (SH2-149)
STRICKLAND, Maggie 25 (SH2-42)
STRICKLAND, W. 23 (m) (B) (SH1-320)
STRICKLIN, A.? B. 21 (m) (SH2-138)
STRICKLIN, Moses 30 (B) (SH2-283)
STRICKLIN, S. V. 45 (f) (SH2-289)
STRICKLIN, Walton 11 (B) (SH1-223)
STRICLAND, Liny 42 (f) (B) (SH2-209)
STRING, Daniel 75 (B) (SH1-133)
STRINGER, ____ 80 (f) (SH2-314)
STROHL?, Joseph 54 (SH1-93)
STROHL?, Nicholas 56 (SH1-94)
STRONG, Ben 69 (SH1-215)
STRONG, Ben P. 31 (SH1-226)
STRONG, Celia 50 (B) (SH2-312)
STRONG, David 50 (B) (SH1-351)
STRONG, Hardy 24 (SH1-226)
STRONG, Hettie 22 (B) (SH1-360)
STRONG, J. F. 44 (m) (SH1-225)
STRONG, Julius L. 34 (SH1-226)
STRONG, Mary 35 (SH2-117)
STRONG, Mary A. 59 (SH1-224)
STRONG, Moses 26 (B) (SH2-162)
STRONG, Pazella 4 (f) (B) (SH2-299)
STRONG, Walt 45 (SH2-71)
STRONG, Watt 45 (SH2-85)

117

STROPE?, Henry 29 (SH1-263)
STROTHER, Ann 40 (B) (SH2-287)
STROTHER, Bettie 30 (B) (SH2-184)
STROUD, Andrew 2 (SH1-179)
STROUD, Stephen 23 (B) (SH1-314)
STROUDEN, John M. 16 (SH1-17)
STRUCKS, George 28 (SH2-31)
STRUELE?, Wm. 48 (SH2-49)
STRUM, Amanda 50 (B) (SH2-338)
STRUWING, Henry 30 (SH2-118)
STUARD, Ellit 38 (B) (SH1-389)
STUARD, Henry 22 (B) (SH1-319)
STUART, Alex 25 (B) (SH2-172)
STUART, Arch M. 35 (SH1-135)
STUART, Chas. 36 (SH2-231)
STUART, Daniel 26 (B) (SH1-451)
STUART, Emley 35 (B) (SH1-454)
STUART, Geo. F. (Dr.) 27 (SH1-176)
STUART, Lucy 50 (SH2-328)
STUART, M. D. L. 50 (m) (SH2-76)
STUART, Nervie 15 (f) (B) (SH2-170)
STUART, Virginia 8 (B) (SH1-454)
STUART, Wm. B. 36 (SH1-182)
STUBBS, Adam 19 (B) (SH1-55)
STUBBS, Alex 24 (m) (B) (SH1-39)
STUBBS, Alford 16 (B) (SH1-33)
STUBBS, Ann 16 (B) (SH1-33)
STUBBS, Berry 39 (B) (SH1-78)
STUBBS, Green 50 (B) (SH1-90)
STUBBS, Henry 10 (B) (SH1-33)
STUBBS, Mahala 18 (B) (SH1-236)
STUEKIK, Emily 22 (SH2-121)
STULL, Abraham 50 (SH2-20)
STULMAN, Wm. 34 (SH1-226)
STURGES, Jane 41 (SH1-189)
STURGES, Josh L. 40 (SH1-189)
STURGIS, Charles 29 (B) (SH2-62)
STURLA, Frank 45 (SH2-112)
STURLA?, John 33 (SH2-99)
STURPIN?, Silas 35 (B) (SH1-250)
STYLES, John 44 (SH2-45)
ST_____YS, Easter 50 (B) (SH2-337)
SUAN?, Fanie 22 (B) (SH1-393)
SUBBS, James 39 (SH1-455)
SUDDERTH, Catie 60 (f) (B) (SH1-175)
SUDDY, Levy 16 (B) (SH1-182)
SUGARMAN, Al 35 (SH1-362)
SUGARS, Lewis 30 (B) (SH1-431)
SUGERMAN?, Joseph 53 (SH2-52)
SUGGS, Albert 34 (SH1-265)
SUGGS, Dude 33 (SH1-57)
SUGGS, Labor 38 (SH1-95)

SUGGS, Wm. 57 (SH1-68)
SULIVAN, A. E. 61 (f) (SH1-290)
SULIVAN, Gabe 50 (B) (SH1-143)
SULIVAN, Margaret 40 (SH1-453)
SULIVAN, Peter 48 (B) (SH1-266)
SULIVAN, Wade 26 (B) (SH1-286)
SULLIAVAN, J. C. 25 (m) (SH2-113)
SULLIVAN, Alice 28 (B) (SH2-273)
SULLIVAN, Charles 21 (B) (SH1-329)
SULLIVAN, Clem 35 (m) (SH2-77)
SULLIVAN, Cornelius 29 (SH2-9)
SULLIVAN, Da 59 (SH2-106)
SULLIVAN, Daniel 40 (SH2-179)
SULLIVAN, Danl. 50 (SH2-331)
SULLIVAN, Doc 42 (B) (SH2-207)
SULLIVAN, E. 68 (f) (SH1-75)
SULLIVAN, Easter 81 (B) (SH1-137)
SULLIVAN, Eugene 52 (SH2-152)
SULLIVAN, George 32 (B) (SH2-306)
SULLIVAN, Jerry 22 (m) (SH2-114)
SULLIVAN, Jesse 40 (m) (B) (SH2-142)
SULLIVAN, Jno. 30 (SH2-84)
SULLIVAN, Joanna 33 (SH1-473)
SULLIVAN, Johanna 50 (SH2-23)
SULLIVAN, John 21 (SH2-114)
SULLIVAN, John 24 (SH2-257)
SULLIVAN, John 35 (B) (SH2-230)
SULLIVAN, John 40 (SH2-106)
SULLIVAN, John S. 32 (SH2-20)
SULLIVAN, Joseph 14 (SH1-444)
SULLIVAN, Julia 25 (SH2-29)
SULLIVAN, Mary 14 (SH1-363)
SULLIVAN, Mary 18 (SH2-18)
SULLIVAN, Mary 38 (SH2-25)
SULLIVAN, Mary 38 (SH2-63)
SULLIVAN, Mary 50 (SH2-323)
SULLIVAN, Mary J. 14 (SH2-228)
SULLIVAN, Michael 24 (SH2-5)
SULLIVAN, Michael 40 (SH2-298)
SULLIVAN, Michael 42 (SH1-417)
SULLIVAN, Mike 65 (SH2-281)
SULLIVAN, N. 9 (f) (SH1-110)
SULLIVAN, Nellie 20 (SH2-63)
SULLIVAN, Pat 40 (m) (SH1-474)
SULLIVAN, Permelia 38 (SH2-205)
SULLIVAN, Wm. 19 (SH2-37)
SULLIVANT, Ann 27 (SH1-329)
SUMINSING?, Chas. 21 (SH2-258)
SUMMER, Julius 28 (B) (SH2-341)
SUMMER, Squire 45 (B) (SH2-182)
SUMMER, Wm. 27 (B) (SH2-344)
SUMMERS, Bettie 35 (B) (SH1-411)
SUMMERS, Mollie 16 (SH1-408)
SUMMERS?, _____ 54 (m) (SH1-356)

SUMMONS?, Jim 35 (B) (SH1-384)
SUMMY?, Charles 25 (B) (SH2-324)
SUMPTER, M. A. 40 (f) (SH1-265)
SUNFIELD, Wm. 19 (SH2-70)
SURPRISE, John 48 (SH2-329)
SURPRISE, W. L 20 (m) (SH1-395)
SURRATT, Filip 25 (B) (SH1-36)
SURRATT, George 8 (B) (SH1-49)
SURROCCO, Frank 28 (SH2-77)
SUTCLIFFE, Eugene 24 (SH2-74)
SUTEN, Mary J. 39 (SH2-23)
SUTHAL, Rosa _0 (B) (SH2-247)
SUTHERN, Andrew 30 (SH2-13)
SUTLER, John 23 (B) (SH1-119)
SUTLIFF, Eugene? 23 (SH2-103)
SUTTEN, James 9 (SH1-451)
SUTTER, Theresa 45 (SH2-2)
SUTTLE, Levie 35 (m) (SH1-64)
SUTTON, Ann 38? (B) (SH2-224)
SUTTON, Bella? 40 (f) (B) (SH2-279)
SUTTON, French 49 (B) (SH1-410)
SUTTON, Henry L. 27 (SH1-342)
SUTTON, Pearl 11 (B) (SH2-279)
SUTTON, Samuel 47 (SH2-144)
SUTTON, Washington 72 (B) (SH2-234)
SWABB, J. F. 79 (m) (SH2-113)
SWADER?, Lewis 76 (B) (SH2-187)
SWAN, Fernando 42 (SH1-292)
SWAN, Gilbert 26 (B) (SH2-334)
SWAN, Selena 30 (B) (SH2-50)
SWANCY, R. 27 (f) (B) (SH1-393)
SWANCY, Washington 24 (B) (SH1-337)
SWANEE, D_____ __ (SH2-319)
SWANSON, John 28 (SH2-18)
SWARNER, Chas. 31 (B) (SH2-188)
SWARTZ, Julia 12 (SH2-210)
SWARTZ, Zilly 14 (f) (SH2-212)
SWATZENBURG, Nathan 50 (SH2-63)
SWAYNE, Mary C. 46 (SH1-413)
SWEARINGEN, Adeline 62 (SH1-414)
SWEAT, James F. 48 (SH2-56)
SWEENEY, Bernard 23 (SH2-22)
SWEENEY, James 45 (SH2-355)
SWEENEY, N.? F. 37 (m) (SH1-309)
SWEENEY, Thomas 47 (SH2-28)
SWEENEY, Wm. 46 (SH2-24)
SWEENY, Ed 17 (SH2-286)
SWEET, Richard 27 (B) (SH1-453)
SWEET, Richard 29 (B) (SH2-203)
SWEET, Sarah 45 (SH2-69)
SWEET, Sarah J. 50? (SH2-93)
SWEET?, Fred T. (Dr.) 34 (SH1-190)
SWIFT, Andrew 25 (B) (SH1-222)

SWIFT, Margaret 25 (B) (SH2-81)
SWIFT, Thos. D. 31 (SH2-7)
SWIFT, Tubbie 18 (m) (B) (SH1-350)
SWIFT, W. J. 54 (m) (SH1-343)
SWIFT, ____ 14 (B) (SH1-275)
SWIFT?, _. 40 (m) (SH1-274)
SWILL, Otto 40 (SH2-77)
SWIND, A. 28 (m) (SH1-389)
SWINEY, Joanna 49 (SH2-161)
SWINNEY, Ann 25 (SH2-86)
SWINNEY, Samella 13 (SH1-135)
SWIVEL, Sophia 17 (SH2-50)
SYKES, Charles 26? (B) (SH2-61)
SYKES, Jackson 23 (B) (SH2-242)
SYKES, James 18 (B) (SH2-6)
SYKES, Joseph B. 36 (SH1-102)
SYKES, Kelley 11 (m) (B) (SH1-275)
SYKES, Peter 34 (B) (SH2-25)
SYKES, Seuben 28 (B) (SH2-19)
SYKES, W. 60? (m) (B) (SH1-398)
SYLVESTER, J. M. 29 (m) (SH1-34)
SYLVESTER, Marshall 29 (B) (SH2-13)
SYNCO, L. V. 52 (f) (SH1-230)
SYNES?, Robert M. 19 (SH2-327)
SYSSIS?, Henry 40 (B) (SH2-135)
S__DUS, Catharine 32 (SH2-50)
S__LTZ, Annie 7 (SH2-173)
S__ND, Jno. F. 30 (SH1-178)
S_____, Arelia 25 (SH2-54)
S_____, Kate 26 (B) (SH2-193)
S_____S, Howell 55 (B) (SH1-64)
S_____TE, E. 50 (m) (SH1-89)
S_____, Henry 58 (SH2-263)
S_____, John 29 (B) (SH2-271)
S_____, Sam H. 57 (m) (SH1-21)
TABERS, Annie 40 (SH1-373)
TAFF?, Mollie 19 (B) (SH2-223)
TAFFARIS?, Mary 22 (B) (SH2-192)
TAFT, Emmet 21 (SH1-372)
TAFT, Kate 13 (SH2-222)
TAGAIN?, Ca 55 (f) (B) (SH1-394)
TAGG, Joseph 54 (SH2-205)
TAGGART, henry 35 (SH2-179)
TAGGERT, H. M. 26 (m) (SH2-289)
TAIT, Henry 27 (B) (SH1-445)
TALBART, Frank 26 (B) (SH2-238)
TALBERT, James 24 (B) (SH2-106)
TALBERT, Wm. M. 26 (SH1-80)
TALBOT, Lue 35 (f) (B) (SH1-409)
TALBOT, Martha 54 (SH2-217)
TALLEY, Bell 22 (B) (SH2-113)
TALLEY, E. B. 66 (f) (SH1-288)
TALLEY, Foster 47 (SH1-386)
TALLEY, Iasbella 22 (B) (SH1-168)
TALLEY, J. L. 42 (m) (SH1-55)
TALLEY?, Chester __ (B) (SH2-125)
TALLY, Alfeus? S. 34 (SH1-318)

TALLY, Bonapart 4 (B) (SH1-137)
TALLY, Ed C. 53 (SH1-318)
TALLY, MErrett 46 (B) (SH1-126)
TALSON?, Robert 3 (B) (SH1-272)
TALTON?, Ann 45 (B) (SH1-400)
TAMBERT, F. 54 (m) (SH1-450)
TANIHILL, Vernon 36 (B) (SH1-453)
TANNER, Andy 24 (B) (SH1-355)
TANNER, Early 25 (B) (SH2-275)
TANNER, Edward 36 (SH2-79)
TANNER, Frank 32 (SH2-43)
TANNER, Henry C. 21 (B) (SH2-102)
TANNER, John J. 35 (SH2-49)
TANNER, Lafayette 47 (SH2-283)
TANNER, M> 63 (f) (SH2-155)
TANSELL?, Nice 35 (SH2-250)
TAPPIN, Sarah 40 (B) (SH2-270)
TARDY, C. M. 35 (m) (SH1-354)
TARFOR?, George 19 (SH2-59)
TARRILLS, Jourdan 55 (B) (SH1-405)
TARWATEE?, L. A. 68 (f) (SH1-230)
TARWATER, George 72 (SH1-435)
TATE, A. S. 20 (m) (SH1-363)
TATE, Caroline 55 (B) (SH2-285)
TATE, Ellen 50 (B) (SH2-168)
TATE, Emma 18 (B) (SH2-105)
TATE, Eph 35 (m) (B) (SH2-287)
TATE, Ephraim 48 (B) (SH2-199)
TATE, Eva 7/12 (B) (SH2-28)
TATE, Gayland? 39 (m) (SH2-353)
TATE, Geo. 18 (SH1-465)
TATE, Geo. 35 (SH2-86)
TATE, Georgiana 17 (SH1-472)
TATE, Henderson 46 (B) (SH1-468)
TATE, Hosea 30 (B) (SH2-15)
TATE, Humphrey 24 (B) (SH2-147)
TATE, J. F. 28 (m) (SH2-307)
TATE, James 15 (B) (SH1-307)
TATE, James H. 39 (SH2-248)
TATE, Jesse 13 (f) (SH1-108)
TATE, John 56 (B) (SH1-140)
TATE, Joseph 48 (B) (SH2-340)
TATE, Judy 40 (B) (SH2-287)
TATE, L. S. 48 (m) (SH2-351)
TATE, Lewis 50 (B) (SH1-366)
TATE, Livinia 26 (B) (SH1-337)
TATE, Lizzie 22 (B) (SH2-76)
TATE, Lucy 53 (B) (SH2-59)
TATE, Mitchell 55 (B) (SH1-172)
TATE, Nelson 45 (B) (SH1-179)
TATE, Randle 36 (SH2-257)
TATE, Robt. 26 (B) (SH2-283)
TATE, Susan 47 (SH1-206)
TATE, Taylor 22 (B) (SH1-435)
TATE, Thos. 25? (B) (SH2-286)
TATE, Vina 70 (B) (SH1-81)
TATE, W. J. 33 (m) (SH1-47)
TATE?, Archie 36 (B) (SH1-301)

TATE?, Lena 17 (B) (SH2-45)
TATES, Caldonia 18 (B) (SH1-404)
TATOM, Pat 26 (m) (B) (SH1-21)
TATUM, Ben 36 (SH2-95)
TATUM, Charles 46 (B) (SH1-332)
TATUM, H. A. 41 (m) (SH2-294)
TATUM, Susan 37 (SH2-108)
TAUMAN?, Sarah 38 (B) (SH2-151)
TAYLER, Gilbert 65 (B) (SH1-225)
TAYLOR, A. M. 45 (f) (SH1-255)
TAYLOR, A. W. 31 (m) (SH1-291)
TAYLOR, Ada 16 (B) (SH2-24)
TAYLOR, Ada 18 (SH1-288)
TAYLOR, Adam 70 (B) (SH1-64)
TAYLOR, Albert 30 (B) (SH1-96)
TAYLOR, Albert 35 (B) (SH2-175)
TAYLOR, Albert 37 (B) (SH1-118)
TAYLOR, Alex 20 (B) (SH2-342)
TAYLOR, Alex 25 (SH1-10)
TAYLOR, Alford 27 (B) (SH2-303)
TAYLOR, Alice 24 (B) (SH2-220)
TAYLOR, Allen 32 (B) (SH2-322)
TAYLOR, Alsey 70 (f) (B) (SH1-120)
TAYLOR, Alvin C. 45 (SH1-138)
TAYLOR, Amanda 30 (B) (SH1-337)
TAYLOR, Amanda 34 (B) (SH2-156)
TAYLOR, Amey 52 (B) (SH2-95)
TAYLOR, Amos 25 (B) (SH2-278)
TAYLOR, Anderson 54 (B) (SH1-163)
TAYLOR, Ann 70 (B) (SH1-363)
TAYLOR, Annie 24 (B) (SH2-332)
TAYLOR, Annie 30 (B) (SH2-73)
TAYLOR, Archy 24 (B) (SH1-18)
TAYLOR, B. S. 56 (m) (SH1-167)
TAYLOR, Barney 45 (B) (SH1-118)
TAYLOR, Ben 20 (B) (SH1-373)
TAYLOR, Ben 26 (B) (SH1-221)
TAYLOR, Bettie 50 (B) (SH1-425)
TAYLOR, Betty 23 (B) (SH2-355)
TAYLOR, Bevly 58 (m) (B) (SH1-192)
TAYLOR, Boyd 26 (B) (SH1-291)
TAYLOR, Bridget 45 (SH2-299)
TAYLOR, Brit 45 (B) (SH1-395)
TAYLOR, C. 60 (m) (SH1-239)
TAYLOR, C.? 66 (m) (SH2-143)
TAYLOR, Calvin 48 (B) (SH1-118)
TAYLOR, Campbell 34? (B) (SH2-85)
TAYLOR, Caroline 40 (B) (SH2-279)

TAYLOR, Charles 16 (B) (SH1-130)
TAYLOR, Charley 38 (B) (SH2-343)
TAYLOR, Chas. 43? (B) (SH2-225)
TAYLOR, Chas. 45 (SH2-257)
TAYLOR, Chenney 40 (m) (B) (SH1-118)
TAYLOR, Chesly 10 (m) (B) (SH1-260)
TAYLOR, Daniel 33 (B) (SH1-93)
TAYLOR, Daniel 56 (B) (SH1-331)
TAYLOR, David 16 (SH1-424)
TAYLOR, David 43 (B) (SH1-370)
TAYLOR, Dina 42 (B) (SH2-266)
TAYLOR, Dock 21 (B) (SH1-7)
TAYLOR, Dock 40 (B) (SH2-246)
TAYLOR, Ed 50 (B) (SH1-65)
TAYLOR, Ed 70 (B) (SH2-38)
TAYLOR, Eddy 38 (m) (B) (SH1-188)
TAYLOR, Edmond 58 (B) (SH2-343)
TAYLOR, Edmund 25 (B) (SH1-111)
TAYLOR, Edward 24 (B) (SH1-81)
TAYLOR, Edward 53 (B) (SH1-100)
TAYLOR, Elenora 35 (B) (SH2-203)
TAYLOR, Ella 16 (B) (SH1-425)
TAYLOR, Ella 40 (B) (SH2-108)
TAYLOR, Ely 43 (B) (SH1-63)
TAYLOR, Emma 1 (B) (SH1-125)
TAYLOR, Esta 25 (B) (SH2-245)
TAYLOR, F. R. 33 (m) (SH1-235)
TAYLOR, Fanney 28 (B) (SH1-265)
TAYLOR, Fannie 16 (B) (SH2-170)
TAYLOR, Fisher 65 (B) (SH1-152)
TAYLOR, Fletcher 26 (SH1-118)
TAYLOR, Frances 32 (B) (SH1-446)
TAYLOR, Frances 70 (B) (SH1-100)
TAYLOR, Frank 20 (B) (SH1-351)
TAYLOR, Frank 4 (B) (SH2-197)
TAYLOR, Frank 55 (B) (SH1-157)
TAYLOR, Geo. 21 (B) (SH1-118)
TAYLOR, Geo. 22 (B) (SH2-305)
TAYLOR, George 23 (B) (SH1-443)
TAYLOR, George 24 (B) (SH1-261)
TAYLOR, George 32 (SH1-165)
TAYLOR, George 40 (B) (SH2-241)
TAYLOR, George 47 (B) (SH2-338)
TAYLOR, George 49 (B) (SH2-76)
TAYLOR, Gilbert 18 (B) (SH2-262)
TAYLOR, Hamlin 53 (B) (SH1-232)
TAYLOR, Helen 40 (SH2-172)

TAYLOR, Henrietta 22 (B) (SH2-215)
TAYLOR, Henry 24 (B) (SH1-131)
TAYLOR, Henry 26 (B) (SH1-251)
TAYLOR, Henry 27 (B) (SH2-195)
TAYLOR, Henry 35 (B) (SH2-279)
TAYLOR, Henry 43 (B) (SH2-365)
TAYLOR, Henry 53 (B) (SH1-138)
TAYLOR, Henry 65 (B) (SH1-114)
TAYLOR, Holly? 17 (m) (B) (SH2-80)
TAYLOR, Ida 17 (B) (SH2-59)
TAYLOR, Ida 3 (B) (SH1-116)
TAYLOR, Ike 33 (B) (SH1-355)
TAYLOR, Isaac J. 53 (SH1-140)
TAYLOR, J. 23 (m) (B) (SH1-147)
TAYLOR, J. H. 5 (m) (B) (SH1-149)
TAYLOR, Jack 54 (B) (SH1-289)
TAYLOR, James 19 (B) (SH2-321)
TAYLOR, James 22 (B) (SH2-251)
TAYLOR, James 28 (B) (SH1-112)
TAYLOR, James 40 (B) (SH1-418)
TAYLOR, James 40 (B) (SH2-14)
TAYLOR, James 47 (SH2-174)
TAYLOR, James 50 (SH1-368)
TAYLOR, James 57 (B) (SH2-161)
TAYLOR, James 8 (B) (SH1-35)
TAYLOR, Jane 27 (B) (SH1-118)
TAYLOR, Jane 37 (B) (SH2-204)
TAYLOR, Jeff 20 (B) (SH1-168)
TAYLOR, Jemima 12 (B) (SH2-116)
TAYLOR, Jennie 22 (B) (SH2-77)
TAYLOR, Jim 22 (B) (SH2-289)
TAYLOR, Joe 27 (B) (SH1-158)
TAYLOR, John 17 (B) (SH1-168)
TAYLOR, John 29? (B) (SH1-75)
TAYLOR, John 32 (B) (SH1-348)
TAYLOR, John 35 (SH2-179)
TAYLOR, John 5 (B) (SH1-301)
TAYLOR, John 50 (SH1-36)
TAYLOR, John 67 (B) (SH1-207)
TAYLOR, John B. 34 (SH1-463)
TAYLOR, John B. 57 (SH1-138)
TAYLOR, John H. 50 (SH2-217)
TAYLOR, John K. 46 (SH2-330)
TAYLOR, John M. 46 (SH1-132)
TAYLOR, John T. 31 (SH1-12)
TAYLOR, John W. 45 (SH2-231)
TAYLOR, Jordan 37 (B) (SH1-208)
TAYLOR, Jos. S. 25 (B) (SH2-182)
TAYLOR, Joseph 21 (SH2-30)
TAYLOR, Joshua 23 (B) (SH1-307)
TAYLOR, Joshua 55 (B) (SH1-289)
TAYLOR, Julia 50 (B) (SH2-81)
TAYLOR, Julius 38 (SH2-164)
TAYLOR, K. 17 (f) (SH1-392)
TAYLOR, Katy 18 (SH2-83)

TAYLOR, Levi 20 (B) (SH1-283)
TAYLOR, Lewis 22 (B) (SH2-306)
TAYLOR, Lewis 42 (B) (SH1-350)
TAYLOR, Liza 32 (B) (SH1-9)
TAYLOR, Liza 50 (B) (SH1-233)
TAYLOR, Lizzie 38 (B) (SH2-89)
TAYLOR, Lou 23 (f) (B) (SH1-146)
TAYLOR, Louis 40 (B) (SH2-139)
TAYLOR, Louisa 39? (B) (SH2-266)
TAYLOR, Lucinda 65 (B) (SH1-290)
TAYLOR, Lucy 63? (B) (SH2-140)
TAYLOR, Lucy M. 57 (SH2-41)
TAYLOR, Lulu 2 (B) (SH2-42)
TAYLOR, Lutetia 70 (B) (SH1-230)
TAYLOR, M. 40 (f) (B) (SH1-404)
TAYLOR, MArtha L. 45 (SH1-142)
TAYLOR, Marcus 22 (B) (SH2-200)
TAYLOR, Marcus C. 49 (SH1-22)
TAYLOR, Maria 32 (B) (SH2-210)
TAYLOR, Mary 25? (B) (SH2-123)
TAYLOR, Mary 36 (SH2-29)
TAYLOR, Mary 57 (SH2-189)
TAYLOR, Mary G. 50 (SH2-81)
TAYLOR, Mary J. 15 (B) (SH2-317)
TAYLOR, Mary J. 38 (B) (SH1-132)
TAYLOR, Mary M. 31 (SH2-132)
TAYLOR, Mary M. 31 (SH2-132)
TAYLOR, Mat 38 (m) (B) (SH1-116)
TAYLOR, Mattie 25 (f) (B) (SH1-95)
TAYLOR, Mattie 9 (f) (B) (SH2-140)
TAYLOR, Mollie 30 (B) (SH2-89)
TAYLOR, Mollie 40 (B) (SH1-370)
TAYLOR, Munford 30 (B) (SH2-285)
TAYLOR, Murray 22 (SH2-83)
TAYLOR, Nancy 54 (SH1-10)
TAYLOR, Nat 48 (SH2-168)
TAYLOR, Nelson 52 (B) (SH1-117)
TAYLOR, Nora 10 (B) (SH2-85)
TAYLOR, O. H. 36 (m) (SH1-292)
TAYLOR, Parker 30 (B) (SH1-153)
TAYLOR, Peter 30 (B) (SH1-214)
TAYLOR, Peter A. 39 (SH1-137)
TAYLOR, Phil 25 (B) (SH1-355)
TAYLOR, Philliss 60 (f) (B) (SH1-318)
TAYLOR, Preston 21 (B) (SH1-275)
TAYLOR, R. (Mrs.) 60 (SH2-346)
TAYLOR, R. A. 27 (m) (SH2-289)
TAYLOR, Rachael 28 (B) (SH1-270)
TAYLOR, Rhody 24 (B) (SH2-220)
TAYLOR, Richard 11 (SH1-110)
TAYLOR, Richard 21 (B) (SH2-104)
TAYLOR, Richard 30 (B) (SH2-31)
TAYLOR, Richard 45 (B) (SH2-215)
TAYLOR, Richard 59 (B) (SH1-136)
TAYLOR, Robert 23 (B) (SH1-100)
TAYLOR, Robert 3 (B) (SH2-301)
TAYLOR, Robert 55 (B) (SH1-438)
TAYLOR, Robt. 28 (B) (SH2-98)
TAYLOR, Robt. 30 (B) (SH2-130)
TAYLOR, Robt. 30 (B) (SH2-97)
TAYLOR, Rosa N. 8 (SH1-110)
TAYLOR, Rufus 21 (B) (SH1-136)
TAYLOR, Sallie 27 (B) (SH2-140)
TAYLOR, Sallie J. 48 (SH2-51)
TAYLOR, Sam 50 (m) (B) (SH1-157)
TAYLOR, Saml. A. 41 (SH2-328)
TAYLOR, Samuel 27 (B) (SH1-131)
TAYLOR, Sandy 25 (m) (B) (SH1-340)
TAYLOR, Sarah 20 (B) (SH1-145)
TAYLOR, Sarah 25 (B) (SH1-151)
TAYLOR, Shack 25 (m) (B) (SH2-220)
TAYLOR, Sophie 40 (B) (SH2-210)
TAYLOR, Susan 32 (B) (SH2-160)
TAYLOR, Susan 35 (B) (SH2-38)
TAYLOR, T. L. 38 (m) (SH1-289)
TAYLOR, Thomas 23 (B) (SH1-17)
TAYLOR, Thomas 25 (B) (SH1-114)
TAYLOR, Thomas 25 (B) (SH2-268)
TAYLOR, Thomas 28 (B) (SH2-322)
TAYLOR, Thomas 30 (B) (SH1-32)
TAYLOR, Thomas 40 (SH1-290)
TAYLOR, Thomas 45 (B) (SH1-158)
TAYLOR, Thomas C. 37 (SH2-213)
TAYLOR, Thomas F. 42 (SH1-98)
TAYLOR, Thos. 38 (B) (SH2-145)
TAYLOR, Tillman 26 (B) (SH1-276)
TAYLOR, W. 24 (m) (SH1-231)
TAYLOR, W. F. 45 (m) (SH1-386)
TAYLOR, W. J. 32 (m) (SH1-146)
TAYLOR, Wash 7 (B) (SH2-132)
TAYLOR, Wash 7 (B) (SH2-132)
TAYLOR, Washn. 59 (SH2-127)
TAYLOR, Wesley 1 (B) (SH1-2)
TAYLOR, Wesley 50 (B) (SH2-306)
TAYLOR, Willie 15 (m) (B) (SH1-290)
TAYLOR, Willis 34 (B) (SH1-171)
TAYLOR, Wilson 37 (B) (SH1-323)
TAYLOR, Wm. 23 (B) (SH1-158)
TAYLOR, Wm. 27 (B) (SH2-243)
TAYLOR, Wm. 28 (B) (SH2-41)
TAYLOR, Wm. 40 (B) (SH1-328)
TAYLOR, Wm. 41 (SH2-11)
TAYLOR, Wm. 41 (B) (SH2-313)
TAYLOR, Wm. 49 (B) (SH1-118)
TAYLOR, Wm. 50 (B) (SH1-289)
TAYLOR, Wm. 6 (B) (SH1-456)
TAYLOR, Wm. J. 30 (B) (SH1-142)
TAYLOR, Wm. R. 35 (SH1-138)
TAYLOR?, Andrew 30 (B) (SH2-327)
TAYLOR?, George 35 (B) (SH2-332)
TAYL___, ___ 43 (f) (B) (SH1-473)
TAY___, Wash 22 (B) (SH1-126)
TEAGER, Geo. W. 50 (SH2-250)
TEAL, Savannah 16 (SH1-424)
TEAR, Henrietta 38 (B) (SH2-236)
TEASDELL, Sam 10 (B) (SH2-33)
TECKEL, George 30 (SH2-7)
TEEL, Tucker 30 (B) (SH1-283)
TEEL?, P. M. 54 (m) (SH1-264)
TEELE, Tabitha 47 (SH1-473)
TEEMS?, Anderson 6/12 (B) (SH1-310)
TEET, Charles 45 (B) (SH2-283)
TEILCAMP?, C.? 16 (f) (SH1-397)
TEIMEITH, Henry 19 (SH2-105)
TELLFARE, Katie 33 (B) (SH2-311)
TEMPLE, Anna 70 (B) (SH1-363)
TEMPLE, Foster 30 (B) (SH1-448)
TEMPLE, Frances 40 (B) (SH2-352)
TEMPLE, J. E. 55 (m) (SH2-294)
TEMPLE, James 34 (SH1-55)
TEMPLE, Laura 55 (B) (SH2-200)
TEMPLE, Lyia 23 (f) (B) (SH1-30)
TEMPLE, Mary 50 (B) (SH2-333)
TEMPLE, Wash 52 (B) (SH2-198)
TEMPLETON, Andrew 48 (SH2-99)
TEMPLETON, Andy 33 (B) (SH1-266)
TEMPLIN, James A. 26 (SH1-10)
TEMPSTEAD, Junius? 38 (SH2-127)
TENNESSEE, Nathan 34 (B) (SH1-182)
TERRELL, Andrew 50 (B) (SH1-311)
TERRELL, E. B. 53 (f) (SH1-280)
TERRELL, Frank 32 (B) (SH1-179)
TERRY, F.? P. 30 (m) (SH1-313)
TERRY, H. Fletcher 70 (SH1-316)
TERRY, James 68 (SH1-426)
TERRY, John C. 37 (SH1-318)
TERRY, Silvy 50 (f) (B) (SH2-212)
TERRY, Thomas 31 (B) (SH1-382)
TESTAGROSSA, Rosano 44 (m) (SH2-5)
TEVES?, David 30 (B) (SH1-355)
TEVHITTS?, Lucinda 28 (B) (SH2-127)
TEYRA?, Cora 6 (B) (SH2-360)
THACKER, Wm. 46 (SH2-97)
THADDEUS, Scott 29 (B) (SH1-1)
THANE?, Bryan 24 (SH2-99)
THANN, Wm. 42 (SH2-315)
THARP, Margaret 12 (B) (SH2-341)
THARP, Wesley 22? (B) (SH1-227)
THATCHER, Geo. R. 29 (SH2-36)
THAYER, Maroni 35 (m) (SH1-449)
THAYER, Vanburen B. 43 (SH2-101)
THEILEN, Henry A. 60 (SH2-44)
THEREMAX?, John 30 (SH2-75)
THICKLING, Saml. 27 (SH2-239)
THIERS, Peter A. 69 (SH2-9)
THIXTON, Mary A. 27 (SH2-197)
THMPSON, Dan 29 (B) (SH1-372)
THODIS?, Wm. 42 (B) (SH2-333)
THOM, Wm. 34 (SH2-25)
THOMAS, A. H. 52 (m) (SH1-420)
THOMAS, Abe 21 (B) (SH1-352)
THOMAS, Ada 21 (B) (SH1-407)
THOMAS, Addie 39 (B) (SH1-10)
THOMAS, Agnes 45 (B) (SH1-454)
THOMAS, Agnes 51? (B) (SH2-119)
THOMAS, Albert M. sr. 67 (B) (SH1-142)
THOMAS, Aleck 35 (B) (SH1-131)
THOMAS, Alice 16 (B) (SH2-50)
THOMAS, Allen 27 (B) (SH2-260)
THOMAS, Andrew 34 (B) (SH2-150)
THOMAS, Andrew 39 (B) (SH2-322)
THOMAS, Ann 45 (B) (SH2-34)
THOMAS, Anna 32 (SH2-133)
THOMAS, Anna M. 26 (SH1-419)
THOMAS, Anne 37 (SH2-269)
THOMAS, Annie 10 (B) (SH2-71)
THOMAS, Benjamin 36 (B) (SH1-94)
THOMAS, Caroline 30 (B) (SH1-351)
THOMAS, Carrie 14 (SH2-173)
THOMAS, Charles 21 (B) (SH2-4)
THOMAS, Charlotte 30 (B) (SH2-134)
THOMAS, Chas. 22 (B) (SH2-148)

THOMAS, Chas. 34 (B) (SH1-243)
THOMAS, Chas. 40 (SH2-227)
THOMAS, Colman 32 (B) (SH2-103)
THOMAS, D. D. 45 (m) (SH2-194)
THOMAS, Daid 44 (SH2-251)
THOMAS, Dock 23 (B) (SH1-327)
THOMAS, E. J. 42 (m) (SH2-223)
THOMAS, Ed 30 (B) (SH2-186)
THOMAS, Edwin J. 43 (SH2-214)
THOMAS, Eliza 14 (B) (SH1-129)
THOMAS, Ella 19 (B) (SH2-279)
THOMAS, Ella 38 (B) (SH1-106)
THOMAS, Ellen __ (B) (SH2-346)
THOMAS, Ellen? 40 (B) (SH2-89)
THOMAS, Ellis 9 (B) (SH1-119)
THOMAS, Emma 36 (B) (SH2-102)
THOMAS, Evva 16 (SH1-219)
THOMAS, Fannie 15 (B) (SH1-2)
THOMAS, Fleming 22 (B) (SH2-211)
THOMAS, Florance 12 (B) (SH1-48)
THOMAS, Frank 23 (B) (SH1-354)
THOMAS, Frank 30 (B) (SH2-16)
THOMAS, Frank 50 (B) (SH1-59)
THOMAS, Fred 40 (SH2-303)
THOMAS, Fred 47 (B) (SH2-51)
THOMAS, Friday 45 (m) (B) (SH1-153)
THOMAS, G. Burrow 45 (SH1-15)
THOMAS, G. W. 43 (m) (SH1-237)
THOMAS, Geo. 22 (B) (SH2-287)
THOMAS, George 28 (B) (SH1-191)
THOMAS, George 30 (SH1-357)
THOMAS, Gubernor 40 (m) (B) (SH1-101)
THOMAS, H. 36 (m) (B) (SH2-185)
THOMAS, H. A. 45 (m) (SH2-76)
THOMAS, HArriett 42 (B) (SH1-15)
THOMAS, Harry 56 (B) (SH1-21)
THOMAS, Henry 23 (B) (SH2-308)
THOMAS, Henry 24 (B) (SH2-277)
THOMAS, Henry 25 (B) (SH1-413)
THOMAS, Henry 30 (B) (SH2-235)
THOMAS, Henry 32 (B) (SH1-353)
THOMAS, Henry 36 (B) (SH1-1)
THOMAS, Henry 38 (B) (SH2-237)
THOMAS, Henry 45 (B) (SH2-17)
THOMAS, Henry M. 33 (SH1-1)
THOMAS, Horace 60 (B) (SH1-448)
THOMAS, Hugh 48 (SH2-106)
THOMAS, Hugh L. 22 (SH1-415)
THOMAS, Ida 40 (SH2-179)
THOMAS, Isaiah 40 (B) (SH2-350)
THOMAS, J. M. 24 (m) (B) (SH1-37)
THOMAS, J. W. 40 (m) (SH1-208)
THOMAS, Jacob 28 (B) (SH2-7)
THOMAS, James 21 (B) (SH1-355)
THOMAS, James 36 (B) (SH2-305)
THOMAS, James 40 (B) (SH2-120)
THOMAS, James 60 (B) (SH2-356)
THOMAS, James K. P. 33 (SH1-198)
THOMAS, Jas. 35 (B) (SH2-92)
THOMAS, Jim 27 (SH1-3)
THOMAS, Jim _ (SH2-35)
THOMAS, Jno.? T. 35 (B) (SH1-266)
THOMAS, John 20 (B) (SH1-330)
THOMAS, John 21 (B) (SH1-63)
THOMAS, John 23 (B) (SH1-355)
THOMAS, John 24 (B) (SH2-226)
THOMAS, John 29 (B) (SH2-40)
THOMAS, John 34 (B) (SH1-364)
THOMAS, John 40 (B) (SH1-176)
THOMAS, John F. 36 (SH2-138)
THOMAS, Jos. 25 (B) (SH2-139)
THOMAS, Joseph 25 (B) (SH1-151)
THOMAS, Josephine 48 (SH2-222)
THOMAS, Julia 70 (B) (SH2-218)
THOMAS, Kate 33 (SH2-324)
THOMAS, Kizzie 24 (B) (SH2-21)
THOMAS, Laura 40 (B) (SH2-210)
THOMAS, Lem 30 (B) (SH1-234)
THOMAS, Lewis 66 (B) (SH1-310)
THOMAS, Lizzie 24 (B) (SH1-146)
THOMAS, Louis 35 (B) (SH1-389)
THOMAS, Louisa 16 (B) (SH1-124)
THOMAS, M. 52 (f) (SH1-473)
THOMAS, M. A. 56 (f) (SH1-1)
THOMAS, M. C. 56 (f) (SH1-32)
THOMAS, MAggie 15 (B) (SH1-407)
THOMAS, MAttie 15 (f) (B) (SH1-180)
THOMAS, Mack 22 (B) (SH1-356)
THOMAS, Marshall 29 (B) (SH1-21)
THOMAS, Martin V. 46 (SH1-197)
THOMAS, Mary 26 (B) (SH2-39)
THOMAS, Mary 27 (B) (SH2-268)
THOMAS, Mary 28 (SH2-124)
THOMAS, Mary 30 (B) (SH1-179)
THOMAS, Mary 35 (SH2-222)
THOMAS, Mary 40 (B) (SH2-233)
THOMAS, Mary J. 32 (SH2-313)
THOMAS, Mat 36 (m) (B) (SH1-127)
THOMAS, Mattie 19 (f) (SH1-269)
THOMAS, Mattie 23 (f) (B) (SH2-359)
THOMAS, Matty 19 (f) (SH1-222)
THOMAS, Michael 36 (SH2-25)
THOMAS, Milton 5 (B) (SH2-318)
THOMAS, Mollie 19 (SH2-54)
THOMAS, Monroe 49 (B) (SH1-124)
THOMAS, Moses 44 (B) (SH1-418)
THOMAS, NAncy 65 (B) (SH1-243)
THOMAS, Nancy 28 (B) (SH2-87)
THOMAS, Nannie 37 (SH1-3)
THOMAS, Nathan 55 (B) (SH1-206)
THOMAS, Nelson 21 (B) (SH2-285)
THOMAS, Nelson 27 (B) (SH2-198)
THOMAS, Oskar 40 (B) (SH2-94)
THOMAS, Penny 52 (B) (SH1-473)
THOMAS, Peter 29 (B) (SH1-200)
THOMAS, Pleasant 35 (B) (SH2-133)
THOMAS, Prymus? 65 (m) (B) (SH1-192)
THOMAS, R. J. 35 (m) (SH1-170)
THOMAS, Robert 10 (B) (SH1-153)
THOMAS, Robert 10 (B) (SH1-376)
THOMAS, Robert 16 (B) (SH1-395)
THOMAS, Robert 22 (B) (SH1-179)
THOMAS, Robt. 31 (SH2-92)
THOMAS, Rosa 41 (B) (SH2-117)
THOMAS, Sam 25 (B) (SH1-395)
THOMAS, Saml. 30 (B) (SH2-131)
THOMAS, Sarah 31 (B) (SH2-336)
THOMAS, Sarah 38 (B) (SH2-337)
THOMAS, Sidney 50 (f) (B) (SH2-325)
THOMAS, Susan 18 (B) (SH2-181)
THOMAS, Thos. 37 (B) (SH2-143)
THOMAS, Thos. 38 (B) (SH1-333)
THOMAS, Tom 25 (B) (SH1-338)
THOMAS, W. M. 36 (m) (B) (SH2-325)
THOMAS, Wash 40 (B) (SH1-41)
THOMAS, Washington 36 (B) (SH1-25)
THOMAS, Wilkin 30 (B) (SH2-200)
THOMAS, Will 33 (B) (SH1-262)
THOMAS, Willie 4 (m) (B) (SH2-340)
THOMAS, Wilson 23 (B) (SH1-21)
THOMAS, Wilson 35 (B) (SH2-328)
THOMAS, Wm. 18 (B) (SH1-314)
THOMAS, Wm. 20 (B) (SH1-298)
THOMAS, Wm. 26 (B) (SH1-339)
THOMAS, Wm. 27 (B) (SH1-339)
THOMAS, Wm. 35 (SH2-127)
THOMAS, Wm. 58 (B) (SH2-339)
THOMAS, Wm. H. 50 (B) (SH1-244)
THOMAS, Wm. L. 13 (B) (SH1-420)
THOMAS, Yancey 45 (B) (SH2-329)
THOMAS, Yates 50 (B) (SH1-190)
THOMAS, ____ 45 (m) (SH2-324)
THOMAS, ____ 10 (m) (B) (SH2-19)
THOMAS, ____ 7 (f) (B) (SH1-37)
THOMAS, p___ 48 (m) (B) (SH1-89)
THOMAS?, Plat? 35 (m) (SH2-265)
THOMASON, Geo. 47 (B) (SH1-401)
THOMASON, James S. 27 (SH1-20)
THOMESEN, Addie 16 (B) (SH1-403)
THOMPKINS, Ben 7 (B) (SH1-327)
THOMPSO, John 46 (SH2-78)
THOMPSO, Nancy 19 (B) (SH2-81)
THOMPSON, A. W. 35 (m) (SH1-230)
THOMPSON, Ada 14 (B) (SH2-315)
THOMPSON, Agnes 13 (B) (SH1-440)
THOMPSON, Albert 3 (SH2-314)
THOMPSON, Alice 40 (B) (SH2-235)
THOMPSON, Amelia 80 (SH2-217)
THOMPSON, Ann 40 (B) (SH2-290)
THOMPSON, Anna 33 (SH2-82)
THOMPSON, Annie 11 (SH2-314)
THOMPSON, Ben G. 25 (B) (SH1-104)
THOMPSON, C. 38 (m) (B) (SH1-145)
THOMPSON, C. G. 40 (m) (SH2-114)
THOMPSON, Celia 19 (B) (SH1-431)
THOMPSON, Charles L. 6 (SH1-187)

THOMPSON, Clark 25 (B) (SH1-253)
THOMPSON, Cora 30 (SH2-76)
THOMPSON, D. 21 (m) (B) (SH2-191)
THOMPSON, Easter 74 (f) (B) (SH1-51)
THOMPSON, Ed 35 (B) (SH1-469)
THOMPSON, Edmund 52 (B) (SH1-427)
THOMPSON, Elizabeth 4_? (B) (SH2-224)
THOMPSON, F. 8 (f) (B) (SH1-145)
THOMPSON, Fannie 18 (B) (SH2-150)
THOMPSON, Fannie 27 (B) (SH1-430)
THOMPSON, Fayette? 32 (SH2-92)
THOMPSON, Frank 25 (B) (SH2-311)
THOMPSON, G. 25 (m) (B) (SH1-105)
THOMPSON, Geo. 29 (B) (SH1-411)
THOMPSON, Geo. 30 (B) (SH1-248)
THOMPSON, George 14 (B) (SH1-104)
THOMPSON, George 22 (B) (SH1-433)
THOMPSON, Gilbert 37 (SH2-250)
THOMPSON, Granville 1 (B) (SH1-298)
THOMPSON, Gren 33 (B) (SH2-308)
THOMPSON, H. 50 (m) (B) (SH1-146)
THOMPSON, H. P. 61 (m) (SH1-51)
THOMPSON, Harriett 32 (B) (SH1-108)
THOMPSON, Hattie 18 (B) (SH2-140)
THOMPSON, Henderson 42 (B) (SH2-334)
THOMPSON, Henry 30 (B) (SH2-16)
THOMPSON, Henry 39 (B) (SH2-287)
THOMPSON, Isaac 18 (B) (SH1-299)
THOMPSON, Isaac 57 (B) (SH1-40)
THOMPSON, J. 39 (m) (SH2-169)
THOMPSON, J. F. 30 (m) (SH1-287)
THOMPSON, J. H. 30 (m) (SH2-205)
THOMPSON, J. N.? 39 (m) (SH2-326)
THOMPSON, J. P. 34 (m) (SH1-51)
THOMPSON, JAckson 40 (B) (SH2-347)
THOMPSON, JEssie 60 (m) (B) (SH1-93)
THOMPSON, Jack 70 (B) (SH1-470)
THOMPSON, Jacob 69 (SH2-362)
THOMPSON, James M. 58 (m) (SH1-234)
THOMPSON, Jane 30 (B) (SH2-177)
THOMPSON, Jane 47 (B) (SH1-47)
THOMPSON, Jas. G. 19 (SH2-83)
THOMPSON, Jeff 22 (B) (SH1-365)
THOMPSON, Jennie 15 (SH2-360)
THOMPSON, Jennie 17 (SH1-367)
THOMPSON, Jim 50 (B) (SH1-298)
THOMPSON, Joe 20 (B) (SH1-258)
THOMPSON, Joe M. 41 (m) (SH1-233)
THOMPSON, John D. 22 (SH2-53)
THOMPSON, Joseph 71 (SH2-326)
THOMPSON, Joseph _ (SH2-360)
THOMPSON, Kate 22 (B) (SH1-108)
THOMPSON, L. 24 (m) (B) (SH2-186)
THOMPSON, L. 52 (m) (SH1-232)
THOMPSON, Lena 14 (SH2-343)
THOMPSON, Levi 19 (B) (SH1-14)
THOMPSON, Linias 69 (m) (B) (SH1-440)
THOMPSON, MArtha 50 (B) (SH1-103)
THOMPSON, MArthy 40 (B) (SH2-97)
THOMPSON, Mannie 11 (f) (B) (SH2-148)
THOMPSON, Maria 25 (SH2-149)
THOMPSON, Martha 18 (B) (SH1-431)
THOMPSON, Martha 30 (B) (SH2-290)
THOMPSON, Martha 65 (SH2-310)
THOMPSON, Mary H. 43 (SH1-46)
THOMPSON, Meigs 32 (m) (SH2-95)
THOMPSON, Milda 40 (B) (SH2-239)
THOMPSON, Mollie 20 (B) (SH1-330)
THOMPSON, Mose L. 27 (SH1-13)
THOMPSON, N.? 13 (f) (B) (SH2-186)
THOMPSON, Oscar 23 (B) (SH2-81)
THOMPSON, P.? 5 (f) (B) (SH1-55)
THOMPSON, Paul 27 (SH2-283)
THOMPSON, Peter 18 (B) (SH1-418)
THOMPSON, Peter 50 (B) (SH1-295)
THOMPSON, Peter? 30 (B) (SH2-126)
THOMPSON, Raleigh 3 (B) (SH2-57)
THOMPSON, Randel 16 (SH2-348)
THOMPSON, Richard 37 (B) (SH2-124)
THOMPSON, Richmond 45 (B) (SH1-410)
THOMPSON, Robert 21 (B) (SH1-46)
THOMPSON, Robt. 22 (B) (SH2-173)
THOMPSON, Robt. 30 (B) (SH1-36)
THOMPSON, Rose 65 (SH2-70)
THOMPSON, Ruben 35 (B) (SH1-99)
THOMPSON, Sallie 24 (B) (SH2-81)
THOMPSON, Sam 59 (m) (B) (SH1-177)
THOMPSON, Sawney 27 (m) (B) (SH1-256)
THOMPSON, Sidney 45 (f) (B) (SH2-131)
THOMPSON, Stephen 37 (B) (SH1-256)
THOMPSON, Sterling 36 (B) (SH1-430)
THOMPSON, Susan 35 (B) (SH1-430)
THOMPSON, Susan 49 (B) (SH2-34)
THOMPSON, Thomas 21 (B) (SH1-45)
THOMPSON, Thomas 60 (B) (SH1-346)
THOMPSON, Thornton 43 (B) (SH2-118)
THOMPSON, Thos. 60 (SH1-424)
THOMPSON, Thos. B. 42 (SH1-189)
THOMPSON, Thos. _ (SH2-103)
THOMPSON, Tim 42 (SH1-64)
THOMPSON, Turner 28 (B) (SH2-320)
THOMPSON, Vernie? 40 (f) (SH2-167)
THOMPSON, Vicey 17 (f) (B) (SH1-298)
THOMPSON, Walter 23 (SH1-286)
THOMPSON, Wm. 17 (B) (SH1-56)
THOMPSON, Wm. 26 (B) (SH2-97)
THOMPSON, Wm. 33 (B) (SH1-330)
THOMPSON, Wm. 55 (B) (SH2-309)
THOMPSON, ____ 43 (f) (B) (SH2-272)
THOMPSON, ____ 52 (m) (B) (SH1-256)
THOMP__, __lie 25 (f) (B) (SH2-90)
THOMSON, Alice 14 (B) (SH1-136)
THOMSON, Jno. B. 41 (SH1-186)
THOMSON, Laura 7 (B) (SH1-119)
THOMSON, Mary 45 (B) (SH1-128)
THOMSON, Willis 46 (SH1-216)
THOMSON, Wm. 45 (B) (SH1-142)
THOMSON?, _. 60 (f) (B) (SH1-474)
THORKON, Phebe 30 (B) (SH1-108)
THORNTON, Albert 28 (B) (SH1-153)
THORNTON, Daniel 57 (B) (SH1-243)
THORNTON, Edward 17 (B) (SH2-179)
THORNTON, Frank 23 (B) (SH2-306)
THORNTON, G. A. 28 (m) (SH1-266)
THORNTON, G. B. 45 (m) (SH2-87)
THORNTON, Henry 35 (B) (SH2-297)
THORNTON, John 48 (B) (SH1-120)
THORNTON, Peter 56 (B) (SH1-336)
THORNTON, Sarah 36 (B) (SH1-197)
THORNTON, Susan 50 (SH1-380)
THORNTON, Whit 22 (B) (SH2-284)
THORNTON, Wm. 35 (B) (SH1-364)
THORNTON, ____ 19 (m) (B) (SH2-233)
THORNTON, ____ 19 (m) (SH2-291)
THORPE, P. H. 42 (m) (SH1-398)
THORTON, Emma 70 (SH2-277)
THORTON, Wm. 35 (SH2-81)
THRASHER, Ellis 21 (B) (SH1-275)
THREET, Wm. 17 (B) (SH1-348)
THREET, Wm. 17? (B) (SH1-344)
THUMEL?, Johanna 63 (SH2-264)
THURMAN, A. 29? (m) (SH2-260)
THURMAN, Ed 18 (SH2-93)
THURMAN, Ed 20 (B) (SH1-20)
THURMAN, Fannie 17 (SH2-13)
THURMAN, Louis 22 (B) (SH1-97)
THURMAN, T. D. 27 (m) (SH1-230)
THURMAN, Van 23 (B) (SH1-127)
THURMAN?, Young 22 (B) (SH1-16)
THURMANN, Louis 21 (B) (SH1-96)
THURSTON, Wm. 22 (B) (SH1-142)

THWEATT, Joseph O. 24 (SH1-74)
THWEATT, Joseph O. 61 (SH1-76)
TH___, Phillis 52 (B) (SH1-92)
TIBBS, Clarisy 40 (B) (SH1-431)
TIBBS, Emma 28 (B) (SH2-353)
TIBBS, Margaret 20 (B) (SH1-464)
TICE, Silas 24 (B) (SH1-437)
TICE?, Charles 26 (B) (SH1-238)
TIDNELL, JAmes H. 18 (SH1-22)
TIDWELL, George 20 (SH2-272)
TIDWELL, Tilmore 30 (SH1-366)
TIEHE, Joseph 1 (SH2-241)
TIENSCH, Adolph 60 (SH2-249)
TIERS?, David 65 (B) (SH1-439)
TIGHE, Lawrence 30 (SH2-6)
TIGHE, N. D. 40 (m) (SH2-96)
TIGHE, T. 50 (m) (SH2-350)
TIGHE?, John W. 36 (SH2-118)
TILCKEY, Chas. 36 (SH2-304)
TILDEN, John B. 47 (SH2-100)
TILDESLY, Joseph 52 (SH2-147)
TILGHMA, John 23 (SH2-37)
TILGHMAN, Joe 40 (B) (SH1-262)
TILLER, George 56 (SH1-52)
TILLER, James 23 (SH2-20)
TILLER, Wm. H. 57 (SH1-126)
TILLFORD?, John 56 (B) (SH1-214)
TILLMAN, Albert 28 (B) (SH1-355)
TILLMAN, James 28 (B) (SH1-467)
TILLMAN, James? 55 (B) (SH1-467)
TILLMAN, Jerry 22 (m) (B) (SH1-319)
TILLMAN, John 48 (B) (SH1-360)
TILLMAN, Lewis 40 (B) (SH1-348)
TILLMAN, Thomas 35 (B) (SH2-275)
TILMAN, David 59 (SH2-258)
TILMAN?, Martha 40 (B) (SH1-239)
TILMON, Anna 41 (B) (SH2-126)
TILSON, James 30 (B) (SH1-278)
TIMBERLAKE, W. L. 33 (m) (SH1-367)
TIMMER?, H. 35 (m) (SH1-237)
TIMMONS, Taronna? A. 24(f) (SH1-462)
TIMMONS, Wm. 27 (B) (SH1-85)
TIMMONS?, Mary 48 (SH1-101)
TIMOTHY, Richard 24 (B) (SH2-19)
TIMOTHY, Richard __ (B) (SH1-356)
TIMS, S. R. 30 (m) (SH1-50)
TINCH, Daniel 28 (B) (SH1-126)
TINDALE, Lee 17 (m) (SH2-172)
TINDALL, Archie _ (SH1-356)
TINDALL, Hiram 36 (SH2-11)
TINDALL, Sarah 35 (SH2-29)

TINDALL, W. R. 32 (m) (SH2-301)
TINE, Hassel 27 (f) (B) (SH1-249)
TINES, Arch 40 (B) (SH1-125)
TINNON?, Henry 28 (B) (SH2-103)
TINSCH, Caroline 50 (SH2-73)
TINSLEY, Hetty 28 (B) (SH1-297)
TINSLEY, Sam 25 (B) (SH1-284)
TINSON?, Henry 38 (B) (SH2-175)
TIPP?, George 24 (SH2-78)
TIPPIN, Ed 40 (B) (SH2-308)
TIPTON, James 28 (B) (SH2-103)
TIPTON, Jennie 24 (B) (SH1-363)
TIPTON, Will 17 (m) (B) (SH1-239)
TIRTH, M. T. 56 (f) (SH1-391)
TISDALE, Charlot 10 (B) (SH2-340)
TISDALE, George 26 (B) (SH1-347)
TISDEL, Dan 25 (B) (SH1-81)
TISDEL, Dan 27 (B) (SH1-81)
TISER, Sammie 17 (f) (SH2-179)
TISHER?, Julia 34 (B) (SH2-332)
TITUS, Betsy 40 (B) (SH1-444)
TITUS, Beverly 22 (m) (B) (SH1-432)
TITUS, Martha 45 (SH2-36)
TITUS, White 49 (B) (SH2-229)
TITUS, Wm. 11 (B) (SH1-163)
TIYNE, Ella 20 (B) (SH1-119)
TOBE, Peter 25 (SH2-66)
TOBEY, E. T. 23 (m) (SH2-255)
TOBIAS, Arthur 27 (SH2-54)
TOBIN, Kate 11 (SH2-17)
TOBIN, Mary A. 28? (SH2-9)
TOBRIDGE, Henry 31 (B) (SH2-56)
TOBRIDGE, S. P. 35 (m) (B) (SH1-400)
TODD, Aaron 15 (B) (SH1-438)
TODD, Anderson 40 (B) (SH2-209)
TODD, J. H.? 20 (m) (SH1-56)
TODD, Jessie 24 (m) (SH2-305)
TODD, John 20 (SH1-52)
TODD, Jordan 45 (B) (SH1-429)
TODD, Jorden 40 (SH2-186)
TODD, Julia 78 (SH2-128)
TODD, Martin 30 (B) (SH1-135)
TODD, Sarah 20 (B) (SH2-286)
TODD, Wm. 40 (SH1-56)
TODDY, Jonas 30 (B) (SH1-338)
TOEHANN, Louisa 24 (SH2-302)
TOEHRING, Ed 50 (SH2-405)
TOGAIN, T. 23 (f) (B) (SH1-394)
TOHILL, Mike 35 (SH1-453)
TOLBERT, Abner 43 (SH2-69)
TOLBERT, Andn. 55 (m) (SH2-239)
TOLBERT, Henry 33 (SH2-68)
TOLBERT, L. T. 25 (m) (SH2-70)
TOLBERT, Maria 45 (SH1-375)
TOLDER?, Dick 33 (B) (SH2-326)

TOLEDANO, Camille 33 (m) (SH1-412)
TOLEDANO, Matilda 56 (SH2-221)
TOLER, H. 51 (m) (SH2-351)
TOLIVER, Albert 46 (B) (SH1-314)
TOLIVER, Buck 25 (B) (SH1-413)
TOLIVER, Millie 26 (B) (SH2-178)
TOLIVER, Phillis 85 (B) (SH2-344)
TOLLAWAY, Henry 23 (B) (SH1-446)
TOLLEY, Allen 63 (B) (SH1-450)
TOLLIVER, Anderson 55 (B) (SH1-333)
TOLLIVER, Lewis 30 (B) (SH1-344)
TOLTEN?, Samuel 44 (B) (SH2-171)
TOL___, Thos. T. 41 (SH2-100)
TOMASON, G. W. 42 (m) (SH1-400)
TOMBS, Fras. 28 (f) (B) (SH2-240)
TOMLIN?, G. W. 38 (m) (SH2-155)
TOMLINSON, John T. 29 (SH2-91)
TOMPKINS, Joseph 35 (B) (SH2-28)
TOMPKINS, W. H. 38 (m) (B) (SH1-278)
TOMPSON, Nelson 59 (B) (SH1-447)
TONEY, Edward 40 (B) (SH1-167)
TONEY, Tho. jr. 39 (m) (SH1-213)
TONEY, Thos. 48 (B) (SH1-210)
TONEY, Wm. 35? (B) (SH1-202)
TONY, Anderson 80 (B) (SH1-197)
TONY, Dock 18 (B) (SH1-197)
TONY, Joseph 57 (B) (SH1-206)
TONY, Mary 17 (B) (SH1-197)
TOOF, Florence 17 (SH2-222)
TOOF?, Sephin C. 42 (m) (SH2-213)
TOOKHILL, Ed 45 (SH2-188)
TOOL, Peter O. 59 (SH2-153)
TOOMER, Molly 27? (B) (SH2-55)
TOOMEY, John 58 (SH2-273)
TOPE, Francis M. 28 (SH1-86)
TOPP, Edward L. 41 (SH1-425)
TOPP, Elizabeth L. 62 (SH2-207)
TOPP, Mary 50 (B) (SH2-15)
TOPPING, Sara A. 35 (SH2-94)
TORIAN?, Bettie 2 (B) (SH1-185)
TORIAN?, G. W. 35 (m) (B) (SH1-144)
TORNSMANN, Louisa 56 (SH2-300)
TORRY, Nannie M. 39 (SH2-96)
TORRY, Wm. 21 (SH2-73)
TOSKELL, Lay 50 (m) (B) (SH1-410)
TOUGH, Ann 18 (SH1-471)
TOULD?, Morris 39 (SH2-264)

TOVELL, Augusta 28 (SH2-82)
TOWDSON, Linda _ (B) (SH1-275)
TOWELL?, Ike 30 (SH1-14)
TOWERS, Messie 35 (m) (B) (SH1-137)
TOWNDEND, J. 50 (f) (B) (SH1-90)
TOWNER, Harry N. 29 (SH1-466)
TOWNS, Ailsy 29 (f) (B) (SH1-205)
TOWNS, Charles 22 (B) (SH1-229)
TOWNS, Dolly 3 (SH1-216)
TOWNS, Jeff 52 (B) (SH1-117)
TOWNS, Maggie 19 (B) (SH2-359)
TOWNS, Martha 16 (B) (SH1-40)
TOWNSEN, Betsy 50 (B) (SH1-122)
TOWNSEN, Wm. 23 (B) (SH2-102)
TOWNSEND, Agnes 46 (B) (SH1-63)
TOWNSEND, Angie 26 (B) (SH1-375)
TOWNSEND, Catherine? 45 (B) (SH2-134)
TOWNSEND, Daniel 50 (B) (SH1-340)
TOWNSEND, David 67 (SH1-436)
TOWNSEND, Dora 7 (SH1-110)
TOWNSEND, E. K. 52 (f) (SH1-268)
TOWNSEND, Edward 33 (B) (SH2-269)
TOWNSEND, Ella R. 20 (SH1-24)
TOWNSEND, Hosea 39 (SH2-95)
TOWNSEND, John 46 (SH1-384)
TOWNSEND, Martha 18 (B) (SH1-255)
TOWNSEND, Sam 29 (SH2-220)
TOWNSEND, Susan 42 (B) (SH1-258)
TOWNSEND, Wm. 19 (SH1-24)
TOWNSEND, Wm. 30 (B) (SH2-224)
TOWNSEND, Wm. 48 (SH2-10)
TOWNSLEY, Dallas 36 (SH2-149)
TOWNSLEY, Florence 8 (SH2-309)
TOWNSON, Thos. 23 (B) (SH1-208)
TOWSEND, Walter 23 (SH2-35)
TOWSON, A. 21 (m) (B) (SH1-455)
TOWSON, Nick 35 (B) (SH1-261)
TRABAUGH, Henry G. 30 (SH1-14)
TRABUCCO, John 32 (SH2-113)
TRABUE, Jos. 50 (SH2-91)
TRACEY, Elizabeth 18 (SH2-66)
TRACEY, Kate 7 (SH2-222)
TRACY, George 36 (SH2-79)
TRACY, Lauren? 36 (m) (SH2-242)
TRADER, Doddrige C. 54 (SH2-202)

TRADER, Mary 35 (SH2-78)
TRADER, W. H. 50 (m) (SH2-75)
TRAINAR, John 55 (SH2-99)
TRAINER, Charles 45 (B) (SH1-160)
TRAINER, Fannie 65 (B) (SH1-155)
TRAINOR, Adison 40 (B) (SH1-174)
TRAINOR, Mary 12 (SH2-353)
TRAINOR, _. _. 38 (m) (SH1-390)
TRAL?, Jesse 50 (m) (B) (SH2-21)
TRAMMEL, Vinie 24 (B) (SH2-166)
TRANSIOLA, Jos. 55 (SH2-290)
TRANSIOLA, S. A. 38 (m) (SH2-284)
TRANTHAM, S. H. 53 (m) (SH1-306)
TRASK, W. G. 39 (m) (SH1-397)
TRAUNEY?, M. 6 (f) (B) (SH1-396)
TRAVIS, Mary 10 (SH2-138)
TRAVIS, Rebecca 25 (B) (SH1-359)
TRAXTER, Dubi? 15 (m) (SH2-180)
TRAYLOR, James 45 (B) (SH1-340)
TRAYLOR, Lazzio? 52 (B) (SH1-342)
TRAYNOR, Mary 67 (SH2-322)
TRAY_HAM, B. F. 47 (m) (SH1-292)
TRAZEE, M. 6 (f) (SH1-400)
TREADWELL, A. C. 53 (m) (SH2-170)
TREADWELL, Allie G. 12 (SH2-205)
TREADWELL, Authur B. 46 (m) (SH2-201)
TREADWELL, Charles 49 (B) (SH1-350)
TREADWELL, Frank 22 (SH2-84)
TREADWELL, Henry 44 (B) (SH2-348)
TREADWELL, Henry 49 (B) (SH1-348)
TREADWELL, James E. 40 (SH2-67)
TREADWELL, M. 48 (f) (B) (SH1-213)
TREADWELL, Margaret 40 (SH2-201)
TREADWELL, S. S. 29 (m) (SH2-171)
TREANOR, Lewis 19 (SH1-16)
TREBING, Guss 39 (SH1-288)
TREGLLEZ?, Sophia 38 (SH2-99)
TRENLY, John 30 (SH1-339)
TREPLET, Fannie 15 (SH2-42)
TRESVANT?, Wm. 30 (B) (SH2-60)
TREVETT, Gladys 4 (SH2-357)
TREXLER, MAry 13 (SH1-140)
TREZEVANT, J. M. 26 (m) (SH2-261)
TREZEVANT, Lucy 50? (B) (SH2-247)
TREZEVANT, Marye 33 (m) (SH2-212)
TREZEVANT, T. B. 36 (m) (SH2-215)
TREZEVANT?, Corine? 10 (SH2-92)
TRIBANT?, Edward 33 (SH1-98)
TRIBBLE, JOhn 28 (SH2-211)
TRIBUE, Pascal 50 (B) (SH2-202)
TRICE, Albert 43 (B) (SH2-279)
TRICE, Allen 31 (B) (SH2-276)
TRICE, Bell 30 (B) (SH2-197)
TRICE, Dilsey 64 (f) (B) (SH2-314)
TRICE, Fannie 18 (B) (SH1-167)
TRICE, S. W. 65 (f) (SH1-394)
TRICE, Wm. 42 (B) (SH2-1)
TRIDEL, S. 50 (m) (B) (SH1-397)
TRIGALLEY?, MAggie 29 (SH1-101)
TRIGG, Amy 30 (SH1-471)
TRIGG, Andrew 40 (B) (SH1-409)
TRIGG, Belle 26 (B) (SH1-408)
TRIGG, Dolly 47 (B) (SH2-14)
TRIGG, Florence 24 (B) (SH1-255)
TRIGG, Handersen 50 (B) (SH1-403)
TRIGG, Henry 46 (B) (SH1-403)
TRIGG, James 12 (B) (SH1-434)
TRIGG, Jerry? 23 (m) (B) (SH1-10)
TRIGG, John 42 (B) (SH1-439)
TRIGG, Mc. 10 (m) (SH1-397)
TRIGG, N. E. 36 (f) (SH1-401)
TRIMBLE, Jerry 50 (m) (B) (SH2-226)
TRIPLET, H. 24 (m) (B) (SH1-238)
TRIPLIN, Edward 23 (SH2-237)
TRIPP, John 23 (SH2-7)
TRIPP, Minnie 13 (SH1-374)
TRISKEL, Cornelius 53 (SH1-101)
TRIZEVANT, Lottie 9 (B) (SH2-308)
TROGLI, Charles 50 (SH2-6)
TROIZNANT, Bob 72 (B) (SH2-301)
TROTTER, Anthony 40 (B) (SH1-91)
TROTTER, Caroline 32? (B) (SH1-291)
TROTTER, Edmund 65 (B) (SH2-107)
TROTTER, Henry 34 (B) (SH1-236)
TROTTER, Richard B. 67 (SH1-80)
TROTTER, Richd. I. 33 (SH1-76)
TROTTER, Robert 32 (B) (SH1-349)
TROTTER, W.? H. 35 (m) (SH1-51)
TROUT, Catharine 39 (SH2-61)
TROUT, Leland 36 (SH2-329)
TROUTH?, Joseph 30 (SH2-181)
TROWBRIDGE, Henry R. 44 (SH2-67)
TRUCKS?, Kate 40 (SH2-294)
TRUDEAN?, L. 41 (f) (SH2-168)
TRUE, G. W. 19 (m) (SH1-167)
TRUE?, Ruffin 46 (B) (SH1-15)
TRUE?, Thos. 32 (B) (SH2-292)
TRUEHART, Geo. 24 (B) (SH1-364)
TRUEHART, George 62 (SH2-51)
TRUEHART, Overton 30 (B) (SH2-51)
TRUEHEART, Joe 19 (B) (SH2-319)
TRUEHEART, Phil 28 (B) (SH2-312)
TRUETT, Adaline 39 (SH2-227)
TRUHART, Lucend 23 (f) (B) (SH2-254)
TRUMBLE, Marisa 20 (B) (SH2-93)
TRUSDALE, Fanny 65 (B) (SH1-4)
TRUSDALE, Geo. 40 (B) (SH1-67)
TRUSDALE, Palistine 14 (f) (B) (SH1-25)
TRUSLOW, Cinthia 66 (SH2-214)
TRUSS, Alden P. 24 (SH2-101)
TRUSS, G. Nash 41 (SH1-427)
TRUSS?, Warren 67 (SH1-269)
TRYSON?, Benger? 50 (m) (B) (SH1-390)
TUCK, Wm. 56 (B) (SH1-440)
TUCKE, Stephen 77 (B) (SH1-59)
TUCKER, America 60 (B) (SH1-106)
TUCKER, Armstead 50 (B) (SH1-329)
TUCKER, Ben 30 (B) (SH1-217)
TUCKER, Ben 8 (B) (SH1-210)
TUCKER, Beverly 26 (m) (B) (SH1-215)
TUCKER, C. J.? 36 (m) (SH1-391)
TUCKER, Carsy 45 (m) (B) (SH2-156)
TUCKER, Dan 20 (B) (SH1-146)
TUCKER, E. C. 34 (f) (SH2-148)
TUCKER, Ed 4 (B) (SH2-285)
TUCKER, Ed 57 (B) (SH1-161)
TUCKER, Eliza 50 (B) (SH1-379)
TUCKER, Fenton 36 (SH1-103)
TUCKER, Frank 26 (B) (SH1-254)
TUCKER, George 33 (B) (SH2-134)
TUCKER, Ischam 27 (B) (SH1-75)
TUCKER, J. W. 29 (m) (SH1-51)
TUCKER, Jain 60 (f) (B) (SH1-222)
TUCKER, James 25 (B) (SH1-204)
TUCKER, Jeannie 14 (B) (SH1-412)
TUCKER, Jinnie 20 (f) (B) (SH2-76)
TUCKER, Joe 45 (B) (SH1-351)
TUCKER, John 45 (B) (SH2-320)
TUCKER, Josie 11 (f) (B) (SH2-224)
TUCKER, Lucius 28 (B) (SH1-191)
TUCKER, Mack 54 (B) (SH1-35)
TUCKER, Mathew W. 50 (SH1-117)
TUCKER, Miles 60 (B) (SH1-139)
TUCKER, Peter 24 (B) (SH1-218)
TUCKER, R. G. 47 (m) (SH2-253)
TUCKER, R. W. 50 (m) (SH1-390)
TUCKER, Tolerable 70 (m) (B) (SH1-156)
TUCKER, W. D. 54 (m) (SH1-71)
TUCKER, Wilcher 56 (m) (B) (SH1-198)
TUCKER, Willie 10 (m) (B) (SH2-285)
TUCKER, Wm. 25 (SH1-455)
TUCKER, Wm. A. 45 (SH2-87)
TUCKER, Wm. T. 19 (SH2-66)
TUCKER, ____ 28 (f) (B) (SH2-165)
TUCKER?, Hettie 18 (SH1-177)
TUFFEAL, Eph 16 (m) (B) (SH1-292)
TUFTS, Love E. 35 (SH2-221)
TUGGLE, Alex 32 (B) (SH1-255)
TUGGLE, Andrew 28 (SH1-429)
TUGGLE, Chas. 50 (B) (SH1-254)
TUGGLE, Cidney 19 (m) (B) (SH1-468)
TUGGLE, Ed 17 (B) (SH1-254)
TUGGLE, G. R. 36 (m) (SH1-257)
TUGGLE, Henderson 25 (SH1-365)
TUGGLE, John 50 (B) (SH1-257)
TUGGLE, Louis 45 (B) (SH1-248)
TUGGLE, M. 31? (m) (B) (SH1-249)
TUGGLE, Mary E. 28 (SH1-472)
TUGGLE, Pat 29 (m) (B) (SH1-254)
TUGGLE, Richard 32 (B) (SH1-254)
TUGGLE, Robt. 24 (B) (SH1-258)
TUGGLE, Wm. 22 (B) (SH1-323)
TUGLE, Sophia? 25 (B) (SH2-141)
TULEY, Wm. A. 24 (SH2-100)
TULLER, Turner 72 (B) (SH1-330)
TULWOOD, Elijah 45 (B) (SH1-448)
TUMEL?, Mary 46 (SH2-259)
TUMS?, George 7 (B) (SH1-325)
TUNSTALL, Minnie 9 (B) (SH2-284)
TUNSTILL, Harrison 21 (B) (SH2-109)
TURBEVILLE, A. R. 62 (f) (SH1-248)
TURBEVILLE, Franklin 57 (SH1-329)
TURBEVILLE, Tom 33 (B) (SH1-385)
TURBEVILLE, W. P. 26 (m) (SH1-306)
TURLEY, Edward 33 (B) (SH2-129)

TURLEY, Thomas B. 35 (SH2-212)
TURNAGE, Frank 18 (SH1-219)
TURNAGE, Horace E. 22 (SH2-44)
TURNBULL, F. J. 37 (m) (SH2-81)
TURNER, Alfred 38 (B) (SH2-209)
TURNER, Allis 22 (SH1-224)
TURNER, Andrew 26 (B) (SH1-157)
TURNER, Anna 20? (B) (SH2-54)
TURNER, Annie 19 (B) (SH2-119)
TURNER, Annie 32 (B) (SH2-284)
TURNER, Arthur 13 (B) (SH2-317)
TURNER, Becky 40 (B) (SH2-221)
TURNER, Britton 29 (B) (SH2-326)
TURNER, Caroline 11 (B) (SH2-309)
TURNER, Charles 12 (B) (SH2-311)
TURNER, Charlie 3 (B) (SH1-331)
TURNER, Chas. 35 (B) (SH2-256)
TURNER, Daphrney 59 (m) (B) (SH2-30)
TURNER, Dock 33 (B) (SH1-355)
TURNER, Drury 22? (B) (SH2-67)
TURNER, Duncan 45 (B) (SH2-287)
TURNER, E. H. 30 (f) (SH2-136)
TURNER, Edward 1/12 (B) (SH2-297)
TURNER, Eliza 50 (B) (SH2-144)
TURNER, Elizabeth 39 (SH2-179)
TURNER, Fanny 16 (B) (SH2-217)
TURNER, Florence 14 (B) (SH2-173)
TURNER, Francis 14 (SH2-18)
TURNER, Frank 48 (B) (SH2-280)
TURNER, G. P. 44 (m) (SH2-260)
TURNER, G. W. 38 (m) (SH2-330)
TURNER, Geneva 10 (B) (SH2-265)
TURNER, Green 49 (B) (SH2-303)
TURNER, Gus 14 (B) (SH2-244)
TURNER, H. 30 (f) (B) (SH1-406)
TURNER, H. 40 (m) (SH1-406)
TURNER, HArriett 25 (B) (SH2-1)
TURNER, Hattie 8 (B) (SH2-312)
TURNER, Henery 24 (SH1-85)
TURNER, Henry 21 (B) (SH2-198)
TURNER, Henry 27 (B) (SH1-297)
TURNER, Horace 42 (B) (SH1-348)

TURNER, Ike 30 (B) (SH1-279)
TURNER, Isham 44 (B) (SH1-115)
TURNER, Jacob 36 (B) (SH2-344)
TURNER, Jake 55 (B) (SH2-365)
TURNER, James 35 (B) (SH1-425)
TURNER, Jasper 60 (B) (SH2-348)
TURNER, Joanna 28 (SH1-82)
TURNER, Joe 23 (B) (SH2-311)
TURNER, John 1/12 (B) (SH1-341)
TURNER, John 25? (B) (SH2-225)
TURNER, John 30 (B) (SH1-339)
TURNER, John 66 (B) (SH1-218)
TURNER, John 75 (B) (SH2-336)
TURNER, Jordan 24 (B) (SH2-161)
TURNER, Josephine 24 (B) (SH2-37)
TURNER, Lee 18 (m?) (SH2-13)
TURNER, Littleton 50 (B) (SH2-359)
TURNER, Lou 50 (f) (B) (SH2-290)
TURNER, Louis 30 (B) (SH2-119)
TURNER, Lucy 12 (SH2-314)
TURNER, M. J. 48 (m) (SH1-237)
TURNER, Marshall 35 (B) (SH2-173)
TURNER, Martha 13 (B) (SH2-359)
TURNER, Mary 28 (B) (SH1-248)
TURNER, Mary 29 (B) (SH2-361)
TURNER, Mary 35 (B) (SH2-4)
TURNER, Mary 50 (B) (SH1-48)
TURNER, Mary A. 60 (SH2-239)
TURNER, Milly 20 (B) (SH2-160)
TURNER, Moses 35 (B) (SH2-34)
TURNER, Moses 40 (B) (SH2-149)
TURNER, Nathan 30 (B) (SH1-338)
TURNER, Patsey 36 (B) (SH1-434)
TURNER, Robert 30 (B) (SH1-93)
TURNER, Robert 40 (B) (SH1-364)
TURNER, Sarah 51 (B) (SH2-234)
TURNER, Stephen A. 46 (B) (SH1-465)
TURNER, T. P. 35 (m) (SH2-111)
TURNER, Tabby 23 (f) (B) (SH1-182)
TURNER, Thomas 26 (B) (SH2-232)
TURNER, Thos. 25? (B) (SH2-133)
TURNER, Thos. 50 (SH1-378)
TURNER, Tony 35 (B) (SH1-334)
TURNER, Walter 19 (B) (SH1-84)
TURNER, Wm. 28 (SH2-16)
TURNER, Wm. 30 (B) (SH2-9)
TURNER, Wm. _ (SH2-3)
TURNER, wash 50 (B) (SH1-422)
TURNIG, Horace? 21 (m) (SH2-87)

TURNSETT, Julia 24 (B) (SH1-285)
TURPIN, Dick 30 (B) (SH1-355)
TURPIN, Lizzy 26? (B) (SH2-264)
TUX, A. C. 18 (f) (SH1-391)
TWEEDLE, Rebecca 60 (SH1-339)
TWEEDY, George 28 (SH2-32)
TWEIFEL, Mary 41 (SH1-408)
TWIDDY, Edward 20 (SH1-436)
TWIDDY, Martin 29 (SH1-436)
TWIGGS?, George 11 (SH2-125)
TWITTY, M. 60 (m) (SH1-240)
TWO?, Jamison 17 (SH1-447)
TWOHIG?, Patrick 48 (SH2-101)
TWOHIL, Dennis 50 (SH2-325)
TWONIG, Addie 48 (SH2-314)
TWYFORD, Jane 70 (SH1-162)
TYLER, Amanda 26 (B) (SH1-432)
TYLER, Ben 18 (B) (SH2-151)
TYLER, D. 8 (m) (B) (SH1-389)
TYLER, Edward 35 (B) (SH2-3)
TYLER, Edward 42 (B) (SH2-34)
TYLER, Hamp 37 (m) (B) (SH1-123)
TYLER, Herc.? 50 (m) (B) (SH2-3)
TYLER, Ira W. 52 (SH1-438)
TYLER, Jim 18 (m) (SH1-158)
TYLER, John 25 (SH2-146)
TYLER, John 30 (SH2-19)
TYLER, Lyon 25 (m) (SH2-127)
TYLER, Page 59 (m) (B) (SH1-120)
TYLER, Rozella 3 (B) (SH1-136)
TYLER, Samuel 50 (B) (SH1-432)
TYLOER, George 21 (B) (SH1-150)
TYLOR, Jacob 59 (B) (SH1-309)
TYLOR, Lucy 75 (B) (SH1-302)
TYNER, Lewis 30 (SH1-229)
TYNER, T. S. 35 (m) (SH2-77)
TYO?, George 25 (SH1-54)
TYRINGER, W. H. 18 (m) (SH1-39)
TYSON, Brit 28 (m) (B) (SH1-421)
TYSON, Jenny 27 (SH2-242)
TYSON, Jenny 27 (SH2-261)
UEBELE?, Carolina 41 (SH2-265)
UHL, Joseph 54 (SH2-116)
UHLMANN, Chas. 29 (SH2-242)
UHLMANN, Christin 53 (f) (SH2-242)
UHLMANN, Emma 18 (SH2-29)
ULATHA__, Frank 32 (SH2-101)
ULLATHORNE, Joe L. 32 (SH2-259)
ULLMAN, Lyda 24? (SH2-264)
ULMAN, Meyer 52 (SH2-9)
UMDERVART?, Clara 28 (SH2-57)
UNDERHILL, Annie 33 (SH2-16)
UNDERHILL, Ida 13 (SH1-419)
UNDERWOOD, Frank 45 (SH2-65)

UNDERWOOD, Jim 70 (B) (SH1-370)
UNDERWOOD, Mary 40 (B) (SH1-371)
UNDERWOOD, Nelson 40 (B) (SH2-108)
UPSHAW, Albert 20 (B) (SH2-186)
UPSHAW, Frank 34 (B) (SH1-338)
UPSHAW, James 19 (B) (SH1-337)
UPSHAW, Jim 51 (B) (SH1-359)
UPSHAW, John 28 (B) (SH1-338)
UPSHAW, Joseph 59 (B) (SH1-337)
UPTON, Martha 68 (SH1-49)
UPTON, Mollie 25 (SH2-112)
USHMAN, Joe 50 (SH2-65)
VACARO, Antonio 55 (SH2-87)
VACARO, Bard 46 (SH2-87)
VACARO, John 19 (SH2-74)
VACCARO, Abram C. 42 (SH2-210)
VACCARO, Josep 42 (SH2-95)
VACCARO, Lewis 53 (SH2-116)
VACCARO, Mary 40 (SH2-289)
VADEN, Daniel 76 (B) (SH1-232)
VAGEL, Charles 51 (SH2-275)
VAIDEN?, Rachel 65 (B) (SH2-80)
VAIL, Josie 24 (f) (SH2-106)
VAKANN?, Will 23 (SH2-68)
VALE, Irvin 24 (SH1-464)
VALENTINE, Clarrance 35 (SH2-99)
VALENTINE, Martin 50 (B) (SH1-328)
VALENTINE, Susan 30 (B) (SH2-207)
VALENTINE, Thos. 60 (B) (SH1-226)
VALLEY, Frank 12 (B) (SH2-333)
VALLEY, Lou 25 (f) (B) (SH1-80)
VALLEY, Sarah 8 (B) (SH1-79)
VALLEY, Wm. 6 (B) (SH1-80)
VALLINTINE, Walter 20 (SH2-241)
VAMER?, Mary 27 (B) (SH2-103)
VANBROCKLIN, Deloe? 27 (m) (SH2-340)
VANBURIN, Matha 56 (SH2-94)
VANCE, Abram 30 (B) (SH1-418)
VANCE, Calvin 58 (SH1-106)
VANCE, Chas. 25 (B) (SH2-182)
VANCE, Ellen 27 (B) (SH2-218)
VANCE, G. C. 24 (m) (SH2-91)
VANCE, George 28 (SH1-349)
VANCE, R. H. 33 (m) (SH2-191)
VANCE, Rosa 19 (SH2-174)
VANCE, Rose 33? (B) (SH2-54)
VANCE, T. 20 (m) (B) (SH1-394)
VANCE, W. 17 (m) (SH2-184)
VANCE, Wm. L. 64 (SH1-349)
VANCUE?, Lizzie 25 (SH2-221)
VANDEAVENTER, C. 24 (m) (SH1-121)
VANDER, Leah Wilson 9 (SH2-107)
VANDERVILL, Wm. 60 (B) (SH1-61)

VANDERVILLE, Haywood 55 (B) (SH1-54)
VANDRISSER?, Alfred 39 (SH1-370)
VANDYKE, Alice 27 (B) (SH2-308)
VANDYKE, Charles 49 (SH2-71)
VANHOOK, Harvey 32 (B) (SH2-43)
VANHOOK, Robert 25 (SH1-302)
VANHOOK, Sarah A. 55 (SH1-301)
VANHOOK, Wm. 30 (SH1-300)
VANHORN, John 45 (SH1-445)
VANHOUTON, John 30 (B) (SH2-18)
VANKIRK, Mary 34 (SH2-259)
VANLOON, B. F. 39 (m) (SH1-422)
VANMETER, Elizabeth 60 (SH2-24)
VANN, A. 40 (m) (B) (SH1-392)
VANN, Charles 15 (B) (SH2-39)
VANN, James S. 53? (SH1-28)
VANN, Richard 40 (B) (SH1-5)
VANNINI, Francisco 21 (SH2-120)
VANORDSTRAND, Millie 33 (SH2-63)
VANPELT, Mattie 37 (f) (B) (SH2-142)
VANPELT, Sim 60 (B) (SH2-194)
VANPELT, Wm. N. 40 (SH1-407)
VANTRUMP, Nancy 52 (SH2-74)
VANTRUMP, Wm. 33 (SH2-15)
VANVLEET, Percy 31 (m) (SH2-78)
VARDEMAN, J. A. 33 (m) (SH1-47)
VARNELL, G. 52 (m) (SH2-298)
VARNER?, Emma 37 (B) (SH2-88)
VAROZZO, V. 39 (m) (SH2-301)
VASSAR, Green 25 (B) (SH1-303)
VASSER, George 58 (SH1-436)
VASSER, Wm. 66 (SH1-431)
VASSEY, Mary 42 (SH2-114)
VAUGHAN, Beverly 43 (m) (B) (SH1-423)
VAUGHAN, Cicero 40 (B) (SH1-363)
VAUGHAN, Fannie 14 (SH1-300)
VAUGHAN, Henretta 80 (B) (SH1-376)
VAUGHAN, Henry 32 (B) (SH2-8)
VAUGHAN, Mel_0 (f) (SH1-191)
VAUGHAN, Prince 50 (B) (SH1-339)
VAUGHAN, Robt. M. 54 (SH1-74)
VAUGHAN, T. S. 40 (m) (SH1-398)
VAUGHAN, Thomas 52 (SH1-197)
VAUGHAN, Thos. 47 (SH1-303)
VAUGHAN, Wm. 50 (SH1-420)
VAUGHN, Amanda 45 (B) (SH2-132)
VAUGHN, Amanda 45 (B) (SH2-132)

VAUGHN, Beverly 45 (m) (B) (SH1-115)
VAUGHN, Carry 26 (f) (SH1-442)
VAUGHN, Emma 38 (B) (SH2-341)
VAUGHN, Gilbert 30 (B) (SH1-474)
VAUGHN, Isaac 47 (SH1-158)
VAUGHN, James 35 (B) (SH1-37)
VAUGHN, Jno. 35 (B) (SH1-67)
VAUGHN, Leah 5 (B) (SH2-146)
VAUGHN, Manda 46 (B) (SH2-360)
VAUGHN, Mary 40 (B) (SH2-98)
VAUGHN, Mollie 13 (B) (SH1-41)
VAUGHN, Oliver 30 (SH2-308)
VAUGHN, Richd. 11 (B) (SH1-167)
VAUGHN, Robert 36 (B) (SH1-45)
VAUGHN, Susanna 70 (B) (SH1-107)
VAUGHN, Tempy 30 (B) (SH1-352)
VAUHAN, M. 17 (f) (B) (SH1-404)
VAULX, Wm. C. 47 (SH1-20)
VAUN, Emma 22 (B) (SH2-108)
VA___N, Fabian 61 (SH2-233)
VEABLE, King 45 (B) (SH2-116)
VEARTCH, Mary 52 (SH2-191)
VELVET, A. 52 (m) (B) (SH2-143)
VENABLE, A. M. 60 (f) (SH2-310)
VENABLE, Chas. 5 (B) (SH2-321)
VENABLE, Frank 41 (B) (SH2-306)
VENDIG, Solomon 45 (SH2-65)
VENEBLE, Hannah 38 (SH2-88)
VENLENNI, Peter 27 (SH2-112)
VENN?, Frank 42 (SH1-368)
VENTURINE, Frances 47 (SH2-153)
VERDEL, E. R. 28 (m) (SH2-193)
VERMINTER?, Jennie C. 17 (SH2-89)
VERNON, Albert 52 (B) (SH1-443)
VERNON, Eliza 24 (B) (SH2-148)
VERNON, J. W. 40 (m) (SH2-345)
VERNON, Joseph 55 (B) (SH1-406)
VERNON, Thomas 37 (B) (SH1-311)
VEST, Albert 25 (B) (SH2-17)
VETT?, Mr. 46 (SH2-355)
VEZEY, Willis 16 (B) (SH2-28)
VIANDS, Augusta 28 (B) (SH1-101)
VICK, Frank 32 (B) (SH1-165)
VICK, Gad 51 (m) (B) (SH1-320)
VICK, Ransom A. 57 (SH1-273)
VICKERY, J. B. 36 (m) (SH1-426)
VICTOR, Mollie 23 (SH2-66)
VICTORY, Mariah 21 (SH2-249)
VICTORY, Riley 24 (SH1-310)
VICTORY, Wm. 30 (SH1-310)
VIENNA, Anthony 40 (SH2-173)
VIGER, Bettie 20 (B) (SH2-196)
VIGUS, James H. 40 (SH2-260)

VINCEN, Louisa 30 (SH2-243)
VINCENT, Alfred 40 (B) (SH1-363)
VINCENT, Almira 21 (B) (SH2-97)
VINCENT, Emily 40 (B) (SH2-220)
VINCENT, MAthew 74 (SH1-96)
VINCENT, Mary 18 (SH2-222)
VINCENT, Steve 40 (B) (SH2-204)
VINENT, Tennessee 35 (f) (B) (SH2-42)
VINER, Lizzie 100 (B) (SH2-209)
VINES, Dawson 47 (SH1-76)
VINES, Nancy 38 (SH2-120)
VINSON, Mosouri 28 (f) (B) (SH2-53)
VIOUGES?, Chas. 54 (SH2-347)
VIRGESON, M. F. 28 (m) (SH2-352)
VIRGIN, Fred J. 36 (SH2-190)
VISER, Edna 35 (B) (SH2-203)
VOEGEL, Joseph 49 (SH1-422)
VOEGELI?, John W. 46 (SH2-133)
VOLBRINK?, Margarette 50 (SH1-100)
VOLKER, Daniel 25 (SH1-421)
VOLKMAR, Wm. 23 (SH2-96)
VOLLMER, Fritz 39 (SH1-417)
VOLPIRE, Dan 27 (SH2-107)
VONGUNDELL, A. C. 33 (m) (SH2-100)
VONGUNDELL, May 26 (SH2-100)
VONN, Albert 16 (B) (SH1-5)
VONNER, Madison 30 (B) (SH2-97)
VOORHEES, Jake 36 (SH2-77)
VOORHEES, Wm. 29 (SH2-223)
VOSS, Fred__ (SH2-62)
VOSS, Hampton 25 (B) (SH2-246)
VOSS, Lizzie 12 (B) (SH2-251)
VOSS, Spencer 35 (B) (SH2-175)
VOSSE, Micheal J. 35 (SH2-232)
VUSEY?, James 16 (B) (SH1-253)
WABOR?, Morris 28? (SH2-120)
WADDELL, J. B. 25 (m) (SH1-149)
WADDELL, John 20 (SH2-137)
WADDELL, John 57 (SH2-136)
WADDELL, Philis 52 (B) (SH2-260)
WADDLE, Thomas W. 59 (SH1-137)
WADDY, David T. (Dr.) 51 (SH1-261)
WADDY, J. M. 60 (m) (SH1-261)
WADDY, Jo. W. 30 (SH1-269)
WADE, Alley 31 (m) (SH1-450)
WADE, Calvin 12 (B) (SH2-145)
WADE, Charlottie 60 (B) (SH2-332)
WADE, Emma 22 (SH1-431)
WADE, Ester 46 (SH1-102)
WADE, Glosten 18 (m) (B) (SH1-461)
WADE, Henry 36 (B) (SH1-355)
WADE, John 35 (B) (SH2-29)

WADE, M. B. 29 (m) (SH2-327)
WADE, Peter 34 (B) (SH2-75)
WADE, Richard 50 (SH2-69)
WADE, Robt. 22 (B) (SH1-262)
WADE, Susan 54 (SH2-172)
WADE, Willis 26 (B) (SH2-74)
WADE, Wm. 9 (SH2-112)
WADKINS, Amy 25 (B) (SH1-301)
WADKINS, Colwin 38 (B) (SH2-339)
WADKINS, General 38 (B) (SH1-380)
WADKINS, Isham 55 (B) (SH1-178)
WADROUS, Charles 50 (SH2-71)
WADSWORTH, Thos. J. 24 (SH1-266)
WADSWORTH, Walter D. 20 (SH1-263)
WAFFORD, D. 66 (m) (SH2-358)
WAGEMAN, Louise 52 (SH2-54)
WAGG?, Fannie 40 (B) (SH2-56)
WAGGENER, Fannie 47 (SH2-165)
WAGGNER, Sally 44 (SH2-263)
WAGGONER, Dixie 18 (SH2-173)
WAGGONER, Henry 22 (SH2-62)
WAGGONER, Maria 54 (SH2-193)
WAGMANN, M.? W. 48 (f) (SH2-250)
WAGNER, C. 45 (f) (SH2-295)
WAGNER, Elizabeth 84 (SH2-343)
WAGNER, Ellen 42 (B) (SH2-13)
WAGONER, Harmon 54 (SH2-73)
WAGONER, Henry 40 (B) (SH1-303)
WAINBUSH?, Edw. 50 (B) (SH2-130)
WAINESBURG, John W. 38 (SH1-107)
WAINRIGHT, George W. 46 (SH1-91)
WAINWRIGHT, Eliza 55 (B) (SH1-429)
WAINWRIGHT, Mary 15 (B) (SH1-360)
WAIR, R. F. 27 (m) (SH1-356)
WAIR, Wm. 58 (SH2-247)
WAIT, C. H. 36 (f) (SH2-163)
WAIT, Westley 30 (B) (SH1-391)
WAITE, H. R. 32 (m) (SH2-162)
WAITE, Mary 37 (B) (SH2-280)
WAITS, Thos. 22 (SH2-86)
WAKEFIELD, W. T. 45 (m) (SH1-261)
WALACE, Ed 40 (B) (SH1-63)
WALCH, John 35 (SH2-25)
WALCH, Lizzie 20 (SH2-142)
WALDEAN, Cook M. 34 (SH1-108)
WALDHAM, John 25 (SH2-20)
WALDMAN, May 34 (B) (SH1-364)
WALDO, Andrew 34 (SH1-94)
WALDON, Joseph 58 (SH1-323)
WALDRAN, C. 40 (f) (B) (SH1-399)

WALDREN, C.? 40 (m) (B) (SH1-404)
WALDRON, Chas. 25 (SH2-281)
WALDRON, Claiborne 24 (SH2-29)
WALDRON, J. T. 51 (m) (SH1-166)
WALDRON, James 53 (SH2-175)
WALDRON, John 23 (B) (SH2-235)
WALDRON, Michael 55 (SH2-36)
WALDRON, Susan 50 (B) (SH2-49)
WALES, Wm. 45 (SH1-133)
WALIS?, Mike 44 (SH1-371)
WALK, Bettie 23 (B) (SH2-89)
WALK, Mary 12 (B) (SH1-14)
WALK, Mary 18 (B) (SH2-186)
WALKEN, Eliza 35 (B) (SH2-18)
WALKER, A. C. 24 (m) (SH2-113)
WALKER, A. H. 31 (m) (B) (SH1-230)
WALKER, A. J. 33 (m) (SH1-241)
WALKER, Aaron 70 (B) (SH1-84)
WALKER, Adaline 20 (B) (SH1-282)
WALKER, Aggay 70 (f) (B) (SH1-320)
WALKER, Albert 21 (B) (SH1-272)
WALKER, Albert 49 (SH2-219)
WALKER, Alecia 71 (f) (B) (SH2-335)
WALKER, Alex 26 (m) (SH1-42)
WALKER, Alex 28 (B) (SH1-253)
WALKER, Alfred 23 (B) (SH2-235)
WALKER, Alice 39 (SH2-23)
WALKER, Allen 28 (B) (SH1-355)
WALKER, Amanda 32 (B) (SH2-7)
WALKER, Anderson 38 (B) (SH1-272)
WALKER, Andrew 17 (SH2-82)
WALKER, Ann 30 (B) (SH2-296)
WALKER, Ann 56 (B) (SH2-32)
WALKER, Anna 25? (B) (SH1-200)
WALKER, Annie 30 (B) (SH2-116)
WALKER, Armstead 22 (B) (SH1-89)
WALKER, Austin 40 (SH1-259)
WALKER, B. F. 27 (m) (SH1-42)
WALKER, Ben 15 (B) (SH1-204)
WALKER, Ben 25 (SH1-63)
WALKER, Benus? 25 (m) (B) (SH2-295)
WALKER, Bettie 34 (SH2-41)
WALKER, Beverly 31 (B) (SH2-78)
WALKER, Bibb? 44 (m) (SH1-312)
WALKER, Carroll 21 (m) (B) (SH1-12)
WALKER, Celia 70 (B) (SH2-33)
WALKER, Charles 16 (B) (SH1-84)
WALKER, Chas. 20 (B) (SH1-238)
WALKER, Cloa 65? (SH2-96)
WALKER, Cornelius 19 (B) (SH1-346)
WALKER, Daniel 45 (B) (SH2-300)
WALKER, Delilah 42 (SH2-23)
WALKER, Dellia 40 (B) (SH1-342)
WALKER, Dick 26 (B) (SH1-262)
WALKER, Dilly 50 (B) (SH2-28)
WALKER, Dora 42? (B) (SH2-250)
WALKER, Eddy 15 (B) (SH1-207)
WALKER, Edmond 43 (B) (SH2-324)
WALKER, Edwd. 39 (B) (SH2-121)
WALKER, Eliza 14 (B) (SH1-237)
WALKER, Eliza 43 (B?) (SH2-259)
WALKER, Ella 7 (SH2-194)
WALKER, Ely 23 (B) (SH1-111)
WALKER, Emily 59 (B) (SH2-118)
WALKER, Emla 40 (f) (B) (SH2-65)
WALKER, Esther 26 (B) (SH2-132)
WALKER, Fannie 19 (B) (SH2-87)
WALKER, Frank 20 (B) (SH1-263)
WALKER, Frank 39 (B) (SH2-102)
WALKER, Geo. 16 (B) (SH1-241)
WALKER, Geo. K. 32 (SH1-462)
WALKER, George 18 (B) (SH1-431)
WALKER, George 19 (B) (SH1-441)
WALKER, George 24 (B) (SH1-372)
WALKER, George 36 (B) (SH1-103)
WALKER, George 50 (B) (SH1-357)
WALKER, George 8 (SH1-435)
WALKER, Giles 23 (B) (SH1-1)
WALKER, Green 35 (B) (SH2-175)
WALKER, Green 55 (B) (SH2-297)
WALKER, Harris 39 (B) (SH2-208)
WALKER, Harrison 35 (B) (SH1-464)
WALKER, Hattie 26 (B) (SH1-364)
WALKER, Henery 25 (B) (SH1-86)
WALKER, Henry 62 (B) (SH1-283)
WALKER, Henry T. 30 (SH1-412)
WALKER, Horace 36 (B) (SH2-335)
WALKER, Huston 36 (SH1-119)
WALKER, India 10 (f) (B) (SH2-294)
WALKER, Isaac 16 (B) (SH1-431)
WALKER, J. G. 24 (m) (SH1-147)
WALKER, JAcob 29 (B) (SH1-413)
WALKER, Jane 65 (B) (SH2-161)
WALKER, Jeff 20 (B) (SH1-373)
WALKER, Jessee 15 (m) (B) (SH1-470)
WALKER, Jno. 16 (B) (SH1-263)
WALKER, Jno. 53 (SH1-256)
WALKER, Jno. W. 39 (SH2-288)
WALKER, John 21 (B) (SH1-230)
WALKER, John 24 (B) (SH1-455)
WALKER, John 30 (B) (SH2-307)
WALKER, John 31 (B) (SH2-346)
WALKER, John 37 (SH1-434)
WALKER, John 45 (B) (SH1-226)
WALKER, John 50 (B) (SH1-279)
WALKER, John 53 (B) (SH1-281)
WALKER, John 55 (B) (SH2-8)
WALKER, Joseph 29 (B) (SH1-160)
WALKER, Joseph 60 (B) (SH2-245)
WALKER, Kane G. 20 (B) (SH1-250)
WALKER, Katie 30 (B) (SH2-136)
WALKER, L. K. 32 (m) (SH1-233)
WALKER, Laura 10? (B?) (SH2-129)
WALKER, Lena 1 (B) (SH1-149)
WALKER, Levinia 45 (SH1-234)
WALKER, Lillie 13 (SH1-438)
WALKER, Lillie 8 (B) (SH1-336)
WALKER, Lizzie 27 (B) (SH2-144)
WALKER, Lucy 40 (B) (SH1-367)
WALKER, Lucy 51 (B) (SH2-306)
WALKER, Lucy 60 (B) (SH2-306)
WALKER, Lue E. 23 (f) (SH1-55)
WALKER, M. 25 (m) (B) (SH1-232)
WALKER, MArtha 23 (B) (SH1-445)
WALKER, Manda 27 (B) (SH1-113)
WALKER, Margret 30 (B) (SH1-315)
WALKER, Mariah 45 (B) (SH1-280)
WALKER, Mary 10 (B) (SH2-201)
WALKER, Mary 27? (B) (SH2-80)
WALKER, Mary 40 (B) (SH2-59)
WALKER, Mary 42 (B) (SH2-216)
WALKER, Mary 45 (B) (SH2-193)
WALKER, Mary 6 (B) (SH2-132)
WALKER, Mattie 13 (f) (B) (SH1-263)
WALKER, Mattie 7 (f) (B) (SH1-417)
WALKER, Morgan 29 (B) (SH1-97)
WALKER, Nelly 29 (B) (SH2-238)
WALKER, Olive 13 (SH1-464)
WALKER, P. H. 42 (m) (SH1-277)
WALKER, Perry? 24 (B) (SH1-415)
WALKER, Peter 52 (B) (SH1-86)
WALKER, Peyton 17 (B) (SH1-255)
WALKER, Pricilla 40 (B) (SH2-126)
WALKER, Ralph 37 (B) (SH1-305)
WALKER, Rebeca 55 (B) (SH2-103)
WALKER, Richard 23 (B) (SH1-136)
WALKER, Richd. 50 (B) (SH2-183)
WALKER, Robert 23 (B) (SH2-239)
WALKER, Robert 25 (B) (SH1-355)
WALKER, Robert 30 (B) (SH2-103)
WALKER, Rufus 59 (B) (SH1-146)
WALKER, Sallie 40 (B) (SH2-119)
WALKER, Sam 18 (SH1-435)
WALKER, Sam P. 36 (SH2-217)
WALKER, Sarah 43 (B) (SH1-414)
WALKER, Stephen? 50 (B) (SH2-286)
WALKER, Stout 33 (B) (SH1-355)
WALKER, Symon 21 (SH2-92)
WALKER, Thomas 20 (SH1-423)
WALKER, Thomas 20 (SH1-423)
WALKER, Thomas 25 (B) (SH2-200)
WALKER, Thos. 25 (B) (SH2-128)
WALKER, W. 21 (m) (B) (SH1-257)
WALKER, W. W. 57 (m) (SH1-30)
WALKER, Wm. 33 (B) (SH2-41)
WALKER, Wm. 42 (B) (SH1-166)
WALKER, Wm. 50 (B) (SH1-359)
WALKER, Wm. 6 (B) (SH2-242)
WALKER, Wm. F. 28 (SH1-136)
WALKER, Wm. J. 53 (SH1-119)
WALKER, _. C. 34? (f) (SH1-312)
WALKER?, Alfred 64 (B) (SH1-312)
WALKINS, Eva 3 (B) (SH1-167)
WALKINS, Sarah 34 (B) (SH2-188)
WALL, Bob 19 (B) (SH1-243)
WALL, Eliza 40 (SH2-249)
WALL, Jessie 8 (f) (SH1-109)
WALL, Joseph 34 (SH1-448)
WALL, Mrs. 36 (B) (SH2-362)
WALLACE, Aaron 42 (B) (SH2-328)
WALLACE, Alexander 33 (SH2-323)

WALLACE, Amos 23 (B) (SH1-93)
WALLACE, Charles 18 (SH2-270)
WALLACE, E. M. 30 (m) (SH1-160)
WALLACE, Edward 42 (SH2-77)
WALLACE, Eliza 30 (B) (SH2-7)
WALLACE, Emily 43 (B) (SH2-51)
WALLACE, Emma 13? (B) (SH2-124)
WALLACE, Erastmus 55 (B) (SH2-341)
WALLACE, G. W. 25 (m) (SH1-34)
WALLACE, Geo. 38 (SH2-353)
WALLACE, Harison 40 (B) (SH1-36)
WALLACE, J. B. 31 (m) (SH1-34)
WALLACE, Jessee 32 (m) (SH1-357)
WALLACE, Jinnie 28 (B) (SH1-135)
WALLACE, John 21 (SH1-282)
WALLACE, John 27 (SH2-258)
WALLACE, John 30 (B) (SH2-134)
WALLACE, Julius 12 (B) (SH1-17)
WALLACE, L. 36 (m) (B) (SH2-155)
WALLACE, Love 37 (m) (B) (SH1-333)
WALLACE, Mariah 68 (B) (SH1-333)
WALLACE, Mary 30? (B) (SH2-267)
WALLACE, Mary 45 (B) (SH1-420)
WALLACE, Mattie 22 (f) (B) (SH2-25)
WALLACE, Minerva 50 (B) (SH2-1)
WALLACE, Nancy 13 (B) (SH2-304)
WALLACE, R. 30 (m) (B) (SH1-244)
WALLACE, R. D. 37 (m) (SH1-399)
WALLACE, R. M. 33 (m) (SH1-280)
WALLACE, Robert 68? (SH2-147)
WALLACE, S. 42 (m) (B) (SH1-394)
WALLACE, S. B. 30 (f) (SH1-160)
WALLACE, S. R. 65 (m) (SH1-357)
WALLACE, Saml. 30 (B) (SH2-129)
WALLACE, Walter 26 (SH1-23)
WALLACE, Wm. 44 (B) (SH2-7)
WALLACE, Wm. 60 (SH2-130)
WALLACE, Wm. 61 (SH1-379)
WALLACE, Wm. 8 (B) (SH2-301)
WALLACE?, Mary 8 (B) (SH2-311)
WALLEN, Morris 21 (SH2-166)
WALLER, Eddie 16 (SH2-161)

WALLER, James 26 (B) (SH2-252)
WALLER, Jeff 20 (B) (SH1-273)
WALLER, Joe 52 (B) (SH1-273)
WALLER, John 7 (B) (SH1-12)
WALLER, Joseph 40 (B) (SH2-245)
WALLER, Katherine 16 (B) (SH2-39)
WALLER, L. G. 53 (m) (SH1-281)
WALLER, Noah? 35 (B) (SH1-206)
WALLER, Sarah 21 (B) (SH1-274)
WALLER, Sarah 25 (B) (SH1-204)
WALLER, Tom 56 (B) (SH1-421)
WALLER, Wm. 15 (B) (SH1-462)
WALLER, Wm. 59 (SH1-10)
WALLER, Young (B) (SH1-275)
WALLER, _incey H. 58 (f) (B) (SH1-463)
WALLICE, James 28 (B) (SH1-459)
WALLIS, Adline 37? (SH1-206)
WALLIS, R. D. 29 (m) (SH1-203)
WALLS, G. 17? (f) (B) (SH1-237)
WALLS, Geo. 32 (B) (SH2-286)
WALLS, George 40 (B) (SH1-282)
WALLS, Henry 40 (B) (SH1-359)
WALLS, JAmes P. 34 (SH1-13)
WALLS, John 33 (B) (SH2-123)
WALLS, Lazarus 50 (B) (SH2-208)
WALLS, MArtha 32 (SH1-12)
WALLS, Mack 54 (B) (SH2-39)
WALLS, Mary 45 (B) (SH2-46)
WALLS, Moses 60 (B) (SH2-128)
WALLS, Rufus 31 (B) (SH2-329)
WALLS, Toby 48 (B) (SH1-368)
WALLS, Whitfield 30 (B) (SH1-472)
WALLSER, Junius P. 31 (SH1-468)
WALSH, Anthony 24 (SH2-4)
WALSH, Ellen 49 (SH2-7)
WALSH, Hugh 33 (SH1-432)
WALSH, James 30 (SH2-270)
WALSH, Johanna 50 (SH2-37)
WALSH, John 25 (SH2-23)
WALSH, John 43 (SH2-28)
WALSH, John 55 (SH1-89)
WALSH, John J. 29 (SH2-92)
WALSH, Kate 50 (SH2-166)
WALSH, Mary __ (SH2-37)
WALSH, Patrick 19 (SH2-3)
WALSH, Patrick 42 (SH2-276)
WALSH, Thomas 37 (SH2-314)
WALSH, Wm. 30 (SH2-34)
WALSTON, Maggi 35 (SH2-105)
WALSTON, Mrs. L. T. 38 (SH2-349)
WALT, George 20 (B) (SH1-103)
WALT, James R. 51 (SH1-78)
WALT, Rufus P. 55 (SH2-55)
WALTER, Cathrena 2 (SH2-91)
WALTER, David 26? (B) (SH1-140)
WALTER, Fred 65 (SH2-110)
WALTER, Hattie 10 (B) (SH2-222)
WALTER, John A. 35 (SH1-419)

WALTER, Joseph 33 (SH2-51)
WALTER, Louis 41 (SH2-299)
WALTER, M. 28 (f) (B) (SH1-394)
WALTER, Nancy 25 (B) (SH1-91)
WALTER, Stella 24 (SH2-91)
WALTER, Wm. 40 (B) (SH1-101)
WALTERS, Charles 45 (SH2-73)
WALTERS, Jane 35 (SH2-60)
WALTON, Abner 55 (B) (SH1-5)
WALTON, Albert 22 (B) (SH2-325)
WALTON, Alex R. 31 (B) (SH2-187)
WALTON, Augustus 63 (SH1-438)
WALTON, Benjamin 28 (B) (SH1-440)
WALTON, Charles 40 (B) (SH2-357)
WALTON, Henry 20 (B) (SH1-166)
WALTON, Jacob 53 (B) (SH2-122)
WALTON, James M. 43 (SH1-140)
WALTON, Jane C. 52 (SH1-427)
WALTON, John 23 (B) (SH1-181)
WALTON, John 23 (B) (SH1-30)
WALTON, John 38 (B) (SH1-327)
WALTON, John P. 24 (SH1-354)
WALTON, Junius 29? (B) (SH2-275)
WALTON, Mary 40 (B) (SH2-258)
WALTON, Richd. 29 (B) (SH2-286)
WALTON, Sam 39 (B) (SH2-295)
WALTON, Silas 25 (B) (SH1-326)
WALTON, Thomas 51 (SH1-354)
WALTON, W. M. 22 (m) (B) (SH1-49)
WALTON, Wm. 20 (SH2-70)
WAN, George 20 (Chines) (SH2-73)
WANEGAR, Henry 17 (SH1-49)
WANE____D, Hannah 30? (SH2-170)
WANIER, Henry 26 (B) (SH2-98)
WANKAN, Ed 26 (B) (SH1-402)
WANKER, B. 58 (f) (B) (SH1-401)
WANKER, E. 32 (m) (B) (SH1-391)
WANKER, H. 70 (m) (B) (SH1-397)
WANKER, M. 21 (f) (B) (SH1-400)
WANKER, N.? 35 (m) (B) (SH1-391)
WANZGER?, Joe 36 (SH2-332)
WARD, Albert 24 (B) (SH1-55)
WARD, Alex 45 (m) (SH1-149)
WARD, Alice 30 (SH2-47)
WARD, Allick 30 (B) (SH1-72)
WARD, Amos 40 (B) (SH1-133)
WARD, Anderson 30 (SH2-160)
WARD, Andrew J. 38 (SH1-74)
WARD, Annie 25 (B) (SH2-166)

WARD, Benj. 28 (B) (SH1-30)
WARD, C. G. 33 (m) (SH1-448)
WARD, Carrie 20 (B) (SH2-68)
WARD, Cham 51 (m) (B) (SH1-41)
WARD, Cham 7 (m) (B) (SH1-49)
WARD, Chan 7 (m) (B) (SH1-41)
WARD, Charles 38 (B) (SH1-445)
WARD, Charley 16 (SH2-35)
WARD, Charlotte 35 (B) (SH2-200)
WARD, Clarence 9 (SH2-294)
WARD, Davie? 24 (m) (B) (SH1-33)
WARD, Deed 35 (m) (B) (SH1-172)
WARD, E. 54 (m) (B) (SH2-149)
WARD, Easter 28 (f) (B) (SH1-40)
WARD, Edward 22 (SH2-99)
WARD, Edward 33 (B) (SH1-132)
WARD, Elizabeth 10 (SH1-80)
WARD, Elizabeth 29 (SH1-82)
WARD, Fannie 10 (B) (SH1-172)
WARD, George 24 (B) (SH1-272)
WARD, Graham 26 (B) (SH1-41)
WARD, Graham 26 (B) (SH1-55)
WARD, H. R. 16 (m) (SH1-41)
WARD, Harrison 62 (B) (SH1-139)
WARD, Harry 30 (B) (SH1-72)
WARD, Henry L. 32 (SH1-112)
WARD, J. 41 (m) (SH2-82)
WARD, J. C. 60 (m) (SH1-272)
WARD, Jack 29 (B) (SH2-231)
WARD, James 13 (B) (SH1-140)
WARD, Jeff 33 (B) (SH1-38)
WARD, Joe 27 (SH1-72)
WARD, John 23 (B) (SH2-32)
WARD, John 50 (B) (SH2-244)
WARD, Josep 22 (B) (SH1-31)
WARD, Joseph 30 (B) (SH1-30)
WARD, Joseph 67 (B) (SH1-44)
WARD, Julia 24 (B) (SH1-152)
WARD, Katie 40 (SH2-142)
WARD, Kindred 45 (SH1-87)
WARD, Lewis 30 (B) (SH1-66)
WARD, Lewis 52 (B) (SH1-161)
WARD, Lewis 6 (B) (SH1-278)
WARD, Lewis 68 (B) (SH1-173)
WARD, Lilie 6 (B) (SH2-39)
WARD, Loyd 14 (SH2-288)
WARD, Lunnie 12 (B) (SH2-145)
WARD, M. G. 5 (f) (SH1-167)
WARD, M. L. 17 (f) (B) (SH1-54)
WARD, M. L. 29 (f) (SH1-144)
WARD, MAmie 9 (SH1-144)
WARD, Martha 40 (SH2-160)
WARD, Mary 23 (B) (SH1-454)
WARD, Mary 34 (SH2-47)
WARD, Mary 35 (B) (SH2-110)
WARD, Meljah 69 (m) (B) (SH1-148)
WARD, Moses 23 (B) (SH1-76)
WARD, N. B. 25 (f) (B) (SH2-193)
WARD, NAthan 21 (B) (SH1-71)
WARD, Nancy 50 (B) (SH2-38)
WARD, Octavia 60 (B) (SH2-28)
WARD, P. P. 58 (f) (SH1-72)
WARD, Powel 80 (B) (SH1-43)

1880 Census Shelby Co. TN: Heads-of-Household

WARD, R. D. 65 (m) (SH1-281)
WARD, Richard 25 (B) (SH1-34)
WARD, Robert 3 (B) (SH2-89)
WARD, S. 35 (f) (SH1-401)
WARD, S. O. 14 (m) (B) (SH1-145)
WARD, Seymore 21 (B) (SH1-139)
WARD, Simon 34 (B) (SH1-44)
WARD, Stephen 43 (B) (SH2-278)
WARD, T. M. 47 (m) (SH1-167)
WARD, Thomas 50 (SH2-329)
WARD, Thomas 7 (B) (SH1-117)
WARD, Thomas M. 57 (SH1-133)
WARD, Tom 18 (B) (SH1-73)
WARD, Tom 22 (B) (SH1-72)
WARD, W. 52 (m) (SH1-36)
WARD, Westley 33 (B) (SH2-219)
WARD, Will 37 (B) (SH1-168)
WARD, Wilson 25 (B) (SH1-167)
WARD, Wm. 14 (B) (SH1-40)
WARD, Wm. 18 (B) (SH1-30)
WARD, Wm. 42 (B) (SH1-41)
WARD, Wm. A. 28 (SH1-82)
WARD, Wyatt 22 (B) (SH2-195)
WARDEN, Joseph 34 (B) (SH2-325)
WARDEN, Kate 23 (SH2-176)
WARDEN, Mehala 19 (B) (SH1-473)
WARDLOW, John __ (B) (SH2-129)
WARE, Charles 49 (B) (SH2-175)
WARE, Dellie 18 (B) (SH2-70)
WARE, Elizabeth 53 (SH1-76)
WARE, George 21 (B) (SH1-164)
WARE, Lillie 16 (B) (SH2-72)
WARE, Lou 39 (f) (SH2-185)
WARE, Susan E. 50 (SH2-81)
WARE, Thomas 40 (B) (SH2-266)
WARE, W. H. 61 (m) (B) (SH1-285)
WARE, Wesley 50 (B) (SH2-147)
WARE, Wm. J. 26 (SH1-52)
WARE?, Wm. 35 (B) (SH1-370)
WARFIELD, Nicolas 39 (B) (SH2-266)
WARING, Robt. P. 30 (SH2-85)
WARING, Thos. B. 31? (SH2-149)
WARING?, G. A. 42 (m) (SH2-166)
WARING?, Hamilton 25 (SH1-424)
WARINNER?, H. C. 41 (m) (SH2-364)
WARLEE, Joe 27 (m)(Chin.) (SH2-73)
WARMACK?, Tom 24 (SH1-68)
WARMLY, Jane 23 (B) (SH2-140)
WARNER, B. R. 48 (m) (SH2-283)
WARNER, Berry 50 (B) (SH2-291)
WARNER, Charles 26 (SH2-20)
WARNER, Hartley? 25 (m) (B) (SH1-99)
WARNER, Henry 26 (B) (SH2-105)
WARNER, Lucy 13 (B) (SH1-463)
WARNER, Martha 40 (B) (SH2-85)
WARNER, Martha 40? (B) (SH2-129)
WARNER, Matilda 38 (SH1-169)
WARNER, Mollie 25 (SH2-172)
WARNER, Rebecca 3 (SH2-229)
WARNER, Wm. 45 (B) (SH1-363)
WARNER?, H. 25 (m) (B) (SH1-95)
WARNERKE?, Frederick 49 (SH2-272)
WARR, Dudley 25 (B) (SH1-460)
WARREN, A. W. 28 (m) (SH1-51)
WARREN, Allen 37 (B) (SH2-296)
WARREN, Benj. 54 (B) (SH1-37)
WARREN, C. H. 33 (m) (SH2-111)
WARREN, C. H. 35 (m) (SH2-310)
WARREN, Dick 17 (B) (SH1-1)
WARREN, Ely 20 (B) (SH1-95)
WARREN, Geneveve 2 (SH2-68)
WARREN, Geo. 64 (B) (SH2-231)
WARREN, George 55 (B) (SH2-332)
WARREN, Nelson 50 (B) (SH2-229)
WARREN, Susan 31 (B) (SH2-191)
WARREN, Wyley 70 (B) (SH1-144)
WARRING, George 23 (B) (SH1-104)
WARRING, Ralph 45 (B) (SH1-207)
WARWICK, John 60 (SH1-97)
WASDEN?, Mary 60 (SH1-72)
WASH, H. L. 58 (f) (SH1-202)
WASH, Henry 23 (B) (SH1-211)
WASH, Margaret 14 (B) (SH1-183)
WASHAM, Jas. H. 30 (SH2-244)
WASHAUER?, Fanny 70 (SH2-263)
WASHBURN, Jeff 27 (SH1-28)
WASHBURNT, Anie 65 (SH2-85)
WASHINGTON, Albert 27 (B) (SH1-309)
WASHINGTON, Alfred 34 (B) (SH1-307)
WASHINGTON, Amy 50 (B) (SH1-278)
WASHINGTON, August 25 (B) (SH2-227)
WASHINGTON, B. 35 (m) (SH2-361)
WASHINGTON, Chas. 24 (B) (SH2-239)
WASHINGTON, Chas. 35 (B) (SH2-43)
WASHINGTON, Clarence 25 (B) (SH2-201)
WASHINGTON, Columbus 42 (B) (SH1-356)
WASHINGTON, D.? 25 (m) (B) (SH2-195)
WASHINGTON, David 27 (B) (SH2-224)
WASHINGTON, Eddie 19 (B) (SH2-119)
WASHINGTON, Eliza 40 (B) (SH2-286)
WASHINGTON, Ellen 35 (B?) (SH2-223)
WASHINGTON, Ellen 9 (B) (SH2-141)
WASHINGTON, Emma 20 (B) (SH2-149)
WASHINGTON, Ephra 53 (B) (SH2-253)
WASHINGTON, Geo. 16 (B) (SH2-308)
WASHINGTON, Geo. 23 (B) (SH1-246)
WASHINGTON, Geo. 26 (B) (SH1-315)
WASHINGTON, Geo. 26 (B) (SH2-238)
WASHINGTON, Geo. 26 (B) (SH2-243)
WASHINGTON, Geo. 28 (B) (SH1-223)
WASHINGTON, Geo. 28 (B) (SH2-346)
WASHINGTON, Geo. 37 (B) (SH2-186)
WASHINGTON, Geo. 38 (B) (SH2-110)
WASHINGTON, Geo. 40 (B) (SH2-144)
WASHINGTON, Geo. 45 (B) (SH2-149)
WASHINGTON, Geo. 9 (B) (SH2-318)
WASHINGTON, George 15 (B) (SH1-316)
WASHINGTON, George 20 (B) (SH2-337)
WASHINGTON, George 22 (B) (SH1-474)
WASHINGTON, George 24 (SH2-2)
WASHINGTON, George 27 (B) (SH1-365)
WASHINGTON, George 30 (B) (SH2-120)
WASHINGTON, George 36 (B) (SH2-334)
WASHINGTON, Henry 26 (B) (SH1-337)
WASHINGTON, Henry 30 (B) (SH1-123)
WASHINGTON, Henry 59 (B) (SH1-310)
WASHINGTON, Ida 18 (B) (SH2-75)
WASHINGTON, J. 19 (f) (B) (SH2-311)
WASHINGTON, JAcob 35 (B) (SH2-308)
WASHINGTON, Jane 35 (SH2-265)
WASHINGTON, Jas. 32 (B) (SH2-125)
WASHINGTON, Jim 7 (B) (SH2-208)
WASHINGTON, Joanna 18 (B) (SH1-268)
WASHINGTON, John 23 (B) (SH2-346)
WASHINGTON, John T. 69 (SH2-98)
WASHINGTON, Joseph 35 (B) (SH2-254)
WASHINGTON, Judy 60 (B) (SH1-363)
WASHINGTON, L. 48 (f) (B) (SH1-214)
WASHINGTON, L. 50 (f) (B) (SH1-202)
WASHINGTON, Lewis 30 (B) (SH1-47)
WASHINGTON, Lidia 52 (B) (SH2-335)
WASHINGTON, Lucy 6 (B) (SH2-312)
WASHINGTON, Martha 14 (B) (SH2-52)
WASHINGTON, Mary 17 (B) (SH2-236)
WASHINGTON, Mattie 30 (f) (B) (SH2-101)
WASHINGTON, Moses 65 (B) (SH1-181)
WASHINGTON, Nathan? 56 (B) (SH1-171)
WASHINGTON, Oty 40 (m) (B) (SH2-141)
WASHINGTON, Overton 40 (B) (SH1-169)
WASHINGTON, Rebecca 45 (B) (SH1-160)
WASHINGTON, Rich 13 (B) (SH2-255)
WASHINGTON, Robert 40 (B) (SH2-14)
WASHINGTON, Robert 7/12 (B) (SH1-136)
WASHINGTON, Rosa 40? (B) (SH2-67)
WASHINGTON, S. 28 (m) (B) (SH2-185)
WASHINGTON, Sally 22 (B) (SH2-274)
WASHINGTON, Sarah 35 (B) (SH1-79)
WASHINGTON, Simon 40 (B) (SH2-203)
WASHINGTON, Smith 36 (B) (SH1-278)
WASHINGTON, Spencer 19 (B) (SH1-293)
WASHINGTON, Stephen 37 (B) (SH2-315)
WASHINGTON, Sylvester 24 (B) (SH1-434)
WASHINGTON, Tennessee 16 (f) (B) (SH1-161)
WASHINGTON, Tom 13 (B) (SH1-379)
WASHINGTON, V. 12 (f) (B) (SH1-161)
WASHINGTON, Violet 37 (B) (SH2-120)
WASHINGTON, W. 30 (m) (B) (SH1-396)

1880 Census Shelby Co. TN: Heads-of-Household

WASHINGTON, Walter 19 (B) (SH2-125)
WASHINGTON, Will 25 (B) (SH1-278)
WASHINGTON, Wm. 26 (B) (SH2-205)
WASHINGTON, Wm. 43 (B) (SH1-376)
WASHINGTON, Wm. R. 20 (B) (SH2-197)
WASHINGTON, ____ 45? (f) (B) (SH1-179)
WASHINGTON, ____ (convict) (B) (SH1-355)
WASHINGTON, ____ 25 (m) (B) (SH2-163)
WASHINGTON, ____ 45 (m) (B) (SH2-123)
WASHINGTON?, ____ _ (B) (SH1-197)
WASINGTON, J. F. 52 (m) (SH2-303)
WASSON, Garrison 45 (SH2-48)
WATERHORSE, John 28 (SH2-78)
WATERHOUSE, James 28 (SH2-57)
WATERMAN?, Fred 48 (SH1-341)
WATERS, Charles 48 (B) (SH2-38)
WATERS, Clifton 12 (B) (SH1-284)
WATERS, Ed 11 (B) (SH1-261)
WATERS, Frances 16 (B) (SH1-279)
WATERS, Frank 25 (B) (SH1-288)
WATERS, Frank 30 (B) (SH1-262)
WATERS, Mary 20 (B) (SH2-5)
WATERS, Mary J. 42 (SH2-272)
WATERS, Nathan 50 (B) (SH1-275)
WATERS, Peter 60 (B) (SH1-272)
WATERS, Rose 40 (B) (SH2-214)
WATERS, Squire 34 (B) (SH2-207)
WATKINS, Alfred 35 (B) (SH2-15)
WATKINS, Andrew 46 (SH2-279)
WATKINS, Ben 25 (B) (SH1-301)
WATKINS, Buck 45 (B) (SH1-157)
WATKINS, Chas. 55 (B) (SH1-363)
WATKINS, Dock 30 (B) (SH1-358)
WATKINS, E. J. 19 (f) (SH1-145)
WATKINS, Emma 26 (B) (SH1-116)
WATKINS, Frank _7 (B) (SH2-263)
WATKINS, Fred 22 (B) (SH1-434)
WATKINS, Green 51 (B) (SH1-433)
WATKINS, H. 16 (f) (SH1-399)
WATKINS, H. Carey 31 (f) (SH1-464)
WATKINS, Harry 40 (B) (SH2-231)
WATKINS, Hattie 25 (B) (SH2-320)
WATKINS, J. 25 (m) (B) (SH2-254)
WATKINS, Jack 13 (B) (SH1-434)
WATKINS, Jas. 21 (B) (SH2-216)
WATKINS, Jim __ (B) (SH2-291)
WATKINS, John 14 (B) (SH2-42)
WATKINS, Jonas 19 (B) (SH1-117)
WATKINS, Joseph 35 (SH2-79)
WATKINS, L. B. 28 (m) (B) (SH2-287)
WATKINS, Lilly 15 (B) (SH1-292)
WATKINS, Lucy 34 (SH1-375)
WATKINS, Marth 40 (B) (SH1-312)
WATKINS, Martha 64 (B) (SH1-245)
WATKINS, Melinda 49 (B) (SH1-361)
WATKINS, Mollie? 13 (B) (SH1-288)
WATKINS, Mordica 36 (m) (B) (SH1-138)
WATKINS, Nick 28 (B) (SH1-245)
WATKINS, Peter 28 (B) (SH1-114)
WATKINS, Rosetta 35 (SH2-250)
WATKINS, Sallie 8 (B) (SH2-312)
WATKINS, Suson? 40 (f) (B) (SH1-318)
WATKINS, T. C. 26 (m) (B) (SH1-245)
WATKINS, Thomas 17 (SH1-136)
WATKINS, Thos. 40 (SH1-378)
WATKINS, Wesley 25 (B) (SH2-247)
WATKINS, Wm. N.? 37 (SH2-329)
WATKINS, Word 32 (B) (SH1-39)
WATKINS, Wyatt 50 (B) (SH1-363)
WATKINS?, Ann 11 (B) (SH1-305)
WATNUS?, Helen 18 (SH2-167)
WATSON, Armstead 28 (B) (SH1-337)
WATSON, Austin 32 (B) (SH1-246)
WATSON, Charles 26 (B) (SH2-66)
WATSON, Charles 40 (B) (SH1-440)
WATSON, Chas. E. 24 (SH1-320)
WATSON, E. O. 60 (m) (SH1-324)
WATSON, Elbert 37 (B) (SH1-425)
WATSON, Elbert 40 (B) (SH2-125)
WATSON, Eliza 21 (B) (SH2-8)
WATSON, Ella 22 (B) (SH1-470)
WATSON, Ellie 30 (B) (SH2-263)
WATSON, Elvira 40 (B) (SH2-80)
WATSON, Emma 18 (SH2-347)
WATSON, Emma 36 (B) (SH2-155)
WATSON, F. W. 30 (m) (B) (SH2-324)
WATSON, George 13 (B) (SH2-191)
WATSON, George 26 (B) (SH1-121)
WATSON, George 42 (SH2-231)
WATSON, George __ (B) (SH1-355)
WATSON, Green 53 (B) (SH1-123)
WATSON, Gus 25 (B) (SH1-370)
WATSON, Gussy 3 (f) (B) (SH2-66)
WATSON, Harriet 63 (SH1-134)
WATSON, Henry 45 (B) (SH1-402)
WATSON, Henry 65 (B) (SH2-228)
WATSON, Henry 8 (B) (SH1-465)
WATSON, J. R. 30 (f) (SH1-34)
WATSON, Jacob 41 (B) (SH2-344)
WATSON, Jeff 25 (B) (SH1-274)
WATSON, Jerry 40 (m) (SH2-79)
WATSON, Jeter? 50 (m) (SH2-141)
WATSON, John 32 (SH2-136)
WATSON, John 56 (B) (SH2-8)
WATSON, Lena Frances 10 (SH1-409)
WATSON, Lou 34 (f) (B) (SH2-209)
WATSON, Lucy 17 (B) (SH2-274)
WATSON, Maggie 85 (B) (SH2-336)
WATSON, Margret 43 (SH2-71)
WATSON, Mary 30 (B) (SH2-347)
WATSON, Mattie 26 (f) (B) (SH2-189)
WATSON, Minerva 45 (B) (SH2-386)
WATSON, Nannie 46 (SH1-373)
WATSON, Pattie 17 (B) (SH2-80)
WATSON, Peggy 50 (B) (SH2-274)
WATSON, Pitman 39 (B) (SH2-170)
WATSON, Richard 22 (B) (SH1-323)
WATSON, Richard 40 (B) (SH1-92)
WATSON, Richmond 35 (B) (SH1-309)
WATSON, Robert 50 (B) (SH1-301)
WATSON, Robt. 74 (B) (SH2-151)
WATSON, Sam 67 (SH2-205)
WATSON, Simpson 26 (B) (SH2-130)
WATSON, Susan 30? (SH1-419)
WATSON, Thomas 40 (B) (SH1-105)
WATSON, W. _. 52 (m) (SH1-158)
WATSON, Wm. 21 (B) (SH2-19)
WATSON, Wm. 26 (B) (SH1-356)
WATSON, Wm. P. 47 (SH1-372)
WATSON, Wood 40 (m) (B) (SH1-411)
WATSON?, Joe 29 (B) (SH1-193)
WATT, Ellen 13 (B) (SH1-79)
WATT, Saml. M. 45 (SH1-87)
WATT, Washington 25 (B) (SH2-342)
WATT, Wm. 35 (B) (SH2-284)
WATT, Wm. C. 35 (SH2-98)
WATT, harriett 33 (B) (SH1-37)
WATTS, David 15 (SH2-215)
WATTS, Eliza _0 (SH1-474)
WATTS, Gus 29 (SH2-205)
WATTS, Ike 22 (SH2-215)
WATTS, Kate 20 (SH2-66)
WATTS, Lavinia 12 (B) (SH2-237)
WATTS, Wm. C. 35 (SH2-213)
WAULMAN, Bertha 87 (SH2-30)
WAX, James H. 23 (SH2-13)
WAY?, G____ 37 (f) (B) (SH2-271)
WAYMAN, Walter __ (SH2-66)
WAYNE, Jno. 24 (SH1-268)
WBER, Levi 29 (SH2-180)
WEADLEY, Henry 59 (SH2-24)
WEAKS, Mary 65 (SH1-204)
WEAKS, Robert 40 (B) (SH1-329)
WEATHERALL, Mary 50 (SH1-332)
WEATHERFORD, Ceasar 36 (SH1-377)
WEATHERFORD, George K. 46 (SH2-19)
WEATHERFORD, Wm. G. 45 (SH1-377)
WEATHERLY, Bettie 18 (SH1-332)
WEATHERLY, Ella 15 (B) (SH1-138)
WEATHERSPOON, Pinckney 30 (B) (SH1-97)
WEAVER, Charles 9 (SH2-114)
WEAVER, Cherry 10 (f) (B) (SH2-341)
WEAVER, Eliza 3 (B) (SH1-329)
WEAVER, George 38? (B) (SH2-225)
WEAVER, Isham 30 (B) (SH1-293)
WEAVER, James 60 (B) (SH1-337)
WEAVER, Jane 50 (SH1-376)
WEAVER, John J. 39 (SH1-14)
WEAVER, Margaret 60 (B) (SH1-344)
WEAVER, R. H. 35 (m) (SH1-344)
WEAVER, Saml.? 17 (SH2-83)
WEAVER, Silas 39 (B) (SH1-330)
WEAVER?, Sarah 24 (SH1-105)
WEAVERS, Ada 7 (B) (SH1-121)
WEBB, A. W. 27 (m) (SH1-245)
WEBB, Alex 30 (B) (SH1-363)
WEBB, Allen 35 (B) (SH1-89)
WEBB, Annie 30 (B) (SH2-5)
WEBB, Antony 54 (B) (SH1-44)
WEBB, Augustus (Dr.) 51 (SH1-260)
WEBB, Benjamin 45 (B) (SH2-126)
WEBB, David 45 (B) (SH1-44)
WEBB, Dennis 52 (B) (SH1-314)
WEBB, Dizy 39 (f) (B) (SH1-95)
WEBB, Ellen 35 (B) (SH1-364)

1880 Census Shelby Co. TN: Heads-of-Household

WEBB, Ezibella 58 (B) (SH2-245)
WEBB, Felix 33 (B) (SH2-44)
WEBB, Geo. 32 (B) (SH2-187)
WEBB, George 21 (B) (SH1-103)
WEBB, George 28 (SH2-7)
WEBB, H. H. 61 (m) (SH1-447)
WEBB, Harvy 53 (SH1-235)
WEBB, Henry 28? (B) (SH2-224)
WEBB, Henry C. 30 (SH1-447)
WEBB, J. R. 24 (m) (SH1-35)
WEBB, JEssie 12 (f) (SH1-109)
WEBB, James 16 (SH2-8)
WEBB, James 45 (B) (SH1-422)
WEBB, James H. 35 (SH2-7)
WEBB, Jennie 36 (B) (SH2-70)
WEBB, Jessee 55 (m) (SH1-33)
WEBB, John 42 (SH1-374)
WEBB, Joseph 35 (B) (SH1-312)
WEBB, Luter 7 (m) (SH2-83)
WEBB, Mandy 36 (B) (SH1-310)
WEBB, Mary 25 (B) (SH2-257)
WEBB, Mary 43 (B) (SH2-287)
WEBB, Mary 50 (B) (SH2-96)
WEBB, Matilda __ (B) (SH2-130)
WEBB, Nancy 13 (SH1-54)
WEBB, Newton L. 41 (SH1-82)
WEBB, Robert 52 (B) (SH1-248)
WEBB, Robt. 31 (B) (SH2-118)
WEBB, S. L. 54 (m) (SH1-54)
WEBB, Sam 13 (B) (SH1-255)
WEBB, Sam 17 (B) (SH2-69)
WEBB, Sam 30 (B) (SH1-321)
WEBB, Sue E. 11 (B) (SH2-318)
WEBB, Violet 40 (B) (SH1-231)
WEBB, Winkfield 30 (SH1-452)
WEBB, Wm. 13 (SH1-473)
WEBB, Wm. 38 (B) (SH2-289)
WEBB?, Mandy 45 (B) (SH1-301)
WEBBER, Charles 36 (SH2-259)
WEBBER, Daniel 32 (SH2-100)
WEBBER, E. B. 45 (m) (SH1-264)
WEBBER, Ed 22 (SH2-107)
WEBBER, Edd 30 (m) (B) (SH1-225)
WEBBER, Elizabeth 33 (SH2-70)
WEBBER, Everett 22 (SH2-134)
WEBBER, Fred 52 (SH2-108)
WEBBER, Geo. 35 (B) (SH2-126)
WEBBER, George 21 (B) (SH1-382)
WEBBER, Jordon 48 (B) (SH1-188)
WEBBER, Joseph 23 (SH2-11)
WEBBER, Josua 25 (m) (B) (SH1-70)
WEBBER, Martha A. 56 (SH1-186)
WEBBER, O. L. 34 (m) (SH1-227)
WEBBER, Oscar 22 (B) (SH1-385)
WEBER, Antoline 32 (f) (SH2-51)
WEBER, Biddy 29 (f) (SH2-47)
WEBER, Rosa 23 (SH2-181)
WEBSTER, Adam 21 (B) (SH1-335)
WEBSTER, Cesar 35 (B) (SH2-268)
WEBSTER, Daniel 32 (SH2-225)
WEBSTER, Harrison 32 (B) (SH2-279)
WEBSTER, Mary 28 (B) (SH2-121)
WEBSTER, Sarah 30 (B) (SH2-283)
WEBSTER, Stepny 30 (m) (B) (SH1-459)
WEBSTER?, __ 24 (m) (B) (SH1-335)
WEDDINGTON, Jane 23 (B) (SH2-126)
WEDLOW, M. 50 (f) (B) (SH1-147)
WEEDEN, Alex 35? (B) (SH2-70)
WEEK, Henry 35 (SH2-72)
WEEKLEY, Henry 50 (B) (SH1-41)
WEEKLEY, J. R. 65 (m) (SH1-221)
WEEKS, James 38 (SH1-203)
WEHRUM, Martha 26 (SH2-154)
WEIAND?, Henry 24 (SH2-188)
WEIDLAND?, Emma 10 (SH2-242)
WEIKERT, Charles 26 (SH2-99)
WEIL, Caroline 60 (SH2-3)
WEILER, Carrie __ (SH2-168)
WEILL, George 15 (SH2-78)
WEIMER, Frederick 53 (SH2-312)
WEINERS, Jenny 18 (SH2-6)
WEIR, J. A. 23 (m) (SH1-399)
WEIR, S. G. K. Y. 56(f) (SH1-235)
WEIRISH?, Peter 5 (SH2-277)
WEIS, Bertha 21 (SH2-10)
WEISBURY?, C.? 30 (m) (B) (SH2-157)
WEISHAUPT, Henry 38 (SH2-101)
WEISIGER, Wm. B. 50 (SH2-263)
WEISS, George 34 (SH2-275)
WEISS, Lucy 43 (SH2-151)
WELCH, A. A. 28 (m) (SH2-140)
WELCH, Alexander 28 (B) (SH2-44)
WELCH, Ben 53 (B) (SH1-330)
WELCH, Delia 18 (SH2-41)
WELCH, Fannie 11 (B) (SH1-364)
WELCH, James 28 (SH2-101)
WELCH, John 39? (B) (SH1-198)
WELCH, John L. 48 (SH2-337)
WELCH, Margaret 24 (SH2-107)
WELCH, Margaret 38 (SH2-330)
WELCH, Mary 35 (SH2-101)
WELCH, Mary 35 (SH2-303)
WELCH, Patrick 40 (SH2-235)
WELCH, Roberta 15 (B) (SH1-254)
WELCH, Silla 23 (B) (SH1-198)
WELCH, Teresa 16 (SH2-36)
WELCH, Thomas 14 (SH2-46)
WELCH, __ 45 (f) (SH2-42)
WELCHER, John 27 (B) (SH1-6)
WELCK?, Frederick 20 (SH2-233)
WELDON, Frank 45 (B) (SH1-383)
WELL, George 39 (B) (SH1-220)
WELL, L. G. 34 (m) (SH1-393)
WELLE, John 32 (SH-299)
WELLES, David 25 (B) (SH2-242)
WELLES, Lucius 28 (SH1-374)
WELLFORD, J. L. 43 (m) (SH2-281)
WELLFORD, Thos. 38 (SH2-261)
WELLINGTON, Wm. 13 (B) (SH2-278)
WELLMAN, Maginnis 33 (SH1-411)
WELLMAN, Wolf 35 (SH1-321)
WELLS, Andrew 16 (B) (SH1-187)
WELLS, C. 24 (m) (SH1-232)
WELLS, Caroline 65 (B) (SH2-52)
WELLS, Caroline M. 62 (SH1-324)
WELLS, Carrel 25 (m) (B) (SH1-176)
WELLS, David 27 (B) (SH2-1)
WELLS, Ed 22 (B) (SH1-154)
WELLS, Eliza? 12 (B) (SH1-121)
WELLS, Elvira 35 (B) (SH2-205)
WELLS, Fannie _8 (B) (SH2-359)
WELLS, Frank A. 45 (SH2-62)
WELLS, Henry 24 (B) (SH1-455)
WELLS, Henry 35? (B) (SH2-178)
WELLS, J. W. 35 (m) (SH1-237)
WELLS, John 21 (SH1-407)
WELLS, John 29 (B) (SH1-33)
WELLS, Jossie 20 (f) (SH2-101)
WELLS, Julius 37 (SH2-351)
WELLS, Lena 29 (B) (SH2-53)
WELLS, Louis 9 (B) (SH1-317)
WELLS, Louis W. 33 (SH2-93)
WELLS, Margaret 50 (SH1-132)
WELLS, Martha J. 55 (SH1-180)
WELLS, Mary 35 (SH2-263)
WELLS, Mary 36? (SH2-122)
WELLS, Olivia 34 (SH2-56)
WELLS, S. A. 46 (m) (SH2-168)
WELLS, Sam 51? (B) (SH1-411)
WELLS, Theod. 15 (f) (SH2-152)
WELLS, Thomas 43 (SH2-45)
WELLS, Vandora 17 (m) (B) (SH1-126)
WELLS, Wesley 26 (B) (SH1-466)
WELLS, __ 60 (f) (SH2-236)
WELMAKER, Isabella 45 (B) (SH1-345)
WELSH, And. J. 22 (m) (SH2-287)
WELSH, Bridget 32 (SH1-368)
WELSH, Eliza 60 (SH2-231)
WELSH, James 46 (SH2-69)
WELSH, Pat 40 (m) (SH1-367)
WELSH, Thomas 25 (SH2-65)
WELSH, Wm. 12 (SH2-5)
WEMS, Augustus 28 (B) (SH2-203)
WEN, John W. 27 (B) (SH2-125)
WENDEL, E. J. 4 (f) (SH2-222)
WENDEL, Edward J. 31 (SH1-83)
WENDELL, John 29 (SH2-61)
WENDEROTH, Wm. 40 (SH2-30)
WENDFIELD, __ 26 (m) (B) (SH2-163)
WENDROTH, Henretta 19 (SH2-260)
WENNER, Joseph 45 (SH2-322)
WENTZ, August 43 (SH2-69)
WENZEL, Frank 34 (SH2-243)
WERNE, John 31 (SH2-322)
WERNER, Rosa (Mrs.) 45 (SH1-408)
WERNER, Wm. C. 61 (SH1-413)
WERTENBERG, Joseph 43? (SH2-275)
WERTS, David 40 (SH2-111)
WERTS, David 46 (SH2-113)
WESBY, Clark 18 (SH2-36)
WESBY, James _ (SH2-35)
WESE__, Wm. 37 (SH2-276)
WESHE, Wm. 37 (SH2-340)
WESLEY, Frank 20 (B) (SH1-207)
WESLEY, John 32 (B) (SH2-318)
WESLEY, John 35 (B) (SH2-454)
WESSON, Abner 55 (SH2-164)
WESSON, Alfred 40 (B) (SH1-311)
WESSON, Daniel 65 (B) (SH1-387)
WESSON, E. L. 35 (f) (SH1-146)
WESSON, Frank 23 (SH1-226)
WESSON, Frank 30 (B) (SH1-46)
WESSON, Georgiann 14 (B) (SH1-385)
WESSON, Isaac M. 53 (SH1-138)
WESSON, Jane 49 (SH2-164)
WESSON, Nannie 22 (SH2-283)
WESSON?, Cornelias 26 (B) (SH1-70)
WEST, A. 24 (f) (SH1-109)
WEST, Blanche 16 (f) (SH2-173)
WEST, Blanche 17 (SH2-175)
WEST, C. W. 40 (m) (B) (SH2-357)
WEST, Ch. 29 (f) (SH1-398)
WEST, Charley 24 (B) (SH2-203)
WEST, Eddie B. 19 (SH1-286)
WEST, Emma 5 (B) (SH2-97)
WEST, Eugene? 10 (B) (SH2-269)
WEST, Frank 27 (SH2-18)
WEST, G. W. 34 (m) (SH2-185)
WEST, H. H. 35 (m) (SH1-448)
WEST, H. __ (m) (B) (SH1-294)
WEST, Harriett 60 (B) (SH2-265)
WEST, Hattie 15? (B) (SH2-123)
WEST, Henry 50 (B) (SH1-264)
WEST, Isaac 26 (B) (SH2-303)
WEST, JAmes 28 (SH1-24)
WEST, JEsse 13 (m) (B) (SH1-294)
WEST, Jessie K. 22 (f) (SH2-24)
WEST, John 40 (B) (SH1-349)
WEST, John 48 (B) (SH1-181)
WEST, Jos. 1/12 (B) (SH2-156)
WEST, M. L. 53 (m) (SH1-32)
WEST, Martin 37 (B) (SH2-343)
WEST, Mattie 18 (f) (B) (SH2-191)
WEST, Molley 20 (SH1-214)
WEST, Mollie 29 (B) (SH2-64)
WEST, Nellie 41? (SH2-176)
WEST, Nelson 28 (B) (SH2-284)
WEST, P. D. 50 (m) (SH1-205)
WEST, Stephen D. 28 (B) (SH1-115)
WEST, Susan 68 (SH1-214)
WEST, T. E. 28 (m) (B) (SH2-254)
WEST, Wesley 35 (B) (SH1-349)

WEST, Wm. 27 (B) (SH2-216)
WEST, Wm. 35 (B) (SH1-149)
WEST, Wm. 40 (SH2-78)
WESTBROOK, Alsey 45 (f) (B) (SH1-469)
WESTBROOK, Fagan 61 (B) (SH1-222)
WESTBROOK, Gid 41 (B) (SH1-153)
WESTBROOK, Jane 35 (B) (SH1-149)
WESTBROOK, Joe 29 (B) (SH1-152)
WESTBROOK, N. P. 57 (m) (SH1-152)
WESTBROOK, Stephen 36 (B) (SH1-222)
WESTENDORF, Charles 25 (SH2-61)
WESTLY, John 45 (B) (SH1-400)
WESTON, Alex 50 (B) (SH2-187)
WESTON, Dave 27 (B) (SH2-357)
WESTON, George 40 (B) (SH2-45)
WESTON, Helen 8 (SH2-314)
WESTON, Mary A. 36 (B) (SH2-340)
WESTON, Mose 23 (B) (SH2-219)
WETHERS, Mat 23 (m) (B) (SH2-350)
WETTER, Henry 37 (SH2-211)
WETTER, Joe 37 (SH2-168)
WEVER, John 24 (B) (SH1-404)
WEXLER, Henrietta 27 (SH2-65)
WEYLER, Leopold 64 (SH2-115)
WHALEN, John 41 (SH2-122)
WHALEY, Sherman 65 (SH2-8)
WHALING, Andrew 30 (SH2-313)
WHALING, Horace 29? (SH1-378)
WHARTON, E. H. 56 (m) (SH1-421)
WHEAT, Hattie 26 (B) (SH2-187)
WHEATLEY, Albert 24 (B) (SH1-98)
WHEATLEY, Frank 32 (B) (SH2-34)
WHEATLEY, John 27 (B) (SH2-34)
WHEATLEY, Wm. A. 37 (SH2-215)
WHEATLY, Maria 14 (B) (SH1-360)
WHEATON, A. G. 61 (m) (SH2-249)
WHEATON, J. O. 36 (m) (SH2-111)
WHEATON, John 25 (B) (SH2-241)
WHEATON, Sarah 48 (SH2-273)
WHEEDON, Vincent 65 (B) (SH2-353)
WHEELER, Charles 33 (SH1-104)
WHEELER, Dwight 36 (SH2-68)
WHEELER, Eliza J. 22 (B) (SH1-18)
WHEELER, Jane 35 (B) (SH2-312)
WHEELER, Jane S. 38 (SH2-80)

WHEELER, Lula 20 (B) (SH2-83)
WHEELER, Lulu 19 (B) (SH2-84)
WHEELER, Nellie 35 (B) (SH1-15)
WHEELER, Pars 6 (f) (B) (SH1-127)
WHEELER, Presley 61 (B) (SH1-21)
WHEELER, R. 32 (m) (SH2-77)
WHEELER, Samuel J. 18 (SH2-80)
WHEELER, Sarah 68 (B) (SH2-220)
WHEELER, Ted 40 (B) (SH1-283)
WHEELER, W. W. 35 (m) (SH2-74)
WHEELER, Wm. 25 (B) (SH1-128)
WHEELESS, James 36 (SH2-101)
WHEERY?, Sam 27 (m) (SH1-64)
WHEETON, Rachael 45 (B) (SH2-324)
WHELAN, John 18 (SH2-5)
WHELAN, John 38 (SH1-90)
WHELAN, Lizzie 8 (SH2-13)
WHELAN, Mary 35 (SH1-354)
WHELAN, Wm. 15 (SH2-25)
WHELAN, Wm. 16 (SH2-18)
WHENNELL, George H. 33 (SH2-51)
WHERREY, Dave 60 (B) (SH1-64)
WHERRY, Harvy 22 (B) (SH1-185)
WHERRY, Henry 14 (B) (SH1-182)
WHERRY, Jacob 26 (B) (SH2-19)
WHERRY, Jake 25 (B) (SH1-185)
WHERRY, Lucy 60 (B) (SH1-182)
WHERRY, Richard 39 (B) (SH1-181)
WHERRY, Robert 46 (B) (SH1-181)
WHERRY, Thomas J. 62 (SH1-186)
WHERRY?, Dave 27 (B) (SH1-61)
WHIDFORD, A. S. 62 (m) (SH1-405)
WHIDFORD, Ed 18 (SH1-405)
WHILIS, Jane 50 (B) (SH1-64)
WHINCHESTER, Howard 60 (B) (SH1-114)
WHIPP_, J. 64 (m) (SH1-101)
WHIRFRUM?, Chas. 24 (B) (SH1-86)
WHISPER, Nathan 20 (B) (SH1-55)
WHIT, Emanuel 30 (B) (SH2-325)
WHITAKER, Benjamin F. 52 (SH1-26)
WHITAKER, Edward 24 (SH2-97)
WHITAKER, Joe C. 54 (SH1-5)
WHITAKER, Samuel 32 (SH1-30)
WHITAKER, Wm. 21 (B) (SH2-102)
WHITBY, David 33 (SH1-466)
WHITBY, Harry 29 (SH2-79)
WHITCOMB, Samuel 23 (SH2-55)
WHITE, A. J. 57 (m) (SH2-282)

WHITE, Aaron _9 (B) (SH1-330)
WHITE, Adam 25 (B) (SH2-38)
WHITE, Adolphus 28 (B) (SH2-118)
WHITE, Agnes 80 (B) (SH2-150)
WHITE, Albert 22 (B) (SH2-16)
WHITE, Allen 25 (B) (SH1-327)
WHITE, Allen 40 (B) (SH1-110)
WHITE, Allen? 50 (B) (SH1-329)
WHITE, Amanda 20 (B) (SH2-60)
WHITE, Amanda 40 (B) (SH2-86)
WHITE, Andrew 25 (B) (SH1-443)
WHITE, Andrew 30 (B) (SH2-350)
WHITE, Anne 54 (SH1-107)
WHITE, Beauregard 19 (B) (SH1-443)
WHITE, Bell 24 (B) (SH1-272)
WHITE, Bell 50 (m) (B) (SH1-443)
WHITE, Bennett 23 (B) (SH1-44)
WHITE, Bertie 27 (SH2-352)
WHITE, Betty 13 (SH1-215)
WHITE, Bill 28 (SH2-77)
WHITE, Bird 36 (SH2-251)
WHITE, Callie 30 (B) (SH1-172)
WHITE, Caroline 44 (SH2-306)
WHITE, Celestice 36 (f) (B) (SH2-154)
WHITE, Charles 40 (SH1-419)
WHITE, Charles 40 (B) (SH2-309)
WHITE, Charles 58 (B) (SH2-340)
WHITE, Charlie 40 (SH1-43)
WHITE, Charlie 8 (B) (SH1-385)
WHITE, Charlott 34 (SH2-238)
WHITE, Charlott 80 (SH1-40)
WHITE, Charlotte 60 (SH2-200)
WHITE, Clarasa 64 (B) (SH1-318)
WHITE, Clark C. 67 (SH1-460)
WHITE, D.? A. E. 54 (m) (SH2-132)
WHITE, Danial 33 (B) (SH2-125)
WHITE, Ed 19 (B) (SH2-229)
WHITE, Ed 24 (B) (SH2-195)
WHITE, Edmund 18 (B) (SH2-41)
WHITE, Eliza 32 (B) (SH1-318)
WHITE, Elizabeth 21 (B) (SH1-118)
WHITE, Elizabeth 39? (B) (SH2-277)
WHITE, Ella 2 (B) (SH1-168)
WHITE, F. W. 50 (m) (B) (SH2-242)
WHITE, Fannie 40 (B) (SH2-89)
WHITE, Fariby 61 (B) (SH1-327)
WHITE, Felney 56 (f) (B) (SH2-92)
WHITE, Frank? 27 (SH2-192)
WHITE, Geore 38 (B) (SH2-323)
WHITE, George 48 (B) (SH2-233)
WHITE, George 50 (SH2-64)
WHITE, George 62 (B) (SH1-354)
WHITE, George 64 (B) (SH1-362)
WHITE, George 78 (SH2-100)
WHITE, Gethroe? 40 (m) (B) (SH2-125)

WHITE, Hannah 50 (B) (SH2-338)
WHITE, Hariet 50 (B) (SH1-333)
WHITE, Harriet 46 (B) (SH2-252)
WHITE, Henry 33 (B) (SH1-42)
WHITE, Henry 35 (SH2-137)
WHITE, Henry 40 (B) (SH2-161)
WHITE, J. D. 29 (m) (SH2-223)
WHITE, Jackson 29 (B) (SH2-82)
WHITE, Jackson 30 (B) (SH2-232)
WHITE, Jacob 65 (B) (SH1-346)
WHITE, James 27 (B) (SH1-349)
WHITE, James 32 (SH1-99)
WHITE, Jane 47 (B) (SH2-229)
WHITE, Jennie 21 (B) (SH1-102)
WHITE, Jervy? 58 (m) (B) (SH2-129)
WHITE, Jessie 12 (m) (B) (SH1-433)
WHITE, Jno. 14 (SH1-240)
WHITE, Jo 35 (m) (B) (SH1-403)
WHITE, Joanna 12 (B) (SH1-433)
WHITE, John 24 (B) (SH2-25)
WHITE, John 28 (B) (SH1-403)
WHITE, John 40 (B) (SH2-45)
WHITE, John 43 (B) (SH2-155)
WHITE, John 60 (SH1-373)
WHITE, Joseph 57 (B) (SH1-469)
WHITE, Josiah S. 20 (SH2-104)
WHITE, Julius 22 (B) (SH1-438)
WHITE, Kate 26 (B) (SH2-219)
WHITE, Katie 24 (B) (SH1-350)
WHITE, Knabel 26 (m) (B) (SH1-94)
WHITE, Lazarus 40 (B) (SH1-353)
WHITE, Lettie 24 (SH2-288)
WHITE, Lizzie 24 (B) (SH2-51)
WHITE, Lotta 11 (SH2-310)
WHITE, Lucey 10 (B) (SH1-311)
WHITE, Lucy 30 (B) (SH1-144)
WHITE, Luella 12 (SH1-76)
WHITE, Lydia 28 (B) (SH2-228)
WHITE, M. 22 (m) (B) (SH2-311)
WHITE, MArtha 8 (B) (SH1-173)
WHITE, Madison 25 (SH1-207)
WHITE, Mariah 65 (B) (SH1-302)
WHITE, Martha 45 (B) (SH1-118)
WHITE, Mary (Mrs.) 46 (SH2-281)
WHITE, Mary 20 (SH1-282)
WHITE, Mary J. 35 (B) (SH2-287)
WHITE, Matilda 40 (B) (SH2-203)
WHITE, Nancy 80 (B) (SH1-403)
WHITE, Nannie 30 (B) (SH1-375)
WHITE, Nelson 38 (B) (SH2-343)
WHITE, Nettie 30 (SH2-24)
WHITE, Peter 26 (B) (SH1-454)
WHITE, Peter 30 (B) (SH2-280)
WHITE, Pricilla 52 (B) (SH2-185)
WHITE, Rebecca 24 (B) (SH1-52)
WHITE, Rebecca 48 (SH2-123)
WHITE, Reuben A. 25 (B) (SH2-215)
WHITE, Richard 60 (B) (SH1-435)

1880 Census Shelby Co. TN: Heads-of-Household

WHITE, Robert 18 (B) (SH2-273)
WHITE, Robert 40 (B) (SH2-240)
WHITE, Robert 46 (SH2-305)
WHITE, Robin 76 (B) (SH1-354)
WHITE, Ruford? 36 (m) (B) (SH2-336)
WHITE, Sallie 42 (B) (SH2-206)
WHITE, Sam 25 (B) (SH1-355)
WHITE, Sarah 35 (B) (SH2-58)
WHITE, Sebram 25 (m) (B) (SH1-326)
WHITE, Sinnie 26 (f) (B) (SH1-375)
WHITE, Sophia 17 (SH2-59)
WHITE, Sunny 21 (m) (B) (SH1-171)
WHITE, T. B.? 28 (m) (SH2-152)
WHITE, Talbot 35 (B) (SH2-204)
WHITE, Thomas 26 (B) (SH1-153)
WHITE, Thomas 30 (B) (SH2-179)
WHITE, Thomas 36 (B) (SH2-235)
WHITE, Thos. H. 22 (SH1-473)
WHITE, Tom 20? (B) (SH2-171)
WHITE, Tom 25 (SH2-285)
WHITE, Tony 45 (B) (SH1-118)
WHITE, Van 28 (B) (SH1-340)
WHITE, Wesley 27 (B) (SH1-435)
WHITE, Wiley 30? (B) (SH2-158)
WHITE, Wm. 25 (B) (SH1-79)
WHITE, Wm. 28 (B) (SH2-157)
WHITE, Wm. 44 (SH1-40)
WHITE, ___ 21? (f) (B) (SH2-153)
WHITE?, ___ 18 (m) (SH2-267)
WHITEHEAD, Agnes 65 (B) (SH2-217)
WHITEHEAD, C. C. 22 (m) (SH1-229)
WHITEHEAD, Calup 49 (m) (B) (SH2-150)
WHITEHEAD, Jo 35 (m) (SH1-206)
WHITEHEAD, Mary 31 (SH1-465)
WHITELAW, Addie 38 (SH2-202)
WHITESIDES, Frances 33 (B) (SH2-134)
WHITESIDES, Lucy 35 (B) (SH2-117)
WHITESIDES, Martin 24 (B) (SH1-51)
WHITESIDES, Mary 39 (B) (SH2-82)
WHITESIDES, Milly 35 (B) (SH2-82)
WHITESIDES, Sarah 48 (SH2-127)
WHITESIDES, ___ 25 (m) (B) (SH2-84)
WHITFIELD, Danl. 53 (B) (SH2-239)
WHITFIELD, Emma 62 (SH1-408)
WHITFIELD, Henry 33 (SH1-25)
WHITFIELD, Henry 7 (B) (SH2-33)

WHITFIELD, Horace 50 (B) (SH1-298)
WHITFIELD, Jim 40 (B) (SH1-210)
WHITFIELD, Milton 15 (B) (SH1-14)
WHITFIELD, Minerva 7/12 (B) (SH1-299)
WHITFIELD, Oliver 45 (B) (SH1-155)
WHITFIELD, Pierce 41 (B) (SH1-365)
WHITFORTH, Mary P. 3 (SH1-25)
WHITFORTH, Wm. T. 33 (SH1-25)
WHITING, Kitty 80 (B) (SH1-358)
WHITLEM?, Joseph 28 (SH2-254)
WHITLETT, Henry 33 (B) (SH1-57)
WHITLEY, D. J. 29 (m) (SH2-154)
WHITLEY, Dosie 45 (B) (SH1-165)
WHITLEY, Henry 45 (B) (SH1-422)
WHITLEY, J. 27 (m) (B) (SH1-239)
WHITLEY, Joseph 26 (B) (SH1-416)
WHITLEY, Mattie 16 (f) (SH2-222)
WHITLEY, Wm. 45 (B) (SH2-349)
WHITLOCK, Clayborn 32 (B) (SH1-17)
WHITLOW, Charles 50 (B) (SH1-182)
WHITLOW, D. 55 (f) (B) (SH1-183)
WHITLOW, Kate 21 (SH2-187)
WHITLOW, Lloyd W. 27 (SH2-104)
WHITLOW, Mitchell 23 (B) (SH2-219)
WHITLY, Horace 29 (B) (SH1-439)
WHITMAN, H. 46 (m) (B) (SH1-239)
WHITMAN, Mrs. 66 (SH2-290)
WHITMARSH?, J. H. S. 24 (m) (SH2-328)
WHITMORE, C. 50 (f) (B) (SH2-366)
WHITMORE, C.? 48 (m) (SH2-165)
WHITMORE, R. H. 29 (m) (SH2-289)
WHITMORE, Wm. 13 (SH2-183)
WHITNEY, Arthur J. 22 (SH2-67)
WHITNEY, David 29 (SH2-62)
WHITNEY, Ida 15 (SH2-51)
WHITNEY, Jos. 32 (B) (SH1-420)
WHITNEY, Joseph 52? (SH2-99)
WHITNEY, Minnie 22 (SH2-49)
WHITSEY, Rachel 44 (B) (SH1-86)
WHITSITT, Eliza 66 (SH2-24)

WHITTAKER, Clark 45 (B) (SH1-155)
WHITTAKER, Ed 48 (B) (SH1-440)
WHITTEMORE, Chas. 8 (B) (SH2-83)
WHITTEN, Milton 40 (B) (SH1-121)
WHITTIER, Flemming 55 (B) (SH2-301)
WHITTLETON, Dipper? 64 (m) (B) (SH2-132)
WHITTLETON, Rob 75 (B) (SH2-159)
WHITTONE, Julia 55 (B) (SH2-186)
WHIZAKER, Edith 30 (SH2-279)
WHUTSELL?, B. A. 21 (m) (SH2-147)
WH___, J. 21 (f) (B) (SH1-106)
WIBLE, Mary 10 (SH2-56)
WIBLE?, George 40 (SH2-172)
WICHAM, Albert S. 18 (SH1-130)
WICKAM, Mattie 20 (f) (SH1-140)
WICKERSHAM, B. 59 (m) (SH2-301)
WICKS, Geo. 35 (B) (SH1-398)
WICKS, Geo. 45 (B) (SH1-401)
WIDING, George 22 (SH2-6)
WIDRIG?, George 22 (SH2-41)
WIEBERS, John 23 (SH2-99)
WIENER, Anna 19 (SH1-89)
WIENER, Philip 45 (SH1-415)
WIERS, Albert 39 (B) (SH2-278)
WIFORD, James E. 30 (SH2-50)
WIGGIN, Morris 14 (SH2-281)
WIGGINS, Edd 35 (m) (B) (SH1-185)
WIGGINS, Sam 10 (B) (SH1-464)
WIGGINS, Sam 9 (B) (SH1-119)
WIGGINS, W. 29 (B) (SH1-106)
WIGGINS, Wiley 45 (B) (SH2-308)
WIGGINS, Winzel 30 (m) (B) (SH2-254)
WIGGINS, Wm. 50 (SH1-429)
WIGGS, J. A.? 42 (m) (SH2-288)
WIGGS, Laura 34 (SH2-164)
WIGHINGTON, Kate? 23 (B) (SH1-217)
WIGINS, Rose 30 (B) (SH1-59)
WIHART?, Ellen 55 (SH2-97)
WILBER, Amelia 59 (SH2-40)
WILBER, Henry 44 (SH2-247)
WILBERT, Harrison 12 (B) (SH1-56)
WILBORN, Andrew 30 (B) (SH2-108)
WILBORN, Benjamin 27 (B) (SH2-21)
WILBORN, Halifax 40 (B) (SH1-470)
WILBORN, Harrison 35 (B) (SH1-133)
WILBOURN, Emanuel 50 (B) (SH1-434)
WILBOURNE, George 8 (B) (SH1-428)
WILBUR, Lemuel 45 (SH1-415)

WILBUR, Rosa 20 (B) (SH2-20)
WILBURN, Felix 26 (B) (SH2-33)
WILBURN, George 40 (B) (SH1-307)
WILBURN, H. 42 (m) (B) (SH1-402)
WILBURN, Himes 28 (B) (SH2-357)
WILBURN, Jessee 64 (m) (B) (SH1-256)
WILBURN, Joseph 60 (B) (SH1-353)
WILBURN, Sanford 28 (B) (SH1-256)
WILBURN, T. H. 44 (SH2-360)
WILCOX, George 18 (B) (SH1-323)
WILCOX, Harry 56 (B) (SH1-322)
WILCOX, Louisa 42 (SH2-177)
WILCOX, Sarah 51 (SH2-66)
WILDBERGER, Caroline 46 (SH1-346)
WILDBERGER, John B. 30 (SH2-213)
WILDER, Dock 37 (SH1-8)
WILDER, M. A. 44 (f) (SH1-37)
WILDER, Sucky 45 (f) (SH1-4)
WILDER, Teler 20 (f) (B) (SH1-2)
WILDER, Thos. D. 48 (SH2-99)
WILEY, Amy 35 (B) (SH1-103)
WILEY, Chas. P. 51 (SH2-243)
WILEY, Hannah 17 (SH2-265)
WILEY, Jacob H. 23 (SH2-36)
WILEY, James 22 (B) (SH1-284)
WILEY, Nash 40 (B) (SH1-347)
WILEY, Sarah 65 (B) (SH2-8)
WILEY, Thomas 30 (B) (SH2-142)
WILEY, Zack 28 (B) (SH2-333)
WILEY?, James 38 (B) (SH1-327)
WILHENIGTON?, W. T. 24 (m) (SH1-40)
WILIE, Wilson 55 (B) (SH1-364)
WILISS?, Jno. 33 (B) (SH1-61)
WILKER, Anne 38 (SH1-375)
WILKERSON, Ada 36 (SH2-13)
WILKERSON, Dandy 38 (m) (B) (SH2-160)
WILKERSON, Dave 50 (B) (SH1-122)
WILKERSON, Fanny 25 (SH2-202)
WILKERSON, Frances 40 (B) (SH1-90)
WILKERSON, J. W. 45 (m) (SH2-111)
WILKERSON, Jacob 22 (B) (SH1-85)
WILKERSON, Jeff 35 (B) (SH1-186)
WILKERSON, Jennie 29 (SH2-311)
WILKERSON, John B. 10 (SH1-85)
WILKERSON, John F. 39 (SH2-108)
WILKERSON, Lewis 45 (SH1-84)
WILKERSON, M. ___ (m) (B) (SH1-297)

133

WILKERSON, Pearl? 8 (B) (SH2-43)
WILKERSON, Rena 16 (B) (SH1-413)
WILKERSON, T. V. 43 (m) (SH1-160)
WILKERSON, ____ 46? (m) (SH2-201)
WILKES, Joseph W. 42 (SH1-195)
WILKES, Nelson 50 (B) (SH2-313)
WILKES, W. D. 50 (m) (SH1-156)
WILKIN, Annie 22 (SH2-231)
WILKINS, Hyrum? 30 (B) (SH1-221)
WILKINS, J. S. jr. 29 (m) (SH2-91)
WILKINS, Jas. S. 58 (SH2-99)
WILKINS, Lizzie 27 (B) (SH1-235)
WILKINS, Lulu 19 (SH2-182)
WILKINS, Madison 23 (B) (SH1-178)
WILKINS, Margaret 22 (f) (B) (SH2-43)
WILKINS, Mattie 20 (f) (SH2-96)
WILKINS, Moses 53 (B) (SH2-125)
WILKINS, Nat 24 (B) (SH1-233)
WILKINS, Robert W. 35 (SH1-10)
WILKINS, Simon 22 (B) (SH1-417)
WILKINS, Thomas 27 (SH1-7)
WILKINS, Tom 21 (B) (SH1-412)
WILKINS, Tom 21 (B) (SH1-422)
WILKINS, Wm. G. 37 (SH1-417)
WILKINS, ____ 72 (f) (SH2-93)
WILKINSON, Harriet 50 (B) (SH2-215)
WILKINSON, Irene? 12 (SH2-69)
WILKS, John 30 (SH2-106)
WILLAND, Mattie 9 (f) (B) (SH1-444)
WILLARD, Ella 23 (B) (SH2-133)
WILLARD, James 25 (B) (SH2-195)
WILLARD, Nealy 11 (B) (SH1-83)
WILLBANKS, Ransom 51 (B) (SH1-306)
WILLBORN, Jno. 33 (B) (SH1-221)
WILLBORNE, Abner C. 52 (SH1-187)
WILLBOURN, Glenn 20 (B) (SH2-150)
WILLBURN, Wm. 27 (B) (SH1-109)
WILLETT, Miles E. 47 (SH2-87)
WILLEVE, B. F. 47 (m) (SH2-147)
WILLEY, J. W. 55 (m) (SH1-39)
WILLEY, M. B. 51 (m) (SH1-39)
WILLEY, Stephen 47 (SH1-427)
WILLFONG, Ben 38 (B) (SH2-285)
WILLIAM, A. 20 (m) (B) (SH1-403)
WILLIAM, Albert 40 (B) (SH2-159)
WILLIAM, Josia 27 (B) (SH2-115)
WILLIAM, Leze? 8 (f) (B) (SH1-390)
WILLIAM, Wm. 29 (B) (SH2-138)
WILLIAMOSN, Dan 30 (B) (SH1-468)
WILLIAMS, A. 50 (m) (B) (SH1-238)
WILLIAMS, Abram 50 (B) (SH1-440)
WILLIAMS, Ada 19 (B) (SH2-115)
WILLIAMS, Ada 40 (B) (SH1-224)
WILLIAMS, Adaline 40 (SH2-81)
WILLIAMS, Adam 33 (B) (SH1-343)
WILLIAMS, Albert 35 (B) (SH1-335)
WILLIAMS, Albert 43 (B) (SH1-128)
WILLIAMS, Albert 54 (B) (SH2-243)
WILLIAMS, Alex B. 21? (SH2-120)
WILLIAMS, Alfred 22 (B) (SH2-7)
WILLIAMS, Alfred 30 (B) (SH1-360)
WILLIAMS, Alfred 40 (B) (SH2-129)
WILLIAMS, Alice 14 (SH1-31)
WILLIAMS, Alice 18 (B) (SH1-412)
WILLIAMS, Alice 30 (SH2-48)
WILLIAMS, Allen 22 (B) (SH1-284)
WILLIAMS, Allen 70 (B) (SH2-125)
WILLIAMS, Amanda 24 (B) (SH2-281)
WILLIAMS, Amy 27 (B) (SH2-295)
WILLIAMS, Andrew 25 (B) (SH1-365)
WILLIAMS, Andrew 55 (B) (SH2-19)
WILLIAMS, Ann 20 (B) (SH1-329)
WILLIAMS, Ann 36? (SH1-375)
WILLIAMS, Ann 50 (B) (SH1-364)
WILLIAMS, Ann 60 (SH1-416)
WILLIAMS, Anna 24 (B) (SH1-263)
WILLIAMS, Antony 65 (B) (SH1-350)
WILLIAMS, Arch 22 (B) (SH1-136)
WILLIAMS, Augustus 39 (SH2-48)
WILLIAMS, Austin 23 (B) (SH2-245)
WILLIAMS, Austin 27 (B) (SH2-94)
WILLIAMS, Austin R. 54 (SH1-130)
WILLIAMS, Baby 1/12 (f) (B) (SH1-150)
WILLIAMS, Belle 26 (B) (SH1-333)
WILLIAMS, Ben 26 (B) (SH1-40)
WILLIAMS, Ben 28 (B) (SH1-411)
WILLIAMS, Ben 34 (B) (SH1-1)
WILLIAMS, Benj. 35 (B) (SH2-127)
WILLIAMS, Benja. 37 (m) (B) (SH2-186)
WILLIAMS, Bentha? 17 (f) (SH2-96)
WILLIAMS, Berry 48 (B) (SH1-183)
WILLIAMS, Betty 4_ (SH1-212)
WILLIAMS, Bill 23 (SH1-25)
WILLIAMS, Bill 45 (B) (SH2-300)
WILLIAMS, Bill 50 (B) (SH1-450)
WILLIAMS, Billy 52 (B) (SH1-339)
WILLIAMS, Bob 25 (B) (SH1-432)
WILLIAMS, Bob 80 (SH1-227)
WILLIAMS, C. 25 (m) (B) (SH1-37)
WILLIAMS, C. B. 69 (f) (SH1-71)
WILLIAMS, C. E. 44 (m) (SH1-219)
WILLIAMS, C.? 24 (m) (B) (SH2-332)
WILLIAMS, Cain 30 (B) (SH1-252)
WILLIAMS, Callie? 58 (B) (SH2-168)
WILLIAMS, Caroline 19 (B) (SH2-117)
WILLIAMS, Caroline 39 (B) (SH1-412)
WILLIAMS, Carroll 36 (m) (SH2-129)
WILLIAMS, Carroll 7 (f) (B) (SH2-353)
WILLIAMS, Carry 40 (f) (SH2-50)
WILLIAMS, Catey 27 (f) (SH1-450)
WILLIAMS, Catherine 45 (B) (SH2-242)
WILLIAMS, Celia 27 (B) (SH2-129)
WILLIAMS, Charity 33 (f) (B) (SH2-126)
WILLIAMS, Charles 23 (B) (SH2-219)
WILLIAMS, Charles 28 (B) (SH1-212)
WILLIAMS, Charles 28 (B) (SH2-164)
WILLIAMS, Charles 36 (B) (SH1-127)
WILLIAMS, Charles 45 (B) (SH2-11)
WILLIAMS, Charles H. 30 (SH1-84)
WILLIAMS, Charles? 45 (B) (SH1-5)
WILLIAMS, Charley 9 (B) (SH1-265)
WILLIAMS, Charlie 18 (B) (SH1-466)
WILLIAMS, Charls 25 (B) (SH1-40)
WILLIAMS, Charly 18 (B) (SH1-113)
WILLIAMS, Chas. 14 (B) (SH2-306)
WILLIAMS, Chas. 26 (B) (SH2-350)
WILLIAMS, Chas. 35 (B) (SH2-307)
WILLIAMS, Chass 25 (B) (SH1-439)
WILLIAMS, Christiana 23 (B) (SH2-115)
WILLIAMS, Cindy 20 (B) (SH1-332)
WILLIAMS, Clarissa 45 (B) (SH1-336)
WILLIAMS, Clementine 37 (SH2-219)
WILLIAMS, Coleman 50 (B) (SH1-330)
WILLIAMS, Conelia? 15 (f) (B) (SH2-103)
WILLIAMS, Cornelia 20 (B) (SH2-212)
WILLIAMS, Crawley 63 (B) (SH1-42)
WILLIAMS, Crown? 34 (m) (B) (SH2-118)
WILLIAMS, Dan 26 (B) (SH2-33)
WILLIAMS, Dan 32 (SH1-213)
WILLIAMS, Dan 35 (SH1-229)
WILLIAMS, Daniel 25 (B) (SH2-3)
WILLIAMS, Daniel 55 (B) (SH1-353)
WILLIAMS, David 50 (B) (SH1-287)
WILLIAMS, David 56 (B) (SH1-279)
WILLIAMS, David R. 53 (SH1-407)
WILLIAMS, Davy? 26 (B) (SH1-247)
WILLIAMS, Debby 75 (B) (SH1-440)
WILLIAMS, Delia 31 (B) (SH1-336)
WILLIAMS, Dora 19 (B) (SH2-73)
WILLIAMS, Dora 26 (B) (SH1-119)
WILLIAMS, E. A. 48 (f) (SH1-219)
WILLIAMS, Ed 24 (B) (SH1-279)
WILLIAMS, Ed 29 (B) (SH1-272)
WILLIAMS, Ed 63 (B) (SH1-359)
WILLIAMS, Edward 16 (SH1-13)
WILLIAMS, Edward 18 (B) (SH1-317)
WILLIAMS, Edward 35 (B) (SH2-236)
WILLIAMS, Edward 5 (B) (SH2-328)

1880 Census Shelby Co. TN: Heads-of-Household

WILLIAMS, Edward 7 (B) (SH1-152)
WILLIAMS, Elisa A. 24 (SH1-219)
WILLIAMS, Eliza 18 (B) (SH1-259)
WILLIAMS, Eliza 27 (B) (SH2-57)
WILLIAMS, Eliza 45 (B) (SH2-37)
WILLIAMS, Elizabeth 33 (B) (SH2-20)
WILLIAMS, Elizabeth 50 (SH1-420)
WILLIAMS, Ella 17 (B) (SH2-35)
WILLIAMS, Ellen 25 (B) (SH2-103)
WILLIAMS, Ellen 26 (B) (SH1-98)
WILLIAMS, Ellen 50 (B) (SH1-373)
WILLIAMS, Elvin 20 (m) (B) (SH1-411)
WILLIAMS, Emeline 26 (B) (SH2-310)
WILLIAMS, Emily 40? (B) (SH1-462)
WILLIAMS, Emma? 48 (B) (SH1-89)
WILLIAMS, Ephraim 26 (B) (SH1-191)
WILLIAMS, Eva 20 (SH1-31)
WILLIAMS, F. A. 23 (f) (B) (SH1-172)
WILLIAMS, Fannie 20 (B) (SH1-127)
WILLIAMS, Fannie 22 (B) (SH2-323)
WILLIAMS, Fannie 28 (B) (SH1-120)
WILLIAMS, Fannie 28 (B) (SH2-38)
WILLIAMS, Fannie 36 (SH1-436)
WILLIAMS, Fayett 30 (B) (SH1-42)
WILLIAMS, Fayette 50 (B) (SH1-256)
WILLIAMS, Fletcher 27 (B) (SH1-460)
WILLIAMS, Frances 79 (B) (SH1-6)
WILLIAMS, Frank 13 (SH2-59)
WILLIAMS, Frank 15 (B) (SH1-417)
WILLIAMS, Frank 18 (B) (SH1-49)
WILLIAMS, Frank 28 (B) (SH1-113)
WILLIAMS, Frank 30 (SH2-7)
WILLIAMS, Frank 65? (SH2-94)
WILLIAMS, Fred 42 (B) (SH1-353)
WILLIAMS, Gabe 25 (B) (SH2-294)
WILLIAMS, Gabe 35 (B) (SH1-340)
WILLIAMS, Gabriel 23 (B) (SH2-333)
WILLIAMS, Geo. 35 (B) (SH2-352)
WILLIAMS, Geo. H. 24 (B) (SH1-307)
WILLIAMS, Geo. L. 44 (m) (SH2-294)
WILLIAMS, George 22 (B) (SH1-200)
WILLIAMS, George 25 (B) (SH1-377)
WILLIAMS, George 28 (B) (SH1-359)
WILLIAMS, George 30 (B) (SH2-64)
WILLIAMS, George 33 (SH1-84)
WILLIAMS, George 35 (B) (SH1-278)
WILLIAMS, George 35 (B) (SH1-438)
WILLIAMS, George 35 (B) (SH2-3)
WILLIAMS, George 44 (B) (SH2-326)
WILLIAMS, George 47 (B) (SH1-339)
WILLIAMS, Georgeana 23 (B) (SH1-128)
WILLIAMS, Gilbert 42 (SH2-127)
WILLIAMS, Grand 44 (B) (SH1-78)
WILLIAMS, Granville 20 (B) (SH2-347)
WILLIAMS, Green 37 (SH2-120)
WILLIAMS, Green 56 (B) (SH2-347)
WILLIAMS, Gus 22 (B) (SH2-342)
WILLIAMS, Gus 35 (B) (SH2-65)
WILLIAMS, Gus 40 (B) (SH2-123)
WILLIAMS, Guss 50 (B) (SH1-260)
WILLIAMS, H. 50 (m) (B) (SH2-245)
WILLIAMS, Hardy 30 (B) (SH1-356)
WILLIAMS, Harriet 35 (B) (SH2-202)
WILLIAMS, Harry 45 (B) (SH1-10)
WILLIAMS, Harvey 45 (B) (SH2-40)
WILLIAMS, Hattie 35 (B) (SH2-116)
WILLIAMS, Henry 12 (B) (SH1-439)
WILLIAMS, Henry 21 (B) (SH1-156)
WILLIAMS, Henry 22 (B) (SH2-1)
WILLIAMS, Henry 22 (B) (SH2-123)
WILLIAMS, Henry 23 (B) (SH2-71)
WILLIAMS, Henry 27 (B) (SH1-122)
WILLIAMS, Henry 30 (B) (SH1-355)
WILLIAMS, Henry 30 (B) (SH2-200)
WILLIAMS, Henry 33 (B) (SH1-366)
WILLIAMS, Henry 35 (B) (SH1-385)
WILLIAMS, Henry 35 (B) (SH1-472)
WILLIAMS, Henry 39 (B) (SH2-16)
WILLIAMS, Henry 45 (B) (SH1-361)
WILLIAMS, Henry 55 (B) (SH1-104)
WILLIAMS, Henry 70 (B) (SH2-161)
WILLIAMS, Homer 27 (B) (SH1-273)
WILLIAMS, Howell 43 (SH2-133)
WILLIAMS, Hugh 26 (SH2-91)
WILLIAMS, Hy 24 (m) (B) (SH2-158)
WILLIAMS, Isaac 53 (SH2-309)
WILLIAMS, Isaac 56 (B) (SH1-218)
WILLIAMS, J. H. 6 (m) (B) (SH1-47)
WILLIAMS, J. T. __ (m) (SH1-263)
WILLIAMS, J. W. 28 (m) (B) (SH2-156)
WILLIAMS, JAmes R. 33 (SH1-179)
WILLIAMS, Jack 20 (B) (SH1-65)
WILLIAMS, Jack 30 (B) (SH1-65)
WILLIAMS, Jack 50 (SH2-123)
WILLIAMS, James 25 (B) (SH2-3)
WILLIAMS, James 26 (B) (SH2-19)
WILLIAMS, James 30 (B) (SH2-90)
WILLIAMS, James 56 (B) (SH2-178)
WILLIAMS, James 7 (B) (SH1-152)
WILLIAMS, James? 39 (B) (SH1-42)
WILLIAMS, Jane 12 (B) (SH1-367)
WILLIAMS, Jane 22 (B) (SH1-152)
WILLIAMS, Jane 40 (B) (SH1-265)
WILLIAMS, Jane 54 (B) (SH2-115)
WILLIAMS, Jane 58 (B) (SH1-49)
WILLIAMS, Jane 65 (B) (SH1-177)
WILLIAMS, Janet 64 (B) (SH1-371)
WILLIAMS, Janette 54 (f) (B) (SH1-378)
WILLIAMS, Jas. 30 (B) (SH2-132)
WILLIAMS, Jas. 30 (B) (SH2-132)
WILLIAMS, Jasper 27 (B) (SH2-152)
WILLIAMS, Jeff 26 (B) (SH2-61)
WILLIAMS, Jefferson 23 (B) (SH2-1)
WILLIAMS, Jennette 25 (f) (B) (SH2-34)
WILLIAMS, Jennie 26 (B) (SH2-183)
WILLIAMS, Jennie 6 (B) (SH1-167)
WILLIAMS, Jerry 15 (m) (B) (SH2-118)
WILLIAMS, Jerry 30 (m) (B) (SH1-69)
WILLIAMS, Jim 57 (B) (SH1-195)
WILLIAMS, Jno. 25 (B) (SH2-131)
WILLIAMS, Jno. 3/12 (B) (SH1-112)
WILLIAMS, Jno. 36 (SH1-246)
WILLIAMS, Jno. 39 (B) (SH1-363)
WILLIAMS, Jno.? K. 23 (SH2-81)
WILLIAMS, Jo 21 (m) (B) (SH1-86)
WILLIAMS, Joe 12 (B) (SH1-351)
WILLIAMS, Joe 19 (B) (SH2-161)
WILLIAMS, Joe 28 (B) (SH1-350)
WILLIAMS, Joe 34 (B) (SH1-428)
WILLIAMS, Joe 50 (B) (SH2-335)
WILLIAMS, John 12 (B) (SH1-79)
WILLIAMS, John 17 (B) (SH1-264)
WILLIAMS, John 23 (B) (SH1-454)
WILLIAMS, John 25 (B) (SH1-153)
WILLIAMS, John 25 (B) (SH1-432)
WILLIAMS, John 27 (B) (SH1-222)
WILLIAMS, John 30 (B) (SH1-105)
WILLIAMS, John 30 (B?) (SH2-332)
WILLIAMS, John 30 (B) (SH2-39)
WILLIAMS, John 35 (B) (SH2-203)
WILLIAMS, John 45 (B) (SH1-400)
WILLIAMS, John 46 (B) (SH1-231)
WILLIAMS, John 50 (B) (SH1-453)
WILLIAMS, John 71 (B) (SH1-88)
WILLIAMS, Jordan 21? (B) (SH2-180)
WILLIAMS, Jordon 38 (B) (SH1-385)
WILLIAMS, Joseph 18 (B) (SH1-427)
WILLIAMS, Joseph 26 (SH1-130)
WILLIAMS, Joseph 35 (B) (SH2-103)
WILLIAMS, Joseph 39 (B) (SH1-79)
WILLIAMS, Joseph 45 (B) (SH2-236)
WILLIAMS, Joseph 50 (SH2-76)
WILLIAMS, Joseph R. 59 (SH2-96)

1880 Census Shelby Co. TN: Heads-of-Household

WILLIAMS, Josh 50 (B) (SH1-377)
WILLIAMS, Joshua 26 (B) (SH1-410)
WILLIAMS, Katie 54 (B) (SH2-357)
WILLIAMS, L. 27 (m) (SH2-307)
WILLIAMS, L. G. 35 (m) (SH2-324)
WILLIAMS, Lee 43 (m) (B) (SH1-414)
WILLIAMS, Lena 10 (B) (SH2-189)
WILLIAMS, Lewis 23 (B) (SH1-281)
WILLIAMS, Lewis 24 (SH1-68)
WILLIAMS, Lewis 27 (B) (SH1-434)
WILLIAMS, Lewis P. 35 (B) (SH1-78)
WILLIAMS, Lilly 65 (B) (SH2-275)
WILLIAMS, Liz 28 (B) (SH2-193)
WILLIAMS, Lizzie 35 (B) (SH2-75)
WILLIAMS, Lizzie 38 (SH1-198)
WILLIAMS, Lizzie 48 (B) (SH2-49)
WILLIAMS, Lou 50 (f) (B) (SH1-352)
WILLIAMS, Louis 25 (B) (SH2-228)
WILLIAMS, Louis 25 (B) (SH2-362)
WILLIAMS, Louis 26 (B) (SH2-220)
WILLIAMS, Louis 29 (B) (SH2-31)
WILLIAMS, Louis 30 (B) (SH2-33)
WILLIAMS, Louis 50 (B) (SH2-15)
WILLIAMS, Louis E. 3 (B) (SH1-102)
WILLIAMS, Louis? 26 (B) (SH2-276)
WILLIAMS, Lucinda 40 (B) (SH2-290)
WILLIAMS, Lucy 17 (SH2-252)
WILLIAMS, Lucy 30 (B) (SH2-52)
WILLIAMS, Lucy 40 (B) (SH2-165)
WILLIAMS, Lucy 55 (B) (SH1-208)
WILLIAMS, Luizie? 50? (f) (B) (SH2-95)
WILLIAMS, Lulie 25 (B) (SH2-303)
WILLIAMS, Lus 25 (m) (B) (SH2-207)
WILLIAMS, M. 30 (f) (B) (SH1-248)
WILLIAMS, M. A. 42 (f) (SH1-263)
WILLIAMS, M. C. 30 (m) (B) (SH1-244)
WILLIAMS, M. C. 34 (f) (SH1-158)
WILLIAMS, MAggie 18 (SH1-40)
WILLIAMS, MAry 12 (B) (SH1-474)
WILLIAMS, Mack 50 (B) (SH1-317)
WILLIAMS, Madison 40 (B) (SH2-105)
WILLIAMS, Malinda 14 (B) (SH2-197)
WILLIAMS, Manervy 60 (B) (SH1-215)
WILLIAMS, Margaret 25 (B) (SH1-379)
WILLIAMS, Margaret 26 (B) (SH1-440)
WILLIAMS, Margt. 32 (B) (SH1-43)
WILLIAMS, Marion 25 (B) (SH2-11)
WILLIAMS, Marion 25 (m) (B) (SH2-34)
WILLIAMS, Marsh 24 (m) (B) (SH2-304)
WILLIAMS, Martha 30 (B) (SH2-164)
WILLIAMS, Martha 35 (B) (SH2-49)
WILLIAMS, Martha 70 (B) (SH2-33)
WILLIAMS, Martin 32 (SH2-69)
WILLIAMS, Mary 15 (B) (SH1-375)
WILLIAMS, Mary 22 (B) (SH2-109)
WILLIAMS, Mary 24 (B) (SH2-258)
WILLIAMS, Mary 27 (B) (SH2-1)
WILLIAMS, Mary 30 (B) (SH2-25)
WILLIAMS, Mary 35 (B) (SH2-29)
WILLIAMS, Mary 35 (B) (SH2-52)
WILLIAMS, Mary 40 (B) (SH2-144)
WILLIAMS, Mary 41 (SH1-334)
WILLIAMS, Mary 45 (B) (SH2-299)
WILLIAMS, Mary 48 (SH1-69)
WILLIAMS, Mary 50 (B) (SH2-187)
WILLIAMS, Mary 57 (SH1-377)
WILLIAMS, Mary 73 (SH1-200)
WILLIAMS, Mary A. 72 (SH1-229)
WILLIAMS, Mat 41 (m) (B) (SH2-336)
WILLIAMS, Mathe 22 (m) (B) (SH1-215)
WILLIAMS, Matilda 50 (B) (SH2-19)
WILLIAMS, Melissa 40 (B) (SH2-41)
WILLIAMS, Mich? 27 (m) (B) (SH2-276)
WILLIAMS, Michael 12 (SH1-424)
WILLIAMS, Mildred 64 (SH1-305)
WILLIAMS, Millie 63 (B) (SH1-259)
WILLIAMS, Minnie 22 (SH2-47)
WILLIAMS, Missouri? 3 (f) (B) (SH2-322)
WILLIAMS, Mollie 8 (B) (SH1-469)
WILLIAMS, Moses 40 (B) (SH2-159)
WILLIAMS, Moses 55 (B) (SH2-3)
WILLIAMS, Mount 28 (B) (SH1-416)
WILLIAMS, Munroe 34 (B) (SH1-302)
WILLIAMS, N. A. 50 (f) (B) (SH2-114)
WILLIAMS, Nat 56 (m) (B) (SH1-460)
WILLIAMS, Nathan 35 (B) (SH1-52)
WILLIAMS, Neal 32 (m) (B) (SH1-295)
WILLIAMS, Nelly 60 (B) (SH1-172)
WILLIAMS, Nicholas 37 (SH2-63)
WILLIAMS, Nici 35 (f) (B) (SH1-295)
WILLIAMS, Ocebla? 9 (m) (B) (SH1-309)
WILLIAMS, Oliver? 30 (B) (SH1-288)
WILLIAMS, Patsy 45 (SH1-219)
WILLIAMS, Peter 23 (B) (SH1-220)
WILLIAMS, Peter 38 (B) (SH1-311)
WILLIAMS, Peter 45 (B) (SH1-270)
WILLIAMS, Peter 50 (B) (SH1-294)
WILLIAMS, Peter 50 (B) (SH1-355)
WILLIAMS, Peter 58? (B) (SH2-89)
WILLIAMS, Peter M. 45 (SH1-219)
WILLIAMS, Peyton 30 (B) (SH2-208)
WILLIAMS, Phoebe? 45 (B) (SH2-128)
WILLIAMS, Pompey 40 (B) (SH1-305)
WILLIAMS, R. 48 (m) (B) (SH1-404)
WILLIAMS, R. 6 (m) (B) (SH1-147)
WILLIAMS, R. A. 35 (m) (SH1-401)
WILLIAMS, R. C. 31 (m) (SH1-218)
WILLIAMS, Ramon 38 (B) (SH1-210)
WILLIAMS, Randall 40 (B) (SH1-299)
WILLIAMS, Randle 30 (m) (B) (SH2-40)
WILLIAMS, Richard 26 (B) (SH2-338)
WILLIAMS, Richard 35 (B) (SH1-31)
WILLIAMS, Riley 44 (B) (SH1-86)
WILLIAMS, Riley 45 (B) (SH2-8)
WILLIAMS, Robert 18 (SH1-50)
WILLIAMS, Robert 28 (B) (SH2-231)
WILLIAMS, Robert 30 (B) (SH1-455)
WILLIAMS, Robert 32 (B) (SH2-346)
WILLIAMS, Robert 40 (B) (SH1-387)
WILLIAMS, Robert 40 (B) (SH1-427)
WILLIAMS, Robert 55 (B) (SH1-315)
WILLIAMS, Robert 70 (B) (SH1-316)
WILLIAMS, Robert 75 (SH1-227)
WILLIAMS, Robert T. 29 (SH1-7)
WILLIAMS, Robt. 24 (B) (SH2-140)
WILLIAMS, Robt. 30 (B) (SH1-144)
WILLIAMS, Rosa 22 (SH2-198)
WILLIAMS, Rose 60 (B) (SH2-226)
WILLIAMS, Rosette 9 (B) (SH2-273)
WILLIAMS, S. T. 25 (m) (SH1-242)
WILLIAMS, Sa 40 (B) (SH1-352)
WILLIAMS, Sally 26 (B) (SH1-131)
WILLIAMS, Sam 19 (B) (SH1-276)
WILLIAMS, Sam 40 (B) (SH2-108)
WILLIAMS, Saml. 33 (B) (SH1-12)
WILLIAMS, Saml. 47 (B) (SH1-25)
WILLIAMS, Samuel 8 (B) (SH2-348)
WILLIAMS, Sarah 17 (B) (SH1-166)
WILLIAMS, Sarah 40 (B) (SH2-38)
WILLIAMS, Sarah 7 (B) (SH1-127)
WILLIAMS, Scott 27 (B) (SH2-277)
WILLIAMS, Sidney 19 (m) (B) (SH1-149)
WILLIAMS, Silla 42 (f) (B) (SH2-292)
WILLIAMS, Silvia 25 (B) (SH1-377)
WILLIAMS, Sol 23 (B) (SH1-99)
WILLIAMS, Solomon 28 (B) (SH2-276)
WILLIAMS, Sophia 34 (B) (SH2-103)
WILLIAMS, Stephen 18 (SH1-464)
WILLIAMS, Stephen 25 (B) (SH1-215)
WILLIAMS, Sterling 20 (B) (SH1-258)

WILLIAMS, Susan 24 (B) (SH2-20)
WILLIAMS, Susan 30 (B) (SH1-245)
WILLIAMS, Susan 35 (B) (SH2-321)
WILLIAMS, Susan 39 (B) (SH1-313)
WILLIAMS, Sylvester 25 (B) (SH2-345)
WILLIAMS, Thomas 18 (B) (SH1-156)
WILLIAMS, Thomas 31 (B) (SH1-258)
WILLIAMS, Thomas 38 (B) (SH1-105)
WILLIAMS, Thos. 15 (SH1-36)
WILLIAMS, Thos. 18 (SH2-92)
WILLIAMS, Thos. 19 (B) (SH2-231)
WILLIAMS, Thos. 31 (SH1-238)
WILLIAMS, Thos. 67 (SH1-206)
WILLIAMS, Thos. H. 29 (SH1-79)
WILLIAMS, Thos. W. 15 (SH1-435)
WILLIAMS, Tobe 14 (B) (SH1-373)
WILLIAMS, Tobias 9 (SH1-424)
WILLIAMS, Tom 11 (B) (SH2-203)
WILLIAMS, Tom 21 (B) (SH1-285)
WILLIAMS, Tom 31 (B) (SH1-64)
WILLIAMS, Tony 7 (B) (SH1-345)
WILLIAMS, Turner 45 (B) (SH2-16)
WILLIAMS, Val 51 (m) (SH1-68)
WILLIAMS, Van 27 (B) (SH1-221)
WILLIAMS, Venia 6 (B) (SH1-265)
WILLIAMS, Vicey 27 (f) (SH1-300)
WILLIAMS, W. 9 (m) (B) (SH1-264)
WILLIAMS, W. A. 48 (m) (SH2-37)
WILLIAMS, W. H. 20 (m) (SH1-52)
WILLIAMS, Walter 14 (SH2-340)
WILLIAMS, Warren 43 (B) (SH2-334)
WILLIAMS, Warren? 28 (B) (SH1-40)
WILLIAMS, Wasdon? 20 (m) (B) (SH1-42)
WILLIAMS, Washby 37 (m) (B) (SH2-143)
WILLIAMS, Wesley 23 (B) (SH2-8)
WILLIAMS, Wesley 28 (B) (SH1-436)
WILLIAMS, Wiley 36 (SH1-71)
WILLIAMS, Willie? 10 (m) (B) (SH2-362)
WILLIAMS, Willis 40 (B) (SH2-1)

WILLIAMS, Willoughby 48 (B) (SH1-51)
WILLIAMS, Winston 37 (B) (SH2-31)
WILLIAMS, Wm. 14 (B) (SH1-461)
WILLIAMS, Wm. 15 (B) (SH1-86)
WILLIAMS, Wm. 24 (B) (SH1-470)
WILLIAMS, Wm. 27 (B) (SH2-27)
WILLIAMS, Wm. 30 (B) (SH1-117)
WILLIAMS, Wm. 30 (B) (SH1-86)
WILLIAMS, Wm. 31 (B) (SH1-192)
WILLIAMS, Wm. 31 (B) (SH2-18)
WILLIAMS, Wm. 35 (B) (SH1-347)
WILLIAMS, Wm. 38 (B) (SH2-221)
WILLIAMS, Wm. 3? (B) (SH1-462)
WILLIAMS, Wm. 4 (B) (SH1-345)
WILLIAMS, Wm. 40 (B) (SH1-363)
WILLIAMS, Wm. 55 (SH2-23)
WILLIAMS, Wm. A. 27 (SH1-7)
WILLIAMS, Wm. W. 39 (SH1-464)
WILLIAMS, Zack 29 (B) (SH1-87)
WILLIAMS, ____ 30 (m) (B) (SH2-305)
WILLIAMS?, Felix 37 (B) (SH2-158)
WILLIAMS?, John 45 (B) (SH1-394)
WILLIAMS?, Sod___ 18 (f) (B) (SH2-103)
WILLIAMS?, _____ (convict) (B) (SH1-355)
WILLIAMSON, Abe 27 (B) (SH1-122)
WILLIAMSON, Anderson 68 (B) (SH1-164)
WILLIAMSON, Arch 14 (B) (SH1-120)
WILLIAMSON, B. M. 51 (m) (SH2-111)
WILLIAMSON, Ben 35 (B) (SH2-40)
WILLIAMSON, Ben 71 (SH2-163)
WILLIAMSON, D. W. 60 (m) (B?) (SH1-425)
WILLIAMSON, David 36 (B) (SH2-278)
WILLIAMSON, Delia 45 (B) (SH2-24)
WILLIAMSON, Edwd. 31 (B) (SH2-331)
WILLIAMSON, Evie? 9 (f) (SH2-150)
WILLIAMSON, George 50 (B) (SH1-339)

WILLIAMSON, Green 58 (B) (SH1-443)
WILLIAMSON, H. 45 (f) (B) (SH2-193)
WILLIAMSON, Hettie 60 (B) (SH2-132)
WILLIAMSON, J. C. 30 (m) (SH1-260)
WILLIAMSON, Jacob 50 (B) (SH2-158)
WILLIAMSON, James 39 (B) (SH1-443)
WILLIAMSON, King 56 (B) (SH1-158)
WILLIAMSON, Kisia 48 (B) (SH2-116)
WILLIAMSON, Louisa 19 (B) (SH2-157)
WILLIAMSON, M. 80 (f) (B) (SH1-396)
WILLIAMSON, Macon 51 (SH2-88)
WILLIAMSON, Manuel? 40 (B) (SH1-91)
WILLIAMSON, Martha 37 (B) (SH1-24)
WILLIAMSON, Mary 11 (B) (SH2-119)
WILLIAMSON, Mary 32 (B) (SH2-228)
WILLIAMSON, Mollie 36 (B) (SH2-211)
WILLIAMSON, Peter 24 (B) (SH1-117)
WILLIAMSON, R. C. 43 (m) (SH2-217)
WILLIAMSON, R. W. 47 (m) (SH1-54)
WILLIAMSON, Randall 3 (B) (SH2-24)
WILLIAMSON, Rose 60 (B) (SH2-107)
WILLIAMSON, S.? D. 30 (m) (B) (SH2-159)
WILLIAMSON, Sarah 10 (B) (SH2-239)
WILLIAMSON, Susan 42 (SH1-441)
WILLIAMSON, Thos. 45 (B) (SH2-152)
WILLIAMSON, W. B. 30 (m) (SH1-148)
WILLIAMSON, W. B. 47 (m) (SH1-167)
WILLIFORD, B. F. 30 (m) (SH1-162)
WILLIFORD, F. L. 25 (m) (SH1-174)
WILLIFORD, H. C. 27 (m) (SH2-244)
WILLIFORD, H.? Judson 21 (SH1-142)
WILLIFORD, John 45 (B) (SH1-377)
WILLIFORD, R. 50 (f) (B) (SH1-147)
WILLIFORD, Robt. 65 (B) (SH1-152)
WILLIFORD, S. P. 30 (m) (SH1-152)

WILLIFORD, S. V. 15 (f) (SH1-152)
WILLIFORD, Stephen 51 (SH1-173)
WILLIFORD, Susan 52 (SH1-137)
WILLINGFORD, Lou 50 (f) (B) (SH2-321)
WILLINGTON, L. W. 46 (m) (SH2-112)
WILLINS, John T. 38 (SH2-215)
WILLIS, Adam 50 (B) (SH2-357)
WILLIS, Adelbart C. 35(m) (SH1-121)
WILLIS, Amos 33 (B) (SH1-74)
WILLIS, Amos 38 (SH2-70)
WILLIS, George 58 (B) (SH2-330)
WILLIS, Gideon 44 (SH1-470)
WILLIS, Horris 21 (Chinese) (SH2-69)
WILLIS, J. H. 25 (m) (B) (SH1-356)
WILLIS, J.? F. 26 (m) (SH1-449)
WILLIS, James 25 (SH2-23)
WILLIS, James 70 (SH1-434)
WILLIS, Jas. 30 (B) (SH2-306)
WILLIS, Jos. 71 (SH2-291)
WILLIS, Joseph D. 41 (SH2-12)
WILLIS, Malinda 19 (B) (SH2-320)
WILLIS, Robert F. 24 (SH1-427)
WILLIS, Robt. F. 39 (SH1-435)
WILLIS, Rose 21 (B) (SH1-213)
WILLIS, Sarah J. 55 (SH2-13)
WILLIS, Temperance A. 67 (SH1-463)
WILLIS, Thomas 35 (SH2-37)
WILLIS, Viola 20 (B) (SH2-130)
WILLIS?, Carrie 20 (SH2-47)
WILLMAN, Leonard 12 (SH1-424)
WILLOUGHBY, Wright H. 54 (SH1-81)
WILLS, Anna 50? (SH2-85)
WILLS, Chas. 62 (B) (SH1-70)
WILLS, Edain? 29 (m) (B) (SH1-193)
WILLS, George 29 (SH1-288)
WILLS, John 11 (SH2-174)
WILLS, Laura 26 (B) (SH1-70)
WILLS, Wm. 30 (B) (SH2-243)
WILLSON, ____ 54 (m) (B) (SH2-332)
WILSEY, Amanda 56 (SH2-71)
WILSON, A. C. 50 (m) (SH1-264)
WILSON, Alex 15 (B) (SH1-447)
WILSON, Alexander 25 (B) (SH2-56)
WILSON, Alexander 40 (B) (SH2-325)
WILSON, Alfred 56 (SH1-385)
WILSON, Alice 17 (B) (SH1-181)
WILSON, Andrew 35 (B) (SH1-412)
WILSON, Andrew R. 29 (SH1-79)
WILSON, Ann 27 (B) (SH2-186)
WILSON, Ann 48 (SH2-109)
WILSON, Anna 14 (B) (SH2-194)
WILSON, Annie 57 (SH2-247)
WILSON, Anthony 50 (B) (SH1-278)

WILSON, Benjamin 40 (B) (SH2-44)
WILSON, Bettie 28 (SH2-45)
WILSON, Blascoe 28 (m) (B) (SH1-299)
WILSON, Charity 32 (B) (SH2-14)
WILSON, Charles 28 (B) (SH2-138)
WILSON, Chas. 28 (B) (SH2-150)
WILSON, Cintha 14 (B) (SH1-117)
WILSON, Clara 40 (B) (SH2-39)
WILSON, Conie 23 (SH2-166)
WILSON, Copl? 40 (m) (B) (SH2-341)
WILSON, Dennis 25 (B) (SH1-59)
WILSON, E. D. 31 (m) (SH2-111)
WILSON, Ed 25 (B) (SH1-368)
WILSON, Edward W. 35 (B) (SH2-234)
WILSON, Elias 50 (B) (SH2-141)
WILSON, Eliza 42? (B) (SH2-211)
WILSON, Eliza 70 (B) (SH1-414)
WILSON, Ellen 20 (B) (SH2-166)
WILSON, Ellen 40 (SH1-373)
WILSON, Ellen 40 (B) (SH2-130)
WILSON, Emaline 48 (B) (SH1-298)
WILSON, Emma 13 (B) (SH1-448)
WILSON, Emma 23 (B) (SH1-310)
WILSON, Emmer 8 (f) (SH1-450)
WILSON, F. M. 26 (m) (SH2-293)
WILSON, F. M. 40 (m) (SH1-450)
WILSON, Fannie 18 (B) (SH2-43)
WILSON, Frank 15 (B) (SH2-239)
WILSON, Frank 23 (B) (SH2-252)
WILSON, Gardner 4 (SH2-193)
WILSON, Geo. 39 (B) (SH1-64)
WILSON, George 23 (B) (SH2-59)
WILSON, George 24 (B) (SH1-299)
WILSON, George 27 (B) (SH1-455)
WILSON, George 50 (SH1-82)
WILSON, Giles 30 (B) (SH2-120)
WILSON, Gus 42 (SH1-239)
WILSON, Hattie 1 (B) (SH2-33)
WILSON, Henery 28 (B) (SH1-84)
WILSON, Henrietta 45 (B) (SH1-436)
WILSON, Henry 21 (B) (SH1-278)
WILSON, Henry 33 (SH2-13)
WILSON, Henry 35 (B) (SH1-353)
WILSON, Henry 40 (SH2-178)
WILSON, Henry 55 (B) (SH2-319)
WILSON, Isabelle 48 (B) (SH2-277)
WILSON, J. J. 45 (m) (SH1-397)
WILSON, JAmes 27 (B) (SH1-116)
WILSON, JAmes T. 26 (SH1-24)
WILSON, Jack __ (B) (SH2-89)
WILSON, Jacob 38 (B) (SH1-35)
WILSON, James 27 (B) (SH2-136)
WILSON, James 39 (B) (SH2-109)
WILSON, James 45 (B) (SH1-34)
WILSON, James M. 45 (SH2-308)
WILSON, James S. 6 (B) (SH1-231)
WILSON, Jane 48 (B) (SH2-310)
WILSON, Jerry 38 (m) (B) (SH2-161)
WILSON, Jessee 40 (m) (B) (SH1-255)
WILSON, Jessee 41 (m) (B) (SH1-362)
WILSON, Jobe A. 45? (SH2-90)
WILSON, Joe 28 (B) (SH1-314)
WILSON, Joe 33 (B) (SH2-108)
WILSON, John 19 (SH1-23)
WILSON, John 30 (B) (SH2-160)
WILSON, John 30 (B) (SH2-33)
WILSON, John 34 (SH2-178)
WILSON, John 37 (SH2-271)
WILSON, John 55 (B) (SH2-109)
WILSON, John R. 46 (SH1-89)
WILSON, Jon 56 (SH1-24)
WILSON, Jos. 40 (SH2-190)
WILSON, Joseph 28 (B) (SH1-470)
WILSON, Joseph 35 (B) (SH1-448)
WILSON, Joseph P. 82? (SH1-221)
WILSON, Judy 20 (B) (SH1-245)
WILSON, Katie 17 (SH2-53)
WILSON, Katie 35 (SH2-154)
WILSON, L. S. 43 (f) (SH1-398)
WILSON, L.? 26 (f) (B) (SH2-273)
WILSON, Leonard 35 (B) (SH1-471)
WILSON, Letha 38 (B) (SH1-338)
WILSON, Lewis 22 (B) (SH1-442)
WILSON, Lewis 47 (B) (SH1-115)
WILSON, Lou 22 (f) (B) (SH1-373)
WILSON, Lou 25 (f) (B) (SH1-372)
WILSON, Louisa 35 (B) (SH2-27)
WILSON, Lydia 54 (SH1-203)
WILSON, M. E. 40 (f) (SH1-265)
WILSON, MArgarett 64 (SH1-108)
WILSON, MArtha 16 (SH2-13)
WILSON, MAttie 28 (f) (B) (SH2-157)
WILSON, Maggie 23 (B) (SH2-202)
WILSON, Manda 30 (B) (SH2-360)
WILSON, Marcus 21 (B) (SH2-44)
WILSON, Margaret 50 (SH1-232)
WILSON, Margaret __ (B) (SH2-54)
WILSON, Mariah 50 (B) (SH2-47)
WILSON, Martha 60 (B) (SH1-19)
WILSON, Mary 13 (B) (SH1-172)
WILSON, Mattie 14 (f) (B) (SH1-130)
WILSON, Mattie 21 (B) (SH1-288)
WILSON, Miles 59 (SH2-47)
WILSON, Nellie 28 (SH2-222)
WILSON, Odell 25 (B) (SH1-212)
WILSON, Oliver F. 22 (B) (SH1-115)
WILSON, Philips 66 (B) (SH1-343)
WILSON, Pres.? 28 (m) (B) (SH2-285)
WILSON, R. D. 47 (m) (B) (SH2-286)
WILSON, R. N. J. 52 (m) (SH1-286)
WILSON, Reuben 38 (B) (SH1-22)
WILSON, Reubin 33 (B) (SH1-327)
WILSON, Richard 25 (B) (SH2-56)
WILSON, Richardson 19 (B) (SH1-13)
WILSON, Richd. 30 (B) (SH2-286)
WILSON, Richmond 21 (B) (SH1-117)
WILSON, Richmond 30 (B) (SH1-327)
WILSON, Robert 68 (B) (SH1-188)
WILSON, Robert H. 35 (SH2-217)
WILSON, Robert R. 28 (SH2-6)
WILSON, Robt. 22 (B) (SH1-121)
WILSON, Robt. 26 (SH2-291)
WILSON, Robt. 53 (B) (SH1-123)
WILSON, Rosa 22 (B) (SH2-117)
WILSON, Rosa 35 (B) (SH2-128)
WILSON, Rosy 30? (B) (SH2-89)
WILSON, S. F. 20 (m) (B) (SH1-35)
WILSON, Sallie 42 (B) (SH2-346)
WILSON, Sam 12 (SH1-1)
WILSON, Sam 45 (f) (B) (SH2-273)
WILSON, Sarah 50 (B) (SH2-108)
WILSON, Scot 42 (SH2-199)
WILSON, Sidney 9 (m) (B) (SH2-344)
WILSON, Simon 37 (B) (SH1-294)
WILSON, Susan 24 (B) (SH2-152)
WILSON, Sylvanus 47 (B) (SH1-423)
WILSON, Sylvanus 47 (B) (SH1-423)
WILSON, Thomas 28 (SH2-18)
WILSON, Thos. W. 22 (SH2-94)
WILSON, Tilda 50 (B) (SH1-298)
WILSON, U. R. 25 (m) (SH1-233)
WILSON, W. 24 (m) (B) (SH1-450)
WILSON, W. M. sr. 58 (SH1-52)
WILSON, W. T. 23 (m) (SH1-263)
WILSON, Wash 37 (B) (SH1-453)
WILSON, Wash 40 (B) (SH2-286)
WILSON, Willie 14 (m) (B) (SH1-377)
WILSON, Willie 3 (m) (B) (SH1-366)
WILSON, Willis 22 (f) (B) (SH1-231)
WILSON, Wm. 14 (SH1-433)
WILSON, Wm. 27 (SH2-101)
WILSON, Wm. 35 (B) (SH1-31)
WILSON, Wm. 40 (SH1-103)
WILSON, Wm. 45 (SH2-318)
WILSON, Wm. 73 (SH1-449)
WILSON, Wm. E. 27 (SH1-21)
WILSON, ____ 4 (m) (B) (SH2-332)
WILSON?, Howard 22 (B) (SH1-309)
WILSY, Fannie 12 (B) (SH1-170)
WILTON?, Harry C. 37 (SH2-93)
WIL__, Dick 32 (B) (SH1-182)
WIMBY, Ely 10 (B) (SH2-82)
WIMLEY, Lucy 65 (B) (SH1-112)
WIN, Robert 40 (B) (SH1-454)
WIN?, Mary 40 (B) (SH1-456)
WINANS?, J. F. 36 (m) (SH2-289)
WINANS?, Louis J. 40 (SH2-63)
WINBERG, Axel 32 (m) (SH2-175)
WINBERRY, J. F. 29 (m) (SH1-50)
WINBERRY, L. E. 8 (f) (SH1-33)
WINBORN, MAnda 50 (B) (SH1-120)
WINBURN, Ancil A. 24 (m) (SH1-18)
WINBURN, Marion 30 (SH1-11)
WINBUSH, Mary 40 (B) (SH2-159)
WINCHESTER, Betsy 60 (B) (SH2-24)
WINCHESTER, Donald 11 (B) (SH1-299)
WINCHESTER, George 35 (SH1-382)
WINCHESTER, George 61 (SH2-89)
WINCHESTER, M. H. 56 (f) (SH1-401)
WINCHESTER, Thos. 29 (SH1-372)
WINCHESTER, W. 35 (m) (B) (SH1-258)
WINDFILL, Robert 7 (B) (SH1-389)
WINDLER, Henry 42 (SH1-413)
WINDLER, Jos. 41 (SH1-413)
WINDOM?, Thomas 27 (B) (SH1-255)
WINFIELD, Cora 10 (B) (SH2-320)
WINFORD, George W. 28 (SH1-257)
WINFORD, Mary 28 (SH1-429)
WINFORD, S. 42 (m) (B) (SH1-243)
WINFREE, Samuel 40 (SH2-234)
WINFREY, Jim 59 (B) (SH1-210)
WINFRID, S. 63 (f) (SH2-138)
WINGATE, Henry 33 (B) (SH1-275)
WINGATE, Henry A. 24 (SH2-91)
WINKELMAN, Henry 56 (SH2-18)
WINKFIELD, Lewis 56 (B) (SH1-288)
WINKLEMAN, Henry 19 (SH2-49)
WINKLER, Charles 55 (SH1-95)
WINN, Angelina 30 (B) (SH2-317)

WINN, Dick 13 (B) (SH2-34)
WINN, Edward 21 (SH2-206)
WINN, Ellen 18 (B) (SH1-6)
WINN, George 34 (B) (SH2-115)
WINN, James 40 (B) (SH2-68)
WINN, Lizzie 8 (B) (SH2-318)
WINN, Mary 14 (SH2-316)
WINN, Mary 43 (SH1-104)
WINN, Russell 35 (B) (SH2-206)
WINNBUSH, Lee 18 (m) (B) (SH2-277)
WINNER, Levana 49 (SH2-254)
WINNER, Margaret 25 (B) (SH2-236)
WINSOR, Ann 55 (B) (SH1-184)
WINSTON, Albert 27 (B) (SH1-27)
WINSTON, Anderson 60 (B) (SH1-173)
WINSTON, C. 45 (m) (B) (SH1-151)
WINSTON, Charles 34 (SH2-36)
WINSTON, Cornelia 37 (B) (SH2-117)
WINSTON, Delia 25 (B) (SH2-284)
WINSTON, Ed 24 (B) (SH1-205)
WINSTON, Edwin R. 45 (SH1-129)
WINSTON, Fannie 34 (B) (SH2-71)
WINSTON, Fed 33 (B) (SH1-251)
WINSTON, Felix 29 (B) (SH1-446)
WINSTON, George 40 (B) (SH2-89)
WINSTON, Hannah 70 (B) (SH1-433)
WINSTON, J. 64 (m) (SH2-257)
WINSTON, James 14 (B) (SH1-27)
WINSTON, Jas. 25 (B) (SH1-463)
WINSTON, John 27 (B) (SH2-25)
WINSTON, Joseph 54 (B) (SH1-151)
WINSTON, M. 52 (m) (B) (SH1-145)
WINSTON, Manuel? 29 (B) (SH1-9)
WINSTON, Martha 75? (B) (SH2-226)
WINSTON, May 5 (SH1-471)
WINSTON, Minor 27 (B) (SH1-9)
WINSTON, Osker S. 37 (SH1-130)
WINSTON, Peter 35 (B) (SH1-147)
WINSTON, Robt. 23 (SH1-464)
WINSTON, W. B. 43 (m) (SH1-130)
WINSTON, Whit 35 (B) (SH2-320)
WINTER, Ruth 18 (B) (SH2-133)
WINTERCOST, Geo. 40 (SH1-412)
WINTERS, Ed 40 (SH2-106)
WINTERS, Elizabeth? 17 (SH2-8)
WINTERS, Kate 43 (SH2-166)
WINTERS, Mary 18 (SH2-13)
WINTERS, Mary 4 (SH2-14)
WINTERS, Mary W. 30 (SH1-413)
WINTERS, Patr. 48 (m) (SH2-241)
WINTERS, Robert 26 (SH2-90)
WIN__, Thos. 25 (SH2-94)
WISCHE, A. 32 (m) (SH1-390)
WISDOM, Mary 19 (B) (SH2-82)
WISE, Julius 28 (SH2-101)
WISE, Thomas 24 (B) (SH2-15)
WISE, Thos. 36 (B) (SH2-321)
WISELEN, Herman 3 (SH2-329)
WISEMAN, J. J. 37 (m) (SH1-214)
WISEMAN, Jno. P. 39 (SH1-261)
WISEMAN, Jordan 18 (B) (SH1-295)
WISEMAN, Lucy 30 (B) (SH2-354)
WISEMAN, M. 61? (SH1-200)
WISEMAN, Mary 24 (SH2-13)
WISEMAN, Mattie 27 (f) (B) (SH2-1)
WISEMAN, Venia 3 (B) (SH1-295)
WISHART, George 36 (SH2-211)
WISMER?, Mary 14 (SH1-109)
WISS, Andrew 29 (B) (SH2-231)
WISSINGER, Luther 40 (SH2-288)
WISSMILLER, Chas. 11 (SH2-342)
WISTHOLF, F. E. 27 (m) (SH2-45)
WITESMAN, C. E. 34 (m) (SH2-356)
WITFORD, Sidney 37 (m) (SH2-272)
WITHERS, Sallie J. 74 (SH1-438)
WITHERSPOON, Patsy 55 (B) (SH1-380)
WITHINGTON, Daniel M. 55 (SH1-23)
WITLIP?, Williss 27 (B) (SH1-64)
WITSON, Bud 14 (B) (SH2-143)
WITT, Edward 24 (SH2-352)
WITTENBERG, Martin 48 (SH2-258)
WITTER, George 37 (SH2-99)
WITTS, Mary 30 (B) (SH2-266)
WITZMAN, E. 35 (m) (SH2-72)
WODRIDGE, P. 60 (f) (B) (SH2-164)
WOERNE, Magdalene 52 (SH1-96)
WOHBRECHT, R. 30 (f) (SH1-404)
WOLDRIDGE, Oscar 40 (SH2-68)
WOLF, Charles B. 22 (SH1-82)
WOLF, Elizabeth 34 (SH2-30)
WOLF, Frederick 45 (SH2-50)
WOLF, Gus 15 (SH2-219)
WOLF, Ike J. 28 (SH2-54)
WOLF, Isadore 25 (m) (SH2-172)
WOLF, James 35 (SH1-141)
WOLF, John F. 26 (SH1-84)
WOLF, Joseph 52 (SH1-253)
WOLF, Mary 57? (SH2-256)
WOLF, Mary F. 45 (SH2-63)
WOLF, Michael 45 (SH2-86)
WOLF, Mrs. 65 (SH2-357)
WOLF, Wm. 7 (SH2-272)
WOLFE, Emanuel? 41 (SH2-54)
WOLFE, Tobias 72 (SH2-66)
WOLFENDEN, Robert 28 (SH2-216)
WOLFF, Angelina 47 (SH2-326)
WOLFF, Samuel 30 (SH2-3)
WOLFIELD, Charles 20 (B) (SH1-419)
WOLTENS?, Wm. J. 38 (SH2-332)
WOLTER, ___ 40 (f) (B) (SH2-273)
WOMACK, Benn 28 (B) (SH2-136)
WOMAKER?, ___ 27 (m) (SH2-51)
WOMAN, Unknown 30? (f) (B) (SH1-367)
WOMMELSDORF?, Fred 47 (SH2-290)
WONIGAR?, John W. 36 (SH1-407)
WONOEGER?, Aaron 65 (SH1-332)
WOOD, Albert 57 (SH1-430)
WOOD, Carrie 42 (B) (SH2-108)
WOOD, Ch. 50 (f) (B) (SH1-400)
WOOD, Charles 38 (SH2-78)
WOOD, Dan 17 (B) (SH1-283)
WOOD, Edna 25 (B) (SH2-226)
WOOD, Flora 23 (SH2-164)
WOOD, Fred 45 (B) (SH1-431)
WOOD, Geo. 30? (B) (SH2-298)
WOOD, Green 40 (B) (SH1-159)
WOOD, Guss 40 (B) (SH2-140)
WOOD, Isabella 40 (B) (SH2-33)
WOOD, J. J. 53 (m) (SH1-147)
WOOD, J. M. 50 (m) (SH2-308)
WOOD, James 40 (B) (SH2-43)
WOOD, Jasper 34 (SH1-447)
WOOD, Julia 14 (SH1-169)
WOOD, Julia 21 (B) (SH2-80)
WOOD, Kate? 45 (SH2-81)
WOOD, Katherine 63 (B) (SH2-38)
WOOD, Matilda 40 (B) (SH2-247)
WOOD, P. C. 40 (m) (SH2-342)
WOOD, P. W. 32 (m) (SH1-312)
WOOD, Sarah 20 (B) (SH2-183)
WOOD, Sarah 28 (SH2-87)
WOOD, T. 38 (m) (SH2-141)
WOOD, Wm. 10 (B) (SH2-108)
WOOD, Wm. 25 (B) (SH2-231)
WOOD, Wm. H. 66 (SH2-80)
WOODARD, Levi 27 (B) (SH2-194)
WOODARD, MArgrett 40 (B) (SH1-12)
WOODARD, ___ 78? (f) (SH1-246)
WOODEN, Frank 25 (B) (SH2-260)
WOODFORD, Josephine 30 (SH1-375)
WOODFORD, Mary 40 (SH2-198)
WOODFORD, Roundtree? 7 (m) (B) (SH2-115)
WOODFORK, Jennie 16 (B) (SH1-367)
WOODFORK, Melvina 38 (B) (SH1-366)
WOODFORRD, Elise 49 (B) (SH2-269)
WOODHAL, Julia 42 (B) (SH2-187)
WOODLOCK, Henry P. 45 (SH2-211)
WOODRUFF, Amos 60 (SH2-271)
WOODRUFF, Chas. 23 (B) (SH2-195)
WOODRUFF, D. C. 40? (B) (SH2-224)
WOODRUFF, E. 50 (f) (SH1-393)
WOODRUFF, Joseph 18 (B) (SH2-21)
WOODRUFF, Minnie 19 (SH2-47)
WOODRUFF, Rilla 21 (B) (SH2-192)
WOODRUFF, Willie 40 (m) (B) (SH2-235)
WOODS, Adella 5 (B) (SH1-52)
WOODS, Agnes 25 (B) (SH2-95)
WOODS, Annie 40 (SH2-336)
WOODS, Candess 40 (B) (SH2-237)
WOODS, Charles 2 (SH2-137)
WOODS, Charles 23 (B) (SH2-19)
WOODS, Clarance 16 (B) (SH2-98)
WOODS, Clinton 41 (B) (SH2-215)
WOODS, Cole 38 (B) (SH2-159)
WOODS, Doyles? 58 (m) (B) (SH1-41)
WOODS, Emanuel 17 (B) (SH1-163)
WOODS, Fannie 10 (B) (SH2-318)
WOODS, Fanny 53 (B) (SH2-333)
WOODS, Frank 20 (B) (SH1-352)
WOODS, George 40 (B) (SH2-334)
WOODS, George 50 (B) (SH2-243)
WOODS, Green 70 (B) (SH1-319)
WOODS, H. 13 (f) (B) (SH1-395)
WOODS, HEnderson 30 (B) (SH2-150)
WOODS, Hambleton 28 (SH1-135)
WOODS, Hanna 54 (B) (SH1-179)
WOODS, Henry 26 (B) (SH2-16)
WOODS, Henry 26 (B) (SH2-3)
WOODS, Henry 35 (B) (SH1-36)
WOODS, Henry 40 (B) (SH2-290)
WOODS, Jack 34 (SH2-79)
WOODS, James 35 (B) (SH1-353)
WOODS, Janie? 14 (B) (SH2-131)
WOODS, Jerry 20 (m) (B) (SH1-65)
WOODS, Jerry 54 (SH1-420)
WOODS, Joe 12 (B) (SH2-41)
WOODS, John 33 (B) (SH1-37)
WOODS, John 34 (SH2-62)
WOODS, John 38 (SH2-70)
WOODS, John 60 (SH2-320)
WOODS, Jos. 21 (SH2-348)
WOODS, Jospeh 5 (B) (SH2-34)
WOODS, Lewis 30 (B) (SH2-315)
WOODS, MAggie 19 (SH2-45)

1880 Census Shelby Co. TN: Heads-of-Household

WOODS, Margaret 23 (B) (SH2-181)
WOODS, Maria 45 (B) (SH2-131)
WOODS, Martha 35 (B) (SH1-111)
WOODS, Mary 25 (B) (SH2-76)
WOODS, Mary 65 (B) (SH2-41)
WOODS, Milly 50 (B) (SH1-438)
WOODS, Parthenia 50 (B) (SH2-199)
WOODS, Paul 21 (B) (SH1-162)
WOODS, Penny 56 (B) (SH2-339)
WOODS, Peter 35 (B) (SH1-378)
WOODS, Redmon 53 (SH1-176)
WOODS, Richard 25 (B) (SH2-159)
WOODS, Richard 40 (B) (SH2-159)
WOODS, Robert 28 (B) (SH2-235)
WOODS, Samuel 50 (B) (SH2-4)
WOODS, Susan 20 (SH2-353)
WOODS, Thomas 32? (B) (SH2-335)
WOODS, Tim 40 (SH2-245)
WOODS, W. M. 25 (m) (SH1-354)
WOODS, Willis 23 (B) (SH2-338)
WOODS, Winston 45 (B) (SH1-289)
WOODS, Wm. 45 (B) (SH1-170)
WOODS, Wm. 55 (B) (SH1-424)
WOODS, Wm. E. 11 (B) (SH2-311)
WOODS, _____ 56 (m) (B) (SH2-161)
WOODSON, C. E. 21 (m) (SH1-144)
WOODSON, Charles 25 (B) (SH1-74)
WOODSON, Eliza 30 (B) (SH2-150)
WOODSON, Emerly 59 (f) (SH1-207)
WOODSON, Emett 62 (B) (SH2-38)
WOODSON, Emmet 35 (SH2-221)
WOODSON, Frank 51 (B) (SH2-203)
WOODSON, Mary E. 34 (SH1-192)
WOODSON, R. P. 25 (m) (SH2-281)
WOODSON, Sam 56 (B) (SH1-333)
WOODSON, Wm. 28 (B) (SH1-27)
WOODSON, Wm. 50 (B) (SH2-351)
WOODWARD, Emmet 48 (SH2-91)
WOODWARD, John E. 58 (B) (SH1-97)
WOODWARD, Julia J. 45 (SH2-52)
WOODWARD, Wm. 20 (SH2-52)
WOODY, Eliza 18 (B) (SH2-192)
WOOLARD, John 35 (B) (SH1-383)
WOOLDRICH, Israel 50 (B) (SH2-311)

WOOLDRIDGE, Alexander 30 (B) (SH2-18)
WOOLDRIDGE, Allen 23 (B) (SH1-366)
WOOLDRIDGE, Henry 39 (SH1-374)
WOOLDRIDGE, Martha L. 37? (SH2-271)
WOOLFORK, Jennie 18 (B) (SH1-381)
WOOLLEY, Franklin 22 (SH2-180)
WOOLRIDGE, Edmond 42 (B) (SH2-364)
WOOLS?, Henry 48 (SH1-192)
WOOLSEY, George 40 (B) (SH1-248)
WOOLY, Joseph 4 (B) (SH2-313)
WOOTEN, James 62? (SH1-193)
WOOTEN, Lawrence 23 (SH2-231)
WOOTEN, Robert 22 (B) (SH1-12)
WOOTEN, Thomas 22 (SH2-61)
WOOTEN, _____ 32 (m) (B) (SH1-107)
WOOTHEAD, Thos. 60 (B) (SH2-185)
WORD, Edw. H. 60 (SH2-83)
WORD, George 39 (B) (SH1-25)
WORD, John 48 (B) (SH2-324)
WORD, Julia 28 (B) (SH2-97)
WORD, Martha 50 (B) (SH2-127)
WORD, Rose 70 (B) (SH1-67)
WORD, Sophia 72 (B) (SH2-327)
WORDEN, Dan 47 (SH2-191)
WORDS, Ed 50 (B) (SH2-315)
WORDSON, Emma 16 (B) (SH2-321)
WORKERS?, Calvin 28 (SH2-124)
WORKHOVEN, Henry 46 (SH2-261)
WORKMAN, Saml. 54 (SH2-258)
WORKS, A. W. 27 (m) (B) (SH1-329)
WORKS, Arthur 27 (B) (SH1-340)
WORKS, George 54 (B) (SH1-341)
WORKS, James 56 (B) (SH1-341)
WORKS, M. 29 (f) (B) (SH1-395)
WORMAN, Fred 28 (B) (SH2-185)
WORMAN, Jos. 70 (SH2-183)
WORMELY, Rhoda 50 (B) (SH2-197)
WORMLEY, Eliza 20? (B) (SH2-56)
WORMLEY, Priscilla 50 (B) (SH2-35)
WORMLEY, Robert 57 (SH1-468)
WORNDRAN?, Henry 26 (SH2-37)
WORNE, Birdie 14 (f) (SH2-44)
WORNER, W. A. 40 (m) (SH1-413)
WORSHAM, James 53 (B) (SH1-456)
WORSHAM, W. M. 34 (m) (SH1-426)
WORT, Green 43 (B) (SH1-355)
WORT, Louis 7 (SH2-201)

WORT?, Darkus 60 (f) (B) (SH1-312)
WORTHAM, A. M.? 30 (m) (SH2-262)
WORTHAM, Ann 28 (B) (SH2-89)
WORTHAM, Burrell 49 (B) (SH1-119)
WORTHAM, Emmeline 40 (B) (SH1-443)
WORTHAM, J. 36 (m) (B) (SH1-82)
WORTHERMER?, M. 26 (m) (SH2-91)
WOTEN, Rasmus 27 (B) (SH1-283)
WRAY, Chas. 31 (B) (SH2-115)
WRAY, JAck 35? (B) (SH2-132)
WRAY, Jack 35 (B) (SH2-132)
WRAY, James Rich 59 (SH2-270)
WREN, Ella 16 (B) (SH2-195)
WRIGH, Kernel 7 (B) (SH1-75)
WRIGHT, A. J. 35 (m) (SH1-235)
WRIGHT, Amanda 22 (B) (SH1-255)
WRIGHT, Anderson 35 (B) (SH2-246)
WRIGHT, Andrew 35 (B) (SH1-346)
WRIGHT, Anna 35 (SH2-315)
WRIGHT, Anne 21 (B) (SH2-358)
WRIGHT, Archabald 65 (SH2-356)
WRIGHT, Augustus 26 (SH2-162)
WRIGHT, Benj. B. 20 (B) (SH2-132)
WRIGHT, Benjamin 21 (B) (SH2-19)
WRIGHT, C. C. 47 (m) (SH1-330)
WRIGHT, Caesar 23 (B) (SH1-301)
WRIGHT, Chas. 27 (SH1-411)
WRIGHT, Chas. W. 23 (SH2-199)
WRIGHT, Chas. W. 23 (SH2-199)
WRIGHT, Clarissa 30 (B) (SH1-414)
WRIGHT, Claude? 40 (f?) (SH1-302)
WRIGHT, Cora 25 (B) (SH1-419)
WRIGHT, Daniel 46 (B) (SH2-141)
WRIGHT, Dennis 59 (B) (SH1-231)
WRIGHT, Dock 51 (B) (SH1-80)
WRIGHT, E. 18 (m) (B) (SH2-185)
WRIGHT, Ellen 30 (B) (SH2-213)
WRIGHT, Eugenie 23 (f) (B) (SH2-127)
WRIGHT, F. 45 (m) (SH1-280)
WRIGHT, Fred E. 11 (B) (SH2-107)
WRIGHT, Geo. 35 (B) (SH1-67)
WRIGHT, George 13 (B) (SH2-335)
WRIGHT, George 30 (B) (SH1-10)
WRIGHT, George 38 (B) (SH1-341)
WRIGHT, Giles 21 (B) (SH1-376)
WRIGHT, Green 33 (B) (SH1-341)

WRIGHT, Harison 40 (B) (SH1-347)
WRIGHT, Henry 21 (B) (SH1-141)
WRIGHT, Henry 23 (B) (SH1-338)
WRIGHT, Henry 40 (B) (SH1-309)
WRIGHT, Henry 44 (B) (SH2-174)
WRIGHT, Henry 9 (B) (SH1-434)
WRIGHT, Hilry 54 (m) (B) (SH1-432)
WRIGHT, Ike 35 (B) (SH1-69)
WRIGHT, Isaac 60 (B) (SH2-43)
WRIGHT, J. J. 50 (m) (SH1-205)
WRIGHT, JAck 36 (SH1-64)
WRIGHT, JEannette 40 (B) (SH2-285)
WRIGHT, Jacob 45 (B) (SH2-175)
WRIGHT, James 25 (B) (SH2-304)
WRIGHT, James 38 (B) (SH2-211)
WRIGHT, Jane 42 (B) (SH1-235)
WRIGHT, Jeff 40 (B) (SH2-220)
WRIGHT, Jennie 35 (SH2-11)
WRIGHT, Jerry 20 (m) (SH1-341)
WRIGHT, Jerry M. 34 (m) (SH1-228)
WRIGHT, John 28 (B) (SH1-277)
WRIGHT, John 44 (B) (SH1-208)
WRIGHT, John 50 (SH2-112)
WRIGHT, John 8 (B) (SH2-355)
WRIGHT, Joseph 24 (SH2-107)
WRIGHT, Joshua 3/12 (B) (SH1-128)
WRIGHT, Latitia 25 (B) (SH2-358)
WRIGHT, Lena 25 (SH1-111)
WRIGHT, Letitia T. 80 (SH1-421)
WRIGHT, Lettie 82 (B) (SH2-332)
WRIGHT, Lewis 32 (B) (SH1-56)
WRIGHT, Lithefor 54 (m) (B) (SH1-431)
WRIGHT, Lizzie 26 (SH2-310)
WRIGHT, Louis 19 (B) (SH1-405)
WRIGHT, M> E. 29 (f) (SH2-105)
WRIGHT, Martha 70 (B) (SH1-116)
WRIGHT, Mary 50 (B) (SH2-311)
WRIGHT, Mary 75 (B) (SH1-305)
WRIGHT, Mat 30 (m) (B) (SH1-438)
WRIGHT, Mattie 38 (f) (B) (SH1-376)
WRIGHT, Missouri 26 (f) (B) (SH2-200)
WRIGHT, Mollie 22 (SH2-103)
WRIGHT, Morriss 50 (B) (SH1-68)
WRIGHT, Moses 43 (B) (SH1-344)
WRIGHT, Moses 80 (B) (SH1-293)
WRIGHT, Nancy 16 (B) (SH1-158)
WRIGHT, Nancy 45 (SH2-31)
WRIGHT, Nelson 30 (B) (SH2-173)

WRIGHT, P. J. 33 (m) (SH2-243)
WRIGHT, Palina 72 (B) (SH2-355)
WRIGHT, Peggie 40 (B) (SH2-151)
WRIGHT, Phillip 50 (B) (SH1-231)
WRIGHT, R. 36 (m) (B) (SH1-401)
WRIGHT, R. H. 37 (m) (SH1-228)
WRIGHT, Rachael 50 (B) (SH1-153)
WRIGHT, Rhody 63 (B) (SH2-213)
WRIGHT, S. W. 40 (m) (B) (SH1-403)
WRIGHT, Salena 45 (B) (SH2-158)
WRIGHT, Sallie 30 (B) (SH1-57)
WRIGHT, Sally 30 (B) (SH1-80)
WRIGHT, Saml. 50 (B) (SH1-14)
WRIGHT, Samuel 22 (SH2-54)
WRIGHT, Samuel 23 (SH2-89)
WRIGHT, Samuel 5 (B) (SH2-57)
WRIGHT, Samuella 17 (SH1-254)
WRIGHT, Tennessee 22 (f) (B) (SH1-161)
WRIGHT, Thomas 65 (SH2-238)
WRIGHT, Thos. 29 (B) (SH2-156)
WRIGHT, Thos. 35 (B) (SH2-321)
WRIGHT, Tillie? 16 (f) (SH2-81)
WRIGHT, W. B. 54 (m) (SH1-144)
WRIGHT, Walker 22 (B) (SH1-211)
WRIGHT, Wesley 20 (B) (SH1-357)
WRIGHT, Willis 30 (B) (SH1-305)
WRIGHT, Wm. 20 (B) (SH1-126)
WRIGHT, Wm. S. 34 (SH2-218)
WRIGHT, Wm. S. 64 (SH2-205)
WRIGHT, ____ _ (SH1-287)
WRIGHT, _____ 15 (f) (B) (SH2-198)
WRIGHT, henry 12 (B) (SH1-296)
WRIGHT?, E. L. 64 (f) (SH1-395)
WRILL, Aaron 40 (SH2-5)
WUNDER?, Wm. 19 (SH2-94)
WUPPERMAN?, Catherine 56 (SH2-62)
WWASHINGTON, Kitty 51 (B) (SH2-203)
WYATT, Ethal 6/12 (m) (SH1-1)
WYATT, F. M. 28 (m) (SH1-245)
WYATT, George 49 (B) (SH1-136)
WYATT, J. Blair 47 (m) (SH1-22)
WYATT, Led 12 (B) (SH1-277)
WYATT, Modesti 19 (f) (B) (SH1-368)
WYATT, Peter 45 (B) (SH1-276)
WYATT, T. L. 41 (m) (SH1-296)
WYATTE, Edward 52 (B) (SH2-187)
WYCKOFF, Joseph 32 (SH2-96)
WYLAY?, H. S. 47 (m) (SH2-298)
WYLES, Polk 34 (SH1-204)
WYLIE, Cam C. 34 (m) (SH1-223)
WYLIE, Catie 65 (f) (SH1-189)

WYLIE, Chas. 20 (B) (SH1-165)
WYLIE, Elmore 32 (SH1-189)
WYLIE, F. Perry jr. 38 (SH1-189)
WYLIE, George W. 31 (SH1-188)
WYLIE, Harvie 26 (SH1-175)
WYLIE, Henry 14 (B) (SH1-164)
WYLIE, JAmes L. 35 (SH1-189)
WYLIE, Jno. B. 25 (SH1-188)
WYLIE, Joseph C. 31 (SH1-189)
WYLIE, Mary 52 (SH1-189)
WYLIE, Mary E. 43 (SH1-179)
WYLIE, Thomas 26 (SH1-185)
WYMAN, Annie 23 (SH2-199)
WYMAN, Eliza 65 (SH2-335)
WYMEE?, John 7 (B) (SH1-32)
WYMER?, Adiline 50 (B) (SH1-32)
WYMER?, Marthy 40 (f) (SH1-71)
WYNIHAN, Joseph 30 (SH2-25)
WYNN, Belle 30 (B) (SH1-241)
WYNN, Bridget 14 (SH1-109)
WYNN, Ellen 38? (B) (SH2-95)
WYNN, J. B. L. 61 (m) (SH2-89)
WYNN, Winston 24 (B) (SH2-20)
WYNN, Wm. 48 (B) (SH1-56)
WYNNE, Ephram 90 (B) (SH1-31)
WYNNE, G. R. 49 (m) (SH1-58)
WYNNE, L.? L. 50 (m) (SH1-65)
WYNNE, S. W. 52 (m) (SH1-35)
WYNNE, Sam 30 (m) (B) (SH1-72)
WYNNE, Samuel? 55 (B) (SH1-36)
WYNNE, Sarah 50 (SH2-271)
WYNNE, Westly 50 (B) (SH1-35)
WYNNE?, L. E. 27 (m) (SH1-59)
W___D, Jennie 65 (B) (SH1-34)
YALKER?, ____ 23 (m) (B) (SH2-273)
YANCEY, Bettey 43 (SH2-176)
YANCEY, Henry 64 (B) (SH1-464)
YANCEY, Jno. 31 (B) (SH1-243)
YANCEY, Mack 30 (B) (SH1-163)
YANCEY, Malinda 55 (SH1-243)
YANCEY, Noah 21 (B) (SH1-230)
YANCEY, S. G.? 38 (m) (SH1-389)
YANCY, C. 24 (m) (SH2-262)
YANCY, Charles 26 (B) (SH1-183)
YANCY, J. C. 39 (m) (SH1-52)
YANCY, Mc. 26 (m) (SH1-185)
YANCY, Patsy 50 (B) (SH2-267)
YANCY, Thomas 65 (SH1-184)
YANCY, Willie 7 (m) (B) (SH2-197)
YANCY, Wm. 22 (B) (SH2-311)
YANG, Wm. 23 (SH1-60)
YANKON, M. L. 40 (m) (SH2-140)
YARBEE, Gilbert 19 (B) (SH1-457)
YARBORER, Wm. 22 (B) (SH1-456)
YARBOROUGH, Thos. 42 (SH2-149)

YARBROUGH, S. A. 24 (m) (SH1-47)
YARBROUGH, W. _. 22 (m) (SH1-224)
YARBROUGH, Willy 72 (B) (SH1-52)
YARBROUGH, Wm. H. 29 (SH1-80)
YAT, Paul 40 (SH2-90)
YATES, Ben F. 30 (SH1-204)
YATES, Ch. 50 (m) (B) (SH1-394)
YATES, Edmond A. 43 (SH1-178)
YATES, George 30 (SH1-152)
YATES, James J. 33? (B) (SH2-322)
YATES, Merideth 45 (f) (SH2-65)
YATES, P. C. 42 (m) (SH1-205)
YATES, T. W. 33 (m) (SH1-206)
YATES, Willie 18 (m) (B) (SH2-299)
YATES, Wm. H. 39 (SH1-212)
YATMAN, Wm. 37 (SH2-270)
YATS?, Henry 60 (B) (SH1-453)
YDON, Pat 50 (m) (SH2-113)
YEARBY, Cle____i 28 (f) (B) (SH2-97)
YEARLING, Rosa 28 (SH2-75)
YEATMAN, Henry T. 32 (SH2-89)
YENKERS, Hany C. 20 (SH2-81)
YERBY, Ada 21 (SH1-405)
YERBY, Calvin 48 (B) (SH2-342)
YERGER, Edward Ave.? 28 (SH2-280)
YERGER, Mary J. 42 (SH1-102)
YERGER, Minie 20 (SH1-154)
YERGER, Walter 25 (B) (SH2-224)
YIRGER, Tempie 38 (SH2-114)
YNCE, Michael 30 (SH2-25)
YOREBI?, Fredrick 45 (SH2-139)
YORGER?, _____ 58 (m) (SH2-265)
YORK, Annie M. 50 (SH2-134)
YORK, Clements 15 (m) (B) (SH1-62)
YORK, Frankie? 34 (f) (B) (SH1-25)
YORK, J. R. 28 (m) (SH1-51)
YORK, James 57 (SH1-40)
YORK, Jos. 68 (SH2-184)
YORK, Kaziah 66 (B) (SH1-25)
YORK, Susan 50 (B) (SH1-346)
YORK, W. P. 57 (m) (SH1-51)
YOSE?, Mary 23 (SH1-447)
YOUNG, A. 19 (m) (SH1-245)
YOUNG, A. P. 42 (m) (SH1-287)
YOUNG, Alfred 62 (SH1-25)
YOUNG, Allen 30 (B) (SH1-305)
YOUNG, Amos 44 (B) (SH1-278)
YOUNG, Andrew 66 (B) (SH2-358)
YOUNG, Armstrong 36? (B) (SH2-280)
YOUNG, Babe 15 (f) (B) (SH1-111)
YOUNG, Berry 22 (B) (SH1-467)
YOUNG, Bl__ W. C. 24 (m) (SH1-293)
YOUNG, C. A. 40 (m) (SH1-60)

YOUNG, Caesar 40? (B) (SH2-317)
YOUNG, Casey 52 (SH2-70)
YOUNG, Charlie 22 (B) (SH2-134)
YOUNG, Clesia 40 (B) (SH1-109)
YOUNG, Edward 42 (B) (SH2-89)
YOUNG, Edwin 30 (B) (SH2-305)
YOUNG, Elizabeth 48 (B) (SH1-31)
YOUNG, Ella 23 (B) (SH2-82)
YOUNG, Esther 25 (B) (SH2-346)
YOUNG, Fannie 18 (SH1-146)
YOUNG, Frank 22 (B) (SH2-42)
YOUNG, Frank 34 (SH2-7)
YOUNG, George 30 (B) (SH1-337)
YOUNG, H. 48? (m) (SH1-297)
YOUNG, Horace 32 (SH2-326)
YOUNG, J.? P. 33? (m) (SH1-358)
YOUNG, JAcob 72 (SH1-440)
YOUNG, Jane 8 (SH2-273)
YOUNG, Jas.? W. 28 (SH1-470)
YOUNG, Jno. 25 (B) (SH1-146)
YOUNG, Joe 43 (B) (SH1-357)
YOUNG, Joe 65 (B) (SH2-109)
YOUNG, John 24 (B) (SH2-220)
YOUNG, John 29 (B) (SH2-354)
YOUNG, John 32 (B) (SH2-317)
YOUNG, John 38 (SH1-343)
YOUNG, John 39 (B) (SH1-21)
YOUNG, Josephine 9 (B) (SH1-298)
YOUNG, Laura 45 (B) (SH2-186)
YOUNG, Leroy 17 (SH1-13)
YOUNG, Lewis 35 (B) (SH1-454)
YOUNG, Lilly 30 (B) (SH1-298)
YOUNG, Lora 36 (SH1-6)
YOUNG, Maggie 27 (SH2-173)
YOUNG, Malinda 78 (B) (SH2-341)
YOUNG, Martha 17 (B) (SH2-20)
YOUNG, Martha 25 (SH2-23)
YOUNG, Mary 30 (B) (SH1-436)
YOUNG, Mary 48? (B) (SH1-246)
YOUNG, Matilda 6 (B) (SH1-124)
YOUNG, Matilda 70 (B) (SH2-296)
YOUNG, Minnie 42 (B) (SH2-311)
YOUNG, Monroe 45 (B) (SH1-349)
YOUNG, Nelson 32 (B) (SH1-432)
YOUNG, Peter 11 (B) (SH2-117)
YOUNG, Philip 31 (B) (SH2-207)
YOUNG, Polly 39 (B) (SH2-297)
YOUNG, Rebecca 60 (B) (SH1-372)
YOUNG, Richard 50 (B) (SH1-364)
YOUNG, Richard C. 29 (SH1-100)
YOUNG, S. S. 66 (f) (SH2-68)
YOUNG, S. __ (m) (B) (SH1-390)
YOUNG, Sam 37 (B) (SH2-156)
YOUNG, Sam H. 40 (SH2-85)
YOUNG, Samuel 15 (B) (SH1-303)
YOUNG, Samuel 36 (B) (SH1-120)
YOUNG, Sarah 19 (B) (SH2-351)
YOUNG, Tony 32 (m) (B) (SH1-28)
YOUNG, W. L. 30 (m) (SH2-137)

YOUNG, Wesley 35 (B) (SH1-120)
YOUNG, Westley W. 56 (B) (SH2-209)
YOUNG, Wm. 55 (SH2-83)
YOUNG, _____ 41(Chinese) (SH2-177)
YOUNGE, James 46 (SH1-108)
YOURY?, J. M. 38 (m) (B) (SH1-402)
YOUST, John 35 (SH2-73)
YUBY, Wesly 24 (B) (SH1-190)
YUNTZ, Reuben 24 (B) (SH2-28)
ZACKRE, NAnie 24 (B) (SH1-86)
ZACKREY, Iserel 23 (m) (B) (SH1-458)
ZANANI, Mary 41 (SH2-103)
ZANINI, Louis 46 (SH2-5)
ZANONI, Auguste 45 (m) (SH2-289)
ZANONI, F. B. 18 (m) (SH2-283)
ZEARMAN, Charles 45 (SH2-75)
ZEDAKER, Martha 52 (SH2-12)
ZELLER, Julius 36 (SH2-134)
ZELLNER, David 32 (SH2-97)
ZELLNER, Jno. W. 36 (SH1-178)
ZELLNER, Joe 26 (SH2-71)
ZENT, John 51 (SH2-37)
ZIEGLER, George P. 57 (SH2-50)
ZIEGLER, Max 22 (SH2-6)
ZIM, Jack 17 (SH1-251)
ZIMMER, Carrie 19 (SH1-409)
ZIMMERMAN, Casper 30 (SH2-66)
ZIMMERMAN, M. 7 (f) (SH2-252)
ZIMMERMAN, Otto 39 (SH2-102)
ZINERMAN, Charles 46 (SH2-113)
ZIP, Loong 24(Chinese) (SH2-120)
ZONE, Samuel 38 (SH2-66)
ZOTT, Henry 24 (SH1-339)
ZUCKER, Simeon 41 (SH2-92)
_AKE, T. J. 26 (m) (SH1-225)
_ALLANBRAN, Eliz. 42? (SH2-99)
_ANCEZ?, Elizabeth 31 (SH2-30)
_ANDFORD, Lenn? 22 (m) (B) (SH2-344)
_ETTIS, B. F. 27 (m) (SH2-308)
_EYFORTH, Louis A. 27 (SH2-96)
_OBIN, Joseph 1 (B) (SH2-123)
_RAYER, Frank 30 (SH2-99)
_ULUM, Ben 22 (B) (SH1-176)
_YES, Frank S. 33 (SH2-36)
__CKEL, Louis 34 (SH2-42)
__D, Thomas 34 (B) (SH2-280)
__EILLY, Thomas 14 (SH2-313)
__ELE, Reiley 47 (B) (SH2-274)
__ERSHAW, E. 46 (m) (SH2-114)
__HLE, Louis 25 (SH2-269)
__IGHT, Wilson 45 (B) (SH2-347)
__NSBURY, Ellen 40 (B) (SH2-312)
__SON, Louisa 48 (B) (SH2-341)
__TON, Philliss 80 (f) (B) (SH1-314)
__UMS, Perry 40 (B) (SH1-302)
__WES, Eli 60 (B) (SH1-272)
__BER, Ernest _5 (SH2-269)
__ETT, Eve H. 17 (SH2-360)
__EY, Pat 50 (m) (SH2-319)
__K, Marice? 52 (f) (B) (SH2-265)
__KSON, Julia 9 (B) (SH2-318)
__MAN, L. 47 (m) (SH1-93)
__ORD, Mary 50 (B) (SH2-330)
__SON, Wm. 22 (SH1-225)
__TER, Andrew 24 (B) (SH2-344)
__TH, Nicholas 57 (SH2-277)
___, Amos 35 (B) (SH1-180)
___, Eavy 50 (f) (B) (SH2-336)
___, Jessy 40 (m) (B) (SH1-90)
___, Rufus 38 (B) (SH1-5)
___, Willie 9 (m) (B) (SH2-318)
___D, John 50 (B) (SH2-347)
___ER, E. A. 60 (f) (SH2-264)
___GE, Louis 40 (SH2-51)
___HT, Sylva 60 (B) (SH2-311)
___IR, Polley 80 (SH1-455)
___LLA, Moses 39 (SH2-273)
___MAN, Charles? 56 (SH2-271)
___SON, John 23 (SH1-1)
___SON, Mollie 30 (B) (SH2-90)
___STOCK, Louisa 6 (B) (SH2-309)
___WIN, John 40 (SH2-347)
___X, Patrick __ (SH2-162)
____, Alex 24? (B) (SH1-376)
____, All__n 38 (m) (B) (SH1-181)
____, Allen 35 (B) (SH1-302)
____, Alonzo 50 (B) (SH1-261)
____, Ann 18 (B) (SH1-290)
____, Bob 40 (SH2-90)
____, Brown 56 (B) (SH2-330)
____, Elizabeth 29 (B) (SH2-273)
____, Ellen 28 (B) (SH1-473)
____, Fanny 30 (SH2-241)
____, Frederick 41 (SH2-262)
____, Fredricka 2 (SH2-348)
____, George 21 (B) (SH1-309)
____, George 25 (SH2-293)
____, George A. 28 (SH2-266)
____, Gill 8 (m) (B) (SH1-376)
____, H. J. 54 (m) (SH1-155)
____, Hattie 20 (B) (SH2-347)
____, Henry 40 (B) (SH2-90)
____, Henry 58 (B) (SH1-340)
____, Ike 31 (B) (SH2-266)
____, J. V. 34 (m) (SH1-224)
____, James J. 30 (B) (SH1-236)
____, John 19 (SH2-90)
____, John 52 (SH2-90)
____, Julia 50 (B) (SH2-330)
____, L. (Mrs.) 62 (SH1-464)
____, Leo 41 (SH2-301)
____, Lizzie 35 (B) (SH1-377)
____, Louise 13 (SH2-272)
____, Lucy 79 (B) (SH1-332)
____, M. F. 21 (f) (SH2-264)
____, Margaret? 50 (B) (SH2-241)
____, Mary 16 (SH2-97)
____, Minerva 47 (B) (SH2-270)
____, Minnie 26 (SH2-365)
____, Oliver 5 (SH1-8)
____, Peter 60 (SH1-374)
____, Philip 52 (SH2-348)
____, Reuben 30 (B) (SH2-3)
____, Richard 45 (SH1-256)
____, Rob__ 21 (m) (B) (SH2-324)
____, Sam 19? (SH1-375)
____, Sarah 24 (SH2-273)
____, Sarah 52 (B) (SH1-356)
____, Stephen 50 (SH2-61)
____, Tillie 30 (B) (SH2-87)
____, Wm. 11? (SH2-270)
____, Wm. 19 (SH2-262)
____, Wm. 32 (SH1-449)
____, Wm. 34 (SH2-233)
____, _dam 49 (m) (SH2-261)
____, daniel 40 (B) (SH1-371)
_____BOTTOM, Martha 28 (SH2-274)
_____K, Charles 26 (SH2-97)
_____LFELDT, Hugo 14 (SH2-61)
_____NEL, Oscar 42 (SH2-94)
_____SON, Charlott 71 (B) (SH1-197)
_____SON, Maud 8 (SH2-360)
_____, Edward 50 (B) (SH2-176)
_____, George 15 (B) (SH1-171)
_____, Henry 26 (SH2-263)
_____, Wm. C.? 35 (SH2-97)

www.ingramcontent.com/pod-product-compliance
Lightning Source LLC
Chambersburg PA
CBHW080052190426
43201CB00035B/2231